2017年四川省重點出版項目專項補助資金資助項目

巴蜀掌故五種校注　總主編　王斌

蜀典校注

〔清〕張澍　編

王斌　鄧幫云　校注

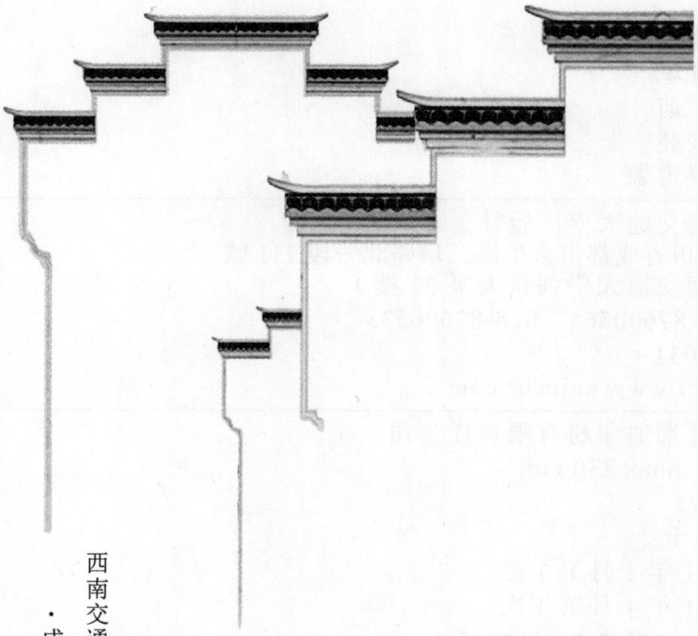

西南交通大學出版社

・成　都・

圖書在版編目（CIP）數據

蜀典校注 /（清）張澍編；王斌總主編；王斌，鄧幫雲校注. —成都：西南交通大學出版社，2021.1
（巴蜀掌故五種校注）
ISBN 978-7-5643-7776-2

Ⅰ. ①蜀… Ⅱ. ①張… ②王… ③鄧… Ⅲ. ①四川－地方史－清代 Ⅳ. ①K297.1

中國版本圖書館 CIP 數據核字（2020）第 210216 號

巴蜀掌故五種校注　　總主編　王斌
Shudian Jiaozhu
蜀典校注
[清]張澍　編
王　斌　鄧幫雲　校注

出版人	王建瓊
策劃編輯	黄慶斌
責任編輯	吴　迪
助理編輯	羅俊亮
封面設計	原謀書裝
出版發行	西南交通大學出版社 （四川省成都市金牛區二環路北一段 111 號 西南交通大學創新大厦 21 樓）
發行部電話	028-87600564　028-87600533
郵政編碼	610031
網址	http://www.xnjdcbs.com
印刷	成都蜀通印務有限責任公司
成品尺寸	170 mm × 230 mm
印張	31.75
字數	606 千
版次	2021 年 1 月第 1 版
印次	2021 年 1 月第 1 次
書號	ISBN 978-7-5643-7776-2
定價	188.00 圓

前言

一、張澍生平與《蜀典》成書

張澍乃乾嘉學派代表人物之一，尤長於輯佚與姓氏之學[一]。因爲留下著述甚多，學界對張澍之研究成果亦頗豐。除《清史稿·文苑傳三》爲張澍列傳外，趙儷生先生、何勇先生、孟永林先生等都對張澍生平與相關成就有概述[二]；張曉彭則著有《張澍年譜》[三]，詳考張澍之生平、著述與交游等相關問題。今以《張澍年譜》爲據，勾勒張澍在蜀地之任職情況如下。

張澍（一七八一至一八四七），字時霖，一字伯瀹，又字壽穀，號介侯，又號介白，甘肅武威人。年僅十四，中式陝甘鄉試舉人。嘉慶四年（一七九九）成進士，年十八，虚歲十九。嘉慶十八年（一八一三）二月，任四川屏山縣令。嘉慶二十一年（一八一六）二月，任興文縣知縣。到任後即爲《重修興文縣志》作序，且重修《屏山縣志》。同年秋，入成都辦理秋闈。嘉慶二十二年（一八一七）又回任屏山縣，旋亦解任。嘉慶二十三年（一八一八）六月，到任大足知縣，同年冬即卸任。嘉慶二十四年（一八一九）春，任銅梁縣令。同年秋，調入成都辦理秋闈，旋署南溪縣。八月，修成《大足縣志》。嘉慶二十五年（一八二〇）三月底，丁父憂，解任還里。其後仕宦再未入蜀，終其一生於蜀地任職達七年之久。

張澍長於著述，每到任一地，皆以發掘鄉邦文獻、撰著地方志書爲務，如前所叙修《屏山縣志》《大足縣志》之類。而《蜀典》一書，則擴

[一] 趙儷生先生在《張澍的生平及著述》（《蘭州大學學報》二〇〇〇年第四期）一文説道："張澍在學術上，純是乾、嘉路子。他雖也偶然搞文字、音韻，但究非特長。他的特長，是以輯佚爲手段和出發點。"

[二] 何勇《張澍四川官迹考》，載《宜賓學院學報》，二〇〇七年第五期；孟永林《乾嘉學者張澍姓氏學芻論》，載《社會科學戰綫》，二〇一二年第五期。

[三] 此書爲張曉彭之碩士論文，後於二〇一七年由上海古籍出版社出版。

及全蜀，不以仕履所及爲限。據張澍《蜀典》自序，嘉慶二十年（一八一五）十月，卸任屏山知縣，養病兩月，遂編《蜀典》。嘉慶二十一年冬，常明、楊芳燦等主持修成《四川通志》。張澍於嘉慶二十三年秋入成都辦秋闈，遂得觀其書。因取稿本《蜀典》與嘉慶《四川通志》相照，既糾《通志》之謬，又補《蜀典》之缺[一]。據序文署款，《蜀典》之定稿，在嘉慶二十三年正月十五日。

二、《蜀典》之版本

承前所敘，《蜀典》修撰過程中，嘉慶《四川通志》恰好成書。張澍因之而對稿本《蜀典》進行補充，遂成定稿，此即爲今日常見之十二卷本。但未加修訂之稿本，今日尚存。

八卷稿本。《中國地方志聯合目録》著録稿本，未言卷數，藏四川省圖書館。《第一批國家珍貴古籍名録圖録》著録此書八卷，且附有《張介侯先生詩抄》一卷[二]。此稿本半葉十行，足行行二十四字，有簡易句讀。鈐有“慕氏壽祺家藏”印，天頭有大量批注，辨識難度較大。考慕壽祺（一八七四至一九四七）資料，慕氏字子介，號少堂，甘肅鎮原人[三]。其足迹未曾入蜀，則稿本應是張澍帶回甘肅後，爲慕氏所得。稿本破損較爲嚴重，四川省圖書館於二〇一五年完成對此書之修復[四]。由於四川省圖書館善本書庫正在整理藏書，筆者暫時未見到此稿本。

稿本之後，有人認爲存在一個嘉慶刻本。雷玲《張澍與〈蜀典〉》云：“《蜀典》作爲個人修志，其價值就非同一般，况且清嘉慶成都存古書局印的自刻版本《蜀典》，今天已很難見到，現在存世的多爲清光緒二年（一八七六），尊經書院刊印的重刻版本《蜀典》，更顯得彌足珍貴。”[五]此説

[一] 張澍序中云“遂取所輯，覆加審視。闕略宏多，不復增益，名曰《蜀典》，以質鴻彦。非以爲糾謬，非以爲補遺”，實乃謙虚之語。《蜀典》徵引嘉慶《四川通志》及糾正其書者甚多。

[二] 中國國家古籍保護中心編：《第一批國家珍貴古籍名録圖録》，北京：國家圖書館出版社，二〇〇八年，第六册，第一九四頁。

[三] 詳慕思恭：《甘肅辛亥革命領袖慕壽祺》，載《檔案》，二〇〇二年第三期。

[四] 詳國家數字文化網：《發展公共圖書館服務　促進全民閲讀　建設書香四川》。

[五] 載《巴蜀史志》，二〇〇七年第二期。

未言何據，頗爲可疑。據張其中《四川官書局考略》[一]，存古書局創辦於宣統己酉年（一九〇九），刻書業務僅延續至一九二一年，其後書局名存實亡；一九三一年併入四川大學出版處，僅存世十餘年時間。何來嘉慶間存古書局刻本《蜀典》？今略辨之，庶免以訛傳訛。

道光十四年（一八三四）安懷堂本。目前並無證據表明嘉慶二十三年（一八一八）《蜀典》成書後即在四川刊刻，則此書最早刻本應是道光十四年安懷堂刻本。安懷堂，此名多見。但據《孤本醫籍叙録集》之《青囊輯便》叙録[二]，此安懷堂應該是自貢地區之安懷堂。聯繫到爲道光本作序之楊得質，乃張澍門人，道光十二年至十四年任富順知縣，則可以確定此安懷堂即自貢安懷堂。楊得質序文中不言何人刊刻此書，但由楊氏主持刊刻事宜之可能性很大。此本白口，單邊，單葉十行，行二十四字，單魚尾，版心刻卷次、類别及頁碼。按條目編排，條目名前空兩格，正文另起頂格排列。此本流傳較廣，以《中國地方志聯合目録》著録情況看，北京、上海、河北、内蒙古、吉林、河南、湖北、四川、重慶等地圖書館皆有藏本。

光緒二年（一八七六）重刻本。光緒二年尊經書院落成後，還剩下木料若干。主事者以製地板、床案、書架之餘木，刻成光緒本《蜀典》。淩焯在重刻本序文中稱"付肄業生張孝楷校其字"。但張孝楷之校勘并不得力，改正了四十五個明顯誤字，誤改、臆改亦有十來處，并删掉了楊得質所作序文。該本一遵道光本形制，字體亦如出一轍。此版藏本亦多，詳《中國地方志聯合目録》。

四川省圖書館還藏有一個趙熙批注本。趙熙字堯生，號香宋，四川榮縣人。此本爲光緒刻本，但原書卷首及卷一之上有殘缺，從張澍序文至卷一之上"安上縣"條，共缺二十八頁。趙熙請榮縣余翊文抄補，但没有抄淩焯所撰序文。此本共四册，首册張澍序文下鈐"熙"字印；卷四首頁又鈐"垚山過眼"印。趙熙之批注或用墨筆，或用朱筆，或爲眉批，或爲正文旁注，偶有改正原刻本文字之處，多數則爲針對張澍之文

[一] 載《四川圖書館學報》，一九八九年第五期。

[二] 李鴻濤、張華敏主編：《孤本醫籍叙録集》，北京：中醫古籍出版社，二〇一六年，第三四〇頁。

進行補正或辯駁，有一定學術價值，但批點内容並不算多。此次整理將全部批點内容以注釋形式加以吸收，并略加考訂。

三、《蜀典》評述

討論《蜀典》之價值，需要先對該書性質做出判斷。有人以爲此書爲方志，如《中國地方志聯合目録》及張曉彭《張澍與清代西南史地研究》一文[一]。我們不是很贊同這個定性。地方志涉及星野、輿圖、建置、山川、古迹、職官、選舉、人物、藝文等，一般爲官修。儘管也存在資料因襲情況，但多保存修志者采訪所得原始文獻。《蜀典》雖然也包含相關門類，却與通常意義之方志有很大區别，缺乏一些必備門類如建置、山川、選舉、藝文等。多出之姓氏類，雖也關涉科舉與人物小傳，但編排按韻而不按年代，列舉人物亦多有缺漏。這種缺漏並非因采訪不及而缺，張澍往往從嘉慶《四川通志》獲得選舉人物資料，但相關姓氏下並未將同姓人物盡數囊括。如卷一一之下"斯氏"條，據嘉慶《四川通志》卷一三二收録了此姓人物近十人，但同卷還有數人，並未收録，不知何故。以至於我們常常覺得既然不一網打盡，則多收與概舉並無分别。鑑於此，我們認爲《蜀典》與《蜀故》《蜀都碎事》甚至更早的《蜀中廣記》相類，皆史部地理類雜抄著作。若《蜀典》爲方志，則《蜀故》《蜀都碎事》《蜀中廣記》皆應算作方志，但事實上並非如此。

《蜀典》共十二卷，其中卷一、卷一〇、卷一一各分上下，實則爲十五卷。以卷一一分上下爲姓氏類來看，卷一二仍爲姓氏類，則其分卷並不是很合理，上下卷之分别形式並不能將類目獨立開來。原書共十一類：堪輿、人物、居寓、宦迹、故事、風俗、方言、器物、動植、著作、姓氏。堪輿類，考證地名與建築，但偶有歸類不合理者，如卷一之上"楊樸"條，實當歸入動植類。人物類主要記載蜀地所出之名人；居寓類實則即方志之流寓類，但概括並不全面；宦迹相當於考察入蜀人物，但越到後文越類似於考察希姓人物；姓氏類專門考察蜀地姓氏，以較爲罕見之姓氏爲主，多羅列載籍所見人名，往往據其他方志之選舉部分著録科

[一] 載《中國地方志》，二〇一七年第三期。

舉中式者。較有特色者，乃風俗、方言、著作三類。風俗與方言類，以語言文字之考據見長；著作類，則以輯佚見長，張澍重點輯録了郭舍人《爾雅注》、蜀才《易注》、譙周《法訓》等書之佚文。他如故事、器物、動植三類，則無甚新意。全書可謂無一條無來歷，其資料原創性較低。雖然多有按語，仔細尋繹之後，發現相關説法皆有前賢首倡。但這些情况並不能掩蓋全書之價值，略敘如下。

輯佚價值。論《蜀典》之功，首推輯佚，這與趙儷生先生對張澍之評價正相吻合。在著作類，張澍主要輯録了郭舍人《爾雅注》、蜀才《易注》、揚雄《琴清音》、譙周《法訓》等著作。尤以《爾雅注》用力甚巨，他從《尚書》《詩經》《周禮》《禮記》《左傳》《論語》《爾雅》《經典釋文》《太平御覽》等衆多著作中，輯録了大量佚文，并按照《爾雅》之編排順序進行排列。儘管偶爾有編排失次之處，仍然瑕不掩瑜。繆荃孫在《〈蜀典〉跋》中補充了不少漏輯佚文，考慮到當時之書籍收集情況，張澍所做已經值得欽佩了。更何況，在輯佚過程中，他還考慮到了版本問題，會對不同書籍不同版本所引之異文加以説明，更屬可貴。

考證價值。雜抄類著作成書快，往往難有深入考辨，張澍却在這一點做得很好。《蜀典》大量徵引嘉慶《四川通志》，但毫不諱言，糾正了《四川通志》十多處錯誤，他日若整理嘉慶《四川通志》，應當參考《蜀典》。又如卷四“陰化”條，《三國志・蜀志・鄧芝傳》於“陰化”不加專名號，或指丁厷言多浮艷，如婦人之教化綿綿不盡。張澍認爲應是人名。我們發現：《蕭氏續後漢書・音義》卷二明言“丁厷、陰化，二人姓名”，《蜀志・蔣琬傳》亦云“亮以琬爲府掾，琬固讓劉邕、陰化、龐延、廖淳”，《隸續》卷一六《黄龍甘露碑》末云“武陽令陰化”，皆可證“陰化”當爲人名，整理本《三國志》誤。這些考證，都能爲相關著作之研究提供綫索與佐證。

補正價值。方志成書於衆手，往往有采訪不及或遺漏之處。以現存四川舊志來看，在論及職官、宦迹時，往往有缺漏。張澍在編《蜀典》時，發現了保存在《萬姓統譜》中的大量蜀地官員信息。《萬姓統譜》卷帙浩繁，一般人難以見到，今存之文淵閣《四庫全書》本還多有闕文，我們以前雖然也利用該書查找人物生平，但尚未注意到其所載資料對方志之補正價值。張澍對《萬姓統譜》之徵引，不僅可以補正四川方志之闕遺，還能體現《萬姓統譜》之多向度用途。

獨具特色之姓氏學。古者姓氏别貴賤，故魏晋六朝以至於唐宋，其學盛行。後來人物繁多，諸多姓氏著作散佚，繼踵者往往只能收集稀有姓氏，以廣軼聞，如明人楊慎《希姓録》、夏樹芳《奇姓通》之類是也。大範圍收録姓氏之書，較著名者有唐代《元和姓纂》，宋代《通志·氏族略》《古今姓氏書辯證》，明代《萬姓統譜》，清代《歷代名賢列女氏姓譜》等。在這些著作基礎上，張澍仍長期從事姓氏學研究，集合諸家長處，編成了《姓氏五書》。其中，《姓韻》多達九十九卷，而《蜀典》中姓氏類只是其姓氏學之縮影。張澍基本上按韻編排，每一姓之下先考證此姓源流；然後列舉蜀地此姓之聞人；最後根據相關方志，收録有科舉功名之士子，或有善舉、令德之鄉賢。由於張澍是北方人，他所撰姓氏書往往考察其比較熟悉之北方人物；而《蜀典》姓氏類之成果，可以看作研究南方人物和研究地理專區人物之代表。雖然目前已有不同版本之"人名大辭典"類著作，但它們對相關姓氏書之利用，仍顯不足，這也是張澍姓氏學研究待發掘之處。

總體來説，《蜀典》脱不了史部雜抄類著作之弊端，資料創新性不够。但張澍在編纂時進行分類，加以考辨，且附以輯佚作品，這就使得《蜀典》之價值超過了同類型之《蜀都碎事》《蜀故》等書。

四、整理簡説

《蜀典》版本很少，我們以道光刻本爲底本，參校光緒刻本，二本皆誤則以他書參訂。在具體整理過程中，我們主要做了以下工作。

施加標點。常人以爲古書斷句容易，誠然，對於詩、文可以根據押韻、文勢來斷；對於詞曲可以按譜來斷。但對於大量徵引文獻之書，則不敢輕易下手。所以某些學者整理古籍時，不喜歡加引號，此蓋省事耳，却不知留下多少問題。《蜀典》所收條目，幾乎都有出處，若不查考資料，往往容易出錯。如卷一一下"聊氏"條云：

《萬姓統譜》："漢有聊廣圍，洛下人。"《氏姓譜》："明有聊珠。”“越嶲人，任江西瑞昌縣訓導。宸濠之亂，適知縣入覲，珠率士民力拒之，卒獲保全。”見《寧遠府志》。

“《萬姓統譜》”，原作“《氏族略》”，誤，《通志》無相關記載，我們據《萬姓統譜》卷三〇改。後文引《氏姓譜》，又提到了《寧遠府志》，如果不查資料，不加引號，那麽，哪些話來自《歷代名賢列女氏姓譜》，哪些話來自《寧遠府志》？還是都來自《歷代名賢列女氏姓譜》，又見於《寧遠府志》？通過查考資料，我們發現，《歷代名賢列女氏姓譜》卷六二云："聊珠，越嶲衛人，正德中任湖口縣教諭。”其説與《萬姓統譜》卷三〇相同，當即本自《萬姓統譜》。故僅將“明有聊珠”認定爲源自《氏姓譜》之引文。又查考嘉慶《四川通志》卷一四八引《寧遠府志》之文，才確定其他内容來自《寧遠府志》。《蜀典》中某些姓氏之下，羅列大量人物，往往將科分、籍貫、任職等信息叠加在一起，若跟著感覺去斷句，必然犯錯。我們是逐個核查了相關文獻之後才施加標點，雖云“學識如何觀點書”，點書可能無法判斷我等之學識，但借此見出勤奮與謹慎，或非難事。

校勘文字。《蜀典》兩個刻本均多用古字，不便於學者利用，此次整理全面改作通行繁體字。由於是雜抄著作，難免抄録時出現文字錯誤。光緒本在道光本基礎上改正了四十多個明顯誤字，但仍有諸多錯誤没能發現，遑論改正。如姓氏部分，據其他方志抄録了大量人名，往往因爲不仔細，弄錯姓名或籍貫、科分，這一類錯誤往小了説就是文字錯誤，但必須借助相關資料才敢加以訂正。所以，光緒本不能發現和改正這些錯誤，也在情理之中。既然《蜀典》幾乎無一條無來歷，校對就不能僅僅用版本對校，必須詳考資料來源，利用他校法。前面曾談及，張澍已經注意到徵引資料版本之問題，但他往往不明説所用爲何本。如卷三“孟涂莅巴訟”條：

《山海經》："夏后啓之臣曰孟涂，是司神于巴。注：聽其獄訟，爲之神主。巴人請訟于孟涂之所，注：令斷之也。其衣有血者乃執之，注：不直者則血見于衣。是請生。注：言好生也。”案，《竹書紀年》："帝啓八歲，帝使孟涂如巴莅訟。”《路史》："孟涂敬職而能理神，爰封于丹。"《水經注》引《山經》作"血涂"。《太平御覽》引作"孟余"，或作"孟徐"，又作"孟悆"，皆誤。一云孟涂，夏后啓之舅也。

此處引《山海經》《竹書紀年》《路史》《太平御覽》等書，皆有不同版本。至於其"或作""又作"之類，則直接不説出處。這就逼迫我們去查考不同版本之著作，甚至借助數據庫，海量搜索排查，張澍所謂異文究竟指何書何本。否則，張澍之考辨乃至我們之整理，皆無意義。讀者若有興趣，會看到我們所附之參考文獻，如《水經注》《山海經》等，往往有多個版本，則我等翻書之辛勞，可以想見。

補充出處。繆荃孫在《〈蜀典〉跋》中指出："引用古書，半皆亡佚，不著所采之處，亦屬不合。"儘管諸多雜抄類著作皆有此病，但其説實在中肯。如卷四"王叕"條、卷一二"費氏"條，兩引《姓源韻譜》。此書早佚，張澍不可能見到原書，但相關引文我們利用類書、相關索引以及全文數據庫，皆未查到有他書引用，這很不合常理。然而我們"上窮碧落下黄泉"，僅能得出"疑誤"二字，可謂勞而獲少。除引已佚著作需辨明轉引自何處，引現存著作尚需遍尋衆本，有時也僅爲覆核一個字。如《蜀典》卷一二"改氏"條，張澍言之鑿鑿稱近刊本《記事珠》誤"改"爲"段"。我們覆查此書别名《雲仙散録》之中華書局整理本，見相關條目並無校勘記。但又不敢貿然以爲整理者所見衆本皆同，於是又通過目録著作，查此書其他版本，終於查到《龍威秘書》本作"改"字，通行本多作"段"。此外，張澍引書時還多用簡稱，往往導致混淆。如姓氏類著作有《萬姓統譜》《歷代名賢列女氏姓譜》，張澍稱《姓譜》，所指究竟爲何書？《歷代名賢列女氏姓譜》多因襲《萬姓統譜》，但也有不少條目不載於《萬姓統譜》，故而碰到《姓譜》這類出處，只得兩種書都加以覆核。《蜀典》究竟有多少條目，我們没有去統計，但我們查考了每一個條目之相關來源，發現并解决了張澍抄録時遺留的問題。如卷四"槐寅"條：

《浙江通志》："槐寅，臨山人。萬曆中任四川都指揮。"

"浙江通志槐寅臨山人"，原作"福建志槐寅福清人"，因襲《萬姓統譜》卷一五之誤，我們據嘉靖《浙江通志》卷五二、雍正《浙江通志》卷一

四一、嘉靖《臨山衛志》卷三、萬曆九年《四川總志》卷三改。據諸書，此人字時夏，嘉靖三十五年（一五五六）中武舉，隆慶二年（一五六八）任四川都司都指揮使，非福建人。更值得注意的是，《萬姓統譜》原文並不言出處，張澍却稱出《福建志》，也暫未見任何福建志書記載此人。雖不敢以“妄題出處”厚誣古人，但其引《萬姓統譜》却稱出某地方志者，多不可信，讀者察之！

又如卷一一上：

> 康熙五十三年甲午科舉人門迺路，雍正元年癸卯科舉人門迺正。

“雍正元年癸卯科舉人”，原無，讓人誤以爲與門迺路同科也，今據雍正《四川通志》卷三六、嘉慶《四川通志》卷一二八、嘉慶《内江縣志》卷三五所載科分補。又，嘉慶《四川通志》卷一五四、嘉慶《内江縣志》卷三八有此人小傳。關鍵是如何發現這個錯誤？没有訣竅，只有逐個覆查張澍提到的所有人名！我們還發現了大量人名名字有誤、籍貫有誤、科分有誤、任職有誤，這些細節資料對於我們整理者來説是絶對陌生的，憑所謂專業能力根本看不出來，只有去翻書。

糾正謬誤。俗話説：“古籍整理勤翻書，總會有發現。”此乃至言！我們逐條覆查，改正了原書大量錯誤。包括誤題出處、因人名與籍貫等錯誤導致誤收、重複收録、前後抵牾、因襲舊誤、截取失當等諸多問題。與我們所做之糾謬相比，繆荃孫指出之問題，張孝楷所校之訛誤，皆小巫耳。覽書便曉，兹不枚數。

詳加考訂。《蜀典》包括門類衆多，引書浩繁，整理難度很大。光是詳查出處，糾正訛誤，已經耗費大量精力。但若僅限於此，又頗覺不够盡興。於是，我們對於張澍論而未詳之處多有申説。且容我舉一例以自炫，卷七“姐”條云：

> 《説文》：“蜀人謂母曰姐。”案，此方言也。其字當蜀人所製。又《漢書》“彡姐”。注：“姐，音紫。”必蜀人讀“母”聲若“姊”，故云“謂母曰姐”耳。

按，“母”與“姐”聲韻相差較遠，張澍之説缺乏語音學證據。《通雅》卷一九考證云：“江南呼母曰阿姐，皆母字之轉也。”此説亦含混，如何轉也？宋人戴侗《六書故·六書通釋》云：“凡方言往往以聲相禪，雖轉爲數音，實一字也……母，古音莫古切，又莫比切。今俗通呼莫下切。吳人莫回切，又上聲。蜀人即瓦切，淮南呼社，别立媽、姐、毑，文皆非也。”此説極有啓發性，蜀人之“姐”，與“毑”同音，同指“母”，二者應有淵源。《類篇》卷三六“母”部“毑”字注云：“子野切，姐或作毑。”更明確二者爲異體字。明人顧起元《客座贅語》卷一“父母稱謂”條云：“又羌人呼母曰毑，音與姐同，字又或作她。”如此則豁然開朗。《説文》所謂“蜀人謂母爲姐”者，其實是蜀地人借用了羌族人的稱呼，與“姐”音同而已，故《説文》用“姐”字代替。但“姐”又是姊妹之間幼稱長之詞，易混，故後又造“毑”字。此則用會意手段，合則爲“毑”，分則“母也”。似此之類，或可免讀者譏“校注淺薄，唯知翻書查出處”乎！

五、致謝

《蜀典》其實並不在我研究計劃之中，甚至這一套“巴蜀掌故五種校注”也是黄慶斌兄“塞”給我的。當時我只想出版《蜀都碎事校注》，黄兄以爲單出一種，影響力不大。於是鼓勵我將其他幾種類似著作一起整理，并申報四川省二〇一七年重點出版規劃項目。我一直研究《蜀中廣記》，對明清蜀中掌故雜抄著作比較瞭解，遂將《益部談資》《蜀都雜抄》《蜀都碎事》《蜀故》《蜀典》一起整理。原本各書交由朋友分司整理，但鄙人忝爲主編，又不好甩手不管，所以五種著作我都詳細審過。《蜀典》由同事鄧幫云整理，但他教學工作比較繁忙，只對底本做了標點和基本注釋。我又全面參校光緒本，詳加注釋，覆核稿本，覆查引文并編制參考書目。

信筆至此，整個叢書之整理計劃，基本完成。回想從二〇一五年著手申報項目，到立項，到一本一本整理、定稿，一晃四年就過去了。我從不戴眼鏡到戴上眼鏡，從身體亞健康到腰肌勞損，想想就感慨不已。古籍整理是苦活兒，整理這類雜抄著作，更是又苦又累！感謝靳雅婷、崔凱、陳鴻亮、倪亮、鄧幫云諸位朋友，你們爲整個叢書之整理做出了重要貢獻！感謝西南交通大學出版社諸位編輯，你們兢兢業業、一絲不苟，保證了書籍之順利出版！感謝李恕豪老師、中華書局編輯魯明先生、四川省圖書館付玉貞女士提供的學術支持！感謝于先偉兄揮賜墨寶，爲叢書題寫書名！最後，隆重感謝我的家人，老父親與岳父、岳母操持家務、買菜做飯，才能讓我一天能安静坐在電腦前；妻子艾茂莉既要工作又要照顧我們的兒子，偶爾還要被我派去外地查閲資料；小家伙總是很乖，習慣了在我身邊自得其樂，常常跑過來説“爸爸，我喜歡你”……感謝這美好的一切！

當然，還是謙虚一下，如果有讀者能關注這一套書，并匡我不逮，誠載籍之福、文化之幸！尚祈不吝賜正！

桃杏軒主人

二〇一九年六月三日凌晨　識於樂山

凡　例

一、此次校注以《續修四庫全書》第七三五册影印之道光十四年安懷堂本爲底本，以國家圖書館藏光緒二年尊經書院重刻本爲參校本（省稱光緒本）。四川省圖書館所藏趙熙批點光緒本之批注，亦用注文形式全部吸收并略加考訂。

二、每卷卷首署題之"武威介侯甫張澍編輯"，僅首卷保留，餘皆删去。每類所題序文縮進兩格排版。

三、原書多用古字、異體字，今統一爲通行繁體字。個别地名、人名及校勘記中特殊用字酌予保留。

四、常見形近易混之字，如"戌、戍、戊""己、已、巳"等，徑改，不出校勘記。常見避諱字回改爲本字，首次出現時出校説明，餘則徑改。

五、姓氏用字多用特殊讀音，方言部分則有不少冷僻字，酌情注音。

六、正文中之訛脱衍倒等錯誤，均直接增删乙改，出校説明，不用校勘符號。

七、原書誤收之條目，保留原文，出注説明；卷一〇輯録蜀人佚著之誤輯及重複之文則删除正文，出校説明。

八、采用校注合一之體例，先校後注。同一條注釋中有幾條校勘内容者，則以"◎"分隔，以示醒目。

目 録

蜀典序[一]

蓋聞班經馬史[二]，實闡宇宙之奇；蘇海韓潮[三]，特著文章之盛。故立乎千載以下，溯乎百世以前，或聞見傑池[四]，或年代牢落[五]，而欲華離其黑白[六]，雜組夫玄黄[七]，作史家之外乘，羅典藏之蘊奥，括囊群有，緐總無遺，蓋亦難矣！惟我介侯老夫子《蜀典》一編，窮歲差之躔度[八]，記山水之源流；辨物産之土宜，傳耆舊之故實。若觀火，若列眉[九]。儲儲然[十]，盱盱然[十一]，括原委而備具焉。蓋因味道得腴，稟經製式；集古今而作鏡，辮貞亮以爲鞶[十二]。丹鳳五文，神羊一角[十三]，用是蜚聲蓮

[一] 按，光緒本不載此序。

[二]“班經馬史”，指班固《漢書》與司馬遷《史記》。二者皆史，却言“班經”，且將後出之《漢書》置於《史記》之前，蓋因劉知幾《史通·六家》“如《漢書》者，究西都之首末，窮劉氏之廢興，包舉一代，撰成一書。言皆精練，事甚該密，故學者尋討，易爲其功，自爾迄今，無改斯道”之評語。無改斯道者，言後世史書多取《漢書》斷代史之例。

[三]“蘇海韓潮”，宋李耆卿《文章精義》云：“韓如海，柳如泉，歐如瀾，蘇如潮。”

[四]“傑池”，參差貌。《文選·司馬相如〈上林賦〉》：“傑池茈虒，旋還乎後宫。”李善注引張揖曰：“傑池，參差也；茈虒，不齊也。”

[五]“牢落”，猶寥落，零落荒蕪貌。《文選·司馬相如〈上林賦〉》：“牢落陸離，爛熳遠遷。”

[六]“華離”，交錯。賈誼《新書·道德説》：“鑑生空竅，而通之以道；德生理，通之以六德之華離狀。”

[七]“玄”，原諱作“元”，今改回本字。後文此避諱字徑改。

[八]“躔度”，日月星辰運行的度數。古人把周天分爲三百六十度，劃爲若干區域，辨别日月星辰的方位。《古文苑》卷三載漢公孫乘《月賦》：“躔度運行，陰陽以正。”

[九]“列眉”，兩眉對列。謂真切無疑。《戰國策·燕策二》：“吾必不聽衆口與讒言，吾信汝也，猶列眉也。”鮑彪注：“列眉，言無可疑。”

[十]“儲儲”，滿足貌。《靈樞經·通天》：“太陽之人，其狀軒軒儲儲。”

[十一]“盱盱”，文采斑斕貌。《文選·張衡〈西京賦〉》：“漸臺立於中央，赫盱盱以弘敞。”李善注引《埤蒼》：“盱，赤文也。”

[十二]“辮”，原作“辨”，據文獻用例改。按，《文選·張衡〈思玄賦〉》云：“辮貞亮以爲鞶兮，雜技藝以爲珩。”

[十三]“羊”，原作“幸”，形近而誤，據文獻用例改。如《宋文鑑》卷一二録楊侃《皇畿賦》云：“則有麒麟含仁，騶虞知義，神羊一角之祥，靈犀三蹄之瑞。”又如明顧清《東江家藏集》卷一五《恩封豸綉爲盧師邵父恒齋壽》云：“神羊一角，駿且靈心。”按，神羊亦名獬豸。《後漢書·輿服志下》：“獬豸神羊，能别曲直，楚王嘗獲之，故以爲冠。”

苑[一]，摛藻木天[二]。影視華磚[三]，將貴長安之紙價；班聯玉笋[四]，方新學士之頭銜。詎知上清之册府未窮[五]，雙闕之觚棱已遠[六]。藜火纔分[七]，桃花待植[八]。牛刀欲試以治民，鳳池何嫌其奪我[九]？

于是携來一鶴[十]，遠駕黄驄；著彼雙凫[十一]，遂投白筆[十二]。芙蓉城畔，争迎循吏之車；濯錦江頭，咸仰使君之面。是以午衙方散，綜洞記以研心；丙夜初長，肄藏經而練志。是篇之作，恢恢乎見懷來之盛焉。夫人跼蹐于方隅之内，徵逐于名利之場，而欲網羅舊聞，參考載籍，則訛傳亥豕，每多附會之詞；學乏丁鴻[十三]，鮮有見聞之實。我夫子十年閲

[一]“蓮苑”，當指翰林院，張澍曾入翰林院，充實録館修撰。下一句之“木天”指秘閣，正可爲對。民國《昭萍志略》卷一二録清人喻福基《嘯劍山房詩鈔序》云：“未幾，果冠童軍而膺鄉薦。其入蓮苑，躋蘭臺，固其分有之榮。”蘭臺與秘閣同爲藏書機構，亦與蓮苑爲對，或可爲旁證。後文“影視花磚”亦指入翰林院事。

[二]“木天”，秘書閣的别稱。因其屋宇高大宏敞，故名。陸游《劍南詩稿》卷五二《恩除秘書監》詩：“扶上木天君莫笑，衰殘不似壯游時。”

[三]“華磚”，即花磚，表面有花紋的磚。《詞林典故》卷六下云：“唐翰林院北廳前階有花磚道，冬中日及五磚，爲入直之候。李程好晚入，恒過八磚乃至，衆呼爲八磚學士。”

[四]“班聯玉笋”，班聯指朝班之行列，玉笋指人才。《新唐書·李宗閔傳》：“俄復爲中書舍人，典貢舉，所取多知名士，若唐冲、薛庠、袁都等，世謂之玉笋。”

[五]“清”，原作“青”，不詞，據清吴錫麒《有正味齋駢體文》卷一一《戴笈圃先生七十壽序》改。吴氏文有“難離學士之冰銜，將貴長安之紙價。豈知青藜火换，春夢婆催，上清之册府未窮，雙闕之觚棱已遠。先生行無挫志，失不鏡心。牛刀可試以治民，鳳池不嫌其奪我，其不可及者一也。既而飛凫入境”之語，正是《蜀典》此序之所出也。

[六]“觚棱”，宫闕上轉角處的瓦脊成方角棱瓣之形，此處借指宫闕。

[七]“藜火”，晋王嘉《拾遺記》卷六：“漢劉向校書天禄閣，夜默誦，有老父杖藜以進，吹杖端，燭燃火明。”

[八]“桃花待植”，或用潘岳於河陽縣種桃花之事。《庾子山集注》卷一《枯樹賦》：“若非金谷滿園樹，即是河陽一縣花。”此處用作外出任縣官之美稱，張澍曾知大足縣。

[九]“鳳池”，唐前指中書省，唐後指宰相。《南齊書·劉瓛傳》：“上欲用瓛爲中書郎，使吏部尚書何戢喻旨。戢謂瓛曰：‘上意欲以鳳池相處，恨君資輕，可且就前除。少日當除國子博士，便即後授。’”

[十]“携來一鶴”，用趙抃故事，指代張澍入蜀爲官。《宋史·趙抃傳》云：“帝曰：‘聞卿匹馬入蜀，以一琴一鶴自隨，爲政簡易亦稱是乎？’”

[十一]“雙凫”，《後漢書·方術傳上·王喬》：“王喬者，河東人也。顯宗世，爲葉令。喬有神術，每月朔望，常自縣詣臺朝。帝怪其來數，而不見車騎，密令太史伺望之。言其臨至，輒有雙凫從東南飛來。於是候凫至，舉羅張之，但得一隻舄焉。乃詔尚方診視，則四年中所賜尚書官屬履也。”後用爲地方官的故實。

[十二]“白筆”，古代侍從官員用以記事或奏事的筆，常插於冠側。晋崔豹《古今注·輿服》：“白筆，古珥筆，示君子有文武之備焉。”《晋書·輿服志》：“笏者，有事則書之，故常簪筆，今之白筆是其遺象。”

[十三]“丁鴻”，字孝公，潁川定陵人。年十三，從桓榮受《歐陽尚書》，三年而明章句，善於論難。丁鴻以才高，論難最明，諸儒稱之，時人稱之爲“殿中無雙丁孝公”。事詳《後漢書》本傳。

歷，都勞雨露之心；五夜旁搜[一]，獨騁風雲之筆。以言天時，不徒觜、參、井、鬼，西南首尾之當分也，而年月灾祥咸載焉。言堪輿，不徒犍爲、邛笮、廣漢、白馬之疆域也，而古迹、事實胥備焉。言人文，不徒司馬、子雲文章詞賦之品節詳明也，而流寓、隱淪均列焉。言物産，不徒火井、鹽池、珍禽、奇獸之光怪陸離也，而器物、動植均悉焉。他如弜頭虎子[二]、斂舞賨人[三]，無不指上分螺，掌中見果。壯鳥道蠶叢之嶮，寫金城石郭之雄。洞悉沉疑，獨發胸中之錦；全鈎秘隱，群驚世外之珍。不又與陳壽之《耆舊傳》、常璩之《華陽國志》先後媲美哉？

爾乃文星小謫，晝景猶熙。竟遂初心，全消宦氣。鬱青霞之奇想，極紫塞之壯游[四]。追史筆於龍門[五]，游歸益肆。論文章於庾信，老去彌工[六]。其所著叢書各種俱已行世，非天之厚以林泉，是天之資其著述也。得質仰承衣鉢，已有夙因。幸附參苓[七]，尤沾培植。惟是頻年枯爨，有負桐知[八]；半畝荒邱，又將茅塞。遠望春風之及，欣逢大集之頒。纔接尼墻[九]，敢夸點瑟[十]？緣濡毫而記事，敢奮墨以弁言。展牘流連，以誌篇首。

[一]“五夜”，即五更。《文選·陸倕〈新刻漏銘〉》：“六日不辨，五夜不分。”李善注引衛宏《漢舊儀》：“晝五夜者，甲夜、乙夜、丙夜、丁夜、戊夜也。”

[二]“弜頭虎子”，古代西南少數民族板楯蠻的别稱。《華陽國志》卷一：“夷人安之。漢興，亦從高祖定秦有功，高祖因復之，專以射白虎爲事。户歲出賨錢，口四十，故世號白虎復夷。一曰板楯蠻，今所謂‘弜頭虎子’者也。”

[三]“賨”，古代西南地區的一種少數民族。其中心在四川省渠縣一帶。《文選·揚雄〈蜀都賦〉》：“東有巴、賨，綿亘百濮。”

[四]“紫塞”，北方边塞。《古今注·都邑》：“秦築長城，土色皆紫，漢塞亦然，故稱紫塞焉。”

[五]“龍門”，指司馬遷。司馬遷爲左馮翊夏陽龍門人。

[六]按，此句演杜甫《戲爲六絶句》之一“庾信文章老更成”，見《杜詩詳注》卷一一。

[七]“参苓”，本指中藥材人参與茯苓，因較爲貴重，後用以比喻人才，且以藥籠比喻儲備人才之機構。《翰苑新書·續集》卷三四《除武諭謝丞相》云：“重登桃李之門，果入参苓之籠。”

[八]按，此句用焦尾琴之典，比喻人才被發現。楊得質用在這裏則謙稱自己是枯朽柴火，配不上張澍的賞識。《後漢書·蔡邕傳下》云：“在吴，吴人有燒桐以爨者。邕聞火烈之聲，知其良木，因請而裁爲琴，果有美音。而其尾猶焦，故時人名曰焦尾琴焉。”

[九]“尼墻”，仲尼之墻。《韓昌黎文集校注》卷三《答李翊書》云：“抑愈所謂望孔子之門墻而不入於其中者。”

[十]“點瑟”，語出《論語·先進》：“（點）鼓瑟希，鏗爾，舍瑟而作……夫子喟然嘆曰：‘吾與點也！’”此均爲自謙之詞，言自己非張澍之得意門生。

道光十三年八月初二日，署富順縣事、安縣知縣、受業文泉楊得質謹序[一]

[一]"楊得質"，生卒年月不詳，字文泉。甘肅靖遠人。今就諸方志所載，梳理其履歷如下。據道光《蘭州府志》卷一一《選舉志》，楊氏嘉慶十三年中舉。據同治《安縣志》卷二四，道光三年署安縣事，始於九月，終於同年十二月。據光緒《銅梁縣志》卷五，楊氏於道光五年署銅梁知縣，七年離任。據道光《重修新津縣志》有道光九年楊得質序，知其任新津知縣，且僅一年。復據《安縣志》卷二四，道光十年二月至十二年四月復署安縣知縣。據民國《富順縣志》卷九，楊氏於道光十二年至十四年署富順知縣。據同治《嘉定府志》卷二三，道光十四年署峨邊廳通判。又據同治《巴縣志》卷二，楊得質在道光十五年署巴縣知縣。道光二十二年至二十五年又署華陽知縣，見民國《華陽縣志》卷六。其間又於道光二十四年兼署金堂縣，見同治《續金堂縣志》卷四。嘉慶《郫縣志》補刊本又有道光二十四年楊得質所撰序文，則其時又兼郫縣知縣。又據民國《大竹縣志》卷七，楊氏先後於道光二十五年至二十八年、道光二十九年至咸豐三年任大竹知縣。

蜀典序

嘉慶十七年歲在壬申春，大吏請于朝，續修通志[一]。越二十一年丙子冬，書成。先是，二十年乙亥之陽月，余被檄署興文。卸篆才畢，適苦河魚[二]，乞假六旬，養痾叙郡。困吝之中，精神遐漂，心剿形瘵，靡所濟集[三]。聊欲繫志陳編，以消駒景[四]。竊念蜀都文獻，近世烟塵；古也有志，炳靈載英。游目所及，涉想所經，輒用著録，佐以援證。毛渧之得[五]，亟贈友朋。迨秋闈赴省，志已刊布。展閲鶱然[六]，嘆其掌録之繁富也。遂取所輯，覆加審視。闕略宏多，不復增益，名曰《蜀典》，以質鴻彦。非以爲糾謬，非以爲補遺。《錦里新聞》，既慚成式[七]；《岷山異事》，或幾台符[八]。聊備庸部之故實[九]，資儒林之公議云爾。

[一] 按，此處所叙乃修嘉慶《四川通志》之事，詳卷首常明所作序文。楊芳燦、譚光祜等纂，嘉慶十七年開志局，二十一年成書，約三百八十八萬字。卷首序文、目録及"聖訓""宸章"二十三卷。正文分十二志六十八門，有天文、輿地、食貨、武備、職官、選舉、人物、經籍等。卷帙浩繁，計一百六十册，乃四川通志之集大成者。

[二] "河魚"，亦作"河魚之疾""河魚腹疾"。腹瀉的代稱。魚爛先自腹内始，故有腹疾者，以河魚爲喻。《左传·宣公十二年》："河魚腹疾，奈何？"《蘇軾全集校注·文集八》卷五五《與馮祖仁十一首》之十一："又苦河魚之疾，少留調理乃行。"

[三] 按，此四句本自趙岐《孟子注疏·題辭解》："余困吝之中，精神遐漂，靡所濟集。"

[四] "駒景"，語出《莊子·知北游》："人生天地之間，若白駒之過隙，忽然而已。"喻指短暫的時光。

[五] "毛渧"，微小。《金石萃編》卷一一七高墉《宰堵波塔銘》："海水深兮，毛渧記之。"王昶按："毛渧二字，見《地藏經》，云：'一毛一渧，一塵一沙。'蓋'毛'同'毫'、'渧'同'滴'也。"

[六] "鶱然"，《詩·小雅·桑扈》："交交桑扈，有鶯其羽。"毛傳："興也。鶯然有文章。"

[七] "成式"，唐人段成式，著有《酉陽雜俎》以叙巴蜀故事。《宋史·藝文志五》又著録其所編《錦里新聞》三卷。

[八] "台符"，宋人勾台符，著有《岷山異事》三卷，見《宋史·藝文志五》。此二句自謙其《蜀典》難以超越段成式和勾台符的著作。

[九] "庸部"，西漢末王莽改益州置，治所在成都。此處用爲蜀地之代稱，與何宇度《益部談資》之"益部"相類。

時嘉慶二十三年正月十五日，武威張澍纂[一]

[一] 按，此序之後，趙熙批注三條。第一條云："國變後三年歸里，此書在篋，殘損，托縣士余翊文寫補。時寓關廟街，歲次甲寅也。又十數年丁卯記，趙熙書於桂林街。"據此條可知，趙熙找人抄配《蜀典》在一九一四年，而作記則在一九二七年。批點全書應是在一九二七年之後，時間還很漫長，因爲卷五"掘龍骨"條談到了一九三六年榮縣發掘峨眉龍化石之事。第二條云："張壽穀，嘉慶四年己未進士，朱文正珪贈詩：'十四歌《鹿鳴》，十九登麟囿。'又著有《黔書》，續田山薑。凡所著文章爾雅，考證詳密，情怡斐然，博麗自喜。香宋。"據此條，張澍所撰《續黔書》，乃續田雯所撰《黔書》。田雯之書兩卷，今存嘉慶十五年刻本。至於朱珪贈張澍之詩句，全詩見張澍《養素堂詩集》卷一一《入都中集》，乃朱氏爲張澍《續黔書》所題之詩。第三條云："朱、阮總裁，會元史致儼，如張惠言、王引之、陳壽祺、許宗彦、郝懿行、吴鼒、鮑桂星、張澍，皆績學之士，炳炳傰盛。湯金釗、盧坤與史尤通顯。"據此條，朱珪與阮元主持嘉慶四年大考，所列諸人皆同年進士，且與張澍有交游。相關人物小傳可參《張澍年譜》所附"張澍的重要交游"。

光緒重刻本序

尊經書院之落成也，庋有餘木若干。諸生以地卑濕故，請製地板及諸雜具。時余監院事，與錢公徐山[一]、錢公蘭陂[二]、薛公丹廷共成之[三]。凡製地板百餘間，床案、書架百具，木凳二百具。因事撙節，工竣，得有餘金八十兩。余念學者服鄉道古，不可數典而忘，遂以餘金重雕張氏《蜀典》。金不足，佽助竣事，并付肄業生張孝楷校其字[四]。至其書之美，論者謂足補總志之缺。然讀者自能知之，無俟余言也，故第誌其緣起而已。

光緒丙子仲冬月，中江淩焯[五]

[一]“錢徐山”，事迹不詳。李曉宇《王闓運受聘尊經書院史事考》（《四川大學學報》二〇〇八年第二期）稱其爲錢儀吉之子，名保宣，字徐山。此人爲尊經書院早期主講。

[二]“錢蘭陂”，浙江海寧人錢保塘，字鐵江，號蘭陂。民國《海寧州志稿》卷二八《人物志·循吏》列其小傳，略云：“錢保塘，字鐵江，號蘭伯。幼時應童子試，仁和曹金籀在州署閲卷，得其文，大加嘆賞，以女字之。後以第一人入泮，旋食廩餼。咸豐己未舉於鄉，庚申下第歸。寇氛方熾，鄰邑有孫姓者主賊中會計，招以書，夤夜奔避。館京師數載，名動公卿間。同治戊辰，以教習得知縣，籤分四川。大府重其名，聘主尊經書院。光緒己卯，攝清遠縣，以防峨邊功，奏保直隸州。壬午，攝定遠縣；戊子，補大足縣。”後卒於大足任上，年六十五。按，小傳稱其號蘭伯，與此“蘭陂”不同，然淩焯與錢氏共事，亦不至弄錯其號。據名字相生之理，塘、江、陂互有關聯，或作“蘭陂”爲是。

[三]“薛丹廷”，事迹不詳。

[四]“張孝楷”，事迹不詳，然據王闓運《湘綺樓全集·箋啓》卷三《致朱詹事》，有“况書院三升之地，尊經又百選之精，闓運承流其間，非無學識。其中如楊炳烈、張孝楷，不孝不弟，加以烟飲，公會罵坐，漢律斬刑，猶且引咎自罰，僅予降課，蓋天下俗薄官師失職”之語，則張氏於學不精，宜乎校《蜀典》而誤字叠出也！

[五]“淩焯”，據民國《中江縣志》卷一五小傳，淩焯字鏡之。據光緒《新修潼川府志》卷一五，此人乃咸豐九年舉人。民國《華陽縣志》卷六，稱其同治元年任華陽教諭。據民國《丹陽縣續志》淩氏所作序“焯至官八月得以觀成”及署題“光緒十一年歲次乙酉六月知丹陽縣事中江淩焯謹序”，則淩氏於光緒十年十月至丹陽縣任知縣。據民國《吴縣志》卷三，淩焯號西圃，光緒十五年由華亭知縣調任吴縣知縣。又據民國《金壇縣志》卷五，淩氏光緒十六年至十九年任金壇知縣。其後事迹則不詳。

蜀典卷一上

武威介侯甫張澍 編輯

堪輿類

蜀精玄象，始自萇叔[一]。洛下文公[二]，圖緯尤篤。山起于面，江出其腹[三]。月鏡星橋[四]，湺官楊樸[五]。類而補之，是曰碎録。

五 亥

《星經》："玉衡第二星，主益州。常以五亥日候之，乙亥爲漢中，丁亥爲永昌，己亥爲巴郡、蜀郡、牂牁，辛亥爲廣漢，癸亥爲犍爲，凡七郡。"[六]今《通志》所引[七]，舛訛不全。

[一]"萇叔"，即萇弘，清人諱"弘"字，故亦作"萇宏"，本書統一用"萇弘"。字叔，故又稱萇叔。可參本書卷二"萇弘不葬蜀"條。此句言蜀地精天象者，始自萇弘。

[二]"洛下文公"，洛下閎，本名黄閎，洛下乃閬中地名，故又稱洛下閎。西漢人，通曉天文，曾改《顓頊曆》，作《太初曆》，創"渾天説"。詳本書卷二"洛下黄閎"條。

[三]"山起于面，江出其腹"，《三國志·蜀志·秦宓傳》云："蜀有汶阜之山，江出其腹。"

[四]"月鏡"，本書卷二"萇弘不葬蜀"條云："時異方貢玉人石鏡，此石色白如月，照面如雪，謂之月鏡。"◎"星橋"，參本卷後文"七星橋"條。

[五]"湺官"，汶山郡縣名，見《南齊書·州郡志下》。"湺"，字書不載，《中華字海·氵》部稱讀音待考。然據《南齊書》校勘記，南監本及《宋書·州郡志四》作"晏官"，則可能與"晏"同音。◎"楊樸"，生薑，參本卷後文"楊樸"條。

[六]按，此處引《星經》之語，見《後漢書·天文志上》"天地設位，星辰之象備矣"句注文所引。

[七]按，此《通志》乃嘉慶《四川通志》。其書卷一引《後漢書·天文志》注云："玉衡第二星，主益州。常以五亥日候之，己亥爲巴郡、蜀郡、牂牁，癸亥爲犍爲。"《四川通志》所引不全，然並無舛訛也。

赤雲

京房《易傳》："赤雲如兔，蜀國當富。"[一]

蜀雲

《史記》："蜀雲如囷倉。"[二]《星占》："蜀雲如車。"[三]《隋·天文志》："蜀雲如囷。"[四]《晋志》："蜀雲如囷。"[五]

井絡

《河圖括地象》："嶓冢之精，上爲狼星[六]；岷山之精，上爲井絡。"案，《蜀都賦》即用此二語[七]。《志》於天文門引作"岷山之下，爲井絡"[八]。夫井絡，星也，何在岷山之下乎？于文爲不通矣！魏酈道元《水經注》、宋計有功《大禹廟記》引《括地象》均云"岷山之精，上爲井絡"也[九]。《洛書甄曜度》云："汶山之地爲井絡，帝以會昌，神以建福，上爲天井星。"[十]其語有分析。

[一] 按，此條見《北堂書鈔》卷一五〇《雲七》"雲如兔"，亦見《廣博物志》卷三。

[二] 按，此處言出《史記》，今本不載，唯宋人吴淑《事類賦》卷二"輕飄絳衣"條注云："《史記》曰：'韓雲如布，趙雲如牛，楚雲如日，宋雲如車，魯雲如馬，衛雲如犬，周雲如輪，秦雲如美人，魏雲如鼠，齊雲如絳衣，越雲如龍頭，蜀雲如囷倉。'"然《北堂書鈔》卷一五〇《雲七》"車輪"條及《藝文類聚》卷一引"兵書"之語則作"蜀雲如囷"，今文淵閣《四庫全書》本《太白陰經》卷八正有此語，頗疑《事類賦》有誤。

[三] 按，此條暫未見他書有載。

[四]"隋"，原作"隨"，隋朝最初之號，今改爲通行寫法，後文此字徑改，不再出校。按，《御批歷代通鑑輯覽》卷四六"開皇元年"條"春二月，周楊堅稱皇帝"句注文云："是爲隋文帝。本襲封隨公，故國號曰'隨'。以周、齊不遑寧處，乃去'辶'作'隋'。"此處所引見《隋書·天文志下》。

[五]"囷"下，原有"車"字，截取不當而誤衍也，據《晋書·天文志中·雲氣》删。

[六] 按，"嶓冢之精，上爲狼星"，與《後漢書·張衡傳》録《思玄賦》"射嶓冢之封狼"句注文所引《河圖》同；而《太平御覽》卷三八、卷四〇引《河圖括地象》則作"嶓冢山，上爲狼星"。又，其後兩句，則見《水經注·江水一》所引。

[七] 按，《文選·左太沖〈蜀都賦〉》有"岷山之精，上爲井絡"。

[八] 按，此處指嘉慶《四川通志》卷一引《河圖括地象》之語。

[九] 按，《大禹廟記》載《全蜀藝文志》卷三七。

[十] 按，管見所及，僅《繹史》卷一五一及《御定駢字類編》卷一五引此條云出《洛書甄曜度》，早期文獻如《藝文類聚》卷七、卷八，《太平御覽》卷三八等所引，皆云出《河圖》。

益　州

《釋名》："益，阸也。所在之地險阸也。"[一]《地理風俗記》云："華陽黑水惟梁州[二]。漢武帝元朔二年改梁曰益州，以新啓犍爲、牂牁、越嶲之疆壤益廣，故稱益。"酈道元《水經注》引之。《春秋元命苞》云："觜、參流爲益州。益之爲言隘也。謂物類并决，其氣急切决烈矣。"[三]劉熙"益阸"之説，蓋原於此。

益州　益州郡

《漢益州太守北海相景君碑》言"益州太守"，王世貞云："益州當言刺史，不當言太守。"[四]案，漢時有益州，又有益州郡。益州，武帝十九年廢梁州置益州。若益州郡，開於武帝元封二年。叟夷反，將軍郭昌討平之，因置也。郡有太守，州有刺史。刺史初治廣漢郡之雒縣，後徙成都。而太守自治滇池。蜀漢建興三年，始改益州郡曰建寧，避州郡同名也。《蜀志》以諸葛亮爲益州太守，此益州太守非漢武帝所開置之益州郡也。武帝所置之益州郡，劉蜀時爲南中地。蓋劉璋置益州太守，與蜀郡太守並治成都郭下。

蜀　境

《晉書·陸機傳》："夫蜀郊境之接，重山積險，陸無長轂之徑；川阸流迅，水有驚波之艱。"

蜀土與秦同域

張華《博物志》："蜀漢之土，與秦同域。南跨邛、笮，北阻褒、斜，

［一］按，此條見《釋名》卷二，文字略異。

［二］"惟"，原作"爲"，據《禹貢》及《水經注·江水一》引應劭《地理風俗記》改。

［三］按，此處所引見《藝文類聚》卷六。

［四］按，此説見《弇州四部稿》卷一三四"漢景君銘"條，原文云："《漢故益州太守北海相景君銘》，今在濟寧州學，見永叔、明誠集中，而永叔辨論加詳。隸法故自古雅，尚可識。益州部，當言刺史，不當言太守也。"

西即限礙，隔以劍閣。窮險極峻，獨守之國也。”[一]

深土　滔土[二]

《河圖》：“正南卬州曰深土[三]，西南戎州曰滔土。”[四]

蜀　城

王右軍《法帖》曰：“往在都，見諸葛顒[五]，曾問蜀事，云：‘成都城池、門屋[六]、樓觀，皆是秦時司馬錯所修，令人遠想慨然。具示，爲廣異聞。’”[七]李石詩序曰：“張儀、司馬錯所築太城[八]，自秦惠王乙巳歲至宋紹興壬午，一千四百七十八年[九]，雖頽圮，所存如斷壁峭立，亦奇觀也。”

十八門

《蜀都賦》：“金城石郭，兼匝中區[十]，既麗且崇，實號成都。”案，

[一] 按，此條出《博物志》卷一。

[二] 按，此條之下，趙熙批云：“《淮南子》可引。”

[三]“卬”，原作“邛”，形近而誤，據《後漢書·張衡傳》録《思玄賦》之“卬州而愉敖”句注文所引《河圖》之語改。《文選》引舊注則云：“卬州，正南州名也。《四海圖》曰：‘交、廣南有卬州，其處極熱。’”顯非蜀地之邛州也。

[四]“滔土”，謂五穀成長的土地。《淮南子·墬形訓》：“西南戎州曰滔土。”高誘注：“滔，大也。七月建申，五穀成大，故曰滔土也。”

[五]“顒”，原作“禺”，避嘉慶帝愛新覺羅顒琰諱而改，今據《全蜀藝文志》卷六〇、《蜀中廣記》卷一等回改。◎又，趙熙亦於此條眉批云：“顒，廟諱。”

[六]“池、門”，原脱，據《全蜀藝文志》補。

[七]“具示，爲廣異聞”，與《全蜀藝文志》《蜀中廣記》同。《法書要録》卷一〇、《墨池編》卷五、《漢魏六朝百三家集》卷五八則作“爲爾不信，一一示，爲欲廣異聞”。

[八]“太”，原作“大”，據《蜀中廣記》卷一引李石詩序及《方輿勝覽》卷五一《成都府·古迹》“太城”條、《明一統志》卷六七《成都府·古迹》同條改。按，“大、太”可通，然二字有别，爲免混淆，故改之。後文此城之名徑改，不再出校。

[九]“七十八”，原作“八十七”，據《成都文類》卷四、《全蜀藝文志》卷一〇所録李石《秦城二絶》詩序改。按，秦惠王乙巳，公元前三一六年；紹興壬午，公元一一六二年，相加可知作“一千四百七十八年”是。又，此處録序文與《蜀中廣記》卷一引文較似，與原文略異。

[十]“匝”，原作“市”，形近而誤，據《文選·左思〈蜀都賦〉》改。

《後漢書》注引張載注[一]："漢武帝元鼎二年[二]，立成都十八門。""小雒郭門，蓋其數焉。"[三]漢元鼎二年[四]，太城立九門，少城立九門，故有十八門之稱。揚雄《賦》"都門二九"[五]、左思《賦》"闢二九之通門"是也。《臧宫傳》："進軍咸門。"注："成都北面東頭門也。"又："入小雒郭門。"其北面西頭門曰"朔門"，或謂即"小雒門"[六]。《公孫述傳》注："成都北面有二門，其西者名咸門。"其東有陽城門也[七]。常璩《華陽國志》："張若修整里闠[八]，市張列肆[九]，與咸陽同制。"左思《蜀都賦》："結陽城之延閣。"注："蜀門名。"李膺《益州記》："少城有九門：南面三門，最東曰陽城門，次西曰宣明門，張儀樓即宣明門樓。"常璩《志》又云："直西門郫江中，冲治橋也。市橋門[十]，今所謂石牛門也。"《水經注》："西南石牛門曰市橋。"又云："太城南門曰江橋門。"[十一]常璩《志》又云："蜀王憚喪車至北門，陷入地，蜀人因名北門曰咸陽門。"《太平寰宇記》："讀書臺在章城門路西[十二]，今爲

[一]"後漢書"，光緒本改作"續漢志"，誤矣。按，處所引張載之文，出《後漢書·臧宫傳》"乃乘兵入小雒郭門，歷成都城下"句注文。此條引《臧宫傳》《公孫述傳》，皆出《後漢書》。

[二]"二年"，《後漢書》注文引張載之語作"三年"。此處作"二年"，乃因《文選》注文作"三年"而改，避免前後不一也。

[三]按，此句亦《後漢書·臧宫傳》注文，但非張載注《蜀都賦》之文。

[四]此句之前，原有"周地圖記云"五字，誤衍也，今删。按，《周地圖記》早已不存，張澍不可能見到原文，只能轉引。據目前所見資料來看，相關内容僅見於《蜀中廣記》卷一。致誤之由，在於《蜀中廣記》先引《周地圖記》，言："《周地圖記》云：初，張儀築城，城屢壞，不能立。忽有大龜出于江，周行旋走。巫言依龜行處築之，城乃得立。所掘處成大池，龜乃伏于中。龜每出，則州境有賊，刺史或病。"其後曹學佺加按語"即此城也"，然後再言漢元鼎二年立城門之事，則所謂立城門之事，絶非《周地圖記》之語。曹學佺所引《周地圖記》之文源自《太平寰宇記》卷七二，的確無元鼎二年立城門之事。張澍徵引有誤，故删去。

[五]此句出揚雄《蜀都賦》。

[六]按，此説本自顧祖禹《讀史方輿紀要》卷六七《四川二》："其北面西頭門曰朔門，或以爲即小雒郭門。"

[七]按，此句亦出《讀史方輿紀要》卷六七，較早考證此門之名者，乃《太平寰宇記》卷七二引李膺《益州記》之語，後文引李膺之語，亦係據《太平寰宇記》轉引。

[八]"張若"，原作"張儀"誤，據《華陽國志》卷三改。按，《華陽國志》云："若徙置少城。内城營廣府舍，置鹽鐵市官並長、丞，修整里闠，市張列肆，與咸陽同制。""若"即張若，張澍誤以爲張儀也。

[九]"市張"，原誤倒，據《華陽國志》卷三乙。

[十]"門"，《華陽國志》卷三原無，張澍以爲市橋所對，其門當名市橋門，故補之也。

[十一]第二"門"字，《水經注·江水一》原無，亦張澍所補也。

[十二]"讀書臺在章城門路西"，原作"章城門"，據《太平寰宇記》卷七二改。

乘烟觀。"《天中記》[一]:"荆南高大王使邸務丁晏入蜀[二],令畫工李文才寫興義門内雙石笋。"[三]十八門,今袛考得十一,其餘不見史傳、地志,莫可指實矣。

禮殿門

《爾雅翼》:"蜀之禮殿門,有漢世所圖麟鳳,亦只一角獸耳。"[四]

庸、蜀、羌、髳、微、盧、彭、濮人

《尚書·牧誓》:"庸、蜀、羌、髳、微、盧、彭、濮人。"孔安國《傳》:"八國皆蠻夷。羌在西。蜀,叟。髳、微在巴、蜀。盧[五]、彭在西北,庸、濮在江、漢之南。"案,孔氏傳,今人句讀多舛。岳珂《九經三傳沿革例》:"'羌在西'句,'蜀,叟'句,'髳、微在巴、蜀'句[六],'盧[七]、彭在西北'句,'庸、濮在江、漢之南'句。"最爲分明。

庸即魚國,夔州、房陵、上庸一帶地。《括地志》:"房州竹山縣,本漢上庸縣,古之庸國。昔周武王伐紂,庸蠻在焉。"[八]《左傳·文公十六年》:"庸人率群蠻叛楚,楚人伐庸,七遇皆北。惟裨、鯈、魚人實逐之。"

[一]"天",原作"玄",不知因何而誤,今據所載之事出《天中記》卷二五改。按,《玄中記》,早見於《水經注》原序,未詳作者,其後未見同名之書,則是書不可能記載五代時之事。《太平御覽》大量引用《玄中記》條目,似地理書而涉玄怪,與此條風格亦迥異,可確定張澍題名有誤也。又,此事最早見於《益州名畫録》卷中"李文才"條。

[二]"丁晏入蜀",原作"人丁晏",據《天中記》《益州名畫録》改,文義更暢。本書卷一下之"雙石笋"條引《天中記》則不誤也。

[三]"内",《天中記》《益州名畫録》作"兩",形近而誤也。《蜀中廣記》卷一〇七引《益州名畫録》正作"内",同書卷二改寫《寰宇通志》之語亦云:"雙石笋在興義門内。"故《蜀典》改"兩"爲"内",不誤。

[四]按,此條見《爾雅翼》卷一八《釋獸·麟》。

[五]"盧",原無,據《尚書注疏》補。按,既論八國,不當脱"盧"也。

[六]"蜀",原無,《九經三傳沿革例》並未論及此句,而據《尚書》疏文"髳、微在巴、蜀者,巴在蜀之東偏,漢之巴郡所治江州縣也",知當有"蜀"字,且前文亦有,此不當脱也,故補之。

[七]"盧",原作"蜀",據前後文改。按,《九經三傳沿革例》之"句讀"例,僅論及"羌在西"句、"蜀,叟"句,此後之句讀情況皆張澍之言,原書實無。

[八]按,唐人李泰所撰《括地志》已佚,今人賀次君有《括地志輯校》,此條見《史記·楚世家》"乃興兵伐庸"句《正義》所引注文。

杜注："魚，庸邑，即魚復。庸，今上庸，屬楚之小國。"《後漢·郡國志》劉昭注："魚復，古庸國。文十六年'魚人逐楚師'是也。"[一]

蜀即叟。《後漢書·劉焉傳》[二]："馬騰與劉範謀誅李傕，焉遣叟兵五千助之。"《董卓傳》："吕布軍有叟兵内反。"注："叟，即蜀兵也。漢代謂蜀爲叟。"[三]常璩曰："夷人大種曰昆，小種曰叟。"[四]

《後漢書·西羌傳》："西羌出自三苗，姜姓之别也。"又云："羌無弋爰劍，子孫各自爲種。"[五]即武都參狼，廣漢白馬，汶山冉駹，巴中板楯，今松潘、茂州諸夷也。

髳即旄牛種，即越巂夷。《西南夷傳》："天漢四年，以沉黎郡并蜀郡，爲置兩都尉，一居旄牛，主徼外夷。延光二年，旄牛夷叛，攻靈關。"《蜀志·張嶷傳》："旄牛道絶已百餘年，嶷賂其帥狼路，通舊道，千里肅清，復古亭驛，奏封路爲旄牛夷㽦毗王。"[六]《華陽國志》："旄牛地在邛崍山表。"[七]《寰宇記》："通望縣有故旄牛城，俗呼爲牛頭城。"[八]又云："陽山縣、臺登縣，即旄牛故縣地。"《詩·小雅》："如蠻如髦。"箋："髦，西夷别名。武王伐紂，八國從焉。"疏："《牧誓》曰'及庸、蜀、羌、髳、微、盧、彭、濮'，彼'髳'此'髦'，音義同也。"是髦、旄、髳字通，旄又通氂，亦通犛也。唐貞觀時，置髳州。《括地志》云："姚府以南，古髦州之地。"[九]楊用修謂髦即叟，誤矣。又以髳、徙、斯、叟、賨

[一]"十六年"，原作"十九年"，據《後漢書·郡國志五》及前文引《左傳》之語改。

[二]"後"，原無，今據所引出自《後漢書》補。後引《西羌傳》亦補"後"字，不再説明。

[三]按，此條亦出《後漢書》。

[四]按，此條見《華陽國志》卷四。

[五]按，《後漢書·西羌傳》有："羌無弋爰劍者，秦厲公時爲秦所拘執，以爲奴隸，不知爰劍何戎之别也。"與此處所引不同，所謂又云者，當是據《太平寰宇記》卷八一改寫。原文云："羌無弋爰劍者，秦厲公時爲秦所執，以爲奴隸。後得亡歸，將其種人南出賜支河，其後子孫各自爲種。"

[六]"毗"，原作"町"，據《三國志·蜀志·張嶷傳》改。

[七]按，此條見《後漢書·安帝紀》元初五年"秋七月，越巂蠻夷及旄牛豪叛，殺長吏"句注文及《後漢書·郡國志五》"旄牛"句注文所引，《華陽國志校補圖注》卷三亦據《郡國志》改寫而輯録。

[八]按，此條乃據《太平寰宇記》卷七七"通望縣"改寫，後一句則據同書卷八〇"陽山縣""臺登縣"改寫。

[九]按，此條見《史記·周本紀》"及庸、蜀、羌、髳、微、纑、彭、濮人"句《正義》所引注文。

爲一種，尤誤[一]。考“徙”語“斯”，本一種，字相通。李奇音“徙”爲“斯”[二]。《漢紀》[三]：“元狩中，發使者出駹、出冉、出徙、出邛、僰，指求身毒。”即此“徙”也。司馬相如文云[四]：“略斯榆。”即徙陽[五]，漢屬蜀郡，晋時屬漢嘉郡。宋、齊訛爲始陽[六]。《華陽國志》：“邛都之初有七部，後爲七部營軍，後又有四部斯兒。”[七]斯、叟其一，是斯即邛部夷也。賨在巴郡，廩君之後，爲彭夷，不得與斯、叟爲一。《張嶷傳》有斯都耆帥李承，殺越巂太守龔祿。是斯非叟，更非髳，審矣！

微即木耳夷。《九州要記》[八]：“越巂郡界千里有木耳夷。常居木上作屋，有尾長二寸。若損尾，立死。若欲地上居，則預窟穴以安尾。”蓋以此夷生尾，故謂之“微”。“微”字與“尾”通。《書》：“鳥獸孳尾。”古文作“字微”[九]。《論語》“微生高”[十]，《人表》作“尾生高”也[十一]。《水經注》：“建興三年，分益州爲建寧郡。于温水側，皆是高山，山水之間悉是木耳夷。居土差平和，而無瘴毒。”[十二]即微夷之地矣。

盧即瀘州戎，今叙州長寧、興文一帶夷皆是。《路史·國名記》：“瀘，盧戎也。古文作‘纑’。”[十三]又通作“盧”，習鑿齒《襄陽耆舊傳》[十四]。

[一] 按，楊慎之説見《升庵集》卷四八“徙斯訓”條。

[二] 按，《史記·大宛列傳》“出駹，出冉，出徙”《索隱》引李奇注文云：“徙音斯，蜀郡有徙縣。”

[三] 按，荀悦《漢紀》無相同記載，此所謂《漢紀》當指宋人王益之所撰《西漢年紀》，見其書卷一四。

[四] “司馬相如文”，即《難蜀父老》，見《史記·司馬相如列傳》及《文選》卷四四。

[五] “徙陽”，見《晋書·地理志上》。

[六] 按，《舊唐書·地理志四》嚴道縣下稱後魏時濛陽郡領始陽縣；雍正《四川通志》卷二《建置沿革·雅州府》亦稱“西魏廢帝二年始置始陽縣”，待考张澍言宋、齊訛爲始陽一説出自何處。

[七] “斯兒”，原無，據《華陽國志》卷三補。

[八] “《九州要記》”，《通志·藝文略四》著録爲四卷，不題作者，《太平寰宇記》有大量徵引。此條即據《太平寰宇記》卷八〇轉引，但原書所叙乃“濮夷”，非木耳夷。故張澍竄改原文，論據不足，此條考證難以令人信服。

[九] 按，作“字微”者，見《古文尚書疏證》卷二，亦見《史記·五帝本紀》。

[十] “微生高”，見《論語·公冶長》：“子曰：‘孰謂微生高直？’或乞醯焉，乞諸其鄰而與之。”

[十一] “尾生高”，見《漢書·古今人表》，顔師古注云：“即微生高也。”

[十二] 按，此條見《水經注·温水》，有删節。

[十三] 按，此條見《路史》卷二九。

[十四] 按，此説出《後漢書·郡國志四》：“中廬侯國。《襄陽耆舊傳》曰：‘古廬戎也。’”

樂史《寰宇記》以爲中廬在襄陽縣西漳縣[一]，非也。《左·桓公十三年》："屈瑕伐羅，羅與盧戎兩軍之。"杜預亦誤爲"中廬"。

彭即彭水夷。《國名記》："彭，黔之彭水縣。"在忠州。《太平寰宇記》："彭晉山，在始建縣九十二里[二]，彭晉，獠之姓也。"一云即賨人。《郡國志》："賨人勁勇，鋭而善舞。"[三]漢高帝募賨民定秦地是矣[四]。《華陽國志》："長老言宕渠爲古賨國，今有賨城。"《唐志》："武德元年，分置賨城縣，屬渠。"[五]《寰宇記》："故賨國城在流江縣東北七十里。"[六]又云："閬中有渝水，賨民多居水左右。"是"彭"即賨人。《括地志》云："戎府之南，古微、盧、彭三國之地是矣。"[七]

濮即百濮，爲會無濮夷。《左傳》："麇人率百濮，聚于選。"穎容《釋例》[八]："麇在當陽縣。"《前漢·地理志》："僕水出徼外[九]，東南至來惟入勞。"[十]"僕"與"濮"同。《華陽國志》："青蛉，濮水出。"[十一]又云："會無縣路通寧州，渡瀘得住狼縣，故濮人邑也。今有濮人冢，冢不閉户，其中多珠，人不可取，取之不祥。有天馬河。"[十二]其地出大竹，亦謂之濮竹[十三]。濮，《王會解》之卜人也[十四]。"濮""卜"音相同。《爾雅》："南

[一] 按，此説見《太平寰宇記》卷一四五。

[二]"在始建縣九十二里"，原作"在建寧始縣九十里"，今據《太平寰宇記》卷八五改。

[三] 按，此處乃據《太平寰宇記》卷八三轉引，所謂《郡國志》，非《後漢書·郡國志》。

[四] 按，《華陽國志》卷一云："漢高帝滅秦，爲漢王，王巴蜀。閬中人范目有恩信方略，知帝必定天下，説帝爲募發賨民，要與共定秦。"後文引《華陽國志》亦見其書卷一。

[五] 按，此條乃據《新唐書·地理志四》"渠州"注文改寫。

[六]"七十里"，《太平寰宇記》卷一三八作"七十四里"。又，後一條見《太平寰宇記》卷八三。

[七] 按，此條見《史記·周本紀》"及庸、蜀、羌、髳、微、纑、彭、濮人"句《正義》所引注文。

[八]"穎容"，字子嚴。東漢末年、三國初年經學家。著《春秋釋例》，已亡佚。《隋書·經籍志一》著録爲十卷。後人輯爲一卷，見《玉函山房輯佚書》。此處所引之語，亦見洪亮吉《春秋左傳詁》卷二"十有一年春楚子伐麇"條注文。

[九]"僕"，原作"濮"，據《漢書·地理志上·越嶲郡》改。按，據後文"僕與濮同"，亦證此處當作"僕"。

[十]"惟"，原作"唯"，據《漢書》改。

[十一] 按，《華陽國志》卷四云："青蛉縣，有鹽官，濮水同出。"

[十二]"天"，原作"元"，據《華陽國志》卷三改。

[十三] 按，此説見《華陽國志》卷四。

[十四] 按，《逸周書》卷七《王會解》"卜人以丹沙"句注文云："卜人，西南之蠻，丹沙所出。"

至于濮鉛。”[一]亦是濮夷。羅泌云：“濮，熊姓，在三峽外。《左傳·文公十六年》：‘麇人率百濮伐楚。’《昭十九年》：‘楚子爲舟師伐濮。’杜預以爲建寧郡，南濮夷地。”[二]《釋例》曰：“建寧郡南有夷，無君長總統，各以邑落自聚，故稱百濮。”[三]劉伯莊云：“濮在楚西南。”[四]《太平寰宇記》云：“尾濮國，一名木濮，在興古郡。”“木棉濮，其土有木棉樹。”“文面濮，其俗劖面，而以青蓋之。”“赤口濮，其俗折其齒、劖其唇使赤，又露身無衣服。”“折腰濮，其俗子皆折其腰。”“黑僰濮[五]，在永昌西南，山居耐勤苦。其衣服，婦人以一幅布爲裙[六]，或以貫頭；丈夫以穀皮爲衣。”[七]此即所謂百濮也[八]。

魚鳧[九]

張勃《吴録》云：“南有魚鳧國，古蜀帝所都。婁縣石首魚，至秋化爲鳧。魚鳧之名義，溯此可求諸。”[十]案，《吴地記》：“石首魚至秋化爲冠鳧，冠鳧頭中猶有石也。”[十一]蜀之先名魚鳧，亦或以此耶？温江縣北

[一] 按，此條見《爾雅·釋地·野疏》，音義正云“濮音卜”也。

[二] 按，此條乃據《路史》卷二六“濮”條改寫。

[三] 按，此條見杜預《春秋釋例》卷七，《左傳·文公十六年》“麇人率百濮”句注文僅稱《釋例》而不言作者，則此條非穎容同名之書所有也。

[四]“劉伯莊”，唐代經學家。徐州彭城（今江蘇徐州）人。貞觀中累除國子助教，爲弘文館學士，尋遷國子博士，有《史記音義》二十卷。《舊唐書》有傳。此條見《史記·楚世家》“避難於濮”句《正義》所引。

[五]“僰”，原作“棘”，據《太平寰宇記》卷一七九改。按，前後相關條目皆見《太平寰宇記》同卷。

[六]“布”，原脱，據光緒本及《太平寰宇記》補。

[七]“穀皮爲衣”，底本原作“穀布”，光緒本作“穀皮爲衣”，據《太平寰宇記》改。

[八]“此即”，光緒本無。

[九] 按，此條之下，趙熙批云：“武陽亦有，可徵。”當是指《太平寰宇記》卷七四所云“犍爲有魚鳧津”也。

[十]“溯”，原作“斥”，蓋因“溯”可作“泝”而形近相訛也。今據楊慎《異魚圖贊》卷二“石首化鳧”條引《吴録》改。按，《吴録》，晋張勃著，《舊唐書·經籍志上》著録爲三十卷。此書爲紀傳體史書，記三國時孫吴史事。原書久佚，《玉函山房輯佚書》有輯録。

[十一] 按，此説見《爾雅翼》卷二九“鯼”條，所謂《吴地記》，《爾雅翼》作“吴地志”，《舊唐書·經籍志上》著録爲一卷，亦張勃撰。

十里有魚鳧城，相傳古魚鳧所都。

䣄

《蒼頡篇》云：“䣄音作，地名，在蜀。亦人姓。”[一]《説文》：“䣄[二]，蜀地也。”徐鍇曰：“案《字書》，鄉名，在臨邛。”案，邛州有䣄水[三]，原出大邑縣鳳凰山，因出在大邑之䣄壩[四]，故名。當即李斯所言之“䣄”也。又大邑縣出䣄石[五]，其石在䣄河中，形如卵，色如松華，最佳者如緑玉，細潤可愛。而人姓絶無聞。“䣄”即“䣄”字。

姑 繒

《漢書·匈奴傳》揚雄諫伐匈奴疏云：“探姑繒之壁。”師古曰：“姑繒謂西南夷種也，在益州。”案，《漢書》：“孝昭始元元年，益州廉頭姑繒民反，殺長吏。後三歲，姑繒、葉榆復反。”[六]姑繒即今建昌地。“繒”作“繪”者誤。

楊 樸[七]

案，《吕氏春秋·本味篇》：“和之美者，有楊樸之薑。”注：“楊樸，地名，在蜀郡。”崔駰《七依》[八]：“洞庭之鮒，灌水之鰩，滋以陽樸之

[一] 按，此説乃據《姓氏急就篇》卷下轉引。李斯所撰《倉頡篇》已佚。

[二] “䣄”，原作“䣄”，據《説文·邑部》改。

[三] “䣄水”，此寫法見道光《重修新津縣志》卷四、卷五，他書如嘉靖《四川總志》卷一三、同治《大邑縣志》卷四、嘉慶《邛州直隸州志》卷四等皆作“䣄”。

[四] “䣄”，原作“湝”，誤，據同治《大邑縣志》卷四等改。按，據《漢語大字典》，“湝”同“資”，非“䣄”字也。後面三“䣄”字原亦作“湝”，徑改，不再説明。

[五] 按，此説見同治《大邑縣志》卷七《物産》“菜花石”。

[六] 按，此條見《漢書·西南夷兩粤朝鮮傳》。

[七] 按，此條之下，趙熙批云：“或説即今梁山，或説地以昌僕名。”當是針對此條正文稱楊樸爲地名而發。昌僕，蜀山氏之女，見《史記·五帝本紀》。

[八] 按，此文見《藝文類聚》卷五七。

薑，蔌以壽木之華。”“陽樸”一作“楊樸”。又案，左慈、介象[一]，均以術取蜀薑於俄頃，以佐鱸鯔之用。則蜀薑之美尚矣！故太史公亦言蜀有卮薑之饒也[二]。“卮薑”即“茈薑”。張揖云[三]：“茈薑即子薑也。”《齊民要術》注：“茈，音紫。”[四]《四民月令》：“生薑謂之茈薑。”[五]或以“卮”爲梔子，是二物。

資州有諸葛亮、桓温舊道

《周書·陸騰傳》：“資州盤石民反，殺郡守，據險自守，州軍不能制。騰率軍討擊，盡破斬之。而蠻獠兵及所在蜂起，山路險阻，難得掩襲。騰遂相山川形勢，隨便開道。蠻獠畏威，承風請服。所開之路，多得古銘[六]，並是諸葛亮、桓温舊道。”

七星橋

《華陽國志》：“直西門郫江上曰冲治橋，從冲治橋西出曰長昇橋。郫江上西有永平橋。”又“成都西南兩江有七橋。長老傳言李冰造七橋，上應七星。故世祖謂吴漢曰：‘安軍宜在七橋連星間。’”[七]李膺《益州記》：“一長星橋，今名萬里。二圓星橋，今名安樂。三璣星橋，今名建昌。四

[一]“左”，原作“在”，形近而誤，據光緒本改。按，左慈取蜀薑，見《後漢書·方術列傳·左慈》，其文云：“操又謂曰：‘既已得魚，恨無蜀中生薑耳。’放曰：‘亦可得也。’操恐其近即所取，因曰：‘吾前遣人到蜀買錦，可過敕使者，增市二端。’語頃，即得薑還，并獲操使報命。後操使蜀反，驗問增錦之狀及時日早晚，若符契焉。”◎介象取蜀薑，見《神仙傳》卷九。其文云：“先主問曰：‘蜀使不來，得薑作鱠至美，此間薑不及也。何由得乎？’象曰：‘易得耳。願差一人，并以錢五千文付之，象書一符以著竹杖中，令其人閉目騎竹杖，杖止便買薑。買薑畢，復閉目。’此人如言騎杖，須臾，已到成都。不知是何處，問人，人言蜀中也，乃買薑。”

[二] 按，《史記·貨殖列傳》云：“巴蜀亦沃野，地饒卮薑。”

[三]“揖”，原作“楫”，形近而誤，據《文選·司馬相如〈上林賦〉》“茈薑、蘘荷”句注文引張揖曰“茈姜，子薑也”而改。

[四] 按，此條見《齊民要術》卷三“種薑”。

[五] 按，此條見《御定月令輯要》卷一六“藏茈薑”句注文。

[六]“銘”，原作“名”，據《周書》改。按，“銘”即所刻銘文也。

[七] 按，所引見《華陽國志》卷三，文字略異。

夷星橋，今名笮橋。任豫《益州記》作夷里橋。[一]五尾星橋，今名禪尼。六冲星橋，今名永平。七曲星橋，今名昇仙。”[二]李膺《記》與《華陽國志》多不同也。《益州記》又云：“冲星橋，舊市橋也。”胡三省曰：“升遷橋即升仙橋，舊名七星橋。”[三]《華陽國志》昇仙橋亦不在七星之數。《水經注》作“冲里橋”[四]。《寰宇記》：“萬里橋在州南二里，亦名篤泉橋，橋之南有篤泉。”[五]

棧閣

《名勝記》[六]：“《陰平修路記》云：龍安棧閣在龍安東者凡八：一曰石城，曰佛崖，曰麻園，曰蟆頤，曰黄陵，曰三店原，曰七里，曰飛仙。在府東南者凡三：曰石回，曰興文，曰猿臂。在府東北者凡二：曰秦隴，曰東閣。在府北者凡九：曰金鼓，曰芭蕉，曰楮株，曰盧崖，曰天井，曰桑坪，曰兜索，曰木蕊，曰飛泉。在府西北者凡十五：曰金匱，曰桐油，曰龍鳳一作隆奉，曰胡空，曰黄埂，曰劉村，曰鵝頂，曰禪峰，曰石門，曰仙女，曰馬桑，曰溪壩，曰黑水，曰羅溪一作漢，曰羊腸。《舊志》：‘興文閣在府東南二十里海棠鋪[七]，山路盤束，下臨急湍，置閣其上，以通行旅。’又南巖閣在龍安府東六十五里。明正德初修築，平坦可行。”案，《通俗文》云：“板閣曰棧。”[八]《廣雅》：“棧，閣也。”[九]《戰

[一]“豫”，原誤作“預”，據本書卷一下“玉女房”條等改。按，此注文原爲正文，今改爲注文。任豫之書早佚，所引任豫之文不知本自何書，亦絶非李膺《益州記》之注文，乃張澍所加者。

[二] 按，李膺之文見《丹鉛餘録》卷二及《蜀中廣記》卷一。

[三] 按，《資治通鑑·唐紀六十八·懿宗昭聖恭惠孝皇帝下》云：“庚子，官軍至城下，與蠻戰，奪其升遷橋。”胡三省注：“升遷橋，即升仙橋，秦時李冰所起，舊名七星橋。”

[四] 按，《水經注·江水一》云：“西南兩江有七橋，直西門郫江冲里橋。”

[五] 按，此條見《太平寰宇記》卷七二，《蜀中廣記》卷一亦引之。

[六]“《名勝記》”，即《蜀中廣記》之《蜀中名勝記》，後文所引乃據嘉慶《大清一統志》卷三九九《龍安府·關隘》“棧閣”條轉引，與《蜀中廣記》卷一〇原文有異，故張澍用夾注標出《蜀中廣記》之異文。

[七]“二十”，原作“三十”，據嘉慶《大清一統志》改，乾隆《大清一統志》卷三〇四同條亦作“二十”。

[八]“板”，原作“版”，據《文選·謝靈運〈從斤竹澗越嶺溪行〉》“登棧亦陵緬”句注文引《通俗文》而改。按，《通俗文》一卷，乃服虔撰，見《隋書·經籍志一》。

[九] 按，此説見《廣雅·釋宫》。

國策》："田單爲棧道木閣，迎齊王后於陽城山中。"[一]《史記·高祖紀》："輒燒絶棧道。"《索隱》引崔浩云："險絶之處，傍鑿山巖而施板梁爲閣也。"[二]是棧閣古即有之，不始蜀之棧閣也。又《淮南子·本經訓》："延樓棧道，鷄栖井幹。"是棧道，宫室亦有之。

邸閣

案，《鄧芝傳》："先主定益州，芝爲郫邸閣督。先主出至郫，與語，大奇之，擢爲郫令。"又："建熙十一年冬，諸葛亮使諸軍運米，集於斜谷口邸閣。"[三]《魏延傳》注："夏侯楙鎮長安，諸葛亮於南鄭計議。延曰：'横門邸閣與散民之穀，足周食也。'"是邸閣者，乃軍屯蹊要儲胥資糧之所也。如《三國志·董卓傳》注[四]："《獻帝紀》曰：'帝出雜繒二萬匹，與所賣厩馬百餘匹，宣賜公卿以下及貧民不能自存者。'李傕曰：'我邸閣儲偫少，乃悉載置其營。'"又《張既傳》："酒泉蘇衡反，既擊破之。遂上疏請治左城，築障塞，置烽燧邸閣以備胡。西羌恐，率衆二萬餘落降。"又王基擊吴，别襲步協于夷陵。協閉門自守，基示以攻形，而實分兵取雄父邸閣，收米三十餘萬斛。又毌丘儉[五]、文欽作亂，王基與司馬景王會于許昌。基謂："宜速進，據南頓。南頓有大邸閣，計足軍人四十日糧。"又《孫策傳》注："《江表傳》曰：'策渡江攻劉繇牛渚營，盡得其邸閣糧穀戰具。'"又《孫權傳》："赤烏四年夏，遣衛將軍全琮略淮南，决芍陂[六]，燒安城邸閣[七]，收其人民。"又："赤烏八年，遣校尉陳勛將屯田兵及作士三萬人，鑿句容中道，自小其至雲陽西城[八]，通會

[一] 按，此條見《戰國策·齊策》。

[二]"巖"，原作"崖"；"而"，原作"不"；"板"，原作"版"：據《史記》改。◎"爲閣也"，《史記》無，此處乃張澍補充以足文義者也。

[三] 按，該段出《三國志·蜀志·後主傳》："十一年冬，亮使諸軍運米集於斜谷口，治斜谷邸閣。"可知"斜谷邸閣"當爲諸葛亮始建。

[四]"三國志"，原作"漢書"，誤，今據《三國志·魏志·董卓傳》"二年間相啖食略盡"注文引《獻帝紀》而改。

[五]"毌"，原作"母"，形近而誤，今據《三國志·魏志·王基傳》改。

[六]"决"，原作"渡"，據《三國志》改。

[七]"安"，原作"官"，據《三國志》改。

[八]"西城"，原無，據《三國志》補。

市，作邸閣。”又《周魴傳》：“譎曹休。”箋曰：“東主遣從弟孫奂治安陸城，修立邸閣，輦貲運糧以爲軍儲。”[一]凡此皆見於漢末也。鄧芝爲邸閣督，其官當如關尉之類。又案，《晉書·武帝紀》：“咸寧三年六月，水没邸閣別倉。”《水經注·贛水》：“歷釣圻邸閣下，度支校尉治，太尉陶侃移置此。”是倉廪名邸閣。《吴興記》云：“邸閣池水灌田五百一十畝，鱗羽涵泳，芰荷交蔚。唐聖曆元年，縣令鉗耳知命修邸閣路。”[二]是水上駕木爲路，亦名邸閣矣。

汶陽郡

《南齊書·州郡志》[三]：“桓温平蜀，治江陵，以臨沮西界水陸紆險，行徑裁通，南通巴巫，東南出州治，道帶蠻蜑，田土肥美，立爲汶陽郡，以處流民。”

石鐃縣

《括地志》曰：“苴侯都葭萌，今利州益昌縣葭萌故城是。蜀侯都益州巴子城，在合州石鐃縣南，故墊江縣也。”[四]

朐䏰

《太平寰宇記》引《十三州志》[五]：“胊䏰[六]，蟲名。夔州多此蟲，

[一] 按，以上考證文字，非張澍首創，元人李冶《敬齋古今黈》卷四已詳考之，張澍因襲之而略加改易也。

[二] 按，此文見《太平寰宇記》卷九四。

[三] “南”，原無，據所引文字出《南齊書·州郡志下》補。

[四] 按，此條見《史記·張儀列傳》“苴蜀相攻擊”句《正義》所引。然別本《史記》有作“石鏡縣”者，又稱“石照縣”。《新唐書·地理志四》作“石鏡縣”，《方輿勝覽》卷六四《合州》“建置沿革”云：“西魏置合州，改墊江爲石鏡縣。”《括地志》此處作“石鐃縣”，或誤。

[五] “太平寰宇記”，原作“太平御覽”，我們覆查《太平御覽》卷一六七，並無相關記載。但《太平寰宇記》卷一四七云：“《十三州志》：朐䏰，地下濕多朐䏰蟲，故以爲名。”知張澍誤題出處也，今改。

[六] “胊”，《太平寰宇記》所引實作“朐”，二字形近，但讀音相差較大，此處乃張澍有意改之者。

遂以名縣。”雲安之西三十里萬户驛下横石灘上土人云：“驛之左右，朐
䏰故地也。”[一]其音當讀“蠢閏”。《後漢書》注引云[二]：“朐䏰縣，朐音
蠢，䏰音閏。其地下濕，多朐䏰蟲，因以名縣。故城在今夔州雲安西萬户
故城是也。”案，朐䏰，《曹全碑》《巴郡太守張納功德叙碑》《西岳華山亭
碑》《水經注》《雍勸闕》均作“朐忍”。《漢·地理志》亦作“朐忍”，小
顔音“劬”[三]。《晋·地理志》作“朐䏰”。《後漢·郡國志》與《地理志》
同。《説文·新附》“朐”字注云：“朐䏰，蟲名。漢中有朐䏰縣，从肉旬
聲。考其義當作潤蠢。如順切。”“䏰”字注云：“朐䏰也，尺尹切。”案，
朐䏰在巴東郡西二百九十里。許氏云“漢中”，“中”字誤衍。《三國志》
注引《英雄記》：“屯朐䏰。”裴音云：“上蠢，下如振反。”[四]戴侗《六書
故》云：“蚯蚓，古謂朐䏰。”[五]戴、顔説是，徐氏謬也。《廣韻》上聲準
部“朐”字，音尺尹切。注云：“漢朐䏰縣，䏰音閏，去聲。”稕部“䏰”
字，音如順切。注云：“漢朐䏰，縣名。朐音蠢。”二音倒互。《集韻》“朐”
字注云：“朐䏰，縣名。或从匀。俗作朐[六]，非是。”其説亦誤。

沉黎郡　汶山郡

《困學記聞》云：“《大事記解題》：‘沉黎郡、汶山郡，《地理志》
不載。’案，《輿地廣記》[七]：‘漢武帝置郡，既而罷之。’愚案《黄霸傳》：
‘入穀沉黎郡。’《後漢·莋都夷傳》：‘武帝所開，以爲莋都縣。元鼎六
年，以爲沉黎郡。至天漢四年，并蜀爲西部，置兩都尉：一居旄牛，主
徼外夷；一居青衣，主漢人。’”《水經注》：“漢武元封四年，以蜀郡西

[一] 按，此條本于《全蜀藝文志》卷四〇李燾《朐䏰記》：“閏月一日，泊舟雲安之西三十里萬户驛下，横石灘上，土人云：‘今驛之左右，朐䏰故地也。’”除了李燾此文對朐䏰有考辨外，楊慎在《丹鉛餘録·總録》卷二“朐忍辨”中亦有考證。

[二] “後”，原無，據《後漢書·吴漢傳》“而宕渠楊偉、朐䏰徐容等”句注文引《十三州志》而補。

[三] 按，此處指顔師古爲《漢書》所作注文。針對此句，趙熙眉批云：“今音猶然。”

[四] 按，此條見《三國志·蜀志·二牧傳》。

[五] 按，此説見《六書故》卷二〇“蚓”字注文。

[六] “朐”，原作“朐”，據光緒本及《集韻》改。

[七] “輿地廣記”，原作“地輿記”，據《困學紀聞》卷一〇及《大事記解題》卷一二改。

部邛莋邛。”[一]案，戴東原曰[二]：“此十四字不可通，當作‘漢武帝元鼎六年，以蜀郡西部莋都置沉黎郡’[三]，不得繫之元封四年也。又越巂郡治邛都，沉黎郡治莋都，不得兼言邛莋明矣。”[四]臣瓚曰：“《茂陵書》沉黎治筰都，去長安三千三百三十五里[五]，領縣二十一。”《冉駹夷傳》：“武帝所開。元鼎六年以爲汶山郡。至地節三年，省并蜀郡爲北部都尉。靈帝時，復分蜀郡北部爲汶山郡。”原注《宣帝紀》：“地節三年十二月，省汶山郡并蜀。”[六]《華陽國志》：“天漢四年，罷沉黎，置兩部都尉[七]：一治旄牛，主外羌；一治青衣，主漢民。”與《後漢·莋都夷傳》合。《後漢·冉駹夷傳》裁汶山郡[八]，靈帝時置。《太康地志》以爲蜀漢復立[九]，非也。

安上縣

《蜀志·張嶷傳》：“郡自丞相亮討高定之後，叟夷屢叛。太守不敢之郡，只住安上縣，去郡八百餘里。”案，《唐志》：“武德元年，置安上縣。七年改爲朱提。”[十]是安上，即今屏山縣地。《通志》引作“安定者”[十一]，誤。

[一]“以蜀郡西部邛莋邛”，《水經注·江水一》作“漢武帝元封四年，以蜀郡西部、邛莋理旄牛道”。

[二]“戴”，原作“載”，據光緒本改。按，戴東原即戴震，曾爲《水經注》作注。

[三]“沉黎郡”，戴震注本無，此乃張澍所補以足文義者，今仍之。

[四]後兩“莋”字，原皆作“筰”，據戴震注本改。按，莋指用藤搓成之大繩，後或因藤難覓且不經久，故以竹爲之，其字遂换義符作“筰”，省聲符又可作“笮”，其實一也。但爲尊重原書引文及同條用字相統一之原則，當作“莋”或“筰”者皆據引文改回。後文類似之處徑改，不再説明。

[五]“三千三百三十五里”，原作“三千五百五十里”，據《漢書·武帝紀》“定西南夷，以爲武都、牂牁、越巂、沉黎、文山郡”臣瓚注改。

[六]按，從“《冉駹夷傳》”至此，又係引《困學紀聞》之語也。

[七]“部”，原作“郡”，據《華陽國志》卷三改。

[八]按，《後漢書》原文作：“至地節三年，夷人以立郡賦重，宣帝乃省并蜀郡爲北部都尉。”

[九]按，此説見《蜀中廣記》卷六：“《太康地志》云：‘都安，劉先主置，屬汶山郡。’”

[十]按，此條見《舊唐書·地理志四》。

[十一]按，此指嘉慶《四川通志》卷四“寧遠府沿革説”所引之文。

鄤鄉

《説文》："鄤，廣漢鄉也。"《國名記》："蔓，今鄤也。廣漢有鄤鄉。"[一]

鄙鄉

《玉篇》："鄙，蜀鄉名。"《廣韻》烏渾切。《集韻》烏昆切[二]。並音"温"。

羊渠縣

《宋書·州郡志》："南浦縣，蜀建興八年，益州牧閻宇表改羊渠，立南浦。何《志》云[三]：'吴立羊渠縣。'"今《通志》引云："南浦縣，蜀建興八年，益州牧嚴宇表改羊渠。立羊渠，不詳。何《志》新立。"[四]句錯訛不可讀。《蜀鑑》云："三國羊渠縣，蓋置於羊飛山山下。"[五]

㞢縣

《集韻》："㞢，祖似切，音子。縣名，在犍爲。"[六]案，各《地理志》犍爲無㞢縣也。

浸官縣

《南齊書·州郡志》："汶山郡有浸官縣。"[七]

［一］按，此説見《路史》卷二六。

［二］按，《重修玉篇·邑部》："鄙，鄉名。在蜀。"《廣韻·魂韻》："鄙，鄉名。出《蜀志》。"《集韻·魂韻》："鄙，鄉名，在廣陵。縣名，在《蜀志》。"此處乃撮要改寫而成。

［三］"何"，即何承天。《宋書》有傳，曾修國史，其書多爲沈約所引，此處之《志》，即何承天所修國史之《州郡志》也。

［四］按，此指嘉慶《四川通志》卷五三之引文。

［五］按，此乃據《蜀中廣記》卷二三改寫，原文云："按《蜀鑑》，羊飛山下有羊渠縣，即此。"

［六］按，此條見《集韻·旨韻》。

［七］按，此條可參本卷開篇序文之注釋。

雷番

雷波，舊爲屏山縣地。乾隆間改設通判，仍隸叙州府。《元史·地志》“雷波”作“雷番”[一]。案，“番”與“波”字通也。《尚書》“滎波既猪”[二]，古文作“滎播既都”。《周礼·職方氏》：“其浸波溠。”[三]鄭注云：“波讀爲播。《禹貢》曰：‘滎波既都。’”《史記》播亦音波[四]。是“波”“播”古通矣。又“番”古音“皮”。《詩·十月之交》：“番維司徒。”班固《人表》作“司徒皮”。鄭箋“皮”本作“番”，番，氏也。白褒《魯國記》：“靈帝末有汝南陳子逸爲魯相，太尉陳蕃子也。國人爲諱改曰皮。”[五]《地理志》“魯國蕃縣”，應劭音“皮”[六]。《黨錮傳》“蕃嚮”，李賢注：“音皮。”[七]鄭康成《礼》注：“皮樹，今文爲繁竪。”[八]“繁”即“皮”字也。又“皮”古音讀“婆”，“番”亦讀“婆”，《史記》“番君”是[九]。“番”又讀“潘”，《河渠書》“河東守番係”是[十]。又音“播”，《班超傳》“疏勒都尉番辰”是[十一]。“番”又音“蒲”，《史記》“番吾”[十二]，《地理志》作“蒲吾”是。范成大《吴船録》謂：“蜀中稱尊者曰波，祖及外祖皆曰

[一] 按，此説不見於《元史·地理志》三，亦暫未見更早文獻記載，待考。

[二] 按，此句見《尚書·禹貢》。

[三]“浸”，原作“侵”，據《周禮注疏》改。

[四]“史記”下，原有“正義”二字，覆核《史記·夏本紀》“滎播既都”句，張守節正義並未對“播”字注音，故删之。

[五] 按，此處乃據《路史》卷二七轉引，但又據《括地志》之語改“陳子游”爲“陳子逸”，見《史記·太史公自序》“戹困鄱”句注文所引。司馬貞《索隱》又云：“田褒《魯記》曰：‘靈帝末有汝南陳子游，爲魯相。子游，太尉陳蕃子也。國人諱而改焉。’”張澍參合諸書而有取舍。又，援《詩經》以證“番”字讀音，惠棟《九經古義》卷五“十月之交”條已詳考之。至於“白褒”與“田褒”之異，據《新唐書·藝文志二》，有白褒《魯國先賢傳》十四卷；《隋書·經籍志二》亦作“白褒”，著録其書爲二卷，或當以“白褒”爲是。

[六] 按，此句亦爲《史記·太史公自序》“戹困鄱”句司馬貞所注。

[七] 按，此條見《後漢書·黨錮列傳》。

[八] 按，此句見《儀禮注疏·鄉射禮》“君國中射，則皮樹中”之注文。

[九] 按，《史記》多處見“番君”，但三家並未對其注音，倒是《漢書·高帝紀上》“遇番君别將梅鋗”句，蘇林注云：“番音婆，豫章番陽縣。”

[十] 按，此句，司馬貞《索隱》云：“番音婆。又音潘，《詩·小雅》云‘番維司徒。’番，氏也。”

[十一] 按，此句，李賢注云：“番音潘。”張澍所言不確。

[十二] 按，《史記·趙世家》“番吾君自代來”，《正義》引《括地志》云：“番吾故城在恒州房山縣東二十里，番、蒲古今音異耳。”

波。”隋史萬歲征西南夷，過此，嘗書“雷番山”三字[一]，鎸於石壁。今猶存雷波山名也。

百丈縣[二]

李膺記：“臨邛縣南北二十里至百丈。”即其地。《圖經》云：“有一穴，口方圓一百尺，深百丈。即王陽行部至此興嘆之處。”[三]樂史云：“百丈縣，本嚴道縣地。”又有百丈水。

峨眉山藥[四]

《孔子地圖》[五]：“峨眉山有仙藥，漢武帝遣使者祭之，欲致其藥，不能得。”

子桐山

《山海經·東山經》云：“子桐之山，子桐之水出焉。”郝懿行箋疏：“案，《玉篇》引司馬相如《梓桐山賦》云‘礷碉’，疑即此山也。‘梓’‘子’聲同。”案，長卿，蜀人，所賦者宜是梓潼山。梓潼，王莽改曰“子同”矣[六]。

[一]“番”，原作“波”，據《明史·地理志四》、《明一統志》卷七〇《馬湖府·山川》“雷番山”條改。

[二]“百丈縣”，據《舊唐書·地理志四》，唐貞觀八年置，屬雅州。治所即今四川名山縣東北四十里百丈鎮。據《宋史·地理志五》，北宋熙寧五年省入名山縣，元祐二年復置。又據乾隆《雅州府志》卷三，洪武十三年省入名山縣，後爲百丈驛。又，此條叙百丈縣，全據《太平寰宇記》卷七七而來。◎又，此條之下，趙熙批注云：“梁李膺字公胤，爲梁州别駕，有《益州記》。”

[三]按，《後漢書·西南夷傳·莋都夷》“路經邛來大山”句注云：“山上凝冰夏結，冬則劇寒，王陽行部至此而退者也。”

[四]按，此處言藥，不當雜於諸地名之間，實當歸入卷九“動植物”類。

[五]“孔子地圖”，原作“孔子圖記”，據《華陽國志》卷三改。

[六]按，《水經注·梓潼水》：“南徑梓潼縣，王莽改曰子同矣。”◎趙熙在此句旁批云：“《漢書》本傳。”按，《漢書·王莽傳中》“開王於武功，定命於子同”句，注文云：“孟康曰：‘梓潼縣也，莽改也。’”

女几山

《中山經》："岷山之首曰女几之山，其上多石涅，其木多杻、橿，其草多菊、术[一]。洛水出焉，東注於江，其中多雄黄，其獸多虎、豹。"畢中丞沅云："女几山在今四川雙流縣。"[二]《淮南子·天文訓》："日回于女紀，是謂大遷。"《隋書·地理志》："蜀郡雙流有女伎山。""紀""几""伎"三字音同也。許叔重《説文》作"𡵉山"[三]。

岷　山

《太平寰宇記》："王羲之《與謝安書》曰：'周益州書述蜀中山川[四]，如岷山，夏含霜雪，校之所聞，昆侖之仲也。'"

岷　山

《中山經》："岷山，江水出焉。"注：岷山，今在汶山郡廣陽縣西，大江所出。"東北流注於海，其中多良龜。其上多金玉，其下多白珉。其木多海棠，其獸多犀、象[五]，多夔牛，其鳥多翰、鷩。"《説文》云："岷山在蜀湔氐西徼外。"《地理志》云："蜀郡湔氐道。"[六]《禹貢》："岷山在蜀郡湔氐道西徼外，江水所出，東南至江都入海。"《水經注》："岷山即瀆山也，又謂之汶阜山，在徼外，江水所導也。"[七]案，汶山郡，漢武帝所開，宣帝省并蜀郡，見《後漢書·西南夷傳》。漢汶江縣，晋改爲廣陽縣，屬汶

[一]"多"，原無，據《山海經》及前後文補。

[二]按，此説不知所出，但民國《雙流縣志》卷一已引張澍此説。又，張氏此條似贊同女几山在雙流之説，然段玉裁在乾隆《富順縣志》卷二中認爲："女几蓋即玉壘，音相近也。"與此不同。

[三]按，《説文·山部》："𡵉，山也。或曰弱水之所出。"

[四]"周益州"，即"周撫"，字道和。永和初，隨桓温平蜀，以功遷建城縣公、鎮西將軍，《蜀中廣記》卷四七有小傳。又，此處所引見《太平寰宇記》卷七八。

[五]"多"，原脱，據《山海經》補。

[六]按，此句見《漢書·地理志上》。

[七]按，此句出《水經注·江水一》，有刪節。

山郡，見《晋書·地理志》。《廣雅》："蜀山謂之岷山。""蜀"讀爲"獨"[一]，字或作"瀆"。《史記·封禪書》《郊祀志》並云："瀆山，蜀之汶山也。"《山海經》《穆天子傳》《易林》並作"文山"[二]。

岷山崩

《東方朔傳》曰："孝武皇帝時，未央宫前殿鐘無故自鳴，三日三夜不止。詔問太史待詔王朔，朔言：'恐有兵氣。'[三]更問東方朔，朔曰：'臣聞銅者山之子，山者銅之母。以陰陽氣類言之，子母相感，山恐有崩弛者，故鐘先鳴。《易》曰："鳴鶴在陰，其子和之。"精之至也。其應在後五日内。'居三日，南郡太守上書言岷山崩，延袤二十餘里。"《樊英别傳》曰："漢順帝時，殿下鐘鳴，問英。對曰：'蜀岷山崩。山於銅爲母，母崩子鳴，非聖朝災。'後蜀果上言山崩[四]，日月相應。"二説微異。

崍　山

《中山經》云："崍山，江水出焉。"注：邛崍山，今在漢嘉嚴道縣，南江水所自出也。"東流注大江，其陽多黄金，其陰多麋、麈，其木多檀、柘，其草多薤、韭，多葯[五]、空奪。"案，《漢·地理志》："蜀郡嚴道邛崍山[六]，邛水所出，東入青衣。"《郡國志》："蜀郡嚴道有邛僰九折坂。"劉昭注引

[一] 按，《廣雅·釋山》並未對"蜀"字注音，此處乃承襲王念孫《廣雅疏證》之説也。而王氏注音當本自《方言》第十二："一，蜀也。南楚謂之蜀。"注云："蜀猶獨耳。"

[二] 按，《山海經》常見諸本如南宋淳熙刻本、《四部叢刊》影成化本、吴任臣《山海經廣注》、郝懿行《山海經箋疏》等，均作"岷"。而前文"子桐山"條，張氏曾引郝懿行箋疏本，不知此處所謂作"文"者爲何本？至於《穆天子傳》之"文山"，見其書卷四"游于文山，於是取采石"，注文云："以有采石，故號文山。"是此"文山"得名乃因有花紋之石，與"岷"不同音也。且何以證天子所游之文山乃蜀地岷山也？唯《焦氏易林》卷一有"文山紫芝、雍梁朱草"，此"文山"當即岷山。

[三] "有兵"，原作"其"，據《世説新語·文學》"殷荆州曾問遠公"條注文引《東方朔傳》改。

[四] "言"，原無，據《世説新語·文學》"殷荆州曾問遠公"條注文引《樊英别傳》補。

[五] "多"，原作"勺"，據《山海經》卷五改。

[六] "崍"，《漢書·地理志上》作"來"。

《華陽國志》："邛崍山，今名邛筰。"[一]《水經注》："崍山，邛崍山也，在漢嘉嚴道縣，一曰新道南山。有九折坂，夏則凝冰，冬則毒寒。平恒言：是中江所出矣。"又案，酈氏言崍山中江所出，郭云南江所出者，蓋據《海内東經》"南江出高山"之文也[二]。《初學記》引此經作"峽山，邛水出焉"[三]。"峽"蓋"崍"字之訛。

崌　山

《中山經》："崌山，江水出焉。"注：崌山，北江所出。"東流注於大江。其中多怪蛇、多鰲魚。其木多楢、杻，多梅、梓。其獸多夔牛、麢、㚟、犀、兕。有鳥焉，狀如鴞而赤身白首，其名曰竊脂，可以禦火。"畢氏云："《海内東經》云：'北江出曼山。'今四川名山縣西有蒙山。'曼''蒙'音相近，疑是也。沬水經此，即郭所云北江與？"[四]案，《郡國志》云："蜀郡漢嘉有蒙山。"劉昭注引《華陽國志》："有沬水從西來出岷江[五]，又從岷山西來入江，合郡下青衣水入大江。"《水經》云："沬水與青衣水合[六]，東入於江。"李善注《江賦》引此經[七]。沬水即涐水，一作渽[八]，亦即《元和志》之"浮圖水"也[九]。

高粱山

《山海經》："高粱之山，其上多堊。其下多砥礪，其木多桃枝、鉤端。

[一] 按，此條出《後漢書·郡國志五》。

[二] 按，《海内東經》之語見《山海經》卷一三，閻若璩《潛邱劄記》卷三亦主此説。

[三] 按，《初學記》卷六、卷八兩引此語，均作"峽山"，張氏以爲"峽"當作"崍"，是。

[四] 按，此處所引畢氏之語，乃據《山海經》卷五郝懿行箋疏而轉引；其後引《郡國志》及劉昭注，亦是因襲郝疏。

[五] "出"，原作"入"，據《山海經箋疏》改。《後漢書·郡國志五》此句則作"有沬水從邛來出岷江"。

[六] "沬"，《水經注·沬水》已寫作"沬"，而《史記·河渠書》作"沬"，實則一也。本書中二字各從其本，不加改動。

[七] 按，《文選·郭景純〈江賦〉》"聿經始於洛沬"句，李善注引《漢書》《説文》，並未引《水經》，張氏此説誤矣。

[八] "渽"，見《漢書·地理志上》。

[九] 按，《元和郡縣圖志》卷三二云："浮圖水，一名車盧水，經縣西南五里。"稱沬水即浮圖水，當是源自嘉慶《四川通志》卷一六。

有草焉，狀如葵而赤華、莢實、白柎，可以走馬。”畢氏云：“山在今四川劍州北。”[一]《太平寰宇記》云：“劍門縣大劍山，亦曰梁山。《山海經》：‘高梁之山，西接岷嶓，東引荆衡。’”[二]樂史所引《山經》與今不同，且與《山經》本文不類。

三危山

《水經》云：“江水又東，過江陽縣南，洛水從三危山，東過廣魏洛縣南。”案，此“三危山”非敦煌之山，當在四川省，不知係今何山，俗失其名矣。或即什邡縣西北之章山，一名“雒通山”者[三]。李冰導洛在此山。

五屼山

左思《蜀都賦》：“躡五屼之蹇滻。”[四]注：“犍爲縣南有五屼山，在越嶲界。五屼山在犍爲縣[五]，一山有五重，故名。”案，揚雄《蜀都賦》：“五屼參差。”《郡國志》注：“五屼山，一山而五里。”“里”字誤，當作“重”字[六]。今名“五支山”。

斗山通青城[七]

《開山圖》云：“斗山，凡五穴：一通昆侖，一通隴山，一通武當山，一通青城山，一通長安穴。”[八]案，斗山在城固縣南五里，有唐公昉飲李

[一] 按，此處亦係據《山海經箋疏》卷五轉引。

[二] 按，此條見《太平寰宇記》卷八四，張澍云不類《山海經》之文，很有道理，暫未見早於《太平寰宇記》之書引此句也。

[三] 按，乾隆《富順縣志》卷二，段玉裁考證云：“《水經》三危，亦即玉壘。三爲玉之訛，形之誤；危爲壘之訛，聲之誤。亦以洛爲經流。”

[四]“産”，與五臣注本《文選》同，李善注本作“滻”。

[五] 按，此七字語義重複，疑爲衍文。《文選》注文云：“五屼，山名也，一山有五重。在越嶲，當犍爲南安縣之南也。”與此略異。

[六] 按，中華書局本《後漢書·郡國志五》實作“里”，可據此校改。

[七]“青”，原作“音”，形近而誤，據光緒本改。

[八] 按，此處所謂《開山圖》，乃張澍臆改也。據《太平寰宇記》卷一三三、《輿地紀勝》卷一八三，皆作“道家開山經”，此非準確書名，乃一時不知出處而含混言之也。張澍遂坐實爲《開山圖》，容易讓人誤會爲《遁甲開山圖》之省，故特表出之。

八百仙酒全家拔宅之迹[一]。漢乾祐中，翰林學士王仁裕爲節度判官，常以片板題詩於觀。後仁裕入蜀，因謁嚴真觀，見斗山詩碑在焉。詰道流，云不知所來。舊説斗山一洞[二]，西去二千里，通于青城大面山，又與嚴真觀井相通也。見《玉堂閑話》[三]。

奇章山

奇章[四]，蜀巴州之縣。梁普通六年置，取縣東八里奇章山爲名。隋、唐《志》《通典》《九域志》《輿地廣記》皆云“其章”[五]，誤也。《續通典》作“奇章”[六]。隋牛弘封奇章公，僧孺其後也，柳公綽呼僧孺爲奇章公以此。今四川保寧府巴州東境有奇章廢縣，保寧在隋爲清化郡。奇章在唐屬巴州，寶曆元年省，大中元年復置。

若　水

《世本》：“若水，允姓國，昌意降居爲侯。”[七]《水經注》：“若水出

[一] 按，此事見《神仙傳》卷三“李八百”條，“唐公昉”或作“唐公房”。

[二]“斗山”，原誤倒，據前文及光緒本乙。

[三] 按，王仁裕事，見《太平廣記》卷三九七“斗山觀”條。《玉堂閑話》即王仁裕所撰，《宋史·藝文志五》著録爲三卷；《通志·藝文略三》著録爲十卷，已佚，《太平廣記》中存有大量佚文。

[四]“奇章”下，原衍“山”字，今據《困學紀聞》卷一〇及文義删。按，此段從“奇章”至“以此”，皆因襲王應麟之語，非張氏首創。

[五] 按，《隋書·地理志上》“清化郡”下有“其章”，云“梁置”，然《隋書·音樂志下》有“奇章縣公牛弘”，則前後失照，作“其章”誤矣，今整理本《隋書》失校。◎稱唐《志》而不别新、舊，張澍乃承襲《困學紀聞》而未加辨正也。《舊唐書·地理志二》實作“奇章”，不誤也。此所指乃《新唐書·地理志四》，今中華書局本失校。◎引《九域志》之語，見《元豐九域志》卷八“巴州”下“曾口”縣之注文。◎引《通典》之語，在卷一七五《州郡五》，中華書局本亦失校。◎引《輿地廣記》之語，見整理本卷三二，原作“其章”，整理者已校改爲“奇章”，但校勘記言《舊唐書》亦誤，則非也。

[六]“續”，原作“經”，形近而誤，據《困學紀聞》改。按，此《續通典》乃宋人李宗諤、宋白所編二百卷本，見《宋史·藝文志六》，已佚。《欽定續通典》卷一二八仍誤作“其章”。

[七] 按，此句乃據《路史》卷二五轉引。

蜀郡旄牛徼外，東南至故關爲若水也。”注：“若水之生，非一所也。黑水之間，厥木斯植，故水受其稱焉。”《九州要記》：“越嶲之登臺，有雙諾川、鸚鵡山[一]。黑水之間，若水出其下，即黄帝昌意降居於此。”杜預以昌意所封在鄀。鄀乃襄州樂鄉，非是。案，若水即瀘水也，瀘爲若水之下流。歐陽《志》曰：“馬湖之上源即若水也。”[二]

褺江

《説文》云：“褺，重衣也。从衣，執聲。巴郡有褺江縣。”案，今《地理志》《郡國志》皆作“墊江縣”[三]。據孟康云“音重疊之疊”，知《漢書》本不作“墊江”也。褺江縣在重慶府合州，嘉陵江、涪江、渠江會於此入大江，如衣之重複然，故以褺江名縣。

郫江

《説文》：“郫，蜀郡江原地。”[四]《集韻》：“水名，在蜀。”《水經

[一]“鵡”，原作“武”，雖亦可，然有本可據，仍據《路史》改。按，從“《水經注》”至“非是”，皆據《路史》卷一七改寫，唯中間增入了《水經注》之注文。

[二]“源”，原作“流”，據歐陽忞《輿地廣記》卷三二改。按，雖云作“流”不算錯，然上源下流，自有分别，且《輿地廣記》本亦作“源”，故仍改之。

[三]按，此指《漢書·地理志上》及《後漢書·郡國志五》，後引孟康之語亦出《漢書》之注文。又，整段考證皆因襲段玉裁《説文解字注》。然段玉裁之説略顯迂闊，略申説之。段氏以爲《漢書》本不作“墊江”，失於武斷。無論是《漢書·地理志上》《後漢書·郡國志五》之注文，還是《三國志·蜀志·二牧傳》劉璋傳之“由墊江水詣涪”句注文、《晋書音義》卷上、《資治通鑑·漢紀三十四·世祖光武皇帝中之上》“直指墊江”句注文、《廣韻·栝韻》“墊”字注文，都注明此字音同“疊”；《漢語大詞典》亦爲“墊”字分列兩個讀音，以之爲多音字即可，不能斷定《漢書》原文有誤也。細味“墊”字從“土”之由，當是地名用字多用偏旁爲“山、氵、土、邑”等之故。如郁鄢縣，《蜀中廣記》卷一五云：“《水經注》云存水出犍爲郁鄢縣。王莽之孱鄢也。夷率雍闓繫馬於柳，而柳成林，故曰存馬。”此即本當名“存馬”而加邑旁成地名專用字者，明人方以智《通雅》卷一六亦云：“高守恒詩：‘犍爲牛鞞朱存馬，豹領蛾眉青合羊。’亦巧語也。證知存馬加邑旁耳。”又如於潛縣，《元和郡縣圖志》卷二五云：“本漢舊縣也，縣西有朁山，因以爲名。舊‘朁’字無水，至隋加水焉。”張澍此處語氣尚緩，《説文解字注》原文直斥爲“淺人所改”，過矣。

[四]“郡”，《説文·邑部》注文無，《康熙字典·邑部》引《説文》有。

注》："武陽，光武謂之士大夫郡[一]。有鄐江入焉，出江原縣，首受大江，東南流至武陽縣[二]，注于江。"《寰宇記》："鄐江，一名皂里水，出麩金。"[三]

汶江即岷江

王伯厚《困學記聞》云："《考工記》：'貉逾汶則死。'先儒皆以汶爲魯之汶水，非也[四]。《列子釋文》云：'案，《史記》汶與嶓同一作岷，謂汶江也。'今江邊人云：'狐不渡江。'《説文》[五]：'貉，狐類也。'逾越大水，則傷本性。"[六]案，《説文》："《史記》：'冉駹爲汶山郡。'《類篇》云：'汶音岷。'又《史記》引《禹貢》'岷嶓既藝'，及'岷山之陽''岷山導江'，皆作'汶'。蓋古字通用。"[七]史炤《釋文》以"汶"爲"亡運切"[八]，音"問"。今人遂相沿讀爲"問"，謬矣。楊正衡《晋書注》[九]，汶山亦作嶓山。《廣韻》十真韻有"汶"字，武巾切，音旻。

鬬　水

《十三州志》："犍爲符縣鬬水[十]，南至鳖，入江水。"此《水經注》

[一] 按，《華陽國志》卷三云："更始，都南陽，遠奉貢職。及公孫述有蜀，郡拒守。述伐之，郡功曹朱遵逆戰，衆寡不敵，遵絆馬死戰，遂爲述所并。而任君業閉户，費貽素隱，光武帝嘉之曰：'士大夫之郡也！'"

[二] "南"，原作"西"，據《水經注·江水一》改。按，除《蜀典》外，暫未見他書引作"東西"者。

[三] 按，此説見《太平寰宇記》卷七五。

[四] "非也"，《困學紀聞》卷四原無，此爲張澍所加。

[五] "《説文》"，原無，據《困學紀聞》補。按，張澍或以今本《説文》與此不同而删。

[六] "傷"，原作"失"，據《困學紀聞》改。

[七] 按，此條引文見《説文解字義證》卷五〇，略有改動。

[八] "亡"，原作"昷"，據《通鑑釋文辨誤》卷三改。按，胡三省已論史炤之非，後文引《晋書注》及《廣韻》，亦見於《通鑑釋文辨誤》。

[九] 按，此説誤矣，然不便改動，故略申説之。《晋書音義》今存，其卷首有楊正衡序，署云"巨唐天寶六載天王左史弘農楊齊宣字正衡序"，而其序開篇云"《晋書音義》，余内弟東京處士何超字令升之所纂也"，故此書非楊氏所撰明矣。胡三省誤，或即以此序也？然《文淵閣書目》卷二仍著録爲"楊正衡《晋書音義》一部一册"，則此誤由來已久矣。

[十] "縣"，原無，據《水經注·延江水》補。按，此條乃改寫，與原文略異。

所引。《太平御覽》引云：“黚水出符縣南，與温水會。”[一]即闞水也，與鼈水合。

白　水

《山海經》：“白水出蜀，而東南注江。”[二]注：“色微白，濁。今在梓潼白水縣。源從臨洮之西西傾山來，經沓中，東流通陰平，至漢壽縣入潛。”郝懿行《箋疏》：“案，《地理志》云：‘廣漢郡甸氐道，白水出徼外，東至葭萌入漢。’《水經·河水》注云：‘洮水與墊江俱出強臺山，山南即墊江源，山東則洮水源。’引此《經》云：‘白水出蜀。’又引郭注云：‘從臨洮之西傾山，東南流入漢，而至墊江，故段國以爲墊江水也。強臺，西傾之異名也。’今案，酈氏説墊江即白水，所引郭注與今本異，未知其審。又《水經·漾水》注云‘白水出於臨洮縣西南西傾山，水色白濁，東南流與黑水合’云云。又：‘東南于吐費城南，即西晉壽之東北也，東南流注西漢水。’西晉壽即蜀王弟葭萌所封，漢昭烈帝改曰漢壽。太康中，又曰晉壽云云。與郭注及《地理志》俱合，是白水流入西漢水。郭云‘入潛’，‘潛’即‘漢’也。《爾雅》云‘水自漢出爲潛’是矣。此經云‘白水注江’，所未詳，或江即墊江也。白水在今四川昭化縣界，入於漢。昭化即葭萌地也。《經》又云：‘入江州城下。’郭注：‘江州縣屬巴郡。’懿行案，此言白水入江之地也，經文‘城下’二字蓋誤衍。今四川巴州亦古江州地，西北與昭化接境。《地理志》云：‘巴郡江州、墊江二縣，蓋白水入漢，而至江州又爲墊江水。’正與《水經注》引郭注‘至墊江’之文合。”

［一］按，《太平御覽》無此語，不知張澍據何而來。
［二］按，此條見《山海經》卷一三，後所引注及疏，皆據郝懿行《山海經箋疏》而來。

卷一下

堪輿類

蜀　井

《揚州職方志》云："廣陵蜀岡上有蜀井。曰蜀井，言水與西蜀相通。《茶品》：天下水有二十種，而蜀岡水爲第七。"[一]

合江水

《太平寰宇記》："合江之水可淬劍。"[二]案，涪江之水亦可淬劍[三]，錦江之水可濯錦也。

粉井　粉水

《廣志》[四]："臨邛有粉井，得其水汰粉則益光。"《華陽國志》："江州有清水穴，巴人以此爲粉，則膏澤鮮芳，貢粉京師，因名粉水。世謂

[一] 按，此條乃據《御定淵鑑類函》卷三四轉引，文字全同；而《天中記》卷一〇所引，則云出《揚州賦注》；《續茶經》卷下之一則云出《職方志》。◎又，繆荃孫《蜀典》跋："此與荆溪之蜀山同例，當入揚州方志，不宜載之於蜀。"我們認爲此條的確與西蜀有關，收入《蜀典》有其道理。

[二] 按，《太平寰宇記》不見此説，僅卷七三稱"雒水水性剛宜淬刀"，非合江水也。

[三] 按，此説亦不知所本，或誤。《藝文類聚》卷六〇引《蒲元傳》曰："君性多奇思。於斜谷爲諸葛亮鑄刀三千口，刀成，自言：'漢水鈍弱，不任淬用；蜀江爽烈，是謂大金之元精，天分其野。'乃命人於成都取江水。君以淬刀，言雜涪水不可用。取水者捍言不雜，君以刀畫水，言雜八升。取水者叩頭云：'於涪津覆水，遂以涪水八升益之。'"觀此，涪水實不宜淬刀劍也。光緒《新修潼川府志》卷二七、二八，民國《綿陽縣志》卷一〇，并因襲張澍之説，特表出之。

[四] "《廣志》"，晋郭義恭著，二卷，著録于《隋書·經籍志二》《新唐書·藝文志三》。原書已佚，清馬國翰輯佚文二百六十餘則，依今本《博物志》次第，編爲上下二卷，收入《玉函山房輯佚書》。此條見《初學記》卷七、《太平御覽》卷一八九。

之江州堕林粉。”[一]是粉井、粉水，同楚筑陽之水也[二]。樂史謂：“錦江，一名粉水。以此水作粉，鮮潔異於他水。”[三]是蜀有三粉水矣。

浪井

《册府元龜》[四]：“貞觀十九年六月辛未，浪井出于邛州龍興觀之平地，五色彪炳。”

六時水

《方輿記》：“蜀青城有延慶宫，西有常道觀[五]，其南有六時水。六時灑水以代刻漏。于陽時即灑然而下，陰時無[六]。晝夜凡六灑水，故名六時水也。”案，《録異記》[七]：“六時水，在青城山宗玄觀南二里[八]。對觀有峭崖，高五百餘丈。崖上授道壇，昔甯真君與軒轅帝傳道之所也[九]。每日六時，崖上自然有水出，至今不絶。”又一引《方輿勝覽》云：“陰時即飄然而灑，陽時則無。”不知何據？疑字互倒耳[十]。吕汲公詩：“巖輝萬古照，泉漏六時飛。”京鏜詩：“八千里隔東西境，十二時分晝夜

[一] 按，此條見《華陽國志》卷一。

[二]“筑陽之水”，即粉水。《太平寰宇記》卷一四三云：“粉水，源出縣東北永林山。《水經注》云：‘粉水導源東流，經上粉縣。取此水以淘粉，則皓曜鮮潔，有異衆流。’”

[三] 按，《太平寰宇記》卷七二稱郫江水一名粉水，與濯錦江有别矣。

[四]“册府元龜”，原作“唐書”，乃張澍一時忘記準確出處而誤題也，今改。按，兩《唐書》皆無相關記載，唯《册府元龜》卷二四云：“（貞觀十九年）六月癸未，有浪井出於邛州之龍興觀之平地，泛溢，五色相輝，浮彩彪炳。”又據《白孔六帖》卷三六，所謂浪井者，不鑿而成之井也。

[五]“有”，原無，據《天中記》卷九、《格致鏡原》卷八及《蜀中廣記》卷六補。按，《天中記》《格致鏡原》云出《方輿記》，《蜀中廣記》作《勝覽》，即《方輿勝覽》也，見其書卷五五《永康軍·道觀》“延慶宫”條。

[六]“陽時”，十二支之單數，子、寅、辰、午、申、戌；“陰時”，則指偶數，丑、卯、巳、未、酉、亥。

[七]“録異”，原誤倒，據杜光庭書之名乙正。

[八]“南”，原作“有”，據《録異記》卷七“宗玄觀六時水”條改。

[九]“也”，原作“每”，據光緒本改。

[十] 按，《方輿勝覽》的確稱陽時灑落，《天中記》《格致鏡原》與《雲笈七籤》卷一二二“青城絶頂上清宫天池驗附六時水驗”則皆稱陰時也。清人查禮《銅鼓書堂遺稿》卷二一《六時泉》詩序、清人王培荀《聽雨樓隨筆》卷五“六時泉”亦皆稱泉陽時滿溢，陰時涸，則當以陽時灑落爲是也。

泉。”[一]即指此。《仙經》云：“青城山，此是第五洞天，上有流泉懸澍。一日三時灑落，謂之潮泉。”[二]又與《方輿記》所謂六時水者異。

泉苦辛

《河圖括地象》：“梁州商徵接，其氣剛勇，人聲塞，其泉苦以辛。”[三]

聖　泉

《寰宇記》：“蜀武陽有聖泉，水碧色。患瘡疾者，洗之多愈。投銀即成金色，孕婦飲之墮胎。俗以爲聖泉。”[四]

星墜化井

《晋書》：“司星奏曰：‘三台星墜於蜀，化爲三井。’遣使人驗之，撞麗譙鐘，聲爲度。而汲之，各使人候於井，遂汲一而兩動。”[五]案，《成都志》云：“三台井在天慶觀内，隋文帝夢三台星隕於西南，化爲井。遣人潛訪未獲，有道士馮善英者，修池得二井。每汲一水，則二井皆動。”[六]以晋爲隋，傳聞之訛，當以《晋書》爲正。

離　堆[七]

《史記·河渠書》《漢·溝洫志》云[八]：“周赧王十四年，秦蜀守李冰

[一] 按，二詩亦是據《方輿勝覽》轉引。

[二] 按，此説見《元和郡縣圖志》卷三三及《通鑑地理通釋》卷五。

[三] 按，此處所引與《本草綱目》卷五所引相合，而與《初學記》卷八、《太平御覽》卷一五七所引略異。

[四] 按，此條改寫自《太平寰宇記》卷八五。

[五] 按，今本《晋書》無此事，《廣博物志》卷二所引云出《晋書》，而《增修埤雅廣要》卷三七所引，則云出《天文志》。

[六] 按，此指《天啓新修成都府志》，見其書卷二。《明一統志》卷六七、《蜀都碎事》卷四亦載此事。

[七] 按，此條之下，趙熙批注云：“《華陽國志》明云：周滅後，秦孝文王以李冰爲蜀守云云。《河渠書》《溝洫志》并無周赧十四年之文，不知張澍何以言之？”◎又眉批云：“史公以元鼎六年西征巴蜀，李冰鑿離堆僅一百八十五年，此據周赧十四年算也。”

[八]“溝洫”，原作“地理”，誤，據相關記載見《漢書·溝洫志》而改。

鑿離堆，避沫音末水之害。”《水經注》曰：“沫水，自蒙山至南安西作“而”者訛溷崖[一]，水脉漂疾，破害舟船，歷代爲患。蜀郡太守李冰鑿平溷崖，河神贔怒。冰乃操刀入水，與神鬥，遂平溷崖，通正水路。”《華陽國志》云：“青衣有沫水，出蒙山下，伏行地中，會江南安，觸山脅溷崖，水脉漂疾，破害舟船，歷代患之。冰發卒遂平溷崖，平正水道。”[二]案，溷崖即離堆也，在今嘉定，即南安也。離堆即烏牛[三]，亦謂之烏尤。顔魯公記謂在新政[四]。新政，今閬中。洪氏《隸釋》云在夾江[五]。王象之《輿地紀勝》云：“離堆有二處：一在永康，一在沉黎。”[六]《元和郡縣志》云在雅州[七]。近人謂名山、南部、蒼溪三縣皆有之[八]。《明史·地理志》：“以湔堋江爲離堆。”[九]是謂在灌縣矣。均屬囈説[十]。夫知鑿離堆爲避沫水，即可知離堆之定所矣[十一]。《隸釋》有《漢南安王君平鄉道碑》云：“永元六年[十二]，南安長扶風王君遣掾何童、史道興取崖，通道馳驅，無所畏難。”所平之碓，即離堆也[十三]。尤可見離堆之在嘉定矣。《前漢·溝洫志》

[一] 按，文淵閣《四庫全書》本《水經注·沫水》注文云：“案‘西’，近刻訛作‘而’。”

[二] 按，此處引《華陽國志》之語見其書卷三。

[三] 按，此句之旁，趙熙批注云：“山谷易‘牛’爲‘尤’。”此説殆本自《輿地紀勝》卷一四六：“至山谷題涪翁亭，始謂之烏尤。”但同書同卷“總嘉州詩”引黄然《題涪翁亭》云：“清音妙絶東坡老，方響名高太史公。水繞烏尤談笑外，江連洪雅畫圖中。”則《題涪翁亭》乃黄然所作，非黄庭堅。易“烏牛”爲“烏尤”者，當亦是黄然。◎趙熙又針對烏尤眉批云：“揚雄《蜀都賦》‘靈山揭其右，離碓被其東’，惟烏尤乃可云被其東也，灌口則西北矣。”◎又眉批云：“史公《河渠書》‘西瞻蜀之岷山及離碓’，蓋史公奉使西征巴蜀以南，南略邛、筰、昆明，故自岷山順江而下及離碓。若灌口，則與岷山相近，何及之有？”

[四] 按，此記即《鮮于氏離堆記》，見《顔魯公集》卷一三。

[五] 按，即後文所云《漢南安王君平鄉道碑》，見《隸釋》卷四《青衣尉趙孟麟羊竇道碑》之按語。

[六] 按，此説見《輿地紀勝》卷一四七《雅州·景物上》“黎堆”條。

[七] 按，《元和郡縣圖志》未見此説，倒是《蜀中廣記》卷一四引《郡國志》云：“漢源縣有離堆，蜀守李冰所鑿。‘離’即古‘雅’字也，州以此名。”

[八] 按，名山之離堆即所謂漢源之離堆，南部之離堆即所謂新政之離堆，蒼溪之離堆亦同南部，見乾隆《蒼溪縣志》卷二。我們認爲，所謂“離堆”即離群之義，凡脱離諸峰，拔起特立者，皆可謂離堆，則載籍中名離堆者衆多，正因此也。

[九] 按，此條見《明史·地理志四》。

[十] “囈”，原作“㾦”，字書不載，當是因“囈”之異體字“㝱”形近而誤，今據文義改。

[十一] 按，此句旁，趙熙批注云：“卓見。”

[十二] 按，此四字旁，趙熙批注云：“漢和帝甲午。”◎又眉批云：“去史公西征之年又二百四年矣。”

[十三] 按，此句旁，趙熙批注云：“恐不然也。”

作“離崔”。晋灼云：“‘崔’，古‘堆’字，岸也。”《河渠書》作“離碓”。《晋書·胡奮傳》作“離塠”[一]。桂陽太守《周憬碑》作“犁魋”[二]。

玉女房

李膺《益州記》：“青衣神號雷塠廟。班固以爲離堆下有石室名玉女房，蓋此神也。”[三]案，玉女房即今大佛崖洞也。而常璩《華陽國志》云：“李冰西於玉女房下白沙郵作三石人，立水中。”[四]是以玉女房在灌縣也。《太平寰宇記》：“玉女房在導江縣，其房鑿山爲穴，深數十丈，中有廊廡堂室，屈曲似若神功，非人力矣。”[五]今毁。是以玉女房在彭縣也。任豫《益州記》：“閬中盤龍山南，有石長三十丈李膺作“四十丈”[六]、高五尺。當中有户及扉李膺作“有户及扇”，若人掩閉，古老以爲玉女房。”在閬中也。常璩、李膺、樂史、任豫皆不知離堆之所在[七]，故説玉女房不審，當以孟堅之説爲碻。《梁州記》：“肥城東南有玉女山[八]，山上有一石穴若房，有玉女八人，不出穴。前修竹，下有石壇。”[九]《述異記》：“利州義城郡葭萌縣有玉女房，蓋是一大石穴也，昔有玉女入此。石穴前有竹數莖，下有青石壇[十]，每因風自掃此壇。玉女每遇明月夜即出於壇上，閑步徘徊，復入此房。”[十一]是以玉女房在昭化也。又案，《水經注》：“芒水出南

[一] 按，此處乃因襲《通雅》卷一六之説，今本《晋書·胡奮傳》有“萬斛塠”，無“離塠”。◎趙熙亦眉批云：“《胡奮傳》止有萬斛塠，無離塠，此亦不讀本書之咎。”

[二] 按，此碑見《隸釋》卷四。

[三] 按，此條見《太平寰宇記》卷七四。

[四] 按，此條見《華陽國志》卷三。

[五] 按，此條改寫自《太平寰宇記》卷七三。

[六] “三十”，與《錦綉萬花谷·後集》卷六所引《益州記》相合，但《錦綉萬花谷》未言作者爲任豫。而《説郛》百二十卷本卷六一任豫《益州記》收録此條，則作“四十”。又，張澍用以参校之李膺《益州記》，見《太平寰宇記》卷八六。

[七] 按，此句之旁，趙熙批云：“常璩何嘗不知？《華陽國志》可證也。”“華”，趙熙誤作“常”，今據文義改。

[八] 按，趙熙於“肥城”旁朱筆加兩個三角符號，後文之“葭萌縣”“昭化”旁，又用墨筆加三角符號，眉批云：“《南史》：‘周顒入蜀，爲厲鋒將軍，帶肥鄉、成都二縣令。’今蜀《通志》不詳肥鄉，據此，則昭化也。”

[九] 按，此條見《太平御覽》卷四〇、《太平寰宇記》卷一三五。

[十] 按，此句旁，趙熙批注云：“此類處處皆然。”

[十一] 按，此條見《述異記》卷下。

山芒谷，徑玉女房。”[一]則在陜西盩厔，此又一玉女房也。《郡國志》：“張陵於此得鹽井，祠玉女於井内。”[二]

魚符津[三]

《蜀都賦》注曰[四]：“魚符津，廣數百步，在犍爲縣北三十里[五]。縣臨大江，岸傍山嶺相連，經益州郡。有道廣四五尺，深或百尺，塹鑿之迹今存。昔唐蒙所造。”案，《續漢書》：“犍爲郡南安縣有魚涪津，在縣北，臨大江。”[六]《南中志》：“魚涪津，廣數百步。”[七]吴漢與公孫述將魏黨、公孫永戰於是津，大破之。即今之叉魚子也[八]。《太平寰宇記》作“魚鳧津”[九]。蓋“鳧”與“符”通。如“鳧茈”作“符茈”也[十]。一作“魚泣津”[十一]，《郡國志》。作“魚涪津”，又作“漁涪津”，非矣[十二]。

青衣浦通洞庭[十三]

《梁四公記》[十四]：“洞庭穴有四支：一通洞庭湖西岸，一通蜀道青衣

[一] 按，此條見《水經注·渭水二》。

[二] 按，此條見《太平寰宇記》卷八五，此井在仁壽縣。

[三] 按，趙熙眉批云：“魚符津以叉魚子當之，誤也。晋時犍爲郡非今縣境。《賦》注及《續漢書》所言犍爲皆武陽，當今彭山境，魚符津在其地。按之晋、宋戰事，皆合。”

[四]“都”，原作“郡”，據光緒本改。又，此《蜀都賦》注文乃據《後漢書·郡國志五》轉引。

[五]“犍爲縣”旁，趙熙批注云：“武陽，今彭山。”

[六] 按，此條乃據《後漢書·吴漢傳》“戰於魚涪津，大破之”句注文轉引。

[七] 按，此條出處同上，非《華陽國志》卷四之《南中志》也。《華陽國志》卷八有“魚涪津”，但内容與此處所引不合。《路史》卷二六“導江”注文引《南北八郡志》與此相合，當即撰人不詳之《南中八郡志》。

[八] 按，據《四川鹽法志》卷六，叉魚子灘距離犍爲十里。乾隆《犍爲縣志》卷一作“汊魚子”。

[九]“作”，原作“記”，據光緒本改。按，此説見《太平寰宇記》卷七四。

[十] 按，此説見《後漢書·劉玄傳》。

[十一] 按，此指《後漢書·郡國志五》，今整理本已校改爲“涪”。◎趙熙亦旁批云：“涪之誤。”

[十二] 按，此句之下，趙熙批注云：“涪、符亦音通。”

[十三]“浦”，原作“逋”，據光緒本改。◎趙熙眉批云：“北岸沿古境，想見李冰未鑿時，烏尤全在陸也，今則在北，而不得盡云岸矣。”

[十四]“《梁四公記》”，《宋史·藝文志二》著録爲一卷，以爲乃梁載言撰。《直齋書録解題》卷七題作張説撰，考證以爲可能乃田通撰。

浦北岸，一通羅浮兩山間大溪，一通枯桑島東㟁。”[一]案，任昉《述異記》云：“洞庭穴西達峨眉。”[二]與《四公記》所言同。

城湍灘

《渝州圖經》：“渝州城灘在州西南三十里。江津縣東北沿流八十里，岷江水中波浪沸騰，乍停乍發，多覆舟之患。古老傳昔有先尼和來爲巴州刺史，過此灘舟翻，溺而死。和女與兄圖行[三]，女有兩兒，方稚齒，乃分金珠作二錦囊，纓致兒頸。然後乘船至父没處，叫聲投水。凡六日，與兄夢云：‘二十一日與父俱出。’兄令人守之，至期，果然俱浮江水而出。今碑在城灘側。”案，《華陽國志》：“先尼和乃符縣長趙祉所遣之吏[四]，拜檄巴郡守。”非尼和爲巴郡太守也。《水經注》亦云。然是《圖經》言尼和爲巴州刺史者，誤矣。又常璩言“溺死成瑞灘”，酈道元《水經注》、范書均作“城湍灘”[五]。蓋灘去城不遠，當作“城湍”爲是。《圖經》云“今碑在城灘側”，《水經注》亦云“郡縣爲之立碑”。是道元依碑爲説，而《圖經》復舛謬，乃妄人讀碑不審也。

雷塠　鹽溉

《華陽國志》：“南安縣治青衣江會，有名灘二：曰雷塠[六]，曰鹽溉。李公所平也。”《水經》云：“漢河平中，山崩地震[七]，江水逆流，懸溉有灘名壘坻，亦曰鹽溉。李冰所平也。”[八]《益州記》：“青衣神號雷塠廟，

[一]“㟁”，《漢語大字典》引《集韻》，同“凹”。然《太平廣記》卷四一八“震澤洞”條、《玉芝堂談薈》卷二三“玉京洞”條，皆作“岸”。張澍所引與《廣博物志》卷五、《山海經》卷一三等所引相同。

[二] 按，此條見《述異記》卷上。

[三]“圖”，光緒本改作“同”，未言何據。按，張澍此條抄自《太平廣記》卷三九九“渝州灘”，原文即作“圖”，張國風《太平廣記會校》改作“途”。

[四]“尼和”，原作“泥和”，據《華陽國志》卷三改。然《華陽國志》卷一二又作“泥和”。

[五] 按，《後漢書·列女傳·孝女叔先雄》稱“墮湍水物故”，無所謂“城湍灘”也。

[六]“塠”，《華陽國志》卷三作“垣”，此處乃張澍所改者。據任乃强校記，未見他本作“垣”。

[七] 按，此句之旁，趙熙批注云：“二句指熊耳峽。”

[八] 按，此條見《水經注·江水一》。

班固以爲離堆。”[一]案，壘坻即雷塠。據常璩説，雷塠、鹽溉係二灘[二]。酈道元説即一灘，而李膺之記又以爲即離堆也。近刊《華陽志》作雷垣、監溉[三]，誤。

千頃池

《南中志》曰：“朱提縣有大淵，池水名千頃池。西南二里有堂狼山，多毒草。盛夏之月，飛鳥過之不能得去。”《蜀都賦》注曰：“有靈池，在縣南數十里，周四十七里。”[四]《前漢·地理志》注，應劭云：“朱提山在朱提縣西南。”[五]案，朱提縣即今屏山縣地，朱提山今在雷波地界。漢置堂琅縣，因堂琅山而名。《華陽志》作“螳螂”，即今之黄螂巡檢司地[六]。“琅”“狼”“螂”字相通也。晉文思治益州，堂琅羌叛，思率兵討平之[七]；寧州刺史王遜遣姚岳敗李驤於堂琅[八]，即此地。《太康地理志》[九]：“章武元年，先帝以犍爲屬國爲朱提郡。鄧方爲都尉，先帝因易名太守，領漢陽等五縣。朱提縣治有千秋池。”千秋池，即淩波池也，亦即千頃池。池即馬湖，在屏山縣西南三百八十里。湖居山頂，四圍有峻崖束之[十]，長二十里，中有島如螺髻，可居四百餘人，土人謂之“海包”。去金沙江二里，其水與江流同消長，日夕作潮。相傳有龍馬見於此，

［一］按，“班固以爲離堆”旁，趙熙批注云：“不似班語。”

［二］按，此句之旁，趙熙批注云：“常《志》誤亦爲二耳。”“亦”字應是“以”字之誤。

［三］“監”，今本《華陽國志》實作“鹽”，不誤。

［四］按，兩條引文皆見《後漢書·郡國志五》，非《華陽國志》卷四之《南中志》，當亦是指《南中八郡志》。◎又，針對此説，趙熙眉批云：“左思賦‘龍池漓瀑’即此。”

［五］按，此條見《漢書·地理志上》。

［六］“黄螂巡檢司”，《蜀水經》卷九云：“黄螂巡檢司屬雷波。其土司於雍正七年歸誠，授土守備、漢千總駐理之。”

［七］二“思”字，原作“恩”，形近而誤，今據《北史·楊敷傳附寬子文思》改。按，此處所叙史實因《萬姓統譜》卷二〇而誤，然不便改動，姑仍之，説詳本書卷一一上“文氏”條注文。

［八］“岳”，原作“嶽”，據《晋書·元帝紀》“李驤等寇寧州，刺史王遜遣將姚岳距戰於堂狼，大破之”改。

［九］按，此處稱出《太康地理志》，因襲《蜀中廣記》卷一五之説也。然不見於他書，或係曹學佺誤題。又，引文中以鄧方爲都尉，見《華陽國志》卷四，在建安十九年，早於朱提之建郡。

［十］“束”，原作“東”，形近而誤，據光緒本改。

季漢置馬湖縣也[一]。

青城仙館

《仙傳拾遺》[二]："嵩山叟，晋時人也。《世説》云：'嵩山北有大穴，莫測其淺深，百姓每歲游觀其上。叟嘗誤墮穴中，同輩冀其儻不死，投食於穴，墮者得而食之。巡穴而行十許日，忽曠然見明。有草屋一區，中有二仙對棋局，下有數盆白飲。墮者告以飢渴，棋者與之飲。飲畢，氣力十倍。棋者曰："汝欲留此否？"曰："不願停。"棋者教云："從此西行數十步，有大井。井中怪異多，慎勿畏之，必投身井中。"[三]井多蛟龍，見叟，輒避路。于是墮井而行，井中物如青泥而香美，食之了不飢。半年許，乃出蜀青城山，因得歸洛。問張華，華曰："此仙館大夫也。所飲者玉漿，所食者龍穴石髓。子其得仙者乎？"遂尋洞往，不知所之。《玄中記》曰：'蜀郡青城山有洞穴，分爲三道。西北通昆侖。'《茅君傳》云：'青城是第五洞九仙寶室之天，周回二千里，十洞天之一也，入山十里得至焉。'"

烏奴山

《德陽縣志》有烏奴山[四]。案，齊建元二年，晋壽民李烏奴引氐寇梁州。豫章王嶷遣中兵參軍王圖南，將益州兵從劍閣掩擊之。梁、南秦二州刺史崔慧景發州兵屯白馬[五]，與圖南腹背擊烏奴。烏奴敗，保武興。

[一] 按，此處稱漢末置馬湖縣，未言所據。嘉靖《馬湖府志》卷上，稱"至晋始有馬湖縣"，雍正《四川通志》卷二則稱"蜀漢時嘗置馬湖縣，晋省"。據《華陽國志》卷三，"安上縣，馬湖縣，有水通僰道，晋省"，則《四川通志》所言可信。

[二] "《仙傳拾遺》"，據《太平廣記》卷一四"嵩山叟"條，引文出《神仙拾遺》，當即杜光庭所撰之《仙傳拾遺》也。《宋史·藝文志四》著録爲四十卷，已佚。

[三] "必投身井中"後，《太平廣記》引《仙傳拾遺》有"自當得出，若飢，可取井中物食之。如其言入"。

[四] 按，張澍可能見到之《德陽縣志》有乾隆本、嘉慶本，嘉慶本並無此山，乾隆本暫未寓目。然據嘉靖《四川總志》卷六、嘉慶《四川通志》卷一二，烏奴山在廣元，張澍稱在德陽，且云出《德陽縣志》，恐誤。

[五] "慧"，原無，據《南齊書·崔慧景傳》補。

是烏奴山以人名也[一]。

諭官川　薄哷川[二]

《唐書·地理志》"戎州開邊縣"注[三]:"阿夔部，百八十里至諭官川，又經薄哷川。"

周夷王墓

案，《世本》《竹書》《史·本紀》《世族譜》皆言"夷王，名燮"[四]。《古今人表》作"夷王，摺"。當别有據。而《太平寰宇記》云:"夷王墓在彭州九隴縣。"《寰宇記》又云:"在濛陽縣西北二十里。"[五]不知夷王何緣葬蜀也？疑是榮夷公墓[六]，訛爲夷王。夷公封榮，即今之榮昌縣。

杜康墓

案，《書·酒誥》正義引《世本》云:"杜康作酒。"《初學記》《太平御覽》引《世本》云:"少康作秫酒。"[七]又引云:"少康作箕帚。"[八]《説文》"帚"字下注云:"古者少康作箕、秫酒，卒葬長垣。"少康即杜康也。《文選注》引《博物志》亦云:"杜康作酒。"[九]王著《與杜康絶交書》曰:"杜康，字仲寧，漢時爲酒泉太守。"[十]或云黄帝時人，卒葬長垣。今四

[一] 按，《輿地紀勝》卷一八四《利州·景物下》"烏奴山"條已言山因李烏奴得名。

[二] "哷"，按，此字僅《龍龕手鑑》卷四"口部"收録，稱"音季"，義未詳。

[三] 按，此指《新唐書·地理志六》。

[四] 按，引《世本》之語，見《禮記·郊特牲》"由夷王以下"《正義》所引，亦見《世本八種》卷二。◎引《竹書》，見《竹書紀年》卷下。◎引《世族譜》，見杜預《春秋釋例》卷八《世族譜上》。

[五] "濛"，原作"蒙"，據《太平寰宇記》改。按，所引兩條皆在卷七三。

[六] 按，張澍當是據雍正《四川通志》卷二九之上而言。然《通志·氏族略三》言:"周大夫榮夷公，其先食邑於榮。杜預云鞏縣西有榮錡澗，周畿内地也。"年代久遠，難以考定。

[七] 按，引《初學記》之語見卷二六，引《太平御覽》之語見卷八四三。

[八] 按，此條見《太平御覽》卷七六五。

[九] 按，《文選》卷二七魏武帝《短歌行》及卷三七曹子建《七啓》皆引之。

[十] 按，此條見《文選·魏武帝〈短歌行〉》注文及《北堂書鈔》卷一四八。據《北堂書鈔》，王著爲晋陵曲阿人，時代未詳。

川彭縣東有杜康墓[一]。陝西《白水縣志》："杜康墓在縣西十五里，墓側尚有遺槽。"[二]而《集仙傳》以康爲延陵人，弟茂才傳兄醖法，亦能造濁醪。江寧承天寺地，即其兄弟宅基[三]。皆出於附會也。謝氏《詩源》云："杜康造酒，因名酒曰杜康。"[四]《會客論略》云："杜康善造酒，以酉日死，故酉日不造酒。"[五]

揚雄墓

案，《文選注》："《七略》云：'《子雲家牒》言以甘露元年生。'"[六]"揚雄死，弟子共爲起墳，號曰揚冢。"[七]宋敏求《長安志》："案，《揚雄家牒》云：'子雲以天鳳五年卒，詔陪葬安陵阪上。'"[八]"所厚沛郡桓君山、平陵如子禮、弟子鉅鹿侯芭，共爲治喪。諸公遣世子、朝郎吏、行事者會送。桓君山爲斂賻、起祠塋，侯芭負土作墳，號曰玄冢。"[九]桓譚《新論》："雄爲中散大夫，病卒無以辦喪事，以貧困故。葬長安，妻子棄其墳墓而歸於蜀。"[十]則雄墓在長安也。《四川通志》乃云："雄墓在郫縣西二十里。"[十一]誤矣。又案，侯芭在長安從子雲學，未嘗入蜀也。《志》流寓類列之[十二]，更非。

[一] 按，此説見雍正《四川通志》卷二九之上。

[二] 按，此條出乾隆《白水縣志》卷三。但原文考證，明言其時已不見酒槽。

[三] 按，《集仙傳》，《隋書·經籍志二》著録爲十卷，作者不詳；宋人曾慥有同名著作，十二卷，《直齋書録解題》卷一二，然皆早佚，張澍不可能見到。暫未見他書引此文作《集仙傳》者。而明人徐道《神仙全傳》第八十回有相同記載，或張氏誤記書名耶？

[四] 按，此條出《琅嬛記》卷中，《琅嬛記》乃僞書，不可信也。

[五] 按，此處不知張澍據何書轉引。我們能查到與此條相似者，如《古今合璧事類備要·外集》卷四四、《古今事文類聚·續集》卷一三、《天中記》卷四四、《格致鏡原》卷二二、《御定淵鑑類函》卷三九二等，皆言"酉日不飲酒"，非"不造酒"。又就出處論，前《古今合璧事類備要》云出《客論》，《古今事文類聚》云出《論略》，《天中記》云出《典論》，唯末二種云出《會客論略》，諸説紛紜，未知孰是。

[六] 按，此條出《文選·任彦昇〈王文憲集序〉》注文。

[七] 按，此條亦出《揚雄家牒》，見《太平御覽》卷五五八。

[八] 按，此條見《長安志》卷一三。

[九] 按，此條見雍正《陝西通志》卷七〇，原文云亦出《揚雄家牒》。

[十] 按，今本《桓子新論》無此語，張澍乃據宋人孔平仲《珩璜新論》轉引。

[十一] 按，此説見雍正《四川通志》卷二九之上，嘉慶《四川通志》卷四四承襲之。我們認爲，在蜀者當是揚雄二子之墓。《桓子新論·識通第十》云："揚子雲爲郎，居長安，素貧。比歲亡其兩男，哀痛之，皆持歸，葬於蜀，以此困乏。"

[十二] 按，此指嘉慶《四川通志》卷一六五。

相如宅

王褒《益州記》:"司馬相如宅在州西笮橋北百許步。"李膺云:"市橋西二百步,得相如舊宅。今梅安寺南有琴臺故墟。"[一]

鐵祖廟[二]

案,常璩《華陽國志》:"臨邛有鐵祖廟祠。漢文帝以鐵銅賜侍郎鄧通,通假民卓王孫歲取千匹,故王孫貨累巨萬億。"[三]是卓氏之富借資於鄧也。

騎都尉墓

《西充縣志》云:"騎都尉墓,陳壽墳也。一云壽妻墓。壽爲騎都尉,故妻亦蒙稱焉。"[四]案,壽除著作佐郎,出補平陽令,仍除著作郎,領本郡中正。張華將舉爲中書郎,荀勖諷吏部,遷長廣太守,不就,授治書御史,後數歲爲太子中庶子。《華陽國志》云:"杜預表爲散騎侍郎,詔以爲侍御史。荀勖表爲長廣太守,後再兼散騎常侍。"[五]是壽爲散騎常侍,未嘗爲騎都尉也,《志》言殆妄。

南蠻武相公墓

《録異記》:"安州城東二十餘里有大墓,群賊發之,數日乃開。得金釵百餘枚,合重百斤。有石座、雜寶、古腰帶,陳列甚多。取其一帶,

[一] 按,二者皆據《初學記》卷二四"梁吹蜀琴"條注文轉引。

[二] 按,趙熙眉批云:"榮鐵山廟祀,可推知。今金石井有資官廟,其木主曰'敕賜秦鐵騎土主牟大尊神',不可解。"

[三] 按,此條見《華陽國志》卷三。

[四] 按,此條稱出《西充縣志》,張澍能見到者僅康熙《西充縣志》,但原書並無相關記載,其説不可信。《蜀中廣記》卷二七云:"有都尉壩。《嘉陵志》:郡南五十里有都尉墓。俗云都尉娘,西充女子也,代父戍,以功授都尉。歸爲嫂氏所嘲,乃刲腹見肝腎以死,葬鳳丫山。有豐碑社祀,今廢。其年代姓氏無考,墓前翁仲猶存。或云即陳壽妻,壽嘗爲騎都尉,故人以稱其妻。"兩種記載應指同一事。

[五] 按,此條改寫自《華陽國志》卷一一。

隨手有水涌，俄頃滿墓。所開之處，尋自閉塞。盜以二釵子獻於刺史武渝。夜夢一人，古服，侍從極多，來謁云：‘南蠻武相公也，爲群盜壞我居處，以君宗姓，願爲修之。盜當發狂，勿加禽捕。’即命修之，群盜三十餘人同時發狂，相次皆卒。”[一]

嚴氏溪

顔魯公《離堆記》云：“閬州之東百餘里，有縣曰新政。新政之南數千步[二]，有山曰離堆。斗入嘉陵江，上峥嶸而下洄洑，不與衆山相聯屬。東面有石堂焉，故京兆鮮于君之所開鑿也。堂有室，堂北磐石之上有九曲流杯池。堂南有茅齋，其壁間有詩焉，皆君舅著作郎嚴從君、甥殿中侍御史嚴侁之等美君考槩之所作也。”案，杜詩嚴氏溪疑即此地[三]。史稱“閬州嚴氏子”，疏言：“鮮于叔明，少孤，養於外族，冒姓嚴。”《華陽國志》：“閬中大姓有三狐、五馬，蒲、趙、任、黄、嚴也。”[四]

李晋王廟[五]

蜀中多有李晋王廟。澍宰興文縣，西門外龍王廟旁即晋王廟，土人祀之甚謹，咸以爲李克用也。楊蓉裳員外修《通志》時[六]，于訂譌卷中，辨其决非鵶兒[七]，仍不知晋王之果爲誰。余謂明末封晋王之李

[一] 按，此處乃據《太平廣記》卷三九〇“武瑜”條轉引，與《録異記》卷八“安州武相公墓”條文字小異。

[二]“千”，原作“十”，形近而誤，據《顔魯公集》卷一三改。按，此處所引有删節。

[三] 按，杜甫有《嚴氏溪放歌行》，見《杜詩詳注》卷一二。後所引“疏言”云云者，亦見杜詩注文。

[四] 按，此條見《華陽國志》卷一，亦爲杜詩注文所引。

[五] 按，此條之下，趙熙批云：“又川南東間此等廟祀最多，大抵思唐德爲近。”又眉批云：“合江有西凉祠，范成大以吕光當之；陸務觀疑焉，而王漁洋信之。按，非也，乃祀凉昭武王。《晋書》五凉惟昭武爲西凉王。五代時蜀人思唐德，故祀其先。唐有天下，於晋陽晋王廟亦然矣。李定國明末人，非其實也，轉不如克用之説矣。”

[六]“楊蓉裳”，即楊芳燦，字才叔，號蓉裳，江蘇金匱人。由拔貢薦廷試，得補甘肅伏羌縣知縣，擢知靈州，後入貲户部員外郎，與修《會典》。又入蜀修《四川通志》。光緒《無錫金匱縣志》卷二二有小傳。但此處張澍言楊芳燦辨李晋王非李克用，不知載於何處。

[七]“鵶兒”，李克用之别號。《新五代史·唐本紀四·莊宗》云：“克用少驍勇，軍中號曰李鵶兒。”

定國也。定國與十八先生同謀孫可望，不幸謀泄，十八人者同死[一]。而定國始終爲桂王百折不降，旁皇交阯境上，祈死以没。其人雖流寇出身，而其行乃卓犖。在蜀時必有保境惠民之政，故民德之而立祠者多也。屈大均《過李獻武王祠》詩曰："從來賜姓者，只有晋王賢。"[二]即謂定國也。

馳氏穴

《仁壽縣志》："縣北六十里，有前後二冢。冢上建石廟，内坐男女像。廟後古柏一株，大可數圍。前冢空闊，人可出入。入輒病，無敢輕入者。石坊書'馳氏穴張氏墓'六字。不知誰氏丘壟也？"[三]案，馳九垓，仁壽人，成化中舉人。弘治中，官銅仁推官，讞鞠多所平反。值洞苗倡亂，入巢撫諭之，卒寢其變[四]。即此馳氏塋也。

晋源縣石[五]

《録異記》："蜀州晋源縣山亭中有大二石[六]，各徑二尺已來，出地七八寸。人或坐之，心痛，往往不救。又名落星石，東邊者生，即靈驗；西邊者死，與諸石無異，色並帶青白也。"

[一] 按，此事詳《明史·吴貞毓傳》。

[二] 按，據屈大均《翁山詩外》卷五《唐晋王祠墓》，此絶非指明末李定國者。然全祖望《鮚埼亭集外編》卷二九《題也是録》云："屈大均過《李獻武王祠》曰：'從來賜姓者，只有晋王賢。'謂定國也。"徐鼒《小腆紀年附考》卷二〇亦云："屈大均《題李獻武王祠》云：'從來賜姓者，只有晋王賢。'執鞭欣慕之情，溢於言詞之表。全祖望謂《明史·桂王傳》於王死後大書'李定國卒，其子嗣興降'而後終卷。然則定國之關於明者大矣！定國亦可以瞑目夫！"則此誤實肇於全祖望，徐鼒承之，張澍不辨，光緒本《顧亭林先生詩箋注》卷一〇《三月十九日有事於欑宫時聞緬國之報》詩注又承襲徐鼒之言也。《全祖望集校注》失考，今略辨之，庶免以訛傳訛也。

[三] 按，此條乃據嘉慶《四川通志》卷四七轉引。據《中國地方志聯合目録》，有嘉慶時李元所修《補纂仁壽縣志》六卷，當即《四川通志》所引者。

[四] 按，馳九垓事見乾隆《大清一統志》卷三九九及乾隆《貴州通志》卷二〇。

[五]"源"，原作"原"，據《録異記》改，後文徑改，詳下一條校記。

[六]"録異記"，原作"異苑"，不見於該書，亦未見他書引此條而云出《異苑》者，實出《録異記》卷七"晋源縣落星石"條，故改之。

天公壇　拳扠井　一谷柴　七山簸

《北梦瑣言》:“巴蜀間于高山頂或潔地建天公壇祈水旱，蓋開元中上帝所降儀法以示人也。其壇或羊牛所犯，及預齋者飲酒食肉，多爲震死。新繁人王堯，因往別業，村民烹豚待之。有一人自天公齋回，乃即席食肉。王謂曰:‘爾不懼雷霆耶?’曰:‘我與雷爲兄弟，何懼之有!’王異之，乃詰其所謂。曰:‘我受《雷公籙》，與雷同職。’因取其籙驗之，果如其説。仍有數卷:或畫丈夫以拳扠地爲井，號‘拳扠井’;或畫一士負薪柿，號‘一谷柴’;或以七手撮山簸之，號‘七山簸’。江夏東村李道士舍亦有此籙[一]。或云:‘《三洞法籙》外，有一百二法，爲天師子嗣師所禁[二]，惟許救物。苟邪用，必上帝考責陰誅也。’”案，孫光憲所云“拳扠井”者如此。而《成都縣志》云:“拳扠井在縣西北，相傳五丁嘗于此爲角觝戲，渴甚，以拳擊地，泉水涌出。”[三]則流俗不經之説，由未知事之出《雷公籙》也。

青　石

《九州要記》:“天下青石無加於遂寧府[四]，可爲鐘磬。”案，遂寧，隋開皇十八年改爲青石縣，東南五十九里有青石山。

乞子石

《郡國志》:“乞子石在馬湖南岸。一作崖。東石腹中出一小石，《名勝志》

[一]“舍”，原作“含”，形近而誤，據《北夢瑣言·逸文》卷四“雷公籙”條改。

[二]“嗣”，原作“禁”，文意不通，據《北夢瑣言》改。

[三]按，此事見《明一統志》卷六七《成都府·山川》下“拳扠井”條及《天啓新修成都府志》卷二《山川》、《蜀都碎事》卷四、嘉慶《成都縣志》卷二《古迹》，張澍所謂《成都縣志》，當即嘉慶本。

[四]“加”，與《錦綉萬花谷·續集》卷一三及《蜀中廣記》卷三〇所引相合，而《太平御覽》卷一六六、《太平寰宇記》卷八七所引作“佳”。

作“流出小石”。西石腹中懷一小石，故僰人乞子于石。每有驗，因號焉。”[一]《寰宇記》：“乞子石在戎州五里，兩石夾青衣江對立[二]，如夫婦之相向。故老相傳，東石從西石乞子將歸[三]。故《風俗記》云：‘人無子，乞禱有應。’”案，樂史之言非也，在金沙江，若青衣江在嘉定矣。石在屏山縣七十里，俗呼二石爲“甘酒壜”。懸崖中窪，石壁上嵌二圓石如卵，大如斗也。

石走

《朝野僉載》：“寶曆元年乙巳歲，資州資陽縣清于一作弓，訛村[四]，山有大石，可三間屋大。從此山下忽然吼踴，下山越澗，却上坡，可百步。其石走時，有鋤禾人見之，各手持鋤趁至，石即止。其石高二丈。”案，《戎幕閑談》：“杜元穎鎮蜀年，資州方丈大石走行，盤礴數畝。”[五]即此事也。

雙石笋

《天中記》：“孟蜀廣政中，荆南高大王令邸務丁晏入蜀，請畫工李文才寫義興門内雙石笋[六]。徵其故實，皆云真珠樓基，或云是海眼。道士范德昭曰：‘吾聞諸至人，斯乃蠶叢啓國鎮蜀之碑。中以鐵柱貫之，下以横石相理，埋于地際。上有文字，言歲時豐儉、兵革水火之事。諸葛曾掘驗之。真珠樓基、海眼，皆非也。蜀人少知，云出《方圓記》。’”[七]案，一引《益州名畫記》無“荆南高大王”字，作“荆南文獻王”，又無“吾聞諸至人”字，又無末“蜀人少知”九字，皆屬脱漏。李文才，華陽

[一] 按，此條乃據《太平御覽》卷五二所引而改寫，所參校之文，則見《蜀中廣記》卷一五。

[二] 按，趙熙於“青衣江”旁批云：“大江流下。”

[三] “歸”，原作“婦”，形近而誤，據光緒本及《太平寰宇記》卷七九改。

[四] “于”，今本《朝野僉載》卷五作“弓”，無異文校勘記，亦見《太平廣記》卷三九八、《天中記》卷八、《玉芝堂談薈》卷二五等所引，皆作“弓”，不知張澍據何書而作“于”？又，此條與《朝野僉載》文字略異，然於義無傷，故不詳校。

[五] 按，此事見《太平廣記》卷三六六及《蜀中廣記》卷八〇。

[六] “内”，原作“兩”，據光緒本改，説詳本書卷一上“十八門”條校勘記。

[七] “方圓”，《益州名畫録》卷中“李文才”條互倒。張澍此處引《天中記》，亦有删改。

人，事後主爲翰林待詔。范德昭，處士也，著《通宗論》《契真刊謬論》《金液還丹論》，並見《十國春秋》[一]。

[一] 按，李文才傳見《十國春秋》卷五六；范德昭傳見《茅亭客話》卷二，《十國春秋》無。

卷　二

人物類

險絶之區，多生俶詭。靈仙艷姿，經儒文士。禹配女嬌[一]，許友嚴倩，萇弘無墓，洛下遺氏。舉而正之，以比野史。

奇　相

《蜀檮杌》曰："古史云震蒙氏之女竊黄帝玄珠，沉江而死，化爲奇相，即今江瀆神是也。"[二]按，《黄帝傳》云："象罔得之，後爲蒙氏女奇相氏竊之，沉海去，爲神。"[三]《江賦》云："奇相得道。"[四]《史記索隱》引庾仲雍《江記》云："帝女也，卒爲江神，一云江瀆神，生於汶川。"《廣雅》云："江神謂之奇相。"[五]《十國春秋》："蜀王建通正元年，大霖雨，蜀主禱於奇相之廟。"[六]《録異記》："鄭君雄爲遂州刺史，於水東壩見旌旗帟幕，人物喧闐如軍行，探問，乃江瀆神也。"[七]《一統志》引《山海經》云："神生汶川，馬首龍身，禹導江，神實佐之。"[八]今經無此文，疑誤引。

［一］"女嬌"，禹娶塗山氏，名女嬌，見《吴越春秋》卷四《越王無余外傳》。本卷"塗山氏江州"條引《吴越春秋》則誤作"女僑"。

［二］按，此條見《蜀檮杌校箋》卷一。

［三］按，此所謂《黄帝傳》，當指嘉慶時期《宛委别藏》本《軒轅黄帝傳》，又與《雲笈七籤》卷一〇〇之《軒轅本紀》所載文字相合。至於黄帝失玄珠、象罔得之之事，則見《莊子·天地》。

［四］按，郭璞《江賦》，見《文選》卷一二。

［五］按，引《江記》及《廣雅》之語，見《史記·封禪書》"江水祠蜀"句《索隱》注文。

［六］按，此條見《十國春秋》卷三六《前蜀二·高祖本紀下》，吴任臣當亦是據《蜀檮杌》修入也。

［七］按，此條改寫自《録異記》卷四"鄭君雄見江瀆神"條。

［八］按，此處稱《一統志》引《山海經》云云，實不見於《明一統志》、乾隆《大清一統志》、嘉慶重修《大清一統志》，張澍誤記。然嘉靖《四川總志》卷三、雍正《四川通志》卷二五、嘉慶《四川通志》卷二五"岷江"條皆引《山海經》之語，張澍所指究竟爲何，難知也，故不做改動。

蒙山妹嬉　岷山琬琰[一]

屈子《天問》云："桀伐蒙山，何所得焉？妹嬉何肆，湯何殛焉。"[二]王逸注："桀伐蒙山之國，而得末嬉。"案，《列女傳》以爲伐有施得之。師古云："有施之女。"蓋以《國語》注言"施"爲喜姓國也[三]。《淮南子》亦云："桀伐蒙山，得妹嬉。"羅長源謂蒙山即岷山[四]，非也。《竹書紀年》注："后桀十四年，命扁伐岷山氏。岷山女於桀二人，曰琬，曰琰。后愛之。無子，乃斫其名於苕華之玉。苕是琬，華是琰。而棄其元妃於洛，曰妹喜。"[五]蓋蒙山所得者妹喜，岷山所得者琬、琰，皆蜀產也。吕氏《慎大覽》："桀迷惑於末嬉，好彼琬、琰。"高誘注[六]："'琬'當作'婉'，謂婉順阿意之人。"非也。"琬、琰"當即《管子》所云桀所愛之女華矣[七]。然《藝文類聚》引《紀年》，以"琬、琰"爲岷山莊王之二女[八]。今《紀年》無之。而《華陽國志》："五茶夷發夜郎莊王之墓，王遜討滅之。"[九]是又一"莊王"也。《説文繫傳》徐鍇案："郭璞注《上林賦》引《竹書》云：'桀得有緡二美女，刻其名於苕華之玉，苕是琬，華是琰。'"[十]與今本不同。疑以克有緡、伐岷山爲一事也。

塗山氏江州

晋《太康三年地記》："古當塗國，夏禹所娶也。西南有禹村，今九

[一]"琰"，原諱嘉慶帝"顒琰"之名而去"炎"作"王"，今回改，後文此字徑改。
[二] 二"焉"字，原無，據《楚辭章句》卷三補。
[三] 按，此按語實皆據《路史》卷二三"復伐蒙山得妹喜焉"句注文轉引。
[四] 按，羅泌《路史》卷二九云："桀伐蒙山氏，即岷山氏，今蒙州蒙山郡。"
[五] 按，此條見今本《竹書紀年》卷上。
[六]"誘"，原誤作"秀"，據《吕氏春秋》注者高誘之名改。
[七] 按，《管子·輕重第十三·輕重甲》云："管子曰：女華者，桀之所愛也。"
[八] 按，此説見《藝文類聚》卷八三。
[九] 按，此條見《華陽國志》卷四。
[十] 按，此説見《玉部》"琰"字注文。

江當塗縣有禹娶之地。”[一]皇甫謐曰：“今九江當塗有禹廟。”[二]則塗山在江南。《世紀》云：“塗山氏合昏于台桑之野。鍾離西七十里，即當塗縣。”[三]杜預云：“塗山在壽春東北。”[四]《輿地記》謂：“即禹所娶塗山氏國。”[五]《吕氏春秋》云：“禹娶塗山氏，不以私害公。自辛至甲四日，復往治水。”[六]故《説文》云：“九江當塗民，以辛壬癸甲之日嫁娶。”[七]《水經注》亦云：“江淮之俗，以辛壬癸甲爲嫁娶日。”[八]而《吴越春秋》《越絶》等書又云：“禹娶會稽塗山。”應劭云：“在永興北。永興，今蕭山也。”[九]案，禹娶塗山，乃蜀巴縣之塗山，非壽春、會稽之塗山也。《水經注》云：“江州縣水北岸，有塗山。南有夏禹廟、塗君祠，廟、銘存焉。”[十]《華陽國志》云：“禹娶於塗山，今江州塗山是也，帝禹之廟銘存焉。”[十一]杜預亦云：“巴縣有塗山，禹所娶。山有禹王及塗后祠。”[十二]陶弘景《水仙賦》云“塗山石帳，天后翠幙”指此。東漢《郡國志》云：“塗山在巴郡江州。”[十三]爲重慶巴縣。至今洞曰塗洞，村曰塗村，灘曰遮夫，石曰啓母也。《寰宇記》：“塗山在渝州巴縣東南八里，岷江南岸。”[十四]古《巴郡志》：“山高七里，周圍二十里，尾接石洞峽。峽東西約長二里許，劉先主置關於此

[一] 按，《太平御覽》卷四三、《太平寰宇記》卷一二八所引皆題作《太康地志》。《舊唐書·經籍志上》云：“《地記》五卷，太康三年撰。”

[二] 按，此條見《太平寰宇記》卷一二八引《帝王世紀》之語，可推知前一條亦係據《太平寰宇記》轉引。

[三] 按，此條乃據《路史》卷二二“年三十娶于塗山氏”句注文轉引，《世紀》者，當亦是皇甫謐之《帝王世紀》。

[四] 按，此條見《左傳·昭公四年》“穆有塗山之會”句注文。

[五] 按，此條乃據《尚書埤傳》卷三轉引，所謂《輿地記》者，未詳。

[六] 按，此條當是據《水經注·淮水》注文而轉引，不見今本《吕氏春秋》。

[七] 按，此條見《説文·屾部》“嵞”字注文。

[八] 按，此條見《水經注·淮水》注文。

[九] 按，引《越絶書》之文係據《吴越春秋》卷四《越王無余外傳》“禹三十未娶行到塗山”句注文轉引。

[十] 按，此條見《水經注·江水一》注文。

[十一] 按，此條見《華陽國志》卷一。

[十二] 按，此條稱杜預云云者，暫未見他書引相關内容而云出杜預注者。但是《蜀中廣記》卷一七有相關記載，且恰好在此條之後所引也是陶弘景《水仙賦》，則頗疑張澍誤題出處也。

[十三] 按，相關記載見《後漢書·郡國志五》，但此條與後文塗洞、塗村、遮夫、啓母云云者，并見《全蜀藝文志》卷四七所收元賈易巖《塗山古碑》。則此處亦是據《全蜀藝文志》轉引。

[十四] 按，此條見《太平寰宇記》卷一三六。

山之上。”[一]酈善長、庾仲雍輩並以爲禹娶於江州之塗山。夫禹之娶于蜀，豈獨以生于蜀哉？蓋其祖昌意爲黄帝次子，娶蜀山氏昌僕，生帝顓頊。乾荒亦娶蜀山氏淖子，禹之不得遠締姻也，亦人情矣。當塗山氏遠適鳴條[二]，思戀本國，乃築清臺[三]，還望蜀土，猶陝虢峙有娀之虚，章丘留姜原之迹矣[四]。是會稽爲禹計功之地，壽春爲大會諸侯之所，均非賦雄狐九尾之處也[五]。

又禹本生於石紐[六]。而《蜀王本紀》乃云：“禹母含珠孕禹，坼疈而生於塗山。”[七]舛矣。顔師古《漢書注》引《淮南子》云：“禹治洪水，過轘轅山，謂塗山氏曰：‘欲餉，聞鼓聲乃來。’[八]禹化爲熊，跳石誤中鼓。塗山氏來，見禹，慚而去嵩高山下，化爲石。禹曰：‘歸我子。’石破北方，而生啓。”夫禹治水，詎無官師役徒，何至使后持饁如田婦上畦？其謬不待辯。而嵩陽啓母廟前有高二丈、中裂之石，益爲無稽。且既爲石矣，登封之墓又何爲者[九]？考盧元明《嵩高山記》：“昔陽翟有婦人，孕身三十月乃生子，從母背上出。五歲便入此山，學道神明，爲母立祠，因號曰啓母祠。”[十]是嵩高之祠非高密之配，徒以同爲啓母，因疑相混也。

[一] 按，相關内容見《蜀中廣記》卷一七，曹學佺乃據《太平寰宇記》而改寫，並不言出所謂《巴郡志》，亦暫未見他書有相關記載而稱出《巴郡志》者，張澍所言或不可據。

[二] “鳴條”，禹之卒地，在今山西運城安邑之北。《藝文類聚》卷一一引《帝王世紀》云：“禹攝政，有苗氏叛。南征，崩于鳴條。殯以瓦棺，葬于蒼梧九疑山之陽。”

[三] “乃築”，原誤倒，文義不通，據《廣博物志》卷三六乙正。原文云：“蒲州蚩尤城鳴條野，禹娶塗山女，思戀本國，築臺以望之，謂之清臺。上有禹祠，下有清臺驛。”此正張澍之所本也。

[四] 按，此二句指陝州、虢州之間有有娀之虚，章丘有姜原遺迹。張澍《養素堂文集》卷一〇“有娀考”云：“蓋柬逷既爲帝嚳所娶，處於陝、虢之間，本其所生，錫名此地，以寓懷土之意。猶之女嬇生於巴郡，而九江、壽春有山；姜嫄育自武功，而章丘、龍蟠有迹。皆因游止之踪而稱之，非其質也。”

[五] “九尾”，《吴越春秋》卷四言禹見塗山氏，乃歌曰：“綏綏白狐，九尾痝痝。我家嘉夷，來賓爲王。成家成室，我造彼昌。”

[六] 按，此句之旁，趙熙批云：“《易林》可證。”

[七] 按，此見《初學記》卷九“塗山”條注文。

[八] “鼓”，原作“鼔”，形近而誤，據《漢書·武帝紀》“見夏后啓母石”句注文改，後文此字徑改。按，鼔爲動詞，擊鼓，與後文之“中鼓”明顯文義不合，且有原書可據，故皆改之。

[九] 按，嘉靖《河南通志》卷一九云：“啓母墓，在登封縣西。”

[十] 按，此條乃據《廣博物志》卷二四轉引。

又《倦游録》云："三門禹廟，神儀侍衛極肅。後殿一氊裘像，侍衛皆胡人。云是禹婦翁。"[一]《吕氏春秋》："塗山氏作歌以候其伯姬。"[二]是塗山氏有姊也。又云："禹省南土，塗山氏之女令妾候禹於塗山之陽。"[三]是禹有妾也。楊烱《少姨廟記》云："《漢·地理志》：'嵩高少室之廟，其神爲婦人像，故老相傳啓母塗山之妹。'"[四]是塗山氏又有妹也。《禮緯含文嘉》云："禹盡力溝洫，百穀用成，天降玉女。"[五]一作天賜神姑、聖姑[六]。未知即指塗山氏否。若《世本》言塗山氏名女媧，《連山易》塗山氏名"攸女"[七]，《古今人表》名"女趫"，《大戴禮》《廣雅》作"女趫"，《吴越春秋》作"女嬌"云[八]。

嚴 僖

《蜀本紀》："嚴僖與許由爲友，蜀之道士也，隱於雅州。"[九]

尹吉甫子伯奇

《水經注》："揚雄《琴清英》曰：'尹吉甫子伯奇，至孝。後母譖之，自投江中，衣苔帶藻。忽夢見水仙賜其美藥，思惟養親，揚聲悲歌。船人聞而學之。吉甫聞船人之聲疑似伯奇，援琴作《子安之操》。'"[十]案，《琴操》亦言之[十一]。江陽，今瀘州。子雲，蜀人，以此事叙入江陽，是

[一] 按，此條乃據《路史》卷二二"后趫死，葬陽城"句注文轉引。
[二]"候"，原誤作"侯"，據《路史》卷二二引《吕氏春秋》之文改。
[三] 按，《吕氏春秋》卷六《音初》云："禹行功，見塗山之女。禹未之遇，而巡省南土。塗山氏之女乃令其妾待禹于塗山之陽，女乃作歌。"
[四] 按，此處乃據《楊炯集》卷五《少室山少姨廟碑》改寫。
[五] 按，此條見《宋書·符瑞志下》，文字略異。
[六] 按，此異文不知張澍據何言之。
[七] 按，此二説皆據《尚書埤傳》卷三轉引。
[八]"嬌"，原作"憍"，據《吴越春秋》卷四改。
[九] 按，此説乃據楊慎《升庵集》卷四九"高士"條轉引。
[十] 按，此條見《水經注·江水一》。
[十一] 按，《琴操》，傳爲東漢蔡邕撰。《樂府詩集》卷五七《履霜操》序引之云："《琴操》曰：《履霜操》，尹吉甫之子伯奇所作也。伯奇無罪，爲後母讒而見逐。乃集芰荷以爲衣，采楟花以爲食。晨朝履霜，自傷見放，於是援琴鼓之而作此操。曲終，投河而死。"

以尹氏爲江陽人也。《明一統志》云："尹吉甫，房陵人，食采於房，卒葬房之青峰山。"[一]其言毫無左證。鄭樵《氏族略》云："尹氏，少昊之子，封於尹城，因以爲氏。子孫世爲周卿士，食采於尹，今汾州有尹吉甫墓。"[二]《太平寰宇記》云："尹吉甫墓在南皮縣西三十里，高三丈。《耆老傳》云：'吉甫墓上有樹二株，自有冢以來即有此樹。柯條鬱茂，不覺其老。俗呼年長樹。'"[三]則吉甫之非蜀人，灼然矣。夫尹氏世爲周卿[四]，宗族椒繁，粥鑊遠聞。而吉甫能賢，涼佐中興[五]，誦聲清穆。徒以掇蜂聽讒[六]，孝子被放。采楟履霜，頭髮早白。《小弁》是作，隕涕我辰[七]。伯封尋求，爲賦《黍離》。異鳥鳴桑，栖蓋悲切[八]。曾氏作鑑[九]，不免世訾耳。今《瀘州志》云："伯奇投江後，太師葬之歸子山下歸子寺後。墓尚存。"[十]又云："伯奇投江不沉。"[十一]又云："吉甫夫人、伯奇母馬氏，有周尹夫人馬氏墓在州東尖峰山。"[十二]皆妄語也。曹植《惡鳥論》言吉

[一] 按，此條出《明一統志》卷六〇《鄖陽府·人物》。原書云"世傳"，且同時又引《瀘州志》，存吉甫爲江陽人之説。

[二] 按，此條見《通志·氏族略三》。

[三] 按，此條見《太平寰宇記》卷六五。

[四]"卿"，原作"氏"，據光緒本改。

[五]"涼佐"，即輔佐。"涼"通"亮"，《詩·大雅·大明》："涼彼武王，肆伐大商。"馬瑞辰《通釋》云："傳：'涼，佐也。'《釋文》：'涼，本亦作諒，《韓詩》作亮，云：相也。'"

[六]"掇蜂聽讒"，《後漢書·黄瓊傳》"伯奇至賢終於流放"句引《説苑》云："《説苑》曰：'王國子，前母子伯奇，後母子伯封。後母欲其子立爲太子，説王曰："伯奇好妾。"王不信，其母曰："令伯奇於後園，妾過其旁，王上臺視之即可知。"王如其言，伯奇入園，後母陰取蜂十數，置單衣中，過伯奇邊，曰："蜂螫我！"伯奇就衣中取蜂殺之。王遥見之，乃逐伯奇也。'"

[七]"我辰"，我之生時，此謂伯奇自言出生時辰不好。《詩·小雅·小弁》云："天之生我，我辰安在？"

[八] 按，《曹植集校注》卷二《貪禽惡鳥論》有："昔尹吉甫用後妻之讒，而殺孝子伯奇；其弟伯封求而不得，作《黍離》之詩。俗傳云：吉甫後悟，追傷伯奇。出游于田，見異鳥鳴于桑，其聲噭然。吉甫動心曰：'無乃伯奇乎?'鳥乃撫翼，其音尤切。吉甫曰：'果吾子也。'乃顧謂曰：'伯奇，勞乎？是吾子，栖吾輿；非吾子，飛勿居。'言未卒，鳥尋聲而栖于蓋。"

[九] 按，《禮記·檀弓上》："曾子謂子思曰：'伋，吾執親之喪也，水漿不入口者七日。'子思曰：'先王之制禮也，過之者，俯而就之；不至焉者，跂而及之。故君子之執親之喪也，水漿不入於口者三日，杖而後能起。"此言伯奇已死，過度哀悼無益。

[十] 按，此條見乾隆《直隸瀘州志》卷二"孝子尹伯奇墓"。

[十一] 按，此條見嘉慶《四川通志》卷四三"歸子寺"。

[十二] 按，此條見雍正《四川通志》卷二九上及嘉慶《四川通志》卷二〇四，但嘉慶志已辨其説之妄。

甫收奇未嘗投江，則失之[一]。《説苑》獨云："王國君前母子，伯奇[二]；後母子，伯封。"亦異聞也。

萇弘不葬蜀

《拾遺記》："周靈王時有萇弘，能招致神異。王乃登昆昭之臺，望雲氣蓊鬱，忽見二人乘雲而至，須髮皆黄，非世俗之類也。乘游龍飛鳳之輦，駕以青螭，其衣皆縫緝羽毛也。王即迎之上席。時天下大旱，地裂木燃[三]。一人先唱：'能爲雪霜。'引氣一噴，則雲起雪飛，坐者皆凛然，宮中池水，堅冰可琢。又設狐腋素裘、紫羆文褥。羆褥是西域所獻也，施于臺上，坐者皆温。又有一人唱：'能使即席爲炎。'乃以指彈席上，而暄風入室，裘褥皆棄於臺下。時有容成子諫曰：'大王以天下爲家，而染異術，使變夏改寒，以誣百姓。文、武、周公之所不取也。'王乃疏萇弘，而求正諫之士。時異方貢玉人、石鏡，此石色白如月，照面如雪，謂之'月鏡'。有玉人，機戾自能轉動。萇弘言于王曰：'聖德所招也。'故周人以萇弘幸媚而殺之，流血成石，或言成碧，不見其尸矣。"按：蜀自漢以來多通術數，其學蓋原於萇弘。《淮南·氾論訓》云[四]："萇弘，周室之執數者也。天地之氣，日月之行，風雨之變，律曆之數，無所不通。然而不能自知，車裂而死。"《史記·天官書》云："昔之傳天數者，周室史佚萇弘。"《封禪書》云："萇弘以方事周靈王，諸侯莫朝周。周力少，萇弘乃明鬼神事，設貍首[五]。貍首者，射諸侯之不來者。依物怪，欲以致諸侯。諸侯不從，而晋人執殺萇弘。"皆以殺弘在靈王時。而《左傳》則在敬王之世[六]。夫弘依古禮以招諸侯，當時來違天之議，後世興依怪之誚，可謂忠不見諒矣。又《莊子》云："萇弘胣腸。"[七]《淮南子》

[一] 按，此説與曹植文不合，或誤，不知張氏據何而言？

[二] "伯奇"前，原衍一"子"字，據《後漢書·黄瓊傳》引《説苑》删。

[三] "木"，原作"火"，形近而誤，據《拾遺記》卷三"周靈王"條改。

[四] "氾"，原作"汜"，形近而誤，據《淮南子》改。

[五] 按，此句之旁，趙熙批云："古禮也。"

[六] 按，《左傳·昭公三年》六月，"周人殺萇弘"，則在周敬王二十八年也。

[七] "胣"，裂腹刳腸。《集韻·紙韻》："刳腸曰胣。"《龍龕手鑑·肉部》："胣，引腸。又裂也。"◎"腸"，《莊子·胠箧》無，此乃張澍所補者。

云：“萇弘鈹裂而死。”[一]又云：“車裂而死”。《吕氏春秋》：“藏其血，三年化爲碧玉。”[二]王子年云：“流血爲石。”《華陽國志》：“萇弘之血，變爲碧珠。”[三]《皇覽》云：“萇弘冢在洛陽東北邙山上。”[四]《史記集解·封禪書》《續郡國補注》曰[五]：“雒陽縣東北邙山有萇弘冢。”《郡國志》云：“周人萇弘無辜見殺，今洛中有祠存，謂撞鐘祠是也。”[六]是周以趙鞅故，殺萇弘，葬于成周。而蜀中碧血不知何來？《莊子·外物篇》云：“萇弘死于蜀，埋其血，三年化爲碧。”司馬彪注云：“萇弘忠而死[七]，故其血不朽而化爲碧。”徐鍇云：“道家曰‘積精成青’，碧亦精氣之所爲也。”[八]宋林鬳齋《莊子口義》云[九]：“萇弘被放歸蜀，刳腸而死。蜀人以匱藏其血，三年化爲碧玉。”[十]顯與《左傳》《國語》違戾。《仙傳拾遺》：“周末殺萇弘於蜀，其血碧色，入地化爲碧玉，數里路土皆青色[十一]。今蜀有青泥坊，即弘死處。”[十二]而《韓子·内儲説》謂：“叔向讒萇弘，僞爲弘書，佯遺其書於周庭。周以弘爲賣周也，而殺之。”《説苑》亦云[十三]。然時代舛錯矣。萇弘，《左傳》《國語》又謂之“萇叔”。韋昭注：“叔，萇弘字也。”[十四]《漢藝文志》陰陽家有萇弘十五篇。

朱提梁氏女

揚雄《蜀本紀》：“蜀有王者出于天隳山[十五]，蓋天精也。朱提有梁氏

[一]“鈹”，劍屬，形如刀而兩面有刃。《説文·金部》：“鈹，劍如刀裝者。”按，此條乃據《經典釋文》卷二七注《莊子·胠篋》之語而轉引。
[二]按，此見《吕氏春秋·孝行覽·必己》。
[三]按，此條見《華陽國志》卷一二。
[四]按，此條乃據《史記·封禪書》“晋人執殺萇弘”句裴駰《集解》注文而轉引。
[五]按，所謂《續郡國補注》，即《後漢書·郡國志一》“雒陽”注文所引《皇覽》之語。
[六]按，此條見《太平寰宇記》卷三。
[七]“死”，原作“流”，據《太平御覽》卷八〇九所引改。
[八]按，此見《説文繫傳》卷一“碧”字注文。
[九]“齋”，原脱，據《莊子口義》作者之號改。按，宋人林希逸，字肅翁，號鬳齋。
[十]按，此條見《莊子口義》卷八《則陽》。
[十一]“土”，原誤作“二”，據光緒本改。
[十二]按，此説見《施注蘇詩》卷二四《次韻王定國得潁倅二首》其二之注文。
[十三]按，此説見《説苑》卷一三。
[十四]按，此條見《國語·周語下》“萇叔必速及夫，將以道補者也”句韋昭注文。
[十五]“隳”，原作“墮”，據光緒本及《巵林》卷二“復杜”條引《蜀王本紀》改。按，此條與《揚雄集校注》輯録之《蜀王本紀》文字略異。

女利，出自江源，宇納爲妃。宇王于蜀，號曰望帝，移居郫邑。”《藝文類聚》引《蜀本紀》云：“魚鳧始稱蜀王，都郫邑。[一]又築杜宇城，因名杜宇[二]。有朱提氏，一曰朱利。自江源出，都於玉尺驟山[三]。有女名望帝，美姿色，蜀王納爲妃，不習水土而卒。王痛之，遣五丁力士於武都山擔土爲冢。”與此舛乖。又以望帝爲杜宇之妻，皆諸書所未言[四]。來敏《本蜀論》云：“從天下，女子朱利，自江源出，爲宇妻。”[五]

楚靈王妃巴姬

《吕氏春秋》：“晋文王西伐巴蜀。”《國名記》：“楚靈王妃，巴姬也，今果州之南充。”杜預云：“巴之江州縣。”[六]案，《紀年》云：“桓王十七年，楚伐巴及鄧。”[七]

秦　精

《華陽國志》：“秦昭王時，白虎爲害，募人殺之。廖仲藥、何秦精等射中之。”案，《漢書》作“朐朋廖仲藥、秦精”，脱“何”字，一本又無“藥”字[八]。

商　瞿

案，《史記·弟子傳》：“商瞿傳《易》于馯臂子弘；子弘傳江東人矯

[一] 按，《藝文類聚》卷六引《蜀王本紀》，僅提到了魚鳧之名，不言魚鳧始稱蜀王及都郫之事。而據《華陽國志》卷三，杜宇定都郫邑。《揚雄集校注》則言杜宇始稱蜀王，定都郫邑。

[二] 按，此説不知本自何處，不見於《藝文類聚》。

[三] 按，此處文義不通，疑有誤。相關記載亦不見《藝文類聚》。

[四] 按，張澍不言所據《藝文類聚》究竟爲何本，我們覆核南宋本、胡宗瓚刻本、文津閣《四庫全書》本、汪紹楹校本，皆不見相似記載。據孫麒《〈藝文類聚〉版本研究》，現存版本有十五種，即孫氏亦未全部經眼，故只能存疑。

[五] 按，此説見《水經注·江水一》。

[六] 按，此三條皆見《路史》卷二八。

[七] 按，此《紀年》非《竹書紀年》，相關内容不見於《竹書紀年》也。據《春秋左氏傳·桓公九年》，楚伐巴及鄧。不知張澍此説本自何書？

[八] 按，此事見《華陽國志》卷一，《後漢書·南蠻傳·板楯蠻》注文亦引《華陽國志》，《漢書》無相關記載。對於諸人之名當如何點斷，任乃强與劉琳有不同意見。説詳本書卷一二“藥氏”條，此處從略。

子庸疵。"《漢書》："商瞿授魯橋庇子庸，子庸授江東馯臂子弓。"[一]二者不同。然司馬遷、范曄[二]、王肅等均以商瞿爲魯人[三]。蓋商，姓也；瞿，名也；字曰子木。司馬貞、顔籀以爲複姓[四]，誤矣。而宋祁《先賢贊》以爲蜀人，楊慎遂謂爲蜀之瞿上人，且云："《世本》作'商瞿上'。"[五]《世本》今雖不傳，然諸書所引俱在，並無"商瞿上"之文。《文翁石室圖》亦未嘗作"商瞿上"。近人引《石室圖》作"商瞿上"者，誤從楊氏，非原文也。《路史·國名記》云："商罡有瞿父鼎，有商瞿氏，宜爲瞿上。"[六]羅氏之言，蓋謂商有瞿氏，以地爲氏，宜出于瞿上也。猶言淳姓出於淳于，鍾姓出于鍾離云爾。其以商瞿爲複姓，又沿《索隱》、師古之説。楊氏不知，直云"商瞿名上"，謬甚。近人作《雙流志》，遂云："瞿生于瞿上鄉，卒亦葬瞿上。"[七]墓在縣南五十里之應天山[八]。夫因瞿上而謂商瞿爲是地人，豈言偃是偃師人，卜商是商丘人乎？必不然矣。曹學佺《名勝志》謂瞿受《易》夫子，時有錦鷄、白鷳爲文明之象，抑何附會之甚耶[九]？猶憶往者同年霍松軒太史語余曰[十]："夫子謂'商瞿年五十[十一]，有五丈夫子'者，以眉下有卧蠶紋故也。"余曰："以予所聞則異是。《易緯辯終備》曰：魯人商瞿，使向齊國，年四十，今後宜作役使行[十二]，遠路

[一] 按，此條見《漢書·儒林傳》。

[二]"曄"，原作"華"，避康熙玄燁之諱也，今回改，後文此字徑改。又按，范曄《後漢書》無商瞿。

[三] 按，王肅之説見《孔子家語》卷九："商瞿，魯人，字子木。"

[四] 按，顔師古，字籀，曾注《漢書》，此處所云正見《漢書·儒林傳》注文。

[五] 按，此説見《丹鉛餘録·續録》卷三《蜀志遺事》，所謂宋祁《先賢贊》，即楊慎所云《成都先賢贊》，僅見於楊慎書，並無更早記載，未知究竟爲何書。

[六] 按，此條見《路史》卷二九，罡字音義不詳，宋人薛尚功《歷代鐘鼎彝器款識法帖》卷三無此字。

[七] 按，此説見嘉慶《雙流縣志》卷三"鄉賢"，但原書又引楊慎之説、宋祁之説，并加按語，稱"商子名瞿，非居瞿，《家語》以爲魯人，《史記》亦作魯人"，則稱其爲雙流人，應是略備一説而已。

[八] 按，嘉慶《雙流縣志》卷一"陵墓"下稱"商瞿墓在縣南八里應天山上"，光緒《雙流縣志》卷一亦作"縣南八里"，此處稱五十里，未知何據？

[九] 按，此説見《蜀中廣記》卷五，曹學佺係據舊方志轉引，但不知究竟出自何書。

[十]"霍松軒"，名樹清，字松軒，陝西朝邑（今屬大荔縣）人，進士出身，官翰林院庶吉士，道光三年任鄱陽縣知縣，五年任新建縣知縣，光緒《江西通志》卷一二八有小傳。

[十一]"五十"，《史記·仲尼弟子列傳》作"四十"，此處當爲霍松軒誤記。

[十二] 按，此條乃據《史記正義·仲尼弟子列傳》轉引，而惠棟《易漢學》卷五所引，"後"則作"復"。

畏慮，恐絶無子。夫子正月與商瞿母筮，告曰：‘瞿當有五丈夫子。’[一]子貢曰：‘何以知之？’子曰：‘卦遇《大畜》[二]，艮之二世。九二甲寅木爲世，立五景行水爲應[三]。世生外象生象來爻生互内象艮别子[四]，應有五子，一子短命。’顔回曰：‘何以知之？’曰：‘内象是本子，一艮變爲二醜三陽爻五，于是五子。’‘一子短命，何以知？’[五]‘短命，他以故也。’字有譌脱。是夫子精《易》，以卜知之。昔魏王朗《相論》云：‘仲尼之門，童冠之群，不言形相，抑亦難據故也。’[六]是夫子不言相也。”霍無以答。

范目

《風俗通》：“高祖封范目爲閬中慈鳧鄉侯，並復除目所發賨人盧、朴、沓、鄂、夕、度、襲七姓不供租賦。”[七]案，范目，一引作“范自蒙”。《晋·樂志》又作“范因”，言“封因爲閬中侯”[八]，不言“鳧慈鄉侯”；《華陽國志》云“慈鄉侯”[九]，皆誤。蓋目先封長安建章鄉侯[十]，後封閬中慈鳧鄉侯。目固辭，乃封度沔鄉侯也。今《志》引常璩《志》，“慈”下脱“鳧”字，“度沔鄉侯”“鄉”誤作“縣”[十一]。

扶嘉

《西京雜記》：“漢廷尉扶嘉，朐䏰人也。初，嘉母于湯溪水側遇龍，後生嘉。長占吉凶，巧發奇中。高祖爲漢王時，與嘉相遇。嘉勸定三秦，

[一]“丈”，原作“文”，形近而誤，據光緒本改。
[二]“大”，原作“太”，據《史記正義》改。按，六十四卦中有《大畜》，不作“太”。
[三]按，此處文義不通，朱彝尊《經義考》卷二六三引作“九五丙子水爲應”，當是。
[四]按，原文疑有脱誤，此句費解，不作標點。
[五]“何”，原作“是”，據《史記正義》改。
[六]按，此説見《藝文類聚》卷七五。
[七]按，此佚文見《文選·左太冲〈蜀都賦〉》注，王利器《風俗通義校注》已經據之輯録。
[八]按，此條見《晋書·樂志上》。
[九]按，此説見《華陽國志》卷一，任乃強列舉了《晋書》之異文，但未作考辨，蓋證據不足也。張澍此處説《華陽國志》有誤，僅據《文選》注文所引《風俗通》，此乃孤證，豈能服人？
[十]“侯”，原作“候”，形近而誤，據光緒本改。
[十一]按，此處乃批評嘉慶《四川通志》卷八四之誤。

高祖以嘉志在扶翼，賜姓扶氏，爲廷尉，食邑朐䏰。嘉臨終有言曰：'三牛對馬嶺，不出貴人出鹽井。'"[一]《志》引未注書名[二]。

張寬

《搜神記》："漢武帝時[三]，張寬爲揚州刺史。先是，有二老翁争山地，詣州訟疆界，連年不决。寬視事，復來。寬窺二老形狀非人，令卒持杖戟將入，問：'汝等何精？'翁走，寬呵格之，化爲二蛇。"

羅桓

案，《劉寬碑陰門生名》有："郎中蜀郡成都羅桓吉禮。"《漢書·西羌傳》[四]："蜀人羅横應尹就募，刺殺吕叔都。""横"或即"桓"也。又案，《晋書·李壽載記》有"略陽羅桓"，又一"羅桓"也。

犍爲郡文學卒史臣舍人[五]

陸德明《經典釋文·叙録》云："《爾雅》有犍爲文學注三卷，闕中卷。"《七録》云："犍爲文學《爾雅》三卷。"[六]案，犍爲文學即與東方朔同時待詔，詔爲隱語被榜，呼謈之郭舍人也[七]。《西京雜記》言其善投

[一] 按，《廣博物志》卷四九引文云出《西京雜記》，《方輿勝覽》卷五八《雲安軍·人物》"扶嘉"條則稱出《雜記》。

[二] 按，此指嘉慶《四川通志》卷二四所引。

[三]"帝"，原作"志"，形近而誤，據光緒本及《新輯搜神記》卷二六"蛇訟"條改。

[四] 按，此條實出《後漢書·西羌傳》。

[五]"犍"，原作"楗"，亦可，如今樂山烏尤寺所存趙熙碑刻即寫作"楗"。但下一條"王喬犍爲人"等，又作"犍"，今全書統一爲"犍"，後文不再説明。

[六] 按，劉歆《七略》久佚，此處所據乃《隋書·經籍志一》，朱彝尊《經義考》卷二三七即稱《七録》也。

[七] 按，《漢書·東方朔傳》："時有幸倡郭舍人，滑稽不窮。常侍左右，曰：'朔狂，幸中耳，非至數也。臣願令朔復射，朔中之，臣榜百；不能中，臣賜帛。'乃'覆樹上寄生'，令朔射之。朔曰：'是窶藪也。'舍人曰：'果知朔不能中也。'朔曰：'生肉爲膾，乾肉爲脯；著樹爲寄生，盆下爲窶數。'上令倡監榜舍人，舍人不勝痛，呼謈。"顔師古注："呼謈，謂痛切而叫呼也。與《田蚡傳》'呼服'音義皆同。"

壺[一]。《爾雅疏》引舍人[二]，《文選·羽獵賦》注引作“郭舍人”。一云“犍爲郡文學卒史臣舍人”[三]。又案，《漢書·儒林傳》有文學、掌故，當是兩官。《漢舊儀》[四]：“博士弟子射策甲科補郎中，乙科補掌故。”而不言丙科，疑丙科則文學也。《漢書》又云：“擇掌故，補中二千石屬。文學掌故，補郡屬。”[五]《通考》注云：“掌故尊於文學掌故。”竊意下“掌故”二字衍文[六]。晁錯以文學爲太常掌故，兒寬射策乙科爲掌故，房鳳射策乙科爲太史掌故。俱不言“文學”，可證其爲兩官也。王莽時，甲科四十人補郎中，乙科二十人補太子舍人，丙科四十人補文學掌故。丙科倍于乙科，疑是兩官而統言之。言補文學，亦補掌故也。而如淳注引《漢儀》“甲科補郎中，乙科補太子舍人”，與王莽同。次補郡國文學，則丙科也，亦不言掌故。然以如淳所引考之，則郡國各自有文學也。

《漢書》又云：“博士弟子通一藝以上者，補文學掌故缺，有吏百石；通一藝以上者，補卒史。”[七]案，卒史秩不同中二千石，二千石之卒史，則秩比二百石以上及百石也；郡太守卒史，則比百石以下也。《傳》所云“秩比二百石以上及吏百石”[八]，即左右内史大行卒史也。“比百石以下”，即太守卒史也。皆史之倒文。“補中二千石屬”，即左右内史大行卒史也。“郡屬”，即郡太守卒史也，亦史之異文。臣瓚注：“卒史秩百石。”此以郡國卒史言之[九]。如張敞以鄉有秩補太守卒史，朱邑以桐鄉嗇夫遷補太守卒史是也。元帝時，始置郡國五經百石卒史。《蔡邕傳》：“邕書石經立太學門外，號鴻都石經。郡設卒史視之。”[十]此即五經百石卒史也。

[一] 按，此事見《西京雜記》卷五。

[二] 按，趙熙於此句旁批云：“此句乃陸氏本注。”所謂陸氏，指陸德明。

[三] 按，此説見《經典釋文》卷一及《困學紀聞》卷八。

[四]“《漢舊儀》”，亦稱《漢官舊儀》。東漢衛宏撰，所記爲皇帝起居、官制、名號、職掌等。已佚，清人孫星衍等輯有《漢官六種》，此條見《白田雜著》卷八所引。《史記·晁錯列傳》“以文學爲太常掌故”句，《索隱》引《漢舊儀》則作“太常博士弟子試射策，中甲科補郎，中乙科補掌故”。

[五] 按，此條見《漢書·儒林傳上》。

[六] 按，此處以爲誤衍“掌故”，實則據《文獻通考·學校考一》，掌故與文學掌故不同，並無衍文。

[七] 按，此條乃據《文獻通考·學校考一》轉引，與《漢書·儒林傳》略異。

[八] 按，此《傳》即《漢書·儒林傳上》。

[九] 按，從“《漢舊儀》”至此，皆見《白田雜著》，張澍略有改動而已。

[十] 按，相關記載見《後漢書·儒林傳上》，非出《蔡邕傳》。◎“卒史”，《後漢書》作“吏卒”，當有誤。

《通鑑》："吏通一藝以上者，請皆選擇以爲右職。"胡三省注"吏"謂："百石以上及比百石以下也，右職謂中二千石之卒史也。"[一]案，《儒林傳》："選擇其秩比二百石以上及吏百石。"此言選擇史秩與文學掌故相次者，即左右内史、大行卒史也。兒寬以射策爲掌故，即次補廷尉文學卒史，正是其例。比百石以下，即郡太守卒史也。《通鑑》因"百石"上有"吏"字[二]，謂"選擇其吏之通一藝以上"者，而未嘗考其前後之文義也。"以爲右職"，本出《文翁傳》，顔注"郡中高職"，謂掾曹之屬。黄霸爲左馮翊，以霸入財爲官不補右職，則卒史非右職明矣。又案，廷尉有文學卒史，則九卿應皆有之，不特左右内史、大行也。史文特舉其例耳[三]。

劉昭注《續漢書·百官志》引應劭《漢官儀》："河南尹百石卒史二百五十人。"[四]《水經注》爲妄人改作"百夫吏卒"[五]。近人戴震知"百夫"之舛，仍曰"百石吏卒"。杜佑《通典》《三國志》訛爲"百户吏卒"[六]，皆非也。犍爲郡文學卒史臣舍人，當是初爲郡文學，後補太守卒史，以能詼諧、善投壺，入爲待詔舍人也。漢之卒史，皆用本郡人。獨三輔用它郡人，禄二百石。翁學士方綱以文學舍人爲二人[七]，尤謬。陸德明言所注《爾雅》"闕中卷"，故自《釋訓》以下、《釋草》以上，並無一語見《釋文》及諸疏。惟《齊民要術》引《釋器》一條[八]，《水經注》引《釋水》二條[九]。賈、酈二人著書在前，必見全本也。

王喬犍爲人

《水經注》："武陽北山者，王喬所升之山也。"[十]《史記索隱》："顧

[一] 按，此條見《資治通鑑·漢紀十一·世宗孝武皇帝中之上》。

[二] "上"，原無，據《白田雜著》補。

[三] 按，本段完全因襲《白田雜著》卷三之考辨，略有删削。

[四] 按，此條乃據《後漢書·百官志五》改寫。

[五] 按，此説見《水經注·泗水》。

[六] 按，引《三國志》之語見《魏志·文帝傳》，引《通典》之語見其書卷五五。

[七] 按，翁方綱《經義考補正》卷一〇"犍爲文學《爾雅注》"條云："按，《文選·羽獵賦》注引《爾雅》犍爲舍人注，又引《釋詁》郭舍人注，則舍人姓郭。但《左傳正義》中，舍人、文學並見，則又似二人也。附識以俟考。"

[八] 按，此説不確，《齊民要術》卷二"粱秫"條引犍爲舍人注云："犍爲舍人曰：是伯夷、叔齊所食首陽草也。"此顯係《釋草》中之語，非《釋器》之文也。

[九] 按，《水經注·濟水二》引云："犍爲舍人曰：水中有草木交合也。"《淇水注》引云："犍爲舍人曰：水異出流行合同曰肥。"

[十] 按，此條見《水經注·江水一》。

氏案，裴秀《冀州記》云：‘緱氏仙人廟者，昔有王喬，犍爲武陽人。爲柏人令，于此得仙。’”[一]案，裴說在酈道元之前，未知何據。任豫《益州記》：“武陽縣有王喬仙處。王喬祠，今在縣。”[二]《華陽國志》：“犍爲郡治僰道，後徙武陽，王喬升其北山。”[三]可知喬之爲武陽人也，則緱山控鶴者非王子晋矣[四]。《水經注》又云：“梁國蒙縣薄伐城内有王子喬冢，有碑題曰‘仙人王子喬碑’，曰：‘王子喬者，蓋上世之真人。聞其仙，不知興何代也。’[五]博問道家，或言潁川[六]，或言産蒙。初建此城，則有斯丘。”[七]是又以王子喬爲潁川蒙縣者也。《北夢瑣言》載馬郁贈韓定辭詩曰[八]：“别後巏嵍山上望，羨君無語對王喬。”[九]《仙傳》言王喬爲柏人令，于東北巏嵍山得道[十]。《後漢書》：“王喬，河東人，顯宗世爲葉令。朝會日雙鳬飛來，羅得，係所賜尚書官履。或曰此即古仙人王子喬也。”[十一]是爲柏人令者一王喬，食肉芝而仙，即蜀人也；爲葉令、飛舄者一王喬，皆非吹笙之王子喬也。《列仙傳》《真誥》謂子晋即爲王子喬[十二]，疑非是。然廬陵泰和縣有子喬之奴爲神[十三]，豈神仙踪迹果無定耶？

[一] 按，此條見《史記·封禪書》。

[二] 按，此條見《後漢書·郡國志五》“犍爲郡”下“武陽有彭亡聚”條注文，但原書不稱作者爲任豫，且《益州記》還有李膺之同名著作，故張澍題作者爲“任豫”，恐不能信。

[三] 按，此條見《華陽國志》卷三。

[四] 按，據《列仙傳》卷上“王子喬”條，乘白鶴駐緱氏山之王子喬乃周靈王太子，則自非犍爲武陽人也。

[五]“代”，原作“伐”，蓋因上文“薄伐城”之“伐”而誤，據光緒本及《水經注》改。

[六]“潁”，原作“穎”，形近而誤，據《水經注》改。本條後文此字之誤徑改。

[七] 按，此條見《水經注·汳水》，張澍所引較略。

[八]“辭”，原作“求”，據《太平廣記》卷二〇〇“韓定辭”條引《北夢瑣言》及《路史》卷三六“大麓説”條引《瑣言》改。從引詩句來看，此或是據《路史》轉引。

[九]“無語”，與《路史》所引同，《太平廣記》所引則作“時復”，義勝。

[十] 按，此説亦係據《路史》而來。

[十一] 按，此條乃據《後漢書·方術列傳·王喬》删改而成。

[十二] 按，引《真誥》之語見其書卷三。

[十三] 按，《太平寰宇記》卷一〇九云：“王山在縣東八十里，周回三百里。其山峰巒秀異，昔王子喬曾控鶴於此，故以王爲名，旱則祈雨必應。按，《山川記》云：禱祈之時，有人誤唤奴者，則隨其所犯鄉境，雨至，必見雲開，卒無霑潤。相傳云王喬既去，奴墮於此，因爲神。至今操烈不可犯，民爲之諱。”

揚子雲爲北方鬼帝

《酉陽雜俎》："揚子雲爲北方鬼帝，治羅酆山[一]。嚴君平尚在峨眉山。"[二]

蜀揚雄有二

《隸續》[三]："漢繁長、張禪等題名有郡掾揚雄[四]，字孟孝。"

揚　信

劉向《别録》[五]："揚信，字子烏，雄第二子。幼而聰慧，雄算《玄經》不會，子烏令作九數而得之。雄又擬《易》'羝羊觸藩'，彌日不就。子烏曰：'大人何不云荷戟入榛？'"[六]案，"烏"爲字，"信"爲名也。而袁文《甕牖閑評》以揚子"育而不苗者吾家之童"爲句、"烏乎"爲句。謂"子雲嘆其子童蒙而早亡，故曰'烏乎'，即'嗚呼'字"。且以蘇東坡、張芸叟用童烏爲錯[七]。考《文士傳》[八]："漢桓驎答客詩曰：'伊彼揚烏，命世稱賢。'客示桓驎詩亦云：'揚烏九齡。'"《郎中鄭固碑》云：

[一] 按，趙熙於"羅酆山"旁批云："《抱朴子》屢稱此山。"

[二] 按，此條云出《酉陽雜俎》，不見於今本，而是據《廣博物志》卷一四轉引，但其說未必可信。相關記載實出葛洪《元始上真衆仙記》。

[三] "續"，原作"釋"，據"繁長、張禪等題名"在《隸續》卷一六而改。按，二書皆洪适著，張澍誤記。

[四] "揚"，《隸續》原文實作"楊"，此處混爲一談，與《蜀故》卷一一將揚雄與隋代持節入蜀迎梁王蕭歸之楊雄並舉相類，毫無意義。

[五] 按，針對此四字，趙熙眉批云："一作《揚雄别傳》。"

[六] 按，此條云出劉向《别録》，或不可信。張澍顯係據《太平御覽》卷三八五轉引，《天中記》卷二五、《廣博物志》卷二六亦引之，但此二者"算《玄經》"作"草《玄經》"，故知張澍引自《太平御覽》。但《御覽》云出《别傳》，當即《揚雄别傳》也，清人吳兆宜《庾開府集箋注》卷八《周太子太保步陸逞神道碑》"羝羊觸藩，九齡能對"句注文引此事，正云出《揚雄别傳》。即《天中記》與《廣博物志》亦云出《别傳》，張澍稱出《别録》，或係妄改。

[七] 按，此說見《甕牖閑評》卷三。

[八] 按，《隋書・經籍志二》著録《文士傳》五十五卷，張隱撰；《舊唐書・經籍志上》《新唐書・藝文志二》則著録爲五十卷，作者爲張騭，《太平御覽・經史圖書綱目》則兩存之，未知孰是。但此書已佚，張澍乃據《古詩紀》卷一三轉引。

"大男孟子，有揚烏之才。"[一]此豈作嘆詞解乎？近人有拾其餘唾者，亦疏陋之甚。又常璩言："烏童七歲預《玄》文，九歲而夭。"《問神篇》則言九歲預《玄》文[二]。徵以元龍之詩[三]，言九歲者是。桓譚《新論》曰："揚子雲爲郎，居長安，素貧。比歲亡其兩男，哀痛之，皆持歸，葬於蜀，以此困乏。雄察達聖道，明於死生，宜不下季札。然而慕怨死子，不能以義割恩，自令多費而致困貧也。"[四]

長卿爲蟛蜞

《成都舊事》："王吉夜夢一蟛蜞，在都亭作人語曰：'我翌日當舍此。'吉覺，異之，使人於都亭候之。司馬長卿至，吉曰：'此人文章横行一世。'天下呼蟛蜞爲長卿，卓文君一生不食蟛蜞。"[五]

洛下黄閎[六]

桓譚《新論》："揚子雲好天文，問之於洛下黄閎以渾天之説[七]，閎一作老工曰[八]：'我少能作其事，但隨尺寸法度，殊不曉達其義。後稍稍益愈，到今七十，乃甫適知己，又老且死矣。今我兒子受業一作"愛學"作之，

[一] 按，此碑文見《金薤琳琅》卷七。又，張澍此處批駁袁文斷句之誤，其實宋人王楙《野客叢書》卷八"童烏己巳"條，已批駁之也。

[二] 按，《揚子法言》卷四原文云："育而不苗者，吾家之童烏乎？九齡而與我《玄》文。"

[三] 按，據《古詩紀》卷一三，桓驎字元龍。

[四] 按，此條見《桓子新論·識通第十》。

[五] 按，此條又見《蜀都碎事》卷一，乃轉引自舊題元人伊世珍所著《琅嬛記》。此書係明人所造僞書，當中所引之典籍多不可靠，故所謂《成都舊事》，不可詳考。然《新輯搜神記》卷二八"長卿"條云："蟛蠘，蟹也。嘗通夢於人，自稱長卿，今臨海人多以長卿呼之。"《成都舊事》當即本此説而附會也。

[六] 按，針對此條，趙熙眉批云："友人江叔海《吴門銷夏記》云：'《太平御覽》天部載《桓子新論》曰："揚子雲好天文，問之於黄門作渾天老工。"不云問之洛下黄閎也。且洛下閎修《太初曆》，在元封七年。雄年四十餘始游京師，受知於大司馬王音，當在陽朔三四年。蓋閎修《太初曆》四十年後，而雄方生。即使果出《新論》，尚不免致疑，况杜撰耶？至云陳壽卒洛下，遂證洛下爲閬中地，尤謬。《晉書·陳壽傳》所謂遂卒洛下者，指洛陽云，壽未嘗還蜀也。'"

[七]"洛下黄閎以渾天之説"，《桓子新論》實作"黄門作渾天老工"，阮元《疇人傳》卷二據孫星衍引《太平御覽》之語與《蜀典》合，但與通行本《御覽》卷二不同。

[八] 按，此夾注原在"曰"字下，今據文義乙正。

亦當復年如我，乃曉知己，又且復死焉。’其言可悲可笑也。”案，君山所言黄閎，即《漢書》所云撰《太初曆》之洛下閎也[一]。是洛下閎，姓黄也。《華陽國志》：“文學聘士洛下宏，字長公，閬中人。”[二]是字“長公”也。《史記·曆書》注[三]，徐廣曰：“陳術云：‘徵士巴郡落下閎。’”又引《益部耆舊傳》：“閎，字長公。明曉天文，隱落下。”是落下，巴郡之地名也。顔師古以爲姓洛下[四]，名閎，誤矣。歷世相沿莫知其非，林寶、鄭樵輩遂增“洛下”一姓[五]，直是目不視書者。《晋書》云“落下黄閎”[六]。《益部耆舊傳》[七]：“巴郡洛下閎改《顓頊曆》爲《太初》，云：‘後八百年差一日。’”[八]又《華陽國志》叙陳壽云：“壽遂卒洛下。”[九]則洛下之爲閬中地無疑。《漢書》“洛”字不从草。應劭《風俗通》字从草，云：“落下[十]，姓，出於皋落。”[十一]亦妄。“洛”宜出於有洛氏也，見《周書·史記解》[十二]。

楊莊

《西京雜記》：“蜀人楊莊誦揚雄文于成帝，成帝好之，以爲似相如。”[十三]

[一] 按，《漢書·公孫弘卜式兒寬傳》贊云：“曆數則唐都洛下閎。”

[二] 按，此條見《華陽國志》卷一二。

[三] “曆”，原作“律”，張澍誤記，今據《史記》改。按，引徐廣之語者，乃《集解》，引《益部耆舊傳》之語者，則《正義》也。

[四] “洛”，今整理本《漢書·律曆志上》作“落”，明代南監本亦作“落”，不知張澍所用爲何本，姑仍之。

[五] 按，此説亦不確，林寶《元和姓纂》卷一〇有“落”“洛”二姓，皆言及落下閎，不姓“洛下”也。倒是《通志·氏族略一》有“洛下”，以地爲氏也。

[六] 按，此處承襲《廣博物志》卷一之説，今本《晋書·天文志上》實無“黄”字。

[七] “部”，原作“郡”，形近而誤，據前文改。

[八] 按，此條乃據《路史》卷一七“高陽紀”之“序惟天之合正風乃行”句注文轉引。

[九] 按，此條見《華陽國志》卷一一。但張澍理解有誤，前人江瀚《吴門銷夏記》已辨之。即據《晋書·陳壽傳》“詔下河南尹、洛陽令就家寫其書”一句，亦可知陳壽卒於洛陽也。

[十] “落”，原作“洛”，據《文選·班孟堅〈公孫弘傳贊〉》“曆數則唐都洛下閎”句引《風俗通》改。

[十一] 按，《文選注》僅稱“姓有落下”；而《元和姓纂》卷一〇“落”姓下引《風俗通》，云出皋落氏，則張澍當是綜合二處引文而言。

[十二] 按，此《周書》指《逸周書》，見卷八《史記解》。

[十三] 按，此處云出《西京雜記》，或誤，其書實無相關記載，也不見他書引此事云出葛洪書者。此事見《方言》卷一三《答劉歆書》，不知張澍據何稱出《西京雜記》？

案，常璩《序志》云："尚書郎楊壯[一]，成都人，見揚子《方言》。"是楊莊官尚書郎也。

嚴遵

《太平御覽》引《益部耆舊傳》云："嚴遵爲揚州刺史[二]，行部，聞道旁女子哭聲不哀。問所哭者誰，對曰：'夫遭燒死。'遵敕吏舁尸到[三]，與語訖，語吏云：'死人自道不燒死。'乃攝婦人，令人守尸，云：'當有枉。'吏白：'有蠅聚頭所。'遵令披視，得鐵錐貫頂，考問，以淫殺夫。"案，干令升《搜神記》亦紀此事。《志》沿訛作"嚴遵"[四]，非也。遵，字君平；遵，字王思[五]，閬中人。妻張叔紀[六]，其子名羽，字子翼，爲徐州牧。漢應季先有《美嚴王思爲揚州刺史》詩[七]。

瞿鵲子

李膺《記》云："《神仙傳》：'瞿鵲子繫龍於此。'"[八]在新津縣。《圖經》："瞿君字鵲子[九]，後漢犍爲人。入峨眉山四十年，得仙，乘白龍還家。"案，《莊子·齊物論》："瞿鵲子問於長梧子。"是瞿鵲子非漢人也，《圖經》之言訛。《太平寰宇記》謂："瞿君名武，字鵲子。"[十]舊《通志》

[一] 按，此處作"楊壯"者，避漢明帝劉莊諱而改也。

[二]"遵"，《太平御覽》卷二五八引《益部耆舊傳》作"遵"，《藝文類聚》卷六、卷九七，《太平廣記》卷一七一，《新輯搜神記·舊本〈搜神記〉僞目疑目辨證》，《華陽國志校補圖注·原附士女目録》亦作"遵"。唯鄭樵《通志·氏族略四》引作"遵"，此係孤證，未必能推翻前書諸多記載。

[三]"吏"，原作"史"，形近而誤，據後文"吏"字及光緒本、《太平御覽》改。

[四] 按，此指嘉慶《四川通志》卷四七。

[五]"王思"，《太平御覽》作"正思"，當誤，《華陽國志》卷一作"王思"。

[六] 按，此人爲張霸之女，《華陽國志》卷一〇之上有小傳。

[七]"應季先"，生卒年不詳。汝南（治今河南平輿）人，曾爲巴郡太守。其人事迹及美嚴王思之詩，皆見《華陽國志》卷一。

[八] 按，此條乃據《太平寰宇記》卷七五轉引。

[九]"字"，原作"子"，據《太平寰宇記》卷七五所引改。按，張澍當是據舊本《太平寰宇記》而誤，如文淵閣《四庫全書》本即作"子"。

[十] 按，此條云出《太平寰宇記》，乃因襲嘉慶《四川通志》卷一六八之説，今本《太平寰宇記》卷七二、卷七四、卷七五皆記載瞿君之事，不言其名武。稱其名武者，見《錦綉萬花谷·續集》卷一一、《蜀中廣記》卷一二等。

云："名居。"[一]均非。

莊遵友惠車子[二]

《湖廣志》："惠車子與莊君平雅相善，數游三湘，久栖南岳。"[三]

左姬

《後漢書·清河孝王傳》："殤帝崩，安帝祐立，帝所生母左姬，字小娥。小娥姊，字大娥，犍爲人。初，伯父聖坐妖言伏誅，家屬没官。二娥數歲入掖庭，及長，並有才色。小娥善史書，喜辭賦。和帝使諸王宫人，因入清河第。慶初聞其美，賞傅母以求之[四]。及後，幸愛極盛[五]，姬妾莫比。姊妹皆卒，葬於京師。"

雙勝

《華陽國志》："楊敬，郭孟妻，楊文之女。爲父報仇，殺李盛。欲俱亡，涪令雙勝止而安慰之。"[六]

吴順

師覺授《孝子傳》[七]："吴順，字淑和，犍爲人。性至孝，母歿，負土成墳。有赤烏巢門，甘露降户。"澍案，《華陽國志》作"叔和"[八]，

[一]"居"下，原衍"且"字，今删。按，萬曆九年《四川總志》卷八、雍正《四川通志》卷三八之三，稱其名"居"，所謂"名居"者，其實因"瞿君"之"君"字形近而誤，未見稱其名"居且"者。

[二] 按，此條之下，趙熙批注云："嚴光亦名遵。"嚴光，《後漢書》本傳云："嚴光字子陵，一名遵。"

[三] 按，此事見萬曆《湖廣總志》卷七三。

[四]"傅"，原作"傳"，形近而誤，據光緒本及《後漢書》改。

[五]"極"，原無，據《後漢書》補。

[六] 按，此事見《華陽國志》卷一〇之下。

[七]"師覺授"，南朝宋南陽人，隱居以琴書自娱。《隋書·經籍志二》著録師覺授《孝子傳》八卷，已佚。此條見《藝文類聚》卷九二、《太平御覽》卷九二〇等。

[八]"叔"，原作"淑"，據光緒本及《華陽國志》卷一〇中改。

僰道人，察孝廉，爲永昌太守。

隗相

袁山松《後漢書》[一]：“隗相養母至孝，母好飲江流，相常隆冬取水。後一朝，横石浮江，無有難涉，由是顯名。”案，相，字叔通[二]。

趙珜

《益部耆舊傳》：“趙珜，少好游俠。行部，帶劍過長亭[三]。亭長譴之，嘆曰：‘無大志，故爲豎吏所輕耳。’於是解劍挂壁曰：‘珜不乘輜車佩綬，不復佩劍。’因之京師，詣太學受業，治《春秋》。變行厲操，名德遠稱。除野王令，乃解劍帶之官。”案，《華陽國志·序志》[四]：“公車令趙珜，字孫明，閬中人。子毅，字仲都，公府掾。”

楊仲續

《益部耆舊傳》：“楊統，字仲通。曾祖父仲續，河東方正，拜祁令，甚有惠德，人爲立祠。樂益部風俗，因留家新都，代修儒學，以夏侯《尚書》相傳。”[五]

雍陟　雍煜

漢《趙相雍勸闕碑》：“右校令望，子陟，朐忍令。陟弟朗[六]，弘農令、武都太守。朗弟勸，成皋令。勸子煜，孝廉，資中長江令。”王侍郎

[一]“袁山松”，東晋陳郡陽夏（今河南太康）人。晋安帝時爲秘書丞，歷宜都太守、吴郡太守。少有文才，博學能文。正德《姑蘇志》卷三七有小傳。袁氏著《後漢書》一百卷，已散佚，此條見《後漢書補逸》卷一七。

[二]“叔”，底本作“淑”，光緒本作“亦”，皆誤，據《華陽國志》卷一〇中此人小傳改。

[三]“長亭”，原互倒，與《北堂書鈔》卷七八“解劍帶之”條陳禹謨補注及《廣博物志》卷三二所引同，今據《太平御覽》卷二六八乙正。

[四]“序志”，原作“目録”，據《華陽國志》改。

[五] 按，此條乃據《後漢書·楊厚傳》注文轉引。

[六]“陟”，原作“涉”，形近而誤，據前文與光緒本及《隸釋》卷一二改。

昶《金石稡編》以爲“蜀漢”[一]，非也。靈帝熹平五年，蠻復反，擁没太守雍陟。遣御史中丞朱龜，將并、凉兵討之，即此人也[二]。

趙臺

《隸釋》：“漢《柳敏碑》云：‘縣長同歲犍爲趙臺，念素帛之義，爲君立碑。’”[三]澍案，此與《武班碑》均爲同歲立也。洪适云[四]：“一生一死，而寮友之好不變如此。彼有並游，誣其懷金，身後不能清酒者不可同日語矣。”

菊花仙[五]

《夷堅志》：“成都府學有神曰菊花仙，相傳爲漢宫女。蓋在漢宫飲菊花酒而得仙者。求名者往祈有驗。”[六]或曰：“成都漢文翁石室壁間畫一婦人，手持菊花，前對一猴，號菊花娘子。大比之歲，士人多乞夢，頗有靈異。”[七]《搜神記》：“戚夫人侍兒賈佩蘭，後出爲扶風人段儒妻。説在宫中時事，云：九日佩茱萸，食蓮餌，飲菊花酒，令人長命。菊花舒時，並采莖葉[八]，雜黍米釀之[九]，至來年九月九日始熟就飲焉，故謂之‘菊花酒’。”是蜀之菊花仙信漢宫女也。

[一] 按，王昶《金石萃編》不收此碑，但其書卷一一《熹平殘碑》考證引《趙相雍勸闕碑》云：“府君，《趙相雍勸闕銘》稱趙國府君，然則漢時稱國相，與太守同矣。顧亭林謂府君晋、漢時太守之稱，蓋未旁推于此也。”味此語，王昶豈會以雍勸爲蜀漢時人也？

[二] 按，此事見《後漢書·西南夷傳·滇王》。

[三] 按，此事見《隸釋》卷八。

[四] “适”，原作“邁”，誤，今據所引之文出《隸釋》卷六《敦煌長史武班碑》而改。

[五] 按，此條之下，趙熙批注云：“張仙挾彈亦可記。”張仙即張遠霄，事迹見《蜀中廣記》卷七四、《玉芝堂談薈》卷六“張仙挾彈”條。

[六] 按，《百菊集譜》卷三引此條，云出《夷堅辛志》，但不見今本《夷堅志》。《格致鏡原》卷七三所引與此同，亦題出處爲《夷堅志》。

[七] 按，此條亦見《百菊集譜》及《格致鏡原》，但《格致鏡原》似乎以爲仍係《夷堅志》之文，《百菊集譜》則爲前引《夷堅志》之夾注。

[八] “莖”，原作“茶”，據《新輯搜神記》卷七“靈女廟”條附録改。

[九] “釀”，原作“鑲”，據光緒本及《新輯搜神記》改。

蜀才

李鼎祚《周易集解》三十家有蜀才。顔之推云："即范長生也。《漢之書》曰：'長生自稱蜀才。'"[一]澍案，長生，一名延久，又名九重，又名支，字元壽[二]。年過百歲，涪陵丹興人[三]。李雄立，拜丞相，又加爲天地太師，尊之曰"范賢"，故又名"賢"。《藝林伐山》云："長生先事漢昭烈帝，至特時一百三十餘年。"[四]《方輿勝覽》云："范寂，字無爲。劉先主時栖止青城山中，以修煉爲事。先主徵之不起，就封爲逍遥公，得長生久視之道。劉禪易其宅爲長生觀。"[五]《仙傳》言："寂得久視之術，年百餘歲，蜀人奉爲仙，稱曰長生。"[六]是長生即寂也。

甘寧

韋昭《吴書》："甘寧，本南陽人。其先客於巴郡。寧爲吏，舉計掾，補蜀郡丞。頃之，棄官歸家。"案，陳壽《志》："寧，巴郡臨江人。"[七]《江津志》："漢甘寧墓在縣西五里洛溪上，謂之甘谷。寧爲吴將，歿歸葬於此。"[八]此説大非。《江寧志》："直瀆山有甘寧墓，或云有王氣，孫皓鑿之。"[九]寧墓不在蜀明矣。而《太平寰宇記》："甘寧墓在永興縣東六十

[一]"《漢之書》"前，原有"李昊"二字，據《顔氏家訓·書證》删。按，據王利器考證，《漢之書》，一名《李蜀書》，一名《蜀李書》，晋常璩撰。張澍所謂"李昊"或當爲"李蜀"之誤。

[二]"元壽"，與《十六國春秋》卷八〇《范長生傳》同，而《華陽國志》卷九無"壽"字。

[三]"興"，原作"輿"，與《十六國春秋》同，今據《華陽國志》及《太平寰宇記》卷一二〇關於丹興縣之相關記載改。

[四]按，此條見楊慎《藝林伐山》卷一二"古聖賢壽"條。

[五]按，此條見《方輿勝覽》卷五五《永康軍·道觀》之"長生觀"。

[六]按，此條不知張澍引自何處。《仙傳》，一般認爲是杜光庭所撰《仙傳拾遺》，但並未見相關著作徵引佚文有此條。

[七]按，此二條皆見《三國志·吴志·甘寧傳》，其中前一條見本傳注文。

[八]按，此條云出《江津志》，但乾隆《江津縣志》卷二"冢墓"下並無相關記載，嘉靖九年續刻增修本《江津縣志》卷二亦無，頗疑張澍誤記。此條相關記載見雍正《四川通志》卷二九之上及嘉慶《四川通志》卷四五，但二者皆言甘寧墓在通江縣西百里，其餘内容皆與此相同。

[九]按，此條見康熙《江寧縣志》卷五及嘉慶《江寧府志》卷七。

里，軍山之陽。”[一]永興在鄂州，其説亦誤。

劉　玄

孫盛《蜀世譜》[二]：“後主太子璿，璿弟瑶、琮、瓚、諶、詢、璩六人。蜀敗，諶自殺，餘皆内徙。值永嘉大亂，子孫絶滅。惟永孫玄奔蜀。李雄僞署安樂公，以嗣禪後。永和三年討李勢，盛參戎行[三]，見玄於成都也。”

噲　参

《搜神記》：“噲參養母至孝。曾有玄鶴，爲戎人所射，窮而歸參。參收養療治，瘡愈放之。後鶴夜到門外，參秉燭視鶴，雌雄雙至，各銜明月珠報參。其珠鬻數萬緡，參家遂富。”[四]案，噲參事亦見《述異記》及《孝子傳》[五]。又《梁四公記》杰公亦言“噲參鶴珠”[六]，當係魏晋時人。《太平寰宇記》云[七]：“仁壽縣東南六十里有牢固冢，高一丈五尺。昔蒯參至孝，葬母於此，修墳牢固也。”“噲”作“蒯”，誤。《通志》沿之[八]，非矣。

[一] 按，此條恐亦係張澍誤題出處，《太平寰宇記》卷一一三永興縣下並無此説。相關記載見雍正《湖廣通志》卷八一。

[二] “孫盛”，《晋書》卷八二有傳，所撰《蜀世譜》，裴松之注《三國志》時多有徵引，今已佚。此條即據《三國志·蜀志四·後主太子璿傳》注文轉引。

[三] “行”，底本原作“見”，光緒本臆改爲“事”，今據《三國志》改。

[四] 按，此條與《新輯搜神記》卷二九“噲參”條文字差異較大，而與《述異記》卷上較吻合，唯“其珠鬻數萬緡，參家遂富”，似是據《山堂肆考》卷二一一“銜珠”條而增，則張澍此處乃參合《述異記》與《山堂肆考》而成也。

[五] 按，稱此事亦見《孝子傳》者，見《廣韻·夬韻》《姓氏急就篇》卷上、《古今姓氏書辨證》卷三一。然《孝子傳》見於《隋書·經籍志二》者即多達六種，且多數已佚，難以詳考所指究竟爲何書。

[六] 按，據《太平御覽》卷八〇三所引，杰公僅提及蛇鶴珠，未談到噲參。

[七] “記”，原作“志”，據此條出《太平寰宇記》卷八五而改。

[八] 按，此處指雍正《四川通志》卷二九之上《陵墓·直隸資州》及嘉慶《四川通志》卷四七《陵墓四·仁壽縣》“牢固冢”條。

賈似

《魏略》云："盤越國，一名漢越王，在天竺東南數里，與益部相近。其人小，與中國人等。蜀人賈似至焉。"[一]

帛仲理

《郡國志》云："瀘水西南有帛仲理墓，墓前有祠堂，碑題曰：'真人帛君之表。晉永寧二年立。'"[二]案，《水經注》："晉有帛仲理碑，題曰：'真人帛君之表。'仲理名護，益州巴郡人。"[三]葛洪《神仙傳》以帛仲理爲遼東人[四]。《水經注》又云："無終山，帛仲理所合神丹處。於是山作金五千斤，以救百姓。"[五]又云："隆慮山，帛仲理之所游神也。"

僧生[六]

《法苑珠林》："西晉蜀郡沙門僧生，以苦行致目，爲蜀三賢寺主。誦《法華經》。尋常山中誦經時至，每感虎來蹲前聽，部訖乃去。常至諷詠，輒見左右四人爲侍。"

馬自然

于逖《聞奇録》[七]："馬自然，貌醜、鱸鼻、禿鬢、大口。飲酒石餘，

[一] 按，此條乃據《三國志·魏志·烏丸鮮卑東夷傳》注文轉引。《魏略》，三國時魚豢撰，《舊唐書·經籍志上》云："《魏略》三十八卷，魚豢撰。"此書已佚，近人張鵬一有《魏略輯本》二十五卷，收入《關隴叢書》。

[二] 按，此條乃據《太平寰宇記》卷三轉引、改寫。所謂《郡國志》，指宋代方志，所指不詳。二"帛"字，《太平寰宇記》皆作"白"，整理者失校。

[三] 按，此條見《水經注·瀘水》。

[四] 按，《神仙傳》卷七有"帛和"，據《神仙傳校釋》之校勘記，張澍此處引文稱"遼東人也"，所據爲《漢魏叢書》本《神仙傳》。

[五] 按，此條見《水經注·鮑丘水》，後一條則見《水經注·洹水》。

[六] "生"，原作"静"，與文淵閣《四庫全書》本《法苑珠林》卷二六同，今據《法苑珠林校注》卷一八改，後文徑改。按，《高僧傳》卷一二有"釋僧生"，又見《集神州三寶感通録》卷下。

[七] "《聞奇録》"，軼事小説集。或題唐代于逖撰，《崇文總目》著録三卷。原書已佚，《太平廣記》收有佚文。

醉卧，即以拳入口。人有疾病告之，折薪草呵而與食，無不差者。嘗吟曰：‘昔日曾隨魏伯陽[一]，無端醉卧紫金床。東君謂我多情懶，罰向人間作酒狂。’後住梓州，上升。”案，自然名湘，杭州鹽官人，好經史。嘗墮霅溪，經日方出，坐水面，言曰：“適爲項羽招飲。”復南游歸鄉省兄嫂，兄適外出，三日而湘卒。後劍州奏梓潼道士馬自然上升，敕浙西刺史覆視之，啓棺，惟一竹杖[二]。

輔神通

《廣異記》[三]：“道士輔神通者，家在蜀州。幼而孤貧，恒爲人牧牛以自給。後見一道士，命爲弟子。引入水中，有屋宇。俾守丹竈，兼教黄白之術。後伺道士不在，盗大還丹，爲所逐出。蜀州刺史奏神通曉黄白。玄宗試之，皆驗。”

曇憑造銅鐘

《法苑珠林》[四]：“釋曇憑，姓楊，犍爲南安人。少游京師，學轉贊[五]，止白馬寺。音調甚工而過且自任，時人未之推也。於是專精規矩，更加研尋。晚遂出郡，翕然改觀，誦《三本起經》，尤善其聲。後還蜀，止龍淵寺。巴漢懷音者，皆崇其聲範。每梵音一吐，輒象馬悲鳴。因製造銅

[一]“隨”，原作“游”，據百二十卷本《説郛》卷一一七所收《聞奇録》之“馬自然”條改。《少室山房筆叢·正集》卷二九、《全唐詩》卷八六一録此詩亦作“隨”，暫未見他書引作“游”者。魏伯陽，東漢時會稽上虞（今浙江上虞縣）人，一説名翱、號伯陽，又號雲牙子。著名煉丹家，被後世奉爲“丹經之祖”。

[二] 按，馬自然事，見《續仙傳》卷上小傳。

[三] 按，此條乃據《太平廣記》卷七二“輔神通”條撮要而成。《廣異記》，唐人戴孚撰。原書二十卷，唐人顧况曾爲是集作序，見《華陽集》卷三。

[四]“法苑珠林”，原作“冥祥記”，實誤，暫未見他書引作《冥祥記》者。張澍據《廣博物志》卷二八抄録此條，《廣博物志》在其後小注“並上”二字，言以上諸條皆出《法苑珠林》；此條之後才是引自《冥祥記》者。張澍誤以爲此條出《冥祥記》，今據《法苑珠林校注》卷三六改。

[五]“轉贊”，《法苑珠林校注》據《高麗藏》本改爲“讀”。按，轉讀指誦讀佛經。南朝梁慧皎《高僧傳》卷一三《經師傳·論》云：“天竺方俗：凡是歌詠法言，皆稱爲唄。至於此土，詠經則稱爲轉讀，歌贊則號爲梵唄。”據此，轉讀爲一詞，“轉贊”爲“轉讀、歌贊”之省，亦可，不煩改也。

鐘，願於未來當有八音四辯[一]。庯蜀有銅鐘，始於此也。”

李白子女

楊天惠《彰明遺事》：“李白，子曰伯禽，女曰平陽。”[二]案，李白子伯禽、女平陽見綿州刺史高祝記。女平陽又見《柳亭詩話》[三]。而《侯鯖録》載白詩云：“既死明月魄，無復玻璃魂。”[四]注：“明月、玻璃，李白二子名。”又白有妹名月圓，亦見高祝記也。魏顥《李翰林集叙》載：“白初娶許，生子曰明月奴。又合于魯一婦人，生子曰玻璃。”[五]明金皋《太白祠記》言：“白無子，一女嫁民間。二孫女歸江左民家。”[六]非也。唐范傳正《李白新墓誌》[七]：“白孫女二人，一爲陳雲之室，一爲劉勸之妻，皆編户氓。召問之，曰：‘父伯禽，以貞元八年不禄而卒。有兄一人，出游十二年，不知所在。’”《太平廣記》：貞元五年，李白子伯禽充嘉興監徐浦下場糴鹽官，戲侮蔡侍郎廟神女而卒，事出《通幽録》[八]。

蕃　蠡

李膺《益州記》：“蕃蠡學道，于麗元山升仙。”[九]“丽元”作“漓沅”

[一]“願”，原無；“當”，原作“常”：據《法苑珠林校注》補、改。

[二]按，此條乃據《唐詩紀事》卷一八轉引。後文引高祝之記，亦見《唐詩紀事》，惜高祝之文全稱不可考。

[三]按，《柳亭詩話》乃清人宋長白撰，三十卷，收入《四庫全書存目叢書·集部》第四二一册，此説見其書卷二二“石榴裙”條。

[四]按，此條出《侯鯖録》卷二，後引注文爲清人王琦之注，見《李太白全集》卷三六。

[五]“玻璃”，《李太白全集》卷三一收魏顥之序，作“頗黎”；但卷三六“貞元五年”條，注文引魏顥序，又作“玻璃”，是王琦前後失照，或當以“玻璃”爲是。

[六]按，此文題作《李太白祠堂記》，見乾隆《彰明志略》卷一〇之上。

[七]“傳正”，原誤倒，據《李太白全集》卷三一所收范傳正《唐左拾遺翰林學士李公新墓碑》乙正。

[八]按，此事見《太平廣記》卷三〇五“李伯禽”條，原書云伯禽乃與神論親，非戲侮神女而卒。

[九]按，《太平寰宇記》卷七三引《益州記》，“蕃”作“范”，張澍所引與文淵閣《四庫全書》本《太平寰宇記》同。

也[一]。案，《元和志》："麗元山，在新都縣北八里。"[二]《唐志》："九隴縣有濆沅山。"[三]在縣北六十里。蕃蠡即蕃釐，取玉二方，一白一赤，種於揚州。白爲瓊花，紅爲玫瑰，遂建觀名蕃釐也[四]。

蜀有二姜發

《晋書·載記》："李特至成都，縱兵大掠，害西夷護軍姜發。"《舊唐書·白居易傳》："蜀客姜發授《秋思》，聲甚澹。"

剌道元[五]

《太平寰宇記》云："玉女井在劍州望仙橋下。東齊道人剌道元與一女子居井旁煉丹，同上升。"

爾朱洞[六]

《續博物志》："爾朱先生，僞蜀廣政中，飲酒食猪臟。渝州刺史謂其幻惑，以竹籠盛之[七]，沉諸江。至夔，爲漁人所得，上升。嚴補闕得青

[一] 按，《太平寰宇記》作"麗元山"；作"濆沅"者，見《明一統志》卷六七《成都府·山川》。

[二] 按，此條見《元和郡縣圖志》卷三一。

[三] 按，此條指《新唐書·地理志六》，《舊唐書》無相關記載。

[四] 按，此説不知張澍本自何處。萬曆《揚州府志》卷二一《遺物》之"瓊花"條、康熙《揚州府志》卷一八《古迹》之"玉勾井"條、雍正《揚州府志》卷八《河渠》"玉勾井"條、嘉慶《揚州府志》卷二八《寺觀》之"蕃釐觀"條，在談及觀名時，皆無相關傳説。

[五]"剌道元"，萬廷蘭本、金陵書局本《太平寰宇記》卷一三〇皆作"剌道充"，張澍所據當是萬本，誤"充"爲"元"。今整理本《太平寰宇記》則據《方輿勝覽》卷四六等改爲"郯道光"。又按，此人亦見宋人王楙《野客叢書》卷五"孫公談圃"條及萬曆《揚州府志》卷二三，則相沿以來皆作"郯道光"，張澍之言有誤。

[六] 按，此條之下，趙熙批注云："榮縣有榮隱公，見《該聞録》。"此説殆本自《續博物志》卷三："李畋虞部《該聞録》所取神仙七人，爾朱先生、朱真人桃椎、神和子屈突無爲、海蟾子劉昭遠、榮隱先生、火井縣許山人、漢杜光庭。"

[七]"盛之"，《續博物志》卷二無。

金丹方，朱桃椎、薛稷圖其形傳于世。”案，爾朱先生，名洞，字通微，爾朱榮族弟[一]。在蜀時，與陳休復相善[二]，號歸元子。《神仙傳》：“洞賣丹藥于成都市，每粒要錢十二萬。太守欲買之，洞曰：‘太守金多，非百二十萬不可。’太守怒，命納竹籠沉于江。大寧石鐘山有爾朱先生丹爐。”[三]《十國春秋》以爲“服藥輕舉”也[四]。

郭曩氏　賣香薛翁　治篾箍叟

王伯厚《困學紀聞》曰：“譙定天授之學，得於蜀曩氏，夷族。袁溉道潔之學，得于富順監賣香薛翁。故曰學無常師。”[五]案，程迥曰[六]：“定，涪州人，嘗受《易》于羌中郭載。載告以‘見乃謂之象’與‘擬議以成變化’之義。郭本蜀人，其學傳自嚴君平。”[七]又案，“《宋史》‘曩’上本有‘郭’字，‘世家南平’，非夷族。‘溉’作‘滋’，閩人，‘香’作‘醬’，遇于邛、眉間。二程子所見，則成都治篾箍叟郭曩氏及篾叟醬翁，皆蜀之隱君子。故伊川曰：‘易學在蜀。’”[八]

[一] 按，此處稱爾朱洞乃爾朱榮族弟，或係妄言。《魏書》有《爾朱榮傳》，非唐人。而目前所見爾朱洞之事迹，多數在唐末五代時。《明一統志》卷六九《重慶府·仙釋》“爾朱洞”條及《萬姓統譜》卷一三二列其小傳，均稱“其先出於元魏爾朱族”，未見稱其爲爾朱榮之弟一説。

[二] “休復”，原誤倒，據《北夢瑣言》卷四“楊蔚使君三典洋源”條、卷八“李當尚書亡女魂”條、《太平廣記》卷五二“陳休復”條等乙正。按，《太平廣記》卷五二引《仙傳拾遺》，載陳休復諸多神異之事，未言其與爾朱洞有關係。

[三] 按，葛洪《神仙傳》不載此事，相關記載見《十國春秋》卷四七本傳末之附注，原不言出處。又查《歷世真仙體道通鑑》卷四五“爾朱洞”條，與此處相合而文字略異。所謂《神仙傳》者，當即《歷世真仙體道通鑑》也。

[四] 《十國春秋》卷四十七：“爾朱先生，成都人，字通微，亦號歸元子。因服藥輕舉而去。”

[五] 按，此條見《困學紀聞》卷一五，與《宋史·隱逸傳下·譙定》略異，説詳後文。

[六] “程迥”，《宋史·儒林傳七》有傳。

[七] 按，此條出朱彝尊《經義考》卷二一。

[八] 按，此條考證之語，見於《困學紀聞》卷一五之注文，乃閻若璩所加，非張澍之語。至於《困學紀聞》與《宋史》之出入，當以《困學紀聞》爲是。尤其是袁溉與袁滋之異，據宋人薛季宣《浪語集》卷三二所載《袁先生傳》，袁溉字道潔，汝陰人（今安徽阜陽），非閩人。此傳中詳載與賣香薛先生之交流事迹，當即一人。

三王

《志》云[一]："廢漢源縣東有唐三王墓。《唐史》，邛、黎間有三蠻王，使伺南蠻。卒，葬於此。蓋恭化王劉志遼[二]、和義王郝全信[三]、遂寧王楊清遠也。"《北夢瑣言》："沉黎之間有淺蠻焉[四]，世襲王號，曰劉王、楊王、郝王。歲支西川衣賜三千分[五]，俾偵雲南動静。雲南亦資其覘成都盈虚，恒持兩端而求利焉。"

[一]"《志》云"前，原有"宋開禧初，知縣薛紱建"，張澍裁剪《蜀中廣記》卷三五之語而誤衍也。此九字乃敘前條"玉淵書院"者，與三王墓無關，今删去。◎又，所謂《志》者，未詳所指。然相關文字見《明一統志》卷七三、嘉靖《四川總志》卷一五、萬曆《四川總志》卷一八《黎州安撫司·陵墓》之"三王墓"條。所謂"《唐史》"云云者，《新唐書·南蠻傳下》言及三王蠻，但不言具體封號。

[二]"遼"，原作"遠"，據《蜀中廣記》、《明一統志》、嘉靖《四川總志》等改。

[三]"郝"，原作"都"，據後文"郝王"及《蜀中廣記》、《明一統志》、嘉靖《四川總志》等改。

[四]"焉"，原作"爲"，形近而誤，今據《蜀中廣記》卷三五、《北夢瑣言·逸文》卷二"許存斬三王"改。從文字上看，張澍當是據《蜀中廣記》轉引，故與《北夢瑣言》略異。

[五]"千"，原作"十"，形近而誤，據《蜀中廣記》《北夢瑣言》改。◎"分"，原作"金"，與《蜀中廣記》同，今據《北夢瑣言》改。按，衣賜，唐時春冬兩季分賜給將士添置軍裝之錢。《舊唐書·穆宗本紀》"長慶元年"云："靈武節度使李聽奏：請於淮南忠武、武寧等道防秋兵中，取三千人衣賜、月糧賜當道，自召募一千五百人馬驍勇者以備邊。"同書《地理志一》又云："大凡鎮兵四十九萬人，戎馬八萬餘匹，每歲經費：衣賜則千二十萬匹段，軍食則百九十萬石，大凡千二百一十萬。"由於按人數與級别各有等差，故往往某部某軍總數若干，軍隊之内按人分配，故稱"分"，義同"份"。《舊唐書·文宗紀上》云："本管先供教坊衣糧一百分，厢家及諸司新加衣糧三千分，並宜停給。"即此例也。故從文獻來源看，《北夢瑣言》稱三千分，每分衣賜單位爲匹段，雖實際執行中未必分發實物，而折算爲貨幣，但實難知當時西川衣賜錢每人究竟有多少。曹學佺殆以爲"三千分"難解而改爲"三千金"，則背離事實遠矣，故據《北夢瑣言》回改。

卷　三

居寓類

虙皇、軒帝，早留芳踪[一]。誰言周武，始通巴庸。尸佼紀水，接輿栖峰[二]。山川奇絶，仙人多逢。補其缺略，以飽儉胸。

華胥居華渚

《路史》："伏羲母華胥，居于華胥之渚。"羅苹注[三]："《寶櫝記》[四]：'伏羲所都國，有華胥之淵，蓋因華胥居之而名。乃閬中俞水之地。'王子年以華胥爲九河神女[五]，誤。"案，伏羲氏母名諸英也[六]。《列子》："華胥氏之國，在弇州之西，台州之北。"[七]或謂華胥在華山之右。胥，相也，爲華之相[八]。其渚後曰雷澤。

［一］"虙皇、軒帝"，神農虙羲，又寫作"伏羲"，後文有其在蜀地之傳説。軒帝則指黄帝軒轅，《蜀中廣記》卷一一引《三皇經》云："皇人者，泰帝之所使，在峨眉山，黄帝往受真一五牙之法。"卷一七又云："《圖經》：縉雲山在縣西北百三十里，其山高聳，多林木。下有温泉，分東西流。相傳黄帝於此合藥。"是蜀中多有黄帝事迹之傳説，然《蜀典》本卷似未提及。

［二］按，此二事，見本卷後文"尸佼入蜀""陸通夫婦隱峨眉"。

［三］"羅苹"，羅泌之子，曾爲《路史》作注。此條見《路史》卷一〇。

［四］"《寶櫝記》"，《宋史·藝文志五》著録爲十卷，作者不詳，乃志怪小説集，已佚。

［五］"九河"，原作"九江"，承襲《路史》之文也，今據《拾遺記》卷二改。其文云："禹曰：'華胥生聖人，子是耶？'答曰：'華胥是九河神女，以生余也。'"

［六］按，此説不知何據，或誤。

［七］按，此條見《列子·黄帝》。

［八］按，此説亦未見他書有載，或是張澍首創？然訓"胥"爲"相"，實乃"相互"之義，《詩·小雅·角弓》："兄弟昏姻，無胥遠矣。"鄭玄箋："胥，相也。"與"宰相""丞相"之"相"有别。

伏羲游蜀

《路史》注："今峨眉有伏羲、女媧洞。"[一]

女媧游蜀

常璩《華陽志》："蜀，伏羲、女媧之所常游。"[二]

安登游常羊

《春秋元命苞》："少典妃安登游於華陽，有神龍首感之于常羊。"[三]羅泌云："常羊，華陽之常陽也。"

鉅靈治蜀[四]

《路史·循蜚記》："鉅靈氏之在天下也，握大象[五]，持化權，乘太極而蹠灝溆。立乎無間，行乎無窮。揣丸變化，而與物相弊鎩。出于汾脽，揮五丁之士。驅陰陽，反山川。正流並生，神化大凝。惟無恒處。或曰治蜀，蓋以其迹躔焉。"羅苹注："傳載鉅靈之迹，多在蜀。豈别一鉅靈耶？薛綜以鉅靈爲河神。蓋本《水經》所引。"案，《遁甲開山圖》云："鉅靈與元氣俱生，爲九元真母。治迹在蜀。"[六]是鉅靈在蜀，有明徵矣。

[一] 按，此條見《路史》卷一一羅苹注，但原文無"伏羲洞"，而《輿地紀勝》卷一四六《嘉定府·古迹》有"伏羲洞"，《峨眉山志》卷二亦載此洞。

[二] 按，此條見《路史》卷一一羅苹注，今本《華陽國志》不見此語。

[三] "神龍"，原作"神童"，據《古微書》卷六及《繹史》卷四改。按，作"神童"乃承襲《路史》卷一二之誤，然《路史》後文又云"生神子，人面龍顔，好耕，是謂神農。《詩含神霧》云龍首，顔似龍也。此亦後世劉媪、潘夫人之事爾"，則當作"神龍"明矣。

[四] "鉅靈"，河神，力大能開河。《文選·張衡〈西京賦〉》："綴以二華，巨靈贔屓，高掌遠蹠，以流河曲，厥迹猶存。"薛綜注："巨靈，河神也；巨，大也。古語云：此本一山，當河，水過之而曲行，河之神以手擘開其上，足蹋離其下，中分爲二，以通河流，手足之迹，於今尚在。"

[五] "握"，原作"掘"，形近而誤，據光緒本及《路史》卷三改。

[六] 按，此條亦出《路史》卷三注文。

帝　俈[一]

李膺《益州記》："青城山天皇受帝俈五符文於此山牧德之臺。"今在。

祝庸居江水

《山海經》："炎帝器，生祝庸。"[二]案，"祝庸爲黄帝司徒，居於江水。生術嚻，兑首方顛，是襲土壤。"[三]羅泌云："祝庸之封地，今朱提。"[四]

玄嚻居江水

《史記》："玄嚻降居江水。"[五]《水經注》："江水南過越巂、邛都，至朱提西瀘江水，則玄嚻封處。"[六]《路史·國名記》："若之下流，泜水也，今蜀州。"[七]

青陽降居泜水

《大戴禮·帝繫篇》："黄帝産青陽及昌意，青陽降居泜水，昌意降居若水。"案，《大戴禮》蓋以玄嚻爲青陽，而《史記》沿其誤[八]。據《國語》，玄嚻、青陽，實是二人[九]。泜水，湔水也。一云若水之下流。《史

[一]"俈"，古書多作"嚳"。帝嚳，姬姓，號高辛氏，傳説中五帝之一。按，此條全據《路史》卷一八"拜師于牧德"句注文抄録。

[二]按，此條乃據《路史》卷一三"炎帝器，器生鉅及伯陵、祝庸"句羅苹注文轉引，今《山海經》無此文。

[三]按，此條亦出《路史》卷一三。

[四]按，此説見《路史》卷二四。

[五]按，《史記·五帝本紀》云："嫘祖爲黄帝正妃，生二子，其後皆有天下。其一曰玄嚻，是爲青陽，青陽降居江水。其二曰昌意，降居若水。"

[六]按，此條乃據《路史》卷一七"遜于若水"句注文轉引，非《水經注》原文。嚴格説來，南過越巂、邛都者乃若水，或因其爲江水之下流，故此處稱"江水"也。

[七]按，此條見《路史》卷二四。

[八]按，針對此句，趙熙眉批云："《大戴禮》在《史記》後，則《史記》非沿誤也。"

[九]按，《國語·晋語四》云："黄帝之子二十五人，其同姓者二人而已。惟青陽與夷鼓，皆爲己姓。青陽，方雷氏之甥也，夷鼓，彤魚氏之甥也。"此皆遠古史實，難以確證，張澍以《國語》而認爲《大戴禮》及《史記》有誤，其實承襲了《史記》之《集解》《索隱》之説，但都無太大意義。

記》作“降居江水”。或謂即安陽故城之古江國[一]，非也。滎縣《青陽門記》云：“滎門有青陽洞，以少昊國在其北門，今正臨之，故名。”[二]案，《史》：“黄帝子玄囂封于青陽國，爲少昊金天氏。少昊降居江水，國于青陽。以金德，王位在西方。”《汲冢古文》云：“或曰少皡，名清。不居帝位，帥鳥師居西方，以鳥紀官。”[三]蓋本《周書》之説。《集覽》云：“江水在蜀青陽。”出《宋朝類苑》[四]。今人以廬州之青陽爲少昊國，誤矣。

蓋盈氏居禺中

《路史·循蜚記》：“若水之間、禺中之地，有蓋盈之丘[五]，蓋盈氏之墟也。”注：“若水之間，地當川蜀，在西南方，此禺中之名所爲立。”《海内經》：“南海之外，黑水、青水之間，有木名若木。若水出焉。有禺中之國，有列襄之國。”案，《淮南子》曰：“臻于衡陽，是謂禺中。”[六]是禺中不在若水也。“蓋盈”，《山海經》作“孟盈”[七]。

有巢氏居壐

《路史》：“有巢氏居于壐。”[八]注：“壐屬益部。”案，壐之爲益州地，

[一]“安陽”，原誤倒，今據《史記·五帝本紀》之《正義》引《括地志》注文乙正。按，其文云：“安陽故城在豫州新息縣西南八十里。應劭云古江國也。《地理志》亦云安陽古江國也。”◎趙熙亦將原文之“陽安”用朱筆加乙正符號，旁批“汝南郡”。

[二] 按，此條見《蜀中廣記》卷一一，不知何人作於何時。乾隆《滎縣志》卷四則稱作者爲明代天順年間舉人龔匯，當有所據，惜全文已佚。

[三] 按，此條見《竹書紀年》卷上。

[四] 按，引所謂《集覽》之語，亦見《蜀中廣記》卷一一，或是所謂《青陽門記》之引文，暫不知此《集覽》爲何書。稱其出《宋朝類苑》者，因襲嘉慶《四川通志》卷一七《山川·滎縣》“中和山”條之注文。所謂《宋朝類苑》，即宋人江少虞之《事實類苑》，因江氏自序云“名曰《皇宋事實類苑》”，故别稱《宋朝類苑》，如《文淵閣書目》卷三就著録爲《宋朝類苑》。但據覆核，原書并不載“江水在蜀青陽”一説。嘉慶《四川通志》誤矣，然乾隆《滎縣志》卷四考證時明言“未詳匯不知何據云”，是修志者對龔匯《青陽門記》之説持懷疑態度，嘉慶《四川通志》失於詳考也。

[五]“丘”，原作“邱”，清人尊孔，諱“丘”作“邱”，今據《路史》卷三改。

[六] 按，此句與今本《淮南子·天文訓》略異，而與《藝文類聚》卷一、《初學記》卷一等所引同。今本《淮南子》云：“至于衡陽，是謂隅中。”◎又，此段先引《路史》之文，又引羅苹注文，但很明顯兩條注文前後抵牾，張澍蓋駁第一條注文之誤也。

[七] 按，《山海經》卷一八云：“有叔得之丘、孟盈之丘。”

[八] 按，此條見《路史》卷九。

他書無徵。惟《水經注》云：“筰，夷也。汶山曰夷，南中曰昆彌。”[一]羅泌所言“璽”或即“昆彌”也，否則即彌牟鎮也[二]。

炎慶甲主酆都山　文王爲酆都西明公[三]

《靈寶真靈位業圖》[四]：“炎帝大庭氏，諱慶甲，天下鬼神之宗。治酆都山，三千年而一替。”楊長史《手録》云：“炎慶甲者，古之炎帝也。今爲北太帝君，天下鬼神之主也。”案，陶隱居《真誥》疑其爲神農。又謂：“神農功高，不應爲鬼帝。當是黄帝所伐大庭氏。”[五]今人謂酆都爲陰府之説，祖此。慶甲，神農次子，亦深明種植。帝承知其賢，用嗣爲帝。慶甲居位四十年，仍歸政於明帝[六]。明在位四十九年。羅泌云：“炎帝慶甲，帝柱之胄也。”《真誥》又言：“文王爲酆都西明公，領北帝師。”

昌意降居若水　顓頊生于若水

《世本·居篇》[七]：“若水，允姓國。昌意降居爲侯。”《姓氏篇》又云[八]：“鄀[九]，姬姓之國。黄帝之子昌意降居若水，爲諸侯。此其後也。”

[一] 按，此説見《水經注·若水》。“昆彌”，《華陽國志》卷三作“昆明”，與之不同。

[二] 按，彌牟鎮，今四川成都市新都區東北彌牟鎮。未見他書稱有巢氏居此者，張澍之言純屬揣測。

[三] “明”，原作“都”，不知張澍因何而誤，今據《真誥》卷一五改。本條此字之誤徑改，不再出校。

[四] “靈寶真靈位業圖”，原作“真仙通鑑”，乃《歷世真仙體道通鑑》之省，然此書無炎帝傳記，亦不見他書引此文云出《真仙通鑑》者，張澍顯係誤記。今據引文出舊題陶弘景《真靈位業圖》而改。

[五] 按，引楊長史《手録》及所謂按語，其實皆出《路史》卷一三。引《真誥》之説，見其書卷一五：“炎帝神農氏，造耕稼、嘗百藥，其聖功不減軒轅、顓頊，無應爲鬼帝。又黄帝所伐大庭氏，稱炎帝恐當是此。”

[六] 按，稱慶甲嗣爲帝，且居位四十年，不知張澍所據。據《路史》卷一三，神農氏有二子，即炎帝柱與炎帝慶甲，柱爲弟，慶甲爲兄，此後則有炎帝臨，帝臨之子爲帝承。由此觀之，帝承豈能傳位於慶甲？

[七] “居篇”二字，《路史》卷二四無，《蜀典》卷一“若水”條引文亦無。但與今《世本八種》之輯本其他佚文對照來看，此佚文似當出《居篇》，則張澍以己意補之，亦不算誤。

[八] 按，此“姓氏篇”，亦《世本》中之篇名，然今《世本八種》皆作“氏姓篇”。

[九] “鄀”，原作“婼”，張澍臆改也，今據《太平寰宇記》卷一四五引《世本》改。按，《蜀典》卷一“若水”條仍作“鄀”，則不誤矣。

《吕氏春秋》:“顓頊生自若水。”[一]《水經注》:“黄帝長子昌意,德劣,不足紹承大位。降居斯水,爲諸侯。娶蜀山氏女,生顓頊于若水之野。有聖德,二十登帝位,承少皞金官之政,以水德寶曆矣。”[二]案,《律曆志》:“昌意即蒼林氏也。”[三]《蜀國春秋》曰[四]:“乾荒娶蜀山女曰樞,是爲阿女,所謂淖子也,生顓頊。”是顓頊爲昌意之孫矣。南郡之鄀,允姓,爲秦所入。襄州樂縣,非昌意所降之處也。晋杜預亦沿其訛。《世本》以昌意降居之若水爲允姓[五],誤矣。若水,羅長源謂即濮水者,亦誤。《水經》:“若水出蜀郡旄牛徼外,東南至故關,爲若水。”注:“若水之生非一所也。黑水之間,厥木斯植,故水受其稱焉。”《九州要記》:“越巂之臺登[六],有雙諸川、嬰武山,黑水之間[七],若水出其下,即黄帝子昌意降居於此。”

蜀山昌僕

案,《大戴記》:“昌意娶昌僕,産顓頊。”[八]《人表》[九]云:“昌僕,昌意妃,生顓頊。”《史記》“昌”作“景”[十]。《帝王世紀》亦作“景”[十一]。“僕”,《帝繫》作“濮”。《路史》作“䗼”,又作“樸”[十二]。昌僕,蜀山氏之女也,即女樞,見《帝王世紀》。又名淖子。《海内經》云:“昌意生

[一] 按,此條見《吕氏春秋》卷五《古樂》。
[二] 按,此條出《水經注·若水》,後所引亦同,不再説明。
[三] 按,此説見《漢書·律曆志下》。
[四] 按,《蜀國春秋》,明代荀廷詔撰,十八卷。一卷至十四卷上溯唐虞,下迄元、明,凡有關蜀國興廢事迹,均分代記載。自十五卷至篇末則通釋郡縣沿革,多從正史抄出。《欽定四庫全書總目》卷五四有提要,然今不見此書。張澍當是據《竹書統箋》卷一而轉引也。
[五] “若”,原誤作“樂”,據前文引《世本》改。
[六] “越”,原無,據《九州要記》補。
[七] “黑水之間”,原無,據《九州要記》補。按,考證若水之相關内容,詳《蜀典》卷一“若水”條。
[八] “僕”,《大戴禮記》卷七《帝繫篇》作“濮”,張澍當是據《史記·五帝本紀》而改。引文而改字,且不言所據,不妥。
[九] “《人表》”,指《漢書·古今人表》。
[十] 按,《史記》實作“昌”,不作“景”,未知是張澍誤記,還是别有版本依據?
[十一] 按,此説見《帝王世紀》卷二。
[十二] 按,此説見《路史》卷一七。

韓流，即乾荒，取淖子曰阿女，生顓頊。”[一]是“昌僕”又名“淖子”也。或以顓頊之母爲女樞，而非昌僕。且以昌僕非女樞，亦非淖子。然淖子生顓頊，伯益言之[二]；“景僕生顓頊”，司馬遷、戴聖言之；“女樞生顓頊”，皇甫謐言之。豈昌僕、女樞、淖子，各生一顓頊乎？可知其説之妄矣。

後照始爲巴人

《海内經》：“西南有巴國。今三巴是。太皞生咸鳥，咸鳥生乘釐[三]，乘釐生後照。後照是始爲巴人。爲之始祖。有國曰流黄辛氏，即酆氏也。其域中方三百里，其出是塵土[四]。言殷盛也。有巴遂山，澠水出焉。”[五]案，《水經·若水》注云：“繩水出徼外。”引此經作“繩水”。

孟涂莅巴訟

《山海經》：“夏后啓之臣曰孟涂，是司神于巴。注：聽其獄訟，爲之神主。巴人請訟于孟涂之所，注：令斷之也。其衣有血者乃執之，注：不直者則血見于衣。是請生。注：言好生也。”[六]案，《竹書紀年》：“帝啓八歲，帝使孟涂如巴莅訟。”[七]《路史》：“孟涂敬職而能理神[八]，爰封于丹。”《水經注》引《山經》作“血涂”[九]。《太平御覽》引作“孟余”，或作“孟徐”[十]，又作“孟愈”[十一]，皆誤。一云孟涂，夏后啓之舅也。

[一] 按，此條見《山海經》卷一八，張澍略有删改。

[二] 按，《欽定四庫全書總目》卷一四二《山海經》提要稱舊傳伯益作《山海經》。

[三]“乘”，原作“成”，音同而誤，據後一“乘”字及光緒本改。

[四] 按，針對此句，趙熙眉批云：“出是塵土，言玉宇無塵也，峽山似之。”

[五] 按，此條出《山海經》卷一八，小字皆郭璞注文。

[六] 按，此條見《山海經》卷一〇，小字皆爲郭璞注文。

[七]“如”，原作“爲”，據《竹書記年》卷上改。

[八]“理”，與吴任臣《山海經廣注》卷一〇所引同，而《路史》卷二三作“禮”。

[九] 按，《水經注》版本衆多，未詳張澍所指爲何本，但明代李長庚刻本及清代沈炳巽《水經注集釋訂訛》卷三四《江水二》的確作“血涂”，趙一清注本、《四部叢刊》影殿本仍作“孟涂”。

[十] 按，文淵閣《四庫全書》本《太平御覽》卷六三九作“孟涂”，中華書局一九六〇年影印本《太平御覽》作“孟徐”，另有明代黄正色本及活字本、鈔本，清代從善堂刻本及鮑崇城刻本，皆未寓目，不知張澍所引爲何本。

[十一] 按，此寫法未知張澍所指何書，與《穆天子傳》中之“孟愈”當非一人。

禹伐尼陳山梓

《蜀紀》："夏禹欲造獨木船，知梓潼縣尼陳山有梓。徑一丈二寸，令匠者伐之。樹神爲童子，不服，禹責而伐之。"見《太平御覽》引[一]。

禹駐巫山

《玄奥録》[二]："禹駐巫山之下，大風卒至，崖谷振隕，力不能制。忽遇雲華夫人，禹拜而求助。夫人即敕侍女授禹策召鬼神之書，因命其神狂章、虞余、黄麾、大翳、庚辰、童律、巨靈等，助其斬石、疏波、决塞、導阸。"

鱉靈爲刺史

《蜀記》："鱉靈於楚死，尸乃溯流，上至汶山下。忽復更生，乃見望帝，立以爲相。時巫山壅江，蜀民多遭洪水。靈乃鑿巫山，開三峽口，蜀民陸處。後令鱉靈爲刺史，號曰西州皇帝。以功高，禪位于靈，號開明氏。"[三]案，《三國志》："司馬宣王《報夏侯太初書》曰：'秦時無刺史，但有郡守、長吏；漢家雖有刺史，奉六條而已。故刺史稱傳車，其吏言從事。居無常治，吏不成臣[四]，其後轉更爲官司耳。'"是刺史始於漢武帝，杜宇當七國時，何得便有刺史，明記者妄也。常璩、闞駰輩所言，皆是决玉壘山[五]，非巫山。然玉壘與三峽口遠矣，而酈道元言巫峽爲杜

[一] 按，張澍此説或係誤記。相關記載見《輿地紀勝》卷一八六、《海録碎事》卷五、《蜀中廣記》卷五四、《廣博物志》卷四〇、《格致鏡原》卷二八，文字小異，《太平御覽》無此事。

[二] 《玄奥録》，全名《大禹治水玄奥録》，無名氏撰。《玉海》卷一五《地理書》云："《大禹治水玄奥録》一卷，不知作者。叙《禹貢》治水本末。"此書早佚，張澍當無由得見。所引之文，與《古微書》卷三、《廣博物志》卷一〇引《真仙通鑑》之語相合，正出《歷世真仙體道通鑑·後集》卷二"雲華夫人"條。

[三] 按，此條乃據《太平廣記》卷三七四"鱉靈"條轉引。

[四] "成"，原作"稱"，今據《三國志·魏志·夏侯玄傳》改。

[五] 按，《華陽國志》卷三云："會有水災，其相開明决玉壘山，以除水害，帝遂委以政事。"暫未見他書引闞駰《十三州志》而稱鱉靈决玉壘山者。闞駰，《魏書》《北史》皆有傳。

宇所鑿以通江水，亦誤[一]。豈以杜宇即鱉靈乎？

黄麾神

案，《黄麾廟記》云："李吉甫自忠州除潛時，峽漲洶怒。忽有神人涌出水上，爲之扶舟。李問何神，曰：'黄麾神也。'"[二]又焦潞《稽神異苑》云："唐咸通中，蕭遘自右史竄黔南，過三峽秭歸，夢神人曰：'我黄麾神也，祐公出此境。'"[三]司户袁州参軍袁循乃記爲"黄魔"，引《靈寶》之黄天魔王，由不知黄麾之爲大禹臣也。而《廟記》又言："寇凖經叱灘，亦有神扶舟，自稱黄麾神。"[四]黄麾與大翳、虞余、狂章、童律、烏木田等佐禹治水者，見《集仙録》[五]。《治水玄奥録》作"黄魔"者，訛。

鷄郪神

《益州記》："鷄郪神在相如縣東，次北下步有鷄郪溪，因此而爲之名。"[六]《通志》引《寰宇記》作"鷄卸"，誤[七]。

［一］按，張澍此説誤矣，《水經注·江水一》明言"時巫山峽而蜀水不流，帝使令鑿巫峽通水，蜀得陸處"，何以就成了杜宇所鑿？

［二］按，此説見《江漢叢談》卷二"黄麾扶舟"條注文，《明一統志》卷六二《荆州府·祠廟》"黄魔神廟"所引則作"黄魔"，此二處引文皆不見於《文苑英華》卷八一五所收唐人袁循《修黄魔神廟記》，未知此《黄麾廟記》爲何人作？或是據《雲笈七籤》卷一一九"歸州黄魔神峽水救船驗"而誤題耶？

［三］按，此條亦係據《江漢叢談》卷二"黄麾扶舟"條注文轉引。李劍國《唐五代志怪傳奇叙録》認爲，作《稽神異苑》者，乃唐代焦璐《窮神秘苑》之訛。

［四］按，前文已疑所謂《黄麾廟記》不知何人作，此文叙寇准之事，更不可能是唐人袁循之文。然從内容来看，依然本自《江漢叢談》。原文僅稱"又云"，張澍坐實爲《廟記》，或想當然耳。

［五］按，此處提及《集仙録》，乃《江漢叢談》卷一"宛委"條所引者，然《太平廣記》卷五六"雲華夫人"條引《集仙録》則作"黄魔"。竊以爲，根本不能據《江漢叢談》之文而駁諸多先前文獻如《太平廣記》卷五六、《太平寰宇記》卷一三八及《文苑英華》所録唐人袁循之文作"魔"者誤。似此虚構之神話人物，年代邈遠，載籍乏徵，辨之何益？

［六］按，此條見《初學記》卷八"郪溪"條注文。

［七］按，張澍所駁者乃嘉慶《四川通志》卷三五《祠廟·蓬州》"鷄卸祠"條，《太平寰宇記》卷八六此文的確作"鷄卸"。

㔰國即利州㔰山

《路史·國名紀》："㔰，侯爵。《風俗通》云：'㔰，夏諸侯國。'今利州之㔰山[一]，乾德三年平蜀，天寶元年曰㔰山[二]，出舞衣。"羅苹注"今川錦"，是。

有果氏

《逸周書·史記解》："昔有果氏，好以新易故。故者疾怨，新故不和，内争朋黨，陰事外權，有果氏以亡。"孔晁注："有果，亦國名。"《路史·國名記》："今果州。"[三]

秦惠王并巴中

樂史《寰宇記》："秦惠王并巴中，以巴氏爲蠻夷君長[四]。其人歲出賦二千二十六錢[五]，三歲一出義賦千八百錢[六]。其人户出幏布八丈二尺，

[一]"州"，《路史》原無。楊慎《全蜀藝文志》卷五六引《路史》則作"慎按，羅泌《國名記》云：《書》云'㔰之舞衣'。㔰，夏諸侯，國今利之。㔰山，乾德三年曰'平蜀'，天寶元年曰㔰山。出舞衣，今川錦也。"張澍引文與楊慎引文差異較大，而與《路史》原文差異也大。首先，"州"字是否當有？據兩《唐書》，㔰山在利州，屬實；宋代雖無此名，但相關縣如奉國、岐坪等縣，在《宋史·地理志五》中，仍屬利州都督府。張澍補"州"字，不誤。《全蜀藝文志》無"州"字，且補《尚書》之文，與《路史》原引《風俗通》不同。但其説從史實來講，亦不誤。據《尚書·顧命》"㔰之舞衣"句，疏文云："㔰國所爲舞者之衣者，以夏有㔰侯，知㔰是國名也。㔰是前代之國，舞衣至今猶在，明其所爲中法，故常寶之。亦不知舞者之衣是何衣也。"此正可解釋爲"國今利之"。引書而好改書，雖各有其據，然終屬竄改，不可取也。至於下文"乾德三年平蜀，天寶元年曰㔰山"，《全蜀藝文志》衍一"曰"字，顯誤，史上何來"平蜀縣"？據《宋史·地理志一》，乾德三年平蜀，得州府四十六，縣一百九十八。故《路史》原書或有脱文，言乾德三年平蜀時廢㔰山縣也，蓋因犯趙匡㔰名諱也。

[二]"年"，原無，與《路史》卷二九同，今據《舊唐書·地理志二》《新唐書·地理志四》補。

[三] 按，此條見《路史》卷二九。

[四]"君"，原無，據《太平寰宇記》卷一七八及《後漢書·南蠻傳·巴郡南郡蠻》補。

[五]"人"，與《太平寰宇記》同，但整理者據《後漢書》，認爲當作"君長"。◎"二十六"，整理本《太平寰宇記》作"一十六"，張澍所引與萬廷蘭本同。

[六]"三"，原作"二"，據《後漢書》《太平寰宇記》等改。

鷄羽三十鍭。漢興，南郡太守靳强奏請一依秦時故事。”案，“秦惠王”，《後漢書》作“秦昭王”[一]，“二十六錢”作“一十六錢”。而《蜀録》云：“口歲出錢四十。一作三十。”[二]又《漢書》云：“歲令大人輸布一匹，小口二丈，是謂賨布。”[三]説皆差互不同。

周武王伐蜀

《逸周書·世俘解》：“新荒命伐蜀。”案，前云“壬申荒新至告，以馘俘”，此云“新荒”，疑二人[四]，否則字有倒互。

晋文公伐巴蜀

《吕氏春秋》：“晋文公西伐巴蜀。”[五]

吴王伐巴蜀

《吕氏春秋》：“吴闔廬選多力者五百人，利趾者三千人，東征至於庳廬，西伐至於巴蜀。”

陸通夫婦隱峨眉

皇甫謐《高士傳》：“陸通，字接輿，時人謂之楚狂。隱蜀峨眉山。”[六]案，《集仙傳》：“接輿與妻索氏同隱也。”

[一] 按，今整理本《後漢書》實作“秦惠王”，並無校勘記；我們覆核了北宋刻遞修本、江南東路轉運司刻本、王叔邊刻本、明代南北監本、汲古閣本等，皆作“秦惠王”。張澍言“《後漢書》作秦昭王”，不知何據，或爲誤記。

[二] “一作三十”，原爲正文，今據《十六國春秋》卷七六《蜀録一·李特》改爲注文。

[三] 按，此條雖云出《漢書》，但《漢書》並無相關記載，實則仍出《後漢書·南蠻傳》。

[四] 按，《抱經堂叢書》本《逸周書》注文也懷疑是二人，但黄懷信等集注則懷疑“荒新”有誤，惜皆無確證。

[五] 按，此條爲《路史》卷二八所引，今《吕氏春秋》不見此文。頗疑《路史》因《吕氏春秋》卷八《仲秋紀·簡選》而致誤，此篇先言晋文公，後言吴王闔廬，但西伐而至於巴蜀者，僅闔廬，見下一條，無晋文公。

[六] 按，此條見《高士傳》卷上。

尸佼入蜀

《漢書注》:“尸子，晋人也，名佼。秦相衛鞅客也。鞅謀計未嘗不與佼規也。商君被刑，恐并誅，乃亡逃入蜀。作書二十篇：十九篇陳道仁義之紀，一篇言九州險阻、水泉所起也。”[一]案，《漢·藝文志》:“《尸子》二十篇，名佼，魯人，秦相商君師之。鞅死，佼逃入蜀。”《古今人表》尸子品列中中，與北宫子、魯子、公扈子、捷子、田衍、騈相次。《史記·孟荀列傳》《集解》裴駰案：“劉向《別録》曰：‘楚有尸子，疑謂其在蜀。’今案《尸子書》，晋人也，名佼，秦相衛鞅客也。衛鞅商君謀事畫計，立法理民[二]，未嘗不與佼規也。商君被刑，恐並誅，乃亡逃入蜀。自爲造此二十篇，凡六萬餘言。卒，因葬蜀。”《隋·經籍志》:“《尸子》九篇亡，魏黄初中續。”[三]又案，尸子，劉向《别録》作晋人，《史》作楚人，《藝文志》作魯人，不知誰是。

丹、犂臣蜀

《史記·秦本紀》:“十一年，公子通封于蜀。十四年，丹、犂臣蜀，相壯殺蜀侯來降。”《正義》云：“丹、犂，二戎號也。臣伏于蜀，蜀相殺蜀侯，并丹、犂二國，降秦。在蜀西南姚府管内，本西南夷。戰國時，蜀、滇國，唐初置犂州、丹州也。”

王昌至蜀

《漢書·王昌傳》:“輿年十二，識命者李曼卿，與俱至蜀。十七到丹陽，二十還長安。”[四]

[一] 按，此條實出《後漢書·宦者列傳·吕强》“尸子曰‘君如杅，民如水。杅方則水方，杅圓則水圓’”句注文，非《漢書》。

[二]“民”，原作“明”，據光緒本及《史記》改。

[三] 按，此條見《隋書·經籍志三》。

[四] 按，此條實出《後漢書》，非《漢書》。

駙馬共使巴

《尸子》："駙馬共爲荆使於巴，見擔酖者，問之：'是何以？'曰：'所以酖人也。'于是請買，金不足，益以車馬，已得之，盡注於江。"[一]

龐德不葬蜀

王隱《蜀記》："鍾會平蜀，前後鼓吹[二]，迎德尸喪，還葬鄴。冢中身首如生。"裴松之曰："案，德死于樊城，文帝即位，又遣使至德墓所，則其尸喪不應在蜀。此王隱之虚説也。"

青牛先生入蜀

魚豢《魏略》："初平中，山東人有青牛先生者，字正方。客三輔，曉知星曆、風角、鳥情，常食青葙、芫華[三]。年似五六十[四]，人或親識之，謂其已百餘歲矣。扈累隨正方游學，得其術。建安十六年，三輔亂，隨正方入漢中。漢中壞，正方入蜀。"

去習隱蜀　耆域游蜀

陶穀《清異録》[五]："去習者，雲行至於峨眉山而隱。蓄三隻襪，常穿二補一。"[六]又案，《神仙傳》："天竺耆域，亦游峨眉也。"[七]

[一] 按，此條見《太平御覽》卷四一九、《天中記》卷五九等。《尸子》，孫星衍《平津館叢書》有輯本。

[二] "前"，原無，今據《三國志·魏志·龐德傳》裴松之注引《蜀記》補。

[三] "葙"，原作"箱"，形近而誤，據《三國志·魏志·管寧傳》裴松之注引《魏略》改。按，青葙，一名野鷄冠。一年生草本植物，夏秋之間開花，花色淡紅，可供觀賞。種子叫青葙子，可入藥，有袪風熱、清肝火、明目等作用，見《本草綱目》卷一五。◎"芫"，原作"莞"，形近而誤，據《三國志》改。按，芫華入藥，見《史記·扁鵲倉公列傳》。

[四] "年似五六十"，原作"似五六十年"，據《三國志》改。

[五] "清"，原誤作"青"，據光緒本及此書書名改。

[六] 按，此事見《清異録》卷上。

[七] 按，此説不知何據。天竺耆域，《法苑珠林》卷二八、《高僧傳》卷九有傳，不言入蜀之事。且此人爲晋時僧人，焉會入《神仙傳》？《峨眉山志》亦無此人事迹。但嘉慶《峨眉縣志》卷八收來知德《游峨賦》，提到了此人。

韋偃寓蜀

朱景玄《唐朝名畫録》[一]："韋偃，京兆人。寓居於蜀，善畫山水、竹樹、人物等。思高格逸，居閑常以越筆點簇鞍馬，千變萬態，或騰或倚，或齕或飲，或驚或止，或走或起，或翹或跂。其小者，或頭一點，或尾一抹。山以墨斡[二]，水以手擦，曲盡其妙，宛然如真。亦有圖麒麟之良，盡銜勒之飾。巧妙精奇，韓幹之匹也。"

翼珪遷蜀

《晉·載記》："秦行唐公洛，與後將軍俱難、并州刺史鄧羌會於涉翼犍庭[三]，翼犍戰敗，遁於弱水。苻洛逐之，勢窘迫，退還陰山。其子翼珪縛父請降，洛等振旅而歸。堅以翼犍荒俗，未參仁義，令入太學。以翼珪執父不孝，遷之於蜀。"

平曾游蜀

唐范攄《雲溪友議》："平曾恃才傲物，多犯忌諱。後游蜀，謁少師李固言[四]。時幕客皆名士，曾每與諸客評論，言笑終日。侍於李側，輕忽無所畏。遂獻《雪山賦》云：'雪山雖茲潔白之狀，叠障攢峰[五]。夏日清寒，而無草木華茂，爲人采掇。'以李罕作文章，發於專經也。李覽賦，命推出。不逾旬，貢《鯸鮧魚賦》[六]，言：'此魚觸物而怒，翻身上波。爲鴟鳶所獲，奈鲂鱮何？'李覽賦，笑曰：'昔趙元叔之狂簡[七]、袁彦伯之機捷[八]，無以過焉。'然愛其文采，投贄者無出於曾。雖有忤，不至深罪。"

[一]"唐朝名畫録"，原作"名畫評"，今據朱景玄此書準確題名而改。

[二]"斡"，原作"幹"，形近而誤，據《唐朝名畫録》改。按，"斡"義爲旋轉。

[三]"涉"，與《晉書·苻堅載記上》同，光緒本作"什"，未知何據，誤。

[四]"李固言"，唐文宗時宰相，《舊唐書》有傳。

[五]"峰"，原作"風"，據《太平廣記》卷二五六"平曾"條及《雲溪友議》卷中"白馬吟"條改。按，張澍乃據《太平廣記》轉引，故文字上與《雲溪友議》略有差異。

[六]"魚"，原無，據《太平廣記》《雲溪友議》補。

[七]"趙元叔"，即趙壹，字元叔。漢代辭賦家，恃才傲物，事見《後漢書·文苑列傳》之本傳。

[八]"袁彦伯"，即袁宏，字彦伯。東晉文學家、史學家，文思敏捷，詳《後漢書·文苑列傳》之本傳。

李固言游蜀

《酉陽雜俎》："元和六年七月二十三日，李固言游蜀。遇一老姥，與言：'郎君明年芙蓉鏡下及第。'明年果然。詩賦有'人鏡芙蓉'之目。"[一]所遇老姥，乃金天神也。

[一] 按，此條當是據《山堂肆考》卷八四"芙蓉鏡"條轉引，與《酉陽雜俎·續集》卷二所載文字有異。

卷　四

宦迹類

李冰而後，厥有文翁。漢魏至今，吏也何窮。珠獻文襲，馬出世公[一]。錡袌入草，王濬伐松[二]。搜羅群籍，聊以補縫。

嚴　君

《史記·樗里子傳》："秦封樗里子，號爲嚴君。"張守節《正義》云："蓋封蜀郡嚴道縣[三]，因號嚴君。疾，名也。"[四]案，《華陽國志》："始皇滅楚，徙嚴王之族以實其地，因名嚴道。"[五]據《史記》，樗里子時即有嚴道，則常氏之言誤矣。

王　叕

《姓源韻譜》："王叕與李冰同穿江。"[六]案，今人但知李冰矣，猶之犒秦師者有奚施[七]，而弦高獨著。守睢陽者有姚誾，而張、許特傳[八]。

[一] 按，此二事見本卷後文"王阜"條及"文襲獻珠"條。
[二] 按，此二事見本卷後文"錡袌"條及"王濬"條。
[三]"嚴道縣"，秦置，屬蜀郡。治所在今四川滎經縣西五里古城坪。一説即今滎經縣。
[四] 按，此條出《史記·秦本紀》"嚴君疾爲相"句注文。
[五] 按，《華陽國志校補圖注》卷三據《太平寰宇記》補此條，但於"故曰嚴道"前有"漢爲縣"三字，則無張澍所言之謬矣。
[六]"《姓源韻譜》"，《宋史·藝文志三》著録爲一卷，《通志·藝文略四》則著録爲四卷，曹大宗撰；《直齋書録解題》又著録張九齡同名書一卷，皆久佚。且此條暫未見他書轉引，不知張澍所據爲何。
[七] 按，奚施事見《吕氏春秋》卷四《先職覽·悔過》。
[八] 按，姚誾見《舊唐書·肅宗紀》："至德二年十月。癸丑，賊將尹子奇陷睢陽，害張巡、姚誾、許遠。"張、許知名，當是因韓愈《張中丞傳後叙》一文。

與荆軻入秦者，有宋意[一]；同聶政刺韓者，有陽堅[二]。皆以本事而湮没也。"叕"，方氏《通雅》作"翠"[三]。

張若

《蜀記》[四]："張若爲蜀郡太守，與張儀、司馬錯共築成都。李冰代之。"案，黄帝臣有張若，此同姓名也。《華陽國志》："秦惠王封國，以張若爲蜀國守。赧王五年，張儀與若城成都，周回十二里，高七丈。郫城，周七里，高六丈。臨邛城，周回六里，高五丈。造作下倉，上皆有屋，而置觀樓、射圃[五]。徙成都，置少城。内城營廣府舍，置鹽鐵市官。修整里闠，市張列肆，與咸陽同制。三十年，秦孝文疑蜀侯綰反，誅之。但置蜀守若，因取筰及其江南地。"

都尉墨　田真黄

《華陽國志》："周慎王五年秋，惠王遣張儀、司馬錯、都尉墨等，從石牛道伐蜀，滅之。"[六]案，都尉，姓也，非官名。張儀、司馬錯，皆不著官，可知墨之姓都尉矣。《漢書·儒林傳》："孔安國授《尚書》於都尉朝。"[七]服虔曰："朝，名；都尉，姓。"當即墨之後。又案，與錯同勸伐蜀者，有中尉田真黄，見《華陽國志》。隨司馬錯伐蜀者，藺相如之孫，因家成都。見《氏族略》[八]。

[一] 按，張澍不言此説何據，或誤。據《淮南子·泰族訓》及《劉子》卷二，皆稱宋意於易水邊擊筑以送荆軻，並未隨之入秦。

[二] 按，陽堅其人見《戰國策·韓策三》。

[三] 按，《成都文類》卷三二《南瀆大江廣源公碑》及《升庵集》卷五一"沮誦王翠"條、《玉芝堂談薈》卷五"古今事相類"條、方以智《通雅》卷一六，皆作"王翠"，且皆不言出《姓源韻譜》，亦可證張澍前説無根也。

[四] "《蜀記》"，《路史》卷三二"同名氏辨"條"張若事黄帝則指夫秦士"注文引作"《蜀紀》"，張澍據《路史》轉引而改也。

[五] "圃"，原作"蘭"，形近而誤，任乃强認爲當作"闌"，今據别本《華陽國志》卷三改。

[六] 按，此條及後文引《華陽國志》之語，皆見其書卷三。

[七] "授"，原作"受"，據《漢書·儒林傳·孔安國》改。

[八] 按，此説見《通志·氏族略三》。

林摯斬蜀守

《漢功臣表》："平棘懿侯林摯[一]，以客從起亢父，斬章邯所置蜀守。"

文翁破水靈廟

《抱朴子》："文翁破水靈之廟，而身吉民安。"[二]案，《水經注》："蜀有回復水，江神常溺殺人。文翁爲守，祠之，勸酒不盡。拔劍擊之，遂不爲害。"[三]稚川所言，即指此事也。

文翁遺事

《録異傳》："文翁，廬江人。爲兒童時，乃有神異。及長，當起歷下陂以作田。文翁盡日斫伐柴薪，以爲陂塘。其夜，忽有數百頭野猪，以鼻載土著柴中[四]。比曉，成塘。"殷芸《小説》："漢文翁常亦作當起田，斫柴爲陂。夜有百十野猪，鼻載土著柴中。比曉，塘成，稻嘗收。欲斷一大樹，欲斷處去地一丈八尺，翁先咒曰：'吾得二千石，斧當著此處。'因擲之，正斫所欲。後果爲蜀郡太守。"[五]案，《廬江七賢傳》[六]："文黨[七]，字翁仲，未學之時，與人俱入叢木。謂侣人曰：'吾欲遠學，先試投吾斧高木上，斧當挂。'[八]乃仰投之，斧果上挂。因之長安，受經。"此與殷芸所記一事也，各述所聞，遂有差互。又案，《文翁傳》云："文翁終于蜀，吏民爲立祠堂。歲時祭祀不絶。"[九]唐盧求《〈成都記〉序》云："文

[一]"林摯"，《史記·高祖功臣侯者年表》作"林執"。又，此條出《漢書·高惠高后文功臣表》。

[二]按，此事見《抱朴子内篇》卷二"道意"。

[三]按，此文見《水經注·江水一》。

[四]"鼻"後，底本衍"一"字，光緒本覺文義不通，又改"一"爲"共"，今據《太平御覽》卷七四引《録異傳》刪。

[五]按，此條見《廣博物志》卷四七，與輯本《殷芸小説》卷二文字略異。

[六]《廬江七賢傳》，作者不詳，約成書于東漢初年。《隋書·經籍志二》著録爲二卷，《舊唐書·經籍志上》則著録爲一卷。

[七]"文"，原無，今據《廣博物志》卷二九補。《北堂書鈔》卷九七"投斧受經"條注文及《太平御覽》卷六一一亦引，文字小異。

[八]"斧"，底本空缺，據光緒本補。

[九]按，此文見《漢書·循吏傳·文翁》。

翁明天文灾異，後以博士徵，至侍中、揚州刺史。”[一]不知何所據。《太平寰宇記》：“文翁宅在鄱陽縣東一百五十里，基址具存。東帶鄱陽，北連溪水，西接望夫岡，有井清澄，隴前栽桐樹。”[二]文翁，廬江人，何以宅在鄱陽，亦所未喻。

杜　安

華嶠《漢書》[三]：“杜安擢爲宛令，以病去。章帝行過潁川，安上書，召拜御史，遷至巴郡太守。與樂恢書通問，恢不報。”案，安，字伯夷；其子根，字伯堅[四]。

鄭　本

謝承《漢書·鄭弘傳》：“其曾祖本齊國臨淄人，官至蜀郡屬國都尉。武帝時，徙强宗大姓[五]，不得族居。將三子移居山陰，因遂家焉。”

韋豹　韋義

《京兆舊事》[六]：“韋豹，字季明。爲武陽令。友人羅陵，犍爲縣丞，卒官，喪柩流離。豹棄官致喪。弟義，字季節，廣都長，有惠化，廣都爲立生祠。”

黄　昌

《水經注》：“臨江有漢蜀郡太守黄昌宅，橋本昌所創建也。昌爲州書

[一] 按，盧求《成都記》已佚，此序文載《成都文類》卷二三。盧求所言“以博士徵，至侍中、揚州刺史”者，非文翁也。據《華陽國志》卷三，乃張叔，盧求殆因《華陽國志》而誤。

[二] 按，此條見《太平寰宇記》卷一〇七。

[三] 按，《史通》卷一二云：“又散騎常侍華嶠删定《東觀記》爲《後漢書》，帝紀十二，皇后紀二，三譜，十典，列傳七十，總九十七篇。其十典竟不成而卒。”此書已佚，清人姚之駰《後漢書補逸》有輯録。此條見《後漢書·樂恢傳》注文。

[四] 按，《後漢書》有《杜根傳》。

[五] “强”，原作“絶”，文義不通，據《後漢書·鄭弘傳》注文引謝承《後漢書》改。

[六] “《京兆舊事》”，作者不詳，據此條乃轉引自《説郛》百二十卷本之卷五七舊題陶潛《聖賢群輔録》，則此書或是漢末晉初時人所撰。

佐，妻遇賊相失。後會於蜀，復修舊好。”[一]

曹敏　曹述

漢中平《郃陽令曹全碑》云[二]：“全，敦煌效穀人。高祖敏，舉孝廉，武威長史、巴郡朐忍令。曾祖父述，孝廉、謁者、金城長史、夏陽令、蜀郡西部都尉。”

廉　范

《東觀漢記》：“廉范爲蜀郡守，令民不禁火。百姓皆喜，家得其願。時生子，皆以廉爲名者千數。”[三]

乘　勝

《姓氏急就篇》：“益州太守乘勝。”案，《漢書》：“孝昭始元三年，姑繒、葉榆復反，遣水衡都尉吕辟胡將郡兵擊之。辟胡不進，蠻夷遂殺益州太守乘勝，與辟胡戰。”[四]

古成雲　古成夔

《風俗通》：“古成子，即苦成子之後[五]，後隨音改焉。漢有廣漢都尉古成雲。”案，《氏族略》引作“廣漢太守古成雲”。“古”音“枯”。《姓

[一] 按，此條見《水經注·沔水》。又，所謂橋者，乃黄昌所建之黄橋。

[二] 按，此碑名，明代梅鼎祚《東漢文紀》卷三〇題作《郃陽令曹全碑》，顧炎武《求古録》則作《漢曹全碑》，通稱爲《曹全碑》。

[三] 按，此條見《太平御覽》卷三六二，吴樹平輯注本亦據《太平御覽》輯録，收於卷一四。

[四]“戰”，原無，據《漢書·西南夷兩粤朝鮮傳》補。按，此處引《漢書》之斷句，如依中華書局標點本，則“乘勝”與前文斷開，非人名。王應麟《姓氏急就篇》以爲乃人名，或誤。

[五]“苦成子”，《元和姓纂》卷六作“苦咸子”，王利器《風俗通義校注·佚文》據《元和姓纂》輯録，則作“苦成子”，頗疑《元和姓纂》因形近而誤。按，苦成子，春秋時晋國大夫郤犫。《通志·氏族略五》：“苦成，姬姓，郤犫别封於苦，爲苦成子。”

譜》云："唐開元時有古成夔，爲雲陽尉。"[一]

鹿旗

《風俗通》："漢有巴郡太守鹿旗，子孫因家焉。"[二]案，五代孟蜀學士鹿虔扆[三]，當即其後。

莊丘黑

《廣韻》云："有梁州刺史莊丘黑。"[四]案，莊丘，複姓也。或作"牡丘"，誤。《魏書·夏侯道遷傳》："梁以莊丘黑爲鎮虜大將軍、秦梁二州刺史，鎮南鄭，黑請道遷爲長史兼漢中太守。會黑死，而道遷圖歸順。"是黑，梁時人。孫愐以爲漢人[五]，誤矣。

何壽

《漢百官表》："蜀郡太守何壽爲廷尉，四年徙太僕。"[六]《何武傳》："壽後爲大司農。"案，《東觀記》："何修生成，爲膠東相；成生果，爲大中大夫；果生比干，爲丹陽都尉；比干生壽，爲蜀郡太守；壽生顯，一作

[一]"《姓譜》"，《隋書·經籍志二》有《洪州諸姓譜》九卷、《吉州諸姓譜》八卷、《江州諸姓譜》十一卷、《袁州諸姓譜》八卷，《通志·藝文略四》有南朝梁王儉《諸姓譜》一百一十六卷，但這些題名含"姓譜"者，均已亡佚，且準確題名均不作《姓譜》。據《蜀典》本卷後文引《姓譜》，涉及嘉靖、萬曆時期之人名，則此書顯非前揭諸書之簡稱。據查，本條實見《萬姓統譜》卷一三三，則所謂《姓譜》者，乃凌迪知書之簡稱。乾隆時期有蕭智漢，編有《歷代名賢列女氏姓譜》，共一百五十七卷，大量因襲《萬姓統譜》之内容。所以，張澍引自《姓譜》者，我們同時參考二書。此條又見《歷代名賢列女氏姓譜》卷一五二。

[二]按，此條見《風俗通義校注·佚文》，王利器據唐寫本《唐韻·屋韻》及《廣韻·屋韻》等輯録。

[三]按，《十國春秋》卷五六有鹿虔扆之傳。

[四]"有"前，原衍"漢"字，據《廣韻·尤韻》"丘"字注文及后文引《魏書》删。

[五]按，前文既引《廣韻》，《廣韻》無"漢"字而誤衍，此處又辨"孫愐"之説有誤，實屬荒唐。孫愐爲唐人，撰《唐韻》，已佚。今存唐寫本僅卷四、卷五去聲、入聲兩卷，且未見他書引《唐韻》收"丘"字，張澍之説不可靠。

[六]按，據《漢書·百官公卿年表下》，何壽爲廷尉在建始二年，徙太僕在建始四年。後文引《何武傳》，亦見《漢書》。

鄅。京輔都尉、光禄大夫；顯生寵，濟南都尉；寵生敞。"[一]《通志》云"廬江人"，誤[二]。其先汝陰人，至比干徙扶風平陵也。

張顥

干寶《搜神記》："常山張顥爲梁州牧[三]。天新雨後，有鳥如山鵲，飛翔入市，忽然墜地。人争取之，化爲圓石。顥椎破之，得一金印。文曰'忠孝侯印'。"《博物志》[四]："常山張顥爲梁相。天新雨後，有鳥如山鵲。稍下墜地，民拾取，即化爲一圓石。顥椎破之，得一金印，文曰'忠孝侯印'。顥以上聞，藏之秘府。顥後官至太尉。後，議郎樊行夷校書東觀[五]，上表，言：'堯舜之時，嘗有此官。今天降印，宜應復此官。'"案，李賢《漢書注》引《搜神記》亦作"梁相"[六]，非"梁州牧"，是。令升作"梁州牧"，非。顥，字智明。《傅子》言："張顥以財賄得官，與唐珍等同。"[七]《羊陟傳》："時太尉張顥，與司徒樊陵、大鴻臚郭防等，並與宦豎姻私[八]，公行貨賄。陟並奏，罷黜之。"蔡邕奏對云："太尉張顥，爲中常侍霍玉所進。"[九]其人不足稱也。

[一] 按，據《東觀漢記校注》卷一六《何敞傳》，壽生顯，顯生鄅，鄅生寵。不知張澍所引據何書而來，或誤。又據《後漢書·何敞傳》注文引《何氏家傳》，稱六世祖比干爲汝陰人，本始元年自汝陰徙平陵。以何敞爲基準，上推六世而至何比干，則仍當以《東觀漢記》之傳爲是。

[二] 按，此處指嘉慶《四川通志》卷一一二。

[三] "梁州牧"，《新輯搜神記》卷五"忠孝侯印"條作"梁國相"，張澍所據舊本《搜神記》有誤。

[四] "《博物志》"，原作"王子年《拾遺記》"，顯係誤記，今《拾遺記》整理本及所附佚文皆不載此説，亦不見他書引作《拾遺記》者。查《太平御覽》卷六八三，先引《拾遺記》兩條，又據《博物志》引此條，張澍或據此疏忽而致誤耶？今據《博物志》卷七而改出處。

[五] "校"，原作"挍"，形近而誤，據光緒本及《博物志》改。

[六] 按，此説見《後漢書·靈帝紀》李賢注。

[七] 按，此條乃據《三國志·魏志·董卓傳》之注文改寫。《傅子》一書，漢魏時傅玄著，原有内外中篇，數十萬言。至宋已亡佚一百一十七篇，僅有二十三篇。後有嚴可均、王謨等輯本。

[八] "宦"，原作"官"，據光緒本及《後漢書·黨錮列傳·羊陟》改。

[九] 按，此處乃據《後漢書·蔡邕傳》改寫。霍玉，據《資治通鑑·漢紀四十九·孝靈皇帝上之下》"永樂門史霍玉"句注文"永樂門史，董太后宫官"，樂音洛，東漢靈帝董太后之永樂門史，即守門之官。故霍玉非中常侍。

何　斌

唐《開元十道要略》云："漢何斌爲蜀郡太守，理於樂城。時郡邑凋殘，人物窮困，乃以己禄米施惠百姓。此數城之民，由是獲存。臨别，百姓以白米倍填[一]，曰：'荷君父之恩，無以報。'後之州郡有職田始于此。"

枚根　牧稂

《漢書》："王莽時有越嶲太守枚根，爲邛穀王任貴所殺。"[二]《風俗通》云："牧氏，黄帝臣力牧之後。漢有越嶲太守牧稂。"[三]顔籀云："枚根，一作牧稂也。"[四]

袁　京

《漢書·袁安傳》："安子京，字仲譽。習《孟氏易》，作《難記》三十萬言。初拜郎中，稍遷侍中，出爲蜀郡太守。"[五]

王子雅

《水經注》："蜀郡太守王子雅，南陽西鄂人。有三女，無男，而家累千金。父没當葬，女自相謂曰：'先君生我姊妹，無男兄弟，今當安神玄宅，翳靈后土。冥冥絶後，何以彰吾君之德？'各出錢五百萬，一女築墓，二女建樓，以表孝思。二樓雙峙齊竦，高可丈七八。柱圓，圍二丈有餘。石質青緑，光可以鑑，窮巧綺刻，妙絶人工。"[六]

[一]"倍"，與《蜀中廣記》卷一二所引同，《太平寰宇記》卷七四引作"賠"。

[二] 按，此事見《漢書·西南夷傳》。

[三]"稂"，《風俗通義校注·佚文》及《元和姓纂》卷一〇作"根"，張澍所引與《姓氏急就篇》卷上、《原本廣韻·屋韻》"牧"字注文同。

[四] 按，此説或係誤記。顔師古注《漢書·西南夷傳》並無此語。

[五] 按，此條出《後漢書·袁安傳附子京》。

[六] 按，此條乃據《廣博物志》卷二三轉引，原文見《水經注·淯水》，《廣博物志》乃據《水經注》改寫。

扈商

《姓譜》:“漢有廣漢太守扈商。”[一]案，商見《漢書·孫寶傳》，以軟弱爲寶所奏。

王皁

《東觀漢記》:“漢章帝時，蜀郡王皁爲益州太守，治化尤異。神馬四匹出滇池河中。”[二]案，謝承《後漢書》:“皁，字世公。爲重泉令時，鸞鳥集學宫，聞磬聲而舞。”[三]此事人多知之，化致神馬，志未之載。又案，“王皁”,《南蠻傳》作“王追”[四]，事在肅宗元和中。姚之駰刻《東觀漢記》，以“王皁”爲“巴异”[五]，誤矣。

文襲獻珠

《東觀漢記》[六]:“永建四年，漢陽太守文襲獻大珠[七]。順帝詔曰:‘海内頗有灾異，而襲不推忠竭誠，而夸明珠之瑞以求媚，令封珠却還。’”案，《順帝紀》作“桂陽太守文礱”，音力工反，詔詞亦微異。袁宏《紀》作“漢陽都尉”[八]。

[一] 按，此條乃據《萬姓統譜》卷七八改寫，原文無“漢有”二字。又見《歷代名賢列女氏姓譜》卷一一〇。

[二] “滇”，原作“填”，形近而誤，據光緒本及《東觀漢記校注》卷一三改。

[三] 按，《太平寰宇記》卷二八引《後漢書》載此事，但不言出謝承書。清人汪文臺輯《七家後漢書·謝承後漢書》卷五有“王皁”條，但與此處所叙非一事，不知張澍據何書轉引。

[四] 按，此事見《後漢書·西南夷傳·滇王》，嚴格説來，《滇王傳》在《西南夷傳》中，非《南蠻傳》。

[五] 按，四庫館臣在清人姚之駰輯本《東觀漢記》基礎上，復從《永樂大典》等書中增録佚文，編爲二十四卷，收入《四庫全書》。張澍所指，即見文淵閣《四庫全書》本卷二一“巴异”條。

[六] “記”，原作“紀”，據此書通行題名改。

[七] “文襲”，《東觀漢記校注》卷三《敬宗孝順皇帝紀》作“文礱”，《白氏六帖》卷七九“封還獻物”、《事類賦》卷九“若夫却文襲之貢”、《山堂肆考》卷一八六“文襲求媚”、《後漢書補逸》卷一等皆作“文襲”。

[八] “紀”，原作“記”，據袁宏《後漢紀》卷一八載此事而改。

諸葛身長八尺

《姓源韻譜》："諸葛亮手長八尺[一]，形細面粗，猶如松柏，皮膚枯稿，文理潤澤。"案，"手"宜作"身"，與本傳乃合。

姜維膽大如拳

郭頒《世語》："姜維見剖時，其膽如斗大。"[二]案，《梁書・范縝傳》："八采重瞳，勛、華之容；龍顔馬口，軒、皋之狀[三]，形表之異也。比干之心，七竅列角；伯約之膽，其大如拳，心器之殊也。"此與郭頒所言不同，未知范氏何據？又案，《金石文字記》云："升音陞，斗音蚪[四]。《世語》'姜維膽大如升'[五]，誤作'斗'也。"

陰化

《蜀志》："孫權《與諸葛亮書》：'陰化不盡。'"[六]又《蔣琬傳》："亮以琬爲府掾，琬讓陰化。"案，漢《黄龍甘露碑》末云："武陽令陰

[一] 按，此條不知張澍據何書轉引。作"手長八尺"者，與康熙刻本《倘湖樵書》卷一一"諸葛武侯遺迹"條引《偃曝談餘》之語同；萬曆年間高暉堂刻本《廣博物志》卷二五引《秘笈》亦作"手長八尺"。所謂《偃曝談餘》，見《寶顔堂秘笈》第四十四册《眉公雜著集》之四，的確作"手長八尺"。可知《廣博物志》與《倘湖樵書》均是據《寶顔堂秘笈》而徵引，皆不言出《姓源韻譜》。張澍稱出《姓源韻譜》，或是因《廣博物志》在此條前四條引"盤庚妃姜氏"之文出《姓源韻譜》而大意致誤耶？

[二] 按，此條乃據《三國志・蜀志・姜維傳》注文轉引。所謂《世語》者，即《魏晋世語》，《隋書・經籍志二》著録爲十卷，《新唐書・藝文志二》因唐人避諱，作《魏晋代語》，已佚。

[三] 按，此四句指堯、舜、黄帝、皋陶之異貌。勛即放勛，堯之名；華即重華，舜之美稱；軒即軒轅黄帝之省稱。《論衡》卷三《骨相篇》云："傳言黄帝龍顔，顓頊戴午，帝嚳駢齒，堯眉八彩，舜目重瞳，禹耳三漏，湯臂再肘，文王四乳，武王望陽，周公背僂，皋陶馬口。"

[四] "斗"，原誤作"升"，據光緒本及《金石文字記》卷三"贈太師孔宣公碑"條改。按，《金石文字記》原文實作"斗"，乃"斗"之異體字，與"升"形近，此殆張澍致誤之由也。

[五] "升"，原作"什"，形近而誤，據光緒本改。

[六] "陰化不盡"，《三國志・蜀志・鄧芝傳》於"陰化"不加專名號，或指丁厷言多浮艷，如婦人之教化綿綿不盡耶？按，《蕭氏續後漢書・音義》卷二明言"丁厷、陰化，二人姓名"，整理本《三國志》誤矣。

化。”[一]武陽在漢屬犍爲，今爲眉州彭山縣也。陰化爲武陽令，《蜀志》不載。

許　靖

《獻帝紀》：“九年，封皇子熙爲濟陰王，懿爲山陽王，邈爲濟北王，敦爲東海王。”[二]《山陽公載記》云[三]：“時許靖在巴郡，聞立諸王，曰：‘將欲歙之，必姑張之；將欲奪之，必姑與之。其孟德之謂乎？’”

龐　肱

《碑目考》：“《漢涪陵太守龐肱闕》：‘肱，龐士元之子。後帝時，嘗爲涪陵太守。’淳熙中，賢良任子宣[四]，舟過涪陵。于民家見漢隸隱然，遂載以歸。碑在左綿任賢良家。”案，《龐統傳》：“統子宏，字巨師。剛簡有臧否，輕傲尚書令陳祗。爲祗所抑，卒於涪陵太守。”[五]字不作“肱”。《隸續》云：“‘漢故涪陵太守昌陽龐厷神道’十二字，今在資州。此所謂‘漢’，乃劉蜀之漢也。”[六]又案，“肱”，《書·益稷》“臣作朕股肱”，古文《尚書》作“厷”。

錡　裒

《姓譜》：“錡裒，後漢時爲綿令。”[七]案，《華陽國志》：“韓揆爲綿竹

[一] 按，此碑見《隸續》卷一六。

[二] 按，此事在建安九年，見《後漢書·獻帝紀》。後引《山陽公載記》，亦是據此條注文轉引。

[三] “《山陽公載記》”，《隋書·經籍志二》著録爲十卷，晋人樂資撰，已佚。

[四] “宣”，原作“宜”，因襲雍正《四川通志》卷二六《古迹·涪州碑記》“涪陵太守闕”而誤，今據《輿地碑記目》卷四、《全蜀藝文志》卷五二改。按，《記纂淵海》卷一六云：“任子宣，應賢良科，著《古涪志》。”

[五] 按，此條見《三國志·蜀志·龐統傳》。

[六] 按，此條見《隸續》卷一一“涪陵太守龐厷神道”條，略有删改。

[七] 按，《萬姓統譜》卷五、《歷代名賢列女氏姓譜》卷九皆無此人，或張澍誤題出處。

令主簿，值黄巾賊入界，扶錡袁走入草中，袁遣求隱翳處。未還，袁爲賊所得，見害。揆葬訖，詣從事賈龍求兵討賊。”[一]是袁，劉焉時爲綿竹令也。

義歆

《氏族略》引《蜀録》：“漢末有上庸都尉義歆。”[二]案，《蜀録》：“涼州刺史羅尚聞趙廞反，上表願往征之。惠帝拜尚爲平西將軍，領護西夷校尉、益州刺史，督牙門王敦、上庸都尉義歆等率七千人入蜀。”[三]是義歆非漢時人，鄭氏誤。

薛永　薛齊

《氏族略》：“薛氏自仲虺爲諸侯，歷三代，凡六十四世。至愍侯弘，爲齊所滅。公子登仕楚，懷王賜沛邑，爲大夫，遂以國爲氏。或言登隱于博徒，號薛公者。曾孫倪爲楚令尹，生翁，翁生鑒。漢初獻策滅黔，封千户侯。玄孫廣德，御史大夫。生饒，長沙太守。生愿，淮陽太守，因徙居焉。愿孫漢，爲千乘太守。漢生彪，司徒祭酒。彪生侍御史安期。六代孫蘭，爲曹操所害。生永，遂依蜀先主，官至蜀郡太守。生齊，爲巴、蜀郡太守[四]，歸晋爲光禄大夫、河東太守。因家汾陰，世號蜀薛。二子懿、始。”案，《唐世系表》：“清生愍侯洪，爲楚所滅。”此云“齊滅”。又云“鑒獻策滅黥布”，此云“滅黔”，皆誤。又案，《表》云“蘭爲兖州别駕，永字茂長，齊字夷甫”[五]，而不見陳壽《志》，則蜀臣佚没者多矣。《資治通鑑》[六]：“衆議以薛氏爲河東茂族，帝曰：‘薛氏，蜀也。豈可入

[一] 按，此條見《華陽國志》卷一〇。

[二] 按，元大德刻明遞修本、中華書局影印《萬有文庫》本《通志·氏族略五》，僅言“《蜀録》有上庸都尉義歆”，並不稱漢末。張澍或因别本而誤，惜不知所指究竟爲哪個版本。

[三] 按，此條見《十六國春秋》卷七六《蜀録一·李特》。

[四] “蜀”前，原衍一“蜀”字，據《通志·氏族略二》删。

[五] 按，此《表》及前《唐世系表》，皆指《新唐書·宰相世系表三下》。

[六] “資治通鑑”，原作“魏書”，顯誤，《魏書》無相關記載，據《資治通鑑·齊紀六·高宗明皇帝中》改。

郡姓？’直閤薛宗起，執戟在殿下[一]，出次對曰：‘臣之先人，漢末仕蜀。二世復歸河東，今六世相襲，非蜀人也。伏以陛下黄帝之胤，受封此土，豈可亦謂之胡耶？今不預郡姓，用生何爲？’乃碎戟於地。帝徐曰：‘然則朕甲卿乙乎？’乃入郡姓。仍曰：‘卿非宗起，乃起宗也。’”案，《北史·薛聰傳》：“爲羽林監，帝曾與朝廷論海内姓地人物。戲謂聰曰：‘人謂卿諸薛是蜀人，定是蜀人不？’聰對曰：‘臣遠祖廣德，世事漢朝，時人呼爲漢臣。九世祖永，隨劉入蜀，時人呼爲蜀臣。今事陛下，是虜，非蜀也。’帝撫掌笑曰：‘卿可自明非蜀，何乃遂復苦朕？’聰因投戟而出。帝曰：‘薛監醉耳，其見知如此。’”元行冲《後魏國典》作“薛宗起”[二]。

正晛　正昂

《華陽國志》：“蜀郡太守正晛命任末爲功曹[三]，察孝廉，舉有道，博士徵，不詣。”案，益州太守正昂爲雍闓所殺，見《蜀志》[四]。案，“正晛”一作“闕晛”。

寵　義

《姓苑》[五]。蜀漢有長史寵義。

[一]“執戟”，原無，據《資治通鑑》補。按，若不補，則後文“碎戟”顯得突兀。

[二] 按，此處之按語引《北史》及《後魏國典》，其實皆據《資治通鑑》注文引《考異》之語而改寫。又，《後魏國典》三十卷，見《直齋書録解題》卷五，已佚。

[三]“正”，《華陽國志》卷一〇空闕，據任乃强校勘記，諸本未有作“正”字者，不知張澍所據爲何？又，《蜀典》卷一二“正氏”條則稱“梁有廣漢太守正晛”，則前後矛盾，此處之説不可據也。

[四] 按，此事見《三國志·蜀志·張裔傳》。

[五] 按，張澍此條文字易讓人誤以爲《姓苑》一書記載有寵義其人，其實誤也。《隋書·經籍志二》著録何氏《姓苑》一卷，早佚。若非據他書轉引，張澍不可能見到原文。我們並未見到相關著作引有此條，只在《正字通·宀部》“寵”字注文見到了“又姓，蜀漢長史寵義”一句，這應該是張澍所説之出處。至於稱出《姓苑》，顯是因《萬姓統譜》卷六九在“寵”姓下注云“見《姓苑》”，但這並不能説明“長史寵義”見《姓苑》，《萬姓統譜》“寵”姓下也無“寵義”。所以我們將《姓苑》單獨列爲一句，以免誤會。

古牧　古朴　古世弘

漢有廣漢功曹古牧[一]。案，《蜀志》：“夏侯纂將功曹古朴。”[二]宜即其後。常璩云：“古，德陽大族之甲也。”[三]古朴，廣漢人，爲王邁妻張叔紀作頌[四]。又《高陽令楊著碑陰》有“廣漢古世弘”[五]。

李　光

《華陽國志》：“李密祖父光，爲朱提太守。”[六]

會　相

《風俗通》：“漢有武陽太守會相。”[七]案，《廣韻》引作“會相”[八]。《急就章》“相”作“栩”[九]。《氏族略》作“炳”[十]。

[一] 按，此句前原有“風俗通”三字，以爲此句出《風俗通》也，誤矣，今删。按，張澍所據殆《姓氏急就篇》卷上“若古后皇錫氏姓”句注文先引《風俗通》，後又稱“漢有廣漢功曹古牧”而致誤。古書無標點，引文起訖難斷，實不當苛求。然《姓氏急就篇》及《通志·氏族略四》《廣韻·廣韻》“古”字注文皆明言“蜀有廣漢功曹古牧”“《蜀志》廣漢功曹古牧”“《蜀志》有廣漢功曹古牧”，則張澍所謂“漢”，乃三國蜀漢，東漢人應劭之《風俗通》，豈會記載稍後蜀漢時之古牧？其誤明矣。

[二] “纂”，原作“篹”；“將”，原無：據《三國志·蜀志·秦宓傳》改、補。按，“篹”雖爲“纂”之異體字，但人名用字當有定準，故改之。《蜀典》卷一二“古氏”條正作“纂”，不誤。

[三] 按，《華陽國志》卷三云：“德陽縣有青石祠……康、古、袁、氏爲四姓大族之甲者也。”

[四] 按，《華陽國志》卷一〇上云：“海内名士廣漢周幹、古朴、彭勰，漢中祝龜爲作頌。”

[五] 按，此文見《隸釋》卷一一。

[六] 按，此條見《華陽國志》卷一一。

[七] 按，此佚文見《元和姓纂》卷八。

[八] “會相”，《風俗通義校注》引《廣韻》作“會栩”，雖王利器不言引書版本，但據查，上海圖書館藏宋本《廣韻》正作“會栩”；張澍所據雖亦不知究竟爲何本，但却與張氏澤存堂宋本《廣韻》同。

[九] 按，此條稱《急就章》，當是指《姓氏急就篇》，所據正《康熙字典·曰部》“會”字注文。但檢《姓氏急就篇》，元至元六年刻本、文淵閣《四庫全書》本卷上實作“會相”。不知《康熙字典》編者據何本《姓氏急就篇》而來？

[十] 按，此説見《通志·氏族略二》“鄶”字注文。

王濬

《華陽國志》："王濬爲益州刺史。蜀中山川神祠，皆種松柏。濬以爲非禮，皆廢壞燒除，取其松柏爲舟楫[一]，唯不毁禹王祠及漢武帝祠。又禁民作巫咒，于是蜀無淫祀之俗。"

索遐

《水經注》："義熙九年，索遐爲果州刺史。自成固治南城。"[二]案，宜作"索邈"，"果州"當作"梁州"[三]。

蜀郡守朱

李綽《尚書故實》："王内史書帖中有《與蜀郡守朱不記名書》[四]：'求櫻桃、來禽、日結藤子。'又云：'胡桃種已成矣。'又問曰：'司馬相如、揚子雲有後否？蜀城門是司馬錯所製，存乎？'"案，《佩觿·辨證》曰："案，《尚書故實》云'王内史有《與蜀守書》求櫻桃、來禽、日結藤子。言味甘來衆禽，俗作林檎。'"

吉翰

《幽明録》："元嘉中，益州刺史吉翰遷爲南徐州。先於蜀中載一青牛下，常自乘，恒於目前養視。翰遘疾多日，牛亦不肯食。及亡，牛流涕滂沱。吉氏葬未還都，先遣驅牛向宅，牛不肯行。人知其異，即待喪。

[一]"取"前，原有"惟"字，與後文"唯"重複，據《華陽國志》卷八删。

[二]"成"，原作"城"，據《水經注·涔水》改。按，《後漢書·郡國志五》亦作"成固"，後遂有寫作"城固"者，如《晉書·五行志下》云："十三年七月，漢中城固縣水涯有聲若雷。"

[三]按，《宋書·氐胡傳》云："(義熙)九年，梁州刺史索邈鎮南城。"《資治通鑑·晉紀三十八·安皇帝辛》："是歲，以敦煌索邈爲梁州刺史。"

[四]按，趙熙於"不記名"旁批云："處仁。"《漢魏六朝百三家集》卷五八所收《十七帖》，有"朱處仁今何在"云云。◎此條，趙熙又眉批云："來禽帖不必與朱也，向皆云與周益州者矣。"按，《漢魏六朝百三家集》卷五八有相關考證，可參看。

既下船，便隨去。”[一]

壘襲

《十六國春秋》:“苻秦有梓潼太守壘襲。”[二]案，一作“棓襲”[三]。“襲”一作“錫”[四]。《後趙録》云:“壘，本姓裴，改爲壘。”

鉗耳祖郎

《路史注》:“隋九門令鉗耳文澈《清德頌》有云:‘祖郎，爲成、集二州刺史。’”[五]

郭銓

《水經注》:“枝江縣人劉凝之，字志安。兄盛公，高尚不仕。凝之慕老萊、嚴子陵之爲人，立屋江湖，非力不食。妻，梁州刺史郭銓女[六]，亦能貧。宋元嘉中，夫妻隱於衡山，終焉不返。”

馮遷

王韶之《晉書》:“桓玄之初奔也，經日不得食。左右進粗粥，咽不

[一] 按，此條見《太平御覽》卷九〇〇。又見《廣博物志》卷四七，但原書誤題爲《幽州録》。劉義慶此書早佚，魯迅《古小説鉤沉》有輯本，亦是據《太平御覽》輯録。

[二] 按，北魏崔鴻《十六國春秋》，或稱已佚。今文淵閣《四庫全書》本《十六國春秋》，館臣以爲乃明人僞作，或非其實。但此本亦不載“梓潼太守壘襲”，不知張澍所據爲何。管見所及，載壘襲者，見《資治通鑑·晉紀二十七·烈宗孝武皇帝上之下》:“梓潼太守壘襲以涪城来降。”此句注文云:“《姓譜》曰:《後趙録》有壘澄，本姓裴氏。”後文引《後趙録》當即本自《資治通鑑》。又見於《路史》卷一六“有裴氏解氏壘氏履氏”句注文及《姓氏急就篇》卷上，均不稱出《十六國春秋》。

[三] 按，此説不知何據，暫未見他書引作“棓襲”者。

[四] 按，此説見《康熙字典·土部》“壘”字注文。

[五] 按，文淵閣《四庫全書》本《路史》卷一九注文雖引了《清德頌》，但並無“祖郎，爲成、集二州刺史”。《集古録》卷五載《隋鉗耳君清德頌》，有此句。《路史》版本太複雜，我們難以網羅齊備，暫不知張澍據何本抄録。

[六]“銓”，今整理本《水經注校證·江水二》作“詮”，戴震校本、趙一清校本亦同。而《宋書·劉凝之傳》《晉書·桓玄傳》等作“銓”，張澍或是據他書做了校改。

下。子昇抱玄胸，撫之，玄悲不自勝。至故鄉洲，益州都護馮遷斬玄于此洲，斬昇于江陵。”[一]

孟彦暉

《録異記》：“武成三年庚午六月五日癸亥，廣漢太守孟彦暉奏西湖有金龜，徑寸，游于荷葉之上，畫圖上聞。”[二]

錫休儒

《姓氏書辯證》[三]：“梁有益州刺史錫休儒。”案，《氏族略》引無“儒”字[四]。休儒，宜爲錫光之後。光，漢中西城人。光武時爲交州刺史，字長冲[五]。又《魏書》，錫休儒爲北梁州長史[六]，非刺史也，鄧元亞説誤。

李 彝

案，《文苑英華》有任華《送李彝宰新都序》云：“宗室後進有以學術辭藻著稱者，彝也。少好學，通九流百家之言，善屬文，有大節。召試西掖，與莊若訥、高郢同入高等。執政以彝大人在蜀，故授新都以榮之。”[七]又案，《李元諒頌》有銜“朝散大夫、守宗正寺丞李彝篆額”[八]，即是人也。

[一] 按，此條見《水經注·江水二》。至於所謂《晉書》，實際題名爲《晉紀》，《隋書·經籍志二》著録爲十卷，已佚。

[二] 按，此條見《録異記》卷五“西湖金龜”。

[三] 按，《姓氏書辯證》，全名《古今姓氏書辯證》，南宋鄧名世撰，四十卷。原書已佚，今本系乾隆年間從《永樂大典》中輯出，收入文淵閣《四庫全書》，仍爲四十卷，但卷四〇“錫”姓下並無此人。不知張澍所據爲何，或係誤記？《姓氏急就篇》卷上有此人。

[四] 按，此説見《通志·氏族略五》。

[五]“字”，原無，文義不通，據《華陽國志》卷一二“忠義大將軍、朝侯、祭酒錫光字長冲”補。按，錫光任交趾太守，見《後漢書·循吏傳·任延》。

[六]“北梁州”，原作“益州”，誤，據《魏書·肅宗紀》《傅豎眼傳》《島夷蕭衍傳》改。

[七] 按，此處據《文苑英華》卷七二一所收之文略加删節而成。

[八]“頌”，原作“頒”，形近而誤，據光緒本改。按，此碑録文見《金石萃編》卷一〇三。

袁嵩　子璣[一]

《定命録》[二]："袁天綱祖嵩，周朝歷犍爲、蒲陽二郡守[三]，車騎將軍。父璣，梁州司馬。"[四]

郭元振

劉餗《隋唐嘉話》："郭尚書元振，始爲梓州射洪令。徵求無厭，至掠部人賣爲奴婢者甚衆。武后聞之，使籍其家，唯有書數百卷。后令問資財所在[五]，知皆以濟人，於是奇而免之。"

犀浦主簿

《唐書·顔春卿傳》："調犀浦主簿。嘗送徒于州，亡其籍。至廷，口記物色凡千人，無所差。"[六]案，犀浦縣，唐垂拱二年分成都地置，取李冰所造石犀爲名，宋熙寧五年省也[七]。

[一] 按，此條趙熙眉批云："袁天綱曾爲資官令，見《舊唐書》。"

[二]"定命録"，原作"前定録"，據《太平廣記》卷二二一"袁天綱"條改。按，《宋史·藝文志五》同時著録鍾輅《前定録》《感定録》各一卷，有誤。據李劍國《唐五代志怪傳奇叙録》，鍾輅《前定録》今存。《感定録》者，乃無名氏著，又稱《感定命録》。由於《定命録》與《感定命録》很相近，一不小心就會弄錯，如《蜀中廣記》卷七八所引袁天綱事即云出《感定録》。《蜀中廣記》多誤題出處，而《感定録》與《定命録》原書久佚，曹學佺之説不可信。

[三]"蒲陽"下，原有"蒲江"二字，與《太平廣記》同，今據《蜀中廣記》删。按，既歷數"犍爲、蒲陽、蒲江"三地，則不當作"二郡"，是以《古今説海》卷五七引《袁天綱外傳》則改作"三郡"。然作"三郡"亦誤，袁天綱爲唐人，其祖所仕之周，乃南北朝之周。據《舊唐書·地理志四》，後魏置有犍爲郡、蒲陽郡，無蒲江郡，自然也不存在"蒲江郡守"。

[四]"司馬"，《太平廣記》《蜀中廣記》《古今説海》皆作"司倉"，難知孰是，恐張澍據他書而改，姑仍之。

[五]"后令問"，原作"後聞"，張澍蓋因《隋唐嘉話》卷下原文作"後令聞"文義不通，遂删"令"字也，整理本《隋唐嘉話》據《唐語林》改作"后令問"，今從之。

[六] 按，此事見《新唐書·忠義傳中·顔春卿》。

[七] 按，犀浦縣之設與廢，見《舊唐書·地理志四》《宋史·地理志五》。

香尉

馮贄《記事珠》："漢雍仲子進南海香物，拜涪陵尉。時人謂之'香尉'。"[一]案，"涪陵"，《太平廣記》作"涪陽"，誤矣。

郪縣令

《大唐傳載》："李鎮惡，即趙公嶠之父。選授梓州郪縣令，與友人書曰：'州帶子號，縣帶妻名，由來不屬老夫，併是婦兒官職。'"

甘子布

劉肅《大唐新語》："益州每歲進甘子，皆以紙裹之。他時常吏嫌其不敬，代之以細布。既而恒恐有甘子爲布所損，每歲多懷憂懼。俄有御史甘子布至，長吏以爲推布裹甘子事，因大懼曰：'果爲所推。'及子布到馹，長吏但叙以布裹甘子爲敬。子布初不知之，久而方悟。聞者莫不大笑。子布好學有文才，知名當代。"[二]案，《朝野僉載》："周甘子布，博學有才。年十七，爲左衛長史，不入五品。登封年病，以驢輿强至岳下。天恩加二階，合入五品，竟不能起。親戚來賀，衣冠不得，遂以袢袍覆其上，帖然而終。"[三]即是人也。

蜀令劉静妻

《朝野僉載》："蜀縣令劉静妻患病，明崇儼曰：'須生龍肝，食之必

[一] 按，此條見《説郛續》卷二一所收《記事珠》。《太平御覽》卷九八一、《太平廣記》卷四一四等引此文皆云出《述異記》，也的確見《述異記》卷下。則馮贄當是據《述異記》抄録也。然其中之"涪陵尉"，無論是《漢魏叢書》本、文淵閣《四庫全書》本《述異記》，還是《記事珠》及《太平御覽》《太平廣記》，皆作"涪陽尉"，則作"涪陵尉"者，經過了張澍之校改。檢《中國古今地名大詞典》，的確無"涪陽縣"，張澍所改是。

[二] 按，此條或是據《太平廣記》卷二四二"益州長史"條轉引，故文句與《大唐新語》卷一三略異，稍嫌蹇澀。

[三] 按，此條見《朝野僉載》卷一。

愈。’静以爲不可得，儼乃書符乘風放之上天。須臾，有龍下入甕水中，剔取肝食之，遂差。”[一]

亢朝榮

韋皋鎮蜀[二]，有部將亢榮朝[三]，以兵破吐番。案，今《唐書》作“亢縈朝”[四]，誤。

論惟賢

《唐書》：“論惟賢，官劍南節度使。”[五]案，論惟賢，武威人。

蕭　鉞

《唐比丘尼惠源誌銘》有云：“父諱鉞，給事中、利州刺史。”[六]案，《宰相世系表》作“鉞，蕭瑀第三子，官給事中”。不云“利州刺史”者，表之疏略也。

終　郁

唐杜甫有題終明府水樓詩[七]。終係功曹，攝奉節令，名郁[八]。

[一] 按，此條見《朝野僉載》卷三。

[二] “韋皋鎮蜀”，原作“韋皋傳皋鎮蜀”，今改。按，兩《唐書》之《韋皋傳》皆無亢氏之名，實出《新唐書·南蠻傳》：“皋命部將武免率弩士三千赴之，亢榮朝以萬人屯黎州。”而《古今姓氏書辯證》卷三三云：“唐韋皋鎮蜀，有部將亢榮朝以兵破吐蕃。”兩相對照，張澍或是據鄧名世之書而臆補出處，失察而致誤也。

[三] “榮朝”，原誤倒，據《新唐書》及《古今姓氏書辯證》乙正。

[四] 按，張澍此説不知何據，今整理本《新唐書》在亢榮朝句無異文校勘記。

[五] 按，此處稱《唐書》有論惟賢，恐亦想當然耳，兩《唐書》皆無此人。《文苑英華》卷九〇九有《驃騎大將軍論惟賢碑》，可參看。

[六] 按，該墓誌銘見《金石萃編》卷八二，此後之按語，亦本自《金石萃編》。

[七] 按，此即《杜詩詳注》卷一九之《七月一日題終明府水樓二首》。

[八] 按，張澍此説不言根據。《萬姓統譜》卷一云：“終郁，杜詩有《賀終明府郁》詩。”但此説不可信，杜集中無題名如此者。《全唐詩》卷二三一收《七月一日題終明府水樓二首》，第一首尾注云：“原注：終明府，功曹也，兼攝奉節令，故有此句。”

達悉采

《希姓録》:“九希采，戎州太守。”[一]案，唐時有達悉采，爲戎州太守[二]。樂林《官吏序》《輿地記勝》並作“達悉采”，升庵誤。又案，周大象末，達悉惎爲益州刺史[三]。王謙據益州，有將達悉堪攻利州[四]。

徐師道

案，《唐徐浩碑》稱師道官益州缺二字縣尉[五]，泐其縣名。《偃師遺文》則爲“九隴”二字。上文“州”字上泐一字，以爲九隴屬彭州，當是“彭”字。然考徐浩《古迹記》云:“臣先祖，故益州九隴縣尉，贈吏部侍郎。”是師道爲益州九隴縣尉也。《唐地理志》:“彭州濛陽郡，垂拱二年，析益州置。”師道爲尉，在未析置以前，碑字原作“益州”也。

歧　苞

《姓源》:“唐有歧苞，南郡人，爲綿竹令。”[六]案，《華陽國志》:“辛冉遣護軍曾元攻李特等，爲特所殺。羅尚督護田佐、牙門劉，並助冉，復敗。進圍廣漢，尚復遣犍爲太守李苾、長史費遠助冉，不能克。冉托

[一] 按，此條見《希姓録》卷三，乃楊慎原文。

[二] 按，張澍此説不知何據。據《輿地紀勝》卷一六三《叙州·官吏》引樂林《官吏序》，有“李亢達九奚采”，張澍莫是據别本缺“九”字而誤以爲當作“達奚采”，且改“奚”作“悉”也？其説未必可信。

[三] 按，張澍此説亦誤。《周書·達奚武傳附子震》末云:“震弟惎，車騎將軍、渭南縣子。大象末，爲益州刺史。與王謙據蜀起兵，尋敗被誅。”則仍當作“達奚”氏也。焉能據“達奚”氏駁《輿地紀勝》“九奚采”有誤耶？且“九”不爲複姓，與“達奚”風馬牛不相及也。

[四] 按，此説亦誤。據《周書·王謙傳》，攻利州者，正達奚惎也，“惎”“堪”形近易誤耳。總之，張澍此條恐所據載籍版本有誤，其推理亦牽强，故不改動文字。

[五] 按，此碑見《金石萃編》卷一〇四。後文考證之語，亦見《金石萃編》。

[六] 按，不知此條出處。唐人《姓源韻譜》已佚，明人楊信民《姓源珠璣》收入《四庫全書存目叢書》子部第一七三册，並無此條。

罪于綿竹令歧苞，斬之，而潰圍走德陽。"[一]《姓源》作唐人，誤也。

訇琦　訇廣

《蜀録》："關中流人訇琦、訇廣。"[二]案，"琦"一作"踦"[三]，天水人。殺李離及尚書令閻彧，以梓潼歸羅尚。琦送離母子于尚，尚斬之，分其室[四]。

幵　度

《正字通》："宋有四川漕使幵度。"[五]案，晁公武《讀書志序》言"得南陽公書五十篋"，陳振孫曰："南陽公，未知何人。或云幵度憲孟也。"[六]是幵度字憲孟矣。

古成之

《姓譜》："古成之，嶺外人。及進士第，爲綿竹令，常遇異人授道。"[七]案，古成之，河源人，張詠帥蜀，辟知綿竹縣[八]。

[一] 按，此條見《華陽國志》卷八。

[二] 按，此所謂《蜀録》當係《十六國春秋》之篇名，今本《十六國春秋》卷七七《蜀録二·李雄》有"關中流民鄧定、訇氏""天水人張金苟、訇琦等殺離及尚書令閻彧"，無"廣"。張澍所言，見《通志·氏族略五》及《廣韻·耕韻》"訇"字注文。

[三] 按，作"踦"者，見《古今韻會舉要》卷八"訇"字注文。

[四] 按，此事除見《十六國春秋》外，還見《華陽國志》卷九。

[五] 按，此條見《正字通·干部》"幵"字注文。

[六] "幵"，《直齋書録解題》卷八作"井"，張澍因襲《正字通》而誤，繆荃孫《〈蜀典〉跋》已指出此誤。

[七] 按，此《姓譜》應是指《萬姓統譜》，見其書卷七八，但原文不言異人授道之事。言授道事者，見《古今姓氏書辯證》卷二四。《歷代名賢列女氏姓譜》卷一〇九與《萬姓統譜》同。

[八] 按，相關事迹見乾隆《大清一統志》卷三四三《惠州府·人物》之本傳。

刑　漴[一]

《氏族略》[二]："宋有刑漴，紹定間劍州法曹。"[三]

立智理威

《元史》："至元中，蜀初定。世祖閔百姓傷殘，擇近臣撫安，以立智理威爲嘉定路守。時方以闢田、均賦、弭盗、息訟諸事課守令，理威奉詔甚勤，民安之。使者交薦其能。"[四]

萌　慮

《姓譜》："五代蜀裨將萌慮。"[五]

涴　平

《陝西志》："涴平，寶鷄人。永樂舉人，任成都府教授。"[六]

孛　敏

《氏姓譜》："孛敏，隴西人。宣德中舉人，任嘉定州學正，升四川僉

[一]"漴"，標題原作"琮"，正文又作"崇"，其實并誤，今據《萬姓統譜》卷五四及《欽定續通志·氏族略六》改，正文之"崇"徑改。按，據《説文通訓定聲·豐部第一》"淙"字注，"漴"與"淙"同。

[二]"略"，原作"考"，今據《欽定續通志》改。

[三]"定"，原作"興"；"劍"，原作"簡"：據《萬姓統譜》改。按，《欽定續通志》無"紹定間"，但作"劍州法曹"則與《萬姓統譜》同。

[四]按，此條見《元史》卷一二〇本傳。

[五]按，此條見《萬姓統譜》卷五四，又見《歷代名賢列女氏姓譜》卷九二，張澍之簡稱不知所指何書。

[六]按，此條當是指嘉靖《陝西通志》，見其書卷二八，雍正《陝西通志》卷三一則不言具體籍貫與時代。

事。”[一]案，《甘肅通志》：“李敏，通渭人。正統進士，官學士。”[二]豈同姓名者耶？

類　康

《氏姓譜》[三]：“類康，鰲山人。正德中任新繁縣訓導。”

侍　懋

《氏姓譜》：“侍懋，六合人。明洪武中任綦江縣訓導。”[四]

烜冲霄

《姓譜》：“烜冲霄，沔縣人。萬曆中任長壽縣主簿。”[五]

羿　忠

《萬姓統譜》：“羿忠，湘潭人。洪武中官遂寧縣知縣。”[六]

寸居敬

《氏姓譜》：“寸居敬，浪穹人。嘉靖間任梓潼縣知縣。”[七]

[一] 按，此條見《歷代名賢列女氏姓譜》卷一三六。又見《萬姓統譜》卷一一六，文字全同。

[二] 按，嘉靖《陝西通志》卷二九亦云：“李敏，任四川嘉定州學正，歷升四川按察司僉事……以上俱通渭舉人。”《中國歷史地名大詞典》僅言通渭治今甘肅通渭縣，據《陝西通志》，此縣嘉靖時隸於陝西省也。

[三] “姓”，原作“族”，簡稱不合理，今據此文見《歷代名賢列女氏姓譜》卷一一八及後文引此書多簡稱《氏姓譜》而改。按，《萬姓統譜》卷九三亦有相關記載。

[四] 按，此條見《歷代名賢列女氏姓譜》卷一一八，亦見《萬姓統譜》卷九三。雖然《欽定續通志・氏族略七》也有此人，但僅稱其任綦江教諭，無籍貫與具體時代。

[五] 按，此條見《歷代名賢列女氏姓譜》卷一一一。《萬姓統譜》卷八一、卷一〇〇兩載此人事迹，與此文字小異；《欽定續通志・氏族略七》則僅言職官，不言籍貫與具體時代。

[六] 按，此條見《萬姓統譜》卷九六。

[七] 按，此條見《歷代名賢列女氏姓譜》卷一二二。又見《萬姓統譜》卷一〇〇，《欽定續通志・氏族略七》則不言籍貫與具體時代。

曉　枝

《統譜》："曉枝，醴陵人。嘉靖中官四川墊江縣丞。"[一]

臨　淮

《明史·何洪傳》："德陽人，趙鐸反稱王，四川都指揮僉事臨淮戰死。"

宰　用

《明史》：宰用[二]，山後人。成化中以寧州指揮升都督僉事，鎮四川有戰功。

可　越

《湖廣志》："可越，蘄水人。永樂舉人，任四川郫縣訓導。"[三]

仕萬倉

《陝西志》："仕萬倉，涇陽人。隆慶中，爲成都府經歷。"[四]

仙　名

《甘肅志》："仙名，河州人。明正德中，官四川合江縣知縣。"[五]

[一] 按，此條見《萬姓統譜》卷八三。

[二] 按，《明史·程信傳》有宰用，乃巡撫四川督御史汪浩手下參將，所謂鎮四川有功，正是從汪浩平四川戎縣蠻叛亂一事，在成化四年。又據《明憲宗實録》卷一一"天順八年十一月辛未"條，有都指揮宰用，與何洪一起率兵趨彰明，今整理本《明史·何洪傳》作"寧用"，或誤。又據《明孝宗實録》卷二三"弘治二年二月己亥"條："致仕右軍都督府都督同知宰用卒，用由四川寧川衛指揮使累升都督僉事，鎮守威、茂、疊溪等處。成化十一年，即原衛致仕。十二年，録舊功，升都督同知。至是卒，賜葬祭如例。"稱其爲山後人者，見《萬姓統譜》卷七九。

[三] 按，嘉靖《湖廣圖經志書》卷四有此人事迹，亦見《萬姓統譜》卷八四。

[四] 按，《萬姓統譜》卷七四有相同記載，但不見於雍正《陝西通志》，我們利用中國方志庫，也並未查到相關信息，頗疑張澍誤題出處。

[五] 按，此條見《萬姓統譜》卷二八。張澍所能見到的《甘肅通志》，據《中國地方志聯合目録》，僅乾隆本。此本並不載仙名事迹，則顯係張澍誤記也。

玉　恩

《統譜》："玉恩，彰縣人。弘治中官眉州判官。"[一]

陝嗣宗

《洪雅志》："縣有九角堰，明時陝嗣宗築堤禦水。"[二]嗣宗，湖廣人。

利本堅

《廣東志》："利本堅，英德人。由監生任贛縣主簿、安岳縣丞。正德七年，升縣令。多事之際，能愛民節費。"[三]

泰　郎

《陝西志》："泰郎，中部人。嘉靖中官蒼溪縣主簿。"[四]

牒　昇

《安岳志》："牒昇，陝西蒲城人。正統間由舉人知縣事。廉能勤慎，平易近人。民愛之如父母，無敢欺者。歷九年如一日，擢知鄧州。"[五]《氏姓譜》作"渫昇，蒲州人"者[六]，誤。

[一] 按，此條見《萬姓統譜》卷一一三。

[二] 按，張澍所見且能記載此人事迹之洪雅方志，僅康熙本與嘉慶本。康熙本暫時未見，嘉慶《洪雅縣志》卷七有九角堰，但不言乃陝嗣宗所修。稱陝氏築堤者，見嘉慶《四川通志》卷二三《堤堰·嘉定府》"九角堰"條注文。

[三] 按，此條見《萬姓統譜》卷九三。嘉靖《廣東通志初稿》、萬曆《廣東通志》、康熙《廣東通志》、雍正《廣東通志》皆不見此人事迹。

[四] 按，此條見《萬姓統譜》卷九七。暫未見陝西之省志有相關記載。

[五] 按，此條見乾隆《安岳县志》卷五《名宦志》。

[六] 按，《歷代名賢列女氏姓譜》卷一三七雖作"渫昇"，但稱其爲山西人，非"蒲州人"，與《萬姓統譜》卷一一八相同，當即承襲《萬姓統譜》而來。嘉靖《鄧州志》卷六亦作"渫昇"，又見《正字通·氵部》"渫"字注文。恐不能輕易以晚出方志推翻明代著作之記載。

戰　符

大足縣寶頂山有《靈湫泉》詩碑，又圓覺洞石壁詩，署銜云"忠州刺史楚人戰符"[一]。澍署大足縣篆時，親見之。

力　晟

《江南志》："力晟，宿遷人。萬曆中任四川滎縣主簿。"[二]

木叢奇

《雲南志》："木叢奇，永昌舉人。萬曆中任安岳縣教諭。"[三]

月　輝

《江西志》："月輝，字本明。贛縣人，知江油縣，以清苦稱。"[四]

漆　登

《江西志》："漆登，字汝高，高安人。少孤，事母孝。嘉靖舉人，授貴州永寧知州，升馬湖府同知。因其俗陋，加意造士，捐俸資給之。麻陽寇亂，協勦告捷。以薦，兩典蜀、黔考試官[五]，告養親歸。""登"，一

[一]"剌"，原作"刺"，形近而誤，今據文義改。又，嘉慶《四川通志》卷三七《祠廟·忠州》"羅公祠"條注文收録了戰符之記文。此人事迹及張澍提到之詩文，可參民國《大足縣志》卷一。

[二]按，此條見《萬姓統譜》卷一二三，張澍或誤記出處。康熙《宿遷縣志》卷六則稱此人任滎經縣縣丞，當是異時異地官兩職也，惜未言時間。

[三]按，張澍稱出《雲南志》，隆慶《雲南通志》卷八、康熙《雲南通志》卷一七、乾隆《雲南通志》卷二〇皆稱其爲保山人，不言任職情況。倒是乾隆《安岳縣志》卷五《官師表》所載與此處相合。

[四]按，此條見《萬姓統譜》卷一一六。嘉靖《江西通志》、萬曆《江西省大志》、康熙《江西通志》、雍正《江西通志》皆無相關記載。

[五]"典"，原作"點"，據光緒本改。雍正《江西通志》卷七一小傳作"與"，無"官"字。

作“澄”[一]。

乙山

《江南志》:“乙山，海州人。嘉靖中官東鄉縣訓導。”[二]

隗稷[三]

《萬姓統譜》:“隗稷，富平人，萬曆間四川資縣知縣。”[四]

輔成

《江南志》:“輔成，崇德人。天順中任夔州判官。”[五]

禹範　禹祥　禹節

《甘肅志》:“禹範，臨洮人，官蓬州學正。禹祥，字廷珍，臨洮人，任劍州知州。公平廉明，性至孝。家嘗被火祥，惟抱先人主，餘悉不顧。”[六]《續通志》:“知仁壽縣，以治行稱。”[七]又禹節，嘉靖時任大足訓導[八]。

［一］按，張澍此說不詳何據。莫非因《萬姓統譜》卷一一五有“漆澄”而致誤耶？據《初學記》卷二二引《述異記》，漆澄與漆登自是二人矣！

［二］按，此條見《萬姓統譜》卷一一五，張澍所謂《江南志》者，或不可信。隆慶《海州志》卷五，稱乙山爲嘉靖二十四年貢生，任江西宜春縣訓導，不言曾任東鄉縣訓導。

［三］“隗稷”，原作“隗邦衡”，今改。按，張澍抄録《萬姓統譜》時疏忽致誤也。據《萬姓統譜》卷七九，隗邦衡乃嘉靖乙丑（一五六五）進士，但並未在四川任知縣。據康熙《潛江縣志》卷一三，此人任濟南知府。乾隆《資陽縣志》並無此人事迹。而《萬姓統譜》在此人之後有“隗稷，富平人，萬曆間四川資縣知縣”，可知張澍應是抄《萬姓統譜》而致誤，所謂出《湖北志》者，不可信。後文“尋思聰”條所犯錯誤與本條類似。

［四］此條原作“《湖北志》:‘隗邦衡，潛江人。萬曆中官資陽縣知縣’”，據《萬姓統譜》改。

［五］按，此條見《萬姓統譜》卷七八，乾隆《江南通志》無此人事迹。

［六］按，此處所叙二人，禹範不見於雍正《甘肅通志》，亦暫未見他書有相關記載。但禹祥小傳與雍正《甘肅通志》卷三八吻合。

［七］按，此條見《欽定續通志·氏族略七》。

［八］按，此人見乾隆《大足縣志》卷七。

巨　淵

《陝西志》:“巨淵，蒲城人。洪武中官四川僉事。”[一]

倚東周

《陝西志》:“倚東周，富平人。萬曆中任通江縣主簿。”[二]

粘　宣

《統譜》:“粘宣，貴縣人。成化中任東鄉縣知縣。”[三]

潛　玉

《統譜》:“潛玉，福州人。永樂中官大寧縣知縣。”[四]

諶賤生

《福建志》:“諶賤生，邵武人。洪武中以國子生爲岳池縣典史。廉介有爲，升四川按察僉事。列名《章善録》。”[五]

尋思聰[六]

《萬姓統譜》:“尋思聰，蒲圻人[七]。正德中任夔州府通判。”

[一] 按，此條見《萬姓統譜》卷七六，暫未見陝西相關方志有此人事迹。
[二] 按，此條見《萬姓統譜》卷七四，《欽定續通志》卷八七則不言籍貫與年代。萬曆《富平縣志》卷七僅稱其任主簿，但不言何縣主簿。
[三] 按，此條見《萬姓統譜》卷六七。
[四] 按，此條見《萬姓統譜》卷六七。
[五] 按，此條見乾隆《福建通志》卷四〇。所謂《章善録》，據《文章辨體彙選》卷六六八解縉《溪澗周先生墓表》“太祖高皇帝作《彰善録》”，知《章善録》乃朱元璋親自編寫的表彰賢臣循吏之書，惜不知詳情。
[六] “尋思聰”，原作“尋孔樂”，抄録《萬姓統譜》卷六五而誤，今據《萬姓統譜》原文改。按，其致誤之由，在於《萬姓統譜》先言“尋孔樂，陽曲人，正德中舉人”，接著言“尋思聰，蒲圻人，正德中任夔州府通判”，張澍抄録時疏忽大意而混淆也。若不改，恐會繼續以訛傳訛，故改之。
[七] “萬姓統譜尋思聰蒲圻人”，原作“山西通志尋孔樂陽曲人”，據《萬姓統譜》改。

冰如鑑

《統譜》："冰如鑑，繁昌人。萬曆中任四川寧州衛千户。"[一]

弘　啓[二]

《江西志》："弘啓，臨川人。正德中知平武縣。"

星　奎

《湖廣志》："星奎，沅江人。洪武中任叙州府推官。"[三]

咼文光[四]

《湖廣志》："咼文光，公安人，嘉靖舉人。事母成氏孝。爲巴縣令，有惠政，所著有《擬陶詩》。"

它　成

《甘肅志》："它成，官建武營游擊。父名元鼎，西寧碾伯人。"[五]

[一] 按，此條見《萬姓統譜》卷五七。

[二] 按，此條顯誤，當删，故正文不作改動。據《萬姓統譜》卷五七，"弘啓，臨川人。正德中武平縣知縣"，知此人並未在蜀地任職，張澍以爲"武平"誤倒，遂改作"平武"，謬矣！據嘉靖《汀州府志》卷一一，武平縣知縣下，正有"弘啓，江西臨川人，監生任"。則自有武平縣，與平武不同，《萬姓統譜》不誤。張澍引書往往臆改原文，雖給出異文説明，又不言所據。此處竟然徑改原文，失之武斷。至於所謂出《江西志》者，更是妄言，不可信。本卷中多數出某某志而實見於《萬姓統譜》者，均當以出凌迪知書爲是。

[三] 按，此條見《萬姓統譜》卷五五，所謂出《湖廣志》者，不見於相關方志。

[四]"咼"，原作"咼"，形近而誤，據雍正《湖廣通志》卷四九、《萬姓統譜》卷三五改，正文此字徑改。又，正文所引傳記，乃據《湖廣通志》等删節。

[五] 按，光緒《興文縣志》卷五"它元鼎墓"條云："山西人，建武营游擊它成之父，誥封中憲大夫，葬於建武大營山。"但同書卷二《職官志》"建武營游擊"下又云："陀成，甘肅碾白人，乾隆二十七年到任。""它""陀"形近，頗疑二字必有一誤。而嘉慶《直隸叙永廳志》卷三二"建武營游擊"下"陀成"條則云："甘肅碾伯縣人，行伍，乾隆二十三年任。"嘉慶《四川通志》卷一〇七、一〇八亦作"陀成"，光緒《興文縣志》晚出，可信度不及嘉慶諸志。若張澍有心糾正嘉慶《四川通志》之誤，應該如卷一等明言，且暫未見甘肅地方志有相關記載，此條存疑俟考。

糟　仁

《興文志》："糟仁，鳳翔人。由行伍，乾隆十五年任建武營游擊。"[一]

操　瑄[二]

《安慶志》："操瑄，潛山人。弘治中任四川合州判官。"[三]

叢方菡

《如皋志》："叢方菡，如皋人。康熙時任德陽縣知縣。"[四]

從　龍

《統譜》："從龍，字雲舉。天順舉人。任富順縣知縣，升麻哈州，教民製巾以冠。"[五]

宜　訓

《陝西通志》："宜訓，字孟庭，華州人。以恩貢授峨眉令，時南山多水患，訓鑿山引水，蓄泄有法，灌溉民田數萬頃，民胥賴之。"[六]

[一] 按，此條或不可信。據嘉慶《直隸叙永廳志》卷三二及光緒《興文縣志》卷二"建武營游擊"下，乾隆十五年在任者乃"拴住"，滿洲正白旗人。

[二] "瑄"，原作"宣"，音同形近而誤，據嘉靖《安慶府志》卷八、《萬姓統譜》卷三三、萬曆《合州志》卷二、乾隆《合州志》卷三改。正文此字徑改。

[三] "弘治"，原作"嘉靖"，與《萬姓統譜》相同，據嘉靖《安慶府志》《萬姓統譜》及二種《合州志》改。《安慶府志》不言具體時間，《合州志》則明言爲弘治十七年。此條亦可證張澍乃據《萬姓統譜》引用而題《安慶志》，頗疑張澍引《萬姓統譜》而題某某志者，乃揣測《萬姓統譜》所據之書而妄題也。

[四] 按，此條見嘉慶《如皋縣志》卷一四，其人康熙四十四年中舉，次年即中進士，縣志卷一七有小傳。

[五] 按，《萬姓統譜》卷二所載小傳較此處更詳，可參看。

[六] 按，此條見雍正《陝西通志》卷五七之下。又據康熙《峨眉縣志》卷四，此人萬曆丁亥在知縣任上，且修三清觀。

時植

《河南志》："時植，字良材，通許人。以太學生任四川梁山縣主簿，正德六年署縣事。流賊攻城，城陷被執，不屈死之。"[一]

慈止

《統譜》："明有慈止，仁壽人。永樂中任大足縣訓導。"[二]

呼延信

《陝西志》："呼延信，綏德州人。宣德中任四川右參政。"[三]

槐寅

《浙江通志》："槐寅，臨山人[四]。萬曆中任四川都指揮。"

延瑁

《陝西志》："延瑁，韓城人。官給事中，永樂六年安撫四川。"[五]

[一] 按，雍正《河南通志》卷六三有此人詳傳，亦見正德《夔州府志》卷六、嘉慶《梁山縣志》卷七。

[二] 按，此條見《萬姓統譜》卷五。

[三] 按，雍正《陝西通志》卷三二僅言其官參政，順治《綏德州志》卷八稱其官四川布政司參政。

[四] "浙江通志槐寅臨山人"，原作"福建志槐寅福清人"，因襲《萬姓統譜》卷一五之誤，今據嘉靖《浙江通志》卷五二、雍正《浙江通志》卷一四一、嘉靖《臨山衛志》卷三、萬曆九年《四川總志》卷三改。按，據諸書，此人字時夏，嘉靖三十五年中武舉，隆慶二年任四川都司都指揮使，非福建人也。

[五] 按，此條見《萬姓統譜》卷二八，又見嘉靖《四川總志》卷一、萬曆九年《四川總志》卷三，雍正《陝西通志》等不載此人事迹。

橋宗義

《山西志》:“橋宗義，曲沃人。成化中任什邡縣丞。”[一]

軻　興

《統譜》:“軻興，直隸人。明宣德時官簡州衛千户。愛恤士卒，崇尚禮義，尤勤于政事。”[二]

葵　玉

《涿州志》:“葵玉，涿州人。弘治中任順慶府同知。”[三]

鎮　洪[四]

明曹震《開永寧河碑記》:“貴、播馹鋪橋道，委播州宣慰司楊鏗、重慶千户鎮洪[五]，提調軍民以開通。”

秋逢慶

《河南志》:“秋逢慶，汝寧舉人。嘉靖中任遂寧縣，嚴於御史，門禁

[一] 按，此條見《萬姓統譜》卷三一及《欽定續通志·氏族略六》，暫未見方志有此人事迹。

[二] 按，此條見《萬姓統譜》卷三五。

[三] 按，此條見《萬姓統譜》卷三一及《欽定續通志·氏族略六》，暫未見方志有此人事迹。張澍稱出《涿州志》，恐不可信。

[四] “鎮”，與嘉慶《四川通志》卷二一《山川·敘永廳三》“永寧河”條注文及道光《遵義府志》卷四〇引曹震《永寧開河記》同，嘉靖《貴州通志》卷一二《開通河道事迹記》及萬曆《貴州通志》卷一九所收《永寧開河事迹》作“鍾”，未知孰是。

[五] “鏗”，原無，與嘉慶《四川通志》所引同，今據道光《遵義府志》補。嘉靖《貴州通志》作“鐇”，萬曆《貴州通志》作“鋪”，據《明太祖實録》卷七一“洪武五年正月，播州宣慰使楊鏗、同知羅琛、播州總管何嬰、蠻夷總管鄭瑚等來朝貢方物”句及《明史·四川土司傳二·播州宣慰司》，應作“楊鏗”。

肅然。”[一]

海　岱

《江南志》:“海岱，臨淮人。正統時官射洪縣知縣。”[二]

第五德

《陝西志》:“第五德，字宗元[三]，三水人。正德中任夔州府通判。”

束　真

《丹徒志》:“束真，字西侯。任資陽知縣，順治丙戌科進士。”[四]

貫　道

《萬姓統譜》[五]:“貫道，興平人。嘉靖中任四川井研縣知縣。”

[一] 按，此條見《萬姓統譜》卷六三，原書稱嘉靖三十年此人任遂寧知縣。順治《汝陽縣志》卷八稱此人嘉靖辛卯中進士，後官至南京户部郎中。

[二] 按，此條見《萬姓統譜》卷七九，康熙《臨淮縣志》卷四僅稱其任射洪知縣，未詳年代；雍正《江南通志》則無此人事迹。

[三]“宗”，原作“宇”，因襲《萬姓統譜》卷一三五而誤，所謂出《陝西志》者亦不可信，今據正德《夔州府志》卷八改。又據《夔州府志》，此人正德五年升任夔州通判。

[四]“丙戌”，康熙《鎮江府志》卷三〇作“戊子”，顯誤。據《明清進士題名碑録索引》，順治五年戊子未開科取進士。整部《明清進士題名碑録索引》亦未見束真其人。按，據雍正《四川通志》卷三一，此人康熙四年任資陽知縣；據乾隆《資陽縣志》卷三“公署”條，此人康熙七年時仍在任上。又，此條云出《丹徒志》，恐係妄題，嘉慶《丹徒縣志》卷一四“科目”類在順治三年丙戌、順治五年戊子之舉人名單下，皆無束真。

[五]“萬姓統譜”，原作“廣西志”，據此條見《萬姓統譜》改。按，張澍乃據《萬姓統譜》卷一〇一“貫”姓末注文改寫。凌迪知誤稱貫道爲廣西人，張澍不察，遂妄題爲出《廣西志》。光緒《井研縣志》卷一七已駁《蜀典》之誤，稱興平縣在明代屬陝西西安府。據《明史·地理志三》，西安府的確有興平，《萬姓統譜》誤矣。

本進忠

《甘肅志》："本進忠，字輔庭，西寧人。祖名天素，父名成。雍正五年隨征準噶爾有戰功，升雲南提督，後入成都籍。"[一]

[一] 按，此條稱出《甘肅志》，恐不可信，雍正《甘肅通志》無此人事迹。關於此人征戰之事，見嘉慶《四川通志》卷五三小傳，而關於其祖父、父親之名諱，則見嘉慶《四川通志》卷一四〇。

卷五

故事類

石室漢畫，俞人古樂[一]。皇帝八兄，夷子五百[二]。鹽井曷穿，鸜鵒曷作[三]？女或化男，魚乃爲石[四]。收爲故事，莫疑吠雪[五]。

樊英救成都火

《楚國先賢傳》[六]："樊英，隱於壺山。嘗有暴風從西方起，英謂學者曰：'成都市火甚盛。'因含水西向噀之，乃令記其時日。後有从蜀郡來者，云：'是日大火。有雲從東起，須臾大雨，火遂滅。'"案，《漢書·方術傳》亦載此事[七]，乃謂係朝會噀酒，與葛洪《神仙傳》記欒巴噀酒相似[八]，皆是成都事。

[一] 按，此二事見本卷後文"石室畫""巴俞鼓員"條。
[二] 按，此二事見本卷後文"八兄皇帝""作五百石子"條。
[三] 按，此二事見本卷後文"井法""鸜鵒塔"條。
[四] 按，此二事見本卷後文"男化女""魚化"條。
[五]"吠雪"，嶺南之犬少見雪，見即吠之，以爲怪也，猶蜀犬吠日。《柳宗元集》卷三四《答韋中立論師道書》云："屈子賦曰：'邑犬群吠，吠所怪也。'僕往聞庸蜀之南，恒雨少日，日出則犬吠，予以爲過言。前六七年，僕來南，二年冬，幸大雪逾嶺，被南越中數州。數州之犬皆蒼黄吠噬狂走者累日，至無雪乃已，然後始信前所聞者。"
[六]"《楚國先賢傳》"，《隋書·經籍志二》著録爲十二卷，晋張方撰。按，《編珠》卷一、《初學記》卷二"噉酒"條引《楚國先賢傳》與此大致相合。
[七] 按，所謂《漢書》，實指《後漢書》。
[八] 按，《神仙傳》卷五"欒巴"條云："欒巴，蜀人也……正旦，會群臣飲酒。巴乃含酒起，望西南噀之。奏云：'臣本鄉成都市失火，故爲救之。'帝馳驛往問之，云：'正旦失火，時有雨自東北來滅火，雨皆作酒氣也。'"

蛟畏鐵

《聞見録》:“峽有長蘆寺，臨江門起水中，每爲蛟所壞。本朝明肅太后以服用爲資以建[一]。長老曰:‘后必欲起之，須用生鐵數萬斤，叠其下[二]，乃成。’蓋蛟畏鐵也。”

鬥牛戲

《太平廣記》引《成都記》云[三]:“李冰爲蜀郡太守，有蛟歲暴，漂墊相望。冰乃入水戮蛟，己爲牛形，江神龍躍，冰不勝。及出，選卒之勇者數百，持强弓大箭，約曰:‘吾前者爲牛，今江神必亦爲牛矣。我以大白練自束以辨，汝當殺其無記者。’遂吼呼而入。須臾，雷風大起，天地一色。稍定，有二牛鬥於水上。公練甚長白，武士乃齊射其神，遂斃。從此蜀人不復爲水所病。至今大浪衝濤，欲及公之祠，皆瀰瀰而去。故春冬設有鬥牛之戲，未必不由此也。祠南數千家邊江低圮[四]，雖甚秋潦，亦不移。適有石牛在廟庭下，唐大和五年[五]，洪水驚潰。冰神爲龍，復與龍鬥于灌口，猶以白練爲誌。水遂漂下左綿、梓潼，皆浮川溢峽，傷數十郡。唯西蜀無害。”

《四分曆》　《永昌曆》　《正象曆》

《晋志》:“先主在蜀，仍漢《四分曆》。”[六]案，吴改《四分曆》爲《乾

[一]“明肅太后”，即宋真宗皇后劉氏，仁宗即位後尊爲太后。詳參《宋史·后妃傳上·章獻明肅劉皇后》。

[二]“叠”，原作“置”，據《山堂肆考》卷一八五、《格致鏡原》卷三四及《邵氏聞見録》卷一改。按，張澍當是據《山堂肆考》等轉引，故與《邵氏聞見録》不同。邵伯温原文並不言鎮蛟之法乃長老之言也。

[三]按，此條見《太平廣記》卷二九一“李冰”，所引《成都記》不言作者，未知是盧求書還是杜光庭之書，二者皆見《宋史·藝文志三》，已佚。

[四]“圮”，原作“圯”，形近而誤，據《太平廣記》改。

[五]“大”，原作“太”，據《太平廣記》改。按，作年號自當是“大”字，可參李崇智《中國歷代年號考》。後文此年號用字徑改，不再出校。

[六]按，此説見《晋書·律曆志中》。

象曆》，魏改《太和曆》爲《景初曆》。《四分曆》，李梵所撰也[一]。《四分曆》之法：三紀而爲一元，元首歲必甲寅，紀元或甲戌，或甲午，不皆甲寅。又案，《五代史》："蜀有《永昌曆》《正象曆》。"[二]係王建、孟知祥等二僭國之曆也。《北夢瑣言》云："司天監胡秀林進曆，移閏在丙戌年正月。有向隱者亦進曆，用《宣明法》，閏乙酉年十二月。既有異同，彼此紛訴。仍于界上取唐國曆日，近臣曰：'宜用唐國閏月也。'因更改閏十二月。街衢賣曆者云：'只有一月也。'其年十二月二十八日，國滅。胡秀林是唐朝司天少監，仕蜀，别造《永昌》《正象曆》，推步之妙，天下一人。然移閏之事不爽，曆議常人不可輕知之。"[三]是《永昌》《正象》，乃胡秀林作也。《宋·藝文志》："蜀武成《永昌曆》，三卷。"[四]

諸葛父子畫

《歷代名畫記》："諸葛武侯父子皆長於畫。"案，忠武侯之善畫，於爲夷畫圖見之，思遠之工畫著於本傳[五]。

石室畫

沈作喆《寓簡》云："南豐跋《武都太守西狹頌》[六]，謂：'得此圖，然後始見漢畫。'然予見王逸少帖云：'成都學有文翁、高朕石室[七]，及漢太守張收畫三皇五帝三代君臣，與仲尼七十弟子畫，皆精妙可觀。'予後因從蜀人求臨本，晚乃得石刻，信如逸少言。然則石室之畫，又先於武都矣，子固蓋未之見。"

[一] 按，此説見《隋書·經籍志三》。
[二] 按，此文見《新五代史·司天考》。
[三] 按，此條見《太平廣記》卷一六三"唐國閏"，今整理本《北夢瑣言·逸文》卷一亦據《太平廣記》輯録。
[四] 按，此條見《宋史·藝文志六》。
[五] 按，此條乃據《歷代名畫記》卷四改寫。
[六] 按，《武都太守西狹頌》，亦名《武都太守李翕西狹頌》，東漢摩崖刻石。在甘肅成縣，刻於東漢建寧四年六月。全文見《隸釋》卷四。又，曾鞏之文見《曾鞏集》卷五〇《漢武都太守漢陽阿陽李翕西狹頌》。
[七] "朕"，原作"昳"，據《寓簡》卷九改。

巴俞鼓員[一]

《前漢書·禮樂志》:“巴俞鼓員，三十六人。”顔師古曰:“巴，巴人也；俞，俞人也。當高祖初爲漢王，得巴俞人，並趫捷善鬥，與之定三秦、滅楚，因存其武樂也。巴俞之樂，因此始也。巴即今之巴州，俞即今之渝州，各其本地。”[二]

鹽府校尉

《册府元龜》:“蜀先主定益州，置鹽府校尉。鹽鐵之利甚多，有裨國用。”[三]案，《蜀志》:“王連爲廣都令，遷司鹽校尉。”《楊洪傳》有“司鹽校尉岑述”[四]。此云“鹽府校尉”，疑誤[五]。岑述常爲督運領，李平以運不辦[六]，欲殺者，即此人也。

季漢户口

《册府元龜》:“蜀章武元年，國有户二十萬，男女口九十萬。”[七]案，王隱《蜀記》:“後主遣尚書李虎送士民簿，領户二十八萬，男女口九十四萬，帶甲將士十萬二千，吏四萬人。”[八]事在炎興元年。

[一] 按，此條之下趙熙批注云:“歷代樂志可考蜀樂工之技。”又眉批云:“《宋書·樂志》，魏有俞兒舞歌四篇，王粲造《矛俞》《弩俞》等也，傅玄又造有《劍俞》等篇。”

[二] 按，此條見《漢書·禮樂志二》。

[三] 按，此條見《册府元龜》卷四九三，同書卷四八三亦有相關記載。

[四] “楊洪”，原作“張裔”，蓋因楊氏傳僅次於張裔傳之後，張澍不察而誤也，今據《三國志·蜀志·楊洪傳》載岑述與張裔不和之事而改。

[五] 按，張澍此處之疑毫無道理，《三國志·蜀志·吕乂傳》云:“初，先主定益州，置鹽府校尉，較鹽鐵之利。”此正《册府元龜》之所本也。

[六] “李平”，即李嚴，《三國志·蜀志》有傳。

[七] 按，此條見《册府元龜》卷四八六。

[八] 按，此條當是據《三國志·蜀志·後主劉禪傳》注文轉引。

雲漢圖

《博物志》:“劉褒,桓帝時人。曾畫《雲漢圖》,人見之覺熱。又畫《北風圖》,人見之覺凉。”[一]褒官至蜀郡太守。案,《益部耆舊傳》:“楊由有《兵雲圖》,時竇憲將兵在外,遣工從由寫圖以進。”[二]《華陽國志》:“大將軍竇憲從太守索《雲氣圖》,楊由諫莫與,尋憲受誅。”[三]太守當即劉褒,《雲氣圖》亦即《雲漢圖》也。憲雖誅於和帝世,則褒爲太守,亦當在和帝時,至桓帝世,尚在蜀耳。

蜀中鏤書

王伯厚《困學紀聞》云:“古未有板本,好學者患無書。桓譚《新論》謂[四]:‘梁子初、揚子林所寫萬卷,至於白首。’南齊沈麟士年過八十[五],手寫細書滿數十篋。梁袁峻自寫書課[六],日五十紙。抱朴子所寫,反覆有字。《金樓子》謂:‘細書經、史、《莊》《老》《離騷》六百三十四卷,在巾箱中。’後魏宜作後周裴漢借異書[七],躬自録本。其勤與編蒲緝柳一也[八]。《國史·藝文志》;‘唐末益州始有墨板,多術數、字學小書。’後唐詔儒臣田敏校《九經》,鏤本於國子監。國初,廣諸義疏音釋。令孔維、邢昺讎定頒布。”[九]案,《孔氏雜説》以“刻板印賣始于唐明宗長興

[一] 按,此條乃據《蜀中廣記》卷一〇五轉引,《博物志校證·佚文》則據《歷代名畫記》卷四輯補。

[二] 按,此條見《蜀中廣記》卷九四及《北堂書鈔》卷九六“兵雲圖”。

[三] 按,此條見《華陽國志》卷一〇上《先賢士女總贊論》。

[四]“新”,原無,據《困學紀聞》卷八補。

[五]“沈麟士”,南齊吴興武康(在今浙江省)人。博通經史,鄉里號爲“織簾先生”。隱居餘干吴差山,講經教授,從學者數百人。家遇火,藏書盡毁,年八十,目尚明,猶於燈下手録二三千卷。《南史·隱逸傳下》有傳。

[六]“袁峻”,南朝梁人,字孝高,祖籍陳郡陽夏(今河南太康)。少篤志好學,家貧無書,借書抄寫,日盡五十紙。《梁書·文學傳上》《南史·文學傳》皆有傳記。

[七] 按,此夾注乃閻若璩之按語。裴漢傳見《周書·裴寬傳》之附傳。

[八]“編蒲”,編聯蒲葉以供書寫。《漢書·路温舒傳》:“父爲里監門,使温舒牧羊,温舒取澤中蒲,截以爲牒,編用書寫。”◎“緝柳”,編柳葉以爲書。一説用楊柳木片以代竹簡。《文選·任昉〈爲蕭揚州薦士表〉》:“至乃集螢映雪,編蒲緝柳。”李善注引《楚國先賢傳》:“孫敬到洛,在太學左右一小屋安止母,然後入學,編楊柳簡以爲經。”

[九] 按,田敏、孔維、邢昺三人,皆見《宋史·儒林傳一》。

三年宰相馮道、李愚之奏”[一]，沈括《筆談》亦云[二]。而柳玭《訓序》又云[三]：“嘗在蜀時，書肆中閲印板小學書。”玭，唐人，則不始於五代矣。然考隋文帝開皇十三年十二月八日敕廢像遺經[四]，悉令雕撰，此印書之始[五]。《册府元龜》、王清明《揮麈録》：“蜀中始有板本《文選》。”[六]《十國春秋·毋昭裔傳》：“常請後主鏤板《九經》，令門人句中立、孫逢吉書《文選》《初學記》《白氏六帖》刻板行之。”是蜀刻不止《文選》也。

五雲太甲

王勃《益州夫子廟碑》有云：“帝車南指，遁七曜于中階。華蓋西臨，藏五雲于太甲。”杜甫《出瞿唐峽》詩[七]：“五雲高太甲，六月曠摶扶。”蓋入蜀見此碑，用其語也。段成式謂：“張燕公讀碑，自‘帝車’至‘太甲’四句，悉不詳，訪之一公。一公言北斗建午，七曜在南方，有是之祥，無位聖人當出。‘華蓋’以下，卒不可曉。”[八]宋王應麟云：“《晋天文志》：‘華蓋杠旁六星，曰六甲，分陰陽而配節候。’‘太甲’恐是六甲

[一]“三年”，原作“二年”，據孔平仲《珩璜新論》卷上“至後唐明宗長興三年，宰相馮道、李愚請令判國子監田敏校正九經，刻板印賣，朝廷從之”改。至於稱出《孔氏雜説》，當是據《格致鏡原》卷三九轉引，然原書亦作“三年”，《資治通鑑·後周紀二·太祖聖神恭肅文武孝皇帝中》“廣順三年六月壬子”條亦作三年，知此處作“二年”誤矣。

[二]按，此謂沈括《筆談》亦云云者，《夢溪筆談》無相關記載。張澍或是因襲《格致鏡原》卷三九“《七修類稿》：印板，《筆談》以爲始於馮道奏鏤五經”之文。

[三]“訓”，原無；“又”，原作“文”：據《格致鏡原》補、改。按，《新唐書·藝文志二》著録《訓序》一卷。

[四]“帝”，原作“志”，文義不通，據《儼山外集》卷三改。

[五]按，最早注意到此事者，當是明人陸深，見《儼山外集》卷三。《釋文紀》卷三八據《歷代三寶記》收録《懺悔文》一篇，正是隋文帝之詔書，可參看。

[六]按，此句源自《困學紀聞》之閻若璩注文。

[七]按，杜詩題作《大曆三年春，白帝城放船出瞿唐峽，久居夔府，將適江陵，漂泊有詩凡四十韻》，見《杜詩詳注》卷二一。

[八]按，對於“五雲太甲”的考察，宋人張邦基在《墨莊漫録》卷四已經做了探索，但僅言及段成式引僧一行之説；明代楊慎《升庵集》卷五八則言及《晋天文志》之語，當是本自宋人王應麟《困學紀聞》卷一八。張澍據《困學紀聞》撰録諸説，附引閻若璩注《困學紀聞》之語，最後再援《漢武帝内傳》及《唐開元占經》之語，其實也是本自清人徐文靖《管城碩記》卷二五之言。另外，明人胡震亨在《唐音癸籤》卷二二也提出了自己的看法，認爲太甲、華蓋皆指雲，可參看。

一星之名。”本朝閻百詩云[一]：“《隋書·天文志》‘天子欲有所游，往其地先發天子氣，或如華蓋，在霧氣中，或有五色。蒼帝起，青雲扶日’云云[二]，以證‘華蓋’‘五雲’，亦一解。而‘太甲’終當闕疑。”案，班固《漢武帝内傳》曰：“伏見扶廣山青真小童受《六甲靈飛》於太甲中元[三]，凡十二事。”又《雲氣干犯占》曰[四]：“黄雲氣入，六甲術士用；黄白氣入，太史授爵賜。”蓋太甲者，主司六甲之神也。五色雲氣入，則有聖人利見之祥。子安之太甲五雲，當即此説。

邑　君

《漢書·西南夷傳》：“青衣道夷邑長令田。”注：令，姓；田，名。《後漢書·西南夷傳》[五]：“青衣道夷邑長令田與徼外三種夷三十萬口，齎黄金、旄牛毦[六]，舉土内屬。安帝增令田爵號爲‘奉通邑君’。”案，邑君，酋首也，“夜郎王興從邑君數十人入見陳立”是矣[七]。光武建武十二年，封九真徼外蠻里張游爲“歸漢里君”，即邑君也。注以“里”爲蠻夷别號，失之[八]。《東觀記》云：“順帝時，葉調國王遣使師會詣闕貢獻[九]，以師會爲‘漢歸義葉調邑君’，賜其君紫綬。”《西羌傳》：“和帝永元六年，蜀郡徼外大牂夷種羌豪造頭等率種人五十餘萬口内屬，拜造頭爲邑君長。”[十]亦是豪率之稱。《繁長張禪題名碑》有“邑長蘭世興[十一]，邑君宋缺名”。季漢有“蘇祁邑君冬逢”，見《蜀志》[十二]。

[一]“百”，原作“有”，形近而誤，據閻若璩之字改。
[二]“扶”，原作“捧”，據《困學紀聞》注文改。
[三]“扶廣山”，原作“廣伏山”；“青真小童”，原文作“青童真小童”；“受”，原作“授”：均據《漢武帝内傳》改。
[四]按，所謂《雲氣干犯占》，即《唐開元占經》卷九六之《雲氣犯列宿占》。
[五]“西南夷”，原作“南蠻”，誤，據《後漢書·西南夷傳》改。
[六]“毦”，李賢注云：“毦，顧野王曰：‘毦，結毛爲飾也。’即今馬及弓槊上纓毦也。”
[七]按，此語見《漢書·西南夷傳》。
[八]按，此處乃批駁《後漢書·南蠻傳》之李賢注。
[九]“師會”，原作“師曾”，據《東觀漢記》卷三改，後文徑改。
[十]按，此條出《後漢書·西羌傳》。
[十一]“長”，原作“君”，據《隸續》卷一六《繁長張禪等題名》改。
[十二]按，《三國志·蜀志·張嶷傳》云：“蘇祁邑君冬逢、逢弟隗渠等，已降復反，嶷誅逢。”

斯叟

《十六國春秋·蜀録》："李雄玉衡十七年春正月，越巂斯叟反。寧州秀才龐遺起義兵應之[一]，攻圍鎮南將軍任回及太守李謙等。雄遣征南將軍羅恒[二]、費黑救之。寧州刺史尹奉遣裨將姚岳、朱提太守楊術援遺，戰於臺登。岳等敗績，術力戰死。夏四月，斯叟破。"

瞎巴[三]

《魏書·董紹傳》："蕭寶夤反于長安也，紹上書求擊之，云：'臣當出瞎巴三千，生噉蜀子。'肅宗謂黄門徐紇曰：'此巴真瞎也。'紇曰：'此是紹之壯詞。云巴人勁勇，見敵無所畏懼，非實瞎也。'帝大笑，敕紹速行。"

作五百石子

《華陽國志》："汶山郡多冰寒，盛夏凝凍不釋。故夷人冬則避寒入蜀，庸賃自食。夏則避暑反落，歲以爲常。故蜀人謂之'作五百石子'。"[四]案，今其俗猶然，男則負棗、桃核、椒鬻市，女爲人家供薪汲。呼爲"播羅子"，亦呼"二姐子"也。

五苑

《後漢書·安帝紀》："六年春正月庚申，詔越巂置長吏一作利[五]、高望、始昌三苑。又令益州郡置萬歲苑，犍爲置漢平苑。"

[一]"龐"，原作"潘"，據《十六國春秋》卷七七《蜀録二·李雄》改。

[二]"遣"，原作"遺"，形近而誤，蓋受"龐遺"之"遺"影響所致，今據光緒本及《十六國春秋》改。

[三] 按，此二字下，趙熙批注"啞巴"。

[四] 按，此條見《華陽國志》卷三。任乃强改"五"爲"氐"，言"作氐"即庸賃勞作之氐人，"百石子"即此類人之别稱，蓋賣身爲奴值錢六百，一冬得值有百石之多，可參看。

[五]"吏"，《後漢書·安帝紀》作"利"，張澍改作"吏"并注云"一作'利'"，不知何據。

八兄皇帝

《錦里耆舊傳》:“朱温賀蜀王建，書‘八兄皇帝’。”[一]

弜　頭

常璩《巴志》云:“弜頭虎子在胸腮。”[二]案，即白虎復夷，亦即板楯蠻也。弜，强貌，音“奇”[三]。《華陽國志》云:“張儀城江州，司馬錯自巴、涪水取楚商於之地，爲黔中郡。白虎爲患，有秦精者，作白竹弩殺之。秦王刻石與盟。其時號‘白虎復夷’。”[四]唐盧求《〈成都記〉序》言:“白虎過四郡，傷千二百人。”[五]

十　絫

沈存中《筆談》云:“《唐書》:‘開元錢重二銖四絫。’今蜀郡亦以十絫爲一銖。”案，“絫”，古“纍”字。《律曆志》所云“十黍爲絫，十絫爲銖”[六]，今《筆談》刊作“十參”[七]，誤矣。

巴蜀粟

《史記·平準書》:“山東被河灾，及歲不登。天子詔曰:‘江南火耕

[一] 按，嘉慶十三年本《隨園隨筆》卷一六“相稱之奇”條引《錦里耆舊傳》與此相合。據《新五代史·前蜀世家·王建》“少無賴，以屠牛、盜驢、販私鹽爲事，里人謂之‘賊王八’”，則稱其爲“八兄”者以此。

[二] 按，《華陽國志》卷一云:“夷人安之。漢興，亦從高祖定秦有功，高祖因復之，專以射白虎爲事，户歲出賨錢，口四十，故世號白虎復夷。一曰板楯蠻，今所謂弜頭虎子者也。”

[三] 按，音“奇”者，見《廣韻·支韻》《集韻·支韻》，而《説文·弜部》音“其兩切”。

[四] 按，此條删改自《華陽國志》卷一。

[五]“過”，原作“通”，據光緒本改。按，《成都文類》卷二三收此文，作“又曰白虎爲患，意廪君之魂也，歷四郡，傷千二百人”。

[六] 按，此條出《宋史·律曆志一》。

[七] 按，今胡道静《夢溪筆談校證》卷四有“‘參’乃古之‘絫’字，恐相傳之誤耳”一句，但注文引《考古質疑》卷三則作“‘參’乃‘絫’字傳寫之誤耳”，則今本《夢溪筆談》當實有誤，校證者並未詳考。

水耨[一]，令飢民得流就食江淮間。’欲留之處[二]，遣使冠蓋相屬於道，護之，下巴蜀粟以賑之。”

欒巴寺蛇

欒巴寺在通江縣西百里。《縣志》云：“相傳欒巴真人建法座，下有石穴。每歲仲夏，一蛇長三尺許先出，群蛇大小顏色不一，絡繹隨之，游於殿堂、几榻[三]、厨器之間，或至數日。不畏人，亦不傷人，人亦不相害也。必僧爲食以飼之，食已，其先出者先至穴口，俟群蛇畢入，而後入焉。土人傳爲四萬八千尾云。今尚然。”

奉聖樂　順聖樂

《盧氏雜説》[四]：“韋皋鎮蜀，進《奉聖樂曲》，兼與舞人、曲譜同進到京，於留邸案閲。教坊數人潛窺，因得先進。”[五]案，《國史補》：“于司空頔，因韋太尉進《奉聖樂》，亦撰《順聖樂》以進。”[六]

鸜鵒塔

《戒庵漫筆》：“韋南康鎮蜀時，有一鸜鵒甚慧，馴養者曉以佛理。一日不震不仆，斂翼委足，奄然而絶。焚之，有舍利。韋公爲立塔瘞之，號曰‘鸜鵒塔’。”[七]

[一]“火耕水耨”，原作“水耕火耨”，據《史記·平準書》改。

[二]“之”，整理本《史記》作“留”，且“欲留留處”四字亦歸入詔書之語。張澍所引，與文淵閣《四庫全書》本《史記》相合，則自有其版本依據。

[三]“几”，原作“凡”，形近而誤，據雍正《四川通志》卷二八之下及嘉慶《四川通志》卷三九《寺觀·通江縣》“欒巴寺”條改。雍正志不言出處，張澍稱出《縣志》者，所據乃嘉慶志也。

[四]“《盧氏雜説》”，一卷，唐盧言撰。見《通志·藝文略六》。

[五]按，此條見《太平廣記》卷二〇四“韋皋”，與《唐語林》卷三所載略異。《蜀中廣記》卷七〇則稱舞人與曲譜先到京，奏樂之人後至，故能被教坊之人偷學先獻而邀賞，或得其實。

[六]按，此條見《唐國史補》卷下。

[七]按，此處删節自《戒庵老人漫筆》卷七“鸜鵒事相同”條。又，韋皋撰有《西川鸜鵒舍利塔記》，見《文苑英華》卷八二〇。

古竈

范大成《吴船録》："蜀中眉郡治有古竈，在廳事後。太守不敢居，扃鑰奉祠之。"[一]

工官

《前漢書·貢禹傳》："蜀、廣漢主金銀器，歲各用五百萬。三工官，官費五千萬。"如淳曰："《地理志》：河内懷、蜀郡成都、廣漢，皆有工官，主作漆器物者也。"師古曰："如説非也。'三工官'謂少府之屬官，考工室也，右工室也，東園匠也。上已言'蜀、漢主金銀器'，是不入三工之數也。"

中團

《王氏見聞》云[二]："僞蜀有'尋事團'，亦曰'中團'，小院使蕭懷武主之[三]，蓋軍巡之職也。懷武自所團捕捉賊盗年多，官位甚隆。所管中團百餘人，各養私名十餘輩。或聚或散，人莫能别，呼之曰'狗'。至于深坊僻巷，馬醫酒保、乞丐傭作及販賣童兒輩，並是其狗。民間有偶語者，宫中罔不知。又有散在州郡及勛貴家當庖看厩、御車執樂者，皆是其狗。公私動静，無不立達于懷武。是以人懷恐懼，常疑其肘腋腹心皆是其狗也。"

布裹篙頭

《荆州記》："魚復縣瞿塘灘上有神廟，先極靈驗[四]。刺史、二千石經

[一] 按，此條見《吴船録》卷上及《格致鏡原》卷一九。

[二] "《王氏見聞》"，《太平廣記》卷一二六"蕭懷武"條所引如此題名；《通志·藝文略三》則作《王氏聞見集》，三卷；《蜀中廣記》卷九〇則引作《王氏聞見録》，《宋史·藝文志六》亦作《見聞録》三卷。

[三] "院"，原作"浣"，據《太平廣記》改。

[四] "先極"，疑誤，《水經注·江水一》引作"尤至"，可推知"先"字或當作"尤"字。

過者，皆不得鳴鼓角[一]。商旅恐觸石有聲，用布裹篙頭。”案，《水經注》作“皆不得鳴角伐鼓”，“商旅”下有“上水”二字，“頭”作“足”。

掘龍骨[二]

《華陽國志》：“蜀五城縣有玄武山，一名三嵎山。其山六屈三起，山出龍骨。相傳龍升其山，值天門閉，龍升天不達，墜死于此，後没地中。民掘取其骨入藥用，冬夏無已。”[三]“五城”一作“元城”，誤[四]。

神禹誕辰

《路史》：“鯀納有莘氏曰女志，是爲脩己。以六月六日屠副而生禹於僰道之石紐鄉，所謂刳兒坪。”[五]

楊宣聽雀鳴

《益部耆舊傳》[六]：“楊宣爲河内太守，行縣，有群雀鳴桑樹上。宣謂吏曰：‘前有覆車粟。’”案，《論衡》：“廣漢陽翁偉能聽禽獸之音。”[七]宣爲翁偉弟子，故曉鳥言也。

[一]“鳴鼓角”，原作“鳴角伐鼓”，據《編珠》卷四、《北堂書鈔》卷一三八、《格致鏡原》卷二八等引盛弘之引《荆州記》改。按，後文明言《水經注》作“鳴角伐鼓”，則此處自不當與《水經注·江水一》所引相同。

[二] 按，此條之下，趙熙批注云：“丙子夏，榮縣東門外合中西工掘龍骨。”此丙子應是一九三六年，楊鍾健帶領南非甘頗教授發掘榮縣峨眉龍。《禹貢》一九三七年第七期載有《榮縣掘骨記》。

[三] 按，此條與《華陽國志》卷三原文略異，張澍或是據《太平寰宇記》卷八二轉引改寫而成。

[四] 按，此處乃糾正嘉慶《四川通志》卷一八“玄武山”條注文之誤。

[五] 按，此條見《路史》卷二二。

[六]“部”，原作“都”，張澍或是據《太平廣記》卷四六二“楊宣”條轉引也，今據《藝文類聚》卷九二、《太平御覽》卷九二二所引改。

[七]“陽翁偉”，與《藝文類聚》卷九三所引同，《論衡校釋》卷二六《實知篇》作“楊翁仲”。張澍稱楊宣乃陽翁偉之徒，殆據《華陽國志》卷一〇中，而《華陽國志》則作“楊公叔”也。

銅馬嘶

《存心録》[一]："宋高宗紹興二十六年，成都郫縣地出銅馬，高三尺，工製甚精。中宵風雨，忽聞嘶聲，時以帝忘金人之仇而神怒也。"《夷堅志》云[二]："成都郫縣村民鑿古墓，遂得一銅馬，高三尺餘，製作精妙。前簡池守景季淵取以歸，中宵風雨，輒聞嘶聲。怪而不敢留，移送佛寺。紹興二十六年，王晦叔自小溪至成都[三]。士人黄伯淵請作《銅馬歌》。其詞曰：'君不見，武皇逸志淩九垓[四]，追風躡影思龍媒[五]。魯班門外立銅馬[六]，天厩萬匹皆塵埃[七]。又不見，伏波將軍破交賊，歸來殿前獻馬式。據鞍習氣殊未衰，想見老子真矍鑠[八]。兩京翻覆知幾秋，只有山河供客

[一] 按，《御定佩文韻府》卷五一之一"銅馬"條及《御定淵鑑類函》卷四三四《獸部六·馬四》下"銅馬"條、《格致鏡原》卷八五等皆引《存心録》之語，然《成都文類》卷一一録王灼《銅馬歌·序》及《文獻通考·物異考六·金異》等已載此事。至於《存心録》一書，《明史·藝文志二》著録，乃吴沉等人奉敕纂輯，共十八卷，《欽定四庫全書總目》以爲僅十卷，誤矣。《千頃堂書目》卷二則詳載成書經過云："洪武元年三月己亥，帝以祭祀爲國家大事，念慮或怠，則無以接神明。乃命禮官及諸儒臣編集郊社、宗廟、山川等儀及歷代帝王祭祀、感應、祥異可爲鑑戒者，爲書以進。四年七月辛亥朔，書成。"今《原國立北平圖書館甲庫善本叢書》第四二四册收録此書洪武刻本殘卷二卷，爲卷一〇、一一，題作者爲劉三吾等。此條爲卷一〇最末一條，歸入"地生物異"類，文字全同。亦見《蜀都碎事》卷三。

[二] 按，此處云出《夷堅志》，不見於今本《夷堅志》，亦暫未見他書引作洪邁書，張澍或因《宋詩紀事》卷四四先引《夷堅志》之語而後列《銅馬歌》而致誤耶？

[三]"溪"，原作"淡"；"成"，原作"淡"：今據《成都文類》卷一一、《全蜀藝文志》卷一九所收王灼《銅馬歌》改。

[四]"淩"，原作"役"，據《成都文類》《全蜀藝文志》改。

[五]"追風躡影"，皆良馬名。崔豹《古今注》卷中云："秦始皇有七名馬：追風、白兔、躡景、犇電、飛翮、銅爵、神鳧。"◎"龍媒"，代指天馬。《漢書·禮樂志二》："天馬徠龍之媒。"應劭曰："言天馬者乃神龍之類，今天馬已來，此龍必至之效也。"

[六] 按，此句用《後漢書·馬援傳》："孝武皇帝時，善相馬者東門京，鑄作銅馬法獻之。有詔立馬於魯班門外，則更名魯班門曰金馬門。"

[七]"萬"，原作"馬"，據《成都文類》《全蜀藝文志》改。

[八] 按，此四句亦用馬援事。《後漢書》本傳云："臣謹依儀氏輢中、帛氏口齒、謝氏唇鬐、丁氏身中，備此數家骨相以爲法，馬高三尺五寸，圍四尺四寸。有詔置於宣德殿下，以爲名馬式焉……二十四年，武威將軍劉尚擊武陵五溪蠻夷，深入，軍没。援因復請行，時年六十二。帝愍其老，未許之。援自請曰：'臣尚能被甲上馬！'帝令試之，援據鞍顧眄以示可用。帝笑曰：'矍鑠哉，是翁也！'"

愁。孤烟落日蠶叢國[一]，出此神物於荒丘[二]。千年黄壤誰作主[三]，猶把歸心泣風雨。只恐一朝去無踪，有似豐城寶劍化雙龍。'”王之歌甚工[四]，不知此馬今安在也。

益州進白騾

鄭棨《開天傳信記》[五]："玄宗將登泰山，益州進白騾至，潔朗豐潤，權奇偉異，上遂親乘之。柔習安便，不知登降之勞也。告成禮畢，復乘而下。纔及山址上，休息未久。有司言白騾無疾而殪，上嘆異久之，謚曰'白騾將軍'。命有司具槥櫝，壘石爲墓，墓在封禪壇北數里。至今存焉。"

杜鴻漸得鼓杖

南卓《羯鼓録》："宰相杜鴻漸亦能之。永泰中，爲三川副元帥、西川節度使。至成都，有削杖者在蜀[六]，以二鼓杖獻鴻漸[七]。鴻漸得之，示於衆曰：'此尤物也，當衣衾下收貯積時矣。'匠曰：'某于脊溝中養之十年。'及出蜀，至利州西界，望嘉陵驛入漢州矣[八]。自西南來，始臨嘉陵江，頗有山水景致。其夜月色又佳，乃與從事楊炎、杜亞一作悰[九]。孫源孝曰："案，代宗廣德二年，崔盰反成都[十]。命鴻漸以宰相兼山南、劍南副元帥，往鎮撫之。

[一]"烟"，原作"帆"，據《成都文類》《全蜀藝文志》改。

[二]"出此"，原作"忽出"，據《成都文類》《全蜀藝文志》改。◎"丘"，原作"邱"，清人尊孔子，故諱"丘"作"邱"，今據《成都文類》《全蜀藝文志》回改。

[三]"千年"，原作"季"，據《成都文類》《全蜀藝文志》改。

[四]"王"，原作"黄"，顯誤，據文義改。

[五]按，據中華書局整理本校勘記，張澍所引與《唐代叢書》本《開天傳信記》相合，與《百川學海》本等文字略異。

[六]"有"前，原有"李琬"，與《太平廣記》卷二〇五"杜鴻漸"條引《羯鼓録》同，今據《守山閣叢書》本《羯鼓録》删。按，後文夾注又引孫源孝之語，則是據百二十卷本《説郛》卷一〇二所收《羯鼓録》而來，張澍應是參照《太平廣記》與《説郛》而摘録此條。

[七]"二"，原無，與《太平廣記》同，據《羯鼓録》補。

[八]"州"，原作"川"，與《太平廣記》同，據《羯鼓録》改。

[九]按，作"悰"者，即《太平廣記》。

[十]"盰"，原作"旴"，形近而誤，據《説郛》本《羯鼓録》改。按，此孫源孝，疑即嘉慶《無錫金匱縣志》卷一七所載，因子端禾而受贈爲南京户部主事者。

鴻漸悼盱，許以不死，反委以政。日與從事楊炎、杜亞縱酒高會，則此是亞無疑。悰于武宗會昌間鎮東川，非從事也。”輩登驛樓，望江月行觴讌話。曰：‘今日出艱危、脱猜迫，外則不辱命于朝廷，内則免中禍於微質，皆諸賢之力也。既保此安步，又瞰此殊景，安得不自賀乎？’[一]遂命家僮取鼓與板笛，以前所得杖酣奏數曲。四一作西山猿鳥皆驚[二]，飛鳴嗷嗷一作飛鳴嗷走[三]。從事悉異之曰：‘昔夔之搏拊[四]，百獸舞庭。此豈遠耶？’鴻漸曰：‘若某于此，稍曾致力[五]，未臻尤妙，尚能及此。況至聖御天一作遇夫，訛[六]，賢臣考樂，飛走之類，何有不感？’因言：‘此有别墅，近華嚴閣。每遇風景晴朗，時或登閣奏此。初見群羊牧于山下，忽數頭躑躅不已，某不謂以鼓然也。及止鼓，羊亦止。某復鼓，羊亦復然。遂以疾徐高下而節之，無不應之而變。旋有二犬自其家走而吠之，及群羊側，遂漸止聲仰首一作逐聲俯仰[七]，若有所聽。少選，即復宛頸摇尾，亦從而變態。是知率舞固不難矣。其後乃不敢爲也。一本無此句。’”[八]案，一本末又有云“近士林中無習之者，唯僕射韓皋善，亦不甚露。爲鄂州節度使時，聞於黄鶴樓一兩習而已”[九]。

筆寶

《成都古今記》：“西蜀聖壽寺僧楚安，妙畫山水。須一旬以來，方就一扇。收得其筆，謂之筆寶。”[十]

[一]“賀”，原作“禍”，據光緒本改。

[二] 按，《羯鼓録》原有此夾注，未知所指爲何本。

[三] 按，此夾注乃張澍所加，指《太平廣記》所引之異文也。

[四]“搏拊”，古樂器名。《書·益稷》：“戛擊鳴球、搏拊、琴瑟以詠。”孔安國傳：“搏拊以韋爲之，實之以糠，擊之以節樂。”《釋名·釋樂器》：“搏拊，以韋盛糠，形如鼓，以手拊拍之也。”

[五]“若某於此，稍曾致力”，與《太平廣記》所引同；《羯鼓録》作“若某於此，稍曾致功”。

[六] 按，此注文乃張澍所加，糾《太平廣記》之謬也。

[七] 按，此注文乃《羯鼓録》原有者，暫不知所指爲何本。

[八] 按，此注文乃《羯鼓録》原有者，所指正《太平廣記》之引文。

[九] 按，《羯鼓録》《太平廣記》皆有此文，無者乃《説郛》。

[十] 按，此與百二十卷本《説郛》卷六二所引《成都古今記》同，與《太平廣記》卷二一四“楚安”條引《野人閑話》之語略異。亦可參《蜀故》卷二四“書畫”類所引之文。

廣聖節

《録異記》："蜀乾德元年七月十五日庚辰，降誕廣聖節。堋口鎮王彦徽於羅真人宫内得白龜以獻。"[一]

許旌陽拔宅上升

《十二真君傳》[二]："許遜舉孝廉，拜蜀旌陽令。慕道，棄官歸，師大洞君吴猛[三]，傳《三清法要》。至太康二年八月一日，於洪州西山舉家四十二口，白日拔宅上升。"案，此説誤，即今人相承之説所自也。

程君友升仙

《茅亭客話》："遂州小溪縣石城鎮仙女埡村民程君友遇道士，隨往青城山。道士曰：'爾有仙表，得至於此。'開囊取丹一粒，令吞之。曰：'若有飢渴，則可嚼柏葉、柏實。'君友懇祈，願往仙齋。道士曰：'爾且歸家，吾至九月八日當來迎爾。'君友歸，别止一室。嘗焚柏子、柏實，静坐無營[四]，時嚼柏實三五顆而已。門外柏樹下有大盤石[五]，嘗偃息於上。至九月七日夜，如有所待。達旦，雲霞相映五色，君友躡空而去。"

蜀路星墜

李綽《尚書故實》："李師誨者，畫蕃馬李漸之孫也。爲劉從諫潞州

[一] 按，此條見《録異記》卷五"羅真人宫白龜"，文字略異。

[二]"《十二真君傳》"，《新唐書·藝文志三》著録有胡慧超《晋洪州西山十二真君内傳》一卷；《宋史·藝文志四》著録有"余卞《十二真君傳》二卷"，但余卞之書成於徽宗政和之後，顯非《太平廣記》等所能徵引者，詳《唐五代志怪傳奇叙録》。可知張澍此處據《太平廣記》卷一四"許真君"條轉引者出自胡氏書。惜張澍雖稱此説有誤，但並未詳考。

[三]"大"，原作"文"，形近而誤，據《太平廣記》改。

[四]"無營"，《茅亭客話》卷一"程君友"條作"無所營爲"，皆可。

[五]"下"，原脱，文義不通，據《茅亭客話》補。

从事[一]。知劉不軌，遂隱居黎城山。潞州平，朝廷嘉之，就除一縣宰。曾于僧處得落星石一片。僧云[二]：‘于蜀路早行，見星墜於前，遂圍數尺。掘之，片石如斷磬。其一端有雕刻狻猊之首，亦如磬有孔，穿絛處尚光滑。豈天上樂器毀而墜歟？’此石後流轉到安邑李甫宅中。”

祝鼠

《元史》：“世祖至元二十二年六月，馬湖田鼠食穀殆盡。總管祠而祝之，鼠悉赴水死。”案，《元史·世祖本紀》：“至元二十二年九月，烏蒙叛，命四川行院伊蘇岱爾將兵討之。馬湖路總管舒策以蠻軍三百爲助，降西崖門酋長阿者等百餘户。”是年六月，馬湖部田鼠食稼殆盡，其總管祠而祝之，鼠悉赴水死。《本紀》惜無總管姓名，或即舒策歟？“舒策”，舊作“汝作”[三]，今改正。

魚化

黄休復《茅亭客話》：“青城縣漁者李克明釣歸[四]，傾其魚于竹器。中有一魚化爲石，長四寸許，鱗鬣燦然若活。其豎子將石魚于碗水中，或摇鬣振鱗。漁者驚異，取出置土罌中，因是鄰里求觀者衆。在水則活，離水則爲石，率以爲常。”

乾德年號

《山堂肆考》：“宋太祖平蜀，蜀宫人入内，鏡背有識‘乾德四年鑄’

[一]“劉從諫”，唐幽州昌平（今北京昌平西南）人。寶曆元年，襲父劉悟任昭義節度使。《資治通鑑·唐紀六十·文宗元聖昭獻孝皇帝上之下》“大和七年正月，劉從諫歸鎮，心輕朝廷”句注文引《補國史》，有其事迹。

[二]“云”，原無，據《尚書故實》補。按，無此字亦可，但則變原文之話語爲叙述文字，與原書差異較大，故仍補之。

[三] 按，今整理本《元史·世祖本紀十》作“汝作”，張澍稱改作“舒策”者，與文淵閣《四庫全書》本《元史》相合。

[四]“李克明”，原無，據《茅亭客話》卷九“魚化爲石”條補。按，此條與《茅亭客話》原文相較，多有刪削。

者。召竇儀問之。對曰：‘蜀王衍嘗有此年號。’太祖大説，曰：‘宰相須用讀書人。’案，此時正太祖乾德四年，故上怪問之。”[一]《宋朝類苑》：“江南保大中浚秦淮，得石誌。案其刻有‘大宋乾德四年’凡六字，他皆没滅不可識。令諸儒參驗，乃輔公祏反江東時年號也。”[二]此不惟年號同，並國號亦符。案，公祏于武德六年稱帝，反江東，明年三月即敗。安得有四年石誌？所言可疑[三]。

五色雲見

《玉海》：“紹興三十二年，孝宗即位。閬州奏六月十日有五色雲見錦屏山之西，浮空映日，自未及申。在即位一日，允合受命之符。”[四]

畫三時山

《圖畫見聞志》：“張詢，南海人。避地居蜀，善畫吴山、楚岫、枯松、怪石。中和間，嘗於昭覺寺大悲堂後畫三壁山川：一壁早景，一壁午景，一壁晚景。謂之‘三時山’。人所稱異也。”[五]

鐘　樓

陸游《入蜀記》：“采訪殿前有鐘樓，高十餘丈，三層，累磚所成，不用一木。而欄檻飛翬，雖木工之良者，不能加也。但鐘爲磚所掩閉，聲不甚揚，亦是一病。”[六]

[一] 按，此事見《山堂肆考》卷四三，亦見《宋史·太祖紀三》，文字小異。

[二] 按，此條見宋人江少虞《事實類苑》卷四九“秦淮石記”，其書或稱《皇朝事實類苑》，後人遂改作《宋朝事實類苑》，或省“宋朝”二字。又，輔公祏，兩《唐書》有傳。

[三] 按，張澍所言有理，然《玉芝堂談薈》卷一所引則作“大宋乾德二年”，若非别有所據，則是徐應秋已覺四年可疑，故以己意改之也。

[四] 按，此條見《玉海》卷一九五。

[五] 按，此條見《圖畫見聞志》卷二，《益州名畫録》卷下亦有相關記載。

[六] 按，據《入蜀記》卷二，采訪殿乃太平興國宫之附屬建築，在江西廬山，則此條實不當收入《蜀典》。

一折柱

盛弘之《荆州記》:“巴東有一折柱，孤直，高三丈，大可十圍。傳云是公孫述樓柱，破之血出，枯而不朽。”[一]

墜石流泉

《録異記》:“壬子歲七月十三日，青城鬼城山因滯雨崖崩，暴水大至。在丈人觀後，高百餘丈，殿當其下，將憂摧壞。俄有墜石如崖，堰水向東，竟免漂陷。觀中常汲溪水以供日食，甚以爲勞。自此暴水出處常有流泉直注厨内，其味甘香，冬夏不絶。”[二]

男化女

《後漢書》:“漢建安七年一引作二十年[三]，越嶲有男子化爲女子。周群曰:‘哀帝時亦有此變，將有易代之事也。’至二十年，獻帝封山陽公。”案，哀帝建平中，豫章男子化爲女子，嫁人生一子[四]。《潛潭巴》曰:“賢人去位，天子獨居。則女子化爲丈夫。”一引《潛潭巴》云:“男化女，賢人去位；女化男，賤人爲王。”[五]

赤樓　散花樓

《東觀漢記》:“公孫述造十層赤樓。”[六]《春明退朝録》:“成都有散花樓。”[七]

[一] 按，百二十卷本《説郛》卷六一《荆州記》收有此條。

[二] 按，此條見《録異記》卷六“青城鬼城山”。

[三] 按，此文見《後漢書·五行志五》，所謂引作“二十年”者，乃張澍所加，所指即《太平御覽》卷八八七引《續漢書》之語。《後漢書·獻帝紀》則僅載變化之事，無周群之言。又見《新輯搜神記》卷一一“越嶲男子”條。

[四] 按，此事見《漢書·五行志下之上》。

[五] 按，前一種引文，見《唐開元占經》卷一一三及《太平御覽》卷八八七；後一種引文見《本草綱目》卷五二“人傀”。所謂《潛潭巴》者，即《春秋潛潭巴》，《古微書》卷六有輯本，文字與此處略異。

[六] 按，此條見《東觀漢記校注》卷二一《公孫述載記》。

[七] 按，此條見《春明退朝録》卷下。

井法

《蜀王本紀》云[一]："宣帝地節中，始穿鹽井數十所。"[二]《類要》云："鹽泉有絞篊[三]，引泉踏溪，每一筧用一篊。其筧與篊，每年十月旦日以新易陳。郡守作樂臨之，井民相慶，謂之'絞篊節'。"[四]

《志林》云："慶曆、皇祐以來，蜀始開筒井，用圓刃鑿如碗大，深者數十丈。以巨竹去節，牝牡相銜爲井以隔横入淡水[五]，則鹽泉自上。又以竹之差小者，出入井中。爲桶，無底而竅其上，懸熟皮數寸，出入水中。氣呼吸而啓閉之，一筒水可致數斗鹽。凡筒井皆用機械，利之所在，人無不知。《後漢書》有水鞴，此法惟蜀中鐵冶用之，大略似鹽井取水筒。太子賢不識，妄意以解，非也。"

《郡國利病書》："射洪士人馬驥撰《鹽井圖記》云[六]：鹽井其來舊矣。先世嘗以爲皮袋井[七]，圍徑三五尺許[八]，底有大塘[九]，利饒課重[十]，工力浩巨，非一載弗克竣。今皆淹没殆盡，不可考。民循故業以納課[十一]，

[一]"云"，原作"去"，形近而誤，據光緒本改。
[二]按，此文見《太平御覽》卷八六五。
[三]"絞篊"，又稱"過篊"，是大寧鹽場所特有的輸鹵設施。宋寧宗嘉定年間，爲將鹵水從北岸輸送到南岸各竈，用篾製成碗口粗的牽繩，繩的兩端固定在兩岸的石柱上，再把竹筧懸吊在牽繩上面，鹵水隨竹筧從北岸大寧鹽泉龍池輸往南岸各竈。由於橫越河流上空的竹筧和篾繩猶如長虹飛渡，人們便稱之爲"篊"，與"虹"字諧音。可參《蜀中廣記》卷六六。
[四]按，此條乃據《蜀中廣記》卷六六轉引，但今殘存鈔本《類要》卷六"大寧監"下並無相關記載，頗疑《蜀中廣記》因《方輿勝覽》卷五五《大寧監·土産》"鹽井"條注文而誤。原書先引《類要》，其文的確見今本殘卷；後引《郡國志》之語，再言"又云"，并引此段文字，則實當出《郡國志》，非《類要》也。
[五]"井"，原作"屏"；"入"，原脱：據十二卷本《東坡志林》卷六改、補。
[六]按，此處雖據《天下郡國利病書》轉引《鹽井圖記》，但顧炎武又是據《蜀中廣記》卷六六抄録，故今主要參校《蜀中廣記》。《蜀中廣記》與《天下郡國利病書》有異者才同時出校。
[七]"井"，原作"并"，據光緒本及《蜀中廣記》改。
[八]"圍徑"，原作"圖經"，據《蜀中廣記》改。
[九]"塘"，原作"石"，據《蜀中廣記》改。
[十]"利"，原作"則"，形近而誤，據《蜀中廣記》改。
[十一]"納"，原作"訥"，形近而誤，據《蜀中廣記》改。

率多從竹井制[一]。其施爲次第，在井匠董之。凡匠氏相井地[二]，多於兩河夾岸、山形險急得沙勢處，鳩工立石圈，盡去面上浮土，不計丈尺[三]，以見堅石爲度，而鑿大小竅焉。大竅，大鐵釬主之[四]；小竅，小鐵釬主之。釬一也，大釬則有釬頭[五]，扁竟七寸，有輪鋒，利穿鑿。興井日，北口傍樹兩木[六]，横一木於上，有小木滚子[七]，以火掌繩釬末[八]，附於横木滚子上。離井六七步爲一木樁，糾火掌篾而耦舂之[九]。滚竹運釬，自上下相乘矣。匠氏掌釬篾坐井口旁，周遭圜轉，令其竅圓直。初則灌水，鑿之及二三丈許，泉蒙四出，不用客水[十]。無論土石[十一]，釬觸處俱爲泥水。每鑿一二尺，匠氏命起釬。用筒竹一根，約丈餘，通節，以繩繫其梢，筒末爲皮歃掩其底[十二]，至泥水所在[十三]。匠氏揉繩，伸縮皮歃，水入，浥滿攬出[十四]。泥水漸盡，復下釬鑿焉。次第疏鑿，不計功程力，大較至二三十丈許，見紅石巖口[十五]，大竅告成矣。隨議下竹，竹有木竹、樺竹二種[十六]。木竹取堅也，刳木二片[十七]，以麻合其縫，以油灰衅其隙。

[一]“從”，原作“重”，音近而訛，據《蜀中廣記》改。
[二]“氏”，原作“民”，據《蜀中廣記》改。
[三]“尺”，原作“夫”，據光緒本及《蜀中廣記》改。
[四]“釬”，原作“鈃”，形近而誤，《蜀中廣記》《天下郡國利病書》均誤，今據文義改。後文此字徑改，不再出校。
[五]“頭”，原作“賴”，形近而誤，據《蜀中廣記》改。
[六]“傍樹”，原作“旁立”，據《蜀中廣記》改。
[七]“滚”，原作“瀼”，形近而誤，據《蜀中廣記》改。後文此字徑改，不再出校。
[八]“火掌”，用竹篾編成的牽船繩索。明李實《蜀語》：“牽船篾曰火掌。”蔣宗福《〈蜀語〉名物續考》有申説，見《漢語史研究集刊》第十四輯。
[九]“篾”，原作“蔑”，形近而誤，據《蜀中廣記》改。
[十]“客”，原作“灌”，蓋因前文有“灌”而訛，今據《蜀中廣記》改。按，“客水”，本指不按汛期暴漲的河水。《宋史·河渠志一》：“黄河隨時漲落，水信有常，率以爲準，非時暴漲，謂之‘客水’。”這裏指灌注之水，與井中涌出之水相對也。
[十一]“土”，《蜀中廣記》與《天下郡國利病書》作“上”，當是形近而誤。
[十二]“末”，原作“木”，形近而誤，據《蜀中廣記》改。◎“歃”，原作“錢”，與《蜀中廣記》《天下郡國利病書》同誤，今據後文“皮歃”改。
[十三]“至”，原作“其”，據《蜀中廣記》改。
[十四]此句原作“匠氏操繩以縮皮歙水入浥滿提出”，據《蜀中廣記》改。
[十五]“巖”，原作“若”，形近而誤，據《蜀中廣記》改。
[十六]“木竹”，元李衎《竹譜》卷五云：“木竹，閩浙山中處處有之。叢生，堅實，中間亦通小脉，節内如通草。其笋堅，可食。福建生者，心實，笋硬不可食。土人呼爲柴竹。又一種生於韶州山中最多，莖如萬歲藤，中實如木，可爲杖。”◎“樺竹”，未詳。
[十七]“木”，原作“大”，形近而誤，據《蜀中廣記》改。

榫竹出馬湖山中，亦以麻裹之。木竹末爲大麻頭[一]，纍纍節合，下盡全竹，四瀆淡水障阻[二]，不能浸淫。乃截去大釺頭[三]，用釺梢鑿小竅[四]，法如大竅然[五]。鑿至二十丈[六]，中見白沙數丈，有鹹水數擔[七]，名曰'腰脉水'，去鹹水不遠。尋鑿之，而鹹水淵涓自見也。水有廣水，晝夜力汲不竭，然味近淡。有鹹水，晝夜計有數，然味亦不齊。有一擔而煮鹽五六斤者，有八九斤至十二三斤者，顧遇何如耳。厥土既就，始樹樓架，高可似敵樓[八]。上爲天滚[九]，有轆轤聲。制筒索吸水，如前吸泥水法，而樞軸則管於車床也[十]。床横木爲槳，槳有兩耳，作曲池狀。左右低昂逆施[十一]，左揖地右伸，右揖地左伸，循環用力，索盡，筒出鹹水。就灰笆潑水，而煎燒有緒矣。轉轆轤者蓋三人爲之，力厚者則制牛車，車狀大[十二]，力逸而功倍也。此自成井而論耳。若掘鑿之際，釺偶中折而墜其中者，或遭淤泥作阻者，其出法亦巧，而爲器亦異。釺帶火掌篾而墮者，以攬鐮鈎出[十三]，爲力易易。惟釺半墮，或止墮釺頭者，取之之法：制爲鐵五爪如覆手狀，爪背入木數寸，以竹三尺許，劈碎一尺，纏扼爪木，令堅緻[十四]。上一尺，亦劈碎，則活繫撞子釺[十五]，不令拘泥偏向[十六]。中一尺，通其節，以待撞子釺，假道撻伐[十七]，垂爪入井，爪定所墮釺頭。

[一]"竹"，原作"作"，形近而誤，據《蜀中廣記》改。
[二]"瀆"，原作"漬"，形近而誤，據《蜀中廣記》改。
[三]"頭"，原作"頓"，形近而誤，據《蜀中廣記》改。
[四]"梢"，原作"稍"，形近而誤，據《蜀中廣記》改。
[五]"然"，原脱，據《蜀中廣記》補。
[六]"至"，原脱，據《蜀中廣記》補。
[七]"鹹"，原作"鹽"；"擔"，原作"丈"：據《蜀中廣記》改。本篇後文之"鹽水"徑改，不再出校。
[八]"敵"，原作"數"，形近而誤，據《蜀中廣記》改。
[九]"天滚"，原作"大瀼"，形近而誤，據《蜀中廣記》改。
[十]"樞軸"，原作"摳局"，形近而誤，據《蜀中廣記》改。
[十一]"逆"，原作"送"，形近而誤，據《蜀中廣記》改。
[十二]"大"，原作"丈"，形近而誤，據《蜀中廣記》改。
[十三]"鐮鈎"，原作"釣釣"，據《蜀中廣記》改。
[十四]"緻"，原作"繳"，據《蜀中廣記》改。
[十五]"撞"，原作"橦"，形近而誤，據《蜀中廣記》改。本篇後文之"橦"字徑改，不再出校。按，"撞子釺"，鹽業震擊器。放在篾繩與鉆具之間，能對鉆頭撞擊時産生反彈力，使鑽頭不致陷入巖石中，起自動解卡作用。
[十六]"偏"，原作"倫"，形近而誤，據《蜀中廣記》改。
[十七]"撻伐"，原作"樋代"，形近而誤，據《蜀中廣記》改。

匠氏從上督索[一]，撞子釬由筒中擊木[二]，木擊五爪，數擊，則爪攫剿釬頭者牢[三]，不可以游滑自匿。雖欲不出，不可得矣。若被淤泥填溢大小竅，猶關格症然。甚者，製爲搜子[四]，以和解其膠密。搜子者，鐵條之有嚙齒者也。未甚者[五]，製爲漕釬，以衝擊其脂凝[六]。漕釬者，撞子釬之有嚙齒者也。支解既析[七]，則爲刮筒以取其泥。刮筒之制，與鹽筒殊科，不通其節，而每節之始，鑿爲方口，投井中汲泥[八]，亦如汲水式[九]。蓋水可以疏通翕受，泥則逾節不可，是則匠氏作法意也[十]。嗟呼，一井之成，其次第節目如此，亦云勞矣。乃勞歸竈丁，利歸商販，富竈任逸，傭竈任力。終歲窮日疲弱若何，而征輸又告急矣。至有坍塌而乾賠國課者[十一]，有逋負而逃徙流離者。是在上之人寬一分，則民受一分之賜云。”

紫極宮道場

《太平廣記》[十二]：“謝自然住金泉林中。七月十五日五更，有青衣七人，内一人稱中華，云：‘食時，上真至。’良久，盧使至。須臾，金母降於庭。自然拜禮，母曰：‘别汝兩劫矣。’自然坐。初，盧使侍立。久，亦令坐。盧云：‘暫詣紫極宫，看中元道場。’逡巡來，云此一時全勝以前。問其故，曰：‘此度不燒乳頭香。乳頭香，天真惡之，唯可燒和香耳。’”

五福樓

《國史補》《南部新書》並云：“元和初，陰陽家言‘五福太乙在蜀’。

[一]“索”，原作“率”，形近而誤，據《蜀中廣記》改。
[二]“擊”，原作“繫”，據《蜀中廣記》改。
[三]“者”，原作“著”，據《蜀中廣記》改。
[四]“搜”，原作“捜”，形近而誤，據《蜀中廣記》改。
[五]“者”，原脱，據《蜀中廣記》補。
[六]“凝”，原作“欵”，形近而誤，據《蜀中廣記》改。
[七]“析”，原作“折”，形近而誤，據《蜀中廣記》改。
[八]“中”，原作“口”，承前一“口”字而誤，據《蜀中廣記》改。
[九]“式”，原作“或”，形近而誤，據《蜀中廣記》改。
[十]“則”，原脱，據《蜀中廣記》補。
[十一]“塌”，原作“場”，形近而誤，據《蜀中廣記》改。
[十二]“記”，原作“説”，據光緒本及《太平廣記》卷六六“謝自然”條改。

故劉闢造五福樓，符載爲文記。”[一]案，載文有曰“太一五福[二]，游乎神宫之三年也”，通首未言及“五福太乙星之在蜀”。《新唐書·劉闢傳》：“以術家言‘五福太乙舍於蜀’，乃造大樓以祈祥。”

青城山封醮

《雲笈七籤》：“中和元年辛丑七月十五日，詔内臣元易簡、刺史王兹、縣令崔正規：‘與朕詣青城山修醮[三]，封爲五岳丈人、希夷真君。’是時，縣界亢旱，苗穀將燋。封醮之後，龍吟于觀側溪中，風雨大至。枯苗再茂，縣境乃豐。”

捉佛光

孫頠撰《幻異志》[四]：“高燕公鎮蜀日，大慈寺僧申報：‘堂佛光見。’燕公判曰：‘付馬步，使捉佛光。’過所司密察之[五]，誘其僮子。具云：‘僧輩以鏡承隙日中影，閃於佛上。’由此乖露，禽而罪之。”

[一] 按，《國史補》之文見其書卷中，《南部新書》之文見其書卷八。◎“劉闢”，兩《唐書》皆於《韋皋傳》後有附傳。

[二] “太”，原作“天”，形近而誤，據《文苑英華》卷八一〇所收符載《五福樓記》改。按，據《易學象數論》卷六，五福太一共五宫，四宫曰黄庭，在蜀川之坤地，每一宫住四十五年，周回五宫共二百二十五年。又據《宋史·禮志六·九宫貴神》“天聖七年己巳歲（一〇二九），五福太一入西南坤位”，逆推一周期二百二十五年，則上次入西南坤位在八〇四年。據《新唐書·劉闢傳》，有“憲宗以給事中召之，不奉詔。時帝新即位，欲静鎮四方，即拜檢校工部尚書、劍南西川節度使。闢意帝可動，益驁蹇，吐不臣語，求統三川。欲以所善盧文若節度東川，即以兵取梓州。且以術家言五福太一舍于蜀，乃造大樓以祈祥”，憲宗即位在八〇六年，劉闢建五福樓正憲宗即位不久，八〇六年時，五福太乙臨西南坤位已三年，正合符載“游乎神宫之三年”一語。雖曰數術家之流多妄誕，然亦自有其推算之則，未可輕忽也。

[三] “修”，原作“脩”，據《雲笈七籤》卷一二〇“青城丈人授黄帝龍蹻并降雨驗”改。

[四] 按，《幻異志》，一卷，舊題唐孫頠撰。收入《唐人説薈》第十五集、《龍威秘書》四集，檢《龍威秘書》四集第七册，正有此事。又，此文亦見《太平廣記》卷二八九，云出《北夢瑣言》，今整理本《北夢瑣言·逸文》卷三“大慈寺佛光”條正據《太平廣記》輯録，惜斷句有誤。

[五] “過”，責成、派遣。《廣雅·釋詁一》：“過，責也。”

八　子

《宋稗類鈔》："綿州諸邑，各有所出，謂之'八子'：巴西紗子、魏城扇子、羅江犬子、神泉榛子、彰明附子、龍安杏子、鹽泉絲子、石泉猴子。巴西紗，一匹重二兩。婦人製爲夏服，甚輕妙。魏城以一繭造一扇，謂之'綿扇'，輕而可愛。"[一]案，《宋類苑》云[二]："慶曆中，衛士有震驚宫掖者，尋捕殺之。時臺臣宋禧上言：'此蓋平日防閑不周，所以致患。聞蜀有羅江狗，赤而尾小者，其儆如神。願養此狗於掖庭，以警倉卒。'時謂之'宋羅江'。"

[一] 按，此條見《宋稗類鈔》卷三六，原文出《能改齋漫録》卷一五"綿州八子"條。
[二] 按，此條云出《宋類苑》，與《新雕皇朝類苑》卷七八所載相合，文淵閣《四庫全書》本無此條。此文亦見《東軒筆録》卷一二。

卷 六

風俗類

風俗始《詩》，史公亦記。後世沿之，夸奢襞積[一]。圈稱之《傳》[二]，姓氏輿地，名以風俗，不免率意。此之掌録，確乃不易。

蜀 俗

《地理志》：“蜀人敏慧輕急[三]，尤足意錢之戲。小人薄于情理，父子率多異居。”案，《宋史》：“太祖開寶元年六月癸亥，詔：‘荆、蜀民祖父母、父母在者[四]，子孫不得别財異居。’二年八月丁亥，詔：‘川陜諸州，察民有父母在而别籍異財者，論死。’”太宗淳化元年九月辛巳，“禁川陜

[一] 按，此四句言風俗從《詩經》開始，謂《詩經》有十五國風也；司馬遷等亦於正史中記之，如《史記·西南夷傳》之蜀布、邛竹杖、蒟醬及後文引《隋書·地理志上》之語等。但後世論及風俗，則只會利用這些文獻重複堆砌了。

[二]“圈稱”，《元和姓纂》卷六云：“後漢末有圈稱，字幼舉，撰《陳留風俗傳》。”《新唐書·藝文志二》著録爲三卷。此書雖以“風俗”爲名，但其實還包括地理、姓氏等内容。如《水經注·濟水一》云：“東徑濟陽縣故城北。圈稱《陳留風俗傳》曰：‘縣故宋地也。’”又如《元和姓纂》卷四云：“至武公，字顔，《公羊》謂之顔公，子孫因以爲氏，出圈稱《陳留風俗傳》。”正因如此，張澍稱《陳留風俗傳》名不副實，顯得草率。然此語頗不公平，舊方志中稱某地之風俗，皆以民風、衣著、禮儀、習俗等爲主，如後文“蜀俗”條所謂“蜀人敏惠輕急”之類是也。張澍在本卷中所載多爲物産，反不如明人曹學佺之《蜀中廣記》，專列《方物記》與《風俗記》，顯得涇渭分明。

[三]“慧”，原作“惠”，據《隋書·地理志上》改。

[四]“父母”，原無，據《宋史·太祖紀二》補。

民父母在出爲贅婿”[一]。可見蜀俗父母存而别財異居，自昔已然。今川中諸郡，其家饒裕者，早分金諸子，其父母分食諸子。案月計日，不肯稍逾期。死者殯葬之資，公出。有貧不能償者，至争訟不已。俗之敝壞，不忍言矣。

蠶市

《茅亭客話》：“蜀有蠶市，每年正月至三月，州城及屬縣循環一十五處。耆舊相傳：古蠶叢氏爲蜀主，民無定居，隨蠶叢所在致市居。此其遺風也。”[二]“少卿章岵嘗官於蜀[三]，持吴綾、湖羅至官，與川帛同染紅。後還京師，經黴潤，吴、湖帛色皆渝變，惟蜀産者如舊。後詢蜀人之由，云：‘蜀地畜蠶，與他邦異。當其眠將起時，以桑灰煨之，故帛成宜色。’然世之重川紅，以爲染之良，蓋不知由蠶所致也。”[四]

[一]“出”，原無，據《宋史·太宗紀二》補。按，禁止父母在而出贅爲婿，這一法案影響深遠，今日亦有不願入贅者，或入贅後生子不願隨母姓者。又，《明會典》卷二〇亦云：“凡祖父母、父母在者，子孫不許分財異居。其父、祖許令分析者聽。”《大清律例》卷八“别籍異財”條亦云：“凡祖父母、父母在，子孫别立户籍、分異財産者，杖一百。若居父母喪而兄弟别立户籍、分異財産者，杖八十。”同時也保留了前引《明會典》之條例。不僅子弟分家要論律處分，《宋史·真宗紀二》大中祥符二年正月戊辰詔，“誘人子弟析家産，或潛擧息錢，輒壞墳域者，令所在擒捕流配”，則誘人子弟分家者亦流配。

[二] 按，此條見《茅亭客話》卷九“鬻龍骨”。雖曰蠶市，以賣蠶及蠶農養蠶之具，但也有兼及花木草藥者，如《茅亭客話》此條所論，還有賣龍骨即今日之化石者。則所謂蠶市，並不僅僅因蠶而興。本卷後文有“月市”條，則蜀地月月有市，貨賣百物，以其主者而命名也。蠶市綿延時間較長，但最著者仍當推二月十五之市。《方輿勝覽》卷五一《成都府·風俗》“蠶市藥市”條云：“成都，古蠶叢之國，其民重蠶事。故一歲之中，二月望日鬻花木蠶器於某所者，號蠶市。五月鬻香藥於觀街者號藥市。鬻器用者號七寶市。”不獨成都如此，他州也多在此日。如蘇軾《和子由蠶市》引蘇轍詩之序云：“子由詩序：眉之二月望日，鬻蠶器於市，因作樂縱觀，謂之蠶市。”則不僅以貨賣爲主，還兼有娛樂意義，當中自不乏以作樂演劇而祈禱蠶業豐收者。《欽定授時通考》卷七二引《順慶府志》云：“蜀有樂山，在渠縣北。每歲人日，邑人將鼓笛、酒食，登此娛樂，以祈蠶事。”

[三]“章岵”，據雍正《福建通志》卷三三，其人爲福建建安縣人，寶元元年進士。范成大《吴郡志》卷一一云：“章岵，元豐中以朝議大夫守郡，剛介不可屈，人目之曰‘章硬頸’。”暫不知章岵何時爲官蜀中。

[四] 按，此條見《能改齋漫録》卷一五“川帛宜色”、《緯略》卷一〇“翠槩”、《蜀中廣記》卷六八等，文字小異。

盆草

黄休復《茅亭客話》:“蜀人每中元節,多生五穀[一],俗謂之‘盆草’,盛以供佛。初至時,介意禁觸,謂嘗有雷護之。既中元節後,即棄之糞壤。”

别歲

《風土記》:“蜀之風俗,晚歲酒食相邀爲别歲。”[二]

刀耕

《唐書·嚴震傳》:“梁漢間,刀耕火耨,民采稆爲食。”[三]

[一]“多”下,原衍“食”字,據《茅亭客話》卷二“范處士”條删。按,盆草一俗,既興於中元節,則自與盂蘭盆會有關。盂蘭盆意譯爲解倒懸,乃目連爲救母而所做供養三寶之儀式,與字面意義上的“盂、蘭、盆”無關。音譯爲盂蘭盆之後,俗人就字面意思附會,以爲盂蘭盆爲盛食之物。玄應《一切經音義》卷一三云:“盂蘭盆正言烏藍婆拏,此譯云倒懸。案西國法,至於衆僧自恣之日,盛設佛具,奉施佛僧,以救先亡倒懸之苦。舊云盂蘭盆是貯食之器,此言訛也。”既誤解爲貯食之器,故後人在盆中盛諸物以供佛。初爲百味五果等,後又演變爲黄休復所言之五穀苗。不以百果而以五穀,恐取五穀爲日常主食且較百果易覓之故;生之爲苗,自是因其生意,有超生、往生之喻。但此俗於載籍不多見。《歲時雜詠》卷二八録沈遘《七夕纔過,見家人潔供具以備中元,因有感》詩云:“七夕星妃退,中元又復還。踵来頻令節,隙過惜朱顔。雨水催盆草,香烟吐博山。抱憂年亦邁,寬飲慰貧閑。”即此中之“盆草”,恐亦在疑是之間。《烟波漁唱》卷三《湘月》詩題注云:“盆草,如竹葉而青白分縷,名飛白竹。”此則爲一種竹子。至若養蘭草於盆中,謂之盆草,則亦無不可也。《敬一堂詩鈔》卷一六《盆草》詩云:“鶗鴂聲殘秋色零,一園花謝竟無馨。怡情種得盆中草,不讓巖松四季青。”以古來祭祀供奉之禮而言,儒家有餕餘一説,即敬神之飯菜是要用來食用的,川人口中之“魁頭”,即敬神時之刀頭肉,也要食用,不能丢棄。這種習俗既體現了對神靈之尊敬,又不浪費。與盆草供佛浪費五穀之舉不同,故黄休復借范處士之口痛斥之,張澍此處所引不完,可參原書。

[二] 按,《天中記》卷五引《風土記》云:“守歲,蜀之風俗,晚歲相與饋問謂之饋歲,酒食相邀爲别歲,至除夕達旦不眠謂之守歲。”此雖是晋時之語,宋代亦然。蘇軾有《歲晚相與饋問爲饋歲,酒食相邀呼爲别歲,至除夜達旦不眠爲守歲,蜀之風俗如是。余官岐下,歲暮思歸而不可得,故爲此三詩寄子由》。

[三] 按,此條出《新唐書·嚴震傳》。

異壙

司馬温公作《程夫人墓誌》云："蜀人之祔也[一]，同壟而異壙。"

苧綏　刺北斗

段成式《酉陽雜俎》："峽中俗，夷風不改，武寧蠻好著芒心接籬[二]，名曰苧綏。以稻記年月。葬時，以笄向天，謂之刺北斗。"[三]

留鷺祭神

《圖經》："黎州通望縣，每歲孟夏有白鷺鷥一隻墜地[四]。古老傳云：'衆鳥避瘴，臨去留一鷺，祭山神。'"

月市

《成都記》："正月燈市，二月花市，三月蠶市，四月錦市，五月扇市，

[一]"祔"，祔葬也。按，夫妻之間多以生同衾、死同穴而喻恩愛，故子孫爲先逝者擇地安葬後，預留配偶放棺之地，等後逝者歸天即開冢合葬。但蜀地此俗獨異，故司馬光爲蘇洵妻作《程夫人墓誌銘》特表出之。而蘇軾在十二卷本《東坡志林》卷七叙之更詳："《詩》云：'穀則異室，死則同穴。'古今之葬者皆爲一室，獨蜀人爲同壙而異葬。其間爲通道，高不及眉，廣不能容人。生者之室，謂之壽堂，以偶人被甲執戈，謂之壽神以守之，而以石甓塞其通道。既死而葬，則去之。某先夫人之葬也，先君爲壽室，追爲先人墓誌，故其文曰：'蜀人之祔也，同壟而異壙。'君實謙以爲己之文，不敢與歐陽公同藏也。東漢壽張樊恭侯遺令：棺柩一藏，不宜復見。如有腐敗，傷孝子之心。使與夫人異藏。光武善之，書以示百官。蓋古亦有是也。然不爲通道，又非詩人同穴之義。故蜀人之葬最爲得禮也。"

[二]"籬"，中華書局本《酉陽雜俎》卷四作"離"，文淵閣《四庫全書》本則作"籬"，連綿詞多類推，故"接籬"又有作"罣籬"者。據《别雅》卷一，又寫作"睫攡"。《古音駢字續編》卷一所載寫法就更多了，兹不多叙。接籬爲始於晉時的一種巾帽，多白色。《晉書·山濤傳附山簡》云："時時能騎馬，倒著白接籬。"至於此處何以名苧綏，則難詳考。

[三]"刺北斗"，段成式明言此俗因蠻人以盤瓠爲祖先，用舊俗而已，張澍未引，今補於後："相傳盤瓠初死，置於樹，以笄刺其下，其後化爲象。"

[四]"隻"，原作"雙"，與《太平廣記》卷四六二、《格致鏡原》卷八〇同，據《天中記》卷五九、《御定淵鑑類函》卷四二七改。按，後文既稱"留一鷺"，則此處作"雙"顯誤，《太平廣記會校》已據别本改之。

六月香市，七月七寶市，八月桂市，九月藥市，十月酒市，十一月梅市，十二月桃符市。”[一]

煎茱萸　艾子

《禮記》：“三牲用藙。”注：“藙，煎茱萸也。《漢律》：‘會稽獻一斗焉。’《爾雅》謂之‘椴’。”[二]皇侃《義疏》云：“煎茱萸，蜀郡作之。九月九日取茱萸，折其枝，連其實，廣長四五寸。一升實，可和十升膏，名之‘藙’也。”[三]“鄭氏及《説文》皆以‘煎茱萸’爲‘藙’，蓋藙必煎爲用爾。今蜀人猶呼其實爲‘艾子’，‘藙’之訛也。”[四]

展藥市

《事物紀原》[五]：“梓州九月初八日藥市。逮本朝天聖中，燕龍圖肅知郡事[六]，又展爲三日，至十一日罷。”[七]

[一] 按，此《成都記》即趙抃《成都古今記》，《説郛》百二十卷本卷六二收有此條。

[二] 按，此條出《禮記・内則》。

[三] 按，此條亦是據《禮記・内則》之疏文而來，原文云出賀氏，爲《禮》作注者，有晋代賀循、梁代賀瑒，此僅稱賀氏，不知究竟爲誰。至於題皇侃《義疏》者，據《欽定四庫全書總目》之《禮記注疏》提要，唐代尚存皇侃《禮記義疏》，孔穎達奉旨作《正義》，即以皇疏爲底本。

[四] 按，此説亦非張澍首創，見於《爾雅翼》卷一一《釋木・椴》。至於需在九月九日折茱萸，羅愿也有詳細考證：“《風土記》曰：‘俗尚九月九日，謂爲上九。茱萸至此日氣烈，熟色赤，可折其房以插頭，云辟惡氣禦冬。’《西京雜記》云：‘漢武帝宫人九月九日佩茱萸，食蓬餌，飲菊花酒，云令人長壽。’至宗懍記荆楚歲時云：‘漢費長房教桓景，令家人各作絳囊，九月九日盛茱萸，繫臂上，登山飲菊酒消厄。’蓋至今用是日以椴雜菊花置酒中飲，古之遺俗也。”

[五] “紀”，原作“記”，音同形近而誤，據高承之書實作《事物紀原》而改。《蜀典》卷六“饅頭”條所引亦誤，徑改，不再出校。

[六] “燕龍圖肅”，龍圖閣待制燕肅，《宋史》有傳。《宋川陝大郡守臣易替考》推定其知梓州在天聖三年至六年。

[七] 按，此條出《事物紀原》卷八，高承還考證梓州藥市始於唐代仙人王昌遇：“唐王昌遇，梓州人，得道，號易玄子，大中十三年九月九日上升。自是以來，天下貨藥輩皆於九月初集梓州城。八日夜，於州院街易玄龍冲地貨其所齎藥。川俗因謂之藥市，遲明而散。”據此，則藥市始於唐，其地在梓州。後則擴大至蜀地其他州縣矣。

殺黄魚

《酉陽雜俎》："蜀中每殺黄魚，天必陰雨。"[一]

汃月　巧月

蜀西南多雨，名曰"漏天"。杜工部詩"鼓角漏天東"是也[二]。楊升庵云："自秋分後遇壬，謂之'入霑'[三]，吴下曰'入液'[四]。宋黄仁傑《夔州苦雨詩》：'九月不虚爲巧月，今年賴得是豐年。''汃'音讀爲'怕'，平聲。"[五]"巧月"，《通雅》引作"朽月"[六]。

［一］按，此説見《酉陽雜俎》卷一七。所謂黄魚者，即鱣，陸佃《埤雅》卷一云："鱣肉黄。鱣，大魚，似鱏，口在頷下，無鱗，長鼻軟骨，俗謂之玉板。大者長二三丈，江東呼爲黄魚。"《毛詩草木鳥獸蟲魚疏》卷下云："鱣出江海，三月中從河下頭來上。鱣身形似龍，鋭頭，口在頷下，背上腹下皆有甲，縱廣四五尺。今于盟津東石磧上釣取之，大者千餘斤，可蒸爲臛，又可爲鮓，子可爲醬。"則此魚供人食用古已有之，至於何以蜀中殺黄魚則天必陰雨，未可知也。恐與此魚形似龍有關。

［二］按，此詩見《杜詩詳注》卷一二，題作《陪章留後侍御宴南樓》。

［三］"入"，原作"汃"，乃張澍臆改也，據《升庵集》卷七五"汃月朽月"條改。

［四］"入"，原作"八"，形近而誤，據《升庵集》改。按，入液一詞的確見於江南方志。如崇禎《江陰縣志》卷二云："立冬後十日爲入液，至小雪爲出液。此時之雨乃天地膏液，主治殺蟲消積，宜麥。"早在宋代，《歲時廣記》卷四已考證云："入液雨，《瑣碎録》：'閩俗，立冬後逢壬日謂之入液，至小雪出液。得雨謂之液雨，無雨則主來年旱。諺云：液雨不流籌，高田不要作。'又謂之藥雨，百蟲飲此水而蟄。林公弁詩云：'液雨初生小院寒。'"據此可知，入液在立冬之後，楊慎稱秋分後，誤矣。《玉芝堂談薈》卷一九"潑火雨"條已駁正云："楊用修以秋分後進霑曰進液，非是。"

［五］按，張澍完全抄録楊慎的考辨文字，但有省略，遂令文義不完。且楊慎之説未必可據，略考如下。楊慎云："《東方朔傳》諧語云'令壺齟老拍塗'，塗與汃同，注云丈加切。其下解云：'塗者，漸洳徑也。'亦雨濕泥濘之義。"楊慎引《漢書·東方朔傳》之語，但其中有一處説法没有根據。顔師古注文云"塗音丈加反"，但並不言"塗與汃同"，《管城碩記》卷二二云："《東方朔傳》：'令壺齟老柏塗'，顔注：'塗音丈加反。'是塗、茶皆有茶音。"故從語音來看，音同"茶"者與楊慎所謂"'汃'音讀爲'怕'，平聲"者不同。既不能證明"塗與汃同"，又不能證明"丈加反"與"怕"之平聲讀法音同，則楊慎之考證難以貫通，不能服人矣。

［六］按，此説見《通雅》卷一二。

十月雷

伏無忌《古今注》[一]：“明年永平七年十月丙子，越巂雷。”案，嘉慶十九年十一月十八日夜亥時，鄲都縣雷鳴霹靂之聲，逾時方止。

蒸裹

《古今事文類聚》[二]：“峽人十月一日，多以蒸裹爲節物。荆楚人多食燋糟。故杜詩云：‘蒸裹如千室，燋糟萃一盤[三]。兹辰南國重，舊俗自相歡。’”《玉堂閑話》：“王蜀劉隱謂：‘南州設宴，諸味將半，然後下麻蟲裹蒸。乃取麻蕨蔓上蟲[四]，如今之刺猱者是也，以荷葉裹而蒸之。’”《齊民要術》云：“裹蒸生魚，方七寸准，又云五寸准。豉汁煮秫米如蒸熊。生姜、橘皮、胡芹、小蒜、鹽，細切、熬糁。膏油塗箬，十字裹之，糁在上，復以糁屈牖篡之。”[五]

馬酒

案，如淳《漢書》“挏馬官”注云：“主乳馬，以韋革爲夾兜，受數斗，盛馬乳，挏其上肥，因名曰挏馬官。”[六]今梁州亦名馬酪爲“馬酒”。

［一］按，《隋書·經籍志二》著録伏無忌《古今注》八卷，已佚。此處所引見李賢注《後漢書·五行志三·冬雷》。

［二］“古今事文類聚”，原作“詩話”，因張澍不明《古今事文類聚》之體例而致誤，今據此條出《古今事文類聚》卷一二改。按，此書作爲類書，在每一部類之下，分别有“古詩”“律詩”“詩話”“古今文集”“古今事實”等類别，每一類别之引文如有出處，則在每條之末注明，故所謂“詩話”者，絶非書名。

［三］“糟”，與《補注杜詩》卷三二《十月一日》同，《杜詩詳注》卷二〇則作“糖”。按，燋糟，《通雅》卷三九考證云：“《南粤志》：‘閩中十月一日作糯糍，或京飩，以祀祖告冬。楚是日亦裹京飩充節物。’《歲時記》：‘是日黍臛，荆楚十月一日食燋糟，或作燋糖、糯糍，今擣糍成餅者也。京飩，今之渾飩，亦曰餃餌。’”即今日之糍粑是也。◎“盤”，光緒本誤作“柈”。

［四］“蕨”，原作“雀”，據《太平廣記》卷四八三引《玉堂閑話》改。

［五］按，此條出《齊民要術》卷八。

［六］按，此條出《漢書·百官公卿表上》“武帝太初元年更名家馬爲挏馬”句注文。但如淳此説遭到了後世學者的批評，宋人王觀國《學林》卷三“挏馬”條有詳細考證，可參看，文繁不引。

羊腊

《吕氏春秋·本味篇》："臭惡猶美，皆有所以。"高誘注："臭惡猶美，若蜀人之作羊腊[一]，小臭爲美，各有所用也。"

鹿𤸿

《内則》："切葱若薤，實諸醯以柔之。"鄭注云："今益州有鹿𤸿者，近由此爲之矣。"陸氏云："𤸿，于僞反。益州人取鹿殺而埋之地中，令臭，乃出食之，名鹿𤸿。"[二]案，青州蟹胥、凉州鳥翅、南郡黄雀、荆州鮺魚，皆《礼》注也[三]。"梁劉孝儀曰[四]：'鄴中鹿尾乃酒殽之最。'崔劼曰：'生魚、熊掌，《孟子》所稱。鷄跖、猩唇[五]，《吕氏》所尚。鹿尾乃有奇味，竟不載于書籍。每用爲怪[六]。'孝儀曰：'實自如此，或古今好尚不同。'梁賀季曰：'青州蟹胥，乃爲鄭氏所記。此物不書，未解所以。'李騫曰：'鄭亦稱益州鹿𤸿，但未是珍味。'"[七]

魚鮨　脂醬　苞蘆

《爾雅》："魚謂之鮨。"郭注："鮨，鮓屬也。"[八]"蜀人取魚以爲鮨。"[九]案，"以爲"，舊訛作"不去"。今考《説文·魚部》："鮨，魚脂醬也。出蜀中。"義正合《爾雅注》。《博物志》："西羌仲秋月，取赤頭

[一]"羊腊"，徐海榮主編《中國飲食史》云："應是一中具有怪異味道的醃制羊肉。"
[二] 按，此條見陸德明《經典釋文》卷一二《禮記音義》。
[三] 按，青州蟹胥與荆州鮺魚見《周禮·庖人》；凉州鳥翅見《儀禮·士虞禮》；南郡黄雀則見《周禮·羅氏》。
[四]"梁"下，原衍"典"字，據《酉陽雜俎》卷七删。按，"梁典"若作書名講，則有兩種，分别爲劉璠所撰三十卷本、何之元所撰三十卷本，見《隋書·經籍志二》。但二書久佚，未見他書引此段文字云出《梁典》者。若作職官講，亦不通，劉潛字孝儀，《梁書》有傳。知此字爲衍文，故删。
[五]"鷄跖"，見《吕氏春秋》卷四《用衆》；"猩唇"，見《吕氏春秋》卷一四《本味》。
[六]"怪"，原作"恨"，據《酉陽雜俎》改。
[七]"珍味"，原作"尾耳"，據《酉陽雜俎》改。
[八] 按，此條見《爾雅·釋官》。
[九]"蜀人取魚以爲鮨"，非郭璞注，見《北堂書鈔》卷一四六"蜀人魚鮨"句注文，故如上標點。又，"以爲"，《北堂書鈔》作"不去"，此處乃張澍所改。

鯉以爲鮨。鮨，鮓屬。”[一]一云蜀人呼魚鮓爲“苞蘆”[二]。《廣雅》：“鮨，差魚也。”[三]又案，春秋衛庾公差，字子魚[四]。“差”即“鮺”字也。《説文》云：“鮺[五]，藏魚也。南方謂之魿，北方謂之鮺。”“俗作‘鮓’。一名‘魚鱐’。”[六]

藏梅法

《食經》：“藏梅法：取梅極大者，剥皮陰乾，勿令得風。經二宿，去鹽汁，内蜜中。月許，更易蜜，則經年如新也。”[七]

飴　蜜

魏文帝《與朝臣書》云：“新城孟太守道蜀猪肫鷄鶩味皆淡，故蜀人作食喜著飴蜜。”見《太平御覽》[八]。

蜀　茶

陸羽《茶經》：“傅咸《司隸教》曰：‘聞南市有蜀嫗作茶粥賣[九]，爲廉事打破其器具。’[十]又云：‘賣餅於市而禁茶粥以困蜀嫗[十一]，何哉？’”

[一] 按，此條見《格致鏡原》卷二四，《北堂書鈔》卷一四六所引無小字注文。

[二] 按，此説見宋葛立方《韻語陽秋》卷一九。葛氏引杜詩《槐葉冷淘》“香飯兼苞蘆”爲證，《杜詩詳注》卷一九則認爲“苞蘆”乃蘆笋。

[三] 按，此條見《廣雅·釋器》。

[四] 按，此人見《左傳·襄公十四年》。

[五]“鮺”，原作“鮭”，據《説文·魚部》改。按，“鮺”同“鮓”，亦作“鮭”。據《集韻·馬韻》，鮺一作鮭，或作鮓。但作“鮭”終非《説文》原文，故改之。

[六] 按，此説見《格致鏡原》卷二四“鮓”條。

[七] 按，此條見《齊民要術》卷四。所謂《食經》者，同名著作較多，此處當是北魏崔浩所撰九卷本，《魏書·崔浩傳》載其序。

[八] 按，此條見《太平御覽》卷八五七。

[九]“市”，原作“方”；“有”下，原衍“國”字：據《茶經校注》卷下改、删。

[十]“廉”，原作“簾”；“打”，原作“竹”：形近而誤，據《茶經校注》改。

[十一]“困”，原無，據《茶經校注》補。按，這一句，《太平御覽》卷八六七作“使無爲賣餅於市，而禁茶粥以困蜀姥，何哉”。“無爲”者，無事可做之人也，《茶經校注》見到了此條異文，但理解有誤。

茗飲

案，王褒《僮約》云："武陽買茶。"[一]常璩《華陽國志》："什邡縣山出好茶。""南安、武陽皆出名茶。"[二]張載《登成都白兔樓》詩云："芳茶冠六清。"[三]孫楚詩："薑桂茶荈出巴蜀。"[四]《本草衍義》[五]："晋温嶠上表'貢茶千斤，茗三百斤'。"則是自秦人取蜀而後始有茗飲之事。

諸茶名

《述異記》："巴東有真香茗，其花白色，如薔薇。煎服，令人不眠，能誦無忘。"[六]

《圖經》："蜀雅州蒙頂茶，受陽氣全，故芳香。其生最晚，在春夏之交。方茶生，常有雲霧覆其上，若有神物護持之。唐李德裕入蜀得蒙餅，以沃于湯瓶之上。移時盡化，以驗其真。蒙頂又有五花茶，其片作五出。蒙山白雲巖産雲茶。雲茶，山茶之别名也。"

《茶譜》："蜀之雅州有蒙山，山有五頂，頂有茶園。其中頂曰上清峰。昔有僧病冷且久，嘗遇一父老，謂曰：'蒙之中頂茶，嘗以春分之先後，多構人力，俟雷之發聲，併手采擇，三日而止。若獲一兩，以本處水煎服，即能祛宿疾。二兩當限前無病，三兩固以换骨，四兩即爲地仙矣。'是僧因之中頂築室以候。及期，獲一兩餘，服未竟，而病瘥。時到城市，人見容貌常年三十餘，眉髮緑色。其後入青城訪道，不知所終。今四頂茶園采摘不廢，惟中頂草木繁密，雲霧蔽虧，鷙獸時出，人迹希到矣。今蒙頂茶有霧鋑牙、籛牙，皆云火前，言造于禁火之前也。火後者次之。又有枳殼芽、枸杞芽、枇杷芽者，皆能治風氣疾。又有皂莢芽、槐柳芽，

[一] 按，王褒此文見《古文苑》卷一七及《漢魏六朝百三家集》卷六等。

[二] 按，兩條皆見《華陽國志》卷三。

[三] 按，此詩見《古詩紀》卷三九、《全蜀藝文志》卷六等。

[四] 按，此文見孫楚所作《出歌》，《茶經》卷下、《太平御覽》卷八六七有引。◎"孫楚"，字子荆，西晋太原中都（今山西平遥西北）人。《晋書》本傳稱其"才藻卓絶，爽邁不群，多所陵傲，缺鄉曲之譽"。

[五] "《本草衍義》"，北宋寇宗奭撰，共二十卷。此條見其書卷一四"茗苦茶"。又，本段之所有考證，皆出《日知録》卷七"茶"條，非張澍自創。

[六] 按，此條出《述異記》卷下。但從前後文字關聯來看，"諸茶名"所引除最末一條《國史補》云云外，全係據《格致鏡原》卷二一轉引，故後文不再詳注出處。

皆上春摘。摘其芽，和茶作之。又有壓膏露牙、不壓膏露牙、井冬牙[一]，言隆冬甲坼也。又有研膏茶，作片進之。亦作紫笋。”段成式《錦里新聞》[二]：“蒙頂山有雷鳴茶，雷鳴時乃茁。”

《茶譜》：“彭州蒲村口，其園有仙崖、石花等號。涪州出三般茶：賓花最上，製于早春；其次白馬，最下涪陵。”

又云忠州之南賓有四園：一多陵、二多波、三波羅、四思龍，皆方餅。惟多陵爲上。飯後飲之，消食，空腹忌飲[三]。多波次之，二園下。峽川石上紫花芽，主治頭痛[四]，年貢一斤。又有小江、明月簝、碧澗簝、茱萸簝之名。

又云：“蜀州晉原、洞口、横原、味江、青城，其横芽、雀舌、鳥觜、麥顆，蓋取其嫩芽所造，以其芽似之也。又有片甲者，早春黄茶，芽葉相抱如甲片也[五]。蟬翼者，葉軟薄如蟬翼也。皆散茶之最上也。邛州之臨邛、臨溪、思安、火井，有早春、火前、火後、嫩緑等上中下茶。”

《茶經》：“瀘州之茶樹，夷獠常携瓢置側。每登樹采摘，茶含于口中。待其展，然後置瓢中。旋塞其竅，歸必置于暖處，故味極佳。辛而性熱，飲之療風。”[六]

《茶譜》云：“玉壘關外寶唐山有茶樹，産于懸崖。笋長三寸五寸，方有一葉兩葉。”

《茶經》：“巴東俗多煮檀葉，並大皂李作茶，並冷[七]。又南方木瓜、蘆木亦似茗，至苦澀[八]。取爲屑茶飲，亦可通夜不眠。”

[一] 三“牙”字，原作“芽”，乃張澍因前文諸多“芽”字而改者，今據《格致鏡原》卷二一引《茶譜》改。按，此處“牙”字通“芽”，作爲專有名詞，用原文之字較妥，《事類賦》卷一七“冬牙早秀”句注文所引亦作“牙”也。

[二] 按，針對《錦里新聞》，趙熙眉批云：“段成式曾隨宦榮州，不知榮中有題識否？”

[三] “忌”，原作“朔”，文義不通，因襲《格致鏡原》之誤也，今據《古今合璧事類備要·外集》卷四二“飲消食”注文改。

[四] “頭”，原作“顧”，形近而誤，據光緒本及《格致鏡原》改。按，此段文字，《格致鏡原》並不言出處，故不加引號。下一段之“又云”者，《格致鏡原》言出《茶譜》，故加引號以别之。

[五] “抱”，原作“把”，形近而誤，據《太平寰宇記》卷七五、《格致鏡原》改。

[六] 按，此條亦見於《太平寰宇記》卷八八、《錦綉萬花谷·續集》卷一三等，不見於今本陸羽《茶經》。

[七] “並冷”，《茶經校注》卷下注文言《本草綱目》引作“並冷利”，謂清涼爽口也。

[八] “苦”，原作“若”，形近而誤，據光緒本、《格致鏡原》及《茶經校注》卷下改。

《國史補》:“劍南有蒙頂石花，或小方，或散芽，號爲第一。東川有神泉、小團、昌明、獸目，峽州有碧澗[一]、明月、芳蕊、茱萸簝。”

蒻　莖

《益州記》:“蒻之莖，蜀人於冬月取以舂碎，炙之，水淋一宿，爲菹。”[二]

杏仁方

景焕《野人閑話》云:“翰林學士幸寅遜在青城道院中[三]，夢皇姑謂曰:‘可服杏仁，令汝聰明，老而健壯，心力不倦，亦資于年壽矣。’求其方，則用杏仁一味，每盥漱畢，以七枚納口中。良久，脱去皮細嚼，和津液頓咽。日日食之，一年必換血，令人輕健。與申天師《怡神論》中者同[四]。寅遜遂日日食之，老而輕健，年逾從心，猶多著述。”[五]

饅　頭

《事物紀原》:“諸葛亮南征，將渡瀘水。土俗殺人，首祭神。亮令以羊豕代，取麵畫人頭祭之，饅頭名始此。”[六]案，郎瑛《七修類稿》[七]:“蠻地以人頭祭神，諸葛亮之征孟獲，命以麵包肉爲人頭以祭，謂‘蠻頭’，今訛爲‘饅頭’也。”

[一]“州”，原作“川”，據《唐國史補》卷下改。

[二] 按，此條見《北堂書鈔》卷一四六“蒻菹”注文，亦見《格致鏡原》卷二四。至於此《益州記》究竟爲何人所作，難以詳考。

[三]“幸寅遜”，與《十國春秋》卷五四本傳同，他書如《太平廣記》卷二七八、《蜀中廣記》卷七三等則作“辛夤遜”。

[四]“申天師”，唐玄宗時道士，著《怡神論》若干卷，《服氣要訣》一卷。《十國春秋》卷五七有傳。

[五] 按，此條當是據《蜀中廣記》卷七三所引之文而改寫。《太平廣記》卷二七八“辛夤遜”條與《蜀中廣記》所引略異，無杏仁方之具體操作方法。

[六] 按，此條乃據《格致鏡原》卷二五轉引，與《事物紀原》卷九“饅頭”條原文有異。

[七]“修”，原作“脩”，據引文見《七修類稿》卷四三“饅頭青白團”條改。《蜀典》中往往將二字相混，後文當作“修”而實作“脩”者徑改，不再説明。按，此條與前引《事物紀原》之語均見《格致鏡原》卷二五，張澍據《格致鏡原》轉引，文字與《七修類稿》小異。

蘆心布衣　紅勒帛

《老學庵筆記》:“成都士人家子弟，無貧富皆著蘆心布衣[一]，紅勒帛，狹如一指大。稍異此，則共嘲笑，以爲非士流也。”

殺薑法

《博物志》:“伏波將軍唐資傳蜀人殺薑法[二]。先洒掃，别粗細爲三輩，盛著籠中。作沸湯，没籠著湯中。須臾，取一片横截斷，視其熟否。裹既熟訖，便内著罌中。細擣米末以覆上，令薑不見。訖以向湯[三]，令復沸，使相淹[四]。消息視罌中，當自沸，沸便陰乾之。”

甲乙膏

《事物紺珠》:“甲乙膏，蜀人二月以豉雜黄牛肉作，非上客不獻。”[五]

豨薟方[六]

蘇頌[七]曰:“蜀人單服豨薟法：五月五日、六月六日、九月九日，采

[一]“蘆心布衣”，吕叔湘《筆記文選讀·老學庵筆記》“士大夫家法”條，釋爲以蘆花襯裏之布。按，即“蘆衣”也。《太平御覽》卷八一九引南朝宋師覺授《孝子傳》:“閔子騫幼時爲後母所苦，冬月以蘆花衣之以代絮。”又，此條見《老學庵筆記》卷九。

[二]“傳”，原無，據《博物志校證·佚文》引《太平御覽》卷九七七之文補。◎“殺”，《博物志校證》作“煞”，義同。

[三]“湯”，原作“陽”，形近而誤，據《博物志校證》改。

[四]“相淹”，《博物志校證》將下文“消”字上屬，作“相淹消”，或誤。按，相淹，謂將生薑放入湯中，再加火煮沸，讓湯液淹没裝生薑的罐子。“消”字下屬，作“消息”，則是停止之義，言湯煮沸淹没罐子之後，看罐子裏面也開始沸騰，然後就停火。

[五]按，此條見《事物紺珠》卷一四“獸食品類”。更早記載則見《雲仙雜記》卷七“甲乙膏”條。

[六]“豨薟”，藥草名。一年生草本植物。中醫以全草入藥，有祛風濕、强筋骨等作用。李時珍《本草綱目》卷一五“豨薟”條:“韻書：楚人呼‘猪’爲‘豨’，呼草之氣味辛毒爲‘薟’。此草氣臭如猪而味薟螫，故謂之‘豨薟’。”

[七]“蘇頌”，字子容，北宋泉州南安人，傑出科學家、政治家和博物學，同時也是一位藥物學家。著有《本草圖經》，又名《圖經本草》，二十卷，目録一卷。《宋史》卷三四〇有傳。

葉去根。莖、花、實，净洗暴乾，入甑中。層層洒酒，與蜜蒸之。又暴，如此九過，則氣味極香美。熬擣篩末，蜜丸服之。云甚益元氣，治肝腎、風氣、四肢麻木、骨間冷、腰膝無力者，亦能行大腸氣。”[一]

知益州張詠《進豨薟丸表》略云[二]：“竊以餐食飲水[三]，可作充腸之饌。餌松含柏，亦成救病之功。是以療飢者不在於羞珍[四]，愈病者何煩於異術？倘獲濟時之藥[五]，輒陳鄙物之形[六]，不耻管窺，輒干天聽。臣因换龍興觀掘得一碑，内説修養氣術并藥方二件[七]。依方差人訪問采覓[八]，其草頗有異[九]，金稜銀綫，素莖紫荄[十]，對節而生。蜀號火杴[十一]，莖葉頗同蒼耳。不費登高歷險，每常求少獲多。急采非難，廣收甚易。倘勤久服，旋見神功。誰知至賤之中，乃有殊常之效。臣自一服，至百服[十二]，眼目清明，即千服[十三]，髭鬚烏黑、筋力輕健，效驗多端[十四]。臣本州右都押衙羅守一[十五]，曾因中風墜馬，失音不語。臣與十服，其病立瘥[十六]。又和尚智嚴[十七]，年七十[十八]，忽患偏風，行履妨廢，臣與十服，

[一] 按，此段見《本草綱目》卷一五“豨薟”條注文所引。

[二] 按，此文亦見《本草綱目》卷一五、《蜀中廣記》卷六四、《醫説》卷三等，但皆爲節引。全文則見文淵閣《四庫全書》本《事實類苑》卷五一、文淵閣《四庫全書》本《類證普濟本事方》卷七及日本元和七年《新雕皇朝類苑》卷四九。今以《本草綱目》及《事實類苑》《新雕皇朝類苑》參校，僅校文字正誤，省略之文不做説明。

[三]“竊以”，《本草綱目》作“切以”；《事實類苑》《新雕皇朝類苑》作“臣聞”。

[四]“在”，《事實類苑》《新雕皇朝類苑》作“假”。

[五]“倘獲”，原作“倘或”，據《本草綱目》改。《事實類苑》《新雕皇朝類苑》作“既獲”。

[六]“輒”，《事實類苑》《新雕皇朝類苑》作“敢”。◎“鄙”，《事實類苑》作“被”，誤；《新雕皇朝類苑》作“彼”。

[七]“藥方”前，《事實類苑》《新雕皇朝類苑》有“草”字。

[八]“依方”前，《事實類苑》《新雕皇朝類苑》有“臣”字。

[九]“有”下，《事實類苑》《新雕皇朝類苑》有“其”字。

[十]“素莖紫荄”，《新雕皇朝類苑》作“素根紫葉”，《事實類苑》誤作“素根紫策”。

[十一]“號火杴”，《事實類苑》《新雕皇朝類苑》作“號爲火杴草”。

[十二]“臣自一服，至百服”，《事實類苑》《新雕皇朝類苑》作“微臣自吃至百服”。

[十三]“即千服”，《事實類苑》作“即至十朝”，《新雕皇朝類苑》作“即至千朝”。

[十四]“效驗”，《事實類苑》《新雕皇朝類苑》作“其效”。

[十五]“右”，原作“有”，據《事實類苑》《新雕皇朝類苑》改。

[十六]“瘥”，《事實類苑》《新雕皇朝類苑》作“愈”。

[十七]“和尚”，原脱“尚”字，據《本草綱目》補；《事實類苑》《新雕皇朝類苑》則作“僧”。

[十八]“年”下，《事實類苑》《新雕皇朝類苑》有“垂”字。

旬日病瘳。又有玉局化主道士皇甫因，上元日與合城奏醮中風[一]，口眼喎斜，時時吐涎[二]。臣與十服，亦便得痊[三]。今合一百劑[四]，差職貢史元龜奏進。"[五]

楊桐飯

《瑣碎録》[六]："蜀人遇寒食日，采楊桐葉染飯，色青而有光，食之資陽氣，謂之'楊桐飯'。道家謂'青飿飯'。"[七]

食米成瘕

《醫説》[八]："好食生米，口中出清水。以鷄矢同白米各半，合炒爲末。以水一鍾調服，良久吐出如米形，即瘥。昔慎道恭病此[九]，肌瘦如

[一]"行履妨廢……上元日與合城奏醮中風"，原脱，與《本草綱目》同誤，據《事實類苑》《新雕皇朝類苑》補。按，張詠表中所指爲二人，《本草綱目》脱誤爲一人也。

[二]"涎"，《事實類苑》《新雕皇朝類苑》作"暴"，或誤。

[三]"亦便得痊"，《事實類苑》《新雕皇朝類苑》作"立便得瘥"。

[四]"今合"，《事實類苑》《新雕皇朝類苑》作"今輒修合"。

[五]"龜"，原脱，據《事實類苑》《新雕皇朝類苑》補。又，二書此句作"謹差本番職貢史元龜奉表奉進"，唯《事實類苑》誤"史"作"吏"。

[六]"《瑣碎録》"，《直齋書録解題》卷一一著録爲二十卷，宋人温革著。據《南宋館閣録》卷八："温革字叔皮，温陵人，何㮚榜上舍出身，治易。（紹興）八年五月除（秘書省正字），十年十月通判洪州。"其通判洪州一事，《建炎以來繫年要録》卷一三八有云："紹興十年冬十月壬申朔。秘書省正字温革監登聞檢院，馬竑罷。時言者論二人專守偏見，譏議紛然，望使各與外任，庶幾人知好惡，國是自定。乃以革通判洪州。"此書又名《分門瑣碎録》，除了温革二十卷本，《直齋書録解題》云另有書坊增廣之《後録》二十卷。今日能看到者，乃上海圖書館所藏明抄本，此本不分卷，作者仍題温革，篇幅較小，當非原帙。翻檢全書，並無此條。張澍所引，見《天中記》卷四、《格致鏡原》卷二二等，文字略異。

[七]"青飿飯"，又名青精飯，以南燭木汁液煮飯，能染成烏色，古人對此物多有考證。《夢溪筆談》卷二六云："南燭草木，記傳、《本草》所説多端，今少有識者。爲其作青精飯色黑，乃誤用烏臼爲之，全非也。此木類也，又似草類，故謂之南草木，今人謂之南天燭者是也。南人多植於庭檻之間，莖如蒴藋，有節，高三四尺，廬山有盈丈者。葉微似楝而少，至秋則實赤如丹，南方至多。"除沈括外，宋人王觀國《學林》卷八"青精"條亦有考辨，胡道静注《夢溪筆談》時已引之。據胡氏校注，此物即南燭木，又名南燭，詳參《全國中草藥彙編》《中藥大辭典》，此不贅言。

[八]按，此處乃據《本草綱目》卷四八"食米成瘕"條轉引，與《醫説》卷五"米瘕"條文字差異較大。

[九]"道恭"，原誤倒，與《本草綱目》同，據《醫説》乙正。

勞，蜀僧道廣處此方而愈。”[一]

雲　子

許顗《彦周詩話》云：“雲子，雨也，言如雨點耳。出《荀子·雲篇》。”案，荀賦有“友風而子雨”句，許以之解“雲子”，真是謬誤。“葛洪《丹經》用‘雲子’，碎雲母也。今蜀中有碎礫狀如米粒，圓白，雲子石也。”[二]杜詩“飯抄雲子白”，蓋用方言。若《漢武内傳》所云“以赤者爲風實，白者爲雲子”[三]，實蓋丹也。

火　米

陳師道《後山談叢》[四]：“蜀稻先蒸而後炒，謂之‘火米’，可以久積，以地潤故也。蒸用大木，空中爲甑，盛數石，炒用石板爲釜，凡數十石。”

紫花梨

蘇頌曰：“紫花療心熱。唐武宗有此疾[五]，百藥不效。青城山邢道人以此梨絞汁進之，帝疾遂愈。復求之，不可得。常山郡忽有一株，因緘封以進之。帝多食之，解煩燥，殊效。歲久，木枯不復有種。”今人不得而用之矣。

[一]“道”，原作“通”，形近而誤，據《本草綱目》《醫説》改。

[二] 按，此條引文亦出《彦周詩話》。

[三]“子”，原脱，據《通雅》卷三九補。◎“以赤者爲風實，白者爲雲子”，今本《漢武帝内傳》作“風實雲子”。按，張澍此條因襲明代方以智《通雅》之説，略加改動而已。

[四]“談叢”，原誤倒，因襲《格致鏡原》卷六一之誤也，今據此條見《後山談叢》卷四而改。文淵閣《四庫全書》本《後山集》卷二一標目爲“談叢”，亦收此條；《文獻通考·經籍考四十四》亦作《後山談叢》，皆可爲證。

[五]“宗”，原作“帝”，據《重修政和經史證類本草》卷二三及《本草綱目》卷三〇所引改。

巴竹笋

陸璣《詩疏》:“巴竹笋八月九月生，始出地，長數寸。煮以苦酒[一]，豉汁浸之，可以就酒及食。”

金　羹

《天中記》:“蜀廣安有金羹、玉飯、紅腊、紫黎。金羹，謂鴨也。”[二]《通志》云:“女兒穀，即《方輿覽勝》所謂‘金羹玉飯’也。穀有數十種，以女兒穀爲佳。”[三]

秬　豆

郭義恭《廣志》[四]:“秬豆，苗似小豆，紫華，可爲麵，生朱提。”

拂油巾

《浣花旅地志》:“拂油巾，蜀人奉親之服。”[五]

[一]“煮”，原作“鬻”，文淵閣《四庫全書》本《毛詩草木鳥獸蟲魚疏》卷上“維笋及蒲”條作“鬻”，張澍所見本當與此字同，形近而誤，遂作“鬻”，今改。

[二] 按，此條見《天中記》卷五八，但陳耀文並未詳細説明得名之由。所謂“金羹玉飯”，《事物異名録》卷一五引《初學記》云:“石首魚和蓴菜作羹，謂之金羹玉飯。”《吴郡志》卷二九亦云:“鱸魚常以仲秋從海入江。菰葉，南越人以箭笋和爲羹，甚珍。魚白如玉，菜黄如金，隋人已呼爲金羹玉鱠。”是“金羹”早已聞名，並無異議。廣安之所謂金羹，則指鴨子肉。《輿地紀勝》卷一六五《廣安軍·風俗形勝》“廣安有十似”條云:“若所謂金羹、玉飯與夫紅腊、紫梨，則不爲溢美。注：金羹謂鴨也。”據此，則古宕渠縣之金羹確實指鴨子肉，得名之由，在於“相似”，與其他地方著名物産之類似者也。

[三] 按，此條所指乃嘉慶《四川通志》卷七四《物産·順慶府》“蘭蕙”條注文。但《四川通志》以爲乃《方輿勝覽》之“金羹玉飯”，其實《方輿勝覽》中仍是以金羹指鴨子。

[四]“郭義恭”，晋人。所著《廣志》二卷，著録於《隋書·經籍志三》《新唐書·藝文志三》。又一本十卷，著録於《通志·藝文略六》，久佚。張澍所引，見《初學記》卷二七及《爾雅翼》卷一等。

[五] 按，此説見《孔氏六貼》卷一二、《格致鏡原》卷一四等。所謂《浣花旅地志》，未詳何書。《雲仙雜記》卷一“籠桶衫柿油巾”條亦引《浣花旅地志》，則作“柿油巾”，未知得名之由。

竹根

段氏《蜀記》:“巴州俗以竹根爲酒注子，爲時所珍。”[一]案，杜工部詩云“共醉終向卧竹根”[二]，蓋以竹根爲酒器也。而庾信詩云“野鑪燒樹葉[三]，山杯捧竹根”[四]，是以竹根爲酒器，不始唐時矣。

[一] 按，此條見《天中記》卷四四。所謂“段氏《蜀記》”，又有引作“段氏《游蜀記》”者，如《太平寰宇記》卷一四九。諸書皆不言段氏究竟爲誰，當是段成式也。

[二]“共醉”，原作“醉到”，據《杜詩詳注》卷一〇《少年行二首》之一改。

[三]“燒”，與《天中記》所引同，《庾子山集注》卷四《奉報趙王惠酒》作“然”，古“燃”字也。

[四]“杯捧”，原作“林奉”，形近而誤，據《天中記》及《庾子山集注》改。按，此條考證竹根爲酒壺之説，全本自《天中記》。然段氏《蜀記》云巴人以竹根爲酒壺，不云始自唐代，張澍末尾一句實無必要。清人倪璠注《庾子山集》，引王韶《南雍州記》曰:“辛居士名宣仲，家貧，春月鬻笋充腸，酌截竹爲罍，用充盛置。人問其故，宣仲曰:‘我惟愛竹好酒，欲令二物常相並耳。’”

卷七

方言類[一]

林閭博學，好問輶軒[二]。子雲師之，乃作《方言》。鉟摫兼用[三]，臁盛實繁[四]。商隱《蜀雅》[五]，踵此爲根。掇拾遺佚，奊莫斯存[六]。

不　律

郭璞注《爾雅·釋器》云："蜀人呼筆爲不律。"案，《説文》："吴人呼筆爲不律。"[七]

[一] 按，趙熙眉批云："以聲音通轉，足知方言多合古誼，此當爲專書也。"

[二]"林閭"，指林閭翁孺，臨邛人，林閭爲複姓。揚雄《方言》卷一三《揚雄答劉歆書》云："臨邛林閭翁孺者，深好訓詁，猶見輶軒之使。"《華陽國志》卷一〇上云："林閭字公孺，臨邛人也，善古學。古者天子有輶車之使，自漢興以來，劉向之徒但聞其官，不詳其職。惟閭與嚴君平知之，曰：'此使考八方之風雅，通九州之異同，主海内之音韻，使人主居高堂知天下風俗也。'揚雄聞而師之，因此作《方言》。"二説略異，但揚雄從之問學則一也。

[三]"鉟摫"（pīguī），皆訓"裁"，詳本卷後文"鉟摫"條。

[四]"臁盛"，肥也，詳本卷後文"壞臁"條。

[五]"《蜀雅》"，《蜀爾雅》之省，與李調元所編二十卷本《蜀雅》不同。此書相傳爲李商隱撰，三卷。《直齋書録解題》卷三云："不著名氏，《館閣書目》案李邯鄲云：'唐李商隱采蜀語爲之。'當必有據。"此書已佚。

[六]"奊莫"（xǐqiè），《漢語大詞典》釋爲頭傾斜貌，捽物不敬貌，二義於此似皆不合。《黄庭堅全集·别集》卷一一《論俗呼字》云："奊莫，多節目也。其胸次不坦夷，舉事晝計務出獨見，以乖迕人爲賢者也。"原注二字音"烈挈"，與《漢語大詞典》不同。但其釋義爲心胸不坦蕩，好出獨見，則與張澍所用之義頗吻合。言方言乃一地之語，與通語不同也。此處可引申爲與常理不同的獨特事物。

[七] 按，呼筆爲不律，郭璞解釋爲"語之變轉"，張澍所引不完。鄭樵《爾雅注·釋器》云："緩聲爲不律，急聲爲筆。郭云：'蜀人呼筆爲不律。'許慎云：'吴人謂之不律。'觀作《爾雅》者多用江南音命物，恐許氏之言是矣。"鄭樵對爲何呼爲不律，有詳細説明，但同時也懷疑郭璞所言蜀人呼筆爲不律有誤，應該以許慎所説爲是。我們認爲，許慎可能不知蜀語亦稱不律，故未及言之；或郭璞所處之世，不律一詞已延及蜀地。方言詞語往往並不限於一地，即此理也，不應强分對錯。

梁

《水經注》：“雍闓反，結壘于山，繫馬枊柱。柱生成林，今夷人名曰‘雍無梁林’。梁，夷言馬也。”[一]案，“枊”，近刻訛爲“柳”。《説文》：“枊，繫馬柱。”《蜀志》先主解綬繫督郵著馬枊是也[二]。

譎

《説文》：“益、梁曰謬，欺天下曰譎。”

姐

《説文》：“蜀人謂母曰姐。”案，此方言也。其字當蜀人所製。又《漢書》“彡姐”[三]。注：“姐，音紫。”必蜀人讀“母”聲若“姊”，故云“謂母曰姐”耳[四]。

氏

《説文》：“巴蜀名山岸脅之堆旁著欲落墮者曰氏[五]。氏崩，聲聞數百

[一] 按，此條見《水經注·存水》。

[二] 按，《三國志·蜀志·先主傳》云：“督郵以公事到縣，先主求謁，不通。直入縛督郵，杖二百，解綬繫其頸著馬枊，棄官亡命。”

[三] 按，《漢書·馮奉世傳》：“永光二年秋，隴西羌彡姐旁種反。”據《漢書》注文，彡姐音xiǎnzǐ。

[四] 按，母與姐聲韻相差較遠，張澍之説缺乏語音學證據。《通雅》卷一九考證云：“江南呼母曰阿姐，皆母字之轉也。”此説亦含混，如何轉也？宋人戴侗《六書故·六書通釋》云：“凡方言往往以聲相禪，雖轉爲數音，實一字也……母，古音莫古切，又莫比切。今俗通呼莫下切。吴人莫回切，又上聲。蜀人即瓦切，淮南呼社，别立媽、姐、毑，文皆非也。”此説極有啓發性，蜀人之“姐”，與“毑”同音，同指“母”，二者應有淵源。《類篇》卷三六“母”部“毑”字注云：“子野切，姐或作毑。”更明確二者爲異體字。明人顧起元《客座贅語》卷一“父母稱謂”條云：“又羌人呼母曰毑，音與姐同，字又或作她。”如此則豁然開朗。《説文》所謂“蜀人謂母爲姐”者，其實是蜀地人借用了羌族人的稱呼，與“姐”音同而已，故《説文》用“姐”字代替。但“姐”又是姊妹之間幼稱長之詞，易混，故後又造“毑”字，此則用會意手段，合則爲“毑”，分則“母也”。

[五]“岸”，原作“崖”，據《説文·氏部》“氏”字條改。◎“堆”，原無，據《説文》補。◎“曰”，原作“名”，據《説文》改。

里。象形。入聲。凡氏之屬，皆从氏。揚雄賦‘響若氏隤’。”[一]案，《韻會》引小徐本云：“蜀謂山岸之堆旁著欲墮者曰氏。”[二]毛季斧不補“堆”字而補“聲”字[三]，非也。

聹

《説文》：“益、梁之州謂聾爲聹。”《方言》：“半聾，梁、益之間謂之聹。”注：“言胎聹煩憒也。”[四]

茚

《説文》：“菖蒲，益州曰茚。”案，今本《説文》“茚”字下云：“昌蒲也，从艸印聲。益州生。”[五]他本作“蓋益州云”[六]，猶“益州語”。菖蒲，益州呼茚茆。各本“菖蒲”上脱“茚茆”二字[七]，此本依小徐作“生”，非也。

坥

《説文》：“益州部謂螾場曰坥。”案，《方言》云：“梁、宋之間蚍蜉、犁鼠之場謂之坻，螾場謂之坥。”郭注：“其糞曰坥。”[八]“梁宋”當作“梁益”，乃與許慎説合[九]。

[一]“響若氏隤”，《揚雄文集箋注》卷四《解嘲》作“嚮若阺隤”。

[二]按，此文見《古今韻會舉要》卷一一。

[三]“毛季斧”，即毛扆，字季斧，明代著名藏书家、校勘家、出版家。他與其父毛晋校刻《説文》，但此書有初印本與後印本之别，不知張澍所指爲何本。早稻田大學所藏汲古閣本《説文》，“聞數百里”前補“聲”字，“岸脅之”後不補“堆”字，正與張澍所言相合。而日本京都大學藏惠棟批校本，則既補“聲”字，又補“堆”字。

[四]按，此説見《方言》卷六。

[五]按，此所謂“今本”，即前文所言早稻田大學藏汲古閣本。

[六]按，此所謂“他本”，不知所指。

[七]按，此説是，段玉裁注本已據全書體例補此二字。

[八]按，此條見《方言》卷六。

[九]按，張澍懷疑“梁宋”當作“梁益”，《方言箋疏》卷六亦云：“此云‘梁宋’，疑‘梁益’之訛。”

鴶鵴

《方言》："布穀，梁、楚間謂之鴶鵴。"[一]

緆[二]

《説文》："緆，蜀白細布也。"[三]"凡布細而疏者謂之繐。"[四]

蔎 葭荼 苦荼[五]

揚子《方言》："蜀西南人謂茶曰蔎。"[六]《集韻》："巴南呼茶曰葭荼。"[七]郭璞《爾雅注·釋木》[八]："檟一名荈。蜀人名之苦荼。"一引注云："荼，早取爲荼，晚取爲茗。蜀人名之苦荼。"

[一]"鴶鵴"(jiájú)，《方言》正文實作"結誥"，作"鴶鵴"者，見《毛詩草木鳥獸蟲魚疏》卷下"鳲鳩在桑"條。《方言箋疏》卷八注文稱布穀轉而爲結誥，結誥轉而爲鴶鵴，皆語音之變。

[二]"緆"，原作"繐"，據《説文》改，正文此字徑改，不再出校。按，《説文》"繐"字條云："細疏布也。从糸惠聲，私鋭切。"與張澍所引"緆"字條不同，顯係張氏誤記。

[三]按，《説文》無"白"字，有"白"字者，乃《一切經音義》卷八"《虚空孕經》上卷"所引。《蜀典》卷八同條所引亦無"白"字。

[四]按，此句非《説文》之語，《一切經音義》與前一句相連，張澍恐亦誤以爲乃出《説文》也。實則此句見《儀禮·喪服》注文，故如此標點。

[五]"荼"，原作"茶"，形近而誤，據《爾雅·釋木》改。正文引《爾雅》此字徑改，不再出校。

[六]按，此條出《蜀中廣記》卷六五，今本《方言》不載此語。言此説出《方言》者，當以陸羽《茶經》爲最早。該書卷上云："其名，一曰茶，二曰檟，三曰蔎，四曰茗，五曰荈。"注文："周公云：'檟，苦荼。'揚執戟云：'蜀西南人謂茶曰蔎。'郭弘農云：'早取爲茶，晚取爲茗，或一曰荈耳。'"沈冬梅校注，認爲此揚執戟指揚雄，這是没問題的，但以爲"蜀西南人謂茶曰蔎"一定出自揚雄的《方言》，且云《方言箋疏》失收，這就未必了。宋人高似孫《緯略》卷四"茶"條，引《茶經》之語，"周公云""郭弘農云"皆保留，唯獨無"揚執戟云"，唐代四大類書亦不言"蜀西南人謂茶曰蔎"。因此，我們認爲，從尊重原文的角度出發，應該直接引用《茶經》之語，而不當妄自補爲揚子雲《方言》云云。

[七]按，《集韻·麻韻》言"茶"與"荼"同，但無所謂巴南呼"茶爲葭荼"一説。此處言以"葭荼"稱"茶"，故"荼"字不改作"茶"。

[八]"璞"，原無，不妥，據後文"狢跂"條用例補。

壤 膿

揚雄《方言》："梁、益之間，凡人言盛及其所愛，偉其肥晠謂之膿。晠與盛同。"郭注云："膿，音壤。肥膿，多肉也。"案，晋灼引《方言》云："梁、益之間，所愛諱其肥盛曰壤。"[一]疑有訛脱。李善注《文選》云："《方言》曰'瑋其肥盛'。"[二]《説文》："益州鄙言人盛，諱其肥，謂之膿。"許祭酒説與揚子雲異。揚氏之"膿"[三]，與鄒陽書之"壤子"同也。"偉"當爲"諱"字之訛。

鯿

《方言》："蜀鹽謂之鯿。"[四]《廣韻》："鯿，蜀人呼鹽也。"[五]

肖

《方言》："肖，法也。西楚、梁、益之間曰肖。"案，一引云："肖、類，法也。西南梁、益之間，凡言相類者謂之肖。"[六]《廣雅》亦云："肖，法也。"[七]

狢 跂

《方言》："躡狢，登也。梁、益之間曰狢，或曰跂。"案，郭璞《爾雅注》引《方言》云："梁、益曰格。"[八]

[一] 按，晋灼之語亦見《方言》卷二郭璞注文所引。
[二] 按，此文見《文選·鄒陽〈上吴王書〉》。
[三]"膿"，原作"壤"，據前文引《方言》改。
[四] 按，《方言》無此説，頗疑張澍誤記，亦不見他書言此説出《方言》。唯《龍龕手鑑》卷三"鹵"部"鯿"字注云："薄犬反，蜀人呼鹽也。"但不言出處。
[五] 按，此説見《廣韻·銑韻》。
[六] 按，此條見《方言》卷七。
[七] 按，此條見《廣雅·釋詁》，有删節。
[八] 按，此條見《方言》卷一，狢音gé。

桃笙

《方言》："巴蜀謂簟爲桃笙。乃桃竹簟也。"[一]案，劉逵《吴都賦》注："吴人謂簟爲笙。"

矐

《方言》："梁、益之間瞋目曰矐。轉目顧視亦曰矐。"[二]案，《説文》："矐，目多精也。益州謂瞋目曰矐。"《玉篇》："矐，轉目貌。"與揚子雲説同。

纖

《方言》："纖，小也，細也。梁、益之間凡物小謂之纖。"[三]案，《説文》作"攕"[四]。

玄蚼

《方言》："蚍，梁、益之間謂之玄蚼。"[五]案，一作"玄駒"。

鋠摫

《方言》："鋠、摫，裁也。梁、益之間裁木爲器曰鋠，裂帛爲衣曰摫。"[六]

[一] 按，《方言》卷五："簟，宋、魏之間謂之笙，或謂之籧苗。自關而西，或謂之簟，或謂之銗。"無所謂巴蜀謂簟爲桃笙一説。

[二] 按，此説見《方言》卷六。

[三] 按，此説見《方言》卷二，與原文略異。

[四] 按，《説文·手部》："攕，好手貌。《詩》曰：'攕攕女手。'"如此，則"攕"不訓作"細小"，張澍所言不確。

[五] 按，此説見《方言》卷一一。但並未言何以稱"玄蚼"，以及"蚼"字與"駒"字之關係。《大戴禮記·夏小正》有"玄駒賁"，注文言"玄駒"即螞蟻。《本草綱目》卷四〇"蟻"條解釋説："大蟻喜酣戰，故有馬駒之稱。"李時珍認爲，蟻之大者名馬蟻，此正符合他在《本草綱目》卷一六"馬蓼"條所云"凡物大者皆以馬名之，俗呼大蓼是也"。據此，則螞蟻原單稱蟻，其大者以馬稱之，故稱馬蟻，以大蟻喜鬥，故稱馬駒。其色黑，故謂之玄駒。玄駒早見於《大戴禮記》，後人因其爲蟲屬，故改"駒"字之"馬"爲"虫"，其實讀音仍應與"駒"同，《爾雅注疏·釋蟲》"蟻"條音義即云："蚼音駒。"但《漢語大詞典》音"qú"，從《廣韻》，不妥。馬蟻由專指蟻之大者變爲蟻之通稱，自是受單音節詞雙音節化之影響，而變"馬"爲"螞"，則又受"蟻"字類推之影響。

[六] 按，此説見《方言》卷二。從文字學來講，《説文·𠂢部》，"𠂢"義爲水之衺流别也，即"派"之本字，作"派"者，加"氵"而成形声字也。"鋠"字音義即來源於"𠂢"，故《康熙字典》收"鋠"字，與"鋠"同。

案，《蜀都賦》：“鎃摫兼呈。”郭璞注：“鎃，音劈歷之劈；摫，音規。鎃之言劈，摫之言刲也。”

尰

《一切經音義》云：“尰血，又作瘇。上隴反。《爾雅》：‘腫足爲尰。’今巴蜀極多此疾，手臂有者亦呼爲尰也。”[一]

慚

《方言》：“㥦、恧、慚，梁、益、秦、晉之間曰慚。”[二]

杫

《方言》：“俎，几也。西南蜀漢之郊曰杫。杫，音賜。”[三]案，《漢書》：“藥菸枕杫。”注引《方言》作“杫”，音思漬反[四]。近本作“扯”者，非。

抵[五]

《方言》：“抵，會也。雍、梁之間曰抵。”[六]案，《説文》：“牴，觸也。从牛氐聲。”《玉篇》作“觝”。《韻會》通作“抵”“邸”“氐”。

[一] 按，此條見慧琳《一切經音義》卷六五《佛阿毗曇論》下卷之音義。
[二] 按，此條見《方言》卷六，略有改動。
[三] 按，此條見《方言》卷五，其後引注文，亦本自《方言》。
[四] “漬”，原作“清”，形近而誤，據《後漢書·鍾離意傳》改。
[五] “抵”，原作“牴”，張澍所據版本有誤，今據《方言疏證》及《方言箋疏》卷一改。正文此字徑改，不再出校。
[六] “雍梁”，原作“梁益”，據《方言疏證》及《方言箋疏》改。按，此處不知張澍所據爲何本《方言》，但《方言疏證》注文云：“抵，各本訛作‘牴’。據《廣雅》，‘會、抵，至也’，義與此合。”則多本皆誤也。張氏不知“抵”字作“牴”誤，遂引《説文》爲證，殊不知二者意義不同。復引《玉篇》，據《重修玉篇》卷二三“牛”部“牴”字注：“丁禮切。觸也，略也。大牴，言大略也。角牴，雜技樂也。或作觝。”與《方言》所謂“會”義更不相合。引更晚之《韻會》，言三者互通，此説雖有理，但“抵、邸、氐”三者同源，却與“牴”字“用角頂觸”之義不同。綜合來看，“氐”本指樹根，有抵達之義，加“扌”指動作“到達”，加“邑”指古代郡國之人入京朝拜時所宿之地，意義有會通之處。張澍所據《方言》原文刻字有誤，不能證明“牴”與“抵”之相連關係。

粒逼

《顏氏家訓·勉學篇》云：“吾在益州，與數人同坐，初晴日晃，見地上小光，問左右：‘此是何物？’有一蜀豎就視，答曰：‘是豆逼爾。’相顧愕然，不知所謂。命將取來，乃小豆也。窮訪蜀土，呼粒爲逼，時莫之解。吾云：‘《三蒼》《說文》此字白下爲匕，皆訓粒，《通俗文》音方力反。’[一]衆皆歡悟。”

㡏

《方言》：“扉，西南梁、益之間或謂之屩，或謂之㡏。履，其通語也。”案，“屩”今本作“屦”[二]，非。《廣韻》《集韻》並音“跨”。《說文》：“㡏，履也。一云青絲頭履也。”

襦

《方言》：“西南蜀、漢謂之曲領，或謂之襦。”[三]

蛒蝎

《方言》：“蠀螬，梁、益之間謂之蛒，或謂之蝎，或謂之蛭蛒。”[四]

鼻祖

周祈《名義考》云：“《方言》：‘梁、益謂鼻爲祖。’獸之初生，其鼻先見，故謂鼻爲祖。”[五]

[一]“方力”，原誤倒，據《顏氏家訓集解》卷三改。按，顏之推所解即“皀”字，據王利器注釋，《廣韻·麥韻》有“䴲”，指“豆中小硬者”，與“皀”字義同音近。

[二]“屦”，原文將此字左下部之“彳”刻作“糸”，殆因“糸”可作“糹”，與“彳”形近易誤也，今據《方言》卷四改。我們覆核了《四部叢刊》影宋本、戴震《方言疏證》、錢繹《方言箋疏》、文淵閣《四庫全書》本《方言》，皆作“屦”。

[三]按，此條見《方言》卷四，所謂“漢”，指漢中。

[四]按，此條見《方言》卷一一。所謂“蛒蝎”，即蠐螬，金龜子的幼蟲。

[五]按，此處所引見《名義考》卷五“鼻祖耳孫”條，但與《方言》卷一三原文略異。《方言》云：“鼻，始也。嘼之初生謂之鼻，人之初生謂之首。梁、益之間，謂鼻爲初，或謂之祖。”

銼

《廣韻》:“蜀呼鈷鏻爲銼。”[一]案，杜甫詩:“土銼冷疏烟。”注:“‘銼’，音‘挫’，蜀人呼釜爲‘銼’。”[二]

舲艇

《廣韻》:“舲，蜀人謂舟。”[三]《淮南子·俶真訓》:“越舲蜀艇，不能無水而浮。”案，高誘注云:“蜀艇，一板之舟。”訓蜀爲“一”義，本《方言》[四]。但越舲、蜀艇皆以其地名之。若以“蜀艇”爲“一板之舟”[五]，則於文不類矣。

宔

《博物志》云:“酸桶七月出穗，蜀謂之宔。”“宔”，音“穗”，其字从宀从山从土，與主客之“主”不同[六]。

鎦

《集韻》:“鎦，力救切。音溜。梁州謂釜曰鎦。”[七]案，揚子《方言》:

[一] 按，此條見《廣韻·過韻》。所謂鈷鏻，加熱的器具，即柳宗元《鈷鉧潭記》中之“鈷鉧”。

[二] 按，杜甫此詩題作《聞斛斯六官未歸》，注文見《九家集注杜詩》卷二二。

[三] 按，此條錯亂殊甚，不便改動，詳叙如下。《廣韻·沁韻》有“舿”字，注文云“蜀人呼舟”，當即張澍本意想徵引者，但“舿”字明顯不是“舲”字。據《集韻·沁韻》，“舿”亦作“舲”，與“舲”形近而已，仍有本質區別。據《廣韻·青韻》，“舲”義爲“舟上有窗”。此字又借指小船，如《楚辭·九章》:“乘舲船余上沅兮。”非蜀人謂舟之方言，故張澍引《廣韻》，誤將二者混爲一談了。

[四] 按，《方言》卷一二“一，蜀也，南楚謂之蜀”，當即張澍所本。但此處亦可能是張氏誤解，高誘之注文稱“一板之舟”者，可能是講蜀艇之形制，未必真以“一”訓“蜀”也。總之，張澍此條所引資料有誤，邏輯不能貫通。

[五]“板”，原作“版”，據前文改。

[六] 按，這裏引《博物志》及相關考證之語，全因襲楊慎《丹鉛續録》卷六“樹鹽”條。《博物志校證·佚文》據《重修政和經史證類本草》輯録，此字則徑作“主”，與楊慎所説不同。諸多字書皆不載此字。

[七]“釜”，原作“斧”，音同而誤，據《集韻·宥韻》改。

"甑，自關而東或謂之酢鎦。"[一]一作"磂"[二]。蘇東坡詩"先生飯土塯"[三]，字从土。

𤃐

《廣韻》《集韻》："𤃐，匹智切，音譬。蜀、漢人呼水洲曰𤃐。"[四]《方言》："水中可居爲洲，蜀、漢謂之𤃐。"[五]郭注："音手臂之'臂'。"

阺 阺 詆 婑

案，《集韻》："阺，本作氐，即姓氏也。"又引《説文》云："巴蜀名山岸脅之旁著欲墮落者名氏。"[六]或作阺。是誤以"阺"爲"阺"也[七]。楊淮《開石門碑》文有曰"以漢詆焉"[八]，"詆"即"氏"字。洪文惠讀"詆"爲"抵"，非也[九]。猶《費汎碑》以"婑"爲"氏"耳[十]。又揚雄《解嘲》"響若阺隤"注，師古曰："阺，丁禮反。巴蜀人名山旁堆欲墮落曰阺。應劭以爲天水隴阺，失之。"[十一]是"阺"即"坻"字。

[一]"鎦"，《方言箋疏》、《方言疏證》、宋本《方言》、文淵閣《四庫全書》本《方言》卷五皆作"餾"，張澍所據版本有異。

[二]按，此説見《集韻・宥韻》。

[三]按，此詩乃《次韻子由所居六詠》之四，見《蘇軾全集校注・詩集七》之卷四〇。據《集韻・宥韻》，"塯"乃瓦器，與"鎦""磂"不同。

[四]按，此字見《廣韻》《集韻》之"寘"韻，但《廣韻》稱"蜀、漢人呼水洲曰𤃐"，《集韻》僅云"水中洲也"。

[五]按，此説見《方言》卷一二。

[六]"岸"，原作"崖"；"氏"，原作"氐"：據《説文》改，詳本卷前文"氏"條。

[七]按，張澍此處駁《集韻》之誤，當是據《康熙字典・阜部》"阺"字條而來。

[八]按，此文見《集古録》卷三《後漢司隸楊君碑》，《隸釋》卷二二亦載，題目無"後漢"二字。

[九]按，洪适謚文惠，其《隸續》此條承襲歐陽修之説，僅言"詆"字未詳，並不言"詆"讀作"抵"。張澍當是據宋人王楙《野客叢書》卷一七"漢碑疑字"條而來也。王楙云："又《楊司隸碑》云：'高祖受命，興於漢中。道由子午，出散入秦，建定厥位，以漢詆焉。'歐公謂'詆'字未詳，洪氏謂'詆'音'抵'，不釋其義。僕疑此借用'氏'字耳，非'抵'字也。蓋'詆'字言從'氏'，非從'氐'。然漢碑多以氏爲'婑'，既加以'女'，安知其不加以'言'邪？《漢書》'妖'字寫作'訞'，以'言'易'女'，可據也。謂漢氏，猶言虞氏、夏氏耳。"除了王楙有考證，清人黄生《義府》卷下亦云："歐陽公《集古録》謂'詆'字未詳。愚意'詆'字其旁疑從'氏'，'詆'或即'謚'字，謂高祖由子午道入秦，以其興于漢中，故遂定有天下之號曰漢，'謚'猶'號'也。"二説結合起來，當得其實。

[十]按，《費汎碑》全文見《隸釋》卷一一。

[十一]按，此文見《漢書・揚雄傳下》。

嬽

《説文》:“嬽，好也。从女㬎聲，讀若蜀郡布名。”[一]徐鍇曰:“此今人所書‘娟’字也。”

船

《韻會》:“衣領曰船。”[二]《正字通》:“俗以船爲襟穿[三]。《續演繁露》:‘杜詩“天子呼來不上船”，或言衣襟爲船，誤。’[四]案，蜀人呼衣繫帶爲穿。俗因改‘穿’作‘船’。”費著《箋紙譜》[五]:“凡紙皆有連二、連三、連四售者。連四一名曰船。”是以蜀人又以紙名“船”也。

岸溉土銼

杜詩“土銼冷疏烟”，吴若本注:“銼，音‘挫’。蜀人呼釜爲銼。《困學紀聞》:‘滈水李氏云:“老杜多用方言。如岸溉、土銼，皆黔蜀人語。”’”[六]案，“溉”爲水中灘磧之名。《華陽國志》:“姚超二女沉水，夢於其兄，明日尸至於溉下。”[七]《水經注》青衣江鹽溉[八]、《北夢瑣言》

[一] 按，《漢書·司馬相如傳上》“柔橈嬽嬽”，顔師古注云:“嬽，音於圓反。”即讀作yuán。

[二] 按，此條見《古今韻會舉要》卷六。

[三]“俗”前，原有“蜀”，據《正字通》卷八“船”字注文删。

[四] 按，《續演繁露》，宋人程大昌撰，六卷。張澍此處乃據《正字通》轉引，原文見《續演繁露》卷四“天子呼來不上船”條。

[五]“箋”，原無，據費著書名補。

[六]“銼音挫”，原爲注文小字，今作正文處理。按，此條實可與本卷前文“銼”條合併，張澍編排偶疏耳。◎又，吴若注本杜詩刊於紹興三年，《杜詩詳注》卷二五有此人所作《杜工部集後記》。但吴若刻本似已不存，孫微、王新芳有《吴若本〈杜工部集〉研究》（載《圖書情報知識》二〇一〇年第三期），據其文，錢謙益注本杜詩當即以吴若本爲底本也。檢《錢注杜詩》卷一一，正與張澍所引相合。所引《困學紀聞》之語，亦是據《錢注杜詩》轉引，原文見王應麟書卷一五，有改動。而所謂滈水李氏，當是指李復，《宋史·藝文志七》著録此人有《滈水集》四十卷，今文淵閣《四庫全書》有從《永樂大典》輯出者，編爲十六卷。

[七] 按，此處乃撮要改寫。《華陽國志》卷一〇上云:“廣柔長郫姚超，二女姚妣、饒，未許嫁。隨父在官，值九種夷反，殺超。獲二女，欲使牧羊。二女誓不辱，乃以衣連腰自沉水中死。見夢告兄慰曰:‘姊妹之喪，當以某日至溉下。’慰寤，哀愕，如夢日得喪。”

[八] 按，《水經注·江水一》云:“有灘名壘坻，亦曰鹽溉，李冰所平也。”

峽江有羅雲溉[一]、昌元永川縣有松溉是也[二]。又案《都江考》[三]："都江口置大堰，疏北流爲三，曰'外應'。溉永康之導江、成都之新繁，而達於懷安之金堂。東北曰'三石洞'，溉導江與彭之九隴、崇寧、濛陽，而達於漢之雒。東南曰'馬騎'，溉導江與彭之崇寧、成都之郫、温江、新都、新繁及成都華陽。"

䝟[四]

何承天《纂文》："梁州以豕爲䝟。"[五]䝟，一引作"貅"。

槷[六]

《考工記·輪人》注："鄭司農云：'蜀人言椴曰槷。'"[七]

碥

《正字通》："水疾崖傾曰碥。蜀江自嘉州至荆門水路有燕子碥、閻王碥。"[八]

[一]"峽"，原作"夾"，據《太平廣記》卷四二五"郭彦郎"條引《北夢瑣言》"蜀邸有青將郭彦郎者，行舟峽江，至羅雲溉"改。

[二]"昌元"前，原有"宋史"二字，誤矣，《宋史》并無相關記載，今删。張澍《養素堂文集》卷三一"雷塠鹽溉釋"已删去"宋史"二字，是爲本證。實則松溉一名見於雍正《四川通志》卷二二下，乃鋪遞名。

[三]"《都江考》"，張澍或是據《讀史方輿紀要》卷六七轉引此文，作者不詳。相關記載亦見《宋史·河渠志五》。

[四]"䝟"(zhé)，《重修玉篇·豕部》："䝟，良猪。"《廣韻·葉韻》："䝟，梁之良豕。"

[五]按，此條見《太平御覽》卷九〇三。張澍所謂一引作"貅"(音lín，見《漢語大字典》)者，見《欽定四庫全書總目》卷四〇《續方言》之提要。

[六]"槷"(xiè)，木楔。《集韻·屑韻》："槷，楔也。"

[七]"椴"，原作"擬"，與《周禮注疏》閩監本、毛本等同，據阮元刻本之校勘記改。按，《類篇·木部》云："椴，櫼也。""扌""木"形近易混，當以從"木"爲是。

[八]"至"，原無，據《正字通》卷七補。按，此地名又可參《升庵集》卷七六"蜀江水路險名"條。又，此字多用爲地名，如樂山有徐家碥(biǎn)。我們認爲，作爲地名之"碥"，與《漢語大字典》所收"堬"(音piǎn)字指"長條形的低平地"應該是一回事，偏旁"土""石"常互混，二字讀音也可通轉。《四川方言詞典》還收録坢一詞，與碥、堬也只是寫法不同而已。蓋方言詞往往本無其字，因其語音而生造，故字無定形也。

茄

《詩》正義引《爾雅》郭璞注："蜀人以藕爲茄。"[一]

竿蔗

《一切經音義》云[二]："《廣志》作'竿蔗'，今蜀謂之'甘蔗'。"[三]案，"甘蔗"，即《上林賦》之"諸柘"[四]。《神異經》作"忓𧃹"[五]。

蹲鴟

《説文》："芋，大葉實根，驚人者也，故謂之芋。"[六]蜀多此物，可食。其大者謂之蹲鴟也[七]。

瞿塘

《夔州府志》："瞿，大也。塘，水所聚也。"又："秋冬水落爲瞿，春夏水漲爲塘。"[八]案，《樂府解題》云："瞿，盛也。塘，陂池水也。言盛水其中可以行舟。"又云"夏則爲瞿，冬則爲塘"[九]。與《府志》説又不同。

[一] 按，此條出《毛詩注疏·陳風·澤陂》注文，《爾雅注疏》之文則見《釋草·荷》。

[二] "一"，原脱，據光緒本補。

[三] "甘"，玄應《一切經音義》卷一四注《四分律》卷一二之文實作"竿"，張澍或覺其有誤而改，姑仍之。

[四] 按，《漢書·司馬相如傳》"諸柘巴且"，張揖注云："諸柘，甘柘也。"

[五] "神異經"，原作"洞冥記"，張澍誤記，今據《神異經》"南方山有忓𧃹之林"改。《洞冥記》無相關記載。細味致誤之由，蓋皆與東方朔有關也。

[六] 按，《説文繫傳》徐鍇曰："芋猶言吁也，吁，驚詞，故曰駭人謂之芋。芋狀如蹲鴟，故駭人云。"

[七] 按，芋頭味美，且能充飢。故《史記·貨殖列傳》云："唯卓氏曰：'此地狹薄。吾聞汶山之下沃野，下有蹲鴟，至死不飢。'"《方輿勝覽》卷五四《漢州·風俗》亦云："大亂不亂，蜀有廣漢；大荒不飢，蜀有蹲鴟。"

[八] 按，此條見乾隆《夔州府志》卷一，雍正《四川通志》卷二四《山川·奉節縣》"瞿塘峽"條注文亦載。

[九] 按，此説見《蜀中廣記》卷二一。

濆淖 濆沲 腦

杜甫詩“撇漩捎淖無險阻”注：“今川蜀語漩、濆，皆去聲。”[一]案，范成大有《刺濆淖》詩，并序云：“濆淖，盤渦之大者，峽江水壯則有之。”[二]王周《峽船記》：“峽水湍峻、激石忽發者，謂之濆；沲洑而漩者，謂之腦。”[三]“濆淖”，即“濆沲”也[四]。

冒絮

《史記·絳侯世家》：“薄太后以冒絮提文帝。”《集解》晉灼引《巴蜀異物志》云：“巴蜀名頭巾爲‘冒絮’。”案，應劭謂“陌額絮”。顏師古曰：“冒，覆也，老人所以覆其頭也。”[五]《漢書儀》[六]：“皇后親蠶絲絮，織室作祭服，皇后得以作絮巾。”《管寧别傳》“寧著絮巾”，即冒絮也[七]。《博物志》亦云：“蜀人以絮巾爲冒絮。”[八]

絞篊

《方輿勝覽》：“鹽泉有絞篊，引泉踏溪，每一筧用一篊。歲十月旦日，以新易陳。有司作樂以臨之，井民相慶，謂之‘絞篊’。”[九]案，《類篇》：“篊竹[十]，引水也。一曰竹木爲束。”《酉陽雜俎》：“晉時錢塘有人作篊，

[一] 按，《杜詩詳注》卷一五《最能行》注文引李實之語，無“蜀”字。

[二]“壯”，原作“大”，據《范石湖集》卷一六改。

[三] 按，此文見《全唐詩》卷七六五。作“腦”者，當是“淖”之記音字。

[四] 按，張澍以“濆沲”爲一詞，或誤。王周《峽船記》又云“岸石壁立，濆之忽作”，明顯是以“濆”爲一詞。《御定佩文韻府》卷九〇之十，收録“沲洑”一詞，不以“濆沲”爲一詞也。《杜詩詳注》點校者亦將“濆沲”斷開，不以之爲詞。然張澍之誤亦非偶然，《全蜀藝文志》卷一八收王周之文，整理者也將“濆沲”當成一詞。

[五] 按，引顏師古之注文，出《漢書·周勃傳》。

[六]“儀”，原脱，據《太平御覽》卷七一六、八一九補。《演繁露》卷一二“冒絮”條引作《漢官舊儀》，與此處略異。

[七] 按，此文見《格致鏡原》卷一四，相關記載見《三國志·魏志·管寧傳》。後文引《博物志》亦見《格致鏡原》，經過比對，本段文字應是抄録自《格致鏡原》而略加改動。

[八]“冒”，《太平御覽》卷七一六、八一九引《博物志》作“帽”。

[九] 按，此條見《方輿勝覽》卷五八《大寧監·圖産》“鹽泉”條注文，亦可參考《蜀典》卷五“井法”條。

[十] 按，《類篇》卷一三無“竹”字，此或張澍所加也。

年取魚億計，號萬匠箔。"[一]蓋以竹爲魚梁也。

栫[二]

郭景純《江賦》："栫澱爲涔，夾漈羅筌。"[三]案，哀八年《左傳》："囚諸樓臺，栫之以棘。"杜注云："栫，擁也。"《釋文》："栫，本又作'荐'。栫之言荐也。"韋昭注《國語》云："荐，聚也。"[四]《小爾雅》云："魚之所息謂之槮。槮，椮也。積柴水中而魚舍焉。"[五]《爾雅》："槮，謂之涔。"郭注："今之作'椮'者，叢積柴木於水中，魚得寒，入其裏藏隱，因以薄圍捕取之。"[六]《周頌·潛》篇："潛有多魚。"毛傳："潛，糝也。"韓《詩》作"涔"，云："涔，魚池也。"《淮南子·説林訓》："罧者扣舟。"高誘注云："罧者，以柴積水中以取魚。魚聞擊舟聲[七]，藏柴下，壅而取之也。"[八]《説文》，以柴木雍水曰栫[九]。今萬縣有魚栫山，下廣上鋭，崖面有石形如雙魚。

一　流

《食貨志》："朱提銀重八兩爲一流。"[十]

[一] 按，此條見《酉陽雜俎》卷一〇。

[二] 按，針對此條，趙熙眉批云："榮州北擁斯茫水，流近長山橋，有灘曰魚栫灘，□言《爾雅》，惜後人不知之。"所缺之文，難以辨識。

[三] "夾"，原作"浹"，據《文選》卷一二所收郭璞賦改。

[四] 按，此條出《國語·晋語七》"且夫戎翟薦處，貴貨而易土"句注文。

[五] 按，此條見漢孔鮒一卷本《小爾雅》，收入《四庫全書存目叢書·經部》第一八六册，同册還收有明人崔銑《小爾雅》一卷。

[六] 按，此條見《爾雅注疏·釋器》。

[七] "擊"，原作"繫"，形近而誤，據《淮南子》注文改。

[八] "壅"，原作"雍"，據《淮南子》注文改。

[九] 按，此處乃張澍改寫，《説文》原文云："栫，以柴木壅也。"

[十] "爲"前，原有"呼"字，據《漢書·食貨志下》删。按，《漢書》云："朱提銀，重八兩爲一流，直一千五百八十，它銀一流直千。是爲銀貨二品。"原文是將銀分爲二類，一流乃其等級與質量最上者，並非專稱朱提之銀名"一流"也。張澍理解有誤，此條實不當收録。

鱣鮪 䱗鱛[一]

《魏武四時食制》：“鱛，一名黄魚。大數百斤，骨軟可食，出江陽、犍爲。”陸璣《詩疏》：“鮪，益州人謂之鱣鮪。大者爲王鮪，小者爲鮛鮪。一名鮥。”[二]案，《説文》：“䲙鮥，鮪也。周雒謂之鮪，蜀謂之䲙鮥。”李奇注《上林賦》云：“周洛曰鮪，蜀曰䲙鱛。”[三]而段玉裁《説文注》引陸《疏》曰：“益州人謂之䱗鱛。”與今《詩疏》不同。又云：“今川江中尚有鮥子魚，昔在南溪縣、巫山縣食之。”[四]

蕿

郭義恭《廣志》：“蜀名梅爲蕿，大如雁子。梅、蕿可以爲油，黄梅以熟蕿作之。”[五]

謂北曰卜

郭忠恕《佩觿》云：“巴蜀謂北曰卜。”原注：“《詩》云：‘自西自東，自南自北音卜[六]，無思不服。’取其協韻，有遺風矣。”

蘭 干

《華陽國志》：“蘭干，獠言紵。”[七]

［一］“䱗”，原作“䲝”，據《太平御覽》卷九三六引《魏武四時食制》改。據《太平御覽》注音“公贈反”，則音gèng，與“䲝”不同。《廣韻·模韻》“䲝”音户吴切，則讀作hú，《漢語大詞典》釋爲鯆魚，與䱗鱛非一物也。蓋“亘”可作“亙”，與“互”形近，《蜀典》誤刻耳。本段後文引《説文》段注，亦誤作“䲝”，徑改，不再出校。

［二］按，此文見《毛詩草木鳥獸蟲魚疏》卷下“有鱣有鮪”條。後文之陸《疏》《詩疏》皆指《毛詩草木鳥獸蟲魚疏》。

［三］按，此條見《史記·司馬相如列傳》注文。

［四］按，此條見《説文解字注·魚部》“鮥”字注文。

［五］按，此條見《初學記》卷二八、《太平御覽》卷九七〇等。文中所謂“雁子”，即雁卵，與鷄子指鷄卵相似。此條言蜀人稱梅爲蕿，而《説文》則以爲乃乾梅。

［六］“音卜”，原作正文，據《佩觿》卷上改爲注文。

［七］按，《華陽國志》卷四云：“有蘭干細布。蘭干，獠言紵也。織成文如綾錦。”

馬酒

如淳《漢書注》:“挏馬，主乳馬。以韋革爲夾兜，受數斗，盛馬乳，挏取其上肥，因名挏馬。今梁州名馬酪爲‘馬酒’。”[一]

洪

李吉甫《元和志》:“蜀人謂水口爲洪。”[二]案，《益州記》:“婁僂灘東六里有射江，西魏因置縣。土人訛‘江’爲‘洪’，後周從俗，改縣爲射洪云。”[三]《寰宇記》引李膺《蜀記》云:“鄭僂灘東六里[四]，有射江，土人語訛，以‘江’爲‘洪’。”又與李弘憲説異[五]。蓋古人爲石梁絶水，水激而洪大，如吕梁洪、鷄翹洪、落馬洪、百丈洪，皆是也。

瀼

陸游《入蜀記》:“山澗之流，凡通江者，土人謂之瀼。”[六]案，夔州有西瀼、東瀼，是也[七]。《前漢·溝洫志》:“杜欽曰:‘屯氏河羡溢，有填淤反瀼之害。’”[八]其意與蜀之言“瀼”同。

[一] 按，《蜀典》卷五“馬酒”條亦言此事，實可省略或互見。

[二] 按，此條見《元和郡縣圖志》卷三三。原文稱射洪得名之由云:“縣有梓潼水，與涪江合流，急如箭，奔射涪江口，蜀人謂水口曰‘洪’，因名射洪。”與後文引《益州記》所言得名緣由不同。

[三] 按，此條見《蜀中廣記》卷二九。

[四]“僂”，原作“江”，據《太平寰宇記》卷八二改。《太平寰宇記》之校勘記羅列了《輿地廣記》作“婁縷灘”、《輿地紀勝》作“婁灘”、《蜀中名勝記》卷二九引李膺《益州記》作“婁僂灘”之異文，其實還有《舊唐書·地理志四》作“婁縷灘”，趙一清《水經注釋·溹水》引《寰宇記》作“婁僂灘”，皆可證明作“鄭僂灘”誤。

[五]“弘”，原作“宏”，避諱而改者也，今據李吉甫字弘憲而回改。

[六] 按，此處乃據《入蜀記》卷四改寫。

[七] 按，《正字通·水部》:“瀼，夔州澗水横通山谷間，市人謂之瀼，居人分其左右，謂之瀼東、瀼西。”

[八]“瀼”，《漢書》作“壤”，顔師古曰:“反壤者，水塞不通，故令其土壤反還也。”顯然與蜀人所謂“瀼”字不合。張氏作“瀼”，或是據《文選·木玄虛〈海賦〉》“涓流泱瀼”句注文所引而來也。

市暨

杜詩《夔府詠懷百韻》有云："市暨瀼西巔。"[一]公自注："市暨，夔人語也。市井泊船處謂之'市暨'，江水横通山谷處謂之'瀼'。"

孟

今蜀人忌人清晨與説夢，犯者唾之，以爲不祥。亦諱"孟"字。孟家店呼爲"忙家店"。余以爲其説有自。《王氏見聞録》云："蜀王衍舅徐延瓊累世富盛，於興義門造宅。宅内有二十餘院，皆雕墻峻宇，高臺深池，奇花異卉，叢桂小山，山川珍物，靡所不有。有紅牡丹一株，取自秦州董城村院者也。植於新第，請少主臨幸。少主嘆其基構華麗，侔於宫室。遂戲命筆於柱上大書一'孟'字。時俗謂孟爲不堪故也。明年蜀破，孟知祥入成都，據其第。忽睹楹間有絳紗籠，迫視，乃一'孟'字。孟曰：'吉祥也。吾無易此居。'孟之有蜀，蓋先兆也。"[二]《青箱雜記》云："蓋蜀人謂孟爲弱以戲之。"[三]

謂笛爲曲

《老學庵筆記》："魯直在戎州作樂府云：'老子平生，江南江北，愛聽臨風笛。孫郎微笑，坐來聲噴霜竹。'[四]予自蜀，見其稿。今俗本改'笛'爲'曲'以協韻，非也。予居蜀久，習其語音。乃知瀘、叙間謂笛爲'曲'，故魯直得借用，亦因戲之耳。"

[一]"巔"，原作"頭"，據《杜詩詳注》卷一九《秋日夔府詠懷奉寄鄭監李賓客一百韻》改。

[二]按，此文見《太平廣記》卷一三六"僞蜀主舅"條所引。

[三]按，除《青箱雜記》卷七有此説外，《容齋隨筆·三筆》卷九"孟字義訓"條亦言之。其實蜀人諱清晨説夢，若誠如張澍所言與孟知祥有關，則亦是懼噩夢應驗之義，與所謂"孟"訓爲"弱"無關。

[四]按，此詞曰《念奴嬌》，見《山谷詞》，其序云："八月十八日，同諸生步自永安城樓，過張寬夫園待月。偶有名酒，因以金荷酌衆客。客有孫彦立，善吹笛，援筆作樂府長短句，文不加點。"則詞中"孫郎"，即孫彦立。陸游之語見《老學庵筆記》卷二，其稱俗本改"笛"爲"曲"，今本《山谷詞》仍作"笛"也。

苞蘆

《爾雅翼》："蜀人呼魚鮓爲'苞蘆'。"[一]古詩云"新鯉苞蘆美"。"杜詩'香飯兼苞蘆'，蘇東坡謂：'蜀人呼鮓爲苞蘆。'"[二]

堋

《太平寰宇記》："都安堰，一名'湔堰'。李冰壅江作堰，蜀人謂堰爲'堋'。"[三]案，"堋"與"湔"通[四]。

枋

《方言》："蜀人以木偃魚曰枋。"[五]

棟

李膺《益州記》："蜀人謂嶺爲棟。"[六]案，《寰宇志》："陽安縣西七十里有分棟山。"[七]即分嶺山也。名山縣有弱棟坂[八]。又《水經注》[九]：

[一] 按，今《爾雅翼》無此條，《蜀典》卷六"魚鮨"條言及此説而不注出處，則此處恐係誤記。《韻府群玉》卷三"苞蘆"條有此説，後所引"新鯉苞蘆美"，亦見《韻府群玉》，乃王褒之詩。

[二] 按，此説見《御定淵鑑類函》卷三八九。"香飯兼苞蘆"出自《槐葉冷淘》，見《杜詩詳注》卷一九。所謂蘇東坡語，即《杜詩詳注》注文中之"僞蘇注"。又此條實可與《蜀典》卷六"魚鮨"條合併或互現。

[三] 按，此條見《太平寰宇記》卷七三。

[四] "堋"，堤埧。《重修玉篇·土部》："堋，陂遏。"《廣韻·嶝韻》："堋，壅江水灌溉曰堋。"此字早已見於《水經注·江水一》。"湔"講作堤埧，見於《杜詩詳注》卷一三《贈王二十四侍御契四十韻》"湔口江如練"，注文云"當作堋"，則正與"堋"同。

[五] 按，今本《方言》無此條。張澍當是因襲《康熙字典》之説："揚子《方言》：'蜀人以木偃魚曰枋。'"

[六] "嶺"前，原衍"分"字，據《太平寰宇記》卷七六、《蜀中廣記》卷五八引《益州記》删。

[七] "縣"前，原衍"陽"字，據《太平寰宇記》卷七六删。

[八] 按，《元和郡縣圖志》卷三二云："弱棟阪在縣東北八里，長二里，道至險阻。"

[九] "水經注"，原作"郡國志注"，今據《水經注·江水一》"其至險有弄棟八渡之難，楊母閣路之岨"改。張澍所謂《郡國志》注，當是指《後漢書·郡國志五》"蜀郡屬國"下"嚴道有邛僰九折坂者，邛郵置"句注文，但原文引《華陽國志》，作"道至險，有長嶺若棟，八渡之難，楊母閣之峻"，與張澍所引不同，故改之。

犍爲有楊母、弄棟之險。若《越絶書》之“棟山”，與“鎮”同[一]。

垻[二]

《集韻》：“必駕切，音霸。蜀人謂平川曰垻。”[三]案，《集韻》又音“具”[四]，障水堰也。今人謂堰埭曰“垻”。是从土从貝，故音貝，疑誤。

笮

《元和志》：“凡言笮者，夷人於大江水上置藤爲橋謂之‘笮’，其定笮、大笮，皆是近水置笮橋處。”[五]

圍

《輿地紀勝》：“獠人呼天曰圍。‘摩圍’，言此山摩天也。山在閬中。”[六]

浩

案，黄庭堅曰：“犍爲之俗，謂江之瀼水爲浩。”[七]戎州有金箱浩[八]。

[一] 按，《水經注·浙江水》云：“又有會稽之山，古防山也。亦謂之爲茅山，又曰棟山。《越絶》云：‘棟猶鎮也。’蓋《周禮》所謂揚州之鎮矣。”

[二] “垻”，原作“塤”，然據本條正文，當爲“垻”，故據《集韻·禡韻》改。

[三] “垻”，原作“塤”，據《集韻》改。但《集韻》無“蜀人”二字，而《五音集韻·禡韻》有“蜀人”，不知是張澍將《五音集韻》省稱《集韻》，還是以己意於《集韻》原文中補“蜀人”二字？又，《廣韻·禡韻》有“蜀人”二字，不知張澍何以不引《廣韻》。

[四] 按，《集韻·遇韻》：“埧，堤塘。”《廣韻·遇韻》與之同。二者皆作“埧”，與“垻”不同，張澍誤以爲乃一字，故稱“又音‘具’”。但《康熙字典·土部》：“《集韻》：‘博蓋切，音貝，障水堰也。’今人謂堰埭曰垻。”則《蜀典》所誤或是因襲《康熙字典》而來。“垻”本指平坦之地，如今成都有地名華西垻。但長期與“壩”字相混，以至於《康熙字典》等誤將“壩”指堤堰之義當成“垻”，沿襲既久，“壩”字少用，“垻”就同時兼有平川、堤堰兩義，且以堤堰義爲主，如三峽大垻等。故後文張澍懷疑作“堤堰”講之字從土從貝有誤，很有見地。

[五] 按，此條見《元和郡縣圖志》卷三二，又可參《蜀典》卷一上“沉黎郡”條注文。

[六] 按，此條見《輿地紀勝》卷一七六《黔州·景物下》“摩圍山”條注文。

[七] 按，語見《黄庭堅全集·别集》卷七《書〈送李願歸盤谷序〉遺吴周才》。

[八] “金箱浩”，《輿地紀勝》卷一六三《叙州·碑記》：“金箱浩，在宣化上流三十里。”舊宣化縣，即今宜賓宣化鎮。

王士禛曰[一]："巴人謂小港爲'浩'，巴縣有龍門浩。"

虜子[二]

《老學庵筆記》："蜀人謂中原人爲'虜子'。東坡詩'久客厭虜饌'是也[三]。因目北人仕蜀者爲'虜官'。晁子止爲三榮守，民有訟資官縣尉者，曰：'縣尉虜官，不通民情。'子止爲窮治之，果負冤。民既得直，拜謝而去。子止笑諭之曰：'我亦虜官也，汝勿謂虜官不通人情。'聞者皆笑。"

亥市

《青箱雜記》云："蜀有亥市。'亥'，音'皆'，言如痎瘧，間日一發也。諱痎，故曰亥市。"[四]案，李淳風《易鏡·古漁獵勝負篇》云："取魚卦宜二水，魚宜見水忌土。"蓋亥子屬水，故賣魚之市名亥市也。吴曾《漫録》："豫章《古漁父詞》云：'魚收亥日妻到市[五]，醉卧水痕船信風。'"

奴婢瘧

《續博物志》云[六]："俗言壯士不病瘧，故蜀人以瘧爲'奴婢瘧'。"

淤

《史記集解》云："淤亦洲名，蜀人云。見《方言》。"[七]

[一]"禛"，原作"正"，避雍正諱而改者，今改回。按，所引之語見《王士禛全集·蠶尾續文集》卷四《登渝州塗山記》。

[二] 按，趙熙批注云："猶《南史》之傖也。"《南史·孔範傳》云："司馬消難狼子野心，任蠻奴淮南傖士，語並不可信。"即趙熙所指也。

[三] 按，此文見《蘇軾全集校注·詩集三》卷一六《送筍、芍藥與公擇二首》之一，東坡自注云："蜀人謂東北人虜子。"

[四]"市"，原無，據《通雅》卷一二補。按，《青箱雜記》卷三所載與此不同，張澍乃據《通雅》卷一二轉引，其後引李淳風及吴曾之説亦見《通雅》，方以智又是據《能改齋漫録》卷七轉引。蔣宗福先生《四川方言續考》對"亥市"有考察，可參看。

[五]"魚"，與《通雅》卷一二、《能改齋漫録》卷七、《韻語陽秋》卷一六、《錦綉萬花谷》卷三六等同，今本《黄庭堅全集·外集》卷一七作"漁"。

[六]"續博物志"，原作"博物志"，據此條出《續博物志》卷一〇而改。

[七] 按，此條見《史記·司馬相如列傳》録《上林賦》"行乎洲淤之浦"句注文。《方言》卷一二："水中可居爲洲，三輔謂之淤，蜀、漢謂之嫢。"與《集解》所引不同。

朐䏰

《本草》：“蚓，巴人謂之朐䏰。”[一]案，《漢志》：“巴郡有朐䏰縣。”[二]顔師古注：“朐，音劬。”杜佑《通典》作“朐䏰”，“‘朐’音‘蠢’‘䏰’[三]，如尹切。”許慎《説文》：“朐脯，挺也[四]。其俱切。朐䏰，蟲名。漢中有朐䏰縣，地多此蟲，因以爲名朐。如順切。”䏰，大尹切。讀如閏蠢。然叔重言朐䏰屬漢中，誤。朐䏰縣屬巴郡，今夔州雲陽、梁山二縣即其地。“朐”當作“胊”，不宜从“句”。《問奇集》音“瞿閏”[五]，則作字爲“胊”矣。

謂病風者爲雲

《老學庵筆記》：“曹孝忠以醫得幸。政和、宣和間，其子以翰林醫官换武官，又换文，遂除館職。初，蜀人謂病風者爲雲，畫家所謂趙雲子是矣[六]。至是京師市人亦有此語。館中會語，語及宸翰。或謂曹氏子曰：‘計公家富有雲漢之章也。’曹忽大怒曰：‘尔便雲漢！’[七]坐皆惘然，而曹肆駡不已。事聞，復還右選，除閤門官。”

[一]“朐”，原作“胊”，據《本草綱目》卷四二“蚯蚓”條改。

[二]“朐”，原作“胊”，據《漢書·地理志上》改，否則與後文引顔師古注文不合矣。張澍此處引《漢書》及《通典》《説文》等，其實皆據《全蜀藝文志》卷四〇李燾《朐䏰記》而來，《全蜀藝文志》亦作“朐”也。又按，亦可參《蜀典》卷一上“朐䏰”條。

[三]“䏰”，原脱，據《通典》卷一七五“南浦郡”下“南浦”條注文補。按，今本《通典》實作“朐䏰”，李燾所見與今本異。

[四]“挺”，原作“脡”，據《全蜀藝文志》及《説文·肉部》改。

[五]“《問奇集》”，明人張位撰，《四庫全書存目叢書·經部》第一九一册所收爲一卷本，《續修四庫全書》第二三八册所收則爲二卷本。此處所引，見一卷本之“奇字考”、二卷本卷上之“奇字考”。又，方以智《通雅》卷一六已引《問奇集》之語。

[六]按，《御定佩文齋書畫譜》卷五〇“趙雲子”條引蘇軾云：“趙雲子畫筆略到而意已具，工者不能。然托於椎陋以戲侮来者，此柳下惠之不恭、東方朔之玩世，滑稽之雄乎！”《文章辨體彙選》卷三六八引蘇軾《跋趙雲子畫》，還有“或曰雲子蓋度世者。蜀人謂狂雲，猶曰風雲耳”。以是觀之，趙雲子行事瘋狂，故人以“風雲”常連稱，“風”又可講作“瘋”，而戲稱其爲趙瘋子，遂有稱“雲”爲“瘋”一説。

[七]按，雲漢本義指天河，後借指天子之美德與文章。曹氏子誤以爲乃蜀人口中之“瘋漢”，故駡之。

噫嘻戲　嗚呼　噫嘻

《宋景文筆記》："蜀人見物驚異，輒曰：'噫嘻戲。'李太白作《蜀道難》因用之。"[一]《老學庵筆記》："蜀人見人物之可夸者曰'嗚呼'，可鄙者曰'噫嘻'。"[二]

塊

何光遠《鑑誡録·鬼傳書篇》："指揮使姜知古卓旗[三]，占得西南肖波塊。"注云："塊，苦因反。蜀人呼老弱爲'波'，墳冢爲'塊'。"

波

范成大《吴船録》："蜀人稱尊者曰'波'，祖及外祖皆曰'波'。嘉州有王波渡，又有天波、月波。"[四]案，"波"當作"番"，即"皤"字。黄山谷謫涪州，自號"涪皤"，不謬。《宋景文筆記》："蜀人謂老爲'皤'，音波。取皤皤黄髮義。後有賊王小皤作亂，今國史乃作'小波'，非是。"[五]而何光遠《鑑誡録》又云："蜀人謂老弱爲波。"

苴　苞

《史記·張義傳》："苴、蜀相攻擊。"《正義》徐廣曰："譙周云：'益州天苴，讀爲苞黎之苞，音與巴相近。'以爲今之巴郡。"《索隱》云："苴，音巴。謂巴、蜀之夷自相攻擊也。今作苴者，案，巴苴，草名。今論'巴'誤作'苴'也。或巴人、巴郡本因巴苴得名，所以其字遂以苴爲巴也。"注引天苴即巴苴也。譙周，蜀人，知天苴之音讀爲巴犁之芭。案，芭犁

[一] 按，此條見《宋景文筆記》卷上。
[二] 按，此條見《老學庵筆記》卷八。"嗚呼"作爲文言詞，多指哀嘆，今蜀人音轉爲"哦呵"，亦表示遺憾、可惜之義，與陸游所言不同。可參蔣宗福《四川方言詞語考釋》。
[三]"知"，原作"師"，據光緒本及《鑑誡録》卷二改。
[四] 按，此條見《吴船録》卷上。
[五] 按，此條見《宋景文筆記》卷上。

即織木茸，所以爲葦籬也。今江南亦謂葦籬曰“芭籬”[一]。

㟍彫碉

《唐書》：“黎、邛二州西百里有三王蠻，謂之淺蠻。蓋筰都夷[二]、白馬氐之遺種。有楊、劉、郝三姓爲雄，長稱王。部落叠甃而居，號㟍金。”史炤曰：“㟍，大也，多也。音丁么反。”[三]案，史説非也。《後漢書》：“冉駹夷皆依山居止，累石爲室，高者至十餘丈，爲邛籠。”注云：“今彼土夷人呼爲彫也。”[四]蓋“碉”本作“彫”。《廣韻》無“碉”字，今則呼爲碉樓。《唐書》所云“㟍金”，即碉金耳，非“多”“大”之訓。

葖子

《癸辛雜識》[五]：“今成都麵店中呼蘿蔔爲葖子。雖市井語，亦有所謂。《爾雅》曰：‘葖，蘆菔[六]。’郭璞注：‘以葩爲服，俗呼雹葖，先北反。或作蔔。釋曰紫花菘也。一名葖。’”

黎祁

陸游詩“洗釜煮黎祁”。注：“蜀人呼豆腐爲黎祁。”[七]案，一名“來其”，“黎來”音同。虞伯生集：“鄉語謂豆腐爲來其。”[八]

牢

《方輿紀要》：“彝牢山，在叙州府西北四十里。山高曠，彝人嘗會聚

[一] 按，張澍此段全據明人周嬰《巵林》卷六“苴有十四音”條而來。
[二]“筰都夷”，原無，今據《新唐書·南蠻傳下》及《資治通鑑·後梁紀四·均王上》“貞明元年”條“號㟍金堡三王”句注引《唐書》補。
[三]“史炤”，字見可，眉山人，撰有《資治通鑑釋文》三十卷，胡三省作《通鑑釋文辨誤》以刊正之，而此書遂微。此條爲胡三省《資治通鑑》注所引。
[四]“彫”，今《後漢書·西南夷傳·冉駹夷》實作“雕”，張澍所言或誤。
[五]“識”，原作“志”，誤，今據此文出《癸辛雜識》“葖”條改。
[六]“蘆菔”，原作“蘿服”，據《癸辛雜識》改。《爾雅·釋草》作“蘆葩”。
[七] 按，此詩見《劍南詩稿》卷五六，題作《鄰曲》。
[八] 按，此説見《珊瑚木難》卷二所録虞集《豆腐三德贊》。

于此。土語'欒'爲'牢'也。"[一]

篛[二]

案,"篛",音"彌"。《説文》:"篛,筡也。筡,析竹筤也。"[三]《衆經音義》引《聲類》云:"篛,篾也。"又云:"今蜀土及關中皆呼竹篾爲篛。"[四]《長阿含經音義》作"篛",亡支反。《字林》云:"竹篾也。"經之作"篾",義同。作"籋"[五],非也。而《阿毗婆沙論》第三十七卷"白塔竹篾",《音義》云:"莫結反。"《埤蒼》:"析竹皮也。中國謂竹篾爲篹。篹,音彌。蜀土亦然也。"[六]是"篛""籋""篹"三字[七],必有一誤。

連點七

宋何耕[八],字道夫,知嘉州。《普通山寺》詩注云:"蜀人呼鶺鴒爲'連點七'。有問青州禪師洪杲者曰:'如何是連點七?'師曰:'屈指數不及,地上無踪迹。故云。'"[九]

耶　希

《酉陽雜俎》:"雲陽夷人謂鹿爲'耶',謂屎爲'希'。"[十]

[一] 按,此條見《讀史方輿紀要》卷七〇。

[二]"篛",原誤刻作"篿",今據正文引《説文》改。後文此誤字徑改,不再出校。

[三]"析",原作"折",形近而誤,據《説文》改。

[四] 按,此條見慧琳《一切經音義》卷五八《僧祇律》卷四〇之音義。

[五]"籋",原誤刻作"篛",據慧琳《一切經音義》卷五二《長阿含經》卷七音義改。玄應《一切經音義》卷一二作"眛"。

[六] 按,此條見玄應《一切經音義》卷一七。

[七]"籋",原作"篛",據前文改。

[八]"何耕",字道夫,南宋四川德陽人。孝宗時曾任成都府通判、嘉州課學、倉部員外郎等職。其詩集《蕙庵詩稿》今僅存一卷,收入《六十家名賢小集》。

[九] 按,此處所引何耕之詩,見《成都文類》卷五、《全蜀藝文志》卷一四,詩題乃張澍省稱,原作《普通山距府東十數里,青州禪師洪杲道場也。自龍華歸,過之,棟宇頹落,僧徒鄙野,良爲可惜。是夜雨大作,因書所聞所見爲長韻》。至於稱鶺鴒爲"連點七",實因此鳥落於地上時,鳥尾常上下快速點動。

[十] 按,今本《酉陽雜俎》無此語,張澍乃據《本草綱目》卷五一轉引。《本草綱目》考證甚詳,其文云:"盛弘之《荆州記》云:'武陵郡雲陽山、點蒼山産兩頭獸,似鹿,前後有頭,一頭食,一頭行,山人時或見之。'段成式《雜俎》云:'雙頭鹿矢名耶希,夷人謂鹿爲耶,謂屎爲希。'按《唐韻》:'屎字又音希。'即此義也。"

傝㒓

《黄山谷集》：“傝㒓[一]，物不蠲也。蜀人語音‘塔鞁’。”

銃䴴　𡜃𡚹

郎仁寶《七修類稿》云：“《黄山谷集》中有‘銃䴴’‘𡜃𡚹’等字，蜀語也。”[二]案，《説文》有“𡜃𡚹”字。“𡜃，胡結切。頭衺、骫態也；𡚹，古屑切。頭傾也。”顧鄰初云：“俗以捧物不敬曰𡜃𡚹。”[三]又按：“䴴，蒲併切。”

滇盾

《釋名》：“盾隆者曰滇盾，本出於蜀。蜀滇所持也。”案，一本作“隆者曰須盾，本出於蜀，須所持也。”字有譌脱，據《太平御覽》引增改[四]。

鮮翠

陸務觀《老學庵筆記》：“東坡《牡丹詩》云‘一朵妖紅翠欲流’，初不曉何語。及游成都木行街，大署市肆云‘郭家鮮翠紅紫鋪’，乃知蜀人‘鮮翠’言鮮明也。”[五]

昆叟

《華陽國志》：“都監夷人大種曰昆，小種曰叟。”[六]

［一］“㒓”，《黄庭堅全集·别集》卷一一《論俗呼字》作“傘”，同。《集韻·盍韻》收此字，兩義：一云惡，一云不謹貌。

［二］按，此條見《七修類稿》卷二三“諺語解”。所言《山谷集》者，見《黄庭堅全集·别集》卷一一《論俗呼字》。

［三］按，顧鄰初，即顧起元，此條即見顧氏所著《客座贅語》卷一“方言”。

［四］按，此條前言“滇盾”者，乃據《太平御覽》卷三五六所引《釋名》；後言“須盾”者，出自今本《釋名》卷七《釋兵》。

［五］按，此條見《老學庵筆記》卷八。《困學紀聞》卷八亦考證“鮮翠”一語，認爲早見於嵇康《琴賦》“新衣翠粲”，李周翰注：“翠粲，鮮色。”

［六］按，此條及下一條皆見《華陽國志》卷四。

耆老

《華陽國志》:“夷中有桀黠能言議、屈服種人者，謂之耆老。”

滟泔[一]

案，滟泔水在丹稜縣南二十里，下流合青衣水。《舊志》云:“蠻語藥曰滟，漿曰泔。是水可以禦疾，而甘美如漿也。”

冬烘

葉夢得《避暑録話》:“唐人言冬烘是不了了之語，故有‘主司頭腦太冬烘[二]，錯認顔標是魯公’之言[三]，以爲戲談。今蜀人多稱之。崇寧末，安國同爲郎，成都人詹某爲諫官。故以安國嘗建言移寺省，上章擊之，其略云:‘謹案某官，人材闒冗，臨事冬烘。’蓋以其蜀人，聞者無不笑之。安國性隱而口吃，每戟手躍於衆曰[四]:‘吾不辭譴逐，但“冬烘”爲何等語!’於是傳之益廣，遂目爲冬烘公。”

㦬

《字彙補》:“㦬，許多切。音呵。見《西川廣志》。”[五]

[一]“滟”，原作“瘫”，據嘉靖《四川總志》卷一二《眉州·山川》下“滟泔水”條改，正文此字徑改，不再出校。至於其得名之由，《四川總志》云:“夷以水曰滟藥，言人病啜之早瘥，如漿，故謂之滟泔。”康熙《眉州屬志》卷一亦云:“相傳病人啜之立瘥，其甘如漿。”乾隆《丹稜縣志》卷一與《四川總志》等大致相合。不知張澍所言《舊志》爲何書?

[二]“太”，原作“大”，雖不算錯，仍據《避暑録話》卷上改。

[三] 按，《唐摭言》卷八:“鄭侍郎薰主文，誤謂顔標乃魯公之後。時徐方未寧，志在激勸忠烈，即以標爲狀元。謝恩日，從容問及廟院。標曰:‘標寒進也，未嘗有廟院。’薰始大悟，塞默而已。尋爲無名子所嘲曰:‘主司頭腦太冬烘，錯認顔標作魯公。’”

[四]“戟”，原作“戰”，形近而誤，據《避暑録話》卷下改。按，“戟手”，伸出食指和中指指人，以其似戟，故云。常用以形容憤怒或勇武之狀。《左傳·哀公二十五年》:“褚師出。公戟其手，曰:‘必斷而足。’”

[五]“西”，原作“四”，今據《字彙補·心部》改。暫不知此字何義，亦未見文獻用例。

夊

《字彙補》：“《蜀夾江縣酒官碑》云：‘南由市入爲闔，北抵湖出爲夊。’楊慎云：‘夊即古亦字。’董斯張《吹景録》：‘亦，古掖字，通闔，即掖門也。’”[一]

長　年

宋祁《筆記》云：“蜀人謂柂師爲長年、三老，杜甫用之。詩人不以事害意。”[二]《古今詩話》：“川峡以篙手爲三長老。蓋推一船之最尊者言之。”[三]陸游《入蜀記》：“長讀如長幼之長，長年、三老，梢工是也。”[四]

《玉溪編事》[五]：“前蜀嘉王頃爲親王鎮使，理廨署[六]，得一鐵鏡，下有篆書十二字[七]，人莫能識。命工磨拭，光可鑑物。挂於臺上，百里之内並見。復照，見市内有一人弄刀鎗賣藥。遂唤問此人，云：‘只賣藥元，不弄刀鎗。’嘉王曰：‘吾有鐵鏡，照見爾。’賣藥者遂不諱[八]，仍請鏡看。以手劈破肚，内鏡于肚中。足不著地，冉冉升空而去。竟不知何

[一] 按，此條見《字彙補・夕部》，所引楊慎之語見《丹鉛總録》卷一五“八分書夊字”條，引董斯張之語見《吹景集》卷一四“用修不曉夊字”條。

[二] 按，此條見《宋景文筆記》卷中。所謂杜詩者，見《杜詩詳注》卷一四《撥悶》，蔡夢弼注云：“峡中以篙師爲長年，柂工爲三老。”

[三] 按，此條見《鼠璞》卷上“篙師”條所引。《古今詩話》，作者不詳。

[四] 按，此條見《入蜀記》卷三。

[五] “《玉溪編事》”，後蜀金利用撰。該書共三卷，今不存。《太平廣記》録逸文八則，皆記唐末至前蜀時蜀中之遺聞軼事。此條即見《太平廣記》卷八五“蜀城賣藥人”。

[六] “署”，原作“置”，據《太平廣記》改。

[七] 按，據篆書，實則十三字，然《太平廣記》已誤作“十二”，姑且仍之。

[八] “者”，原脱，據《太平廣記》補。

所人。”其篆列之如左[一]。

馬户

案，王褒《僮約》有云：“調治馬户。”《御覽》注云：“馬户，水門也。蜀每以落置水流養魚[二]，欲食乃取之。”

泥[三]

《老學庵筆記》《竹坡詩話》並云：“蜀人謂糊窗曰泥窗。花蕊夫人宫詞云‘紅錦泥窗繞四廊’，非曾游蜀亦所不解。”[四]

遨頭[五]

《老學庵筆記》：“四月十九日，成都謂之浣花遨頭。宴於子美草堂、滄浪亭。傾城皆出，錦綉夾道。自開歲宴游，至是而止，故是盛于他時。予客蜀數年，屢赴此集，未嘗不晴。蜀人云：‘雖戴白之老，未嘗見浣花日雨也。’”[六]

[一] 按，《蜀中廣記》卷七三亦引此事，且言復見《方物記》。而其書卷六八引《蜀檮杌》，所言故事略異，篆書十二字字形略異，且釋爲“龍宫寶藏神和子鑄永年萬歲”。

[二] 此句，《太平御覽》卷五九八作“蜀每落流水養魚”，與此不同。張澍所引，與《續古文苑》卷二〇所引同。

[三] 按，此條之下，趙熙批注云：“項斯云‘詩壁重泥’，如泥竈，同例。”又眉批云：“王右丞《玉真公主山莊》詩‘種田生白玉，泥竈化丹砂’，唐已用‘泥’代‘塗’矣。”《全唐詩》卷五五四載項斯《題令狐處士溪居》有句云：“因詩壁重泥。”

[四] 按，引《老學庵筆記》者，見其書卷八，但《竹坡詩話》並無相關記載，張澍或誤記。

[五] 按，此條之下，趙熙批注云：“游手之比。”

[六] 按，此條亦見《老學庵筆記》卷八。

阿媖

揚子方言[一]，巴濮之人自稱阿媖[二]。案，《前漢書・西南夷傳》："夷人自稱曰媖。"[三]與子雲説合。郭璞《爾雅注》引《説文》曰："女人稱我曰姎。"[四]"姎"，即"媖"字也。又案，古文《易・兑》："爲妾爲媖。"[五]則"媖"字古有之。

夷經

《華陽國志》："夷人好譬喻物，謂之夷經。"[六]

遑耶

《華陽國志》："與夷爲姓曰遑耶，諸姓爲自有耶。世亂犯法，輒依之藏匿。或曰：'有爲官所法，夷或爲報仇。'與夷至厚者謂之百世遑耶，恩若骨肉，爲其逋逃之藪。南人爲其禍變，恃此也。"

[一]"言"，光緒本誤作"云"。按，"揚子方言"，《升庵集》卷四八"媖徒"條並無"揚子"二字，且揚雄《方言》中並無相關記載，故此"方言"應視作普通名詞，不是專指揚雄之書。《康熙字典・女部》引升庵説失察，遂妄補"揚子"二字，張澍當是因襲《康熙字典》而來也。然後文有所謂"與子雲説合"，此處若删"揚子"，後文又顯突兀，姑仍之，不加書名號。又，此條源於《正字通》，但不見於《方言》。《方言》卷六："媖，娙也。"《蜀典》此處"媖"當爲"陽"。《正字通》誤"陽"爲"媖"，張澍沿誤。

[二]"媖"，與《康熙字典》同，《升庵集》作"陽"。按，《爾雅・釋詁》："陽，予也……《魯詩》云：'陽如之何。'今巴濮之人自呼阿陽。"則作"陽"是。

[三]按，此條見《康熙字典》及《升庵集》所引，今《漢書・西南夷傳》無此句。

[四]按，此説見《爾雅・釋詁》，與今本《説文》略異。

[五]按，今《易・兑》作："爲妾爲羊。"張澍所引見《通雅》卷一二。

[六]按，此條及下一條皆見《華陽國志》卷四。

餽[一]

李蕚《饞語詩》[二]："拈餽舐指不知休。"注："蜀呼蒸餅爲餽。"[三]

川　主

案，今蜀人皆呼李冰爲川主，顔其廟曰"川主廟"，然"川主"之名則遠矣。《錦里耆舊傳》[四]："天成二年己亥，川主斬兩川監軍使李嚴。"川主指孟知祥也。是蜀人稱其地官之最尊者曰"川主"耳[五]。

[一]"餽"（duī），餅類食品。《太平御覽》卷八五一引《埤蒼》："餽，膏餽也。"《重修玉篇·食部》："蜀人呼蒸餅爲餽。"

[二]"饞"，原作"讒"，《顔魯公集》卷一五《七言嚵語聯句》作"嚵"，通"饞"，今據之改爲本字。◎"李蕚"，字伯高，唐人。安祿山反，李蕚客居清河，時年二十餘，清河太守使其向顔真卿借兵，真卿與之兵六千。事迹見兩《唐書·顔真卿傳》。

[三]按，《顔魯公集》並未對此詩作注，注語見《御定淵鑑類函》卷三八九"蜀人呼餽"條。

[四]"錦里"前，原有"續"字，據引文出《錦里耆舊傳》卷三而删。

[五]按，張澍此處以爲川主指蜀川之主。愚以爲，以"川"爲山川之"川"，突出李冰治水之功，而稱"川主"，似更佳。

卷八

器物類

左宫仙枕[一]，今不可得。鄧通銅錢，亦復銷勒。金馬刀奇，越嶲珠澤。魚復鐘牛，光孝笛鐵[二]。列而評之，猶勝服匿[三]。

張儀鼎

《鼎録》："張儀伐蜀，鑄一鼎，高三尺，文曰'定蜀'，大篆書。"

犍爲磬　漢中鐘

《三輔黄圖》："成帝時，犍爲郡水濱得古磬十六枚，劉向説帝：'宜興辟廱。'"[四]《漢書·禮樂志》："成帝時，犍爲郡于水濱得古磬十六枚。"[五]案，《周官·小胥》："凡縣鐘磬，半爲堵，全爲肆。"鄭注云："鐘磬皆編縣之。二八十六枚而在一簴[六]，謂之堵。鐘一堵，磬一堵，謂之肆。"襄十一年《左傳》："鄭人賂晋侯，以歌鐘二肆。"杜注："肆，列也。

[一]"左宫仙枕"，《清異録》卷下"左宫枕"條云："左宫枕，青玉爲之，體方平，長可寢二人。冬温夏涼，醉者破酲，夢者游仙。云是左宫王夫人枕，左宫以授杜光庭，光庭進之蜀主，與皇明帳爲蝑宫二寶。"按，"王夫人"後之"枕"字原脱，據《御定分類字錦》卷二六"青玉"條所引補。

[二] 按，以上所言見本卷"鄧通錢""金馬刀""光珠""鐘牛""鐵笛"條。

[三]"服匿"，夷人盛酒器，此處比喻不受重視的普通事物。《漢書·蘇武傳》："三歲餘，王病，賜武馬畜服匿穹廬。"顔師古注："孟康曰：'服匿如罌，小口大腹方底，用受酒酪。'晋灼曰：'河東北界人呼小石罌受二斗所曰服匿。'"

[四] 按，此條見《三輔黄圖》卷五。

[五] 按，此條見《漢書·禮樂志二》。

[六]"八"，原脱，據《周禮注疏·春官·小胥》補。

縣鐘十六爲一肆，二肆三十二枚。"《晋語》亦云[一]。蓋縣鐘十六爲一肆，此適符一肆之數，故議者以爲嘉祥。《晋起居注》："咸熙十年，漢中民聞水涯有異聲若雷。既而兩岸崩，有鐘十二枚出，制作精巧。擊之，有和聲清韻。"[二]

嚴君平卜卦錢

《天中記》："益州嚴真觀有通仙井，與廣漢綿竹君平宅井相通。有人淘井，得銅錢三，徑可二寸。因恍惚不安，復投井中，立愈。或云此君平卜卦錢也。"[三]

揚雄硯

《誠齋雜記》[四]："洪崖先生欲歸河内，舍下劉守璋贈先生揚雄鐵硯。"

彌牟布

《唐志》："成都府土貢高杼布，漢州貢彌牟布、紵布。"[五]案，彌牟，鎮名。今在新都，唐時爲漢州地也。

白芳子[六]

《明史》："國子學録黄明善言：'宋時多剛縣蠻爲寇，用白芳子兵破

[一] 按，《國語・晋語七》"歌鐘二肆"句注云："歌鐘，歌時所奏。肆，列也。凡縣鐘磬，全爲肆，半爲堵。"

[二] 按，此條見《北堂書鈔》卷一〇八"和聲清韻"句注文。

[三] 按，此文見《天中記》卷一〇，《錢通》卷一九亦有相同記載，云出趙抃《成都記》。

[四] 按，《誠齋雜記》，志怪小説集，二卷，舊題元人林坤撰。此書有《津逮秘書》本、《説庫》本。此條並不見於該書，亦暫未見他書引此事而稱出《誠齋雜記》者。《事類賦》卷一五、《五色綫》卷下皆云出《洪崖先生傳》。所謂洪崖先生，《通雅》卷二一考證有二人，其一爲黄帝之臣伶倫，或云神農師，堯時已三千歲；一爲唐初張氲。《新唐書・藝文志三》著録張説《洪崖先生傳》一卷，注云"張氲先生，唐初人"。則此條所言洪崖先生，當即張説爲作傳之張氲。

[五] 按，此條見《新唐書・地理志六》。

[六] "白芳子"，《宋史・蠻夷列傳四・西南諸夷》云："(孫)正辭嘗料簡鄉丁，號白芳子兵，以其識山川險要，遂爲鄉導。""芳"字有三個讀音，見《漢語大詞典》。乾隆《池州府志》卷二二"成化三年，國子監生黄明義言宋時多剛縣民作亂，用白芳子兵破之。白芳兵者，今之民壯"句注文云："芳者，棘棗類，可爲兵仗。"則讀作jí。

之。白艻子者，即今之民壯。'"[一]案，多剛，即哆剛，今興文縣。《通鑑》："王宗勛等追及宗弼于白艻。"注云："《九域志》：'簡州金水縣有白艻鎮。'"[二]"白艻"作"白芳"並"白芬"者，均訛。

桐華布

《史記》："張騫在大夏時見蜀桐華布。"[三]案，《蜀都賦》"布有桐華"。《華陽國志》："益州有梧桐木，其華柔如絲[四]。人績以爲布，名曰桐華布。"

土蘆布

《史記·大宛列傳》："張騫曰：'臣在大夏時，見邛竹杖、蜀布。'"《正義》云："布，土蘆布也。"

緕

《説文》："緕，蜀細布也。"案，"緕"，當即黄潤也[五]。左思《蜀都賦》："黄潤比筒。"注："黄潤，謂筒中細布也。"揚雄《蜀都賦》："筒中黄潤，一端數金。"

絣

《説文》："絣，氐人殊縷布也。"案，漢武都郡，應劭云："故白馬氐

[一] 按，此條見《明史·四川土司列傳二·播州宣慰司》。
[二] 按，此文見《資治通鑑·後唐紀二·莊宗光聖神閔孝皇帝中》。
[三] 按，此條源自《格致鏡原》卷二七。《史記·西南夷列傳》云："元狩元年，博望侯張騫使大夏，來言居大夏時，見蜀布、邛竹杖。"此言"蜀布"，而不言"蜀桐華布"。又《大宛列傳》云："騫曰：'臣在大夏時，見邛竹杖、蜀布。'"張守節《正義》："布，土蘆布也。"可見"蜀布"非"桐華布"。《格致鏡原》之説未知源自何處。張澍此條先言桐華布，下一條又引《大宛列傳》，或意在駁《格致鏡原》之誤。
[四]"柔"，原作"采"，形近而誤，據《華陽國志》卷四改。
[五] 按，張澍稱"緕"爲黄潤細布，與段玉裁注文同。《通雅》卷三七則言"生苧謂之黄潤"，未知孰是。

羌。"[一]《華陽國志》云:"武都郡有氐傻。"[二]殊縷布者,蓋殊其縷色而相間織之[三]。絣之言駢也。

毲 氈

《説文》:"紕,氐人瀱也。"[四]揚雄《蜀記》:"重南越之氈毲。"[五]注:"罽也,今之氆氇。"案,"毲氈",毛瀱也,謂之旄罽。《逸周書·王會篇》云"正西以白旄、紕罽爲獻"是也[六]。《後漢·西南夷傳》:"冉駹夷能作毞㲣。""毞"即"紕"也。又"旄"與"氂"通。《爾雅》云:"氂,罽也。"[七]亦謂之"毼",又曰"氍毹"。《漢書·高祖紀》注云:"罽,織毛。若今毼及氍毹之類。""毼"即"褐"字[八]。《詩》鄭箋云:"褐,毛布也。"[九]"褐"與"毼"同。又謂之"毦"。《晉語》注云:"鳥羽繫於背,若今軍將負毦矣。"[十]亦曰"毹毦"。《玉篇》云:"毹毦,罽曲文者。"又曰"㲢"。《字林》云:"罽之方文者曰㲢。""㲢",當即"氆"字[十一]。又謂之"㲒"。《廣韻》云:"㲒,毿㲣也。"又謂之"氍毹"。《通俗文》云:"織毛褥謂之氍毹。細者謂之毾㲪。"[十二]"氍毹"亦作"氍毸",作"氍毸"者誤[十三]。又謂之"㲯"。《通俗文》云:"毛布曰㲯。"[十四]《漢書·烏桓傳》云:"婦

[一] 按,此條見《漢書·地理志下》注文。

[二] 按,此説見《華陽國志》卷二。

[三] "其",原無;"色",原作"也":據段玉裁注文改、補。按,此條所引應劭注文及《華陽國志》之文皆見段注,則張澍因襲段氏之説明矣。

[四] 按,段玉裁注"紕"字云:"氐人所織毛布也。"又《説文》云:"瀱,西胡毳布也。"

[五] "之",原無,據《格致鏡原》卷二七所引補。

[六] 按,此條乃據《逸周書·王會解》删節而成。

[七] 按,此説見《爾雅·釋言》。

[八] 按,《康熙字典·毛部》"毼"字注云:"又毛布也。或从衣作'褐'。"

[九] 按,此説出《毛詩注疏·豳風·七月》。

[十] 按,此説見《國語·晋語一》"被羽先升遂克之"句注文。

[十一] 按,"㲢",《廣韻·蕩韻》音同"榜",張澍稱即"氆"字,是。《正字通·毛部》即云:"㲢,'氆'字之訛。"其實非訛字,"譜"可省作"諩",則以"並"作"普"乃類推手段,"並"又寫作"竝",可知作"氆"是。《廣韻》從"竝"得聲,謂讀作"榜",未正其源也。

[十二] 按,此條與《席上腐談》卷上所引相合,與《北堂書鈔》卷一三四、《太平御覽》卷七〇八等所引略異。

[十三] 按,《緯略》卷四"氍毸毾㲪"條引《通俗文》即作"氍毸",但言其誤,則未必也。

[十四] 按,此文見《古今韻會舉要》卷三"㲯"字注文。

人能織氈毲。”又謂之“毴毤”[一]。《廣雅》云：“毴毤，罽也。”又曰“毲毤”，亦見《廣雅》[二]。《通雅》曰[三]：“毾㲪，秦蜀之邊多有之。”

曇籠

《清夜叢談》：“巾幗，女子未笄之冠，蜀中名曇籠。”[四]

鵝溪絹[五]

《唐書·地理志》：“陵州仁壽郡土貢麩金、鵝溪絹、細葛、續隨、苦藥。”

雙鈎

魏文帝曹丕《答先帝書》曰：“獲累紙之命，兼美之貺。他既備善，雙鈎尤妙。前後之惠，非賢兄之貢，則執事之貽也。來若川流，聚成山積，其充匱笥、填府庫者，固已無數矣。”案，曹丕《與王朗書》云：“不受江漢之珠[六]，而愛巴蜀之鈎者。此言難得之貴寶，不若易有之賤物。”是蜀舊有雙鈎也。

側竹弩

《晉書·陶璜傳》：“璜送蜀人孟幹、爨能、李松等至建業，孫皓將殺之。或勸皓言：‘幹等忠于所事，宥之以勸邊將。’將徙之臨海，幹等志欲北歸，慮東徙轉遠，以吴人愛蜀側竹弩，言能作之。皓遂付作部。後

［一］“毴”，原誤左邊“粟”作“票”，據《廣雅·釋器》改。王念孫《疏證》：“毴毤，亦罽之細者也。毴之言繁縟，毤之言蒙絨也。”

［二］此句後原有“氍，罽曲文者，見《玉篇》”，與前文重複，今刪。

［三］“《通雅》”，原無，文義不完，據《通雅》卷三七“中天竺有毾㲪，今曰氆氌，秦蜀之邊多有之”補。

［四］按，此條始見於《升庵集》卷六九“巾幗”，張澍言出自《清夜叢談》，不知源自何處，亦不知該書爲何書。

［五］“鵝溪絹”，因産於四川省三臺縣鵝溪而得名。古人常用之作畫。蘇軾《文與可畫篔簹谷偃竹記》：“書尾復寫一詩，其略曰：‘擬將一段鵝溪絹，掃取寒梢萬尺長。’”又，張澍所引見《新唐書·地理志六》。

［六］“受”，與《全上古三代秦漢三國六朝文·全三國文》卷七所收同，《太平御覽》卷三五四、《漢魏六朝百三家集》卷二四等作“愛”。◎“江漢之珠”，江漢所産的珠玉，認爲是貴物。《管子·揆度》：“堯、舜之王所以化海内者，北用禺氏之玉，南用江漢之珠。”

幹逃至京師，松、能爲皓所殺。”案，蜀之竹弩始於秦昭王時之廖仲、秦精、藥何也[一]。

瓊　玉

《竹書紀年》：“夷王二年，巴人、吕人來獻瓊玉[二]。賓於河，用介珪。”

光　珠

《穆天子傳》：“天子北征，舍於珠澤。”注：“今越嶲平澤出青珠是。”[三]案，《玉篇》“平澤”作“平津”[四]，誤。《水經注》[五]：“若水旁有光珠穴。”[六]《華陽國志》：“廣陽縣山出青珠。永昌郡博南縣有光珠穴，出光珠。珠有黄珠、白珠、青珠、碧珠。”[七]《博物志》：“光珠即江珠也。”[八]揚子雲賦亦用“江珠”[九]。江珠宜即《逸周書》之“江歷”[十]。郭義恭《廣志》以琥珀爲江珠[十一]，《博物志》亦以江珠爲琥珀别名[十二]。夫琥珀豈有珠名[十三]？《漢書》既言“光珠”，又言“琥珀”，可知爲二物矣。《神農本草經》云：“青琅玕，味辛平，主身痒、火瘡、癰傷、疥怪、死肌。

[一] 按，此説見《蜀典》卷二“秦精”條及卷一二“藥氏”條引《華陽國志》之文。

[二] 按，《竹書統箋》卷八注文以爲瓊玉即赤玉。

[三] 按，此爲郭璞注語，全文爲：“此澤出珠，因名之云。今越嶲平澤出青珠是。”

[四] 按，此説見《重修玉篇·玉部》“珠”字注文。

[五] “經”，原作“津”，涉前文而誤，據光緒本改。

[六] 按，文淵閣《四庫全書》本《水經注·若水》云：“蘭倉水出金沙，越人收以爲黄金。又有珠光穴，穴出光珠。”“珠光穴”下注云：“案，近刻訛作光珠穴。”

[七] 按，此條見《初學記》卷二七及《太平御覽》卷八〇三所引《華陽國志》。今本《華陽國志》卷四則云：“博南縣西山，高四十里，越之得蘭滄水有金沙，以火融之，爲黄金。有光珠穴，出光珠。”

[八] 按，《後漢書·西南夷傳·哀牢夷》：“出銅、鐵、鉛、錫、金、銀、光珠。”李賢注引《博物志》云：“光珠即江珠也。”

[九] 按，揚雄《蜀都賦》：“于近則有瑕英菌芝，玉石江珠。”

[十] 按，《逸周書·王會解》“請令以丹青、白旄、紕罽、江歷、龍角、神龜爲獻”注文云：“江歷，珠名。”

[十一] 按，《海録碎事》卷一五“琥珀”條引《廣志》云：“琥珀一名江珠。”

[十二] 按，《太平御覽》卷八〇八引《博物志》云：“松脂淪如地中，千年化爲茯苓，千年化爲琥珀。琥珀一名江珠。”

[十三] 按，《義門讀書記》卷四五讀《蜀都賦》亦云：“按，琥珀、江珠似非一物。江珠之名，於義一無所取也。”

一名石珠，一名青珠。出蜀郡平澤。”[一]《説文》：“琅玕，似珠者。”[二]鄭玄《禹貢注》云：“琅玕，珠也。”是又以爲“琅玕”矣。《南中志》：“吕凱子祥，太康中獻光珠五百斤，遷南夷校尉。”

黑　玉

《太平御覽》：“西蜀出黑玉。”[三]案，《夷門廣牘》[四]：“黑玉，其色黑如漆。又謂之墨玉，價低。西蜀有之。”即今珙縣所出之瑿石[五]，可琢爲器，古所謂黑玉也。

碧　玉

《説文》：“碧，石之青美者。”[六]今越巂東山出碧玉。《廣雅》：“碧，青也。”[七]

黄　銀

《山海經》“皋塗之山”注[八]：“黄銀出蜀中，與金無異，但上石則色

[一] 按，此條見《重修政和經史證類本草》卷五。

[二] 按，此見《説文·玉部》“琅”字條。

[三] 按，《本草綱目》卷八引《太平御覽》云：“交州出白玉，夫餘出赤玉，挹婁出青玉，大秦出菜玉，西蜀出黑玉，藍田出美玉。”今《太平御覽》無此句，此説並不可靠。據覆核，《太平御覽》卷八〇五引《廣志》，青玉産於夫餘，卷七八四引《後漢書》，挹婁出赤玉，而所謂西蜀出黑玉者，則遍尋未見也。《蜀中廣記》卷六七、清人谷應泰《博物要覽》卷七、吴任臣《山海經廣注》卷二及張澍等當均是沿襲《本草綱目》之説，未必可信。

[四] 按，《夷門廣牘》乃明人周履靖所編叢書之名，張澍恐一時忘記具體出處而如是題名也，實不妥。據核檢，《格古要論》卷中“玉器”條有此説，此書正收入《夷門廣牘》中，殆即張澍所引者。

[五]“瑿”，黑色美石。《重修玉篇·石部》：“瑿，黑石。”《廣韻·齊韻》：“瑿，美石，黑色。”《雲林石譜》卷下“量土石”條云：“西蜀諸山多産墨玉，在深土中。其質如石，色深黑，體甚輕軟。土人鐫治爲帶胯或器物，極潤。”◎趙熙於此句旁批云：“辜伯元饋數器。”

[六]“石之青美者”，原作“玉石之美者也”，據《説文·玉部》改。

[七]“碧，青也”，原作“碧玉，青玉也”，據《廣雅·釋器》改。張澍當是引《廣雅》以證“碧”同“青”，然後得出碧玉即青玉之結論，但不當妄增《廣雅》原文，故據《廣雅》回改。

[八]“注”前，原誤衍“郭”字，據《山海經廣注》卷二删。按，此説乃方勺《泊宅編》之語，見十卷本卷六“黄銀出蜀中”條，三卷本則不載。

白。”《本草》：“蜀中出黄銀。”[一]方勺《泊宅編》：“黄銀出蜀中，南人罕識[二]，朝散郎顔京，監在京抵當庫。有以十釵質銀者，其色與上金無異，上石則正白。”[三]《唐書·杜如晦傳》：“黄銀，鬼神畏之。太宗賜房玄齡黄銀帶。”[四]

瑟瑟

《華陽記》：“開明氏造七寶樓，以真珠結成簾。漢武帝時蜀郡火燒數千家，樓亦燼。今人往往於沙土中獲真珠。”[五]趙抃《蜀都故事》：“石笋在衙西門外[六]，二株雙存，云真珠樓基。昔胡人于此立爲大秦寺，門樓十間，皆以珍珠、翠碧貫之爲簾。後摧毀墮地，至今基地每有大雨，多拾珍珠、瑟瑟、金翠異物。”案，杜甫《石笋行》“雨中往往得瑟瑟”，即指此也。

百丈

《演繁露》：“杜詩多用‘百丈’。問之蜀人，云：‘水峻，岸石又多廉稜。若用索牽，過石輒斷。故劈竹爲大瓣，以麻索連貫，以爲牽具，是名百丈。’”案，《南史·朱超石傳》：“宋武北伐超石，董舟師入河陽。軍人緣河南岸牽百丈，有漂渡北岸者。”陸游《入蜀記》：“上峽惟用櫓及百丈，不復張帆。百丈以巨竹四破爲之，大如人臂。予所乘千六百斛舟，用櫓六枝，百丈兩車。”[七]

[一] 按，《本草綱目》卷八“銀”條附“黄銀”引《泊宅編》云：“黄銀出蜀中，色與金無異，但上石則白色。”李時珍所引即《泊宅編》，張澍後文又引方勺之書，則引《本草綱目》實屬無謂。

[二] “出、南”，原脱，與《格致鏡原》卷三四所引同，今據《泊宅編》補，否則文義不通。

[三] “上石”，原作“試之”，與《格致鏡原》同，據《泊宅編》改。

[四] 按，出處所引乃《新唐書·杜如晦傳》，《舊唐書·杜如晦傳》與之文字略異。

[五] 按，此條見《能改齋漫録》卷七“杜石笋行”及《格致鏡原》卷三二。

[六] “衙”，原作“街”，形近而誤，據《能改齋漫録》《格致鏡原》改。

[七] 按，此處三條引文，引《演繁露》者見其書卷一五，文字略異；《演繁露》亦引《南史》；引《入蜀記》之文則見其書卷三。而《杜詩詳注》卷一四《十二月一日三首》之一，既引《演繁露》，又引《南史》及《入蜀記》，但引《入蜀記》之文無“予所乘千六百斛舟，用櫓六枝，百丈兩車”。張澍或是據《杜詩詳注》而改寫增補也。

麻紙

《唐書·藝文志》:“大府月給蜀郡麻紙五千番,季給上谷墨十六丸,歲給河間、景城、清河、博平四郡兔千五百皮爲筆材。”[一]《唐六典》[二]:“唐平隋後,經籍漸備。書有四部,一曰甲爲經,二曰乙爲史,三曰丙爲子,四曰丁爲集。故分爲四庫。皆以益州麻紙寫,其本有正有副,軸帶籤帙,以異色别之。”

蜀箋

李肇《國史補》:“紙之妙者,有蜀之麻面、屑末一作薛骨、滑石、金花、長麻、魚子、十色箋。”[三]《蜀箋紙譜》:“蜀箋紙盡用蔡倫法,有玉板、貢餘、經屑、表光。”[四]《牧豎閑談》[五]:“蜀中薛濤製松花紙、金沙紙、雜色流沙紙、彩霞[六]、金粉、龍鳳紙、綾紋紙,近年皆盡,惟十色箋尚在。”《蜀志》:“王衍以霞光箋五百幅賜金堂令張蠙。”[七]“霞光”當即“彩霞”也。范成大云:“蜀中粉箋,正用吴法。”[八]粉箋,當即金粉也。費著云:“近世有百韻箋、青白箋、學士箋、小學士箋、假學士箋,又有王氏紙,最下者冷金箋,以供泛使。廣都紙有四色:一曰假山南、

[一]“四”,原作“西”;“兔”,原作“免”:皆形近而誤,今據《新唐書·藝文志一》改。

[二]“唐六典”,原作“唐志”,今據原文出處改。按,題《唐志》,當是指《舊唐書·經籍志下》,但與原文差異較大。從文字上看,與張九齡《唐六典》卷九“知書官八人”條注文大致吻合。但若據《唐六典》而來,則斷不會誤題爲《唐志》。復檢《白孔六帖》卷八八“隋平之後經籍漸備”條注文,所引即源自《唐六典》,於條目之末注“六典”二字,省稱也。張澍恐是據《白孔六帖》改寫而未注意到文末之出處,遂誤題爲《唐志》也。

[三]按,此條見《唐國史補》卷下“叙諸州精紙”。

[四]“經”,原作“輕”;“表”,原作“麥”:皆形近而誤,據《歲華紀麗譜·箋紙譜》改。又,《箋紙譜》,載籍或引作《蜀箋紙譜》,如《天中記》卷三八等,故此處仍之。

[五]“《牧豎閑談》”,五代景焕撰,《宋史·藝文志五》著録爲三卷,但題作者爲“耿焕”。其書已佚,此條見《記纂淵海》卷八二及《格致鏡原》卷三七。

[六]“彩”,原作“采”,據《格致鏡原》等改,本段後文此字之誤徑改,不再出校。

[七]按,《丹鉛餘録·續録》卷一一“十樣蠻箋”條及《通雅》卷三二、《格致鏡原》卷三七等引作《蜀志》;《蜀中廣記》卷六七則題出處爲《蜀檮杌》;《益部談資》卷中則籠統稱之爲“史載”云云。

[八]按,此説見《吴郡志》卷二九。

二曰假榮[一]、三曰冉村、四曰竹紙，皆以楮皮爲之。其視浣花箋紙，最清潔。雙流紙，亦名小灰紙。”[二]《成都古今記》：“益州十樣蠻箋，曰深紅、曰粉紅、曰杏紅、曰明黄、曰深青、曰深緑、曰淺緑、曰銅緑、曰淺雲，凡十樣。又有松花、金沙、彩霞、金粉、桃花、冷金之别。”[三]亦見章望之《延漏録》[四]。

蜀 錦

魏文帝詔：“前後每得蜀錦，殊不善，鮮卑尚復不受也。吴所織如意虎頭連璧錦，來至洛邑，亦皆下惡。是爲下土之物，皆有虚名。”[五]案，山謙之《丹陽記》：“歷代尚未有錦，而成都獨稱妙。故三國時魏則市於蜀，吴亦資西蜀，至是始有之。”[六]是曹子桓之言不善[七]，非實録也。吴張温云：“劉禪送臣温熟錦五端。”[八]

博山文錦

《鄴中記》[九]：“石虎冬月施斗帳，用蜀地博山文錦，或用紫綈小光明錦。”

[一] 按，針對此“假榮”，趙熙眉批云：“榮紙之精可知。”

[二] 按，此條出費著《蜀箋譜》。

[三] 按，此處亦係據《丹鉛餘録·續録》卷一一“十樣蠻箋”條轉引。

[四] 按，《直齋書録解題》卷一一著録章望之《延漏録》一卷，今百二十卷本《説郛》卷三二收録此書相關條目，有“益州出十樣蠻箋”條。

[五] 按，此條見《格致鏡原》卷二七。《太平御覽》卷八一五云：“魏文帝詔曰：‘前後每得蜀錦，殊不相比，適可訝，而鮮卑尚復不愛也。自吾所織如意虎頭連璧錦，亦有金薄、蜀薄，來至洛邑，皆下惡。是爲下土之物，皆有虚名。’”與《格致鏡原》文字稍異。

[六] “山謙之”，南朝宋人，《宋書·禮志三》稱其爲學士；《宋書·恩倖傳·徐爰》稱其爲奉朝請；《通志·藝文略七》著録山謙之集十二卷，稱其任秣陽令。其所撰《丹陽記》，卷數不詳，《太平御覽》多引之，《漢唐地理書鈔》有輯本一卷。此條見《初學記》卷二七及《太平御覽》卷八一五。

[七] “曹子桓”，即魏文帝曹丕。

[八] 按，《太平御覽》卷八一五引張温表，當即上吴主者。《三國志·吴志》有張温傳。

[九] “《鄴中記》”，晋陸翽撰，《隋書·經籍志二》著録爲二卷，百二十卷本《説郛》卷五九有輯本，正有此條，亦見於《編珠》卷三、《天中記》卷四九等。

熟錦衣

李肇《國史補》："韋臯在西川，凡軍士將吏有婚嫁，則以熟錦衣給其夫氏[一]，以銀泥衣給其女氏[二]，各給錢一萬。死喪稱是，訓練稱是。内附者，富贍之；遠游者，將迎之。極其賦斂，坐有餘力，以故軍府盛而黎甿重困。及晚年爲月進[三]，終致劉闢之亂[四]，天下譏之。"

樗蒱

《演繁露》："今世蜀地織綾，其文有兩尾尖削而中間寬廣者，既不象花，亦非禽獸，乃遂名爲樗蒱。豈古制流於機織，至此尚存也耶？"[五]

吸花絲

《采蘭雜志》[六]："越嶲國有吸花絲，凡花著之即不墮，用以織錦。

[一]"錦衣"，與《太平廣記》卷四九六"韋臯"條引《唐國史補》同，今整理本《唐國史補》卷中"韋太尉設教"條則作"綵衣"。

[二]"衣"，原作"花"，據《太平廣記》及《唐國史補》改。

[三]"月進"，《唐會要》卷八八云："（貞元）二十一年二月，停鹽鐵使月進舊錢，總悉入正庫，以助經費。而主此務者稍以市諸珍玩時新物充進獻，以求恩澤。其後益甚，歲進錢物謂之羡餘，而經入益少。及貞元末，遂月獻焉，謂之月進，及是而罷。"

[四]按，永貞元年，韋臯病死，支度副使劉闢自爲留後，阻兵自守，並要求朝廷同意他兼領三川（即西川、東川、山南西道）。憲宗不許，劉闢發兵圍東川節度使李康于梓州，對抗朝廷。詳《舊唐書·韋臯傳附劉闢》。

[五]按，此文見《演繁露》卷六"投五木瓊槸玖骰"條。所謂樗蒱綾，主要産地在四川遂寧，據《賓退録》卷一〇，遂寧每年要進貢二十匹。《建炎以來繫年要録》卷一四二亦云："上又曰：'恐左藏庫無佳帛，朕處有之。向張浚在川陝，每歲進奉樗蒱綾、帛等，皆在，朕未嘗用一匹。'"

[六]"采蘭雜志"，原作"杜陽雜編"，張澍可能是據《玉芝堂談薈》卷二八"浮光裘"條轉引時而誤題也，今據《玉芝堂談薈》及《琅嬛記》卷上、百二十卷本《説郛》卷三一《采蘭雜志》等改。按，《杜陽雜編》乃唐蘇鶚撰，三卷。上起代宗廣德元年，下至懿宗咸通十四年，凡十朝之事，述奇技寶物，今存。既不可能載此條，也實無此事。張澍致誤之由，在於徐應秋先引《杜陽編》，然後又引《仙傳拾遺》《明皇雜録》《采蘭雜志》等，古籍無標點，一疏忽即以爲整條皆出《杜陽雜編》。不惟張澍誤題，即《民國美術叢書》本《絲綉筆記》卷下"吸花絲錦"條亦誤題爲《杜陽雜編》，若非所犯錯誤相同，則是踵襲《蜀典》而誤。又，雖然我們推測張澍可能是據《玉芝堂談薈》而誤，但有一點可疑之處，即《玉芝堂談薈》無"暮宴於花下"句。若張澍據他書所引而補此句，則何以不直接引他書而要據《玉芝堂談薈》轉引？此亦難以自洽，故妄自揣測，聊備一説，以俟再考。

漢時國人奉貢武帝，賜麗娟二兩[一]，命作舞衣。春暮宴於花下[二]，舞時故以袖拂落花，滿衣都著。舞態愈媚，謂之‘百花舞衣’。”[三]

桐魚

《異苑》：“武帝時，吴郡臨平岸崩，出一石鼓，打之無聲。以問張華，華曰：‘可取蜀中桐材，刻作魚，扣之則鳴。’於是如言，聲聞數十里。”[四]案，《晋書·張華本傳》作“聲聞數里”。

蘇薰席

《唐書·地理志》：“忠州南賓縣貢蘇薰席。”[五]段成式《游蜀記》：“忠州墊江縣以蘇薰爲席，絲爲經，其色深碧。”[六]南賓，本漢臨江縣。

蜀漢文

《後漢書》：“肅宗賜郅壽蜀漢文[七]，時論者以壽明達有文章，故得漢文。”

莎羅毯

《宋史·蠻夷傳》：“慶曆四年，邛部川山前[八]、山後百蠻都鬼主侔黑遣將軍阿濟等三百三十九人，獻馬二百一十、犛牛一、大角羊四、犀株

[一]“麗娟”，漢武帝所寵愛之宫女名。《洞冥記》：“帝所幸宫人名麗娟，年十四，玉膚柔軟，吹氣勝蘭。”

[二]“春”，原無，據《琅嬛記》及《説郛》補。

[三]“百花舞衣”，與《格致鏡原》卷一五引《采蘭雜志》同，《琅嬛記》及《説郛》作“百花之舞”。

[四]“聲聞”，《異苑》卷二作“音聞”，張澍所引與《太平御覽》卷五百二、《玉芝堂談薈》卷二五等所引同。

[五]按，此條見《新唐書·地理志四》。

[六]按，此條見《太平寰宇記》卷一四九。

[七]“肅宗”，原作“光武”，據《後漢書·韓棱傳》改。按，原文云：“（韓棱）與僕射郅壽、尚書陳寵同時俱以才能稱。肅宗嘗賜諸尚書劍，唯此三人特以寶劍，自手署其名曰‘韓棱楚龍淵，郅壽蜀漢文，陳寵濟南椎成’。時論者爲之説，以棱淵深有謀，故得龍淵；壽明達有文章，故得漢文；寵敦朴，善不見外，故得椎成。”

[八]“川”，原作“州”，形近而誤，據《宋史·蠻夷傳四·黎州諸蠻》改。

一、莎羅毬一。”[一]

金馬刀

《漢書·文翁傳》如淳曰：“金馬書刀，今賜計吏是也。作金馬於刀環内，以金鏤之。”晋灼曰：“舊時蜀郡工官作金馬書刀，似佩刀形。金錯其跗。”案，李尤有《金馬書刀銘》云：“巧冶煉剛，金馬托形。淬以清流，礪以越砥。”[二]

琵琶邏逤檀

樂史《太真外傳》[三]：“妃子琵琶以邏逤檀爲槽，寺人白季一作秀貞使蜀還獻[四]。其木温潤如玉，光耀可鑑。有金縷紅文，蹙成雙鳳。以龍香板爲撥弦，乃末訶彌羅國一作拘彌國永泰元年所貢者[五]。渌水一作緑冰蠶絲也[六]，光瑩如貫珠瑟瑟[七]。紫玉笛，乃姮娥所得也。”案，《譚賓録》[八]：“開元中，有中官白秀貞，自蜀使回，得琵琶以獻，其槽皆邏桫檀爲之，温潤如玉，光曜可鑑。金縷紅文，影成雙鳳。”與此微異。

[一]“毬”，原作“毱”，據《宋史》及此條標題改。

[二]按，此處引李尤之文，《藝文類聚》卷六〇作“巧冶煉剛，金馬托形。貢文錯鏤，兼勒工名”，《太平御覽》卷三四六除“貢文”作“黄文”外，與《藝文類聚》同。《漢魏六朝百三家集》卷一五作“巧冶煉剛，金托於刑。貢文錯鏤，兼勒工名。淬以清流，礪以越石”。《初學記》卷二二又引有“淬以清流，礪以越砥”。皆與此處所引不同，或張澍綜合數者而重新擇取組合而來也。

[三]按，此書二卷，有《顧氏文房小説》本、《唐人説薈》本、雙紅堂《唐開元小説六種》本等，李劍國先生《宋代傳奇集》編爲一卷。張澍所引與諸本皆不同，殆有改動也。其夾注偶列異文，今依次略考之。

[四]按，作“白秀貞”者，除後文所引《譚賓録》外，還有《施注蘇詩》卷五《宋叔達家聽琵琶》詩注文所引者。

[五]按，作“拘彌國”者，見《施注蘇詩》。

[六]“渌”，原作“淥”，形近而誤，據《顧氏文房小説》《唐人説薈》《唐開元小説六種》改。◎“緑冰”，原作“緣水”，形近而誤，據《施注蘇詩》改。

[七]“瑟瑟”，原作“琴瑟”，與《顧氏文房小説》《唐人説薈》《唐開元小説六種》皆同，《宋代傳奇集》據《杜陽雜編》卷上“貫瑟瑟”之用例改，今從之。按，“瑟瑟”，緑色寶石，見本卷“瑟瑟”條，作“琴瑟”明顯與文義不合。

[八]“《譚賓録》”，《新唐書·藝文志三》著録爲十卷。此處見《太平廣記》卷二〇五“楊妃”條所引。

夜飛蟬

張泌《妝樓記》[一]："杜甫每朋友至，引見妻子。韋侍御見而退，使其婦送夜飛蟬以助妝飾。"案，夜飛蟬多栖楮木上，身緑有金色[二]。今人尚以飾釵珥。

釦 器

《後漢書·和熹鄧皇后紀》："蜀漢釦器、九帶佩刀，並不復調。"注："釦，音口。以金銀緣器也。"揚雄《蜀都賦》："雕鎸釦器，百位千品。"《説文》云："金飾器口也。"

四望蜀車

《魏書·高允傳》："特賜允蜀牛一頭，四望蜀車一乘[三]，素几、杖各一，蜀刀一口。"

鸂鶒舟

《蜀王本紀》："蜀王有鸂鶒舟。"[四]

太白船

《蜀王本紀》："秦爲太白船萬艘，欲以伐蜀。"[五]

[一]"張泌"，南唐時人，《十國春秋》卷二五有傳。所著《妝樓記》，見百二十卷本《説郛》卷七九。此條除了見《説郛》外，亦見《雲仙雜記》卷四"夜飛蟬"條。

[二]"金"，原作"今"，音同而誤，據光緒本改。

[三]"四望蜀車"，蓋蜀地所産的四面有窗可供觀望的車。《通志·器服略二》云："四望車：齊四望車，通幰，油幢，絡班，漆輪轂，亦曰皂輪車，以加貴臣。隋制同犢車，黄金飾，青油，紫幢，朱裏，紫通幰，紫絲網，駕一牛，拜陵、臨吊則乘之。唐之制，以金飾，駕四馬，拜陵、臨吊則乘之，大駕出，在安車後。"可見早期的四望車乃以牛所拉，行走緩慢，四面開窗，便於觀賞景物。

[四]按，此條見《初學記》卷二五。◎"鸂鶒舟"，馮廣宏《都江堰創建史》認爲："大概是船頭雕作鸂鶒形的飾物。近年出土文物中，這種鳥頭裝飾頗多。"

[五]"太白船"，一種戰艦名。《太平御覽》卷七六九引作"大白船"，此處所引則與《初學記》卷二五同。一作"大舶船"。《華陽國志》卷三云："有巴之勁卒，浮大舶船以東向楚，楚地可得。"

梅花聯　五道聯

《蠻司合志》："巡撫徐元太遣李應祥，於大孤山禽阿弓，斬之。獲番刀，有名梅花聯、五道聯者，皆羌中異物。當時僭號，諸蠻皆佩之。"[一]

錞　于

《南史》[二]："武帝時，廣漢什邡人段祖以錞于獻始興王鑑，高三尺六寸六分，圍三尺四寸，圓如筩。銅色黑如漆，甚薄，上有銅馬。以繩縣馬，令去地尺餘，灌之以水。又以器盛水于下，以芒莖當心跪注錞于。以手振芒，則聲如雷，清響良久，乃絶古所以節樂也。"案，《晋語》韋昭注："錞于，形如碓頭，與鼓相和。"[三]《博古圖》："《周官》謂：'鼓人以金錞和鼓。'《釋音》以'金錞'爲'錞于'，正謂是耳。其製中虚，椎首而殺其下。"[四]丁度《韻會》一説"形如鐘，有舌謂之錞于"[五]。陳暘《樂書》："自金聲之淳言之，謂之錞。"[六]與《南史》所謂形狀微不同[七]。後周太常卿斛斯徵識此器，《徵傳》亦言自蜀得之，依干寶《周禮注》，以芒筒捋之[八]，其聲極清。又案，《山海經》："是錞于西海。"郭璞注："錞于，猶堤埻。"謂依附也[九]。

朱提銀

《漢書·食貨志》："朱提銀重八兩爲一流，直一千五百八十[十]；它銀

[一] 按，此條見《蠻司合志》卷六"建昌諸道蠻"。
[二]"南史"，原作"齊書"，張澍誤記，今據《南史·齊高帝諸子列傳下·始興簡王鑑》改。
[三] 按，此條見《國語·晋語五》"戰以錞于，丁寧儆其民也"句注文。
[四] 按，此條見《重修宣和博古圖》卷二六"錞總説"。
[五]"丁度《韻會》"，或誤。此條見《古今韻會舉要》卷四"錞"注文。一般認爲《古今韻會舉要》乃元代黄公紹原編，其弟子熊忠舉要而成，但未見所謂"丁度《韻會》"。
[六] 按，此説見《樂書》卷一一一。
[七]"南"，原作"齊"，據前文改。
[八]"筒"，原作"筩"，據《周書·斛斯徵傳》改。
[九] 按，引《山海經》之文見其書卷二。
[十]"五"，原作"一"，據《漢書·食貨志下》改。

一流直千，是爲銀貨二品。”《郡國志》注：“《南中志》云：‘舊有銀窟數處，《諸葛亮書》云：“漢嘉金、朱提銀，采之不足以自食。”’”[一]

瑞　鞭

蘇鶚《杜陽雜編》：“貞元三年，中常侍自蜀使回，進瑞鞭一，其文節高，有麟、鳳、龜、龍之形。體質微，而麟甲、毛羽無不備具。其色照爛，有類琥珀。於暗中揮之，有如電光。上雖不好寶貨祥瑞，及覽此鞭，頗甚稱嘆。遂置之於明珠匣——其匣蓋飾以明珠者也。”[二]

果然褥[三]

段成式《蜀記》：“戎人進果然褥，皂、褐、碧三色相間。云出馬湖口、石門兩路蠻界内。”[四]案，《郡國志》云：“僰道有獸名獑猢[五]，似猿而四足短，一騰一百五十步，如迅鳥之飛。取此皮爲狐白之用，盈百方成。”亦見《太平寰宇記》。

彭　排

《庶物異名疏》：“諸葛孔明《軍令》曰：‘帳下及右陳各持彭排。’”[六]《急就章》注：“盾，一名瞂，亦謂之干，即今之旁排也。”案，《釋名》：

[一] 按，此條爲《後漢書·郡國志五》“朱提，山出銀銅”注引文。所謂《南中志》，往往以爲乃《華陽國志》卷四之《南中志》，但今本《華陽國志》無此語，則《南中志》也可能是《南中八郡志》之省。

[二] 按，此條見《杜陽雜編》卷上。

[三] “果然”，獸名，長尾猿。《重修玉篇·犬部》：“猓，猓狨，獸。”《爾雅翼》卷二〇“狨”條云：“李肇曰：‘舊説劍南人之采猓然者，獲一猓然則數十猓然可盡得矣。何也？猓然性仁，不忍傷其類。見被獲者，聚族而啼，雖殺之終不忍去也。’然則謂之果然者，以其來之可必歟？猶常山之蛇，擊首而尾即至，故謂之率然，此亦古制名之義也。”後加“犭”部，作“猓狨”。

[四] “云”，原作“元”，形近而誤，據《蜀中廣記》改。按，此條見《蜀中廣記》卷五九，亦見《太平寰宇記》卷七九，文字小異。

[五] “猢”，原作“胡”，據《蜀中廣記》卷五九、《太平寰宇記》卷七九改。按，所謂《郡國志》，常常以爲即《後漢書·郡國志》。但這裏所引非《後漢書》，未知究竟爲何書。

[六] 按，此文見《庶物異名疏》卷八“伐　彭排”條，其後引《急就章》注文及《釋名》等，亦見《庶物異名疏》，且又見《格致鏡原》卷四二。

“彭排，彭，旁也。在旁排敵禦攻也。”

飛　虻

諸葛武侯《軍令》曰：“手與箭如飛虻。”[一]案，揚子《方言》：“箭，其小而長、中穿二孔者謂之鉀鑪。其三鐮、長六尺者，謂之飛虻。内者，謂之平題。”[二]《文選・閑居賦》：“激矢虻飛。”李善注引《東觀漢記》：“光武作飛虻箭，以射赤眉。”

萬人　冷艷鋸

《刀劍録》[三]：“關雲長爲先主所重，不惜身命自采武都山鐵爲二刀，銘曰‘萬人’[四]。及敗，惜刀投於水。”《庶物異名疏》：“關壯繆青龍偃月刀，一名冷艷鋸。”[五]

新亭侯刀

《刀劍録》：“張飛初拜新亭侯，自命匠鑄赤珠山鐵爲一刀，銘曰[六]：‘新亭侯，蜀大將也。’”[七]

太　一[八]

《刀劍録》：“郭淮于太原得一刀[九]，文曰‘宜爲將’。後遂爲將軍。”

[一] 按，《太平御覽》卷三五〇引此文，僅稱“諸葛子曰”，不言出《軍令》。

[二] 按，此條見《方言》卷九。

[三]“《刀劍録》”，即《古今刀劍録》，南朝梁陶弘景撰。該書一卷，我們以《百川學海》本、文淵閣《四庫全書》本參校。

[四]“銘”，原作“名”，據《古今刀劍録》改。

[五] 按，此文見《庶物異名疏》卷八“冷艷鋸”條。

[六]“銘”，原作“名”，據《古今刀劍録》改。

[七]“蜀”下，《太平御覽》卷三四六所引有“帝”字。

[八]“一”，原作“乙”，據《古今刀劍録》改。

[九]“郭淮”，原作“姜維”，《百川學海》本作“郭維”，《太平御覽》卷三四六所引則誤作“郭璞”，今據《四庫全書》本改。按，《三國志・魏志》有郭淮傳，稱“郭淮字伯濟，太原陽曲人”，則郭淮於太原得此刀，於理亦通。《古今刀劍録》此條後還有數語：“及與蜀將戰敗，失此刀。”若是姜維，爲何會與蜀將戰？張澍謬矣。

“鍾會克蜀，於成都土中得一刀，文曰‘太一’[一]。會死，入帳下王伯升。後渡江，刀遂飛入水中不見。”

赤　刀

《刀劍録》：“黄忠爲漢先主定南郡，得一刀，赤于血。”

痄瘮賓

《唐書·顧彦暉傳》：“梓州有鏡堂，世稱其麗，顧彦暉常宴諸將堂上。養子瑶尤親信，彦暉以所佩劍號‘痄瘮賓’佩之，使侍左右。語諸將曰：‘與公等生死同之，違者先齒痄瘮賓。’”[二]案，《錦綉萬花谷》作“痄癩賓”[三]。又案，《五代史》：“王建攻破梓州，彦暉自殺。彦暉將顧彦瑶顧城已危，謂諸將吏曰：‘事公當生死以之。’指其所佩賓鐵劍曰[四]：‘事急而有叛者，當齒此劍。’及城將破，彦瑶與彦暉召集將吏飲酒，遂與之俱死。”即比一事，而紀載各異。

軍器名

《清異録》：“蜀王建初起軍中，隱語代器械之名，以犯者爲不祥。其名弩爲‘百步王’、箭曰‘飛郎’、刀曰‘小逡巡’、劍曰‘奪命龍’、鐵蒺藜曰‘冷尖’、斧曰‘鐵糕麋’、甲曰‘千斤使’、鎗曰‘肩二’[五]、弓曰‘潘尚書’、鼓曰‘聖牛兒’、鑼曰‘響八’、旗曰‘愁眉錦’。”

騰　馬

《刀劍録》：“蜀李雄以晏平元年造刀五百口，文曰‘騰馬’。”

[一]“一”，原作“乙”，與《格致鏡原》卷四二所引同，據《古今刀劍録》改。
[二]按，此條見《新唐書》。
[三]按，此説見《錦綉萬花谷》卷三三。
[四]“鐵”，原無，據《新五代史·前蜀世家》補。
[五]“肩”，原作“看”，形近而誤，據《清異録》卷下“小逡巡”條改。

仙　槎

《洞天集》："嚴遵仙槎，唐置之於麟德殿。長五十餘尺，聲如銅鐵，堅而不蠹。李德裕截細枝尺餘，刻爲道像，往往飛去復來。廣明以來失之，槎亦飛去。"[一]

碧暖座

《北夢瑣言》："蜀朝許承傑爲都頭軍，僭越奢大，騎碧暖座。"[二]碧暖座者，即暖馬鞍也。

傳國璽

《五代史》："田令孜爲監軍，盗傳國璽，入蜀而埋之於庭。永平二年，尚食使歐陽柔治令孜故第，穿地得之以獻。"[三]

文　樽

《詞林海錯》："蘇子瞻在蜀時，以鉅竹尺許截爲雙筒，謂之文樽。"[四]

酒　魁

《朝野僉載》："蜀中有酒器，名酒魁，即詩人所謂酌以大斗[五]。製象北斗，有魁柄。"案，《穆天子傳》注："坐之於尊邊，使爲酒魁。"[六]即

[一] 按，此條見《太平廣記》卷四〇五。所謂《洞天集》，《直齋書録解題》卷一五著録爲五卷，云"漢王貞範集道家神仙隱逸詩篇，漢乾祐中也"。《宋史·藝文志四》著録爲兩卷，《藝文志八》又著録爲五卷，當是所見版本有異也。

[二] 按，此文見《北夢瑣言》卷一二"柳氏子幞頭脚"附許承傑事，多有删節。

[三] 按，此條見《新五代史·前蜀世家》。

[四]"文樽"，與《格致鏡原》卷五一"樽"條引《詞林海錯》之文同，而萬曆刻本《詞林海錯》卷一四"文尊"條作"文尊"。

[五]"詩人所謂酌以大斗"，原作"詩所謂大斗"，今據《古今事文類聚·續集》卷三三、《古今合璧事類備要·外集》卷四四"酒魁"條等改。又，張澍言此條出《朝野僉載》，今本無，也暫未見他書引文稱出《朝野僉載》者，其説恐誤。

[六] 按，此條見《穆天子傳》卷五"許男不敢辭，升坐于出尊"句注文。

《説苑》所云“祭尊”矣[一]。

青磁碗

吴淑《秘閣閑談》[二]：“巴東下巖院主僧于水際得一青磁碗，携歸。折花供佛，明日花滿其中。更置少米，經宿米亦爲滿碗。錢及金銀皆然。”

鐘　牛

《汲冢周書》：“魚復鼓、鐘、鐘牛。”孔晁注：“魚復，南蠻國。貢鼓及鐘，而似牛形者美，遠致也。”[三]楊慎《外集》：“夔府近掘地[四]，得一鐘，形如㕑斗，匾而長。一面凸爲十八乳，一陰一陽，總爲九乳。古詩‘春鐘九乳鳴’，疑此鐘應春宫律也。一面古篆七十餘字，人不能識，惟‘夔’字可辨。”魚復即夔州地，是古時善鑄鐘，故貢之。

隱形鐘

《黎州圖經》：“黎州聖鐘山，古老傳此山有鐘，聞其聲而形不見。南詔犯境，鐘則預鳴。唐天寶、大和、咸通、乾符之載，群蠻來寇，皆有徵也。昔有名僧講大乘經論，鐘亦震焉。乾寧中，刺史張惠安請門僧京師右街净衆寺惠維講《妙法蓮花經》一遍，此鐘頻鳴，如人扣擊，知向所傳者不謬矣。”[五]

潚　鐘

洪慶善注《九歌》“蕭鐘兮瑶簴”，以爲簫、鐘二器，乃樂聲之相應者。一蜀士曰：“‘簫’即‘潚’。《廣韻》云：‘擊也。’《楚詞》以擊鐘對

[一] 按，《困學紀聞》卷八云：“滈水李氏云，古印有文曰‘祭尊’，非姓名，乃古之鄉官也。《説苑》載鄉官，又有祭正，亦猶祭酒也。”張澍言“即《説苑》所云‘祭尊’矣”，此説當誤。

[二] “淑”，原作“叔”，今據《宋史·文苑傳三·吴淑》改。據本傳，《秘閣閑談》共五卷。《直齋書録解題》卷一一亦有著録，今佚。此處所引見《類説》卷五二“青磁碗”條。

[三] “遠致”，原誤倒，據《逸周書·官人解》注文乙正。“遠致”，謂從遥遠之地進貢而來。

[四] “夔”下，《升庵集》卷四四“夔鐘”條有“州”字。按，無此字亦不算錯，故不補。

[五] 按，此文見《太平廣記》卷三九七“聖鐘山”條。

上句緪琴耳，非器名也。”[一]

玉徽琴

《唐國史補》[二]：“蜀中雷氏斫琴，常自品第。上者以玉徽，次者以瑟瑟徽，又次者以金徽，又次者螺蚌徽。”[三]

古　鼎

貞觀二十二年九月[四]，遂州涪水中獲古鼎。開元二十一年六月庚子[五]，眉州獻寶鼎，重七百斤，無耳，足有篆書數字。

仁壽鏡

《文苑英華》：“《仁壽鏡賦序》云：‘天寶初，有獻書闕下，言巴蜀之間有石鏡，見於巖之半。仁壽之字，昭然可觀。’”[六]

織成蘭亭

李濬《摭異記》[七]：“西蜀有織成蘭亭。”[八]

[一] 按，此條當是據《容齋隨筆·續筆》卷一五“注書難”略加改動而來。然洪邁稱“慶善謝而亟改之”，但今所見《楚辭補注》卷二仍言“然則簫鍾，與簫聲相應之鍾歟”，並未聽從蜀士之説。

[二]“唐國史補”，原作“尚書故實”，今據引文出《唐國史補》卷下而改。

[三]“又次者”，原無，據《唐國史補》補。

[四]“貞觀”前，原有“唐書”二字，以爲出自《唐書》者也。然《舊唐書》《新唐書》皆無相關記載，爲免以訛傳訛，今删。按，遂州涪水中獲古鼎之事，見《册府元龜》卷二四及《玉海》卷八八。然《事實類苑》卷二〇云：“唐貞觀二十一年六月，遂州涪水中獲古鼎。”此説與《册府元龜》《玉海》不同，或誤。

[五]“開元”，原無，易讓人誤以爲仍爲貞觀二十一年，故據《册府元龜》卷二四、《玉海》卷八八補。又，《舊唐書·玄宗本紀上》“開元二十二年四月丁未”云：“眉州鼎皇山下江水中得寶鼎。”兩説不同，難曉孰是，或是二事。

[六] 按，此賦乃史翽作，見《文苑英華》卷八六。

[七] 按，《摭異記》又名《松窗雜録》，一卷，今存。

[八]“織成蘭亭”，即織有蘭亭序的文字蜀錦。《蘭亭考》卷一一“織本”條云：“《松窗雜録》載：‘玄宗先天時，所有異物，如雷公鎖、辟塵、犀簪、暖金之類，凡十有三。西蜀織成《蘭亭敘》是其一也。’”

緑綺琴

《古琴疏》："梁王賜司馬相如緑綺琴，銘曰'桐梓合精'。"[一]案，傅玄《琴賦》："齊桓曰號鐘，楚曰繞梁，相如曰焦尾，伯喈曰緑綺。"[二]陳暘《琴論》云："相如緑綺。"[三]傅玄《琴賦·序》亦以緑綺屬之蔡邕[四]，焦尾屬之相如。而《蔡邕傳》注引《琴賦·序》："相如緑綺，蔡邕焦尾。"又《文選·張孟陽〈擬四愁詩〉》注[五]、《初學記》並以"緑綺"爲相如之琴也[六]。

大匏琴

《南蠻傳》："西舍利王雍羌獻其國樂至成都，有大匏琴二[七]，覆以半匏[八]，皆彩畫之，上加銅甌。以竹爲琴，作虺文横其上，長三尺餘。頭曲如拱，長二寸。以絛繫腹，穿甌及匏本[九]，可受二升。大弦應太簇，次弦應姑洗。又有獨弦匏琴，以斑竹爲之，不加飾，刻木爲虺首；張弦無軫，以弦繫頂，有四柱[十]，如龜兹琴瑟，弦應太簇。又有小匏琴二，形如大匏琴，長二尺；大弦應南吕，次弦應應鐘。"

[一] 按，此條見百二十卷本《説郛》卷一〇〇。《古琴疏》，題作者爲虞汝明，事迹不詳。

[二] 按，此處所謂《琴賦》，其實就是後文所謂《琴賦·序》，但各書所引不同。張澍此處所引與《宋書》相合。《宋書·樂志一》云："齊桓曰號鍾，楚莊曰繞梁，相如曰燋尾，伯喈曰緑綺，事出傅玄《琴賦》。"而《太平御覽》卷五七七則云："傅玄《琴賦·叙》曰：'齊桓有鳴琴曰號鍾，楚莊王有琴曰繞梁，司馬相如有緑綺，蔡邕有焦尾，皆名器也。'"其注文對司馬相如之琴有考辨："蔡邕焦尾有證甚多。相如故取古名目琴耳，無其事也，不異號鍾。"《困學紀聞》卷五亦云："傅玄《琴賦》：'齊桓曰號鍾，楚莊曰繞梁，相如曰燋尾，伯喈曰緑綺。'《宋書·樂志》曰：'世云燋尾伯喈琴，以傅氏言之，非伯喈也。'今按《蔡邕傳》注引《琴賦序》'相如緑綺，蔡邕燋尾'，《宋志》恐誤。"

[三] 按，《樂書》卷一一九《樂圖論·琴瑟下》云："黄帝之清角，齊桓之號鍾，楚莊之繞梁，相如之緑綺，蔡邕之焦尾。"張澍題名略有不妥。

[四] "傅玄"，原作"傅咸"，今據《太平御覽》卷五七七引傅玄《琴賦·叙》改。

[五] 按，張載《擬四愁詩》："佳人遺我緑綺琴。"李善注："傅玄《琴賦·序》曰：'中世司馬相如有緑綺，蔡邕有焦尾，皆名器也。'"

[六] 按，引《初學記》之文見其書卷一六。

[七] "匏"，原作"瓠"，據《新唐書·南蠻傳下》及本條標題改。

[八] "半"，原作"牛"，形近而誤，據《新唐書》改。

[九] "及"，原作"又"；"本"，原作"木"：形近而誤，據《新唐書》改。

[十] "柱"，原作"注"，形近而誤，據《新唐書》改。按，"柱"，琴瑟上繫弦的木塊。

鐵笛

陸放翁《入蜀記》："光孝寺有西峰聖者所留鐵笛[一]，似銅鐵而非，色緑而瑩，滑如緑玉，不知何物。僧懼爲好事者所奪，郡官求觀之，輒出一凡鐵笛充數。余與監寺僧有舊，獨得一見。"

龜殼

《孔氏六帖》："張儀築成都城，依龜行路築之。李德裕鎮西川，龜殼猶在。後爲高崇文截作腰帶胯。"[二]

眉州水甕

范成大《吳船録》："蜀中眉郡軍資庫中有一水甕，滿貯石子，每月朔祀之，仍增水石各一器。不知其幾年，而至今不滿。"[三]

無疾鏡

《樵牧閑談》："孟昶時，張敵得一古鏡[四]，徑尺餘。光照寢室如燭，舉家無疾，號無疾鏡。"案，古鏡辟一切邪魅蠱毒，治暴心痛。百蟲入耳鼻中，將鏡就之即出[五]。

[一] "所"，原無，文義不暢，據《入蜀記》卷二補。若不補"所"字，於"聖者"下加逗號，看似亦通，但語義上則將西峰聖者當成了光孝寺常住僧人，事實恐未必如是也。雍正《江南通志》卷一七五即云："五代西峰聖者，楊吳時人，陽狂不羈，好吹笛，能役鬼神、蛟龍。嘗寓池州乾明寺，及去留笛，後人寶之，共相傳玩。"是西峰聖者四處游方，多有留笛之事也，故據原書補之。

[二] 按，此條見《白孔六帖》卷九八。《太平廣記》卷四七二"高崇文"條引《戎幕閑談》："元和初，節度使高崇文知之，命工人截爲腰帶胯具。"《南部新書》卷六亦載此説。

[三] 按，此條見《吳船録》卷上。

[四] "張敵"，與《本草綱目》卷八"古鏡"條所引同，《遵生八箋》卷一四則云："張敞得一鏡，照之終身無病，名無疾鏡。"《白孔六帖》卷一三"鏡光照室"條，孔氏引《樵牧閑談》文字略異，云："孟蜀時，軍校張敵得一古鏡，横闊尺餘，光照室寢處，不施燈燭。將求磨滌之，有貧士見而嘆禮曰：'久知寶在蜀中，一見果然。此鏡不久當亦歸。'敵益珍藏。自得鏡，無疾病。"《樵牧閑談》不知何人作，但應該是宋初之書。

[五] 按，此處之按語係據《本草綱目》卷八改寫而來，則張澍整條皆從《本草綱目》抄出。

鄧通錢

《西京雜記》："文帝時鄧通得賜蜀銅山，聽得鑄錢。文字肉好皆與天子錢同，故富侔人主。時吴王亦有銅山，鑄錢微重，文字肉好與漢錢不異。"[一]

傳形五銖錢

封演《錢譜》："傳形五銖，蜀漢昭烈帝所鑄。文字、輕重、大小與五銖無别。但以'五'字在左，'銖'字在右，謂之傳形。"[二]案，《蜀志》："先帝初拔成都，軍不足用。劉巴曰：'但鑄直百錢，平諸物價。'"[三]直百錢，諒即傳形錢也。《通典》："西曹掾劉巴曰：'但當鑄錢一直百錢，平諸物價。令吏爲官市。'帝從之，數月之間，府庫充實。文曰'直百'，亦有勒爲五銖者。大小、秤兩如一焉，並徑七分，重四銖。"[四]

鐵　錢

劉存、馮鑑等《事始》[五]："以鐵爲錢，自公孫述據蜀始也。"案，《漢書》："公孫述廢銅錢置鐵官錢。"注："置鐵官以鑄錢。"[六]《華陽國志》："述廢銅錢置鐵錢，百姓貨賣不行。"[七]《會要》："僞蜀廣政中，始鑄鐵錢。每鐵錢一千，兼以銅錢四百。凡銀一兩，直錢千七百。絹一匹，直錢千二百。而鐵工精好，殆與銅相亂。既平蜀，沈倫等悉收銅錢上供。及增鑄鐵錢，易民銅錢，益買金銀，裝發頗失裁製，物價增長。尋又禁

[一] 按，此條見《西京雜記》卷三。

[二] 按，此條乃據《格致鏡原》卷三五轉引，封氏《錢譜》早佚，《新唐書·藝文志三》著録爲一卷。

[三] 按，此處實出《三國志·蜀志·劉巴傳》注文引《零陵先賢傳》之文。徑稱《蜀志》，略有不妥。

[四] 按，此條見《通典》卷八"魏文帝黄初二年罷五銖錢"注文。

[五] 按，唐劉存有《事始》三卷，五代馮鑑有《續事始》五卷，均已佚。張澍此條從《廣博物志》卷三七抄出，由於《廣博物志》僅題出處爲《事始》，張澍不知究竟爲哪種，遂并稱劉存與馮鑑。

[六] 按，此條見《後漢書·隗囂公孫述列傳》。

[七] 按，此條見《華陽國志》卷五。

銅錢入川界，鐵錢十乃直銅錢二。"[一]《燕翼貽謀録》："江南李唐舊有鐵錢，蓋因韓熙載建議以鐵錢六權銅錢四。然銅錢之價相去甚遠，不可强也。江南末年，鐵錢十僅值銅錢一。江南平民間不肯行用，轉運使樊若水請廢之。太平興國二年二月，詔官收民間鐵錢鑄爲農器，以給江北流民之歸附者，於是江南鐵錢盡矣。然川蜀、陝西用之如故，川蜀每鐵錢一貫重二十五斤，銅錢一當十三。小民熔爲器用，賣錢二千。於是官錢皆爲小民盜銷，不可禁止。大中祥符七年，知益州凌策請改鑄[二]，每貫重十二斤。銅錢一當十，民間無鋋銷之利，不復爲矣。"《寶訓》云："真宗朝，張詠鎮蜀。患蜀人鐵錢之重[三]，不可貿易，于是設質劑之法[四]。一交一緡，以三年爲一界而换之。始祥符之辛亥，至熙寧之丙辰，六十五年三十二界，雖至巧，有不能易。"李燾《長編》："仁宗天聖元年初，蜀民以鐵錢重，私爲券，謂之'交子'，以便貿易。富民十六户主之。"[五]《合璧事類》："川峽舊皆行鐵錢，祖宗時，益[六]、利、夔三州，皆有鐵冶，故即山鑄錢。邛州舊鑄歲十萬緡。"

科斗文錢

洪遵《泉志》："趙抃《成都記》云：'唐乾符中，蜀州刺史李師泰理第于錦浦里北門，西與李冰祠鄰[七]。距宅之北，地形漸高[八]，岡走西南，與祠相接。于其堂北鑿地五六尺得大冢，磚甓甚固，於磚外得金錢數十

[一] 按，此條見《群書考索·後集》卷六一及《格致鏡原》卷三五，所謂《會要》，應指《宋會要》。
[二]"改"，原脱，文義不暢，據《燕翼貽謀録》卷三補。
[三]"重"，原作"用"，據《群書考索·後集》卷六二引《寶訓》改。
[四]"質劑"，古代貿易券契質和劑的並稱。長券叫"質"，用以購買馬牛之屬；短券叫"劑"，用以購買兵器珍異之物。後世合同本此。《周禮·天官·小宰》："七曰聽賣買以質劑。"鄭玄注："質劑，兩書一劄，同而别之，長曰質，短曰劑。傅别、質劑，皆今之券書也。"
[五] 按，此條見《續資治通鑑長編》卷一〇一。
[六]"益"，原脱，與後文"三州"不符，據《古今合璧事類備要》卷六五補。
[七]"里北門西"，原無，與《御定子史精華》卷一五四"蝌斗"條所引同，今據《泉志》卷一五補。又，《太平廣記》卷三九〇"李思恭"條引《廣異記》，此句作"蜀州刺史、節度参謀李思恭埋弟於成都錦浦里北門内西回第一宅，西與李冰祠鄰"，雖文有錯字，但可以爲我們斷句提供旁證。《録異記》卷八"李師泰義不發古冢"條亦載此事，文字略異。
[八]"地"，原作"也"，形近而誤，據《泉志》改。

枚[一]，各重十七八銖，徑一寸七八分，圓而無孔。去緣二分有隱起規[二]，規内兩面各科斗書一作蕃書二十一字[三]。其緣甚薄，有刃焉。督役者以白師泰，師泰命並金錢復瘞之。'"李師泰與王建爲"隨駕五都"之一[四]。案，《廣異記》係"乾寧三年丙辰"，非"乾符"也；係"蜀州刺史節度參謀李思恭"，非"師泰"即刺史也[五]。又云"理第于錦浦里北門内西回第一宅"，此脱八字。但云"兩面各有書二十一字"，亦不言"科斗書"。又云："思恭命使者入青城雲溪山居，以示道士杜光庭。云：'此錢得有石餘。思恭命並錢復瘞之，但不知誰氏之墓也。'其地北百步所，有石笋。知石笋即此墓之闕矣。自此甚靈，人不敢犯。其後蜀主改置祠堂享之。"洪氏引不全，今據補[六]。

獅子襪

《清異録》："去習者，雲行至峨眉山而隱[七]。蓄三隻襪，常穿二補一。歲久，裂帛交雜，望之茸茸焉，自呼爲獅子襪。"

棕　鞋

《巖栖幽事》[八]："棕鞋出蜀中，南叢林皆作，吴人不能製也。"

[一] 按，此句與《太平廣記》及《録異記》同，《泉志》原文作"得金錢于磚外數十枚"，可知張澍應是據《太平廣記》或《録異記》做了校改。

[二]"規"下，原衍"文"字，據《泉志》删。

[三]"兩"，《泉志》無，《太平廣記》與《録異記》有。所謂"作蕃書"者，指《録異記》；《太平廣記》作"各有書二十一字"。按，張澍明言據《泉志》引《成都古今記》，又自作主張以《録異記》《太平廣記》之文改《泉志》引文，且不題異文來源，太過隨性。

[四] 按，唐僖宗在蜀時，將隨從軍隊分爲五部，由王建、韓建、晋暉、張連、李師泰統領，稱之爲"隨駕五都"。

[五]"師"，原作"思"，承前文"思恭"而誤，今據文義改。

[六] 按，洪遵《泉志》乃據趙抃《成都古今記》引此事，若有删節，亦難知是趙抃所删還是洪遵所删。張澍此處據《太平廣記》補，究竟是補洪遵之文還是補趙抃之文？殊爲無謂也。

[七]"雲"，原無，據《清異録》卷上補。

[八]"《巖栖幽事》"，明陳繼儒撰，一卷，有《寶顔堂秘笈》本。

竹麻屨

《花木考》："慈竹秋笋高數丈，尾甚柔細，如釣絲，又名釣絲竹。歷冬及春，始開葉。其葉左右並列，如鳥翎狀。初歲極嫩，土人破爲篾，裂以成麻，可爲屨，號爲'竹麻屨'，出叙州府。"[一]

石珠

《録異記》："江州南五十里，有店名七里店，在蛇江之南小山上。有石，青色，堅膩。俗云石中有珠。每至中秋，往往群飛，凡十餘枚，如流星往來，或聚或散。石上時有光景，相傳云珠藏於此。"[二]

桃核

《酉陽雜俎》："蜀後主有桃核二扇，盛水五升，良久成酒，能醉人。更互貯水，以供其宴。"[三]案，亦作劉璋事。

詩板

王定保《摭言》："蜀路有飛泉亭，詩板百餘。薛能過之，盡打去，唯留李端《巫山高》一篇。"[四]

黟石硯　瀘石硯　萬石硯

米芾《硯史》："夔州黟石，色黑理乾。間有點如黑玉，發墨。"[五]

[一] 按，此文見《華夷花木鳥獸珍玩考》卷九"慈竹"條。

[二] 按，此文出《録異記》卷七"江州藏珠石"條。

[三] 按，此條見《酉陽雜俎》卷七，亦見《蜀都碎事》卷二。《蜀都碎事》題出處爲《藝文外紀》，即《補續全蜀藝文志》卷五〇《志餘·外紀五》，與《蜀典》所題出處不同。至於張澍稱亦作劉璋事，暫不知所本。

[四] 按，此條見《唐摭言》卷一三。李端《巫山高》，載《文苑英華》卷二〇一。

[五] 按，《硯史》一卷，有《百川學海》本。張澍所引與原文略異，不知是有删改還是别有所據。

案，即《子虛賦》所云“玄厲”也。張揖注[一]：“玄厲，黑石，可用磨也。”《志》引《硯史》作“黔石”，末句云：“如黑玉光，發墨不乏。”[二]又案，《黄山谷集》有“瀘石硯銘”[三]。《米帖》：“萬州縣崖金星石，墨潤。有銅屑，眼如豆，發墨，扣無聲。萬又有磁洞石。”[四]

[一]“揖”，原作“楫”，形近而誤，據《文選·司馬長卿〈子虛賦〉》注文改。

[二] 按，所謂《志》，指嘉慶見《四川通志》，見其書卷七四。《四川通志》所引與《百川學海》本《硯史》亦略異。

[三] 按，此條見《格致鏡原》卷三八，所謂“瀘石硯銘”，非確指，故不加書名號。其所指應是《任從簡鏡研銘》，見《黄庭堅全集·正集》卷二一，有句云：“瀘川之桂林，有石黟黑。瀘川之人不能有，而富義有之。以爲研，則宜筆而受墨。”

[四] 按，此條見《格致鏡原》卷三八所引《米帖》。

卷九

動植類

猛氏啖鐵，酋耳食彪。文草酒釀，鉄樹鹽收。蛇有歧尾，鹿或雙頭。竹林鳥細，巴滇馬道[一]。不賢識小，何病溝猶[二]。

朱橘

傅巽《七誨》[三]：“恒陽黄梨，巫山朱橘，南中茶子，西極石蜜。”[四]

陰沉木

李膺《益州記》：“邛都陷爲湖，風静水清，猶見城郭，樓櫓叜然[五]。今水淺時，彼土人没水取得舊木，堅貞，光黑如漆。今好事人以爲枕相贈。”[六]案，《逸周書·王會篇》：“卜人以丹沙，夷用闌木。”注：“木生

[一] 按，此序中所言條目，分别見本卷後文“猛氏”“酋耳獸”“文草”“鹽鉄樹”“鉤蛇”“兩頭鹿”“竹林”“巴滇馬”。

[二]“溝猶”，《荀子·非十二子》云：“世俗之溝猶瞀儒，嚾嚾然不知其所非也。”注云：“溝讀爲拘，拘愚也；猶，猶豫不定之貌。瞀儒，暗也。”此爲據字面而分釋之義。《通雅》卷七考釋云：“怐愗一作怐瞀……又曰‘溝猶瞀儒’，亦是分溝瞀用之。”據此，則“溝猶”或義同“怐愗”，愚昧之義也，見《廣雅·釋詁》。

[三]“傅巽”，《後漢書·劉表傳》“蒯越、韓嵩及東曹掾傅巽等説琮歸降”句注云：“傅子曰巽，字公悌，瓌瑋博達，有知人鑑識。”《舊唐書·經籍志下》著録《傅巽集》二卷，已佚。此處所引見《茶經》卷下。

[四]“石蜜”，李時珍《本草綱目》卷三三：“石蜜即白沙糖也。凝結作餅，塊如石者，爲石蜜。”

[五]“樓櫓”，古代軍中用以瞭望、攻守的無頂蓋的高臺。建于地面或車、船之上。◎“叜（cè）然”，清晰貌。

[六] 按，此條見《太平御覽》卷七九一。

水中，黑色而光，堅如鐵。”《集韻》：“兹消切，音焦。木名，皮堅黑若鐵，生水中。”或謂即今烏木者[一]，非也。屏山瀕水之處，高岸頽圮，往往出陳木。居人掘沙泥亦時得之，其理緻，其色黝，作器具，可髗也。俗呼爲“陰沉木”，當即“鬫木”。

風連[二]

劉逵《蜀都賦》注云：“風連出岷山。”

柀[三]

《埤蒼》：“柀，藤屬，蜀人以織布。”案，《廣韻》：“柀，匹卦切。”《集韻》：“卜卦切，並音派。”《類篇》：“柀，木皮也。”

莎樹

《齊民要術》云：“《蜀志記》[四]：‘莎樹出麵，一樹出一石。正白，而味似桄榔[五]，出興古。’”案，一引云[六]：“莏木，樹高十餘丈，闊四五圍。樹巔生葉，兩邊行列如飛鳥翼[七]。皮中有白麵石許[八]，磨屑可作

[一] 按，陰沉木，一名烏木，因其色黑故也。《重修玉篇·門部》：“鬫，即今烏木。”《正字通·門部》：“鬫，即今烏木。”張澍所言之烏木，則爲常緑喬木，産於熱帶地區。木質堅實細緻，色黑，可制精緻的器具和工藝品。李時珍《本草綱目》卷三五之下云：“烏木，出海南、雲南、南番。葉似棕櫚，其木漆黑，體重堅緻。”兩“烏木”得名皆因木質色黑，偶然同名而異物，無所謂是非。

[二]“風連”，亦稱“風延莓”，蔓草類。生於山野，莖纏木上，葉細小。苦寒，無毒。見《本草綱目》卷一八下“落雁木”條附録。

[三]“柀”，原作“柧”，形近而誤，今據《康熙字典·木部》改。正文此字徑改，不再出校。按，“柧”，指棱角，亦指有棱之木。《説文·木部》：“柧，棱也。”

[四]“《蜀志記》”，《太平御覽》卷九六〇引作《蜀志》。

[五]“桄榔”，亦作“桄桹”，俗稱砂糖椰子、糖樹。常緑喬木，羽狀複葉。莖中的髓可制澱粉。《後漢書·西南夷傳·夜郎》：“句町縣有桄桹木，可以爲麵，百姓資之。”

[六] 按，所謂一引云云，當是指《欽定續通志·昆蟲草木略三》及《格致鏡原》卷六六，今以二者参校。

[七]“翼”，原無，據《欽定續通志》《格致鏡原》補。

[八]“石”，原作“尺”，據《欽定續通志》《格致鏡原》改。

飯[一]。俗呼‘莎麵’。輕滑勝桄榔麵。”

給客橙

《上林賦》注，郭璞曰：“蜀中有給客橙，似橘而非，若柚而芳香。夏秋一作冬夏華實相繼，或如彈丸，如手一作拳指，通歲食之，一名‘盧橘’。”[二]案，《通志》引《花木志》文同，有脱漏字[三]。又常璩《志》：“江陽郡有蒟醬、給橙。”[四]即給客橙也[五]。

春日瓜　石瓜

郭義恭《廣志》：“蜀地温良，瓜冬熟。有春日瓜，細小，小瓣宜藏。正月種，三月熟。有秋泉瓜，秋種，十月熟。形如羊角，色蒼黑。”[六]《物類相感志》：“石瓜出峨眉山巖壑中，或云蔓生。其文斑然，一若小菜瓜形。取療脚氣，用之足下，乘礙得暖，則能已氣疾者也。”[七]

巵　薑

《史記·貨殖傳》：“巴蜀亦沃野，地饒巵薑、丹砂石、銅鐵、竹木之器。”案，巵薑即茈薑也。《上林賦》有“茈薑”[八]。司馬彪云：“紫色之薑。”則“茈”與“紫”古通用。《四民月令》：“九月藏茈薑。”注：“《字林》曰：‘薑，禦濕之菜。巵，音紫。’”《齊民要術》注：“生薑謂

[一]“可作飯”，原作“不可飦”，據《欽定續通志》《格致鏡原》改。

[二] 按，張澍所引出《齊民要術》卷一〇，夾注所謂一引作某某者，見《史記·司馬相如列傳》。

[三] 按，此處所指爲嘉慶《四川通志》卷七五，原書所脱二字爲“芳”“歲”。

[四] 按，此條見《華陽國志》卷三。

[五] 按，《本草綱目》卷三〇“給客橙”條云：“此橘生時青盧色，黄熟則如金，故有金橘、盧橘之名。盧，黑色也。或云盧，酒器之名，其形肖之故也……給客橙者，其芳香如橙，可供給客也。”◎此句之下，趙熙批注云：“俗名壽星橘，亦名藥橘。”

[六] 按，此條見《太平御覽》卷九七八、《天中記》卷五三等。

[七] 按，此條見《東坡先生物類相感志》卷一八“石瓜”。

[八]《文選·司馬相如〈上林賦〉》：“茈薑蘘荷，葴橙若蓀。”

之茈薑。”[一]《説文》云：“茈、藐，紫草。”[二]《爾雅·釋草》：“藐，茈草。”郭氏云：“可以染紫。”或以“卮”爲“焉支”。又或以“卮”爲栀子樹，即鮮支也。見相如賦[三]。

斫木

《三國志·張嶷傳》[四]：“斫木堅剛，性委曲，高不至二丈。”

交讓樹

張華《博物志》：“交讓樹，兩樹相對，一樹枯則一樹生。如是歲更，終不俱生俱枯也。出岷山，在安都縣。”[五]案，任昉《述異記》云：“黄金山有楠樹，一年東邊榮而西邊枯，一年西邊榮而東邊枯。年年常然，張華所謂交讓樹也。”[六]亦見《潯陽記》。安都縣，即今灌縣。交讓，即今楠木。兩樹相對，一生則一枯。其木直上[七]，柯葉不相妨。

文草

譙周《巴蜀異物贊》：“文草作酒，能成其味。以金買草，不言其貴。”注曰：“即五加皮也。”[八]案，《東華真人煮石經》：“舜常登蒼梧山，曰：‘厥金玉之香草，朕用偃息正道。’”此乃五加也。又異名曰“金鹽”。昔

[一] 按，此處引《四民月令》《字林》及《齊民要術》，均見《齊民要術》卷三。

[二] 按，該條見《太平御覽》卷九九六、《爾雅翼》卷四《釋草》，不見于《説文》。《説文·艸部》：“茈，茈草也。”“藐”，《説文》未見。

[三] 按，《文選·司馬相如〈上林賦〉》：“鮮支黄礫，蔣芧青薠。”郭璞注引司馬彪曰：“鮮支，支子也。”《史記·司馬相如列傳》作“鮮枝”。又，《蜀典》卷一上“楊樸”條亦論薑，二者實可合併。

[四] 按，張澍言出自《三國志·張嶷傳》，或誤，該句出自《華陽國志》卷四，又見《諸葛忠武書》卷五。

[五] 按，此條實出《文選·左太冲〈蜀都賦〉》注，原並不言出處，張澍據後文引《述異記》有張華云云者而補出處爲《博物志》。

[六] 按，此條見《述異記》卷上，文字略有；而《太平寰宇記》卷一一一所引，則云出《潯陽記》。

[七]“直”，原作“真”，形近而誤，據光緒本改。

[八] 按，此條見《太平御覽》卷九九四。所謂注文，見《升庵集》卷八〇“五加皮”條。

西域真人、王屋山人王常言："何以得長久，何不食石蓄金鹽；何以得長壽，何不食石用玉豉。"玉豉者，即地榆也。五加、地榆，皆是煮石而餌得長生之藥也。昔尹公度聞孟綽子、董士固共相與言曰："寧得一把五加，不用金玉滿車；寧得一斤地榆，安用明月寶珠。"[一]是五加皮本號金草，非以金買草也。"文草"，《通志》引作"文章"，誤[二]。

机木

《山海·北山經》："單狐之山，多机木。"郭注："机木，似榆，可燒以糞稻田，出蜀中。音飢。"[三]

笆竹[四]

《廣韻》："笆，竹名。出蜀。"案，戴凱之《竹譜》有"笆竹"，注云："笋味落人鬢髮。"[五]《玉篇》："笆，竹，有刺。"

塗山梨

《洞冥記》："塗山梨，大如升，色紫，千年一花，亦曰紫輕梨。"[六]

扶留

《蜀記》："扶留木根大如箸，視之似柳根。又有蛤，名'古賁'，生

[一] 按，此處所謂按語，全據《重修政和經史證類本草》卷一二"五加皮"條轉引。

[二] 按，雍正《四川通志》卷四五、嘉慶《四川通志》卷七四所引均作"文章"。其實《本草綱目》卷三六即稱五加皮一名文章草，則其誤沿襲已久。

[三] 按，《山海經廣注》卷三云："楊慎補注：'机，今之榿也。'《字書》云：'榿，音溪。'蜀人以榿爲薪，三年可燒。又宋元符二年，眉山縣榿木二株，異根同幹，即此木。"

[四]"笆"，原作"笣"，形近而誤，今據《廣韻·馬韻》等改。後文此字徑改，不再出校。按，笆竹，即棘竹。戴凱之《竹譜》："棘竹，駢深一叢爲林，根如椎輪，節若束針，亦曰笆竹，城固是任。"

[五] 按，此處所引見《太平御覽》卷九六三。《笋譜》所引則作"其笋味肥，食之落人鬢髮"，《太平御覽》或有脫文。

[六] 按，此條見《洞冥記》卷二。

水石下，燒以爲灰，曰牡蠣粉。先以檳榔著口中，又取扶留藤長一寸，古賁灰少許，同嚼之，除胸中惡氣。”[一]嵇含《草木狀》：“孟詵《食療》謂：‘蒟醬即蓽茇，其蔓葉名扶留藤。一作扶榴，又作浮留。’”[二]李時珍以爲蒟子蔓生，蓽茇草生[三]，同類而非一物。嵇氏以二物爲一物，謂蒟子非扶留，蓋不知扶留非一種也。劉歆期《交州記》云：“扶留有三種，一名獲留，其根香美；一名扶留藤，其味亦辛；一名南扶留，其葉青，味辛是矣。今蜀人惟取蔞葉作酒麴，云香美。”[四]

鹽麩樹

陳藏器《本草》：“鹽麩樹，一名叛奴鹽，一名天鹽，一名木鹽。蜀人謂之酸桶。”[五]案，《博物志》云：“酸桶，七月出穗。蜀人謂之𡧢。”“𡧢”音穗，其字从一、从山、从土，與主客之“主”不同[六]。又案，《類篇》：“樕櫼[七]，木名。葉如椿，生蜀山中。子上有鹽，如霜。”當即鹽麩樹也。

平蒂甘

《廣志》：“有甘一核[八]。有成都平蒂甘，大如升，色蒼黄。犍爲南安縣出黄甘。”

核　果

《蜀都雜鈔》：“梵文甚細，如叙果有五：棗、杏等謂之核果；梨、柰

[一] 按，此條見《齊民要術》卷一〇及《太平御覽》卷九七五。

[二]“嵇含”，《韻府群玉》卷三“嵇”字注云嵇含字君道，號亳丘子。所著《南方草木狀》，《宋史·藝文志四》著録爲三卷。此處所引見《本草綱目》卷一四“蒟醬”條。

[三]“生”，原脱，文義不暢，據《本草綱目》卷一四“蒟醬”條補。

[四] 按，此條亦見《本草綱目》卷一四，《齊民要術》卷一〇所引則不題作者。

[五] 按，此條見《重修政和經史證類本草》卷一四，其後《本草綱目》卷三二亦有徵引。

[六] 按，此處亦可參《蜀典》卷七“𡧢”條。

[七]“櫼”，原作“楠”，據《類篇·木部》改。

[八]“甘”，《太平御覽》卷九六六引作“二十”，蓋因“二十”可寫作“廿”，形近易混也。《藝文類聚》卷八六所引與此相合，《初學記》卷二八所引則作“黄甘”。諸説各異，未知孰是。

等謂之膚果；椰子、胡桃等謂之殼果；松子、柏仁等謂之檜果；大、小豆等謂之角果。核、殼易解；膚，可啖也；角，華言亦稱豆角。惟檜頗奥，案字書“粗糠皮謂之檜”[一]。

赤梗

樊光《爾雅注》[二]：“梅，楠，益州曰赤梗。葉似豫章，無子。”[三]

戎州李

《廣志》：“李，戎州所出，肉熟而皮猶緑。”[四]

福鄉奈

《類要》：“華陽雷平山，地美可種奈。所謂福鄉之奈，以除灾異。”[五]

娑羅綿樹[六]

《黎州通望縣圖經》：“黎州通望縣有銷樟《花木考》作瘴院[七]，在縣西

[一] 按，《蜀都雜抄》之説或本自宋釋法雲《翻譯名義集》卷三《五果篇第三十二》：“律明五果：一核果，如棗、杏等；二膚果，如梨、柰，是皮膚之果；三殼果，如椰子、胡桃、石榴等；四檜果，字書空外反，粗糠皮謂之檜，如松、柏子；五角果，如大、小豆等。”至於其中所言字書釋“粗糠皮謂之檜”，則暫未見小學類著作有相關記載。

[二]“樊光”，《爾雅注疏・爾雅注解傳述人》云：“樊光注六卷。京兆人，後漢中散大夫。”

[三] 按，據《説文・木部》，梅即楠也。此處所引《爾雅注》之文，見玄應《一切經音義》卷二〇《六度集》第四卷音義。

[四] 按，此條見《格致鏡原》卷七四。一般的李子成熟後果皮略帶黄色，此稱果實熟而皮仍緑，或是今日聞名之江安李。

[五] 按，此條見《格致鏡原》卷七四，今殘存抄本《類要》無相關記載。

[六]“娑”，原作“婆”，形近而誤，據《太平廣記》卷四〇六、《格致鏡原》卷六六、《華夷花木鳥獸珍玩考》卷一“娑羅棉樹”條改，後文此字之誤徑改，不再出校。◎“綿”，原作“棉”，後文第一“綿”字原亦作“棉”，《太平廣記》與《華夷花木鳥獸珍玩考》此條亦二字混用，今據《格致鏡原》統一作“綿”。後文此字徑改，不再出校。

[七] 按，此夾注稱《華夷花木鳥獸珍玩考》作“瘴”，實則今存萬曆九年刻本仍作“樟”，未知張澍所據爲何本？

一百步，内有天王堂。前古柏樹下有大池，池南有婆羅綿一作錦樹[一]，三四人連手合抱方匝。先生花，而後生葉。其花盛夏方開，謝時不背而墮，宛轉至地。其花蕊有綿，謂之娑羅綿。善政鬱茂，違時枯凋。古老相傳云是肉齒和尚住持之靈迹也。縣界有和尚山、和尚廟，皆肉齒也。”案，《花木考》無“古老”以下數句。

黄柑

《隋書》:“文帝好食柑，蜀中摘黄柑，以蠟封其蒂，獻之，香氣不散。”[二]案,《唐史拾遺》[三]:“益州每年進柑子，皆以紙裹之，後易以布。”

萇芝

張淏《雲谷雜記》:“蜀中有一種木，彼人呼爲萇芝。其樹常高丈餘，不甚增長。花小而白，每一歲開花，次年方結子，又次年方熟，蓋歷三歲。子如楮實，有文如龜背，味甘酸可食。今青城山范仙觀、邛州蒲江縣崇真觀皆有之，故俗傳以爲仙果。蟠桃三千年一實，世謂方士夸誕之言。以此推之，六合之外世人所不及，安知無三千年一實者哉？”原注：“萇，烏恢切。或呼爲‘瓌芝’，蓋語之訛也。故《臨邛記》只作‘萇芝’也。”[四]

古柏

《圖經》:“道家多作柏葉湯，常點益人。古柏葉尤奇。今益州諸葛亮廟中有大柏木，相傳是蜀世所植，故人多采取以作藥，其味甘香，異於

[一] 按，作“錦”者爲《格致鏡原》。

[二] 按，此條云出《隋書》，今本《隋書》不載。稱出《隋書》者，見《格致鏡原》卷七五。《全芳備祖集·後集》卷三載此事，則云出《本紀》，當亦是以爲出《隋書》也。

[三] 按，《格致鏡原》卷七五引此事云出《唐拾遺》，此處之“史”字或是張澍妄加也。其實此事見《大唐新語》卷一三。《蜀典》卷四“甘子布”條亦引此事，則正云出《大唐新語》，此處前後失照也。

[四] 按，此條見《雲谷雜記》卷四。此萇芝，又寫作“隈支”，見《益部方物略記》及《本草綱目》卷三三，今又稱穿破石。

常柏也。"[一]

楷　木[二]

《酉陽雜俎》:"蜀中有木類柞,衆木榮時如枯枿,隆冬方萌芽布陰,蜀人呼爲楷木。"[三]

枋

徐鍇《説文繫傳》[四]:"案字書:枋,檀木也。又蜀人以木偃魚爲枋。"案,《方言》云:"蜀人以木偃魚曰枋。"[五]楚金説誤。又案,"《通典》:'曹公於水口下大枋木成偃,遏淇水[六],入白溝,時人號枋頭。'《溝洫志》:'黎陽遮害亭西十八里至淇水口。'晋桓温敗於枋頭,即此。"則《方言》所言者是矣。

樠　木

《山海經》:"橐山多樠木。"郭注:"今蜀中有樠木,七八月中吐穗。穗成,如有鹽粉著木,可以酢羹。音備。"[七]

枸

《説文》:"枸,木也,可以爲醬,出蜀。从木,句聲。"徐鍇云:"《史

[一] 按,此條見《重修政和經史證類本草》卷一二,文字略異。

[二] "楷木",即黄連木。《説文·木部》:"楷,楷木也。孔子冢蓋樹之者。"

[三] 按,此條出《酉陽雜俎·續集》卷一〇。

[四] "徐鍇",字楚金,《陸氏南唐書》卷五有傳。按,此條見《説文繫傳》卷一一。

[五] 按,此説可參《蜀典》卷七"枋"條。

[六] "淇",原脱,據《通典》卷一七八汲郡下之"衛"縣條注文及《通雅》卷一三補。按,張澍所引與《通典》原文差異較大,其實引《通典》與《漢書·溝洫志》等,皆源自《通雅》卷一三。

[七] 按,此條見《山海經》卷五。從所叙内容來看,所謂樠木,即本卷前文之鹽麩樹,可參《本草綱目》卷三二"鹽麩子"條。故二者實可合併,張澍編排偶疏。

記注》説枸木義多，惟顔師古曰：‘子形如桑葚[一]，緣木而生。味尤辛。宕渠有之。’”陸璣《草木疏》：“枸樹高大如白楊，子長數寸，噉之甘美如飴，蜀以爲醬。亦書作‘蒟’。”[二]

欝　木

《研北雜志》[三]：“峡川黄牛廟後欝木[四]，似冬青，落葉似符篆，不同。”

黄　葛[五]

《寰宇記》：“羅目縣東南三十里陽山江滸，兩樹對植。圍各三尺一寸[六]，上引横枝，亘二丈[七]，圍徑相援連理，蔭芘百尺[八]。其木名黄葛，號‘嘉樹’。”[九]《叙州府志》：“黄葛木，其形如衆藤連理，合而爲一。大者合抱，高數丈。葉如橡，根喜緣崖壁生。擁腫屈曲，不爲材用。《韻書》云：‘壽可千歲。’”[十]案，屏山最饒黄葛，以甘酒壋者爲最巨。《益州記》云：“黄葛峡有相思崖，芳泉周灌[十一]，俗謂之‘神窟’。在涪州。”又《水經注》云：“江水右經黄葛峡。”[十二]舊《巴志》：“塗山足有古黄葛樹，即黄

[一]“桑”，原作“山”，據《説文繫傳》卷一一改。

[二] 按，此處與《毛詩草木鳥獸蟲魚疏》卷上“北山有枸”條原文略異，乃據《康熙字典·木部》“枸”條注文轉引者。

[三]“研”，原作“硯”，因襲《格致鏡原》卷六六而誤，今據此條出該書卷下而改。按，《欽定四庫全書總目》卷一二二提要云：“元陸友撰。友有《墨史》，已著録。友嘗取《漢上題襟集》所載段成式語，自號‘研北生’，因以名其雜著。”

[四]“黄牛廟”，在湖北宜昌黄牛山上。陸游《入蜀記》卷四：“晚次黄牛廟，山復高峻。其下即無義灘，亂石塞中流，望之可畏。傳云神佐夏禹治水有功，故食於此。”◎“欝木”，即叢生之木，究竟指何木，未詳。

[五] 按，趙熙眉批云：“塗山有黄葛埡。”

[六]“一”，整理本《太平寰宇記》卷七四作“二”，張澍所引與萬廷蘭本相合。

[七]“亘”，原作“互”，蓋因“亘”可作“亙”，遂形近而誤也，據《太平寰宇記》改。

[八]“芘”，《太平寰宇記》作“庇”。按，“芘”通“庇”。

[九]“號”，原脱，據《太平寰宇記》補。

[十] 按，此條見《格致鏡原》卷六六，更早記載則見《蜀中廣記》卷六一，文字略異。所謂《韻書》，不知究竟爲何書。

[十一]“周”，原作“用”，形近而誤，據《錦綉萬花谷·後集》卷六“涪州”、《山堂肆考》卷二二九“神窟”條改。

[十二]“經”，《水經注·江水一》作“徑”，義同。

葛峽也。”[一]《錦綉萬花谷》：“忠州景德觀前有古木，大數十圍，枝柯盤鬱如蓋。山中人云此黄葛木，千年物也。”[二]《南方草木狀》：“榕樹，南海、桂林多植之。葉如木麻，實如冬青。樹幹拳曲，是不可以爲器也。其本稜理而深，是不可以爲材也。燒之無焰，是不可以爲薪也。以其不材，故能久而不傷。其蔭十畝，故人以爲息焉。而又枝條既繁，葉又茂細。軟條如藤垂下[三]，漸漸入地。藤梢入地，便生根節。或一大株有根四五處，而横枝及鄰樹，即連理。南人以爲常，不謂之瑞木。”是蜀中黄葛即榕也。

長樂花[四]

傅休奕《紫花賦序》[五]：“紫花一名長樂花。舊生於蜀，其東界特饒，中國奇而種之。余嘉其花純、耐久，可歷冬而服，故與友生各爲之賦。”[六]

椒

《蜀郡賦》注云：“岷山特多藥，其椒特多好者，絶異於天下之好者。”[七]

文山芝　文山采石

焦贛《易林》：“文山紫芝，雍梁朱草，生長和氣，福禄來處。”[八]案，焦氏所言“文山”即“汶山”也。《山海·中山經》“汶山”亦作“文

[一] 按，此條見雍正《四川通志》卷二三《山川·重度府·巴縣》“黄葛峽”。原文僅云“舊《志》”，此處稱舊《巴志》，當是張澍所補者。◎趙熙旁批云：“非也，峽在今長壽下，涪州上。”
[二] 按，此文見《錦綉萬花谷·續集》卷一二“忠州”。
[三] “下”，原脱，據《南方草木狀》卷中補。
[四] 按，此條之下，趙熙注云：“今名年景花，或曰年慶花。蘇斑有《長樂花賦》。”
[五] “傅”，原作“傳”，形近而誤，據光緒本改。按，傅休奕即傅玄，其賦見《藝文類聚》卷六一。
[六] 按，此句之下，趙熙注云：“庾子山《賦》：‘草無忘憂之用，花無長樂之心。’”據《庾子山集注》卷一《小園賦》，“用”字當作“意”，趙熙誤記。
[七] 按，此條見《後漢書·郡國志五》“岷山在西徼外”句注文，與《文選·左太冲〈蜀都賦〉》“柯葉漸苞”句注文略異。
[八] 按，此條見《焦氏易林》卷一《夬卦》。

山”,“汶山”即岷山也。應劭《漢書注》:“文山,今蜀郡岷山。”[一]蓋古字通用。《穆天子傳》:“天子三日游於文山,于是取采石。”郭注云:“以有采石,故號文山。”[二]《經》云:“岷山多白珉。”[三]《穆傳》言“取采石”,蓋謂此。

和尚蕈

《成都記》:“綿州净慧寺近池,人多捕魚爲業。僧惠寬與受戒,且曰:‘爾輩不當以此爲給,吾能令汝所得不失于舊。因指其池畔,盡生菌蕈。’漁人采之,省力得利,後人呼爲‘和尚蕈’也。”[四]

旋覆根

《朝野僉載》:“筋斷須續者,取旋覆根,絞取汁,以筋相對,以汁塗而封之,即相續如故。蜀兒奴逃走多割筋,以此續之,百不失一。”[五]案,旋覆,《本草》謂之“金沸草”[六],《綱目》謂之“金錢花”[七],《爾雅》謂之“盜庚”[八]。《酉陽雜俎》一名“毗尸沙”[九],自梁武帝時,始進入中國。寇宗奭曰:“旋覆,葉如大菊,又如艾蒿。秋開花,大如梧桐子,花淡黄色。”[十]

[一] 按,此條見《漢書·武帝紀》“定西南夷,以爲武都、牂牁、越嶲、沉黎、文山郡”句注文。

[二] 按,此條見《穆天子傳》卷四。

[三] 按,此《經》指《山海經》卷五,其文云:“又東北三百里曰岷山,江水出焉……其上多金玉,其下多白珉。”

[四] 按,此處見《太平廣記》卷九八“惠寬”條,所謂《成都記》,當是唐人盧求之書。

[五] 按,此條見《朝野僉載》卷一。

[六] 按,《重修政和經史證類本草》卷一〇云:“旋復花……一名戴椹,一名金沸草,一名盛椹。”

[七] 按,《本草綱目》卷一五云:“旋覆花……葉似柳,莖細。六月開花如菊,花小,銅錢大,深黄色。上黨田野人呼爲‘金錢花’。”

[八] 按,《爾雅·釋草》云:“蕧,盜庚。”

[九] “毗”,原作“昆”,據《酉陽雜俎》《本草綱目》改。按,此條乃據《本草綱目》卷一五轉引,與《酉陽雜俎》卷一九所載略異。

[十] 按,此條亦見《重修政和經史證類本草》卷一〇、《本草綱目》卷一五。《直齋書録解題》卷一三著録寇宗奭《本草衍義》十卷。

藎

《本草》云："藎草，可以染流黄，作金色，生蜀中。"[一]蘇恭、掌禹錫[二]皆云："俗名'菉蓐草'。《爾雅》所謂'王芻'[三]。《詩》'淇澳之菉'也。"案，《説文》有"藎"，又别有"菉"[四]，則"藎"非"菉"明矣。

舞草

《酉陽雜俎》："舞草出雅州。獨莖三葉[五]，如决明。一葉在莖端，兩葉居莖之半，相對。人或近之歌謳及抵掌，必動葉如舞也。"李時珍謂："即虞美人草，亦無風獨摇之類。"[六]或曰："如鷄冠花，葉兩兩相對。"[七]

翹兒花

《蜀中詩話》[八]："張泌《江城子》詞：'金簇小蜻蜓。'[九]案，小蜻蜓之飾，正所謂翹兒花也。"[十]

[一] 按，此見玄應《一切經音義》卷九之《光贊般若經》卷一"然盡"條注文。

[二] "蘇恭"，唐著名藥學家，撰《唐本草》；掌禹錫，北宋醫學家，撰《嘉祐補注神農本草》二卷。《重修政和經史證類本草》卷一《嘉祐補注總叙》云："唐顯慶中，監門衛長史蘇恭又摭其差謬，表請刊定。乃命司空英國公李世勣等與恭參考得失，又增一百一十四種，分門部類，廣爲二十卷，世謂之《唐本草》……嘉祐二年八月，有詔臣禹錫、臣億、臣頌、臣洞等再加校正。"

[三] 《爾雅·釋草》："菉，王芻。"郭璞注："菉，蓐也，今呼鴟脚莎。"

[四] 《説文·艸部》："藎，艸也。"又："菉，王芻。"

[五] "獨莖"，原脱，據《酉陽雜俎》卷一九補。

[六] 按，此條見《本草綱目》卷二一"無風獨摇草"條注文。

[七] 按，此説見《碧鷄漫志》及《升庵集》卷七九"虞美人草"條。

[八] "《蜀中詩話》"，即《蜀中廣記》之《蜀中詩話記》，此條見《蜀中廣記》卷一〇四。

[九] 按，此詞全文見《花間集》卷五。其文云："浣花溪上見卿卿，臉波明，黛眉輕。高綰緑雲，金簇小蜻蜓。好是問他來得麽？和笑道：莫多情。"

[十] "翹兒花"，也稱"花翹"。楊慎《詞品》卷二"花翹"條："韋莊《訴衷情》辭云：'鴛鴦隔星橋，迢迢；越羅香暗銷，墜花翹。'按，此辭在成都作也。蜀之妓女至今有花翹之飾，名曰翹兒花云。"

漏蘆花[一]

方書："漏蘆，一名飛廉。"[二]《本草》："飛廉，一名負盤。蜀人食之辣辛。"[三]澍于同鄉楊春洲寓見之，其葉如龍爪。花色淺黄，高五尺許。初問之僕人，云："漏緑花。"蓋漏蘆花也。

黄　環

陶勝力《别録》曰："黄環生蜀郡山谷，三月采根，陰乾。"[四]吴普曰[五]："蜀黄環，一名生芻，二月生苗，正赤，高二丈。葉黄圓端大，莖葉有汁黄白[六]，五月實圓。三月采根，黄色，從理如車輻解。"陶弘景曰："似防己[七]，亦作車輻理解。《蜀都賦》云：'青珠黄環。'即此。或云是大戟花，定非矣。用甚稀，市人鮮有識者。"蘇恭曰："黄環，惟襄陽大有。餘處雖有，亦稀。巴西人謂之'就葛'。今園亭亦種之，作藤生。大者莖徑六七寸，根亦葛類。"

洛陽花

胡元質《牡丹記》[八]："蜀中自李唐後未有此花，凡圖畫者皆名洛陽花。至僞蜀宣華苑中，牡丹雙開者十，黄者、白者俱三，黄白相間者四。

[一]"漏蘆"，根狀莖粗厚，根直伸莖直立，灰白色，被棉毛。《本草綱目》卷一五云："屋之西北黑處謂之漏，凡物黑色謂之蘆。此草秋後即黑，異於衆草，故有漏蘆之稱。"

[二]按，此條見《香祖筆記》卷一〇，所謂"方書"，當是醫書之泛稱。

[三]按，此條見《重修政和經史證類本草》卷二一。

[四]按，此説見《本草綱目》卷一八上"黄環"條注文引《名醫别録》。陶弘景又號"勝力菩薩"，見《梁書》本傳。

[五]"吴普"，《後漢書·方術列傳下·華佗傳》云："廣陵吴普、彭城樊阿，皆從佗學。普依準佗療，多所全濟。"

[六]"莖"，原作"經"，誤，據《太平御覽》卷九九三"黄環"條引《吴普本草》改。按，《通志·藝文略七》著録《吴普本草》六卷。

[七]"防己"，原作"防已"，據《本草綱目》卷一八上所引改。按，《神農本草經讀》卷三"防己"條云："防己生於漢中者，破之紋如車輻，莖藤空通。主通氣行水，以防己土之制，故有'防己'之名。"又，後文引蘇恭之語，亦出《本草綱目》卷一八上。

[八]"胡元質"，《南宋館閣録》卷八云："字長文，姑蘇人。王佐榜同進士及第，治詩賦。（乾道）二年三月除（校書郎），十一月爲禮部員外郎。"又據《宋史·孝宗紀二》："（淳熙四年二月）戊戌，以新知荆南府胡元質爲四川安撫制置使，兼知成都府。"

後主宴苑中賞之，而花盛矣。有花面徑七八寸，葉至五十者。有檀心如墨者，香聞五十步。及蜀平，花散落民間。小東門外，有張百花、李百花之號。”[一]

蒩 香

案，《蜀都賦》劉淵林注云[二]：“蒩，一名土茄。葉覆地生，根可食，人飢則以繼糧。”《風土記》云：“蕺香菜，根似茅根，蜀人所謂蒩香。”[三]又案，“蕺”與“蕺”同，側立切，作“蕺”者誤[四]。即今魚腥草也，凶年人掘食之。

大巢菜[五]

項安世曰：“薇，今之野豌豆也。蜀人謂之大巢菜。”[六]案，今四川人掐豌豆嫩稍食之[七]，謂之豌豆顛顛，謂苗之尖也。段若膺謂：“古之采於山者[八]，野生者也。”其説非。

狂 花

《南史》：“宋劉亮爲益州刺史，齋前石榴樹陵冬生花，道士邵碩曰：

[一] 按，此條乃據《格致鏡原》卷七一轉引者，胡元質《牡丹譜》全文見《全蜀藝文志》卷五六。

[二] “林”，原脱，據《文選·左思〈蜀都賦〉》“樊以蒩圃”句劉淵林注補。

[三] 按，此條見《文選·張衡〈南都賦〉》“若其園圃，則有蓼、蕺”句注文。

[四] 按，“‘蕺’與‘蕺’同，側立切”，亦是《文選》注文。《北户録》卷二“蕹菜”條云：“蕺音戢，《風土記》曰：‘蕺香菜，根似菜根，蜀人所謂蒩香也。’《越絶書》：‘蕺山，越王勾踐種蕺處。’”張澍稱作“蕺”者誤，不知爲何？

[五] 按，此條之下，趙熙批注云：“大巢菜、小巢菜，又龍鶴菜，皆見《劍南詩集》，巢元脩事見東坡詩。”《劍南詩稿》卷四有《題龍鶴菜帖》，卷一六有《巢菜》詩。

[六] 按，此條見《説文·艸部》“薇”字段玉裁注文。項安世，字平甫，南宋人，詳《欽定四庫全書總目》卷三《周易玩辭》之提要。

[七] “掐”，原作“搯”，形近而誤，據段玉裁注文改，此處按語亦是《説文解字注》之文。◎趙熙於此句旁批注云：“巢菜别一種。”

[八] “古”前，原衍“顛”字，據《説文解字注》删。按，段玉裁稱薇菜乃野豌豆苗，與豌豆尖不同，其説無誤。

'此謂狂花。'"[一]

渝州蓮花

《太平廣記》[二]:"渝州西百里相思寺北石山有佛迹十二，皆長三尺許，闊一尺一寸，深九寸，中有魚文，在佛堂北十餘步。貞觀二十年十月[三]，寺側泉内忽出紅蓮花，面廣三尺。游旅往還，無不嘆訝，經月不滅。昔齊荆州城東天子井出錦，于時士女取用，與常錦不異。經月乃歇，亦此類也。"

朝日蓮

《宋景文筆記》云:"蜀中有蓮，大如雀瞉。葉舒如錢，幹亦有絲。其萼盛開則向日，朝則指東，亭午則溯南[四]，夕則西指，隨日所指，蜀人名曰朝日蓮。"案，鄭熊《番禺雜記》[五]:"海南有向日蓮花，似木芙蓉而極香。其花東西向日，至暮而謝，一呼夜合。"是朝日蓮不獨蜀中有也。

[一] 按，此條乃據《格致鏡原》卷七二轉引，與《南史·齊高帝諸子傳下·始興簡王鑑》所載略異。

[二] "《太平廣記》"，原作"吴均《齊春秋》"，顯係因襲《太平廣記》卷三七四而誤題，爲避免以訛傳訛，今改爲直接出處。按，吴均，《梁書·文學傳上》有傳，非唐人。後文涉及貞觀時之事，則《太平廣記》誤題出處明矣。相關記載見《法苑珠林》卷一四，原文末注云:"見吴均《齊春秋》、蕭誠《荆南志》説。"但所謂見《齊春秋》《荆南志》者，指"一云涪州亦有此寺，寺本貧煎，由是感施，至今常富"與"昔齊荆州城東天井出錦，于時士女取用，如人中錦不異，經月乃歇"，非所謂貞觀年間寺出紅蓮之事也！百二十卷本《説郛》卷五九所收《齊春秋》，只載荆州井中出錦事，亦可爲證。《太平廣記》以偏概全，後人遂因襲其誤，如《蜀中廣記》卷一七及張澍此文，皆疏於考證。

[三] "貞觀"，原作"貞明"，據《太平廣記》改。

[四] "朝則指東，亭午則溯南"，原作"朝指東，亭朝溯南"，據《能改齋漫録》卷一五"朝日蓮"條所引改，《蜀中廣記》卷六一亦引之。按，今本《宋景文筆記》不載此條，但同爲宋祁所作《益部方物略記》收有此物，文字迥異。據後文引《番禺雜記》亦見《能改齋漫録》同條，可知張澍是據之轉引也。

[五] "《番禺雜記》"，宋初鄭雄撰，一卷，《直齋書録解題》卷八有著録。

賽蘭香[一]

《華夷花木考》："蜀中有花名賽蘭香，小如金粟，香特馥烈，戴之髮際，香聞十步，經日不散。"

羊負來

《博物志》："昔洛中有人驅羊入蜀，而胡枲子多刺，粘綴于羊毛之中。蜀人得其種植之，名曰'羊負來'，俗呼爲'道人頭'。"案，陶弘景注："《本草》云：'一名羊負來，昔中國無此物，言從外國逐羊毛中來也。'"[二]據張華説，蜀中無此，自中國至彼來；據隱居説，中國無之，自外國來，差互如此。蓋即《詩》之"卷耳"、《爾雅》之"蒼耳"、《廣雅》之"苓耳"、陸璣《疏》之"耳璫草"、《本草》之"枲耳"，一名"胡枲"，一名"地葵"，一名"葹"。鄭康成謂幽州人呼"爵耳"，陶弘景謂之"常思菜"[三]。崔寔《四民月令》作"葸耳"[四]，即"枲耳"也。

稗　草

《酉陽雜俎》："蜀人飼馬以稗草，以蘿蔔根飼馬，馬肥。"[五]

夔　牛

《爾雅》："犘牛。"郭注："出巴中，重千斤。"又"犩牛"，郭注："即犪牛也，如牛而大，肉數千斤，出蜀中。"[六]《山海經》云："岷山多犪牛。"[七]郭注云："今蜀山中有大牛，重數千斤，名夔牛。晉太興元年，

[一]"香"，原作"花"，據正文引《華夷花木鳥獸珍玩考》卷四及《升庵集》卷七九"伊蘭花"條改。後文此字徑改，不再出校。

[二] 按，引《博物志》及陶弘景之語，皆見《事物紀原》卷一〇"羊負來"條。

[三] 按，此處羅列蒼耳之諸多別名，引詩者見《采采卷耳》，引《爾雅》者見《釋草》，引《廣雅》者見《釋草》，引陸璣者見《毛詩草木鳥獸蟲魚疏》卷上"采采卷耳"條，引《本草》者見《本草乘雅半偈》卷四，引鄭玄者亦見陸璣之書，引陶弘景者亦見《本草乘雅半偈》。

[四] 按，此説見《齊民要術》卷三。

[五] 按，此條見《酉陽雜俎》卷一六。

[六] 按，此二條并見《爾雅·釋獸》。

[七]"犪"，《山海經》卷五作"夔"，張澍當是據《爾雅注疏》引《山海經》而改。

此牛出上庸郡。人弩殺得三十八擔肉。即《爾雅》所謂‘犩’。”[一]案，俗稱“犪牛”即靈夔，非也。夔，似牛一足；犪牛，四足。夔，無角；犪牛，有角。夔，水獸；犪牛，山獸也。

稍割牛

《博物志》：“越嶲郡有牛，稍割取肉，經日必復生如故。”[二]案，《歷國傳》云[三]：“其國有稍割牛，黑色，角細長，可四尺餘。十日一割，不割便困且死。人服牛血皆老壽，國人皆壽五百歲，牛歲亦等於人，天竺屬國也。”《玄中記》：“大月氏有牛名‘日及’[四]，今日割其肉，明日瘡愈。”即此牛也。近刊《寰宇記》作“及牛”，漏脱“日”字，誤矣[五]。又《異物志》云[六]：“月氏有羊，尾重十斤，割之供食，尋生如故。”亦“日及牛”之類也。

兩頭鹿

《博物志》：“益州有兩頭鹿，名茶首，音‘蔡茂’。”[七]案，一本作“茶

[一]“犩”，《山海經》注文實作“魏”，張澍據《爾雅注疏》改也。
[二] 按，此條見《博物志》卷三。
[三]“《歷國傳》”，又名《法盛歷諸國傳》，四卷，北凉釋法盛撰。此條見《通典》卷一九三“天竺”條注文所引，又見《太平寰宇記》卷一八三等。法盛事迹及此書簡況可參《開元釋教録》卷四之下。
[四]“氏”，原作“氐”，形近而誤，據《通典》卷一九二“大月氏”條、《太平寰宇記》卷一八四“大月氏國”所引改。後文此字徑改，不再出校。按，張澍後文辨《太平寰宇記》刻字有誤，則此處應是據樂史書轉引。
[五] 按，此處稱近刻《寰宇記》，當是指清代刻本，但清代主要有乾隆五十八年樂氏祠堂本、嘉慶八年萬廷蘭本及光緒八年金陵書局本，據《蜀典》卷二“剌道元”條及“秦惠王并巴中”條等，可知張澍主要參考本乃萬廷蘭本。但這裏所説脱“日”字者，與萬廷蘭本及金陵書局本皆不合，則所指或是乾隆刻本？此本暫未寓目，俟考。
[六]“異物志”，原作“凉州異物志”，今據《太平寰宇記》卷一八四改。按，《凉州異物志》乃張澍所輯，不分卷，有《二酉堂叢書》本。其書引《太平廣記》云：“月氏有羊，大尾，稍割以供賓客，亦稍日補復。”與此處文字明顯不同。而《太平寰宇記》引宋膺《異物志》云：“月氏國有羊，尾重十斤，割之供食，尋生如故。”可見此條實出《異物志》，故改之。
[七] 按，《太平御覽》卷九〇六引《博物志》，稱雲南郡出兩頭鹿。張澍改爲益州，當是指古益州郡，治所即在雲南。《漢書·地理志上》“雲南郡”注文云：“武帝元封二年開。莽曰就新，屬益州。應劭曰：‘故滇王國也。’”此益州郡非後來之蜀地益州，本條或不當收録。又，後文復引《博物志》，亦是據《太平御覽》轉引。

苜機”[一]，音蔡茂機；或作“蔡余義”，又作“蔡苴機”，即《南蠻傳》所謂“食藥鹿”也[二]。“藥”即“押不盧”[三]，毒草也。一名“食毒鹿”。《華陽國志》：“此鹿出雲陽南郡熊舍山[四]，即‘余義’也。”《酉陽雜俎》：“兩頭鹿亦名‘耶希’。”又作“耶㱃”[五]。“夷人謂鹿爲‘耶’”，謂屎爲‘希’”。《唐韻》“屎”字音“希”[六]，即此義。《博物志》又云：“其胎以四月取，可治蛇虺毒。”《漢書》言一身兩頭而角衆列[七]，亦即董逌所云“千角鹿”也。盛弘之《荆州記》：“武陵郡雲陽縣點蒼山産兩頭獸[八]，似鹿，前後有頭，一頭食，一頭行。山人時或見之。”案，點蒼係雲南山，盛説誤。且兩頭者，並頭也，謂前後有頭，亦謬。

雲臺山鹿[九]

《抱朴子》：“昔張蓋蹹及偶高成二人[十]，精思于蜀雲臺山石室中。忽有四人，黄絹單衣葛巾，往到其前曰：‘勞乎道士！辛苦幽隱于是。’二人顧視鏡中，乃鹿也。”案，巴縣、三臺、閬中、犍爲、長壽，皆有雲臺山。

猛　氏

《史記·司馬相如傳》：“格蝦蛤，鋋猛氏。”注：“《漢書音義》曰：

[一]“苜”，原作“首”，形近而誤，據《本草綱目》卷五一“雙頭鹿”條所引改。按，後文稱作“蔡余義”，又作“蔡苴機”，皆源自《本草綱目》。

[二]按，《後漢書·西南夷傳·滇王》云：“雲南縣有神鹿，兩頭，能食毒草。”

[三]“押不盧”，即《癸辛雜識·續集上》之“押不蘆”：“土人采之磨酒飲，則麻痹而死。至三日别以少許投之，即活。蓋古華陀能刳腸滌胃以治疾者，必用此藥也。”

[四]“舍”，今本《華陽國志》卷四作“倉”，二者形近，當有一誤。此處與《重修政和經史證類本草》卷一六“蔡苴機”條所引同。

[五]按，此處所謂又作云云者，並非《酉陽雜俎》卷一六原有之文，張澍又不言所據爲何，其字又至爲怪異，暫未見字書有載。加於此處，將《酉陽雜俎》之文拆開，實在多事。

[六]按，此説亦是據《本草綱目》卷五一轉引。

[七]按，《後漢書·西南夷傳》僅據《華陽國志》稱雲南郡有兩頭鹿，不言“角衆列”也。載此説者，見董逌《廣川畫跋》卷一《書東丹王千角鹿》。

[八]“點蒼山”，諸多載籍引《荆州記》皆無此三字，如《太平御覽》卷九一三、《天中記》卷五四、《格致鏡原》卷八九、《通雅》卷四六等。唯《本草綱目》卷五一所引有此三字，當是誤衍也。

[九]按，此條之下，趙熙批注云：“今牛峰山，古亦名雲臺山。”

[十]“張蓋蹹”，原作“張益踴”；“偶高成”，原作“偶豪成”：據《抱朴子内篇》卷四改。

‘蝦蛤、猛氏，皆獸名。’郭璞曰：‘今蜀中有獸，狀如熊而小，毛淺有光澤，名猛氏。’”案，猛氏，即猛豹也。《西山經》云：“南山多猛豹。”[一]郭注：“猛獸，似熊而小，毛淺有光澤，能食蛇、食銅鐵，出蜀中。‘豹’或作‘虎’。”《説文》云：“貘似熊而黄黑色，出蜀中。”猛豹，亦即貘豹也。

果 然

李肇《國史補》：“劍南人之采果然者[二]，獲一果然，則數十果然可盡得矣。何哉？其果然性仁，不忍傷類。見被獲者，聚族而啼。雖殺之，終不去也。”《太平寰宇記》：“戎州夷地出獑猢，似猿，而四足短。一騰一百五十步，迅如飛鳥。”[三]《埤雅》：“果然愛其類，生相序[四]，死相赴。殺一可以致百，故《周官》：‘駹車，然複。’以明安則相求，患難則相赴也。”

王衍馬

《清異録》：“魏王繼岌奉命伐蜀[五]，王衍苑馬數百，皆逸足也。繼岌猶比選之，得二十許匹，格價不可言[六]。其名曰麝香騟、錦耳驄、駱十二、趁日驄、偏界玉、陷冰騟[七]、長命騮、孫兒驄、籠菘白[八]、八百哥、掠地雲、窣地嬌、六尺金。”

[一] 按，此條見《山海經》卷二。根據食鐵這個特性，所謂猛豹，應該就是《蜀都賦》中之“貊”，又寫作“貘”，也就是今日所説的熊猫。《蜀中廣記》卷五九云：“《蜀都賦》‘戟食鐵之獸’，注：‘貊獸，毛黑，白臆，似熊而小。以舌舐鐵，須臾便數十斤，出建寧郡。’”

[二] “果然”，《唐國史補》卷下作“猓獑”，此處乃張澍所改者，詳參《蜀典》卷八“果然褥”條。

[三] 按，此條見《太平廣記》卷七九。

[四] “序”，原作“聚”，據《埤雅》卷五“獑”條改。

[五] “繼岌”，後唐莊宗李存勖之長子。莊宗即位於魏州（治所在貴鄉，即今河北大名東北），以岌爲興聖宫使。後以魏州爲東京，岌爲東京留守、同平章事，旋立爲魏王。《舊五代史·唐書·宗室列傳三》有傳。

[六] “格價”，《清異録》卷上“麝香騟”條作“格貴”，張澍所引與《格致鏡原》卷八四同。

[七] “冰”，原作“水”，與《格致鏡原》同，據《清異録》改。

[八] “菘”，原作“粹”，據《清異録》《格致鏡原》改。

蜀馬

李濟翁《資暇録》："成都府出小騆，以其便于難路，號爲蜀馬。今宣城郡亦有小馬[一]，時人皆呼爲宣州蜀馬，語習不悟，良可笑焉。"

巴滇馬

《襄陽耆舊傳》曰："廬古，廬戎也。縣西山中有一道，漢時常有數百匹馬出其中。馬形皆小，似巴、滇馬。三國時陸遜攻襄陽，又值此穴中有數十匹馬出，遜載還建業。蜀使來，有五部兵家滇池者[二]，識其馬也，云亡父所乘，對之流涕。"[三]

武陽小魚

郭義恭《廣志》："武陽小魚，大如針，號一斤千頭。蜀人以爲醬。"[四]案，廣東陽江縣之鱎魚兒，即段公路《北户録》云恩州所出之鵝毛脡[五]，亦此類也。《北户録》云[六]："鵝毛脡，乃鹽藏鱎魚，其味絶美，細如鰕蟲。"

義鼠　石鼠

《異苑》："義鼠，形如鼠。每行，遞相咬尾，三五爲群，驚之則散。

[一]"今"，原作"金陵"，不知因何而誤，據《資暇集》卷中改。

[二]"五部兵"，三國魏、東晋、南朝宋時之中兵、外兵、騎兵、别兵、都兵之合稱。《宋書·百官志上》云："五兵尚書，領中兵、外兵二曹。昔有騎兵、别兵、都兵，故謂之五兵也。"

[三]按，此條見《後漢書·郡國志四》"中廬侯國"條注文。《太平御覽》卷八九七引此文，則云出《襄陽記》。

[四]按，此條見《初學記》卷三〇、《太平御覽》卷九三五等。雖然後文言及之段公路《北户録》卷二"鵝毛脡"條也引用了《廣志》，但與此處文字略異。

[五]"云"，原作"雲"，今據文義改。◎"恩州"，原作"恩平州"，據《北户録》改。按，"恩平"即"恩州"。唐貞觀二十三年置，治所在齊安縣（今廣東恩平市北二十里）。天寶元年改爲恩平郡，乾元元年復爲恩州。詳《舊唐書·地理志四》。

[六]"北户録"，原作"元和志"，顯誤，據《北户録》卷二載此説改。按，《元和郡縣圖志》並無此説，且前文既已提及《北户録》，放著《北户録》之文不引而引《元和志》，也無道理。

俗云見之者有吉兆，成都有之。”[一]劉昌嗣《類山》[二]：“蜀中出石鼠，毛可爲筆，其名鼤。”[三]

涪陵鳴龜　廣漢金龜

譙周《巴蜀異物志》：“涪陵多大龜，其甲可以卜。其緣中又似瑇瑁，俗名曰‘靈乂’。”[四]郭璞《爾雅注》：“蠵出涪陵郡，大龜也。其緣甲文似瑇瑁，能鳴，甲亦可卜，俗呼靈龜是矣。”[五]《華陽記》：“朐忍縣出靈龜，咸熙元年獻龜於相府。”[六]言出自龜溪也。朐忍，舊爲涪陵地。《華陽國志》：“涪陵山有大龜，其甲可卜，其緣可釵，世號靈釵。”[七]《録異記》：“武成三年庚午六月五日癸亥，廣漢太守孟彦暉奏西湖有金龜，徑寸，游於荷葉之上，圖畫上聞。”[八]

臛龜　煮龜

《異苑》：“元嘉初，益州刺史遣三人入山伐樵，路迷，或見一大龜，如車輪，四足各躡一小龜而行。又有百餘黄龜從其後。三人叩頭求示出路，龜乃伸頭若有意焉，因共隨逐龜得出路。一人無故取小龜，割以爲臛，食之，須臾暴死，惟不噉肉者無恙。”[九]《録異記》：“唐蜀民有於江之上獲巨鱉者，長尺餘，其裙朱色[十]，煮之經宿，游戲自如。又加火一

[一] 按，此條見《異苑》卷三。

[二] “劉嗣昌”，字燕及，明時桐城人。有《劉氏類山》十卷，乃類書。此處所引見其書卷三“石鼠”條。

[三] “鼤（jùn）”，《重修玉篇·鼠部》：“鼤，鼦鼠。”《本草綱目》卷五一之下“鼦鼠”條云：“時珍曰：‘蜀人謂之鼤鼠。取其毛作筆，俊亦大也。’……鼦鼠處處有之，居土穴、樹孔中……好食粟、豆，與鼢鼠俱爲田害。”

[四] 按，此條見《文選·左思〈蜀都賦〉》“黿龜水處”句注文。

[五] 按，此條見《爾雅·釋魚》“二曰靈龜”句注文。

[六] 按，《華陽國志》卷一云：“朐忍縣西二百九十里，水道有東陽、下瞿數灘，山有大小石城，並靈壽木、鹽井、靈龜。咸熙元年獻靈龜於相府。”張澍稱出《華陽記》者，乃據《水經注·江水一》轉引，或即《華陽國志》之别稱也。

[七] 按，此條與今本《華陽國志》卷一所載略異，當是據《藝文類聚》卷七〇轉引而來。

[八] 按，此條見《録異記》卷五“西湖金龜”。《蜀典》卷四“孟彦暉”條亦引之。

[九] 按，此條見《異苑》卷三，文字略異。

[十] “裙”，原作“裾”，據《録異記》卷五“蜀江巨鱉”條改。按，裙專指鱉甲邊緣之肉，《漢語大詞典》有“鱉裙”一詞。

日，水涸而鱉不死。舉家驚懼，以爲龍也，投于江中，浮泛去。”

酋耳獸[一]

張鷟《耳目記》：“周永昌中，涪州多虎暴。有一獸似虎而絶大，逐一虎，噬殺之。録奏，檢《瑞應圖》，乃酋耳也，不食生物，有虎則殺之。”[二]案，《朝野僉載》：“唐天后中，涪州武龍界多虎暴。有一獸似虎而絶大，日正午，逐一虎，入人家，噬殺之，亦不食。由是縣界不復有虎矣。録奏，檢《瑞圖》，乃酋耳，不食生物，有虎暴，則殺之也。”

貊

《説文》云：“貘，似熊而黄黑色，出蜀中。”郭璞《山海經》注：“邛來山有九折坂，出貊。貊，似熊而黑白駁，亦食銅鐵也。”[三]案，《字林》：“貘，似熊，黄黑[四]，出蜀，一曰白豹也。”“貘”與“貊”同，“即《爾雅》之‘白豹’、《山海經》之‘猛豹’也。今四川山中有此獸，采薪者携鐵飯甑入山，每爲所嚙。其齒，則奸民用爲僞佛齒。”[五]

黄　腰

《蜀地記》：“黄腰，一名墠微，一名虔己，鼬身狐首。生子長大，群逐其母，令不得飲。將有所求而先見此獸[六]，則不得矣。”

[一]“酋耳獸”，傳説中的獸名。似虎而大，尾特長。《逸周書·王會解》云：“酋耳者，身若虎豹，尾長參其身，食虎豹。”

[二] 按，此條見百二十卷本《説郛》卷三二所收《耳目記》。據《宋史·藝文志五》《通志·藝文略三》《文獻通考·經籍考二十三》等，有劉氏《耳目記》二卷，雜記唐末五代事。此處稱張鷟撰，應非劉氏書。但相關記載又見張鷟《朝野僉載》卷二，張澍同時引此二條，殆疑其有誤耶？據《唐五代志怪傳奇叙録》，所謂題名張鷟之《耳目記》，其實就是據《朝野僉載》抄録而誤題書名耳。

[三] 按，此條見《山海經》卷五“又東北一百四十里曰崍山，江水出焉”句注文。

[四]“黄黑”，與《一切經音義》卷一九《佛本行集經》卷二六音義所引同，而《經典釋文》卷三〇《爾雅·釋獸》之音義引《字林》則作“白黄”。

[五] 按，此處乃因襲《説文解字注》“貘”之注文。

[六]“先見”，原作“易先”，文義不通，因襲《格致鏡原》卷八九而誤，據《太平御覽》卷九一三所引改。

鉤　蛇

《水經·若水》注云："山有鉤蛇，長七八丈[一]，尾末有歧。在山間水中，以尾鉤岸上人、牛、馬食之。"又李石《續博物志》"朱提山有鉤蛇"云云[二]，與《水經注》所説同。郭璞《中山經》注："今永昌郡有鉤蛇，長數丈，尾歧。在水中鉤取岸上人、牛、馬啖之。又呼馬絆蛇，謂此類也。"[三]《北夢瑣言》云："蛟涎沫腥粘，掉尾纏人而噬其血，蜀人號爲馬絆蛇。頭如猫鼠，有一點白。漢州古城潭内，馬絆蛇往往害人。鄉里募勇者伐之，身塗藥，游泳於潭底。蛟乃躍於沙汭，蟠蜿力困，里人讙噪以助，竟斃之。"[四]孫光憲以馬絆爲蛟，恐非。

馬産龍駒

《蜀志》："馬鳴溪，昔土人鄭氏牧溪上，馬産龍駒，四蹄利爪，朱鬃赬尾，高七尺，振鬣長鳴，躍于水，故名。"[五]

五角羊

《後漢書》："蜀汶山郡有五角羊。"[六]案，《九州要記》云："汶山郡有鹿，又有五角牛。"[七]疑"牛"字誤。《北史》："吐谷渾拾寅通使于宋，獻四角羊。"[八]是松茂一帶兼有五角、四角羊也。

[一]"七八丈"，原作"七尺"，據《水經注》改。
[二]按，其文見《續博物志》卷二。
[三]按，此文見《山海經》卷五。
[四]按，此文見《太平廣記》卷四二五"伐蛟"條所引，《北夢瑣言·逸文》卷四亦係據《太平廣記》輯録。
[五]按，此條或是據《格致鏡原》卷八五轉引。所謂《蜀志》，未詳爲何書。《蜀中廣記》卷一五引此事，則題出處爲"本志"。早見於《輿地紀勝》卷一六三《叙州·景物下》及嘉靖《四川總志》卷八《叙州府·山川》"馬鳴溪"條。
[六]按，此文見《後漢書·西南夷傳·冉駹夷》。
[七]按，此文見《太平寰宇記》卷七八。
[八]按，此事見《北史·吐谷渾傳》。

羳羊[一]

《本草》:“羳羊出西番,耳甚小。西人謂之䴢耳羊。”[二]案,威、茂州出龍羊[三]。

野馬

陳禹謨《名物考》:“楚、蜀界中多貉,俗名野馬。其皮紋上圓下方,旁如魚鳥狀。寢處其皮者,立能解酲[四]。設有警急,輒毛竪。乃知古人用以製裘,不特取其温厚也。”

巴州兔

《酉陽雜俎》:“韋絢言巴州兔作狸斑。”[五]

㺄

案,《説文》:“犬屬。腰以上黄,腰已下黑,食母猴。或曰㺄似牂羊,出蜀北囂山中,犬首而馬尾。”又案,《説文》云:“北囂山有獨㺄獸,如虎白身,豕鬣如馬。”[六]《山海經》云:“北囂之山有獸焉,狀如虎而白身,馬尾犬首彘鬣,名曰獨㺄。”[七]是獨㺄即㺄也。《廣韻》作“㺄”,《集韻》音“遺”。

[一]“羳羊”,亦稱“䴢耳羊”“藺耳”“黄腹羊”。耳小,腹黄,肋細。蓋以其出於西番,故稱。《爾雅·釋畜》:“羳,羊黄腹。”郭璞注:“腹下黄。”邢昺疏:“羊之黄腹者名羳羊。”郝懿行義疏:“李時珍云:‘即黄羊也。’狀與羊同,但低小細肋,腹下帶黄色,其耳甚小,西人謂之䴢耳羊。”

[二]“䴢”,原作“䴢”,形近而誤,據《本草綱目》卷五〇之上改。

[三]“龍羊”,《蜀中廣記》卷五九云:“别有山羊,角極長,惟一邊有節,節亦疏大,而不入用。羌夷云:‘此即名麢羊,一名龍羊。’《益州方物略》:‘龍羊出吐蕃及威、茂州,形似蓄羊而大,其角繚繞,重八九兩,黑質而白文。’”

[四]“立”,原脱,據《四書名物考》卷九“狐貉”條補。

[五]按,此條見《酉陽雜俎·續集》卷八。韋絢,即著《劉賓客嘉話録》者。

[六]按,此文見《説文·犬部》“獨”字條。

[七]按,此文見《山海經》卷三。

臑骨魚

郭義恭《廣志》云："犍爲郡僰道縣出臑骨黄魚。"案，《南中八郡志》云："黄魚形似鱣，骨如葱，可食。"[一]今屏山有之。

沙緑魚　鯠魚

《彙苑詳注》："沙緑魚，魚之細者。生限瀨中，狀如鰡。大不五寸，味甚美。蜀人珍之。"[二]案，《唐·地理志》："利州土貢鯠魚。"[三]"出蜀江。背鱗黑而膚理似玉，蜀人以爲鱠，極美。"[四]

魚頭戴鐵釜

《南中志》曰："邛都縣東南數里有水名邛廣都河，從廣二十里，深百餘丈，有魚長一二丈，頭特大，遥視如戴鐵釜狀。"[五]

通川河獺

《朝野僉載》："通川界内多獺[六]，各有主養之，並在河側岸間。獺若入穴，插雉尾于獺孔前，獺即不敢出去。却尾即出，取得魚必須上岸。人便奪之，取得多，然後自吃。吃飽，即鳴板以驅之還，插雉尾，更不敢出。"

[一] 按，此處引《廣志》及《南中八郡志》，皆見《太平御覽》卷九四〇。

[二] 按，此條見《彙苑詳注》卷三五，最早則見於《益部方物略記》。

[三] 按，此條見《新唐書·地理志四》。

[四] 按，此條見《彙苑詳注》卷三五"鯞魚"，又見《益部方物略記》。"鯞""鯠"形近，當非一種，張澍以爲是同一種魚，或誤。

[五] 按，此條見《後漢書·郡國志五》"越巂郡"及《後漢書·西南夷傳·邛都夷》注文，兩處記載略異，此處與《郡國志》注文所引相合。

[六] "通川"，與《太平廣記》卷四六六"通川河"條引《朝野僉載》同，今本《朝野僉載》卷四則作"通州"。按，通川，治所即今四川達州市。《太平寰宇記》卷一三七"通川"："以地帶四達，故曰通川。"又云："天寶元年改通川郡，乾元元年復爲通州，宋乾德二年改爲達州。"則兩個寫法皆可。

比翼鳥

《逸周書》："巴人以比翼鳥。"孔晁注："巴人在南者，比翼鳥不比不飛，其名曰鶼鶼。"[一]

文鶾

《逸周書》："蜀人以文鶾[二]。文翰者，若翬雉作皋鷄者，誤。"孔晁注曰："鳥有文采者，皋雉似鳧，冀州謂之澤特。"郭璞《爾雅》"鶾天鷄"注："鶾鷄，赤羽。"引《逸周書》曰："文鶾若采鷄，成王時蜀人獻之。"[三]案，《酉陽雜俎》："魚復縣南山有鳥，大如鴝鵒，羽色多黑，雜以黄白，頭頰似雉[四]。有時吐物，長數寸。丹采彪炳，形色類綬，因名吐綬鳥。"今有吐綬鷄，蓋文鶾之類，唯蜀有之。馬邊、雷波、屏山地最夥，大如翟，五色，仰日吐綬，長一尺許，須臾還收之。"嗉臆前大如斗，行慮觸嗉，每遠草木[五]，一名避株鳥。"

益州獻鸚鵡[六]

劉艾《漢帝傳》曰[七]："興平元年，益州蠻夷獻鸚鵡三。詔曰：'往者益州獻鸚鵡三枚，晝夜食三升麻子。今穀價騰貴，此鳥無益有損，可付安西將軍楊定，因令歸本土。'"

［一］按，此條出《逸周書·王會解》。

［二］"鶾"，今本《逸周書·王會解》作"翰"，與下文"翰"字正相合。張澍因其條目而改字，但又改而未盡，遂有抵牾。因二字音同義通，故仍之不改。至於張澍出注所言之誤字，由來已久矣，詳《逸周書彙校集注》卷七。

［三］按，此條見《爾雅·釋鳥》。

［四］"頰"，原作"頬"，形近而誤，據《酉陽雜俎》卷一六改。

［五］"每遠草木"，原無，張澍删削過甚，遂致文義不完，今據《酉陽雜俎》補。

［六］"鵡"，原作"母"，蓋因"鵡"可寫作"鴞"，遂脱去"鳥"旁而誤作"母"，今據《初學記》卷三〇所引《漢帝傳》改。正文此字徑改，不再出校。

［七］"《漢帝傳》"，《蜀中廣記》卷五九引作《漢獻帝傳》。據《新唐書·藝文志二》，有劉艾《漢靈獻二帝紀》六卷，則所謂《漢帝傳》者，當即此中之《漢獻帝紀》也。

長鳴鷄　背明鳥

《西京雜記》:"成帝時，交趾越嶲獻長鳴伺晨鷄[一]，即下漏驗之，晷刻無差。鷄長鳴，一食頃不絶。長距善鬥。"《通志》引删"伺晨鷄"三字[二]，則所云"下漏驗之，晷刻無差"爲贅語矣。王子年《拾遺記》:"黄龍元年，吴始都武昌，時越嶲之南獻背明鳥，形如鶴狀。止不向明，巢常對北。多肉少毛，其聲百變。聞鐘磬笙竽之音，則奮翅摇頭。"[三]

子母鵲

彭乘《墨客揮犀》[四]:"夔峽間有子母鵲，比常鵲差大。雌雄未嘗相離，虞者必雙得之。閉雌于籠中，縱雄出食，食飽則歸，縱雌亦然。若雙縱，則去不復還矣。"

鷖　鳥

《山海經》:"北山之内有蛇山，蛇水出焉。東入於海，有五采之鳥，飛蔽一鄉，名曰鷖鳥。"郭璞注:"漢宣帝元康元年，五色鳥以萬數過蜀都，即此鳥也。"[五]

王母鳥

《杜詩注》:"宋中官陳彦和在宣和間掌苑禽，言蜀中貢王母鳥，狀如燕，色紺翠碧，尾甚長，飛則尾開，顫裊如兩旗。"[六]

[一]"長鳴伺晨鷄",《西京雜記》卷四作"長鳴鷄，伺鷄晨"，張澍所引與明代孔天胤刻本相合。今整理本《西京雜記》據《津逮秘書》本改孔天胤本，由於張澍後文有考辨文字，故此處不作校改。

[二]按，此指雍正《四川通志》卷四六。

[三]按，此條見《拾遺記》卷八，張澍所引有删節，據原書後文，此背明鳥之名諧音"背亡"，乃不祥之兆。

[四]按，此條見《墨客揮犀》卷二，至於其作者，孔凡禮先生認爲姓彭，闕名。

[五]按，此文見《山海經》卷一八。

[六]按，此説早見於宋人張邦基《墨莊漫録》卷一，清人仇兆鰲《杜詩詳注·補注》卷一注《玄都壇歌寄元逸人》引之。

竹　林

杜詩：“竹林爲我啼清晝。”[一]吴若本注：“竹林，蜀中鳥名。”《西清詩話》：“崇寧間有貢士自同谷來，籠一鳥，大如雀，色正青，善鳴。曰：‘此竹林鳥也。’”[二]《海録碎事》：“‘竹林静啼青竹笋’，竹林，鳥名也。”[三]

壓　油

《庶物異名疏》：“益州有蟲曰壓油者[四]，形似水皃。每自春時從水出，自呼其名。人因而采取，以重石壓之，油即津津。油罄，皮存投水，復生。蓋亦一種業報。内典所謂‘壓油殃’者是也。”[五]

蒼　鴿

《天中記》：“蜀有蒼鴿，狀如春花。”[六]

[一] 按，此詩見《杜詩詳注》卷八《乾元中寓居同谷縣作歌七首》之四。“竹林”，今本作“林猿”，别本有作“竹林”者。

[二] 按，此條見《西清詩話》卷中。

[三] 按，此條見《海録碎事》卷二二之上“竹林”條，所引詩出自歐陽修《啼鳥》。

[四]“益”，《庶物異名疏》卷二九作“蓋”，張澍或是據《格致鏡原》卷一〇〇轉引也。

[五] 按，此處引内典“壓油殃”，當即《妙法蓮華經》卷七《陀羅尼品第二十六》：“如殺父母罪，亦如壓油殃。”但此説或係附會，佛教所謂“壓油”，就是榨油，“殃”即罪孽。之所以稱壓油有罪孽，在於麻中有蟲也。《大乘大集地藏十輪經》卷四云：“‘善男子，譬如有人，壓油爲業。一一麻粒皆有蟲生，以輪壓之，油便流出。汝當觀此壓麻油人，於日夜中殺幾生命？假使如是壓麻油人，以十具輪相續，恒壓於一日夜，一一輪中所壓麻油數滿千斛。如是相續，至滿千年。汝觀此人殺幾生命？所獲罪業寧爲多不？’地藏菩薩摩訶薩言：‘甚多，世尊！甚多，大德！此人所殺無量無邊，所獲罪業不可稱計，算數譬喻所不能及，唯佛能知，餘無知者。’”與此處所謂形似水皃者無關矣。◎又，清人李元《蠕範》卷八：“油鴨，壓油蟲也，似皃。每暮春時，自水中出，自呼其名，采得以重石壓之，油津津出。油盡皮存，投水復生。漢元封二年，阿薩部獻蠟蟲，剖其肉，重迭以石壓之，瀝汁，疑即此物也。”“油津津”，原作“池津津”，形近而誤，今據文義改。

[六] 按，此條見《天中記》卷五八，又見《太平御覽》卷九二三引《越絶書》。

轂轆鳥

《正字通》："鵋鵙，蜀人呼轂轆鳥。"[一]

竹蜜蜂

《酉陽雜俎》："蜀中有竹蜜蜂，好於野竹上結窠。大如鷄卵，有蔕[二]，長尺許。窠與蜜並紺色可愛，甘倍于常蜜。"又："有蜂狀如蠟蜂稍大，飛勁疾。好圓裁樹葉，卷入木竅及壁罅中作窠。段成式嘗發壁尋之，每葉卷中實以不潔，或云將化爲蜜。"[三]亦見《孔氏六帖》。

俘鬱

《北夢瑣言》："陳藏器《本草》云：'砂俘又名"倒行狗子"[四]，蜀人號曰"俘鬱"。旋乾土爲孔，常睡不動。取致枕中，令人夫妻同悦。'愚始游成都，止逆旅，與賣藥草李山人相熟。見蜀城年少往往欣然而訪李生，仍以善價酬。因詰之，曰：'媚藥。'徵其所用，乃砂俘，與陳氏所説同。李生亦秘其所傳之法，人不可得也。武陵山出媚草[五]，無賴者以銀换之。有因其術而男女發狂，罹禍非細也。"

雪蛆

《江鄰幾雜志》[六]："曹方湖爲御史，嘗刷卷四川。言彼處萬山深雪

[一] 按，此條見《正字通》卷一二，張澍所引太簡，今略補於後。"鵋鵙，怪鳥，大如鷹，黄黑斑色，頭目如猫，有毛角兩耳。晝伏夜出，鳴則雌雄相唤，聲如老人。初若呼，後若笑，所至多不祥。一名鉤鵅，蜀人呼轂轆鳥。"實則此鳥就是猫頭鷹，叫聲難聽，民間以爲此鳥能嗅衰腐之氣，故有人將逝則此鳥臨而鳴之。稱鉤鵅、轂轆，皆因其鳴聲而得名。

[二] "蔕"，原作"帶"，形近而誤，據《酉陽雜俎》卷一七改。

[三] 按，此條亦見《酉陽雜俎》卷一七，張澍稱亦見《孔氏六貼》者，只有前一條見《白孔六帖》卷一六，此條不載。

[四] "狗"，與《格致鏡原》卷一〇〇所引同，《北夢瑣言·逸文》卷四"砂俘"條據《太平廣記》卷四七九輯録，作"拘"。

[五] "出"，原作"川"，據《北夢瑣言》改。

[六] "《江鄰幾雜志》"，又稱《嘉祐雜志》，北宋時江休復撰，一卷。今存文淵閣《四庫全書》本中，此條僅"峨眉雪蛆，大治内熱"八字，張澍所引係據《格致鏡原》卷一〇〇轉引。

中出雪蛆[一]。官府遣軍士四山高處懸望，雪中蠕蠕而動者，則往取之。渾如小猪，無口足眼鼻，儼然蛆形也。其身全脂，切片而食，不易得也。”案，雪蛆即雪蠶也。《草木子》云：“雪蠶，生陰山北及峨眉山北，二山積雪不消，生蛆大如瓠，俗呼‘雪蛆’，味甘美可食。”[二]

佛現了

陸深《蜀都雜抄》：“陝西黄臣言[三]：向爲川轄時，親登峨眉觀佛光。光未發時，有鳥先飛過，若言‘施主發心，菩薩來到’。光既散復來，作聲：‘施主布施，菩薩去了。’又拾藏山中白石，大小皆六稜，照耀有光采，疑光怪即此石所爲也。近余承勛亦言兩宿其上[四]，登絶頂，亦見光具五采，俯視在雲壑中，其言白石與黄同。唯言鳥聲共三字，若言‘佛現了’。其鳥類雀而稍大，只有三枚[五]，别無種類。三鳥飛佛殿中，常就僧食，但不見有長育耳。”[六]

[一]“萬”，原作“高”，形近而誤，據《格致鏡原》改。

[二] 按，此條見《草木子》卷一。又，《老學庵筆記》卷六亦載此物，云：“此物實出茂州雪山。雪山四時常有積雪，彌遍嶺谷，蛆生其中。取雪時並蛆取之，能蠕動。久之雪消，蛆亦消盡。”

[三]“黄臣”，字伯鄰，濟陽人。正德六年進士，改庶吉士，嘉靖十三年遷陝西巡撫、右副督御史。事迹見清萬斯同《明史》卷二八六本傳。據《明世宗實録》卷一二五，嘉靖十年五月癸卯“升山西布政使司右參政黄臣爲四川右布政使”。同書卷一六四又云，嘉靖十三年六月壬寅“升陝西布政使司（校勘記云：“布政司使，閣本作左布政使，是也。”按，“司使”誤倒。）黄臣爲都察院右副都御史，巡撫陝西”，則黄臣在四川任上之時間爲嘉靖十年至十三年。

[四]“余承勛”，字懋昭，四川青神縣人。據雍正《四川通志》卷三四，余承勛爲正德十二年丁丑科進士。據《補續全蜀藝文志》卷三九所録趙貞吉撰楊廷和之墓祠碑，“女二，長嫁修撰余承勛”，知余承勛爲楊慎妹夫。◎趙熙於“余承勛”旁批注云：“青神人。”

[五]“三”，當作“二”。蔣超《峨眉山志》卷九引江皋《游峨眉山記》云：“惟二青鳥，每佛光將現時，飛繞殿前。”卷一四引謝東山《送族侄雲林子游眉》云：“五雲縹緲射光飛，二鳥依稀啼佛現。”

[六] 按，此句之下，趙熙批注云：“此光《山海經》已言之，今科學家則定爲燐質耳。”《山海經》卷一云：“又東五百里曰漆吴之山，無草木，多博石，無玉。處于海東望丘山，其光載出載入。”當即趙熙所指也。

卷十上

著作類

蜀之能文，不獨卿、雲[一]。趙談《周易》[二]，莊注《老君》[三]。《凡將》難字[四]，《清英》奇聞[五]。陽城經古[六]，允南論紛[七]。搜采一二，菡頰芳芬。

《幽魄曲》《東平歌》《龍歸曲》《臾邪歌》《伊嗚曲》

《琴操》："秦惠王以美女遺蜀王，死，葬之石鏡。王追思之，作《幽魄》之曲。"[八]案，《蜀王本紀》《華陽國志》皆言武都丈夫化爲美女，蜀王納爲妃，非秦惠王所遺也[九]。《寰宇記》引《蜀記》云："妃不習水土

[一]"卿、雲"，指司馬相如與揚雄，司馬相如字長卿，揚雄字子雲。

[二]按，此句指趙賓注《周易》之事，見本卷後文"趙賓説《易》"條。

[三]按，此句指莊遵注《老子》之事，《經典釋文》卷一稱嚴遵有《老子注》兩卷，又有《老子指歸》十四卷。

[四]"《凡將》"，《漢書·藝文志》云："武帝時，司馬相如作《凡將篇》，無復字。"

[五]"《清英》"，揚雄有《琴清英》，見本書卷一〇之下"揚雄《琴清英》"條。

[六]按，此句指陽城衡所作《樂經》，見本書卷一〇之下"陽城衡《樂經》"條。

[七]"允南"，譙周之字，此句所指見本書卷一〇之下"譙周《五經然否論》"條。

[八]按，此條見《廣博物志》卷二四。《古詩紀》卷一〇"幽魄之曲"條則云出《蜀王本紀》，皆不可信。據《華陽國志》卷三："周顯王二十二年，蜀侯使朝秦。秦惠王數以美女進，蜀王感之，故朝焉。惠王知蜀王好色，許嫁五女於蜀，蜀遣五丁迎之。還到梓潼，見一大蛇入穴中，一人攬其尾，掣之不禁。至五人相助，大呼拽蛇，山崩，同時壓殺五人及秦五女并將從，而山分爲五嶺。直頂上有平石。蜀王痛傷，乃登之，因命曰五婦冢山。川平石上爲望婦堠，作思妻臺。今其山或名五丁冢。"秦惠王送給蜀王的美女在入蜀途中即被壓死，其山稱作五婦冢山，自無葬石鏡一説。且所謂《幽魄》之曲，除了《廣博物志》與《古詩紀》外，暫未見更早記載，亦屬可疑。

[九]按，《藝文類聚》卷七〇引《蜀王本紀》云："武都丈夫化爲女，顏色美好，蓋山精也。蜀王娶以爲夫人，無幾物故。蜀王於武都擔土於成都葬之，蓋地三畝，號曰武擔。以石作鏡一枚表其墓。"《華陽國志》卷三云："武都有一丈夫，化爲女子，美而艷，蓋山精也。蜀王納爲妃，不習水土，欲去。王必留之，乃爲《東平》之歌以樂之。無幾物故。蜀王哀之，乃遣五丁之武都擔土爲妃作冢，蓋地數畝，高七丈，上有石鏡。"

欲去[一]，王作《東平》之歌以悦之。物故，作《臾邪》之歌、《龍歸》之曲。”[二]“龍歸”一作“就歸”，誤[三]。又案，揚雄《蜀王本紀》：“武都人有善知蜀王者，將其妻女適蜀。居蜀之後，不習水土。欲歸，蜀王心愛其女，留之，乃作《伊鳴》之聲六曲以樂之。”[四]其説又與前異。

李冰碑

《金石文》：“《秦蜀守李冰立湔堋隔碑》[五]：‘深淘潬，淺包隔。’”注：“‘潬’，古‘灘’字。‘隔’即‘堰’也。”案，《爾雅·釋水》：“潬沙出。”注：“今江東呼水中沙堆爲潬。”[六]又：“歲在申曰涒灘。”[七]《史記》作“芮漢”[八]，又作“涒漢”[九]。《孔廟禮器碑》作“涒嘆”[十]。是“潬”“灘”“漢”“嘆”古字通用也。“淺包隔”一引作“堰”，誤[十一]。

楊終賦《雷電》

《袁山松書》曰：“時蜀郡有雷震决曹，楊終上白記[十二]，以爲斷獄煩苛所致。太守乃令終賦《雷電之意》，而奇之。”[十三]

[一]“土”，原作“上”，形近而誤，據光緒本改。

[二] 按，此條見《太平寰宇記》卷七二，有删改。

[三] 按，作“《就歸》”者，見《古文苑》卷四《蜀都賦》之“厥女作歌”句注文。

[四]“聲”前，原衍“歌”字，據《太平御覽》卷八八八删。◎“樂”，原作“舞”，據《太平御覽》改。

[五]“立”，原作“官”，據光緒本及文義改。按，此處題出《金石文》，或即《皇霸文紀》卷一二所引楊慎《金石古文》也，然《函海》本《金石古文》并不載此文。

[六]“中”，原脱，據《爾雅》補。

[七] 按，此條出自《爾雅·釋天》“歲陽”。

[八] 按，《史記·曆書》：“横艾涒灘始元元年正西。”裴駰《集解》：“‘涒灘’，一作‘芮漢’。”

[九] 按，《史記·曆書》：“商横涒灘三年。”張守節《正義》：“（涒灘）又作涒漢。”

[十] 按，此文見《隸釋》卷一《魯相韓敕造孔廟禮器碑》。

[十一] 按，暫時只見萬曆刻本《山帶閣集》卷二九《寶應縣重浚宋涇河記》所引作“堰”。

[十二]“白記”，漢時下對上陳述意見的奏記。王先謙《後漢書·楊終傳》集解：“案，白記，不見他書。漢世白事有奏記。《周禮·内史》疏：‘諸侯凡事有書奏白于王，内史讀示王。’亦謂白事也。此白記當即掾屬白事之所用。”

[十三] 按，此條見《後漢書·楊終傳》注文。

楊終《晨風》詩

《益部耆舊傳》曰："楊終徙於北地望松縣，而母於蜀物故。終自傷被罪充邊，乃作《晨風》之詩，以舒其憤也。"[一]案，本傳："太守廉范爲州所考，終兄鳳爲郡吏，遣鳳候終。終爲范游説，坐徙北地。"《華陽國志》："終坐太守徙邊，作《孤憤》詩。"即《晨風》詩也[二]。

趙賓説《易》

《前漢書·儒林傳》："蜀人趙賓好小數書，後爲《易》。飾《易》文，以爲：'箕子明夷，陰陽氣亡箕子。箕子者，萬物方荄滋也。'賓持論巧慧，《易》家不能難。然皆曰：'非古法也。'云受孟喜，喜爲名之。後賓死，莫能持其説。喜因不肯仞。"顏師古曰："此箕子者，謂殷父師説《洪範》者也。而賓妄爲説耳。"案，若箕子爲荄滋，則文王又何解乎？顏氏駁正良是[三]。

怨家益《法言》

《潛居録》："揚子恬淡寡營，以賣文自贍。文不虚美，人多惡之。及卒，怨家取《法言》，援筆益之，曰'自周公以來，未有如安漢公之懿也。勤勞則過於阿衡'云云。繕寫多行於世，至今無有白其心迹者。"[四]案，《抱朴子》曰："王莽之世，賣餅小人皆得等級，斗筲之徒兼金累紫，揚子雲確然忠貞之節形矣。"可見莽大夫之誣題目也。

[一] 按，此條亦見《後漢書·楊終傳》注文。

[二] 按，引《華陽國志》之語見其書卷一〇之上，而稱《孤憤》即《晨風》詩者，則本自惠棟《後漢書補注》卷一二《楊終傳》注文。

[三] 按，宋人王觀國《學林》卷一"箕子"條，對《漢書》之説有詳細考辨，可參看。

[四]"潛居録"，原作"太平御覽"，因後文引《抱朴子》之語出《太平御覽》卷八六〇而誤，今本《太平御覽》並不載此事，亦未見更早著作引此文而題《太平御覽》者。今據《蜀中廣記》卷一〇一引此説云出《潛居録》及百二十卷本《説郛》卷三二所收《潛居録》的確載此事而改題出處。民國刻本《法言義疏》卷二〇承襲張澍之説，疏於考證矣。

《法言》

《論衡》："揚子雲作《法言》，蜀富人齎錢十萬，願載於書，子雲不聽。夫富無仁義之行，猶圈中之鹿、欄中之牛也。安得妄載？班叔皮《續太史公書》[一]，載鄉里人以爲惡戒，邪淫枉道，繩墨所彈，安所避諱。"[二]

《太玄》

《論衡》："揚子雲作《太玄》，侯鋪子隨而宣之。"[三]案，鋪子侯芭，字芭，鉅鹿人。

《綿竹頌》

李周翰《文選注》[四]："揚雄常作《綿竹頌》。成帝時，直宿郎誦此文，帝曰：'似相如之文。'莊曰：'非也。此臣邑人揚子雲。'帝即召見，拜黄門侍郎。"

揚雄銘詩

《古文苑》："揚雄作《綉補》《靈節》《龍骨》銘詩三章。"[五]案，揚雄《答劉歆書》："雄先作《縣邸銘》《王佴頌》《階闥銘》及《成都城四隅銘》[六]，楊莊誦之于成帝，雄遂以此得外見。雄爲郎之歲，得觀書於石渠，後一歲作《綉補》《靈節》《龍骨》之銘詩三章，成帝好之。"

[一]"《續太史公書》"，《後漢書·班彪傳》云："武帝時，司馬遷著《史記》，自太初以後，闕而不録。後好事者頗或綴集時事，然多鄙俗，不足以踵繼其書。彪乃繼采前史遺事，傍貫異聞，作後傳數十篇。"

[二]按，此條見《論衡》卷二〇《佚文篇》。

[三]按，此條見《論衡》卷二九《案書篇》。

[四]"李周"，原作"吕"，顯誤，今據《文選·揚雄〈甘泉賦〉》題注改。按，《文選》有六臣注，即李善、吕延濟、劉良、張銑、吕向、李周翰，無所謂"吕翰"。

[五]按，此條見《古文苑》卷一〇《答劉歆書》。

[六]"王"，原作"壬"，形近而誤，據《古文苑》及《揚雄文集箋注》卷四《答劉歆書》改。

揚雄《益州箴》

巖巖岷山，古曰梁州。華陽西極，黑水南流。秦作無道，三方潰叛。義兵征暴[一]，遂國於漢。拓開疆宇，恢梁之野。列爲十二，光羡虞夏。牧臣司梁，是職是圖。經營盛衰，敢告士夫。

揚雄《主爲論》

《路史》注引揚雄《主爲論》云："夫心與治游乎太和，惟唐虞能充其任。神與化蕩乎無境，惟伏羲能承其統。故二十五弦之具，非牙、曠不能以爲神[二]。弓矢質的之具，非羿、逄不能以爲妙。"[三]

司馬相如《氣候值時書》

王愔《文字志》云[四]："司馬相如采日辰之蟲[五]，屈伸其體，升降其勢，以象四時之氣，爲《氣候值時書》。後漢東陽公徐安子搜諸史籀[六]，得《十二時書》，蓋象形神。"[七]案，《書史》云："相如作《凡將篇》，妙辨六律[八]，測尋二氣，采日辰之禽[九]，屈伸其體，升伏其勢，象四時之

[一]"義"，原作"誼"，據《揚雄文集箋注》卷四改。

[二]"牙、曠"，指伯牙、師曠，二者皆爲音樂家。《漢書·叙傳上》："若乃牙、曠清耳於管弦。"顔師古注："牙，伯牙也；曠，師曠也。"

[三]"逄"，原作"逢"，形近而誤，今據《孟子·離婁下》改。按，羿、逄蒙，皆是神射手，事迹詳《孟子》。又，此條出自《路史》卷一〇"瑟以修身，理性反其天真；灼土爲壎，而禮樂於是興焉"句注文。《路史》題名《主爲論》，然《真誥》卷一七則作《玄爲論》，未知孰是。

[四]"王愔"，南朝齊書法家，字僧虔，琅邪臨沂（今屬山東）人。《文字志》，《舊唐書·經籍志上》著録爲三卷，其書已佚，《世説新語》注文有大量徵引。但暫未見引此條而題《文字志》者，張澍所據或是本條後文所引方以智《通雅》卷一二"王愔目有《十二時書》"一説。

[五]"日辰之蟲"，原作"日蟲之禽"，據《儼山外集》卷三二、《廣博物志》卷三〇所引改。

[六]"史籀"，《漢書·藝文志》有《史籀篇》，此處似難據文義判斷"史籀"是否爲該書名之省，故不加書名號。

[七]"神"，原文作"聲"，音近而訛，據《儼山外集》《續博物志》改。

[八]"辨"，原作"辯"，雖可通"辨"，仍據《通雅》卷一二引《書史》及《書史會要》卷二改。按，此處之《書史》，係《書史會要》之省，非米芾《書史》。

[九]"日辰之禽"，原作"日蟲之禽"，據《通雅》《書史會要》改。

氣，爲之興降，曰《氣候值時書》。又後漢東陽公徐安子搜諸史籀，得《十二時書》，皆象神形也。"《酉陽雜俎》云："南中有蟲名'避役'，一曰十二辰蟲，狀似蛇醫[一]，脚長，色青赤，肉鬣。暑月時，見於籬壁間。俗云見者多稱意事。其首倏忽，更變爲十二辰狀。"[二]是相如之爲《氣候值時書》，即取十二辰蟲之善變也。方以智曰："王愔目有《十二時書》，許慎《説文》于干支諸字必有曲説陰陽之氣。可見當時好立此義久矣。"

《凡將篇》佚文

《漢書·藝文志》："司馬相如《凡將》一篇。"又云："司馬相如作《凡將篇》，無復字。"案，《説文》"嗙"字下引："司馬相如説：'淮南宋蔡歌舞嗙喻。'"《凡將》篇之文，文皆七言，與《急就篇》同。而毛季斧刊本添"歌"字，舛矣[三]。又案，《文選·〈蜀都賦〉》注引《凡將》曰："黄潤纖美宜制禪。"歐陽詢《藝文類聚》引《凡將》曰："鐘磬竽笙筑坎侯。"[四]《茶經》引《凡將篇》云："烏喙、桔梗、芫華、款東、貝母、木蘖、蔞、芩草、芍葯、桂、漏蘆、飛廉、雚菌、荈詫、白斂、白芷、菖蒲、芒消、莞椒、茱萸。"[五]此又不可以七言讀矣，疑有訛脱字。

司馬相如《荆軻贊》

任昉《文章緣起》："司馬相如《荆軻贊》，世已不傳。厥後班孟堅《漢史》以論爲贊，至宋范曄更以韻語。"[六]案，《漢·藝文志》"雜"家有《荆軻論》五篇，軻爲燕刺秦王不成而死，司馬相如等論之，是長卿既爲論，復有贊也。

[一]"蛇醫"，即蠑螈，《方言》卷八："守宫……南楚謂之蛇醫，或謂之蠑螈。"

[二]按，此條見《酉陽雜俎》卷一七。

[三]按，《説文解字注》及他本《説文》"嗙"字注文無"歌"字，惠棟校本汲古閣《説文》有此字。

[四]按，此條見《藝文類聚》卷四四。

[五]按，此條見《茶經》卷下。

[六]"曄"，底本作"華"，光緒本改爲"史"，據《玉海》卷二〇四"贊頌説附"所引改。按，作"華"者，避玄燁諱而改；光緒本改爲"史"，則屬臆改。

王褒《碧鷄頌》

《文選·〈廣絶交論〉》注引王褒《碧鷄頌》曰：“持節使者，敬移金精神馬[一]、剽剽碧鷄。歸來歸來[二]，漢德無疆。黄龍見兮白虎仁，歸來歸來可以爲倫。歸來翔兮，何事南荒。”案，《漢書·南蠻傳》注引曰：“持節使者王褒謹拜南崖，敬移金精神馬、縹碧之鷄。處南之荒，深溪回谷，非土之鄉。歸來歸來，漢德無疆。廉平唐虞，澤配三王。”[三]無“黄龍”以下數句。又《文選注》引“剽剽”作“縹縹”，“廉平”作“廣平”，“澤配”作“德配”[四]。今《志》引“縹縹”作“綜綜”，誤[五]。

莊遵《老子注·序》

昔者老子之作也，變化所由，道德爲母。效經列首，天地爲象。上經配天，下經配地。陰道八，陽道九。以陰行陽，故七十有二首。以陽行陰，故分爲上下。以五行八，而上經四十而更始。以四行八，故下經三十有二而終矣。陽道奇，陰道偶，故上經先而下經後。陽道大，陰道小，故上經衆而下經寡。陽道左，陰道右，故上經覆來，下經覆往。反覆相過，淪爲一形。冥冥混沌，道爲中主。重符列驗，以見端緒。下經爲門，上經爲户。智者見其經效，則通乎天地之數。陰陽之紀，夫婦之配，父子之親，君臣之義，萬物敷矣[六]。

案，君平注如“益我貨者，損我神。生我名者，殺我生”[七]；又“言爲禍匠，默爲害工。進爲妖式，退爲孽容”[八]，理甚淵微。

[一]“敬移”下，《方舟集》卷二《題金馬碧鷄神祠》所引有“南崖”二字。
[二]“歸來歸來”，原作“歸來”，今補。
[三] 按，此條見《後漢書·西南夷傳·哀牢夷》，張澍所題不確。
[四] 按，《文選》注文所引《金馬碧鷄頌》之文已見前文，並不作“縹縹”，也無“廉平唐虞，澤配三王”句。
[五] 按，此處不知所指爲何書，暫未見相關記載。
[六] 按，此文見《道德指歸論》卷一《説目》，張澍以爲乃《老子注》之序文，或誤。
[七] 按，此語見《高士傳》卷中“嚴遵”條。
[八] 按，此條見《丹鉛餘録·總録》卷二四。

莊遵《座右銘》[一]

夫疾形不能遁影，大音不能掩響。默然托蔭，則影響無因。常體卑弱，則禍患無萌。口舌者，禍患之門，滅身之斧。言語者，天命之屬[二]，形骸之部。出失則患入，言失則亡身[三]。是以聖人當言而懷[四]，發言而憂，如赴水火，履危臨深。有不得已，當而後言[五]。嗜欲者，潰腹之矛。貨利者，喪身之讐。嫉妒者，亡軀之害[六]。讒佞者，刎頸之兵。殘酷者，絶世之殃。陷害者，滅嗣之場。淫戲者，殫家之塹。嗜酒者，窮餒之藪。忠孝者，富貴之門。節儉者，不竭之源。吾日三省，傳告後嗣，萬世勿遺[七]。

諸葛武侯《司馬季主墓碑贊》

案，《真誥》："司馬季主後入委羽山石室大有宫中[八]，受石精金光藏景化形法於西靈子都。西靈子都者，太玄仙女也。其同時在大有室中者，廣寧鮑叔陽、太原王養伯、潁川劉瑋惠、代郡段季正，俱受師西靈子都之道也。季主臨去之際，托形枕席，爲代己之像。墓在蜀郡成都升盤宜當作遷山之南[九]，諸葛武侯昔建碑銘德於季主墓前。碑贊末曰：'玄漠太寂，混合陰陽。天地交泮，萬品滋彰。先生理著，分别柔剛。鬼神以觀，六度顯明。'季主得道後，嘗朝服明丹之華，挹扶晨之輝。顔如少女，須三尺，黑如墨。子二人，男名法育一作涓[十]，女名濟華，俱在委羽山。"[十一]《真誥》又云："季主咽虹液而頭足異處。"《劍經注》云："吞刀圭而蟲流，今東鄉説云：'托形枕席爲代己之像'，似當是作煉形靈丸兵解去也。漢

[一] 按，此文見《成都文類》卷四八、《全蜀藝文志》卷四四，皆用以參校。
[二] "天"，原作"夭"，形近而誤，據《成都文類》《全蜀藝文志》改。
[三] "亡"，原作"亢"，據《成都文類》《全蜀藝文志》改。
[四] "懷"，原作"標"，形近而誤，據《成都文類》《全蜀藝文志》改。
[五] "得""言"，原脱，據《成都文類》《全蜀藝文志》補。
[六] "害"，原作"峇"，據《成都文類》《全蜀藝文志》改。
[七] "勿"，原作"無"，據《成都文類》《全蜀藝文志》改。
[八] "司馬季主"，西漢楚地人。游學長安，通《易經》，好黄帝、老子之術，詳《史記·日者列傳》。
[九] "宜"，光緒本作"疑"。按，升遷山，即升仙山。嘉慶《大清一統志》卷三八五《成都府二·津梁》有升仙橋，一名升遷橋，當是因此山而得名也。
[十] 按，此異文不知所指爲何書，暫未見作"法涓"者。
[十一] 按，此條見《真誥》卷一四。後文引《真誥》及《劍經注》，亦見《真誥》卷一四，乃本條之注文。

史既不顯其終，無以别測其事也。”又《集仙傳》云：“季主，楚人，北游五六年，西入蜀，居青城山老人村。”[一]

杜瓊《重思稻賦》

《酉陽雜俎》：“鄷都稻名‘重思’，其米如石榴子，粒稍大，味如菱。杜瓊作《重思稻賦》曰：‘霏霏春暮，翠矣重思。雲氣交被，嘉穀應時。’”[二]案，《真誥》云：“鄷都山上樹木水澤如世間，但稻米極大，味如菱，名爲‘重思’耳。杜瓊作賦曰：‘霏霏春茂，翠矣重思。靈炁交被，嘉穀應時。四時既享，祝人以祀。神禾鬱乎浩京[三]，巨穗横我玄臺。爰有明祥，帝者以熙。’此之謂也。”通明所引較柯古多七句[四]，“神禾”句上脱漏一句，惜不得善本補之。又“暮”作“茂”、“靈”作“雲”，不同也。杜瓊[五]，字伯瑜，成都人，譙周之師，官議曹從事，歷左中郎將。

費禕《甲乙論》

殷基《通語》曰[六]：“司馬懿誅曹爽，費禕設《甲乙論》。‘甲以曹爽兄弟凡品庸人，苟以宗子枝屬[七]，得蒙顧命之任[八]，而驕奢僭逸，交非其人；私樹朋黨，謀以亂國。懿奮誅戮，一朝殄盡，此所以稱其任，副士民之望也[九]。乙以爲懿憾曹仲附己不一[十]，豈爽與相干[十一]？事勢不專，

[一] 按，此條不知據何書轉引，暫未見他書有相關記載。
[二] 按，此文見《酉陽雜俎》卷二。
[三] “乎”，原作“中”，據《真誥》卷一五改。
[四] “通明”，原作“稚川”，張澍誤記也，今據《真誥》作者陶弘景字通明而改。按，稚川乃葛洪之字，號抱朴子，所作有《神仙傳》。◎“柯”，原作“何”，據光緒本及《酉陽雜俎》作者段成式字柯古而改。
[五] “杜瓊”，《三國志·蜀志》有傳。
[六] “殷基”，三國吴人，著《通語》，卷次不詳，久佚。此處所引見《三國志·蜀志·費禕傳》注文，以之參校。
[七] “苟”，原脱，據《三國志》補。
[八] “之任”，原脱，據《三國志》補。
[九] “稱其任”，原脱，據《三國志》補。
[十] “憾”，《三國志》作“感”。按，“感”可通“憾”。◎“附”，整理本《三國志》作“付”，張澍所引與文淵閣《四庫全書》本同。
[十一] “與”，原作“於”，據《三國志》改。

以此陰成疵瑕。初無忠告侃爾之訓，一朝屠戮，攙其不意[一]，豈大人經國篤本之事乎？若爽信有謀主之心，大逆已構[二]，而發兵之日，更以芳委爽兄弟。懿父子從後閉門舉兵，蹙而向芳，豈忠臣爲君深謀之謂乎[三]？以此推之，爽無大惡明矣。若懿以爽奢僭，廢之刑之可也[四]。滅其尺口，被以不義，絶子丹血食[五]。及何晏子魏之親甥[六]，亦與同戮，爲僭濫不當矣。'"

秦宓《遠游詩》

《藝文類聚》載秦宓《遠游詩》云[七]："遠游何所見，所見邈難紀。巖穴非我鄰，林麓無知己。虎則豹之兄，鷹則鷂之弟。困獸走環岡[八]，飛鳥驚巢起。猛氣何咆厲，陰風起千里[九]。遠游長太息，太息遠游子。"

劉向《塗山氏頌》

《列女傳·塗山氏頌》曰："啓母塗山，維配帝禹。辛壬癸甲[十]，禹往敷土。啓呱呱泣，母獨論序。教訓以善[十一]，卒繼其父。"

曹植《塗山氏贊》

《初學記》："禹妻塗山，土功是急。惟啓之生，過門不入。矯達明義，

[一]"攙"，原作"讒"，與文淵閣《四庫全書》本《三國志》同，據整理本《三國志》改。
[二]"已"，原作"以"，雖曰可通，仍據《三國志》改。
[三]"豈"，《三國志》作"必無悉寧"，張澍或因文義晦澀而改也。
[四]"刑之"，原無，據《三國志》補。
[五]"子丹"，即曹真，三國魏國人，官大將軍、大司馬，曹爽之父，《三國志·魏志》有傳。
[六]"子"，原脱，據《三國志》補。
[七]按，今本《藝文類聚》無此文，張澍或誤記。此文見《古詩紀》卷二七、《補續全蜀藝文志》卷五二等，今以《古詩紀》參校。
[八]"困"，原作"因"，形近而誤，據《古詩紀》改。
[九]"起"，原作"走"，形近而誤，據《古詩紀》改。
[十]"辛壬癸甲"，《尚書·虞書·益稷》"娶于塗山，辛壬癸甲"注云："辛日娶妻，至于甲日復往治水，不以私害公。"
[十一]"訓"，原作"諭"，據《古列女傳》卷一"啓母塗山"條改。

勛庸是執[一]。成長聖嗣，天禄以襲。”[二]

郭璞《讖記》[三]

案，武連驛有郭璞《讖記》云[四]：“縣路翠，武功貴。縣路青，武功榮。”[五]宋慶元丁巳，縣令何琰治路，刻石記之，名“種松碑”，今碑尚完好[六]。武功即武連也。又《名勝志》：“鄰水有鴛鴦池，故老傳郭璞遺碑云：‘日出照華山，金銀對馬鞍。鴛鴦池裏宿，雲版響三漷。’蓋天池山下溪中有一石，每擊則響聲三應，今謂之‘響石板’。”[七]又書樓山，郭璞記云：“書樓山是孔子背書樓。”[八]

郭璞《岷山贊》

《山海經》：“《岷山贊》云：‘岷山之精，上絡東井。始出一勺，終致淼溟。作紀南夏，天清地静。’”[九]

郭元祖《葛由贊》

晋郭元祖《列仙傳·葛由贊》曰[十]：“木可爲羊，羊亦可靈。靈在葛

[一]“嬌達明義，勛庸是執”，與《初學記》卷一〇所引同，今本《曹植集校注》卷二作“女嬌達義，明勛是執”。按，曹植别集今存，不知張澍何以據《初學記》引？《初學記》之“嬌”字顯誤，禹之妻稱女嬌也，詳《曹植集校注》。

[二]“天”，《曹植集校注》作“大”，别本有作“天”者，作“天”佳。

[三]按，此條之下，趙熙批注云：“璞本傳可詳推，無由入蜀也。”

[四]“武連驛”，在今四川劍閣縣西南八十里武連鎮。乾隆《大清一統志》卷二九八《保寧府·關隘》“武連驛”條云：“在劍州南八十里，舊屬綿州梓潼縣。乾隆三十五年改屬劍州。自神宣至此，皆棧道所經地。”雍正《四川通志》卷二二之下“武連驛”條有詳細建置與兵員配置情况。

[五]按，此文見《方輿勝覽》卷六七《隆慶府·山川》“七盤山”條注文及《輿地碑記目》卷四“隆慶府碑記”。

[六]按，此事見《蜀都碎事》卷二、《蜀故》卷一〇。

[七]按，此條見《蜀中廣記》卷二八。

[八]按，此條見《蜀中廣記》卷一一。

[九]按，此條見《藝文類聚》卷八，吴任臣《山海經廣注》卷五“又東北三百里曰岷山，江水出焉”句引之。

[十]“葛由”，《列仙傳》卷上云：“葛由者，羌人也。周成王時，好刻木羊賣之。一日，騎羊而入西蜀，蜀中王侯貴人追之上綏山。綏山在峨嵋山西南，高無極也。隨之者不復還，皆得仙道。故里諺曰：‘得綏山一桃，雖不得仙，亦足以豪。’山下祠數十處云。”

由，一致無經。爰陟崇綏，舒翼揚聲。知術者仙，得桃者榮。”

《赤斧贊》

郭元祖《列仙傳·赤斧贊》曰[一]：“赤斧頤真，發秀戎巴。寓迹神祠，澒煉丹沙。髮雖朱蕤，顏曄丹葩[二]。采藥靈山，觀化南遐。”

《邗子贊》

郭元祖《列仙傳·邗子贊》曰[三]：“邗子尋犬，宕入仙穴。館閣峨峨，青松列列。受符傳藥，往來交結。遂栖靈岑，音響昭徹。”

袁休明《巴蜀志》[四]

《水經注》引袁休明《巴蜀志》云：“高山嵯峨，巖石磊落。傾側縈回，下臨峭壑。行者扳緣，牽援繩索。”

《笮橋贊》

李膺《笮橋贊》云：“複引一索，飛緪杙閣[五]，其名曰‘笮’。人縣半空，渡彼絶壑。”案，唐獨孤及《笮橋贊》：“笮橋縆空，相引一索。人綴其上，如猱之縛[六]。轉帖入淵，如鳶之落。尋橦而上，如魚之躍。頃

［一］“赤斧”，《列仙傳》卷下云：“赤斧者，巴戎人也。爲碧鷄祠主簿，能作水澒煉丹，與硝石服之，三十年反如童子，毛髮生皆赤。後數十年上華山，取禹餘糧餌，賣之於蒼梧湘江間。累世傳見之，手掌中有赤斧焉。”

［二］“顏曄”，原作“頭華”，形近而誤，據《列仙傳》改。

［三］“邗子”，傳見《列仙傳》卷下，《蜀典》卷一一之上“邗氏”條引之。

［四］“志”，原作“記”，據《水經注·若水》所引改，後文此書名徑改，不再出校。

［五］“緪”，粗繩索。《説文·糸部》：“緪，大索也。”段玉裁注：“《通俗文》：大索曰緪。”◎“杙”，原作“栈”，形近而誤，據《蜀中廣記》卷二、《隋文紀》卷八改。按，杙，繫在木樁上。“栈”見《中華字海》，音未詳。

［六］“縛”，原作“縳”，音zhuàn，不協韻，形近而誤，據文義改。按，據《廣韻》，“索”“落”“壑”皆爲入聲“鐸”韻，“躍”入聲“藥”韻，“縛”入聲“藥”韻，則作“縛”應無誤。

刻不戒，賈無底壑。”[一]

杜子美詩

《采蘭雜志》：“昔杜子美詩，有得意者宗武，年十二，恒於暗中誦之，言紙有金字，光明射目。”[二]

司馬膺之注《蜀都賦》

《北齊書》：“司馬膺之好讀《太玄經》，注揚雄《蜀都賦》，每云欲與子雲周旋。”[三]案，司馬膺之，世雲弟、子如之從子，歷中書黄門郎。

犍爲舍人《爾雅注》[四]

釋詁第一

冡，大也。**輅，車之大也。冡，封之大也**[五]。《書·舜典》正義、《荀子·哀公篇》楊倞注、邢昺《爾雅》疏。上“也”字，案，舊誤作“者”。

漠，謀也。**漠，心之謀也**。《釋文》、邢疏。案，《釋文》作“心之謨也”[六]，今从疏所引。

［一］“賈”，通“隕”，墜落。《公羊傳·莊公七年》：“星賈如雨。”按，此文見《蜀中廣記》卷六、卷一四。

［二］按，此條見《琅嬛記》卷上。

［三］按，此事見《北齊書·司馬子如傳》。

［四］按，此後張澍輯録犍爲舍人《爾雅注》之佚文，他先總列在《爾雅》中之部類，再逐條羅列《爾雅》原文，原文之後空兩格，乃舍人之注文或張澍所加異文校勘記，最後小字注明佚文來源，并加按語。然而偶有漏注出處或誤題出處及誤輯者，注明出處時又多用簡稱。爲了便於閱讀與覆核，我們將舍人注文加粗處理，其後原本雙行小字排列之出處與按語，今改爲正文字號。據《一切經音義》輯録時，我們只覆核玄應本，慧琳本重複者不做説明。據《經典釋文》輯録之文，《釋詁》至《釋水》皆見《釋文》卷二九，其後之文則皆見《釋文》卷三〇，故如果引《釋文》而無誤者，我們不再標明具體出處。至於相關詞語之意義，《爾雅注疏》《爾雅義疏》等皆有詳細解釋，我們就不做過多闡述。

［五］按，此條乃據《爾雅·釋詁》邢疏輯録。後文提及《尚書·舜典》正義所引者，僅有“冡，封之大也”；提及《荀子》者，則僅有“輅，車之大者”，張澍特別説明上一“也”字誤作“者”字，即指《荀子》。

［六］“謨也”，原作“謀”，據《經典釋文》卷二九改。

黄髮、齯齒[一]、鮐背、耇老，壽也。**黄髮，老人髮白復黄也。鮐背，老人氣衰，皮膚消瘠，背若鮐魚。耇，覯也，血氣精華覯竭，言色赤黑如狗矣**[二]。《書》正義、《南山有臺》詩正義、《春秋·僖二十二年》正義、邢昺疏。案，“黄髮，老人髮白復黄也”句，《詩》疏引李巡注同[三]。

謔、浪、笑、敖，戲謔也。**謔，戲謔也。浪，意朗也。笑，心樂也。敖，意舒也。戲，邪戲也。謔，笑之貌也**[四]。《毛詩》正義、邢疏。案，《詩》正義“朗”誤作“萌”，今从邢疏。舊本“邪戲也”上有“笑”字。今案，當衍。

仇，匹也。**仇，相求之匹**。《詩》正義[五]。

紹、胤，繼也。**紹，繼道也**[六]。**胤，繼世也**。《春秋·隱十一年》正義、《一切經音義》。

悠，遠也。**悠，行之遠也**[七]。《一切經音義》。

崇，充也。**威大充盛**。《左傳》正義。案，舍人本“崇”，當作“威”[八]。

圉，垂也。**圉，拒邊垂也**[九]。《詩》正義、《春秋》正義、邢疏。

果、肩、堪，勝也。**肩，强之勝也**[十]。《書》正義、邢疏。

余，身也。**余，卑謙之身也**[十一]。《春秋》正義。案，邢疏作“謙卑之身”。

癙、癵、痶、痒[十二]。**皆心憂憊之病也**。《釋文》、邢疏。

[一]“齯齒”，老人齿落后复生之细齿。郭璞注《爾雅》：“齯齒，齒墮更生細者。”

[二] 按，此處三條注釋，唯邢疏全部徵引。《尚書·周書·泰誓》僅引第二條；《南山有臺》詩只引第一條，另有《大雅·行葦》引第二條；《左傳》僅引第三條。

[三] 按，《南山有臺》正義云：“‘楰，鼠梓’，《釋木》文。李巡曰：‘鼠梓，一名楰。’”張澍誤記也。

[四] 按，此條見《詩·邶風·終風》正義及邢疏。張澍稱“邪戲也”上衍“笑”字者，《詩》與《爾雅》皆有“笑”字。

[五] 按，此條乃誤輯，當删。《詩·周南·關雎》正義所引乃孫炎之語，非舍人語。

[六] 按，此條見《一切經音義》卷八《維摩詰所説經》卷上注文所引，但原書不言乃舍人之注，而郝懿行《爾雅義疏》卷一之上《釋詁》以爲乃舍人注文。後一條則見《左傳》。

[七] 按，此條見《一切經音義》卷九《大智度論》卷一二注文。

[八] 按，此條見《左傳·文公十八年》正義所引，張澍言舍人本之“崇”當作“威”，乃揣測之詞。

[九] 按，此條見《詩·大雅·桑柔》正義及邢疏，《左傳·隱公十一年》正義所引無“拒”字。

[十] 按，此條見《尚書·商書·盤庚下》正義及邢疏。

[十一] 按，此條見《左傳·僖公九年》正義及邢疏。

[十二] 按，據《爾雅·釋詁》及前後文體例，此後當有“病也”二字。但據後文來看，還有不少條目並未嚴格遵循這種範例，故不做補充。

泯、罄、殲，盡也。**殲衆之盡也**[一]。《書》正義、《春秋》正義、邢疏。

疌，速也。**疌，意之速**[二]。《詩》正義。

勞、來，勤也。**勞，力極也。來，强事也**[三]。《一切經音義》。

怒，思也。**怒，志而不得之思也**[四]。《詩》正義。案，“志”，邢疏訛作“恚”。

話，言也。**話，政之善言也**[五]。《書》正義。

匿、蔽、竄，微也。**匿，藏之微也**[六]。**蔽，覆障使微也。竄，行之微也。是皆微昧不顯揚也**。《春秋》正義、邢疏。

毗劉，暴樂也。**毗劉，爆爍之意也。木枝葉稀疏不均爲爆爍**[七]。《詩》正義、邢疏。案，《詩》正義引舍人注作“爆爍”，則《釋文》所指“暴樂”作“爆爍”者，當即是舍人本。

楨、翰，榦也。**楨，正也，築墻所立兩木也。翰，所以當墻兩邊障土者也**[八]。《費誓》正義、《詩》正義、《春秋》正義、邢疏。

禋、祀、祠，祭也。**祀，地祭也。祠，天祭也**[九]。《一切經音義》。

栖遲、憩、㰟、齂、呬[十]，息也。**栖遲，行步之息也**[十一]。**憩，卧之息也**[十二]。《詩》正義[十三]、《一切經音義》、邢疏。

供、峙、共，具也。舍人本“峙”作“偫”。**共，具物也。偫，具事也**。《文選·揚子雲〈羽獵賦〉》注。

[一] 按，此條見《尚書·夏書·胤征》《左傳·莊公十七年》及邢疏，然邢疏無“殲”字。

[二] 按，此條見《詩·鄭風·遵大路》正義。

[三] 按，第一條見《一切經音義》卷九《大智度論》卷一注文及同書卷一二《義足經》卷上注文；第二條見《義足經》卷上注文。

[四] 按，此條見《詩·周南·汝墳》正義及邢疏。

[五] 按，此條見《尚書·周書·立政》正義。

[六] 按，《左傳·哀公十六年》正義僅引此句，邢疏則有全部引文。

[七] 按，此條見《詩·大雅·桑柔》正義及邢疏。張澍所云《釋文》作“暴樂”者，見《經典釋文》卷七，且邢疏亦作“暴樂”。

[八] 按，此處所引見《尚書·周書·費誓》《詩·大雅·桑扈》《左傳·莊公二十九年》《宣公十一年》《成公二年》，邢疏則脱“翰”字。

[九] 按，《一切經音義》卷二《大般涅槃經》卷一〇注文引舍人語，僅“祀，地祭也”；卷二二《瑜伽師地論》卷七注文則引“祀，地祭也。祠，天祭也”，但不言乃舍人注文；卷二三《對法論》卷一所引則作“祠，祭天也。祀，地祭也”，亦不言爲舍人注文。

[十]“㰟”，同“喟”；“齂”“呬”，皆音xì，均見《集韻·至韻》。

[十一] 按，此條見《詩·陳風·衡門》正義及邢疏。

[十二] 按，此條見《一切經音義》卷一《法炬陀羅尼經》卷三注文、同書卷一九《佛本行集經》卷二三注文及邢疏。

[十三]“詩”，原作“書”，張澍誤記，今改，詳前文校記。

串，習也。**串，心之習也**[一]。《一切經音義》。

饁、饟，饋也。**饟，自家之野也**[二]。《詩》正義、邢疏。

伯，長也。**伯，位之長也**[三]。《一切經音義》。

算，數也。**釋數之曰算**[四]。《書》正義。

亂，治也。**亂，義之治也**[五]。《書》正義、邢疏。

溢，慎也。**溢，行之慎**[六]。《詩》正義、邢疏。

享，孝也。珍、享，獻也。**獻珍物曰珍，獻食物曰享**。《文選·揚子雲〈羽獵賦〉》注。

在，察也。**在，見物之察**[七]。《書》正義。

尼，定也。**尼者，私之定也**。邢疏。

昵，近也。**暱，戚之近也**[八]。《春秋》正義。

卒，終也。**卒，病之終也**[九]。《一切經音義》。

燠，暖也。**燠，温暖也**[十]。《書》正義。

驛，傳也。《爾雅》本作"馹、遽，傳也"。**驛，尊者之傳也**[十一]。《春秋》正義。

奭奭，躍躍。《釋文》云"赫赫"。舍人本作"**奭奭**"[十二]。

釋言第二

原，再也。舍人本作"**蠠**"，音同[十三]。

臞，瘠也。**臞，瘦也**。《史記·司馬相如傳》索隱。

[一] 按，《一切經音義》卷九《大智度論》卷一三注文、同書卷一七《俱舍論》卷一七注文、同書卷一八《法勝阿毗曇論》卷三注文皆引之。

[二] 按，此條見《詩·小雅·甫田》正義及邢疏。

[三] 按，此條見《一切經音義》卷九《大智度論》卷八注文。

[四] 按，此條見《尚書·商書·盤庚上》正義。

[五] 按，此條見《尚書·商書·盤庚中》正義及邢疏。

[六]"慎"下，原衍"也"字，據《詩·周頌·維天之命》及邢疏刪。

[七] 按，此條見《尚書·虞書·堯典》正義。

[八] 按，此條見《左傳·閔公元年》正義。

[九] 按，此條見《一切經音義》卷九《大智度論》卷一六注文。

[十] 按，此條見《尚書·周書·洪範》正義。

[十一] 按，此條見《左傳·文公十六年》正義。

[十二]"舍"，原脱，據光緒本及《經典釋文》卷二九補。按，此條與後文《釋訓》所輯重出，且非《釋詁》之文，當刪。

[十三] 按，此條見《經典釋文》卷二九，張澍忘題出處也。邢疏："皆重、再也……今呼重蠶爲'蠠'者。《周禮·夏官·馬質》云'禁原蠶者'是也。"

啜，茹也。**啜，茹食也**[一]。《春秋》正義。

禦、圉，禁也。**禦、圉，未有而預防之也**[二]。《一切經音義》。

愷、悌，發也。案，《詩》正義舍人本“愷”作“闓”。**闓，明發行**[三]。《詩》正義。案，李巡、孫炎注並同，亦見《詩》疏[四]。

蓋、割，裂也。案，蓋，舍人本作“**害**”。《釋文》。

庇、庥茠[五]，廕也。**庇，蔽也。茠，依止也**。《春秋》正義、邢疏。

祺，祥也。**祺，福之祥**[六]。《詩》正義、邢疏。

琛，寶也。**美寶曰琛**[七]。《詩》正義、《毛詩》音義。案，《太平御覽》引“曰”字作“爲”[八]。

茅，明也。**茅，昧之明也**[九]。《春秋》正義、邢疏。

氂，罽也。**氂，所謂毛也。罽**[十]**，胡人績羊毛而作衣**。《書》正義、《詩》正義、邢疏。案，《書》正義作“氂，謂毛罽也。胡人績羊毛而作衣”[十一]，今从《詩》正義引。

烘，燎也。煁，烓也。**烘，以火燎也。煁，烓竈也**[十二]。《詩》正義、邢疏。

庶，侈也。案，《詩》正義云：“《釋言》文引舍人《爾雅》‘庶，侈也。’”是舍人本“侈”作“侈”。**庶，衆也。侈，多也**[十三]。《詩》正義。

耋，老也。**年六十稱也**[十四]。《春秋》正義。

[一] 按，此條見《左傳·定公四年》正義。
[二] 按，此條見《一切經音義》卷九《大智度論》卷一〇注文。
[三] 按，此條見《詩·齊風·載驅》正義。
[四] 按，前文已言出《詩》正義，此處“亦見《詩》疏”實屬贅語。
[五] “茠”，原作正文，《爾雅》無此字，張澍據《左傳·文公十七年》正義而補，今作注文處理。
[六] “祥”下，原衍“也”字，據《詩·周頌·維清》正義及邢疏刪。
[七] “曰”，原誤作“爲”，據《詩·魯頌·泮水》正義及《經典釋文》卷七此詩音義及邢疏改，説詳後文。
[八] “‘曰’字作‘爲’”，原作“‘爲’字作‘曰’”，今據《太平御覽》卷八〇二所引改。按，張澍將兩種寫法顛倒了，遂致前文與此處同誤。
[九] 按，此條見《左傳·宣公十二年》正義及邢疏。
[十] “也，罽”，與《詩·大雅·韓奕》正義同；《爾雅》則互倒。
[十一] 按，此條見《尚書·夏書·禹貢》正義。
[十二] 按，此條見《詩·小雅·白華》正義及邢疏。
[十三] 按，此條見《詩·小雅·楚茨》。
[十四] 按，此條見《左傳·僖公九年》正義。

郵，過也。**尤，怨人也**[一]。《文選·賈誼〈吊屈原文〉》注。

憒，怒也[二]。**憒，怒聲也**[三]。《詩》正義、邢疏。

縭，介也。**舍人本作“縭，羅也；介，别也”**[四]。《釋文》。

窕，間也。《釋文》：“舍人本作‘跳’。”**跳者，躍之間**。《釋文》。

濬，幽深也。哲，智也。**濬，下之深也。哲，大智也**[五]。《書》正義、邢疏。

僨，僵也。**皆踣意也**[六]。《春秋》正義。

偟，暇也。**閑暇，無事也**[七]。《春秋》正義。案，《春秋》正義引舍人、李巡注，“偟”均作“遑”。

宵，夜也。**宵，陽氣消也**[八]。《書》正義、邢疏。

廩，廯也。**廩，少鮮也**[九]。《釋文》、邢疏。

靦，姡也。**靦，擅也。一曰靦**[十]，**貌也，謂自專擅之貌**。《釋文》。案，“一曰靦，貌也”，余蕭客引“靦”作“面”。

隍，壑也。**隍，城池也。壑，溝也**[十一]。《詩》正義。

釋訓第三

明明、斤斤，察也。**明明，甚明也**[十二]。**斤斤，物精詳之察**[十三]。《詩》

[一]“人”，涵芬樓影宋本《六臣注文選》作“大”，胡克家刻李善注本亦作“大”；文淵閣《四庫全書》本李善注則作“尤”，六臣注亦作“大”。張澍當是據《爾雅義疏》卷上之二所引而轉引，非《文選》原注。

[二]“怒”，原作“恕”，形近而訛，據《爾雅》改。

[三] 按，此條見《詩·大雅·板》及邢疏。

[四] 按，此條又見邢疏。

[五] 按，此條見《尚書·虞書·舜典》正義及邢疏。

[六]“皆”，原作“背”，形近而訛，據《爾雅》改。按，此條見《左傳·隱公三年》正義。

[七] 按，此條見《左傳·襄公八年》正義。

[八] 按，此條見《尚書·虞書·堯典》正義及邢疏，《經典釋文》卷二九所引則無“宵”字。

[九] 按，郝懿行《爾雅義疏》卷上之二對“鮮、廯”之異考證云：“《釋文》引舍人曰：‘廩，少鮮也。’……古本‘廯’止作‘鮮’，後人淺俗妄以意作廯耳。……若作‘鮮’，‘鮮’訓少也。廩亦少意。”

[十]“靦”，《經典釋文》卷二九及邢疏皆作“面”，張澍據文義做了改動，實不可取。後文又言余蕭客引作“面”，見余氏《古經解鉤沉》卷二八。

[十一] 按，此條見《詩·大雅·韓奕》正義。

[十二]“明明，甚明也”，與《經典釋文》卷二九相合；《詩·大雅·常武》正義、邢疏及余蕭客《古經解鉤沉》卷二八所引皆作“明明，言其明甚”，故張澍所言不確。

[十三]“察”下，原衍“也”字，據《經典釋文》卷二九及邢疏删。按，《詩》正義及《古經解鉤沉》無此條。

正義、《釋文》、邢疏。案，“明明，甚明也”，余蕭客引作“明明，言其明甚”。

倏倏，智也。案，《釋文》“倏倏”，舍人本作“攸攸”。

矯矯。**矯矯，得勝之勇也。**《詩》云：“**矯矯虎臣。**”《釋文》。

洸洸，武也。案，《釋文》“洸洸”，舍人本作“**僙**”[一]，音同。《鹽鐵論·繇役篇》引詩“武夫潢潢”[二]，與舍人本合。

薨薨。案，《釋文》舍人本作“**雄雄**”。

委委、佗佗。**褘褘者，心之美。**《詩》云“**褘褘它它，如山如河**”。《釋文》。案，《説文》引《爾雅》云“襌襌襀襀”[三]。“褘褘”即“襌襌”之異文。

怟怟，愛也。案，《釋文》舍人本云“**怟，渠支反**”[四]。

赫赫、躍躍，迅也。案，《釋文》舍人本“赫赫”作“**奭奭**”，**失石反**。

墫墫，喜也。**墫墫，舞貌**。《釋文》。

儚儚、洵洵，亂也。**儚儚、洵洵，煩懣亂也**。《釋文》。

邈邈，悶也。**藐藐，憂悶也**[五]。《詩》正義、邢疏。案，舍人本“邈邈”作“藐藐”。

仇仇、敖敖，傲也。《釋文》“敖敖”，舍人本作“**謷謷**”，“傲”作“**毀**”。**仇仇，無倫理之貌。謷謷，衆口毀人之貌**。《釋文》。

佌佌、瑣瑣，小也。**佌佌，形容小貌**[六]。**瑣瑣，計謀褊淺之貌**[七]。《詩》正義、《釋文》、邢疏[八]。

[一]“僙”，原作“潢”，據《經典釋文》卷二九改。

[二]“篇”，原作“等”，形近而誤，今據《鹽鐵論》卷九改。按，《鹽鐵論》所引的確作“潢潢”，郝懿行《爾雅義疏》卷上之三云：“然‘僙’亦或體，《鹽鐵論·繇役篇》引詩‘武夫潢潢’。”他認爲作“僙”是異體字，其説是。《四部叢刊》本《古文苑》卷一二班固《車騎將軍北征頌》“光光神武”句，注引《詩》正作“武夫僙僙”。

[三] 按，《説文·衣部》：“襌，重衣皃。《爾雅》曰：‘襌襌襀襀。’”

[四] 按，“怟”字乃張澍據行文需要而增補者，《經典釋文》卷二九注文無此字。

[五] 按，張澍引《詩·大雅·抑》時，據行文要求略做了改動。

[六]“小貌”，原作“小也”，不知張澍因何而誤，今據《經典釋文》卷二九、邢疏改。按，《詩·小雅·正月》雖有“佌佌彼有屋”句，但並未引舍人之注。

[七] 按，此條見《詩·小雅·節南山》正義及邢疏。

[八] 此句後，原有“案，‘小也’，余蕭客作‘小貌’”，前文既已改“小也”爲“小貌”，故刪去此句。

畟畟，耜也。**畟畟，耜入地之貌**[一]。《詩》正義、邢疏。

郝郝，耕也。案，《詩》正義引舍人本“郝郝”作“釋釋”。**“釋釋”猶“藿藿”，解散之意**[二]。《詩》正義[三]。案，“藿藿”，余引作“霍霍”[四]。

峨峨，祭也。**峨峨，奉璋之貌**[五]。《詩》正義。

鍠鍠，樂也。《詩》正義引舍人作“喤喤”。**“喤喤，鐘鼓之樂也。”**[六]《詩》正義。

穰穰，福也。**穰穰，衆多之貌也**。《詩》正義。

子子孫孫，引無極也。**子孫長行美道**[七]**，引無極也**。《詩》正義、邢疏。

藹藹、萋萋，臣盡力也。**藹藹，賢士之貌。萋萋，梧桐之貌**[八]。《詩》正義。

皋皋、琄琄，刺素食也。**皋皋，不治之貌**[九]。《詩》正義。

謔謔、謞謞、崇讒，慝也。**謔謔、謞謞，皆盛烈貌**[十]。《詩》正義、邢疏。

抑抑，密也。**威儀密静也**[十一]。《詩》正義、邢疏。

朔，北方也。**朔，盡也。北方萬物盡，故言朔也**[十二]。《書》正義、邢疏。

饎，酒食也。《釋文》舍人本“饎”作“喜”。**“喜”古曰“饎”**。《釋文》。案，《釋文》，則古曰“饎”，亦當作“喜”。

是刈是濩。**是刈，刈取之；是濩，煮治之**[十三]。《詩》正義、邢疏。

履帝武敏。《釋文》“敏”，舍人本作“畝”。**古者姜嫄履天帝之迹於畎畝之中，而生后稷**。《釋文》。

[一] 按，此條見《詩·周頌·良耜》正義及邢疏。
[二] 按，此條見《詩·周頌·載芟》正義。
[三]“正義”下，原有“邢疏”二字，今删。按，張澍誤記，邢疏並未引舍人之注。
[四] 按，此處指余蕭客《古經解鉤沉》卷二八所引之文。
[五] 按，此條見《詩·大雅·棫樸》正義。
[六] 按，此條及下一條皆見《詩·周頌·執競》正義。
[七]“孫”，原誤作“道”，據《詩·小雅·楚茨》正義及邢疏改。
[八] 按，此條見《詩·大雅·卷阿》正義。
[九] 按，此條除了見《詩·大雅·召旻》正義外，還見於邢疏，張澍漏題出處也。
[十] 按，此條見《詩·大雅·板》正義及邢疏。
[十一] 按，此條見《詩·大雅·抑》正義及邢疏。
[十二] 按，此條見《尚書·虞書·堯典》正義及邢疏。
[十三] 按，此條見《詩·周南·葛覃》正義及邢疏。

美士爲彦。**國有美士，爲人所言道也**[一]。《詩》正義、《書》正義、邢疏。

暴虎，徒搏也[二]。**無兵空手搏之**[三]。《詩》正義、《論語》正義。

籧篨，口柔也。**籧篨，巧言也**。《釋文》[四]。

戚施，面柔也。**戚施，令色誘人也**。《釋文》。

夸毗[五]，體柔也。**夸毗，卑身屈己也**[六]。《釋文》《史記索隱》。

釋宫第五

東西墻謂之序[七]。《太平御覽》引舍人“墻”作“廂”。**殿東西堂，序尊卑處**[八]。《太平御覽》。

西北隅謂之屋漏。**古者徹屋西北隈以炊浴**[九]，**浴者訖而復之**[十]，**故謂之屋漏也**。《太平御覽》。

東北隅謂之宧[十一]。**東北陽氣始起**[十二]，**萬物所養，故謂之宧也**。《太平御覽》。

東南隅謂之窔。舍人本作“突”[十三]。**東南萬物生，蟄蟲必出，無不由户突**。《太平御覽》。案，“必”與“畢”通[十四]。《禮·月令》：“寢廟畢備。”《吕紀》作“必備”[十五]。

[一] 按，此條見《尚書·商書·太甲上》正義、《詩·鄭風·羔裘》正義及邢疏。

[二] “搏”，原作“摶”，形近而誤，據《爾雅》《詩·鄭風·大叔于田》正義、《論語·述而》正義改，後文之字徑改，不再出校。

[三] 按，邢疏亦有此條，張澍漏題出處。

[四] “《釋文》”，原無，張澍漏題出處，今據《經典釋文》卷二九引此條而補。

[五] “夸”，原作“夺”，形近而誤，據《爾雅》改，後文此字徑改。

[六] 按，此條引《史記索隱》者，見《賈誼列傳》。

[七] “謂”，原作“爲”，雖曰二者可互通，然有本可依，仍據《爾雅》改。

[八] 按，此條見《太平御覽》卷一八五。《太平御覽》版本衆多，我們主要參考中華書局影印宋本及文淵閣《四庫全書》本。若無特别説明者，專指中華書局影宋本。此本若與文淵閣《四庫全書》本文字相同，則不再説明《四庫全書》本之情况。

[九] “隈”，原作“扉”，張澍當是據《古經解鉤沉》卷二八引《太平御覽》而來，今據《太平御覽》卷一八八改。

[十] “浴”，原作“汲”，與《古經解鉤沉》同；中華書局影宋本《御覽》作“没”，或形近而誤。今據文淵閣《四庫全書》本《太平御覽》及前一“浴”字改。

[十一] “宧”，原作“宦”，形近而誤，據光緒本及《爾雅》改。

[十二] “東北”下，文淵閣《四庫全書》本《太平御覽》有“隅”字，《古經解鉤沉》與宋本《太平御覽》無。

[十三] “突”，原作“突”，形近而誤，今據《太平御覽》卷一八八改，後文此字徑改。

[十四] “畢”，原作“必”，據光緒本改。

[十五] 按，此文見《吕氏春秋》卷二《二月紀》。

閞謂之槉。**侏儒下小方木**[一]。《太平御覽》。

屏謂之樹。**以垣當門蔽爲樹**[二]。《太平御覽》。

室有東西厢曰廟。《文選注》引舍人《爾雅》“廟”作“**廊**”。**殿有東西小堂也**。《文選·潘安仁〈爲賈謐作贈陸機〉》詩注。

釋器

罺謂之汕。**以簿罩魚曰罺者也**[三]。《太平御覽》。

糝謂之涔[四]。**以米投水中養魚爲涔也**。《太平御覽》。案，《釋文》《爾雅》舊本並《詩》傳並“米”旁作“糝”[五]。據舍人釋，當從“米”。

兔罟謂之罝[六]。**兔自作徑路，張罝以捕之**[七]。《太平御覽》。

麋罟謂之罞。**麋有難制，張罞也**[八]。《太平御覽》。

彘罟謂之羉。**彘剛惡齕人，故張網而羅之也**[九]。《太平御覽》。案，一引作“故網而羅也”[十]。

款足者謂之鬲。**鼎足相去疏間曰鬲也**[十一]。《太平御覽》。王引之曰：“‘疏間’是‘疏闊’之訛。”

斪斸謂之定[十二]。**斪斸，鉏也。一名定**[十三]。《齊民要術》。

釋樂[十四]

大笙謂之巢，小者謂之和。**大笙音聲衆而高也，小者音相和也**[十五]。《太平御覽》。

[一]“侏”，原作“朱”，據《太平御覽》卷一八八改。
[二] 按，此條見《太平御覽》卷一八五。
[三]“罩”，原作“罺”，據《太平御覽》卷八三四改。
[四]“糝”，《爾雅·釋器》作“槮”，此處乃張澍據《太平御覽》卷八三二所引而改。
[五] 按，此處言《詩》傳者，見《詩·周頌·潛》之毛傳。
[六]“兔”，原作“免”，形近而誤，據《爾雅·釋器》改。
[七]“之”，原脱，據《太平御覽》卷八三二補。
[八] 按，此條見《太平御覽》卷八三二。
[九]“而”，原作“以”，據《太平御覽》卷八三二改。
[十] 按，暫未見他書引與此處同者，不知張澍所指爲何書。
[十一] 按，作“間”，與《經義述聞》卷二七“款足者謂之鬲”條所引同，宋本《太平御覽》卷七五七所引作“闊”，文淵閣《四庫全書》本《太平御覽》則無此條。
[十二] 按，“斪斸”條，原位於“釋樂”類最末一條，張澍歸類有誤，今移至此處。
[十三] 按，此條見《齊民要術》卷一，與《太平御覽》卷八二三所引略異。
[十四]“釋樂”，原無，今補。
[十五] 按，此條見《太平御覽》卷五八一。

大篪謂之沂。**大篪，其音悲；沂，鏘然也**[一]。《詩》云：“仲氏吹篪也。”《太平御覽》。

大管謂之簥，其中謂之篞，少者謂之篎。**大管者，聲高大，故曰簥。簥，高也。中者，聲精密，故曰篞。篞，密也。小者，聲音清，故曰篎。篎者**[二]**，妙也**。《太平御覽》。案，余蕭客引“故曰簥者高也”，脱“簥”字，誤添“者”字。

其中謂之仲，小者謂之箹。**仲，其聲適中仲吕也**[三]**。小者，形聲細小，曰箹也**。《太平御覽》。案，余蕭客引“適”下脱“中”字。

釋地

廣平曰原。**廣平謂土寬博而平**[四]。《太平御覽》。

九夷、八狄、七戎、六蠻謂之四海。**晦冥無識，不可教誨，故曰四海**[五]。《太平御覽》。

岠齊州以南戴日爲丹穴。**自中州以南日光所照，故曰丹穴**[六]。《太平御覽》。

釋水

歸異出同流，肥。**水異出，流行合同曰肥**[七]。酈道元《水經注》。

水草交爲湄。**水草木交合也**[八]。《水經注》。

人所爲爲潏。**潏，人力水爲居止**[九]。《太平御覽》《一切經音義》。案，當作“人力所爲可居止”。

[一]“鏘”，底本作“堅”，光緒本據文義改爲“鏗”，皆誤，今據《太平御覽》卷五八〇改。

[二]“故曰篎篎者”，原脱，與宋本《太平御覽》卷五八〇及《古經解鉤沉》卷二九所引同，今據文淵閣《四庫全書》本《太平御覽》及前文體例補。

[三]“中”，宋本《太平御覽》、文淵閣《四庫全書》本《太平御覽》卷五八〇及《古經解鉤沉》卷二九所引皆無。然《爾雅義疏》卷中之三所引有此字，與此處同。我們覆核了國家圖書館官方網站之“中華古籍資源庫”所收萬曆元年倪炳刻本、嘉慶汪昌刻本、嘉慶間張海鵬刻本，亦皆無“中”字，暫不知張澍所據爲何本《太平御覽》。

[四]“博”，原脱，據《太平御覽》卷五七補。

[五]按，此條見《太平御覽》卷三六。文淵閣《四庫全書》本《太平御覽》則無此條。

[六]按，此條見《太平御覽》卷三六。文淵閣《四庫全書》本《太平御覽》則無此條。

[七]按，此條見《水經注·淇水》。

[八]按，此處所引與朱謀㙔《水經注箋》及沈丙巽《水經注集釋訂訛》等相合，今整理本《水經注·濟水二》作“水中有草木交合也”。

[九]按，此條見《太平御覽》卷七一及《古經解鉤沉》卷二九。稱亦見《一切經音義》，則暫時未見，恐張澍誤記也。

釋草

卉，草。**凡百草，一名卉**[一]。《書》正義。

菉，王芻。**菉，一名王芻**[二]。《詩》正義、邢疏。

菥蓂，大薺。**薺有小，故言大薺**[三]。《齊民要術》。

蔚，牡菣[四]。**蔚，一名牡菣**。《詩》正義、邢疏。

瓠栖，瓣。《釋文》舍人本"瓠"作"瓠"。**瓠，瓠也**[五]。《釋文》。

荼。**杏花如荼，可耕白沙**[六]。《説文繫傳》。案，《氾勝之書》曰[七]："杏花如何，可耕白沙。"

衆，秫。**秫，黏粟也**[八]。《齊民要術》。

粢，稷。**粢，一名稷；稷，粟也**[九]。**今江東呼粟爲稷也**[十]。《春秋》正義、《一切經音義》。

戎菽，謂之荏菽。**戎菽，今以爲胡豆**[十一]。《詩》正義、邢疏。

莪，蘿。**莪，一名蘿**[十二]。《詩》正義、邢疏。

白華，野菅。**茅菅，白華。一名野菅**[十三]。《詩》正義、《一切經音義》、邢疏。

[一] 按，此條見《尚書·夏書·禹貢》。

[二] 按，此條見《詩·衛風·淇奥》及邢疏。

[三]"言"，原作"名"，據《齊民要術》卷一〇改。

[四]"牡"，原作"牧"，形近而誤，據《爾雅》《詩·小雅·蓼莪》正義改，後文此字徑改。

[五] 按，此條見《經典釋文》卷三〇，後據《經典釋文》輯録之舍人注文皆見此卷。

[六] 按，此條見《説文繫傳》卷二"荼"字注文。

[七]"《氾勝之書》"，原作"賈勰《齊民要術》引古諺"，顯誤，今據《藝文類聚》卷八七、《太平御覽》卷九六八等引此文而改。按，張澍之誤頗不可解。前文及後文引《齊民要術》皆不題作者，而此處題之，實無必要。以張澍之博學，當不至於誤將賈思勰作"賈勰"，而光緒本重刻亦未發現此誤，頗遺憾。我們仔細翻檢《齊民要術》，並無此語，亦未見他書引此語而稱出《齊民要術》者，故改之。

[八] 按，據《齊民要術》卷二，此説乃孫炎之注，張澍誤輯，當删。

[九] 按，此句見《左傳·桓公二年》正義。

[十] 按，《一切經音義》卷一〇《地持論》卷三注文引有此條，但不言乃舍人之注。張澍應是據前一句亦見舍人注文，故推論整條皆爲舍人注文。

[十一] 按，此條見《詩·大雅·生民》正義及邢疏。

[十二] 按，此條見《詩·小雅·菁菁者莪》正義及邢疏。

[十三] 按，《詩·小雅·白華》正義有"茅菅，白華。一名野菅"，但不言乃舍人注文；邢疏引舍人語，則只有"白華，一名野菅"；《一切經音義》卷一《法炬陀羅尼經》卷一〇注文所引作"白華，一名野菅也"，亦不言乃舍人注文。張澍當是因邢疏而推斷另兩種引文亦爲舍人注文也。

瓞，瓝，其紹瓞。**瓞，名瓝，小瓜也。紹，繼，謂瓞子。漢中小瓜曰瓞**[一]。《詩》正義、邢疏。

虋[二]，赤苗。芑[三]，白苗。**別米**[四]**，赤白苗也。是伯夷、叔齊所食首陽草也**。《齊民要術》《太平御覽》。

臺，夫須。**臺，一名夫須**。《詩》正義[五]。

荍，蚍衃。**荍，一名蚍衃**[六]。《詩》正義、邢疏。

紅，蘢古。其大者蘬。**紅，名蘢古。其大者名蘬**[七]。《詩》正義、邢疏。

苹[八]，蓱。**苹，一名蓱**[九]**。蓱，大者名蘋**[十]。《詩》正義、《禮記》正義、《春秋》正義、邢疏。

唐蒙，女蘿。女蘿，兔絲。**唐蒙，名女蘿。女蘿，又名兔絲**[十一]。《詩》正義。

瓝，九葉。**瓝，九葉，九枚共一莖**。《釋文》。

倚商，活脱。《釋文》“倚”，舍人本作“猗”，音同。

蘜車，芞輿。《釋文》“車”多，無此字。“輿”字，或作“與”，惟郭、謝舍人本作“輿”。

菤，委葉。**菤，一名委葉**[十二]。《詩》正義、邢疏。

菟奚，顆涷。中馗，菌。《釋文》舍人本“中馗”作“中鳩”。**菟奚，**

[一] 按，此條見《詩·大雅·緜》正義及邢疏。

[二]“虋”，原作“釁”，形近而誤，據《爾雅》改。

[三]“芑”，原作“苣”，形近而誤，據《爾雅》改。

[四]“米”，與宋本《太平御覽》卷八四二所引同，文淵閣《四庫全書》本《太平御覽》則作“名”，或當以《四庫全書》本爲是。又按，此條僅見於《太平御覽》，下一條則并見於《齊民要術》卷二及《太平御覽》。

[五]“《詩》正義”前，原有“《書》正義”，其後則原有“《春秋》正義”，我們覆核二書，並未見相關記載，故删去。邢疏所引舍人語，亦只因襲《詩·小雅·南山有臺》正義，則《書》與《左傳》正義無其説明矣。

[六] 按，此條見《詩·陳風·東門之枌》正義及邢疏。

[七] 按，此條見《詩·鄭風·山有扶蘇》正義及邢疏。

[八]“苹”，今阮元刻本《爾雅注疏》作“萍”，其校勘記云作“萍”者非是。阮刻《毛詩正義》之《召南·采蘋》引舍人語正作“苹”。

[九] 按，此句見《詩·召南·采蘋》正義、《左傳·隱公三年》正義及邢疏。《禮記·月令·季春之月》正義所引則作“蓱，一名苹”。

[十] 按，此句不見於《詩》正義。

[十一] 按，此條見《詩·鄘風·桑中》正義。

[十二] 按，此條見《詩·周頌·載芟》正義及邢疏。

名顆東。顆東，名中鳩。《釋文》。

苕，陵苕。黄華，蔈。白華，茇。苕，陵苕也。黄華，名蔈。白華，名茇。别華色之名也[一]。《詩》正義、邢疏。

莞，苻蘺。《本草》云："白蒲，一名苻蘺。楚謂之莞。"[二]《詩》正義。

菫，蔌蓲。青州曰"菫"[三]。《太平御覽》。

莩，麻母。莩，苴麻，一名麻母[四]。《太平御覽》。案，《齊民要術》引云："莩，苴麻盛子也。"[五]

蕨，虌。蕨，一名虌[六]。《詩》正義、邢疏。

稂，童粱。稂，一名童粱[七]。《詩》正義、邢疏。

藚，蕮蔞。藚，一名蕮蔞[八]。《詩》正義、邢疏。

長楚，銚弋。長楚，一名銚弋。《本草》云："銚弋，名羊桃。"[九]《詩》正義、邢疏。

葭，華。葭，一名華[十]。《詩》正義。

葭，蘆。菼，薍。蘆、薍，一草[十一]。《詩》正義。

釋木

栲，山樗。栲名山樗[十二]。《詩》正義、邢疏。

杻，檍。杻名檍[十三]。《詩》正義。

[一] 按，此條見《詩·小雅·苕之華》正義及邢疏。

[二] 按，《詩·小雅·斯干》正義所引此條乃某氏之注文，邢疏亦不言乃郭舍人之語，故此條實誤輯也。

[三]"菫"，原作"堇"，據《太平御覽》卷九九八改。按，《太平御覽》所引乃孫炎注文，非舍人之語，張澍誤輯。

[四] 按，《太平御覽》卷九九五有相關記載，但與此處不合，亦未曾提及舍人注文，張澍誤輯也。

[五] 按，《齊民要術》卷二所引乃孫炎之語，非舍人注文。

[六]"虌"，《詩·召南·草蟲》正義作"鼈"。

[七] 按，此條見《詩·曹風·下泉》《小雅·大田》正義及邢疏。

[八] 按，此條見《詩·周南·漢廣》正義及邢疏。

[九] 諸"弋"字，邢疏作"芅"。按，此條見《詩·檜風·隰有萇楚》正義及邢疏。

[十] 按，此條見《詩·豳风·七月》正義。

[十一] 按，此條見《詩·王風·大車》正義，張澍略有改動。原注文云："《釋草》云：'葭，蘆；菼，薍。'孫炎、郭璞皆以蘆、薍爲二草。李巡、舍人、樊光以蘆、薍爲一草。"

[十二]"名"前，原有"一"，乃張澍所增，《詩·唐風·山有樞》正義及邢疏皆無。然後文如"椣，名赤楝也"等又不加"一"字，是張澍自亂其例也，今據《詩》及邢疏删。

[十三]"名"前，原有"一"，據《詩·唐風·山有樞》正義删。

栵，栭。**江淮之間呼小栗爲栭栗**。《毛詩》音義[一]。

椵。《釋文》舍人本作“**檟**”。

蒤，茎藸[二]。《釋文》“茎”，舍人本作“**柢**”；“藸”，舍人本作“**都**”。

杜，赤棠。白者，棠。**杜，赤色，名赤棠。白者，亦名棠**[三]。《詩》正義、邢疏。案，《六書故》引云[四]：“白者爲棠，赤者爲杜、爲甘棠、爲赤棠。”

杞，枸檵。**句杞也**[五]。《春秋》正義。

夷。《釋文》舍人本作“**桋**”。

狄[六]，藏槔。貢綦。《釋文》“槔”，舍人本作“**皋**”。

櫟，其實梂。**櫟實，名梂也**。《釋文》。案，朱彝尊《經義考》引“櫟”作“栗”，訛[七]。

櫬，梧者。樸，枹者。謂櫬，采薪。采薪，即薪。《釋文》舍人本引上句“櫬梧”來合在此句，以“謂”字作“彙”。**櫬，梧者；樸，枹者。櫬者，其理也。樸者，相迫附也。彙者，莖也，如竹箭。一讀曰枹也。櫬，名“采薪”，又名“即薪”**。《釋文》。案，“迫”字，一作“追”[八]。孫炎注：“薪，一名‘彙櫬’。”是孫本與舍人同。

桑瓣有葚，梔。**桑樹一半有葚，半無葚，名梔也**[九]。《釋文》、邢疏。案，一引作樊光注，誤[十]。

[一]“音義”下，原有“釋文”二字，今刪。按，據全書體例，當是指所輯佚文亦見《經典釋文》之《爾雅》音義，但我們覆核原書，並無相關記載，此條僅見於《詩·大雅·皇矣》音義。

[二]“藸”，原作“著”，音近而訛，據《爾雅》改，後文此字徑改，不再出校。◎按，此條亦見《爾雅·釋草》，前人已懷疑二條重複，當有誤。但我們認爲，蒤即五味子，既有草本，也有木本，此或其重出之由。

[三]按，此條見《詩·召南·甘棠》正義及邢疏。

[四]“六、故”，原脱，據光緒本補。按，此條見《六書故》卷二一“梨”字注文。

[五]“句”，與《爾雅義疏》卷下之二引《左傳》正義之文合，阮元刻本《左傳·昭公十二年》正義作“枸”。

[六]“狄”，原作“秋”，形近而誤，據光緒本及《爾雅》改。

[七]按，此條見《經義考》卷二三七“犍爲文學《爾雅注》”。

[八]按，作“追”者，見文淵閣《四庫全書》本《經典釋文》，宋元遞修本則作“迫”。又見文淵閣《四庫全書》本《爾雅》邢疏，阮元刻本則無相關記載。後文引孫炎注文，亦見《經典釋文》。

[九]“名”下，原衍“爲”，據《經典釋文》及邢疏刪。

[十]按，《經典釋文》及邢疏皆言舍人注文與樊光注文同，張澍稱一作樊光注，且言其誤，不知所據爲何。

唐棣，栘。**唐棣，一名栘**[一]。《詩》正義、邢疏。

常棣，棣。**常棣，一名棣**[二]。《詩》正義、《春秋》正義、邢疏。

椅，梓。**梓，一名椅**[三]。《詩》正義。

楓，欇欇[四]。**楓爲樹，厚葉弱莖，天風則鳴，故曰欇欇**[五]。《史記》索隱。

桋，赤楝[六]。白者，楝。**桋，名赤楝也**[七]。《詩》正義。

痝木，苻婁。《詩》正義、邢疏舍人本**"苻婁屬下句"**[八]。

釋蟲

蜚蠦，蠜。蜚蠦，一名蠜[九]。《春秋》正義、邢疏。

蜩、蜋蜩、螗蜩、蚻、蜻蜻、蠽、茅蜩、蝒、馬蜩、蜺、寒蜩、蜓蛛[十]、蜈蜷。**皆蟬也。方語不同，三輔以西爲蜩，梁、宋以東謂蜩爲蝘**[十一]。**楚地謂之蟪蛄，楚詞曰"蟪蛄鳴兮啾啾"是也**[十二]。**蚻，小蟬也，蜻蜻**[十三]。《詩》正義、邢疏。

奚相。《釋文》舍人本作**"奚桑"**。

蜉蝣，渠略。**蜉蝣，一名渠略。南陽以東曰蜉蝣，梁、宋之間曰渠略。似蛣蜣，身狹而長，有角，黄色，叢生糞土中。朝生暮死，豬好啖之**[十四]。《詩》正義、邢疏。

蜇螽，蚣蝑。**蜇螽，今所謂舂黍也**[十五]。《詩》正義。

[一] 按，此條見《詩·召南·何彼襛矣》正義及邢疏。

[二] 按，此條見《詩·小雅·常棣》正義、《左傳·僖公二十四年》正義及邢疏。

[三] 按，此條見《詩·鄘風·定之方中》正義。

[四] "楓，欇欇"，原脱，依全書體例，當有，故據《爾雅》補。

[五] 按，此條見《史記·司馬相如列傳》索隱。

[六] "楝"，原作"楝"，形近而誤，據《爾雅》改，後文此字徑改。按，《説文·木部》："楝，短椽也。"

[七] 按，此條見《詩·小雅·四月》正義。

[八] "邢疏"下，原衍"釋文"，今删。按，《詩·小雅·小弁》正義及邢疏有"舍人曰'苻婁屬下句'，獨爲異也"，《經典釋文》並無相關記載。

[九] 按，此條見《左傳·隱公元年》正義及邢疏。

[十] "蛛"，原作"蛛"，形近而誤，據《爾雅》改。

[十一] 按，此條見《詩·大雅·蕩》正義及邢疏。

[十二] 按，此條僅見於《詩》正義，邢疏無。

[十三] "蜻蜻"，原作"青青"，據邢疏改。按，此條僅見於邢疏，《詩》正義無。

[十四] 按，此條與邢疏同，《詩·曹風·蜉蝣》正義僅云："蜉蝣，一名渠略。南陽以東曰蜉蝣，梁、宋之間曰渠略，朝生而暮死。"

[十五] 按，此條見《詩·周南·螽斯》正義。

不蝸[一]，蟷蠰。**不蝸，名蟷蠰，今之螳蜋也。**《禮記》正義。

蠖，蚇蠖。**一名步屈，宋地曰尋桑也**[二]。**吴人名桑闔。**《一切經音義》。

螟蛉，桑蟲。**螟蛉者，桑上小青蟲也。似步屈，其色青而細小，或在草葉上**[三]。陸璣《詩疏》、《太平御覽》。

蚍蜉，大螘。小者，螘。**蚍蜉即大螘也。小者，即名螘也**[四]。《詩》正義。

食苗心，螟。食葉，蟘。食節，賊。食根，蟊。**此四種蟲皆蝗也，實不同，故分别釋之**[五]。**今謂蝗子爲螽，一名蠶螽，兖州人謂之螣**[六]。《詩》正義、《春秋》正義、《開元占經》、陸璣《詩疏》、邢疏。案，《春秋》疏引舍人注："食苗心者名螟，言冥冥然難知也。"

伊威，委黍。**伊威，名委黍**[七]。《詩》正義。

蠨蛸，長踦[八]。**蠨蛸，名長踦。**《詩》正義。

螢火[九]，即照。**螢火即照，夜飛有火蟲也。**《詩》正義。案，余蕭客引云"夜有火蟲也"[十]。

釋魚[十一]

鯉，鱣。**鯉，一名鱣**[十二]。《詩》正義、邢疏。

[一]"蝸"，今本《爾雅》作"過"。張澍所據乃《禮記·月令·仲夏之月》正義，知舍人本不作"過"，故仍之不改。

[二]"地"，原作"帝"，音同而誤，據光緒本改。按，此條見《一切經音義》卷九《大智度論》卷二〇注文。同書卷二五《阿毗達磨順正理論》卷二四注文亦引此條，且引下一句，但不言出舍人注。張澍當是據前一條注文而類推後一條亦當爲舍人注文也。

[三]按，此條見《毛詩草木鳥獸蟲魚疏》卷下。《太平御覽》卷九四五所引則無"者桑上小青蟲也"。

[四]按，此條見《詩·豳風·東山》正義。

[五]按，此條見《詩·小雅·大田》正義、《左傳·隱公五年》正義、《毛詩草木鳥獸蟲魚疏》卷下及邢疏。《唐開元占經》卷一二〇"蝗生"條則僅引"此四種皆蝗也"。

[六]按，此條見《詩·召南·草蟲》正義、《毛詩草木鳥獸蟲魚疏》卷下及邢疏，但《詩》正義及邢疏皆言出陸氏。唯《藝文類聚》卷一〇〇所引稱出舍人注，張澍漏題出處。

[七]按，此條見《詩·豳風·東山》正義。

[八]"踦"，原作"崎"，形近而誤，據《爾雅》《詩·豳風·東山》正義改，後文此字徑改。

[九]"螢"，今本《爾雅》作"熒"，《詩·豳風·東山》正義作"螢"，是舍人本不作"熒"，故仍之不改。

[十]按，此條見《古經解鉤沉》卷三〇。

[十一]"釋魚"，原無，據《爾雅》及前文體例補。

[十二]按，此條見《詩·衛風·碩人》正義及邢疏。

鱧，鯇。**鱧，一名鯇**[一]。《詩》正義[二]、邢疏。

鯊，鮀。**鯊，石鮀也**[三]。《毛詩》音義、《釋文》。

鰋，鮎。《釋文》"鮎"，舍人本無此字。

貝。**水中蟲也**[四]。《詩》正義、邢疏。

活東。《釋文》舍人本作"**顆東**"[五]。盧紹弓校本作"**頣東**"[六]。

蝮，虺。**蝮，一名虺。江淮以南曰蝮，江淮以北曰虺**[七]。《詩》正義、《一切經音義》、邢疏。

釋鳥

隹其，鳺鴀[八]。**隹，一名夫不，今楚鳩也**[九]。《詩》正義、《春秋》正義、邢疏。

鶌鳩，鶻鵃。**鶌鳩，一名鶻鵃**[十]。**今梁謂之斑鳩也**[十一]。《春秋》正義、《太平御覽》。案，余蕭客引脱"梁謂"二字。

舒鳧，鶩。**鳧，野名也；鶩，家名也**[十二]。《禮記》正義、《春秋》正義。案，余蕭客引云："鳧，家鴨名也。鶩，野鴨名也。"[十三]

鵜，鴮鸅。《詩》正義引舍人本《爾雅》作"**洿澤**"。**鵜，一名洿**

[一]"一"，邢疏有，《詩·小雅·魚麗》正義則無。

[二]"正義"下，原有"《毛詩》音義"，以爲此條亦見《經典釋文》，但其書並無此文，故删之。

[三]按，此條見《詩·小雅·魚麗》音義及《經典釋文》卷六。

[四]按，此條見《詩·小雅·巷伯》正義及邢疏。

[五]"顆"，原作"穎"，形近而誤，據《經典釋文》及《爾雅》改。按，黄焯《經典釋文彙校》以爲當作"顆"。《廣雅疏證》卷一〇之上引舍人本正作"顆"。

[六]"紹"，底本乃一訛字，左"弓"右"吕"，字書不載；光緒本則作"弨"，亦誤。今據盧文弨字紹弓改。按，盧文弨又字召弓，但"召"字與比處之訛字字形差異較大，故不取。盧文弨校本之異文，已見於《經典釋文彙校》之校勘記。

[七]按，此條見《詩·小雅·斯干》正義、《一切經音義》卷九《大智度論》卷四二注文及邢疏。

[八]"鴀"，原誤刻左邊"不"作"禾"，今據《爾雅》改。

[九]按，此條與《左傳·昭公十七年》正義相合。《詩·小雅·四牡》正義引作"鵻，名其夫不"；邢疏作"鵻，一名鳺鴀"。《詩》正義與邢疏皆言"今楚鳩也"乃李巡注文。

[十]按，此條見《左傳·昭公十七年》正義、邢疏及《古經解鉤沉》卷三〇。

[十一]"梁謂"，《左傳·昭公十七年》正義、邢疏及《古經解鉤沉》卷三〇所引無；《太平御覽》卷九二一所引有。

[十二]按，此條見《左傳·襄公二十八年》正義。《禮記·曲禮下》所引則在"野""家"後皆有"鴨"字。

[十三]按，此條見《古經解鉤沉》卷三〇。

澤[一]。《詩》正義、邢疏。

鴾，鵝老。扈，鴳。澍案，舍人本“扈”作“鳸”。**鴾，一名鵝老。鳸，一名鴳。鴳，雀也**[二]。**趨民收麥不得晏起也**[三]。《春秋》正義、邢疏。案，《春秋》正義舍人、李巡、孫炎、郭氏，皆斷“老”上屬，“扈”下屬。惟樊光斷“鴾鵝”爲句，以“老”下屬。又案，余蕭客引“鴾一名鵝老。鳸，一名鳸。鳸，雀也”[四]。當作“鳸，一名鴳。鴳，雀也”。又引云“老鳸，鷃。鷃，趣民收麥令不得晏起者也”[五]。

桃蟲，鷦。其雌，鴱。**桃蟲名鷦，其雌名鴱**[六]。《詩》正義、邢疏。

鸒斯，鵯鶋。**卑居、壁居**[七]。《水經注》。案，《水經注》近刊訛作“壁屋”。

鴽，鴾母。《釋文》“毋”，舍人本作“蕪”[八]。《禮記》正義亦云。

巂周，燕燕，鳦。**巂周、燕燕、鳦鳥，一物三名**。邢疏。**巂周，名燕燕，又名鳦**[九]。《詩》正義。

鴟鴞，鸋鴂。**鴟鴞，一名鸋鴂**[十]。《詩》正義、邢疏。

狂，茅鴟。**狂，一名茅鴟，喜食鼠，大目也**[十一]。《一切經音義》。

怪鴟。**謂鵂鶹也。南陽名鉤鵅，又作格。其鳥晝伏夜行，鳴爲怪也**[十二]。又云“**鵅，忌欺**”[十三]。《一切經音義》。案，此係《俱舍論》所引，而《治禪病秘要法》引云：“一名怪鳥，一名鵂鶹。南陽名鉤鵅。”[十四]

［一］按，此條見《詩·曹風·候人》正義及邢疏。

［二］按，此前所引見《左傳·昭公十七年》正義及邢疏。

［三］“趣”前，原有“主”字，據《左傳·昭公十七年》正義删。◎“收”，原作“取”，據《左傳》正義改。

［四］按，此文見《古經解鉤沉》卷三〇。

［五］“趣”，原脱，據《古經解鉤沉》卷三〇所引補。

［六］按，此條見《詩·周頌·小毖》正義及邢疏。

［七］按，此條見《水經注·㶟水》注文。沈炳巽《水經注集釋訂訛·㶟水》云：“《爾雅》曰：‘鸒斯，卑居也。’……犍爲舍人以爲‘壁屋’。朱云：‘壁屋，字誤，當作卑居。’”

［八］“蕪”，原作“無”，據《經典釋文》卷三〇改。按，張澍當是據《禮記·月令·季春之月》正義而改《經典釋文》，不妥。

［九］按，此條見《詩·曹風·燕燕》正義。

［十］“鸋鴂”下，《詩·豳風·鴟鴞》正義所引有“也”字。

［十一］按，此條見《一切經音義》卷六《妙法蓮華經》卷二注文。

［十二］按，此條見《一切經音義》卷一三《轉輪五道罪福報應經》注文。又見同書卷一七《俱舍論》卷一注文。

［十三］按，此條僅見《一切經音義》卷一七，卷一三未引。

［十四］按，此條見《一切經音義》卷二〇。

東方曰鶅，西方曰鷷，南方曰壽，北方曰鵗。**釋四方之雉名也**[一]。《春秋》正義。

春鳸，鳻鶞。**鳻鶞，趣民種樹也**[二]。《太平御覽》。案，“種樹”一作“耕種”。

夏鳸，竊玄。**趣民耘苗者也**。

秋鳸，竊藍。**趣民收斂者也**。

冬鳸，竊黄。**趣民蓋藏者也**。

棘鳸，竊丹。**爲果驅鳥者也**。案，一作“爲民驅鳥”[三]。

行鳸，唶唶。**晝爲民驅鳥者也**。

宵鳸，嘖嘖。**夜爲農驅獸者也**。

桑鳸，竊脂。**爲蠶驅雀者也**。以上並《春秋》正義[四]。

老鳸，鷃鷃。**趣民收麥令不得晏起者也**[五]。案，邢疏引《左傳》“九鳸”爲“九農”，正以此八鳸並上鳸鷃爲九。賈逵注云云，舍人、樊光注《爾雅》，其言亦與賈同，故並録之。

春鳸，鳻鶞。夏鳸，竊玄。秋鳸，竊藍。冬鳸，竊黄。桑鳸，竊脂。棘鳸，竊丹。行鳸，唶唶。宵鳸，嘖嘖。**鳻鶞，分循，相五土之宜，趣民耕種者也。竊玄，黑色，移民耘苗。竊藍，青色，移民收斂。竊黄，色黄，移民時同依諸鳸，爲節候也**[六]。《御覽》。案，一引云“鳻鶞，主五土宜穀所，趣民種樹也”。“耘苗”作“去草”，“青色”作“色藍”，“移”字誤，宜作“趍”。

皇，黄鳥。**皇，名黄鳥**[七]。《詩》正義、邢疏。

晨風，鸇。**晨風，一名鸇，鷙鳥也**[八]。《詩》正義、《春秋》正義、

[一] 按，此條見《左傳·昭公十七年》正義。

[二] 按，宋本及文淵閣《四庫全書》本《太平御覽》卷九二三皆無此條，張澍或誤。

[三] 按，暫不知此異文見於何書何本。

[四] 按，以上皆見《左傳·昭公十七年》正義。

[五] “麥”，原作“斂”，據前文“鴳，鳸老。扈，鴳”條及《左傳·昭公十七年》正義改。

[六] 按，此處所引與宋本及文淵閣《四庫全書》本《太平御覽》卷九二三注文皆有出入，待考張澍所引爲何本。

[七] 按，此條見《詩·周南·葛覃》正義及邢疏。

[八] “鳥”下，原衍“名”字，據邢疏删。按，《詩·秦風·晨風》正義引此條作“晨風，一名鸇。鸇，摯鳥也”；《左傳·襄公二十五年》正義引此條作“晨風，名鸇。鸇，鷙鳥”。

邢疏。

鷹，隼醜，其飛也翬。謂隼鷂之屬，翬翬，其飛疾羽聲也[一]。《詩》正義、邢疏。

亢，鳥嚨。亢，鳥高飛也。嚨嚨，財可見也。《釋文》。

釋獸

狼牡，貛；牝，狼；其子，獥。絶有力，迅。狼牡名貛，牝名狼，其子名獥，絶有力者名迅[二]。《詩》正義、《春秋》正義、邢疏。

貒，貗。貒，一名貗。邢疏。

所寢，橧。豕所寢草名爲橧[三]。《詩》正義、邢疏。

貔，白狐，其子豰。貔，名白狐。其子名豰[四]。《書》正義。

羆，如熊，黄白文。羆，如熊，色黄白也[五]。《詩》正義、邢疏。

麠，如馬，一角。不角者，騏。麠，如馬而有一角。不有角者，名騏[六]。《公羊疏》。

猶，如鹿。《釋文》"猶"，舍人本作"鸞"。

貍子，隸。《釋文》衆家作"肆"，又作"隷"，舍人本作"貄"。

寓屬。《釋文》舍人本作"麌屬"。

鼣，鼠。其鳴如犬也。《釋文》。案，《集韻》二十"廢"："鼣，鼠名，其鳴如犬吠。"丁度等所據《釋文》本作"鼣，舍人云'其鳴如犬吠'"。今本脱"吠"字。

鼫，鼠。《詩》云："鼫鼠鼫鼠。"[七]《詩》正義。案，一引云："碩鼠，五技鼠也。"

釋畜

駮，如馬。倨牙，食虎豹。駮，多力獸也。《山海經》云："曲山有

[一] 按，此條見《詩·小雅·采芑》正義及邢疏。

[二] 按，此條見《詩·齊風·還》正義及邢疏。《左傳·閔公元年》正義僅引"牡名貛，牝名狼"。

[三] 按，此條見《詩·小雅·漸漸之石》正義及邢疏。

[四] 按，此條見《尚書·周書·牧誓》正義。

[五] 按，此條見《詩·小雅·斯干》正義及邢疏。

[六] 按，此條見《春秋公羊傳·哀公十四年》疏文。

[七] 按，此條見《詩·魏風·碩鼠》正義。其後所謂一引云云，亦見此篇。

獸，狀如馬，白身黑首，一角虎爪。音鼓，其名駮。食虎豹，可以禦兵。”詩云“隰有六駮”是也[一]。《一切經音義》。

騉蹄，趼，善升甗。騉蹄者，溷蹄也。趼，平也。謂蹄平正，善升甗者，能登山隒也[二]。一云甗者，阪也，言騉善登高歷險，上下於阪，秦時有騉蹄苑是也。《釋文》、邢疏。案，《釋文》“趼”一作“研”。

騉駼、枝蹄，趼，善升甗。騉駼者，外國之名。枝蹄者，枝足也。《釋文》。

前足皆白，騱[三]。《釋文》“騱”，舍人本作“鷄”。

後足皆白，狗。《釋文》“狗”，舍人本作“狗”。

白馬黑鬣，駱[四]。《釋文》舍人同衆家，並作“髦”。

馰顙，白顛。的，白也；顙，額也。額有白毛，今之戴星馬也[五]。《易·震》爲“馰顙”。《詩》正義、邢疏。

陰白雜毛，駰。今之泥驄也[六]。《詩》正義。

彤白雜毛，騢。赤白雜毛，今赭白馬名騢。《詩》正義。案，余蕭客引“赭”下無“白”字[七]。

一目白，瞯。二目白，魚。一目白曰瞯，兩目白爲魚[八]。《詩》正義。

青驪驎，驒。色有淺深，似魚鱗也[九]。《毛詩》疏。

青驪繁鬣，騥。鬣，馬鬉也[十]。《春秋》正義、《左氏》音義。案，《正義》引云“鬣，鬛也”[十一]。

青驪，駽。青驪馬，今名駽馬也[十二]。《詩》正義。

[一] 按，此條見《一切經音義》卷九《大智度論》卷一八注文。

[二]“能”，邢疏脱。

[三]“騱”，原作“蹊”，形近而誤，據《爾雅》改。

[四]“駱”，原脱，據《爾雅》補。

[五] 按，此條見《詩·秦風·車鄰》正義及邢疏；後一句則僅見於邢疏。

[六] 按，此條及下一條皆見《詩·魯頌·駉》正義。

[七]“白”，原作“曰”，形近而誤，據光緒本改。按，余氏所引見《古經解鉤沉》卷三〇。

[八]“兩”，原作“二”，據《詩·魯頌·駉》正義改。

[九] 按，據《詩·魯頌·駉》正義，此條乃孫炎之注，張澍誤輯，當刪。

[十] 按，此條見《經典釋文》卷二〇《左傳》音義。

[十一]“《正義》引云‘鬣，鬛也’”，原作“《釋文》引云‘繁鬣，馬鬉也’”，據《左傳·定公十年》正義及文義改。按，張澍輯録此條準確出處乃《經典釋文》之《左傳》音義，故其所列異文應指《左傳》正義。

[十二] 按，此條見《詩·魯頌·有駜》正義。

騂，白駁。黄白，騜。騂，赤色，名曰駁也。黄白色，名曰皇也[一]。《詩》正義。案，《詩》正義又引舍人云“騂，馬名，白馬”，一引“黄白色雜，名皇”[二]。

田獵齊足。田獵取牲于苑囿之中，追飛逐走，取其疾而已[三]。《詩》正義。

[一] 按，此條見《詩·豳風·東山》正義。
[二] 按，此二條佚文，前者見《詩·豳風·東山》正義，後者見《詩·魯頌·駉》正義。
[三] 按，此條見《詩·小雅·車攻》正義。

卷十下

著作類

蜀才《易注》

案，《經典釋文》："蜀才《易注》十卷。《七録》云：'不詳何人。'《七志》云：'是王弼後人。'"謝炅、夏侯該云："是譙周。"[一]案，《蜀李書》云："姓范，名長生，一名賢，隱居青城山，自號蜀才，李雄以爲丞相，涪陵丹興人。"[二]

坤厚載物。**蜀才曰："坤以廣厚之德，載含萬物，無有窮竟也。"**[三]見李鼎祚《周易集解》。

陰凝於陽，必戰。《釋文》："'陰疑'，荀、虞[四]、姚信、蜀才本作'凝'。"

剛中而應，行險而順。**蜀才曰："此本剥卦。"**[五]案，"上九降二，六二升上，是剛中而應，行險而順也"。

原筮，元永貞，无咎，以剛中也。**蜀才曰："此本師卦。"**[六]案，"六五降二，九二升五，剛往得中，爲比之主，故能原究筮道，以求長正，而无咎矣"。

《彖》曰：泰，小往大來，吉亨。**蜀才曰："此本坤卦。小謂陰也，大謂陽也。天氣下，地氣上，陰陽交，萬物通，故吉亨。"**[七]

[一] 按，此説見《顔氏家訓·書證》。

[二]"興"，原作"輿"，今改，説詳《蜀典》卷二"蜀才"條。

[三] 按，此條見《周易集解》卷二。相關整理體例與上一分卷之《爾雅注》相同。

[四]"虞"，原作"盧"，形近而誤，據《經典釋文》卷二改。按，虞指虞翻，有《周易注》十卷，詳《周易注疏·周易注解傳述人》。又，張澍據《經典釋文》輯録之蜀才注文，皆見《經典釋文》卷二，後文不再説明。

[五] 按，此條見《周易集解》卷三，其後之按語亦出該書，乃李鼎祚之語。後面此種情況不再詳細説明，只標注出處。

[六] 按，此條見《周易集解》卷三。

[七] 按，此條見《周易集解》卷四。

大往小來。**蜀才曰："此本乾卦。大往，陽往而消；小來，陰來而息也。"**[一]

柔得位得中，而應乎乾，曰同人。**蜀才曰："此本夬卦。九二升上，上六**一作九**降二，則柔得位得中，而應乎乾下奉上之象，義同於人**[二]**，故曰'同人'。"**

大輿以載。《釋文》："'大車以載'，蜀才本'車'作'輿'。"

旅否。**蜀才曰："三升五，柔得中于外，上順于剛，九五降三，降不失正，止而麗乎明，所以'小亨，旅貞吉'也。"**[三]

君子以捋多益寡。《釋文》："蜀才本'裒'作'捋'[四]，云：'取也。'"

勿疑，朋合撍。《釋文》："'簪'，鄭云：'速也。''簪'，京房作'撍'。蜀才本依京，義從鄭。"

館有渝。《釋文》："'官有渝'，蜀才本作'館'。"

至於八月有凶，消不久也。**蜀才曰："此本坤卦，剛長而柔消，故大亨利正也。"**[五]案，"臨，十二月卦也。自建丑之月至建申之月，凡歷八月，則成否也。否，則天地不交，萬物不通。是'至於八月有凶'，斯之謂也"。

《彖》曰："大觀在上。"**蜀才曰："此本乾卦。"**[六]案，"柔小浸長，剛大在上。其德可觀，故曰'大觀在上'也"。

《彖》曰："无妄[七]，剛自外來而爲主於内。"**蜀才曰："此本遯卦。"**案，"剛自上降，爲主于初。故'動而健，剛中而應'也。於是乎邪妄之道消，大通以正矣。无妄，大亨，乃天道恒命也"。

隨。**蜀才曰："此本否卦。剛自上來居初，柔自初往升上，則内動而外悦。相隨而大亨，无咎，得於時也。得時則天下隨之矣，故曰'隨時之義大矣哉'。"**[八]

[一] 按，此條見《周易集解》卷四。

[二]"象義"，原作"義一作象"，其中"一作象"乃夾注文字，誤，今據《周易集解》卷四改，并删"一作"二字。本條前一處異文亦不知張澍所據爲何書何本，姑且存疑。

[三] 按，此條見《周易集解》卷一一。

[四]"捋"，引取，聚集。《説文·手部》："捋，引取也。"

[五] 按，此條見《周易集解》卷五。

[六] 按，此條見《周易集解》卷五。

[七]"無妄"，原作"大觀"，據《周易集解》卷六改。

[八]"相隨而大亨……大矣哉"，原無，張澍漏輯，今據《周易集解》卷五補。張澍不輯録此句，或是因爲清人毛奇齡《推易始末》卷一不引此句。但明人董守瑜《卦變考略》卷上僅引"此本否卦，剛自上來居初，柔自初而升上"，自不能以晚出之書所引不全而否定《周易集解》所引之文非蜀才之語也，故補之。

車脱輹。《釋文》："'輹'音'服'，又音'福'。蜀才本同。"

君子以命庶政。《釋文》："蜀才本'明'作'命'。"

其德剛上而尚賢。**蜀才曰："此本大壯卦。"**[一]案，"剛自初升，爲主於外，剛陽居上，尊尚賢也"。

需。**此本大壯卦**[二]。案，"六五降四，有孚，光亨，貞吉。九四升五，位乎天位，以正中也"。

則大咥之嗟。《釋文》："蜀才本'耋'作'咥'。"

臨。**此本坤卦**[三]。

《彖》曰："咸，感也。柔上而剛下，二氣感應，以相與。"**蜀才曰："此本否卦。"**[四]案，"六三升上，上九降三，是柔上而剛下，二氣交感以相與也"。

雷風相與，巽而動。**蜀才曰："此本泰卦。"**[五]案，"六四降初，初九升四，是剛上而柔下也。分乾與坤，雷也。分坤與乾，風也。是雷風相與，巽而動也"。

損。**此本泰卦**[六]。案，"坤之上六，下處乾三。乾之九三，上升坤六，損下益上者也"。

累其角。《釋文》："'羸其角'，蜀才本作'累其角'。"

柔進而上行。**蜀才曰："此本觀卦。"**[七]案，"九五降四，六四進五，是柔進而上行"。

《彖》曰："明入地中，明夷。"**蜀才曰："此本臨卦也。"**[八]案，"夷，滅也。九二升三，六三降二，明入地中也。明入地中，則明滅也"。

其子之明夷。《釋文》："'箕子'，蜀才本作'其子'。"

二軌可用亨。《釋文》："'二簋'，蜀才本'二軌'。'亨'，蜀才許庚反。"

[一] 按，此條見《周易集解》卷六。
[二] 按，此條見《周易集解》卷二。
[三] 按，此條見《卦變考略》卷上。
[四] 按，此條見《周易集解》卷七。
[五] 按，此條見《周易集解》卷七。
[六] 按，此條見《周易集解》卷八。
[七] 按，此條見《周易集解》卷七。
[八] 按，此條見《周易集解》卷七。

君子以澄忿窒欲。《釋文》："懲，蜀才本作'澄'。"

《象》曰："損其疾，亦可喜也。"**蜀才曰："'四'當承上，而有初應必上之所疑矣**[一]**。初四之疾也，宜損去其初，使上遄行。"**

《彖》曰："益，損上益下，民説无疆。"**蜀才曰："此本否卦。"**[二]案，"乾之上九下處坤初，坤之初六上升乾四，損上益下者也"。

君子以除戎器。《釋文》：**"蜀才云：'除去戎器，脩行文德也。'"**

一握爲笑。《釋文》："鄭云：**'握，當讀爲"夫三爲屋"之屋。'**蜀才同。"

壯于仇。《釋文》："'壯于頄'，蜀才本作**'壯于仇'**。"

繫于金尼。《釋文》："蜀才本'柅'作**'尼'**，止也。"

孚，乃利，用躍。《釋文》："蜀才本'禴'作**'躍'**。"

莧睦夬夬。《釋文》："'莧陸'，蜀才作**'睦'**。睦，親也，通也。"

柔，得中乎外，而順乎剛，止而麗乎明，是以小亨，旅，貞吉。**蜀才曰："否三升五，柔得中於外，上順於剛，九五降三，降不失正，止而麗乎明，所以'小亨，旅，貞吉也'。"**[三]

鼓之以雷霆。《釋文》：**"蜀才云：'霆疑爲電。'"**

易知則有親，易從則有功。**蜀才曰："以其易知，故物親而附之。以其易從，故物法而有功也。"**[四]

聖人以此先心。《釋文》："京房、荀爽、董遇、張璠、蜀才等'洗心'作**'先心'**。"

有功而不置。《釋文》："'德'，蜀才本作**'置'**。"

大衍之數五十。《釋文》："蜀才云：**'廣也。'**"

聖人之所以極深而揅幾也。《釋文》："'研'，蜀才本作**'揅'**。"

參天兩地而奇數。《釋文》："'倚'，蜀才作**'奇'**，通。"

辨天下之吉凶。《釋文》："蜀才云：**'别也。'**"

效法之謂坤。《釋文》："'爻法'，蜀才作**'效法'**。"

[一] 按，此條見《周易集解》卷八，《周易義海撮要》卷四所引則無"必"字，或是。
[二] 按，此條見《周易集解》卷八。
[三] 按，此條見《周易集解》卷一一。
[四] 按，此條見《周易集解》卷一三。

陽城衡《樂經》[一]

舟張辟雍，鶬鶬相從。八風回回，鳳皇喈喈[二]。《尚書大傳》。

黄鐘磬，前長三律，二尺七寸；後長二律，一尺八寸[三]。《周禮·磬氏》疏引《樂經》。《玉海》云與《三礼舊圖》所引《樂經》同[四]。

有昭辟雝，有賢泮宫。田里周行，濟濟鏘鏘。相從執質，有族以文[五]。敕爾瞽，率爾衆工，奏爾悲誦[六]。肅肅雝雝，無怠無凶。《周官》注。

歲星與日，常應太歲[七]，月建以見。《周礼·馮相氏》注[八]。

土曰壎，竹曰管，皮曰鼓[九]，匏曰笙，絲曰弦，石曰磬，金曰鐘，木曰柷、敔，此謂八音也，法《易》八卦也。《白虎通》。

壎，坎音也。管，艮音也。鼓，震音也。絲，離音也。鐘，兑音也。柷、敔，乾音也。同上。

十二月行之，所以宣氣豐物也。月開斗建之門，而歌奏其律。《後漢書·律曆志》注。

揚雄《琴清英》

昔者神農造琴，以定神，禁一作齊淫僻[十]，去邪欲，反其天一無天字真

[一]“陽城衡”，詳《蜀典》卷一一之上“陽城氏”條。◎“《樂經》”，姚振宗《漢書藝文志條理》卷二之上：“王謨《漢魏書鈔》曰：‘《琴清英》乃樂書四篇之一……’案《王莽傳》，元始四年立《樂經》，《論衡·超奇篇》謂蜀郡陽城衡所作。《隋志》有《樂經》四卷，不著撰人，或以爲即陽城衡之書。今案，本《志》云樂四，疑即王莽在平帝時所立。當時成書不一其人，故王仲任歸之陽城衡，班孟堅歸之揚雄。’”張澍此處將《樂經》歸於陽城衡，而將《琴清英》歸於揚雄。

[二]“鳳”，原作“凰”，據《尚書大傳》卷一改。

[三]“一”，原脱，據《周禮注疏》補。

[四]按，《玉海》卷一〇九云：“《三禮圖》舊圖引《樂經》云：‘黄鐘磬，前長三律，二尺七寸；後長二律，一尺八寸。’此謂特縣大磬配鎛鐘者。”

[五]按，此前之文見《説苑》卷三，又見《古詩紀》卷九，二書皆不言出《周官注》。但《詩經世本古義》卷九《靈臺》詩注文云出《周官注》，或即張澍所據也。

[六]“誦”，原作“頌”，據《詩經世本古義》卷九《靈臺》詩注文及《古詩紀》卷九改。

[七]“太”，原作“大”，據《周禮·春官宗伯·馮相氏》注改。

[八]“注”，原作“疏”，今據所引之文乃注文而非疏文改。

[九]“鼓”，原作“皷”，形近而誤，據《白虎通疏證》卷三改。按，皷指擊鼓，與“鼓”有别，但《蜀典》中往往將“鼓”刻作“皷”，如後文之“鼓琴”刻作“皷琴”，皆誤。故此後誤“鼓”作“皷”者徑改，不再出校。

[十]“一作‘齊’”，原在“神”字下，誤，今據《太平御覽》卷五七七移至此處。

者也[一]。舜彈五絲之琴而天下化，堯加二弦以合君臣之恩[二]。

尹吉甫子伯奇至孝，後母譖之。自投江中，衣苔帶藻[三]。忽夢見水仙賜以美藥，唯念養親，揚聲悲歌。船人聞之而學之。吉甫聞船人之聲，疑似伯奇，援琴作《子安之操》。《水經注》。

《雉朝飛操》者，衛女傅母之所作也。衛侯女嫁于齊太子，中道聞太子死，問傅母曰："何如？"傅母曰：'且往當喪。'喪畢不肯歸，終之以死[四]。傅母悔之，取女所自操琴，於冢上鼓之。忽有二雉俱出墓中，傅母撫雉曰："女果爲雉耶？"言未畢，俱飛而起，忽然不見。傅母悲痛，援琴作操，故曰《雉朝飛》。郭茂倩《樂府》。

晋王謂孫息曰："子鼓琴能令寡人悲乎？"息曰："今處高臺邃宇，連屋重户。藿肉漿酒，倡樂在前，難可使悲者。"乃謂："少失父母，長無兄嫂。當道獨坐，暮無所止。《文選》注引作"當道獨居，暮無所宿"。於此者，乃可悲耳。"乃援琴而鼓之，晋王酸一作"傷"心哀涕曰："何子來遲也？"[五]《太平御覽》。案，《北堂書鈔》引《説苑》云[六]："孫息學悲歌，辟琴作鄭、衛之音。靈公大感[七]，故作《衛公之曲》歌而和之。"即子雲所言之孫息也。

祝牧與妻偕隱，作琴歌云："天下有道，我黼子佩。天下無道，我負子戴。"[八]

譙周《五經然否論》[九]

國不可久無儲貳，故天子、諸侯十五而冠，十五而娶。娶必先冠，

[一]"一無'天'字"，原作"一無'其'字"，且位於"其"字之後，今據《太平御覽》改、移。按，《太平御覽》有"天"字，今整理本《揚雄集校注》無。

[二]"恩"下，原有"《藝文類聚》"，以爲此佚文見《藝文類聚》也，然其書並無相關記載，《揚雄集校注》標注之佚文來源亦無《藝文類聚》，知張澍所言有誤，故删去。

[三]"苔"，原作"荷"，據《水經注·江水一》及《揚雄集校注》改。

[四]"死"下，原衍"焉"，據《樂府詩集》卷五七、《揚雄集校注》删。

[五]"何子來"，原作"子來何"，據《太平御覽》卷五七七及《揚雄集校注》改。

[六]"北堂書鈔"，原作"白帖"，誤，《白氏六帖》無相關記載，今據《北堂書鈔》卷一〇六引《説苑》之文改。按，張澍當是因襲《春秋戰國異辭》卷一〇而誤也。

[七]"感"，原作"惑"，形近而訛，據《北堂書鈔》改。

[八]此條之末，原有"《藝文類聚》"四字，今覆核其書，並無相關記載，故删之。按，《揚雄集校注》乃據《繹史》卷一四五輯録，實則又見於《春秋戰國異辭》卷五五。

[九]"《五經然否論》"，《隋書·經籍志一》《舊唐書·經籍志上》皆著録此書，乃譙周作，共五卷，其書久佚。

以夫婦之道、王教之本，不可以童子之道治之。禮：十五爲成童，以次成人，欲人君之早有繼體，故因以爲節。《書》稱“成王十五而冠”，著在《金縢》。《周禮·媒氏》曰：“令男三十而娶，女二十而嫁。”《内則》云：“女子十五而笄。”説曰：許嫁也。是故男自二十以及三十，女自十五以及二十，皆得以嫁娶。先是則速，後是則晚。凡人嫁娶，或以賢淑，或以方類，豈但年數而已？若必差十年乃爲夫婦，是廢賢淑、方類，苟比年數而已，禮何爲然哉？則三十而娶、二十而嫁，説嫁娶之限，蓋不得復過此耳。故舜年三十無室，《書》稱曰“鰥”。《周禮》云：“女子年二十未有嫁者，仲春之月，奔者不禁。”奔者不待禮聘，因媒請嫁而已矣[一]。《穀梁傳》注。

《古文尚書》説：“武王崩，成王年十三。”推武王以庚辰歲崩，周公以壬午歲出居東，癸未歲反。《禮·公冠記》周公冠成王，命史作祝辭告，是除喪冠也。周公未反，成王冠弁，開《金縢》之書，時十六矣。是成王十五，周公冠之而後出也[二]。

《小記》云：“庶子不爲長子斬，不繼祖與禰也。”此但别庶子，而下言不繼祖者，謂庶子身不繼禰，故其長子爲不繼祖，合而言之也[三]。

虞喜難之曰：“禮文三發，二言繼祖，一言連禰。如但繼禰，則應三年。何緣須祖？煩而失要。合子於父，舍徑就迂，非事實也。然則繼祖者，必繼禰。繼禰者，不必繼祖。今連禰于祖，以己繼之。是繼祖也得三年，繼禰者，不得也。至于連禰于祖，以别高祖之祖。故因禰以繼祖，别嫌也。”並《通典》。

漢初，一引作“書”，誤[四]。或云：三老答天子拜，遭王莽之亂，法度殘缺。漢中興，定禮儀。群臣欲令三老答拜。城門校尉董鈞駁曰：“養三老，

[一] 按，此條見《春秋穀梁傳·文公十二年》注文。
[二] 按，此條見《通典》卷五六“天子加元服”條“成王十五而冠”句注文。
[三] 按，此條見《通典》卷八八“斬縗三年”條“鄭玄注《小記》，則以爲己身繼禰，便得爲長子斬，自後諸儒皆用鄭説”句注文。◎此條之下，原有標題“《五經然否論》”，且云“《蜀志·秦宓傳》：‘初，宓論王霸養龍之説，甚有通理。譙允南少時，數往諮訪，記録其言于《春秋然否論》，文多故不載。’案，今《然否論》，此條佚之矣”，今删。按，首先，根據全書體例，前文既有“譙周《五經然否論》”，標明了輯録典籍之名，此處不當重出。其次，引《三國志·蜀志·秦宓傳》之文，並非《五經然否論》之佚文，亦不當收録。第三，下一段引虞喜之文，亦出《通典》卷八八，緊接著前面引《小記》之語，正欲以之做補充説明，後文有類似條目可證，故不當割裂。
[四] 按，張澍此處所列異文，暫不知出何書何本。

所以教事父之道也。今《通典》云“所以養三老以教事父母之道也”，句有誤[一]。若答拜，是使天下答子拜也。”詔從鈞議。《通典》無此句[二]。譙周論之曰：“禮：尸服上服，今《通典》無此二字。猶以非親之故，答子拜。士見異國君，亦答拜。《通典》“答”下有“士”字。是皆不得視猶子也。”

虞喜曰：“且據漢儀，于門屏交禮，交禮即答拜[三]。中興謬從鈞議，後《通典》“後”下有“已”字。革之，深得其意。《通典》作“甚得禮意”。”《後漢書.禮儀志》注、《通典》。

父卒母嫁[四]，非父所絶。嫡子雖主祭，猶宜服期[五]。而《喪服》爲出母期，嫁母與出母俱是絶族，故知與出母同也。《禮記》正義引譙周説。

在己國，則得爲君服斬，夫人齊衰。若在他國，則不得也[六]。同上。案，此上三條俱當屬《五經然否論》，附録於此。

國君爲卿大夫，皮弁錫縗以居。他事出，亦如之。其吊，則皆錫縗布弁而絰，三月復吉。其吊士[七]，則服弁絰疑縗。亦往則服，出則不。公及大夫吊衆妾，如君吊他國卿大夫，皮弁錫縗，不絰。君使人吊禭，主人迎於寢門外。見使者不哭，先入門右，北面。吊者入，升自西階，東面。主人前至中庭，吊者致君命。主人哭拜稽顙成踊，吊者出去，主人拜送于門外。君使禭者左執領，右執要[八]，致命訖。入室，衣尸乃出。他皆如吊。既斂之後，不衣尸，委于尸東席上。凡主人出送，因拜賓。所來者拜訖，皆即位西階下。東面哭踊，哭訖，反室。大夫吊，服以錫縗，用緦麻布而夾理之曰錫[九]。士吊服以疑縗，用錫布爲衣而素裳，擬於吉也[十]。其冠各以其縗。歸其家，猶吊服弁絰以居。其以他事出，則

[一] 按，此處所言異文，乃武英殿本《通典》卷六七所引之語。

[二] 按，《通典》實無此句，有此句者，見《後漢書·禮儀志上》注文，則張澍此條乃據《後漢書》輯録。

[三]“拜”下，原衍“矣”字，據《後漢書》删。

[四] 此句之前，原衍“男自二十以及三十，女自十五以至二十，皆得以嫁娶。先是則速，後是則晚矣。凡人嫁娶，或以賢淑，或以方類，豈但年數而已”，前文已見，且非《禮記》正義所引之文，故删之。

[五]“猶”，原作“酒”，形近而誤，據《禮記·檀弓上》正義改。

[六] 按，此條見《禮記·雜記上》正義。

[七]“士”，原作“主”，據《通典》卷八三“天子諸侯大夫士吊哭議”條“大功之喪，既葬而吊”句注文所引改。

[八]“右”，原脱，據《通典》補。

[九]“曰”，原作“用”，據《通典》改。

[十]“吉”，原作“古”，據《通典》改。

脱絰。三月既葬，服吉。五世兄弟相爲亦然。凡大夫吊其臣，異者，主人不迎於門外。主君入，即位堂下，西面。主人北面，衆主人南面。《通典》。

父卒母嫁，非父所絶，爲之服周可也[一]。《通典》。

妾不得有繼母名。慈母但慈己[二]，無父命者，不過小功也。《通典》。

大夫受畿内之采邑[三]，有家臣，雖又别典鄉遂之事，其下屬皆上相屬其吏，非臣也。秦漢無復采邑之家臣，郡縣吏權假斬縗，代至則除之。《通典》。

遷祖之奠，升自西階如初。及日載於車，下奠設於西方，乃陳遣物於庭[四]。訖，徹奠以巾席，俟於西方，乃祖。車既祖，旋向外，離於載處，爲行始也，布席乃奠如初。《通典》。

爲父，至葬，腰絰散垂如小斂時[五]。反哭於廟，升自西階。虞祭於寢，杖不入室。《通典》。

或曰："有人死而亡其尸者，爲招魂，葬何如？"曰："夫葬，所以藏尸柩也，若魂氣則無不之焉，得與藏諸？"[六]《通典》。

譙周《法訓》[七]

夫孝，行之本[八]。替本而求末者[九]，未見得之者也。如或得之，君子不貴矣。烏而有反哺，况人而無孝心者乎？《初學記》。

[一] 按，此條見《通典》卷九四"爲父後爲嫁母及繼母嫁服議"條所引。

[二]"慈母"下，原衍"也"字，據《通典》卷九四"大夫士爲慈母服議"條注文删。

[三]"之"，原脱，據《通典》卷九九"郡縣吏爲守令服議"條注文改。

[四]"遣"，原作"遺"，形近而誤，據《通典》卷八六"祖奠"條改。

[五]"斂"，原作"幼"，形近而誤，據《通典》卷八七"虞祭"條"恐父母精神彷徨無所依，故祭以安之也"句注文改。

[六]"得"，原作"諸"，據《通典》卷一〇三"招魂葬議"條"宜如司徒所上，以明永制"句注文改。◎又按，此條之後原有標題"《通典·嘉禮》注引"，且云"《古文尚書》説：'武王崩，成王年十三。'推武王以庚辰歲崩。周公以壬午歲出，居東，癸未歲反。《禮·公冠記》周公冠成王，命史作祝辭告也，是除喪冠也。周公反，成王冠弁，開《金縢》之書，時十六矣。是成王十五，周公冠之而後出也。許慎《異義》云：'武王崩，後管、蔡作亂，周公出居東。是歲，大風。王與大夫冠弁，開《金縢》之書，成王年十四，是喪冠也者。'恐失矣。案《禮》《傳》，天子之年近則十二，遠則十五，必冠矣"。據本卷體例，輯録文獻之來源不當再單獨列爲條目。又，此處引《古文尚書》云云者，前文已有輯録，不當重出。第三，後文引許慎之文，非譙周之語；末句之按語更是《通典》作者杜佑之文，皆不能作爲譙周佚文而輯録，故删之。

[七]"《法訓》"，《隋書·經籍志三》著録爲八卷，已佚。

[八]"行"前，原衍"百"，據《初學記》卷三〇删。

[九]"者"，原脱，據《初學記》補。

羊有跪乳之禮，鷄有識時之候，雁有庠序之儀，人取法焉[一]。《初學記》。

今有挽歌者，高帝召田横，至於尸鄉，自斃。從者挽至宫，不敢哭。故爲此歌以寄哀音也[二]。《初學記》。案，《世説》注引莊子曰："紼謳所生，必干斥苦。"[三]司馬彪注："紼，引柩索也；斥，疏緩也；苦，用力也。引紼所以有謳歌者，爲人有用力不齊，故促急之也。"《春秋左氏傳》曰："魯哀公會吴伐齊，其將公孫夏命歌《虞殯》。"杜預注："虞殯，送葬歌，示必死也。"《史記·絳侯世家》曰："周勃以吹簫樂喪。"[四]然則是挽歌之來久矣，非起於田横也。

昔燕趙之間，有三男子共娶一女，生四子。后争訟，廷尉延壽奏云："禽獸生子逐母，宜以四子還母。"尸三男子於市[五]。《太平御覽》。案，焦贛《易林·節卦》曰："三夫共妻，莫適爲雌。子無名氏，翁不可知。"即指此事。所謂"延壽奏"者，范延壽也。

貪者難爲惠[六]，苛煩者難爲恭。君子以禮而已矣。《太平御覽》。

爲國者，不患學者之害農[七]，而患治民者之不學。《太平御覽》。

利物誘人，猶飄風之加庶草也。惟有直慎者，然後不回[八]。《太平御覽》。

唐、虞之衣裳文法，禹、稷之溝洫耕稼，人至今被之[九]。《太平御覽》。

或問："母有疾，使其妻爲粥者[十]，妻不可。以刀擊之，夷其面。可以爲孝乎？"曰："以刃妻，其親必駭而憂及之，何有於孝？"《太平御覽》。

桀、紂雖有天子之位，而無一人之譽也。猶朽木枯樹，逢風則仆也[十一]。《太平御覽》。

劉、項方争，父戰于前，子鬥于後[十二]。《太平御覽》。

以道爲天下者，猶乘安舟而由廣路。安舟難成，可久處也。廣路難

[一] 按，此條見《初學記》卷二九。
[二] 按，此條見《初學記》卷一四。
[三] 按，此條見《世説新語·任誕》"張驎酒後挽歌甚凄苦"劉孝標注，今《莊子》無此語。後文所引司馬彪注文及《春秋左氏傳》《史記》等，皆爲《世説新語》注文。
[四] "簫"，原作"蕭"；"樂"，原作"送"：據《世説新語》劉孝標注改。
[五] 按，此條見《太平御覽》卷三六一。
[六] "貪"下，原衍"忍"，據《太平御覽》卷四九二删。
[七] "者"，原作"人"，據《太平御覽》卷六〇七改。
[八] 按，此條見《太平御覽》卷九。
[九] 按，此條見《太平御覽》卷八〇。
[十] "使"，原作"始"，音近而訛，據《太平御覽》卷八五九改。◎"爲"下，原衍"作"，據《太平御覽》删。
[十一] 按，此條見《太平御覽》卷八二。
[十二] 按，此條見《太平御覽》卷八七。

至，可常行也[一]。《太平御覽》。

乘船曲折，不失其瀆，是善乘舟者。《太平御覽》。

人之所以貴者[二]，以其禮節也。人而無禮者，獼猴乎？雖人象而蟲質也。《太平御覽》。

鸞車璜珮，求中道心[三]。《太平御覽》。

“石門於墓，古之道耶？”答曰：“古不崇墓，況損人功而爲觀乎？非古也。”[四]《封氏聞見記》。

朝發而夕異宿，勤則菜盈傾筐。且苟有羽毛，不織不衣。不能茹草飲水，不耕不食，安可以不自力哉？《齊民要術·序》。

譬之於物，猶素之白也，染之以藍則青。游居交友，亦人之所染也。韓起與田蘇處，而成好仁之名。甘茂事史舉，用顯齊秦之功。曹參師蓋公，致清静之治。竇長君兄弟出於賤隸，謹恭師友，皆爲退讓君子。語曰：“蓬生麻中[五]，不扶自直。”此言雖小，可以喻大。必得其人，千里同好，固于膠漆[六]，堅於金石。窮達不阻其分，毁譽不疑其實。《太平御覽》。

或曰：“君子處陋巷之中，奚樂也？”曰：“樂得其親，樂得其友，樂聖人之道也。”[七]《太平御覽》。

王者居中國，何也？順天之和，而同四方之統也[八]。《太平御覽》。

善耕者，足以謹地待時而動。善射者，訓弓定準，見可而發。故君子善養，其人足用[九]。《初學記》《太平御覽》。

《風俗通》謂：“雙生者，以後産爲兄，以其先胎。”此野人之鑿語。君子不測暗，安知其胎之先後[十]？《路史》。

有喪而歌者。或曰：“彼爲樂喪也，有不可乎？”譙子曰：“《書》

[一] 按，此條及下一條皆見《太平御覽》卷七六九。

[二] “之”，原脱，據《太平御覽》卷九一〇補。

[三] 按，此條見《太平御覽》卷七七三。

[四] 按，此條見《封氏聞見記》卷六。

[五] “麻”，原作“痳”，形近而誤，據光緒本、《太平御覽》卷四〇六、《荀子·勸學篇》改。

[六] “膠漆”，原互倒，據《太平御覽》乙正。

[七] 按，此條見《太平御覽》卷四六八。

[八] 按，此條見《太平御覽》卷一五六。

[九] “足用”，原誤倒，據《初學記》卷二二、《太平御覽》卷三四七乙正。

[十] 按，此條見《路史》卷四一，張澍略有改動。原文云：“《風俗通》《西京雜記》謂：‘雙生者，以後産爲兄，以其先胎。’而譙子《法訓》辨之，謂：‘野人之鑿語，君子不測暗，安知其胎之先後？’”

云‘四海遏密八音’，何樂喪之有?”曰：“今喪有挽歌者，何以哉？”譙子曰：“周聞之：蓋高帝召齊田横，至于尸鄉亭，自刎奉首。從者挽至于宫，不敢哭，而不勝哀，故爲歌以寄哀音[一]。彼則一時之爲也。‘鄰有喪，舂不相。’[二]引挽人銜枚，孰樂喪者邪？”《世説·任誕門》注。

《蜀石經》

《石刻鋪叙·益郡石經》[三]：《孝經》一册二卷，《序》四百三十九字。正經一千七百九十八字，注二千七百四十八字。孟蜀廣政七年三月二日，右僕射毋昭裔以雍經石本校勘[四]，簡州平泉令張德釗書，趙希弁《讀書附志》云：“《孝經》不題所書人姓氏。”[五]殆趙之誤。鎸工穎川陳德謙。

《論語》三册十卷，《序》三百七十二字。正經一萬五千九百十三字，注一萬九千四百五十四字。廣政七年四月九日校勘，書鎸姓名皆同《孝經》。

《爾雅》一册二卷，不載經、注數目。廣政七年甲辰六月，右僕射毋昭裔置，簡州平泉令張德釗書，鎸者武令昇。

《周易》四册十二卷，又《略例》一卷。正經二萬四千五十二字，注四萬二千七百九十二字。廣政十四年辛亥仲夏刊石，朝議郎、國史毛詩博士孫逢吉書。

《毛詩》八册二十卷。正經四萬一千二十一字，注十萬五千七百一十九字。將仕郎、祕書省祕書郎張紹文書，鎸工張延族[六]。

《尚書》四册十三卷。正經二萬六千二百八十六字，注四萬八千九百八十二字。將仕郎、祕書省校書郎周得貞書，鎸工陳德超。

《儀禮》八册十六卷。正經五萬二千八百二字[七]，注七萬七千八百九

[一]“音”，原作“旨”，形近而誤，據《世説新語》注改。按，前文已引相關之文，此處實應與前文合併。

[二]“鄰有喪，舂不相”，語出《禮記·曲禮》。鄭玄注：“相，謂送杵聲。”

[三]“《石刻鋪叙》”，二卷。南宋曾宏父撰，今以《知不足齋叢書》本卷上之文參校。

[四]“毋”，原“母”，形近而誤，據《石刻鋪叙》改。後文此字之誤徑改，不再出校。按，《蜀典》卷五“蜀中鏤書”條作“毋”，此處及卷一二“母氏”條又作“母”，自相矛盾，今從《十國春秋》卷五二此人本傳等作“毋”。

[五]“孝”，原作“云”，據《郡齋讀書志校證·讀書附志》卷上改。又，此夾注原位於本條之末，據《石刻鋪叙》原文移至此處。

[六]“延”，原作“廷”，形近而誤，據《石刻鋪叙》改。

[七]“正”，原作“五”，形近而誤，據《石刻鋪叙》改。

十一字[一]。

《禮記》十册二十卷。正經九萬八千五百四十五字，注十萬六千四十九字。以唐玄宗所删《月令》爲首，《曲禮》次之。亦張紹文書。

《周禮》九册十二卷。正經五萬五百八字，注十一萬二千五百九十五字。將仕郎、祕書省祕書郎孫朋吉書。

《春秋左氏傳》二十八册三十卷。《序》一千六百一十七字。經傳十九萬七千二百六十五字，注十四萬六千九百六十二字。

《穀梁》六册十二卷。傳四萬一千八百九十字，注三萬九千七百三十字。

《公羊》六册十二卷。傳四萬四千七百三十八字，注七萬七千三十七字。

畢工于皇祐元年己丑九月望日。帥臣樞密直學士京兆郡開國侯田況、益州路諸州水陸轉運使曹穎叔[二]、提點益州路刑獄孫長卿暨倅，僉皆鐫銜於石。《成都志》又謂《公》《穀》田況所刻[三]。

《孟子》十二卷。宣和五年九月，帥席貢暨運判彭慥方入石，逾年乃成。計四册。

《考異》一册。乾道六年庚寅三月旦，東里晁公武校石經與監本不同者，作爲此書。

《易》《書》《詩》《周禮》《儀禮》《禮記》《左傳》《公羊》《穀梁》《孝經》《論語》《爾雅》《孟子》[四]，此正經不同者如此，傳注不與。

《古文尚書》三册三卷。蓋唐天寶未廢古書前傳本中，汲郡吕大防得之於宋次道、王仲至家，乃元豐五年壬戌鏤版。乾道六年庚寅，帥晁公武取以入石，教官張大固等監刊。

益郡石經肇于孟蜀廣政，悉選士大夫善書者，模丹入石。七年甲辰，《孝經》《論語》《爾雅》先成。時晋出帝改元開運，至十四年辛亥，《周易》繼之，實周太祖廣順元年。《詩》、《書》、三《禮》，不書歲月。逮《春秋》三傳[五]，則皇祐元年九月訖工，時我宋有天下已九十九年矣。通蜀廣政元年肇始之日，凡一百一十二祀，成之若是其艱。又七十五年，宣和五年癸卯，益帥席貢始湊鐫《孟子》，運判彭慥繼其成。乾道六年庚寅，

[一]“七千”，原作“八千”，據《石刻鋪叙》改。
[二]“穎”，原作“潁”，形近而誤，據《石刻鋪叙》改。又據《宋史》本傳，此人字秀之，名字相生，作“穎”是。
[三]“志”，原脱，據《石刻鋪叙》補。
[四]“《禮記》”，原脱“禮”，據《石刻鋪叙》補。
[五]“傳”，原作“卷”，據《石刻鋪叙》改。

晁公武又鐫《古文尚書》，暨諸經《考異》。洪文敏公邁謂孟蜀所鐫，字體清謹，有貞觀遺風。續補經傳，殊不逮前。且引魏徵、虞世南相繼爲祕書監日[一]，請選五品以上子孫工書者爲書手。蓋欲字畫清婉，可以傳久。是以自經傳以後[二]，非士大夫所書[三]，皆不著姓氏。若漢石經，今不易得。好古者所藏僅十數葉，蜀中又以翻刊入石[四]。黄長睿謂開元中藏拓本於御府，以“開元”二字小印印之。是玄宗時已罕得，况今又六百年後耶！

《成都記》：“僞蜀孟昶有國，其相毋昭裔刻《孝經》《論語》《爾雅》《周易》《尚書》《周禮》《毛詩》《儀禮》《禮記》《左傳》[五]，凡十經于石[六]。其書丹則張德釗、楊鈞、張紹文、孫逢吉、朋吉、周德貞。石凡千數，盡依大和舊本，歷八年乃成。《公》《穀》則有宋田元均所刻，《古文尚書》則晁公武所補也。胡元質、宗愈作堂以貯之[七]，名石經堂，在

[一]“監”，原脱，據《石刻鋪叙》補。

[二]“是”，原作“所”，據《石刻鋪叙》改。

[三]“大”，原脱，據《石刻鋪叙》補。

[四]“刊”，原作“刻”，據《石刻鋪叙》改。

[五]“《尚書》《周禮》”，原脱，不符十經之數，據《蜀中廣記》卷一所引補。

[六]“凡十經于石”，其説有誤，略辨之。《蜀中廣記》卷九一及《全蜀藝文志》卷三六所録范成大《石經始末記》皆云“僞蜀相毋昭裔捐俸金，取九經琢石于學官”，范成大之文又是抄録晁公武《石經考異序》。趙抃《成都古今記》所言只有九經，不含《春秋》三傳及《孟子》。《蜀中廣記》之所以稱“十經”，實誤將《石經始末記》中非趙抃之文當成了《成都古今記》之語。《石經始末記》原文云：“而或又云毋立裔依大和舊本，令張德釗書。皇祐中，田元均補刻《公羊》《穀梁》二傳，然後十二經始全。至宣和間，席升獻又刻《孟子》參焉。今考之，僞相實毋昭裔也。”除開《公羊傳》《穀梁傳》，正是《蜀中廣記》稱有十經的依據。但這些材料並非全部來自《成都古今記》，舒大剛《“蜀石經”與〈十三經〉的結集》對這條材料非盡出自《成都古今記》已有考辨，載《周易研究》二〇〇七年第六期。

[七]“胡元質、宗愈”，或誤。按，兩者非一人，先後創石經堂的可能性也不大。據《全蜀藝文志》卷三〇所收胡元質《成都古今丁記序》，其於淳熙丁酉（一一七七）代范成大守蜀，據《宋史·孝宗紀三》，淳熙七年（一一八〇）因蕃部猖獗罷其四川制置使之官；胡宗愈，據《東都事略》卷七一小傳，其生卒年爲一〇二九至一〇九四年，據《續資治通鑑長編·哲宗元祐七年》（一〇九二）“夏四月”條，胡宗愈升爲吏部尚書，其在成都僅任職一年。胡元質作有《石經碑跋》，《全蜀藝文志》卷五九録宇文紹奕之跋，稱“制置給事内翰胡公”，與胡元質給事中、敷文閣大學士的身份符合。又《成都文類》卷四六録王敦詩《措置增戍兵營寨等事碑》，碑文開頭即云：“成都據右蜀之會，近歲併川陜宣撫司建四川制置使，即其地爲治所。”此文叙胡元質建雄邊堂之事，而稱“近歲建四川制置使”，據《宋史·職官七》相關記載，亦可知胡宗愈在一〇九一年不可能任四川制置使之職。如此，則胡元質有與石經相關之事迹，可謂有本證。而胡宗愈建石經堂之説，見本卷後引席益《府學石經堂圖籍記》，其文作於紹興六年（一一三六），距胡宗愈任職成都已有四十四年，故席氏稱“故蜀帥尚書右丞胡公宗愈作堂於殿之東南隅，以貯石經”，未必可信。姑存疑俟考。

府學。”

《玉海》：“蜀石經《周易》後書：‘廣政十四年，歲次辛亥，五月二十日。’《公羊傳》後書：‘大宋皇祐元年，歲次己丑，九月辛卯朔，十五日乙巳工畢。’”[一]“僞蜀相毋昭裔取唐大和本刻石于成都學宫，與後唐版本不無小異。乾道中，晁公武參校二本，取經文不同者三百二科，著《石經考異》，亦刻於石。張㚟又校注文同異，爲《石經注文考異》四十卷。”

晁公武《石經考異序》[二]：“鴻都石經自鄴遷雍，遂茫昧于人間。唐大和中，復刻十二經，立石國學。後唐長興中，詔國子博士田敏與其僚校諸經，鏤之版，故今世太學之傳，獨此二本爾。案，趙清獻公《成都記》：‘僞蜀相毋昭裔捐俸金，取九經琢石於學宫。依大和舊本，令張德釗書。皇祐中，田元均補刻《公羊》《穀梁》二傳[三]。然後十二經始全。’至宣和間，席升獻又刻《孟子》，參焉。今考之，《孝經》《論語》《爾雅》，廣政甲辰歲張德釗書；《周易》，辛亥歲楊鈞、孫逢吉書；《尚書》，周德貞書；《周禮》，孫逢吉書；《毛詩》《禮記》《儀禮》，張紹文書；《左氏傳》，不志何人書。而‘祥’字闕其畫[四]，亦必爲蜀人所書。然則蜀人之立石蓋十經，其書者不獨德釗，而能盡用大和本，固已可嘉。凡歷八年[五]，其石千數[六]。昭裔獨辨之，尤偉然也。公武異時守三營，嘗對國子監所摹長興板本讀之，其差誤蓋多矣。昔議者謂大和石本校寫非精，時人弗之許。而世以長興板本爲便，國初遂頒布天下，收向日民間寫本不用。然有訛舛，無由參校，判知其謬。猶以爲官既刊定，難於獨改。由是而觀，石經固脱錯，而監本亦難盡從。公武至少城，寒暑一再易節，暇日因命學官讎校之。石本《周易·説卦》‘乾，健也’以下，有韓康伯注，《略例》有邢璹注。《禮記·月令》從唐李林甫改定者，監本皆不取外[七]，

［一］按，此前之文見《玉海》卷四三“宋朝石經”條，此後之文則見《玉海》同卷“後唐九經刻板”條，略有改動，實則因襲顧炎武《石經考·蜀石經》之文也。

［二］按，前文引《玉海》及此條之後引洪邁之語皆見顧炎武《石經考》，則此處引晁公武之序，應亦是出《石經考》，故以之參校。

［三］“傳”，原作“卷”，據《石經考》改。

［四］“畫”，原作“書”，形近而誤，據光緒本及《石經考》改。

［五］“歷”，原作“立”，據《石經考》改。

［六］“千”，原作“年”，形近而誤，據光緒本及《石經考》改。

［七］“取”，原作“收”，據《石經考》改。

《周易》經文不同者五科，《尚書》十科，《毛詩》四十七科，《周禮》四十二科，《儀禮》三十一科，《禮記》三十二科，《春秋左氏傳》四十六科，《公羊傳》二十一科，《穀梁傳》一十三科，《孝經》四科，《論語》八科，《爾雅》五科，《孟子》二十七科。其傳注不同者尤多，不可勝記，獨經文猶三百二科。迹其文理，雖石本多誤，然如《尚書·禹貢篇》'夢土作乂'，《毛詩·日月篇》'以至困窮而作是詩也'，《左氏傳·昭公十七年》'六物之占在宋、衛、陳、鄭乎'，《論語·述而篇》'舉一隅示之'，《衛靈公篇》'敬其事而後食其禄'之類，未知孰是。先儒有改《尚書》'無頗'爲'無陂'，改《春秋》'郭公'爲'郭亡'者，世皆譏之。此不取决之以臆，姑兩存焉。亦鐫諸樂石，附於經後不誣，方將必有能考而正之者。"

洪邁《容齋隨筆》云："孟蜀所刻石經，其書'淵、世、民'三字皆闕畫，蓋避唐高祖[一]、太宗諱也。昶父知祥嘗爲莊宗、明宗臣[二]，然於'存勗''嗣源'字乃不諱。前蜀王氏已稱帝，而其所立龍興寺碑，言及唐諸帝亦皆半闕，乃知唐之澤深矣。"[三]

吕陶曰："五代之亂，疆宇割裂。孟氏有劍南，百度草創，猶能取《易》《書》《詩》《春秋》《禮記》《周禮》刻於石，以資學者。國朝皇祐中，樞密直學士京兆田公加意文治，附以《儀禮》《公羊》《穀梁傳》，所謂九經者備焉。"[四]

席益《記》略曰[五]："蜀儒文章冠天下，其學校之盛，漢稱'石室''禮殿'，近世則石壁九經，今皆存焉。廣政七年，其相毋昭裔案雍都舊本九經，命平泉令張德釗書而刻諸石。本朝因禮殿以祀孔子，爲宫其旁，置學官、弟子，講習傳授。故蜀帥尚書右丞胡公宗愈作堂於殿之東南隅，以貯石經。蓋自東漢興平元年，歲在甲戌，始作禮殿。逮我宋紹興六年

[一]"祖"，原作"宗"，據《容齋隨筆》卷四"孟蜀避唐諱"條及《石經考》改。按，此處所引與《容齋隨筆》原文略異，與《石經考》文字相合。

[二]"明宗"，原脱，據《容齋隨筆》補。

[三]從"昶父知祥"至此條之末，原爲注文，《石經考》未引，今改爲正文。

[四]按，此處所引與《經義考》卷二八八同，而與《净德集》卷一四《府學經史閣落成記》之文略異。

[五]按，此文題作《府學石經堂圖籍記》，載《成都文類》卷三〇，張澍乃據《經義考》卷二八九轉引而又有删削，與《成都文類》文字略異。

丙辰，歷年六百七十有三。其間僞蜀刻石經之歲，是爲晋開運甲辰，至是一百九十有三年。”

趙希弁曰：“石經《毛詩》二十卷，經、注一十四萬六千七百四十字，將仕郎、試祕書省校書郎張紹文書，蓋孟昶時所鎸。”[一]

曹學佺《四川名勝志》：“諸刻今皆不存，所存者孔門七十二子像。石經《禮記》有數段，在合州賓館中。”[二]

吴任臣《十國春秋》：“毋昭裔，河中龍門人。蜀左僕射，以太子太師致仕。常案雍都舊本九經，命張德釗書之，刻石於成都學宫。孫逢吉，成都人，廣政中累官國子《毛詩》博士。校定石經，分刻蜀中，逢吉與句中正之功尤多。”[三]

《鮚埼亭集》[四]：“宋人所稱引，皆以蜀石經爲證，並不及唐陝本石經。其故有二：一則唐石經無注，蜀石經有注，故從其詳者；一則南渡後，唐石經阻於陝，不至江左。故當時學官頒行之本[五]，皆蜀石經。不知五百年以來[六]，蜀石經何以澌滅殆盡。予留心搜訪二十餘年，仁和趙徵士谷林始得其《毛詩》二卷，自《南周》至《衛風》耳。如以‘朝饑’爲‘輖饑’[七]，蓋異聞也。唐石經雖非故物，然近來顧亭林考證之至詳[八]，世頗知留心者，而蜀本則絶無矣。程克齋譏蜀石經[九]，謂其《春秋》以‘甲午’爲‘申午’，以‘癸卯’爲‘葵卯’。然其書既多，自不無舛錯。要之有足資考證者，惜乎所見止此。”

吴任臣《十國春秋·後蜀主本紀》：“廣政十四年，詔勒諸經於石。祕書郎張紹文寫《毛詩》《儀禮》《禮記》，祕書省校書郎孫朋吉寫《周禮》，國子博士孫逢吉寫《周易》，校書郎周德政寫《尚書》，簡州平泉令張德

[一] 按，此文見《郡齋讀書志校證·讀書附志》卷上。

[二] 按，此文見《蜀中廣記》卷一，《四川名勝志》者，準確題名應爲《蜀中名勝記》。

[三]“正”，原作“立”，形近而誤，據《石經考異》卷下及《十國春秋》卷五六改。按，張澍乃據《石經考異》轉引，在《十國春秋》中，毋昭裔傳在卷五二，句中正與孫逢吉傳則在卷五六。

[四] 按，此文見《鮚埼亭集》卷三七，題作《蜀廣政石經殘本跋》。

[五]“故當時”，與《金石萃編》卷一二二所引同，《鮚埼亭集》作“當是故”。

[六]“以”，原脱，據《鮚埼亭集》《金石萃編》補。

[七]“輖”，與《金石萃編》同，《鮚埼亭集》作“輞”。

[八]“顧亭林”，《金石萃編》與《鮚埼亭集》作“顧先生亭林”。

[九]“程克齋”，宋人程公説，字伯剛，號克齋，著有《春秋分記》，後文所言即見《春秋分記》卷一九。

釗寫《爾雅》，字皆精謹。”案，《玉海》云：“《論語》《爾雅》，張德釗書。《春秋》經傳、《穀梁》、《孝經》、《孟子》，不題書人。”[一]“張德釗”，《讀書志》作“德鈞”，誤矣。

《養新録》云：“後蜀石刻《詩經》殘本，起《召南·鵲巢》至《邶風·二子乘舟》止，經、注皆完好。經文之異于今本者，《江有汜》‘之子歸’，‘歸’上有‘于’字。三章皆同。‘迨其今兮’，‘其’作‘及’。‘不我能慉’，‘不’下有‘以’字。‘昔育恐鞫’[二]，無下‘育’字。‘泄泄其羽’，‘泄’作‘洩’。則承開成石經之舊，爲唐諱也。經、注中‘淵’字、‘民’字皆缺筆。孟氏雖竊帝號，猶爲唐高祖、太宗避諱。可見武德、貞觀之澤久而未亡，而孟氏父子居心忠厚，亦有君人之量焉。碑於‘察’字皆作‘[illegible]’，蓋避知祥祖諱，而於‘知’字却不避。當依古人二名不偏諱，惟避下一字耳。歐公《五代史》云知祥父名道，《蜀檮杌》則曰名巇。此刻‘道’字屢見，皆不缺筆。似歐史誤也。册尾有《廣仁義學圖記》，蓋錢唐黄松石家所藏，厲太鴻賦詩，即是此本。流轉它姓，今爲吴中黄蕘圃所得。惜《周南》十一篇及《鵲巢·序》遺失不可問矣。”

《養新録》[三]：“‘江有汜’三章，皆有‘之子歸’句。蜀石經‘歸’上並有‘于’字。予考三百篇中，云‘之子于歸’者不少矣。‘之子于征’‘之子于苗’‘之子于狩’‘之子于釣’，皆四字句。此篇亦當依蜀本有‘于’字。”

《養新録》：“‘昔育恐育鞫’[四]，蜀石經無下‘育’字，以四字成句，亦視他本爲勝。”[五]

[一] 按，引《玉海》之文見其書卷四三“宋朝石經”條，本卷前文已引。

[二]“鞫”，原作“鞠”，形近而誤，據《十駕齋養新録》卷一五《石刻詩經殘本》及《詩·邶風·谷風》改。按，“鞠”可通“鞫”，釋爲窮、盡，然有原書及《詩經》之文可據，仍改之。

[三] 按，此條及下一條皆出《十駕齋養新録·餘録》卷上《蜀石經毛詩》。

[四]“鞫”，原作“鞠”，與《十駕齋養新録》同，今據《詩·邶風·谷風》改。按，《十駕齋養新録》卷一五《石刻詩經殘本》又作“鞫”，整理者失校。

[五] 按，此條之後，趙熙批注云：“《歸田録》十卷，宋李畋撰。畋蜀人，張詠客也。與范鎮友善。熙寧中致仕歸，與門人賓客燕談忘倦，門人請編録之，又名《談聞録》，又有雜詩十二篇係於後。《文獻通考》《榮縣志》不詳，故録之。”此説本自《郡齋讀書志》卷五。

卷十一上

姓氏類

梁、巴族姓，著自黄容[一]。常璩《國志》，亦言盛宗。費密所作[二]，毋乃疏庸。奇異並取，源流斯通。是曰肉譜[三]，賈執追踪[四]。

蜀無姓

司馬貞云："《世本》：'蜀無姓，相承云黄帝後世子孫也。'"[五]

蜀山氏

《海内經》："黄帝妻雷祖，生昌意。昌意降居若水，生韓流。韓流擢首、謹耳、人面、豕啄、麟身、渠股、豚止。取淖子曰阿女，生帝顓頊。"《世本》："黄帝娶於西陵氏之子，謂之'纍祖'，産青陽及昌意。"《竹書紀年》："昌意降居若水，産帝乾荒，生帝顓頊。""乾荒"即"韓流"也[六]。案，《山經》《竹書》以顓頊爲昌意之孫。而《大戴禮·帝繫篇》云："昌意娶於蜀山氏之子，謂之昌僕氏，産顓頊。"是顓頊，昌意子也。又《世

[一]"黄容"，《華陽國志》卷一一之常寬小傳云："時蜀郡太守巴西黄容，亦好述作，著《家訓》《梁州巴紀》《姓族》《左傳抄》，凡數十篇。"

[二]"費密"，《清史稿》有傳，據傳末所載著述名，没有姓氏類著作，張澍所言或誤。費氏而有姓氏著作者，元代費著，有《氏族譜》，或張澍本意指費著也？

[三]"肉譜"，通曉姓氏族譜之人。劉餗《隋唐嘉話》卷上："秦王府倉曹李守素，尤精譜學，人號爲肉譜。"

[四]"賈執"，南朝梁譜牒學家，《元和姓纂》卷七稱其爲"梁少府太傅、講學，撰《姓氏英賢傳》"，《隋書·經籍志二》題作《姓氏英賢譜》，一百卷。《玉海》卷五〇稱他還有《百家譜》五卷。

[五]按，此條見《史記·三代世表》索隱引《世本》。《路史》卷四注引《世本》云："蜀王每世相承，爲黄帝後。"

[六]按，此前之語見《山海經》卷一八及郭璞注文。

本》:“顓頊母濁山氏子，名昌僕。”[一]“濁”“蜀”古字通。“濁”又通“淖”，是“淖子”即蜀山氏也。昌僕，一作“景僕”，又曰“女樞”。《初學記》引《帝王世紀》云:“顓頊母曰景僕。”[二]蜀山氏女謂之女樞是也。樂史《寰宇記》謂即石泉縣之蜀山[三]。

塗山氏[四]

《吕氏春秋》:“禹娶塗山氏，不以私害公。自辛至甲四日，復往治水。”《華陽國志》:“禹娶于塗山，今江州塗山是也。帝禹之廟銘存焉。”杜預亦云:“巴縣有塗山，禹所娶。”案，塗氏即出于塗山氏。《世本》云:“塗山，名女媧。”《連山易》:“塗山氏，名攸女。”《古今人表》“名趫”，《吴越春秋》“名女狄”,《大戴禮》作“女嬌”，又一作“女憍”也。

青陽氏

案，蜀有青陽姓，以青陽降居泜水，子孫居蜀，此姓遂蕃也[五]。《風俗通》云:“青陽氏，黄帝子孫始姓之。”[六]漢有東海太守青陽愔、東海王中尉青陽精[七]。又案，前蜀樞密使唐道襲母青陽氏，夢白衣神人逼而交之，生道襲[八]。《北史》宋有青陽顯伯[九]。又趙宋咸平有青陽相，元符有青陽回[十]，政和有青陽泰[十一]、青陽兢[十二]、青陽充[十三]，紹定有青陽師

[一] 按，此條亦見《山海經》卷一八郭璞注文。
[二] 按，此條見《初學記》卷九。
[三] 按，《太平寰宇記》卷七八云:“蜀山，《史記》黄帝子昌意娶蜀山氏女，蓋此山也。”又，此段論蜀山氏，可參《蜀典》卷三“昌意降居若水”“蜀山昌僕”條。
[四] 按，此條所引亦見《蜀典》卷二“塗山氏江州”。
[五] 按，此處可參《蜀典》卷三“青陽降居泜水”條。
[六] 按，此條見《路史》卷一六注文。
[七] 按，此二人見《古今姓氏書辯證》卷一七及《萬姓統譜》卷一三一。
[八] 按，此事見《古今姓氏書辯證》卷一七。
[九] 按，此人事迹見《北史·皮豹子傳》。
[十] 按，青陽相、青陽回見《通志·氏族略四》及《萬姓統譜》卷一三一。
[十一] 按，張澍稱青陽泰乃政和進士，當是據《萬姓統譜》卷一三一。嘉靖《四川總志》卷四、萬曆九年《四川總志》卷七，皆稱其爲熙寧年間進士。
[十二] 按，張澍稱青陽兢爲政和間進士，未言所據。據萬曆九年《四川總志》卷七，此人爲大觀年間進士，光緒《井研縣志》卷一九稱其爲大觀三年進士。
[十三] 按，據萬曆九年《四川總志》卷七，青陽充爲政和間進士。

魯[一]、青陽燮[二]，崇寧有青陽楷[三]、青陽仲康[四]，皆進士，均蜀人。《黄山谷集》有青陽簡，簡字希古，井研之青陽氏也。居井研，煮鹽爲富人。内外族姻待之以炊者數十家。或以僞券取其金而焚其券，或爲簡行錢而負之，簡折其券，終善遇之[五]。宋又有青陽仲廣作《天王寺塔記》。范禹偁有門生青陽誠，對語終日，飲井水一杯[六]。青陽族最大登進士者三十餘人，又分族於井研。科第亦盛，其後徙丹徒。

褐冠氏

《風俗通》[七]："褐冠氏，賓人，以褐冠爲姓。褐冠子著書。"[八]澍案，即鶡冠也。賓，今之渠縣，是褐冠爲蜀人矣。

上官氏

案，《漢學師宋恩等題名》有文學師上官震彦照[九]。又《巴郡太守張納碑陰》議曹掾江州上官延[十]，又領校安漢長江州上官旦[十一]。蜀之上官氏，自漢已有。《蜀録》李特時有上官晶、上官惇、上官琦，爲將帥爪牙僚屬[十二]。《新唐書·南蠻傳》："貞觀十二年，巴、洋、集、壁四州獠叛，

[一] 按，張澍稱青陽師魯乃紹定間進士，未言何據。嘉靖《四川總志》卷四、萬曆九年《四川總志》卷七皆稱此人爲淳熙間進士，《萬姓統譜》卷一三一則言其爲紹興進士。

[二] 按，《萬姓統譜》卷一三一稱此人爲紹興進士；嘉靖《四川總志》卷四、萬曆九年《四川總志》卷七則稱其爲紹熙進士；光緒《井研縣志》卷一九稱其爲紹興三年進士。

[三] 按，《萬姓統譜》卷一三一稱此人爲紹興進士，不知張澍所據爲何？

[四]"青陽仲康"，不知張澍所據爲何，《萬姓統譜》有青陽仲博，乃紹興進士，亦見嘉靖《四川總志》卷四、萬曆九年《四川總志》卷七。而光緒《井研縣志》卷一九又有青陽仲廣，所據爲井研縣《天王寺塔記》，則此處之"康"或是"廣"字形近而誤。

[五] 按，此人事迹詳《黄庭堅全集·别集》卷一〇《青陽希古墓誌銘》。

[六] 按，此人見《古今姓氏書辯證》卷一七。

[七] 按，此三字之旁，趙熙批云："汝南應劭著。"

[八] 按，此文見《通志·氏族略四》。

[九] 第二"師"字，原脱，據《隸釋》卷一四《學師宋恩等題名》補。按，"文學師"，學官名，東漢時郡國學校置。

[十] 按，此碑見《隸釋》卷五。

[十一]"旦"，原作"是"，形近而誤，據光緒本及《隸釋》改。

[十二] 按，諸人皆見《十六國春秋》卷七六《蜀録一·李特》。

遣右武候將軍上官懷仁[一]，破之于璧州。”《宋史》：“上官正，字常清，開封人。淳化中，與雷有終並爲西川招安使。正與鈐轄馬知節平廣武叛卒劉旴之亂[二]，遷南作坊使。”蜀之上官氏，亦或有懷仁與正之後也。紹興五年乙卯科進士[三]，上官廷彦，遂寧人，特奏名。《宋史·忠義傳》：“上官夔，爲萬州將。德祐二年，萬州破，夔死之。”[四]夔亦蜀人。上官進，梓州人，故後主軍校也。國亡，嘯聚亡命三千人，劫掠村民，夜攻梓州城，爲知州馮瓚所禽[五]。

淳于氏

《魏書·淳于誕傳》：“誕字靈遠，其先太山博人。後世居蜀漢，或家安固之桓陵縣[六]。益州刺史劉悛召爲主簿，蕭衍除步兵校尉。景明中歸，歸國陳伐蜀計。正光中，秦隴叛。詔誕爲西南道軍司[七]、別將，從子午南出斜谷，有功。孝昌初，魏子建以誕行華陽郡，帶白馬戍。二年，行巴州刺史。三年，爲東梁州刺史，卒。長子亢，亢弟胤。”[八]今蜀多淳于氏，即誕後。後改姓淳也。

相里氏

《朝野雜記》：“相里公擇寅，邛州安仁人。袁起巖所薦，新知眉州。朝廷詔公擇秩滿赴行在奏事。”[九]案，起巖，袁説友也，建安人。安仁，

[一]“候”，原作“侯”，形近而誤，據《新唐書·南蠻傳下·南平獠》改。

[二]“鈐”，原作“鈴”，形近而誤，據《宋史·上官正傳》改。

[三]“乙”，原作“己”，形近而誤，據《中國史曆日和中西曆日對照表》，紹興五年爲乙卯，故改之。按，此人見嘉靖《潼川志》卷六、乾隆十二年《遂寧縣志》卷四、乾隆五十二年《遂寧縣志》卷六、嘉慶《四川通志》卷一二二。

[四] 按，此事見《宋史·忠義傳六·張珏》。

[五] 按，此事見《宋史·馮瓚傳》。

[六]“安固之桓陵縣”，原作“固安之恒陵縣”，據《魏書》改。按，《宋書·州郡志四》益州有“安固郡桓陵縣”。注云：“張氏於涼州立。晋哀帝時，民流入蜀，僑立此郡。本屬南秦，文帝元嘉十六年度益州。”《南齊書·州郡志下》，益州亦有安固郡桓陵縣。

[七]“軍司”下，原衍“馬”，據《魏書》删。◎“軍司”下，《魏書》有“假冠軍將軍”，張澍省之也。

[八]“胤”，原作“文”，當是避胤禛諱而改也，今據《魏書》改回。

[九] 按，此條見《建炎以來朝野雜記·乙集》卷一一“淳熙至嘉定蜀帥薦士總記”，張澍略有改動。

今大邑。《宋史·盧斌傳》："李順爲亂，成都不守。斌還梓州，集十州兵赴援。知州張雍委以監護之任。會江水泛溢，毁子城。斌勸諭州民，翌日畚锸大集，自城西大壕中[一]，掘塹深丈，决西河水注之以環城。二月，賊渠相里貴衆二十一萬傅城下[二]。城中兵才三千[三]，斌大破之。"

皇甫氏

案，晋時皇甫晏爲益州刺史，遇害[四]。唐初，蜀新定，吏多横恣，人不聊生。高祖詔皇甫無逸，持節巡撫[五]，得制承除吏[六]。既至，黜貪暴、用廉善，德令嚴明，蜀人以安。後爲益州大都督府長史。蜀之皇甫，或其後也。《酉陽雜俎》："蜀將軍皇甫直[七]，别音律，擊陶器能知時月。好彈琵琶，元和中，嘗造一調，乘凉臨水池彈之。本黄鐘而聲入蕤賓，因更弦再三奏試，彈於他處，則黄鐘也。直因切調蕤賓，夜復鳴於池上。覺近岸波動，有物激水如魚跳，及下弦則没矣。直遂集客竭池，窮泥索之。數日，得鐵一片，乃方響蕤賓鐵也。"宋皇甫坦[八]，夾江人，善醫術。顯仁太后苦目疾，國醫不能療。臨安守臣以坦聞，高宗召見，問何以治身。坦曰："心無爲，則身安；人主無爲，則天下治。"引至慈寧殿治目疾，立愈。高宗厚賜之，一無所受。令持香禱青城山[九]。明皇甫仲和，睢州人[十]，精天文推步。成祖北征，仲和與袁忠徹扈从。師至漠北不見寇，問之。曰："今日未、申間，寇從東南來。王師始少却，終必勝。"比日中不至，械之將誅死。頃之，中官奔告曰："寇大至！"授欽天監正。

[一]"中"，原作"衆"，音近而訛，據《宋史》改。

[二]"傅"，原作"傳"，形近而誤，據《宋史》改。

[三]"三"，原作"二"，據《宋史》改。

[四]按，《太平御覽》卷八八〇引《晋書》："武帝太始中，皇甫晏爲益州刺史，西討屯兵。人咸死之，地生白毛。俄被牙門將所殺。"

[五]"持"，原作"特"，形近而誤，據光緒本及《新唐書·皇甫無逸傳》改。

[六]"制"，原脱，據《新唐書》補。

[七]"軍"，原脱，據《酉陽雜俎》卷六補。按，張澍録此文多有删節。

[八]按，針對此句，趙熙眉批云："光宗后李鳳兒即坦所相。"其事見《宋史·后妃傳下·光宗慈懿李皇后》。

[九]按，此條改寫自《宋史·方技傳下·皇甫坦》。

[十]"睢"，原作"雅"，形近而誤，據《明史·方伎傳·皇甫仲和》改。按，睢州，舊治即今商丘市睢縣。皇甫仲和爲河南人，《蜀典》不當收録。

爾朱氏

案，周天和中，秀容爾朱敞爲信州刺史[一]。信州即今忠州[二]，蜀之爾朱氏宜即其後。又爾朱洞[三]，爲爾朱榮之族弟，避亂入蜀得道。尉遲樞《南楚新聞》云[四]："咸通中，有姓爾朱者，家於巫峽，每歲賈於荆、益。瞿塘之壖有白馬神祠，爾朱嘗禱焉。一日自蜀回，復祀之。忽聞神語曰：'愧子頻年相知，吾將舍兹境，故明言與君别耳。'客驚問：'神安適耶？'曰：'吾當爲湖南城隍神，上帝以吾有薄德於三峽民，遂此升擢耳。然天下將亂，今天子亦不久馭世也。'爾朱驚問曰：'嗣君誰耶？'曰：'唐德尚盛。'客請其諱。神曰：'固不可泄。'客懇求之。乃云：'昨見天符，但有雙日也。'語竟，不復言。是歲，懿皇升遐，僖宗以晋王即位。"

林閭氏

《氏族略》："林閭氏，嬴姓。漢蜀郡林閭翁孺，博學能文。見《文章志》。"[五]澍案，林閭翁孺，揚雄師也。常璩《華陽國志》以爲姓林名閭，字翁孺[六]，非複姓也，鄭夾漈所言蓋謬。翁孺，臨邛人。謂成都者，亦誤。

陽城氏

案，桓譚《新論》："陽城子張，名衡，蜀郡人。與吾俱爲講學祭酒。及寢疾，預買棺槨，多下錦綉[七]，立被發冢。"《風俗通》云："漢有諫議

[一]"爾朱敞"，《隋書》有傳。

[二]"信州"，《梁書·武帝紀下》稱普通四年分益州置信州，《太平寰宇記》卷一四八稱大同三年立信州。

[三]"爾朱洞"，《明一統志》卷六九《重慶府·仙釋》下有小傳。又可參《蜀典》卷二"爾朱洞"條。

[四]"《南楚新聞》"，傳奇小説集，唐尉遲樞撰。《新唐書·藝文志三》著録爲三卷。現存《説郛》本、《五朝小説》本、《唐人説薈》本、《唐代叢書》本均係殘本。此處所引見《太平廣記》卷三一二"爾朱氏"條。

[五]按，此條見《通志·氏族略五》，《元和姓纂》卷五亦有記載，但稱出《文字志》。《文章志》見《隋書·經籍志二》，有數種；《文字志》見《舊唐書·經籍志上》，乃王愔撰，三卷。二説各異，不知孰是。

[六]按，此説見《華陽國志》卷一〇之上。

[七]"錦"，原作"綿"，形近而誤，據《太平御覽》卷八一五引《新論》改。

大夫陽城公衡。”[一]所云陽城公衡，即陽城衡也。王充《論衡·超奇篇》云：“陽城子長，作《樂經》[二]，極窅冥之深。非庶幾之才不能成也。”《對作篇》作“陽城子張”[三]。《華陽國志》作“城陽子元”[四]。又案，《班彪傳》云：“武帝時，司馬遷著《史記》，自太初以後，闕而不録。後好事者頗或綴集時事，然多鄙俗，不足以踵繼。”注：“好事，謂揚雄、劉歆、陽城衢、褚少孫、史孝山之徒。”“衢”當爲“衡”字之訛[五]。

公孫氏

宋紹興十五年乙丑科進士公孫熊，安岳人[六]。元豐八年焦韜榜進士公孫謨，安岳人[七]。淳熙十一年甲辰科進士公孫乙，遂寧人[八]。元至正中進士公孫輔，德陽人[九]。

司徒氏

《朝野僉載》：“利州進士司徒鐵，唐光啓時寇亂未得調補，寓居河東。見李克用曰：‘王勿以車駕播遷爲念，寺人不久浄盡。願王終守臣節，後能君主天下。’克用禮爲上賓。鐵曾見友人李球，言遇仙事，自談無緣彌

[一] 按，今本《風俗通義校注》無此文，佚文輯録部分亦無。除了張澍此處所引，管見所及還有《後漢書集解·班彪傳》注文及《後漢書疏證》卷三引有此條，但二者稱出《通志略》，檢鄭樵《通志》，並無該條。

[二] “經”，原脱，據《論衡》補。

[三] “陽城”，原誤倒，據《論衡》乙正。

[四] 按，此説見《後漢書集解·班彪傳》注文及《後漢書疏證》卷三，今本《華陽國志》無。

[五] “衡”，《後漢書·班彪傳》李賢注即爲“衡”字，非“衢”字；《後漢書集解·班彪傳》作“衢”。

[六] 按，此人見嘉靖《潼川志》卷六及乾隆《安岳縣志》卷五。

[七] 按，此條不知張澍所據爲何書，據嘉靖《潼川志》卷六，元豐八年安岳有四人中進士，分别爲孫綱、梁巨濟、李應、汝孝隆，並無公孫謨。但到了光緒《新修潼川府志》卷一五，則變成了“孫綱、李顧、汝孝隆、公孫謨、巨濟”，混亂錯訛，其補入“公孫謨”，或是本自張澍之説也。又，據嘉靖、乾隆《潼川府志》卷六，有乾道五年進士公謨，安岳人，恐是“公孫謨”而脱一“孫”字？然而中進士之時又與張澍所言不合，存疑俟考。

[八] 按，此人見嘉靖《潼川志》卷六。

[九] 按，此人見嘉靖《四川總志》卷四及《萬姓統譜》卷一二五。

修性理。"[一]

綦母氏

案，齊神武時有綦母懷文[二]，以道術事神武，官至信州刺史。信州即今忠州也，蜀之綦母氏或其裔。又唐有著作郎綦母潛[三]，荆州人，或其裔由楚入蜀。王建部將綦母諫説建善士愛民[四]，以觀天下之變，即潛後也。宋宣和三年辛丑科進士綦母賁[五]，綦江人。紹興二十一年辛未科進士綦母寧，墓在縣東三十里古鹿山，有石柱，題曰："大宋國宣和元年十月十五日敦武郎綦母寧字天亨墓。"[六]又綦母常、綦母卿[七]，俱綦江人，墓在岑獅壩。

叔先氏

《華陽國志》："永建元年十二月，符縣長趙祉遣吏先泥和[八]，拜檄巴郡守，過成瑞灘《漢書》作"城湍灘"溺死。其女先絡，年二十五，自沉求尸。泥和有子，名賢。"《水經注》："符縣長遣吏先尼和，以永建元年十二月詣巴郡，没死成湍灘。子賢，求喪不得。女絡，年二十五歲，有二子，

[一] 按，張澍所言司徒鐵與李克用事，文獻無考，不知何據。而司徒鐵與李球事，《太平廣記》卷四七引《仙傳拾遺》云："乾符中，進士司徒鐵與球相别三十餘年。别時，球年六十，鬢已垂白。於河東見球，年九十餘，容狀如三十許。話所遇之事，云服藥至今。"

[二] 按，《北齊書·方伎傳》有傳。

[三] 按，《唐才子傳校箋》卷二有傳。

[四] 按，《十國春秋》卷四〇有傳。

[五] "賁"，或誤，《萬姓統譜》卷一二六有"綦母費"，乃宋代南平人；《通志·氏族略五》有"綦母費"，大觀年間登科，也是南平人。道光《重慶府志》卷一叙及綦母氏，提到了宋宣和進士綦母賁，引用了張澍之説，則《重慶府志》之綦母賁很明顯因襲《蜀典》。但其書卷七又收"綦母費"，稱其爲宣和三年進士。此姓較罕見，"費""賁"形近，諸説或有誤，存疑俟考。上海圖書館藏萬曆《重慶府志》卷三二"選舉"類亦不載此人。

[六] 按，此人中進士之事見嘉慶《四川通志》卷一二二，其墓題柱之文則見同書卷四四。又，宣和在紹興之前，此"宣和元年十月十五日"應是其出生之日。

[七] 按，此二人之墓所在，見嘉慶《四川通志》卷四四，但《四川通志》"綦母卿"作"綦清卿"，其書卷一二二亦同；道光《重慶府志》卷一據張澍之説，作"綦母卿"；但同書卷七又作"綦清卿"。據《蜀典》本卷後文"綦氏"條，張澍稱綦母氏後改作綦氏，則"綦清卿"當不誤也。

[八] "泥"，與《華陽國志》卷一二同，然《華陽國志》卷三又作"尼"。按，此處乃張澍據《華陽國志》卷三改寫，亦可參《蜀典》卷一之下"城湍灘"條。

五歲以還。至二年二月十五日尚不得喪。絡乃乘小船至父没處，哀哭自沉。見夢告賢曰：‘至二十一日，與父俱出。’至日果浮出江上。郡縣爲之立碑，以旌孝誠也。”[一]案，《搜神記》作“叔先雄”，云：“叔先泥和之女也。年二十七歲，有子男貢，年五歲；貰[二]，年三歲。”范蔚宗《後漢書》作“叔先”，複姓也，“泥”下無“和”字[三]。“泥”一作“沈”，亦作“江”[四]。《益部耆舊傳》作“光洛”[五]，云：“符有光洛，僰道有張帛。”帛、洛，協韻。王深寧引《水經注》作“‘光終’，符縣人”[六]。今《水經》本作“光絡”[七]。“終”爲“絡”之訛，“光”爲“先”之訛也。

宇文氏

案，宇文，本夏州姓。廢帝三年，宇文貴代尉遲迥爲益州刺史[八]。又宇文憲，齊王，武成元年爲益州總管[九]；宇文招，趙王，保定三年任[十]；宇文儉，譙王，天和五年任；宇文達，代王，建德四年任[十一]：俱太祖子。又宇文贊，漢王，天和五年任益州刺史[十二]。宇文康，閔帝子，紀王，建德中爲利州總管[十三]。蜀之宇文氏，必係貴、憲、招、儉諸人仕蜀之子孫也。又案，唐武后時右司諫宇文鈞[十四]，以直言貶蜀。后念之，召爲學士。

[一] 按，此條見《水經注·江水一》。
[二]“貰”，原作“貫”，形近而誤，據《新輯搜神記》卷九“先雄”條改。
[三] 按，張澍此説誤，《後漢書·列女傳·孝女叔先雄》有“泥”字。
[四] 按，此異文不知見於何書何本，暫未見他書有徵引。
[五] 按，《水經注箋·江水一》及《水經注集釋訂訛·江水一》皆刻作“光洛”，其他版本多已改作“先絡”。
[六] 按，此説見《困學紀聞》卷一三。
[七] 按，今常見本《水經注》皆作“先絡”，未知張澍所指爲何本？或誤。
[八] 按，宇文貴，《周書》《北史》皆有傳。
[九] 按，此事見《周書·明帝紀》。
[十] 按，宇文招及宇文儉任益州總管并見《周書·武帝紀上》。
[十一] 按，宇文達任益州總管見《周書·武帝紀下》。
[十二] 按，此事見《周書·柳慶傳附子機》。
[十三] 按，《周書·武帝紀下》云：“（建德五年六月）丙辰，利州總管紀王康有罪賜死。”
[十四] 按，兩《唐書》無此人事迹，其他載籍亦僅見《醒世恒言》卷四〇提及此人，即《滕王閣序》中之“宇文新州”也，未知張澍所據爲何書？《全蜀藝文志》卷五四録《氏族譜·宇文氏》云：“其以史學傳自唐諫議大夫藉，藉子從禮，爲渠州司馬，因家於蜀。後徙成都，子孫又分六院：曰成都，曰雙流，曰廣都，曰綿竹，曰嚴道，曰閬中。”頗疑張澍之説有誤。

蜀之宇文，亦或有鈞後。宋時雙流宇文氏最盛，而成都、綿竹次之。宋太平興國中進士宇文愚[一]，華陽人。景德二年乙巳科進士宇文之奇[二]，綿竹人。慶曆二年壬午科進士宇文逸[三]，成都人。嘉祐二年丁酉科進士宇文册[四]，雙流人，李大臨稱爲西川顔子。又宇文之邵[五]，綿竹人，嘉祐中進士。宇文昭度，成都人，嘉祐中進士[六]。宇文昌齡[七]，雙流人，刑部侍郎，任尚書屯田員外郎。宇文邦彦，初名褒，登元豐進士第，仕至郡相[八]。子粹中[九]，官尚書左丞。次子閎中。時中，賜進士第，知潼川[十]。粹中子師獻，字德濟，見張栻《墓表》[十一]。又宇文黄中、宇文虚中[十二]，均邦彦子。宇文千之[十三]，閬州人。宇文彬，綿竹人，大觀三年己丑科進士[十四]。又政和中進士宇文璞、宇文恒[十五]，俱成都人。紹興十

[一] 按，此人見《萬姓統譜》卷一三三及《天啓新修成都府志》卷一三，皆不言爲雙流人。

[二] 按，嘉靖《四川總志》卷四僅稱此人爲景德間進士，張澍所據爲嘉慶《四川通志》卷一二二。而《宋會要輯稿·選舉二》則云："（皇祐三年）五月初一日，以新及第進士……第五人宇文之奇，并爲兩使職官。"兩説互歧，未知孰是。

[三] 按，嘉靖《四川總志》卷四僅稱此人爲慶曆間進士，嘉慶《成都縣志》卷二明言爲慶曆二年進士，殆即張澍所據也。

[四] 按，《萬姓統譜》卷一三三僅稱此人爲嘉祐進士，嘉靖《四川總志》卷四、《全蜀藝文志》卷五四亦同；張澍所據見嘉慶《四川通志》卷一二二。後文言李大臨稱之爲"西川顔子"者，并見《全蜀藝文志》及嘉慶《四川通志》。

[五] 按，《宋史·隱逸傳中》有傳，但不言中進士之時間，張澍稱嘉祐中，當是據雍正《四川通志》卷三三，但《四川通志》誤人名作"宇文之紹"。

[六] "嘉祐"，原作"熙寧"，誤，據嘉靖《四川總志》卷四、雍正《四川通志》卷三三、嘉慶《成都縣志》卷二改。

[七] 按，此人《宋史》有傳。

[八] "宇文邦彦……仕至郡相"，原無，張澍編排偶疏，據《全蜀藝文志》卷五四補。按，《宋史·宇文昌齡傳》附有子宇文常，不言宇文粹中乃其子也。若不補，不但缺此人事迹，且令宇文粹中與宇文昌齡關係錯亂，更令後文之"邦彦"顯得突兀。

[九] 按，宇文粹中事迹散見於《宋史》，《全宋文》卷三一二九有小傳。

[十] 按，宇文閎中及宇文時中亦見《全蜀藝文志》卷五四，登第時間不詳。

[十一] 按，《南軒集》卷四一有《宇文史君墓表》。

[十二] 按，據嘉靖《四川總志》卷四，宇文黄中乃大觀年間進士，周必大《文忠集》卷五〇《跋魚計亭賦》對其履歷有介紹。◎宇文虚中，《宋史》有傳。

[十三] 按，嘉靖《四川總志》卷六稱其爲元豐年間進士，《萬姓統譜》卷一三三稱其爲乾道中進士，未知孰是。

[十四] 按，嘉慶《四川通志》卷一二二稱其爲元豐中進士，具體科分無考。又據《宋會要輯稿·選舉十二》，政和八年，宇文彬中博學宏詞科，《玉海》卷二〇四則稱在淳熙戊戌年。

[十五] 按，二人并見嘉靖《四川總志》卷四、雍正《四川通志》卷三三等。

二年壬戌科進士宇文任[一]，成都人。宇文紹節[二]，雙流人。紹興中進士宇文畢[三]，成都府人。乾道中進士宇文華[四]，南部人。隆興元年木待問榜進士宇文价[五]，丹稜人。進士宇文子震[六]，雙流人，著作郎，守潼川。宇文機，守威州[七]。宇文价，兵部尚書，元至順進士[八]。宇文公諒，成都人，寓吴興，至順四年登第[九]。熙寧時，宇文奉直守懷安軍[十]。理宗時[十一]，宇文景訥知彭州。

令狐氏

案，令狐，係敦煌著姓。周中興中，令狐休任合州刺史[十二]。令狐整，于武成元年任始州刺史[十三]。唐貞觀十八年，熙子德棻任雅州刺史[十四]。乾寧三年，令狐崇亮昌明令[十五]。必其子孫寓蜀，故有此氏。然三國蜀漢

[一] 按，此人見嘉慶《四川通志》卷一二二。

[二] 按，此人《宋史》有傳。

[三] 按，此人見嘉靖《四川總志》卷四、雍正《四川通志》卷三三、嘉慶《四川通志》卷一二二。

[四] 按，此人見嘉靖《四川總志》卷四、雍正《四川通志》卷三三、嘉慶《四川通志》卷一二三。

[五] “隆興元年木待問榜”，原作“淳熙五年戊戌科”，因襲嘉慶《四川通志》卷一二三而誤，今據《南宋館閣録·續録》卷八改。按，首先，康熙《眉州屬志》卷二、乾隆《丹稜縣志》卷八稱科分無考，《四川通志》能在舊志皆無詳細科分情况下給出準確年份，值得懷疑。其次，同書同卷又有宋代年份無考之進士宇文价，也是雙流人，兵部尚書，前後抵牾。爲免以訛傳訛，故改之。

[六] 按，此人見《全蜀藝文志》卷五四，嘉慶《四川通志》卷一二三稱科分無考，據嘉定《鎮江志》卷一二，此人在淳熙八年時任鎮江總領，則其登進士第當在此前也。

[七] 按，此人見《全蜀藝文志》卷五四，别本《全蜀藝文志》“威州”作“成州”。

[八] 按，此宇文价與前一人同名且同爲兵部尚書，出生地又同，可能性太小。張澍此説不知何據，或誤。

[九] “至順”，原無，文義不明，據《元史》本傳補。

[十] 按，此説見《萬姓統譜》卷一三三、萬曆九年《四川總志》卷六及嘉慶《四川通志》卷一〇一。

[十一] “理宗”，原作“孝宗”，不知張澍因何而誤，今據《宋史·理宗紀三》稱淳祐七年前彭州守宇文景訥死事而改。

[十二] 按，此説見《周書·令狐整傳附弟休》及嘉慶《四川通志》卷一〇一。

[十三] 按，《周書》本傳不言令狐整遷始州刺史之時，不知張澍所據爲何。

[十四] “熙”，原作“整”，誤，據兩《唐書·令狐德棻傳》，其父名熙，故改之。

[十五] “亮”，原作“管”，不知因何而誤，今據嘉靖《耀州志》卷七、嘉慶《四川通志》卷一〇二改。但二書皆不言任職之時。

時，巴西人令狐衷爲南廣太守[一]，是蜀舊有令狐氏也。唐時絶無聞人，宋時遂寧登科者甚衆。建炎二年戊申科進士令狐習、令狐賓，紹興十五年乙丑科進士令狐鵬[二]，俱遂寧人。隆興元年癸未科進士令狐古、令狐絳[三]，均特奏名；乾道二年丙戌科進士令狐繼隆、令狐謂[四]，特奏名；淳熙十一年甲辰科進士令狐午[五]，特奏名；紹熙四年癸丑科進士令狐炳[六]，特奏名；嘉定元年戊辰科進士令狐友龍[七]；嘉定七年甲戌科進士令狐潩、令狐已之[八]；寶慶二年丙戌科進士令狐彦深[九]，特奏名；紹定五年壬辰科進士令狐震之，令狐概[十]，潩子；端平二年乙未科進士令狐棐[十一]；淳祐元年辛丑科進士令狐震已[十二]：均遂寧人。

司馬氏

案，《仙傳拾遺》謂司馬錯于惠文乙巳年伐蜀時，同三將唐建威、李德芰、宋雲刁等仙去[十三]。是蜀之司馬氏，或錯後也。然考《秦本紀》惠

[一] 按，此人見《華陽國志》卷四。
[二] 按，此三人均見嘉靖《潼川志》卷六。
[三]“隆”，原作“紹”，顯誤，據《中國史曆日和中西曆日對照表》改。按，此二人亦見嘉靖《潼川志》卷六，原書“隆興”之“隆”字缺，或即張澍誤補爲“紹興”之因耶？然嘉慶《四川通志》卷一二三載二人科分，則作“隆興元年”，不誤。
[四] 按，此二人見嘉慶《四川通志》卷一二三。
[五] 按，嘉靖《潼川志》卷六稱其爲淳熙十年特奏名，乾隆十二年《遂寧縣志》卷四、嘉慶《四川通志》卷一二三作淳熙十一年，據《宋史·孝宗紀三》，當作“淳熙十一年”。
[六] 按，此人見嘉靖《潼川志》卷六及嘉慶《四川通志》卷一二三。
[七]“元”，原作“九”，形近而誤，與干支紀年不合，據乾隆十二年《遂寧縣志》卷四及嘉慶《四川通志》卷一二三改。
[八] 按，此二人見嘉靖《潼川志》卷六及嘉慶《四川通志》卷一二三。
[九] 按，此人見嘉靖《潼川志》卷六、乾隆十二年《遂寧縣志》卷四及嘉慶《四川通志》卷一二三。
[十] 按，此二人見嘉靖《潼川志》卷六、乾隆十二年《遂寧縣志》卷四及嘉慶《四川通志》卷一二三。但只有令狐概爲令狐潩之子，故二人之間不用頓號。
[十一]“棐”，原作“裴”，形近而誤，據雍正《四川通志》卷三三及嘉慶《四川通志》卷一二三改。
[十二] 按，此人見嘉慶《四川通志》卷一二三。其人品行不佳，無甚政績，劉克莊《後村集》卷八一有《繳令狐震已辟差知象州奏狀》，可參看。
[十三] 按，張澍稱此説見《仙傳拾遺》，不知據何書轉引，或誤。宋陳舜俞《廬山記》卷三：“《玉笥山記》云：‘秦亂，名官者十有三人，棄官學道，經於廬山。内武士三人，曰：唐建威、李德殳、宋雲刁，欲遂栖焉，餘十人曰不然。’”則顯非司馬錯伐蜀之時也。《三教源流搜神大全》卷一〇“唐建威”條亦有相關記載，但與張澍所言均略異。

文君十四年更爲元年九月，司馬錯伐蜀滅之。昭襄王六年，蜀侯煇反，司馬錯定蜀。昭襄二十七年，使司馬錯發隴西，攻楚、黔中，拔之。是《仙傳》所言于惠文時仙去者，非矣。漢有司馬相如，而後嗣靡聞。《華陽國志》云：“司馬敬司[一]，司馬氏女，五更張伯饒妻也。霸前妻[二]，有三男一女。敬司産一男，撫教五子[三]，恩愛若一。霸卒，葬河南。敬司與諸子還蜀，疾病，遺令告子曰：‘舜葬蒼梧，二妃不從。汝父在梁，吾自在蜀，亦各其志，勿違吾敕也。’遂葬蜀。子光超稟母教，爲聘士。”《序志》云：“敬司，成都人。”又云：“義舊，狄道長姜穆女，綿竹司馬雅妻也。”[四]“晋司馬勝之，字興先[五]，綿竹人，學通《毛詩》，治《三禮》。清尚虚素，性澹不事榮利[六]。初爲郡功曹，甚善綱紀之體。州辟從事，進尚書左選郎，徙祕書郎。時蜀國州書佐望與郡功曹參選，而從事侔臺郎。時重察舉，雖位經朝要，還爲秀孝，亦爲郡端右。景耀末，郡請察孝廉。大同後，梁州辟别駕從事，舉秀才。歷廣都、新繁令，政理尤異。以清秀徵爲散騎侍郎，以宗室禮之。終以疾辭去職。即家拜漢嘉太守，候迎盈門。固讓，不之官。閑居清静，謙卑自牧，常言：‘世人不務求道德，而汲汲於爵禄。若吾者，可少以爲有餘榮矣。’訓化鄉閭，以恭敬爲先。年六十五，卒於家。子尊、賢、佐，皆有令德。”《宋史·忠義傳》：“司馬夢求，叙州人，温國公光之後，景定三年進士。咸淳末，調江陵沙市監鎮[七]。北兵因水涸攻陷，夢求自縊死。”又：“子已，温公七世孫。寓居戎州，該通理學，不事科舉。召補嘉定州司户參軍，所撰有《先後天圖》。”[八]蓋金人陷汴，索虞部員外郎司馬朴之孥[九]。趙鼎匿其長子倬于蜀，得免。朴爲君實孫，故蜀有温公之裔也。

[一] 第二“司”字，原作“同”，形近而誤，據《華陽國志》卷一〇上、卷一二改，後文此字之誤徑改。
[二]“霸前妻”，原作“前妻霸”，據《華陽國志》卷一〇上改。
[三]“子”，原作“男”，據《華陽國志》卷一〇上改。
[四] 按，此文亦見《華陽國志》卷一〇上。
[五]“興”，原作“與”，形近而誤，據《華陽國志》卷一一改。
[六]“性”，原作“姓”，形近而誤，據光緒本及《華陽國志》改。
[七]“鎮”，原脱，據《宋史·忠義傳七》補。
[八] 按，此條見《經義考》卷三四。
[九]“朴”，原作“樸”，誤，據《宋史·司馬池傳附曾孫朴》改。後文此字徑改。

鮮于氏

案，《華陽志》漢有鮮于定[一]，爲廣漢大守。咸康中[二]，有鮮于皋，爲眉州刺史，以蜀亡舉兵見誅。蜀之鮮于氏，未知係何人之後。顔真卿《鮮于太保碑》亦未詳其世系[三]。《明皇本紀》："天寶十載四月，劍南節度使鮮于仲通及雲南蠻戰于西洱河[四]，大敗。"《新唐書》本傳："李叔明，字晋，本鮮于氏。兄仲通，字向。叔明擢明經。崔旰入朝[五]，拜東川節度使。大曆末，或言叔明本嚴氏子，少孤，養外家，冒鮮于姓。叔明醜之，表乞宗姓列屬籍，代宗从之。"宋咸平三年庚子科進士鮮于端夫[六]，南部人。景祐元年甲戌科進士鮮于侁[七]，閬州人。侁，字子駿，爲利州副使。蘇軾稱其"上不害法，中不廢親，下不傷民"[八]，以爲"三難"。後拜左諫議大夫，著有《詩傳》《易斷》，尤長于《楚詞》。元祐三年戊辰科進士鮮于翔[九]，渠縣人，第四甲；宣和中進士鮮于輝[十]：俱順慶人。

[一] 按，此人見《華陽國志》卷三。

[二] "咸康"前，原衍"晋"字，誤甚，今删。按，晋時咸康爲東晋成帝年號，但鮮于皋乃五代時人，事見《十國春秋》卷四三《蕭懷武傳》。又據《十國春秋》卷三七《前蜀後主本紀》，鮮于皋被殺在後唐同光三年。張澍所據殆嘉慶《四川通志》卷一〇二，《四川通志》稱其爲五代人，但年號作"咸康"，指前蜀王衍咸康，僅九二五年一年。《四川通志》本不誤，張澍誤添"晋"字。

[三] 按，此文即《顔魯公集》卷六之《中散大夫京兆尹漢陽郡太守贈太子少保鮮于公神道碑銘》。

[四] "洱"，原作"江"，據《新唐書·玄宗紀》改。

[五] "旰"，原作"盱"，形近而誤，據《新唐書》改。

[六] 按，張澍所據爲嘉慶《四川通志》卷一二二，道光《保寧府志》卷三六等亦同；嘉靖《四川總志》卷六、萬曆九年《四川總志》卷一一皆稱其爲景德間進士；雍正《四川通志》卷三三稱其爲咸平間進士。

[七] "景"，原作"嘉"，與干支不合，顯誤，據嘉慶《四川通志》卷一二二改。按，《宋史》有鮮于侁傳。

[八] 按，此文見《宋史·鮮于侁傳》，又見《蘇軾全集校注·文集》卷六八《題鮮于子駿八詠後》。

[九] 按，此處本自嘉慶《四川通志》卷一二二，又見同治《渠縣志》卷三四。嘉靖《四川總志》卷七僅言其爲元祐進士，雍正《四川通志》卷三三則稱其爲端拱進士，誤。

[十] 按，雍正《四川通志》卷三三、嘉慶《四川通志》卷一二三，皆稱其爲乾道中進士。嘉靖《四川總志》卷七稱此人登黄由榜進士，據《淳熙三山志》，黄由爲淳熙八年榜首。二説皆與張澍所言不合，未知孰是。

淳熙中進士鮮于受[一]，大足人；鮮于卓[二]，順慶人。紹熙元年庚戌科進士鮮于季寅，紹熙四年癸丑科進士鮮于鈞，特奏名；嘉定十三年庚辰科進士鮮于應庚；紹定五年壬辰科進士鮮于應文，季寅子[三]；寶祐元年癸丑科進士鮮于應昌[四]：均遂寧人。宋舉人鮮于份[五]，營山人。又宋嘉定時有鮮于天一，劍州人。好學，通天文、曆數、地理、方技。其學甚博，制行和雅。見高尚午《墓銘》[六]。國朝閬中縣學拔貢生鮮于珩、鮮于鳳[七]。巴州學歲貢生鮮于瑄，邛州學正[八]。

三邱氏

《姓氏急就篇》《氏族略》並云："《蜀志》有三邱務。"[九]案，《蜀志》無"三邱務"。考：丘昂，吴興人，與弟給事中夷、太守矩，並以孝行著聞，當時謂之"三丘"[十]。王、鄭二説，或因此而誤。

微生氏

案，微生，即尾生氏，字相通。《三峽記》："明月峽中有二溪，東西流。宋順帝昇明二年[十一]，峽人微生亮釣得一白魚，長三尺，投置船中，

[一] 按，此人見嘉靖《四川總志》卷九、雍正《四川通志》卷三三、嘉慶《四川通志》卷一二三等。

[二] 按，此人見嘉靖《四川總志》卷七、萬曆九年《四川總志》卷一〇、雍正《四川通志》卷三三、嘉慶《四川通志》卷一二三等。嘉慶志稱科分無考，兩本《四川總志》皆言乃詹騤榜進士，據《宋史·孝宗紀二》，詹騤中狀元在淳熙二年。

[三] 按，以上四人皆見嘉靖《潼川志》卷六，乃遂寧人。

[四] 按，此人見乾隆十二年《遂寧縣志》卷四及嘉慶《四川通志》卷一二三等。

[五] 按，此人見正德《蓬州志》卷九、萬曆《營山縣志》卷五及嘉慶《四川通志》卷一二五。

[六] 按，高尚午所作《鮮于天一墓誌銘》，見嘉慶《四川通志》卷四五。

[七] 按，此二人見嘉慶《四川通志》卷一三二。

[八] 按，此處所據乃嘉慶《四川通志》卷一三二，乾隆《蒲江縣志》卷二及嘉慶《邛州直隸州志》卷二五皆稱此人在乾隆四十二年任蒲江縣訓導，當是。

[九] 按，《姓氏急就篇》卷下、《通志·氏族略三》、《廣韻·談韻》"三"字注文、《萬姓統譜》卷一三一皆載此説。

[十] 按，此三人見嘉泰《吴興志》卷一六及《萬姓統譜》卷六二。

[十一] "明"，原作"平"，因《太平廣記》而誤，據《中國歷代年號考》改。按，《蜀中廣記》卷八〇引此事，已改之矣。

以葦覆之。及歸，取烹，見一美女在草下，潔白端麗。自言：‘高唐之女，偶化魚游，爲君所得。’亮曰：‘既爲人[一]，能爲妻否？’女曰：‘冥契使然，何爲不得。’爲亮妻三年，其後忽曰：‘數已足矣。請歸高唐。’亮曰：‘何時復來？’答曰：‘情不忘者，有思復至。’一歲三四往來，其後不知所終。”

沮渠氏

案，唐《太上老君石像碑》末云：“朝散郎上騎都尉瀘州沮渠智烈書。”[二]是蜀有沮渠氏也。

毌丘氏[三]

案，晉時，聞喜人毌丘奥任益州刺史、建平監軍[四]。又毌丘暐[五]，任西夷校尉。蜀之毌丘氏，宜出其後。唐白居易木蓮樹詩序：“忠州西北十里[六]，有鳴玉溪，生者穠茂尤異。元和十四年夏，命道士毌丘元志寫。惜其遐僻，因題三絶句云。”又案，《蜀録》：“漢中太守杜孟治退走漢國，功曹毌丘建荷檐杖，曰：‘吾雖不肖，一國大夫，國亡不能存，終不屬賊也。’餓死谷中。”[七]宋皇祐中進士毌丘會[八]，新井人。政和中進士毌丘儼，宣和中進士毌丘斌，紹興中進士毌丘拾，均南部人[九]。漱玉巖在縣

[一]“爲”，原作“非”，據《獨異志》卷中、《太平廣記》卷四六九“微生亮”條改。

[二] 按，此署款見《金石萃編》卷六〇，原碑名《奉仙觀老君像碑》。

[三]“毌”（guàn），原作“毋”，古籍中或作“母”，如《萬姓統譜》卷一三四，皆形近而誤，今改。按，《史記·田敬仲完世家》“明年，宣公與鄭人會西城，伐衛，取毌丘”，索隱云：“毌音貫，古國名，衛之邑。”是毌丘因地而氏也。後文此字徑改，不再出校。

[四] 按，此人見《華陽國志》卷九、《晉書·成帝紀》，但不言郡望。張澍或是據《三國志·魏志·毌丘儉傳》中毌丘儉爲河東聞喜人而推測也？

[五] 按，《晉書·海西公紀》云：“（興寧三年）冬十月，梁州刺史司馬勳反，自稱成都王。十一月，帥衆入劍閣，攻涪。西夷校尉毌丘暐棄城而遁。”

[六]“西”，原脱，據《白居易集箋校》卷一八補。按，此處張澍稱所引爲詩序，其實乃詩題也，其言不確，故不加書名號。

[七] 按，毌丘建事見《十六國春秋》卷七七《蜀録二·李雄》。《華陽國志》卷八作“毋建”。

[八] 按，嘉靖《四川總志》卷六稱其爲閬中人，萬曆九年《四川總志》卷一一、雍正《四川通志》卷三三稱其爲閬中人，嘉慶《四川通志》卷一二二稱其爲新井人。

[九] 按，此三人見嘉靖《四川總志》卷六、萬曆九年《四川總志》卷一一、雍正《四川通志》卷三三、嘉慶《四川通志》卷一二二。

南[一]，巖側，宋毌丘氏所居也。而劍州南百里有毌丘祠[二]，相傳毌丘儼昆弟四人讀書處。淳祐四年甲辰科進士毌丘久大[三]，安岳人。鄧名世《姓氏辯證》云[四]："毌丘儼、毌丘斌並閬中人，登科。"又宋馮時行《留題》："建炎戊申正月上巳日，判官李造道、司户趙執、權知縣毌丘元望、縣尉馮當可，陪郡侯謁武烈公祠[五]，遂泛江而下，散步此磧。"

閭丘氏

案，閭丘氏，《左傳》齊大夫閭丘明之後[六]。唐閭丘均[七]，成都人，以文章著名。景龍中，安樂公主薦，拜太常博士。坐貶循州司倉參軍，卒。有集十卷。《唐詩紀事》云："杜審言以詩，閭丘均以字，同侍武后。"[八]案，六朝以有韻者爲文，無韻者爲筆，即杜詩所謂"世傳閭丘筆"也[九]。而《紀事》以"筆"爲"字"，舛矣。杜工部有《贈閭丘師兄詩》，均之孫也。《宋史·司馬池傳》："蜀人妄言戍兵叛，蠻將入寇。富人瘞金銀，逃山谷間。郫縣令閭丘夢松，假他事上府。"當是均之後。

歐陽氏

蜀之歐陽氏，漢、晉無聞者。惟唐時有歐陽機，臨湘人，爲什邡令；歐陽顯，爲晉原令[十]。或其裔留蜀，故有此氏也。宋歐陽迥[十一]，小字父珏，通泉令。《十國春秋》本傳："華陽人，性坦率，雅善長笛，從後主

[一] 按，《全蜀藝文志》卷三九有《漱玉巖記》。
[二] 按，此説見雍正《四川通志》卷二八之上及嘉慶《四川通志》卷三五。
[三] 按，此人見雍正《四川通志》卷三三及嘉慶《四川通志》卷一二三。
[四] 按，鄧名世《古今姓氏書辯證》並無此姓，張澍誤記，然《通志·氏族略三》《萬姓統譜》卷一三四皆載此二人，此處實不便改動，故僅作説明。
[五] "侯"，原作"候"，形近而誤，據《全蜀藝文志》卷六四《龍脊灘留題》改。
[六] 按，此人見《左傳·哀公八年》。
[七] 按，《舊唐書·文苑傳中·陳子昂》後有此人附傳。
[八] 按，此説見《唐詩紀事》卷六。
[九] 按，此句見《杜詩詳注》卷九《贈蜀僧閭丘師兄》。
[十] 按，二人見嘉慶《四川通志》卷一〇一。
[十一]《資治通鑑後編》卷四作"歐陽炯"，並注："《宋史·孟氏世家》作'歐陽迥'，《長編》作'炯'。按：'迥'乃'炯'字之訛。'迥''炯'音同，未知孰是，今姑從《長編》。"

歸宋。宋太祖常召於偏殿，令奏數曲。御史中丞劉温叟聞之，叩殿門求見，諫曰：‘禁署之職，典司誥命，不可作伶人之事。’太祖曰：‘朕常聞孟昶君臣溺於聲樂，迴至宰司，尚習此伎，故爲我所禽，所以召迴，欲驗言者之不誣也。’”明嘉靖二十三年甲辰科進士歐陽震[一]，巴縣人，官御史。萬曆三十八年庚戌科進士歐陽調律[二]，合州人。景泰元年庚午科舉人歐陽曰良[三]，綦江人。成化四年戊子科舉人歐陽文[四]，瀘州人。成化十三年丁酉科舉人歐陽讓[五]，郫縣人。嘉靖七年戊子科舉人歐陽復[六]，巴縣人，官信陽知州。國朝乾隆四十八年癸卯科舉人歐陽曙[七]，温江人。嘉慶五年庚申科舉人歐陽昶，巴縣人。

夏侯氏

案，《蜀志》廣漢太守夏侯纂[八]。蜀有夏侯氏，當始此。《十國春秋》：“夏侯延祐，蜀人，工畫花竹翎毛，師黄筌，得其要領。廣政時，充翰林待詔[九]。歸宋，爲圖院藝學。”

長孫氏

案，長孫氏，本略陽籍。隋時長孫洪爲臨州刺史，至唐元和中，任普州刺史[十]。長孫知仁[十一]，至德中任渝州刺史。開元中坐無忌從弟，由

[一] 按，此人見嘉靖《四川總志》卷九、萬曆九年《四川總志》卷九、雍正《四川通志》卷三四、嘉慶《四川通志》卷一二四等。

[二]“調”，原脱，據雍正《四川通志》卷三四、乾隆《合州志》卷五、嘉慶《四川通志》卷一二四補。

[三] 按，此人見嘉慶《四川通志》卷一二五。

[四] 按，此處與嘉慶《四川通志》卷一二六相合，嘉靖《四川總志》卷一三、萬曆九年《四川總志》卷一三皆稱其爲成化庚子舉人，未知孰是。

[五] 按，此人見嘉靖《四川總志》卷四、萬曆九年《四川總志》卷七，而據康熙《江西通志》卷七，此人本泰和縣人，在四川中舉。

[六] 按，此人見嘉靖《四川總志》卷九、萬曆九年《四川總志》卷九、嘉慶《四川通志》卷一二六等。

[七] 按，此人及後文之歐陽昶，均見嘉慶《四川通志》卷一二九。

[八] 按，此人見《三國志·蜀志·秦宓傳》。

[九]“待”，原作“侍”，形近而誤，據光緒本及《十國春秋》卷五六此人傳記改。

[十] 按，此人見嘉慶《四川通志》卷一〇二，乃長孫無忌從兄。

[十一] 按，此人見嘉慶《四川通志》卷一〇一、一〇二。

渝州刺史貶翼州司馬。蜀之長孫氏，乃其裔也。

脩羊氏

《列仙傳》云：“脩羊公，蜀人，隱華山石室。漢景帝禮之，化爲白石羊，題曰：‘脩羊公謝天子。’”[一]案，一作魏人。

句龍氏

《揮麈前録》[二]：“句龍如淵，本句氏[三]，避高宗諱，加‘龍’字，官御史中丞。”《宋史》：“如淵，字行父，導江人。政和八年登上舍第[四]。浮沉州縣二十年，以張浚薦，召試館職。紹興六年，除祕書省校書郎。八年，兼給事中、同知貢舉，除中書舍人，兼直學士院。”案，《録異記》：“句龍弘道居梓潼山下偃武亭南[五]，廬墓于官路之東[六]。年逾八十，髮長丈餘。父母二墳各生紫芝一莖，高六七寸。馴伏猛獸，以爲常焉。廣明辛丑歲，僖宗親幸其第，坐庭中巨石上。”是宋以前蜀原有句龍氏也。句龍庭實，夾江人，政和壬辰科進士[七]，召試學士院，除校書郎，後知眉州，作通濟渠以溉民田。眉州德之，刻石記其事。句龍傳，字明甫，亦夾江人，撰《春秋三傳分國紀事本末》[八]。句龍慶，字昌裔，雲

[一] 按，《列仙傳》卷上稱其爲魏人，《太平御覽》卷三九所引則作蜀人。

[二] “前”，原作“後”，誤，據此條出《揮麈録·前録》卷三改。後文引及此事而誤題者徑改，不再出校。相關記載又見《齊東野語》卷四“避諱”條、《名賢氏族言行類稿》卷六〇、《姓氏急就篇》卷下。

[三] 按，對於此説，趙熙眉批云：“《宋史》，本句芒氏。”

[四] “上舍”，宋熙寧四年立太學三舍法，外舍、内舍和上舍，第一等稱上舍。見《宋史·選舉志三》。又，張澍所引見《宋史·句龍如淵傳》。

[五] “弘”，原作“宏”，避諱而改者，今據《録異記》卷三“唐僖宗旌表勾龍弘道之孝行”條改。

[六] “墓于官路之東”，原無，據《録異記》補，不補則後文“父母二墳”等顯得突兀。

[七] “壬辰”，原作“乙未”，不知張澍所據爲何，今據《南宋館閣録》卷八稱此人乃“政和中莫儔榜”進士而改。據《淳熙三山志》卷二七，莫儔乃政和二年榜首，政和二年乃壬辰年也。張澍此處引句龍庭實小傳，與《明一統志》卷七二、《萬姓統譜》卷一三一大致相合，二書稱“政和初”進士，亦與政和二年相合。乙未指政和五年，稱初年不合史實。

[八] 按，《文獻通考·經籍考十》、《蜀中廣記》卷九一均著録此書，劉光祖爲其作序，對此人事迹有介紹。

陽人[一]。開寶初，爲祕書丞。李廌《畫品》云："蜀句龍爽，所作普陀觀音像，具天人種種殊相。寶珠纓絡，銖衣紺髮。使人瞻之，敬心自起。筆氣清潤，意通幻妙。所圖畫之普陀伽山，在海岸孤絶處。烟巒蒙密，佳氣藹然。"[二]慶曆中進士句龍緯[三]，仁壽人。治平中進士句龍球，成都人。熙寧三年庚戌科進士句龍綱[四]，榮州人。崇寧五年丙戌科進士句龍謂，達州人[五]。紹興八年戊午科進士句龍傳[六]，榮州人。紹興十八年戊辰科進士句龍震、句龍雩[七]，俱成都人。紹興二十七年丁丑科進士句龍亶[八]，昌州大足人。紹興中進士句龍時[九]，成都人；句龍湜、句龍驤、句龍衢[十]，俱榮州人。隆興元年癸未科進士句龍慶[十一]，安岳人。乾道五年己丑科進士句龍京，内江人；句龍復[十二]，資州人。淳熙中進士句龍卯、句龍士榮[十三]，俱合州人。紹熙元年庚戌科進士句龍時行[十四]，遂寧人，特奏名。嘉泰二年壬戌科進士句龍公翊[十五]，漢州人。紹定中進士句龍彦

[一] 按，《萬姓統譜》卷一三一稱此人乃平陽人，不知張澍據何而言爲雲陽人？此人或不當收入《蜀典》。

[二] 按，此文見《德隅齋畫品》"普陁觀音像"條。

[三] 按，此人及後文句龍球均見嘉靖《四川總志》卷四、萬曆九年《四川總志》卷七、雍正《四川通志》卷三三、嘉慶《四川通志》卷一二二等。

[四] 按，此人見嘉慶《四川通志》卷一二二。

[五] 按，《萬姓統譜》卷一三一稱其爲雲陽人，亦見正德《夔州府志》卷九，但嘉靖《雲陽縣志》不載此人。此處稱達州人，因襲雍正《四川通志》卷三三、嘉慶《四川通志》卷一二二之説。雲陽縣宋代爲雲安軍，明代屬夔州，不屬達州。兩本《四川通志》不知所據爲何書，或誤。

[六] "午"，原作"子"，與干支紀年不合，據《中國史曆日和中西曆日對照表》改。按，此科分資料見嘉慶《四川通志》卷一二二。

[七] 按，此二人見嘉慶《四川通志》卷一二二。嘉靖《四川總志》卷四、萬曆九年《四川總志》卷七則稱二人乃景德中進士。

[八] 按，此人見嘉慶《四川通志》卷一二二，嘉靖《四川總志》卷四、萬曆九年《四川總志》卷七不言中進士之具體年份。

[九] 按，嘉靖《四川總志》卷四、萬曆九年《四川總志》卷七、嘉慶《四川通志》卷一二二均言其爲紹興年間進士。但嘉靖《潼川志》卷六又有遂寧人，與之同名，紹熙元年進士。

[十] 按，此三人皆見嘉慶《四川通志》卷一二二。

[十一] 按，此人見嘉慶《四川通志》卷一二三。

[十二] 按，此二人見嘉慶《四川通志》卷一二三，同年中進士。

[十三] 按，此二人見嘉慶《四川通志》卷一二三。

[十四] 按，此人見嘉靖《潼川志》卷六、乾隆十二年《遂寧縣志》卷四、嘉慶《四川通志》卷一二三等。

[十五] 按，此人見嘉慶《漢州志》卷二二、嘉慶《四川通志》卷一二三等。

西[一]，郫縣人。淳祐十年庚戌科進士句龍傑[二]，資州人。寶祐四年丙辰科進士句龍煒[三]，眉州人。國朝鹽亭學歲貢生句龍弢，官蓬州訓導。

古成氏

《風俗通》云："苦成子之後[四]，後隨音改焉。漢有廣漢都尉古成雲。"案，古成雲，即蜀人。又《姓譜》云："唐開元時有古成夔，爲雲陽尉。"

東方氏

《氏族略》[五]："宋嘉祐登科有東方穎叔，梓州人。"

東鄉氏

案，東鄉氏，宋大夫東鄉爲人之後，見《世本》[六]。明嘉靖中，丹稜東鄉巍[七]，任廣西平南縣訓導。

公乘氏

《華陽國志》："公乘會妻[八]，廣都張氏女也。夫早亡，無子。姑及兄弟欲改嫁之，張誓不許。而言之不止，乃斷髮割耳。養會族子，事姑終身。"《隸續》有《廣都公乘伯喬殘題名碑》[九]，是今之雙流有此姓。

[一]"紹"下，原衍"興"，據嘉靖《四川總志》卷四、萬曆九年《四川總志》卷七、雍正《四川通志》卷三三、嘉慶《四川通志》卷一二三等刪。嘉慶《郫縣志》卷二五誤作嘉定進士。

[二]按，此人見嘉慶《四川通志》卷一二三，嘉靖《四川總志》卷四、萬曆九年《四川總志》卷七等不言具體年份。

[三]按，嘉慶《四川通志》卷一二三無"龍"字。以乾隆《鹽亭縣志》卷二爲例，有勾龍新甲，此人一子名勾煦蘇，一子名勾龍弢，或此姓後來出現了分化。

[四]"苦"，原作"古"，據《蜀典》卷四"古成雲"條改。按，此條與《蜀典》卷四重複。

[五]"略"，原作"考"，據《通志·氏族略三》改。

[六]按，此說見《通志·氏族略三》改。

[七]按，此人見《萬姓統譜》卷一二四。

[八]"妻"，原作"姜"，形近而誤，據《華陽國志》卷一〇之上改。

[九]按，此碑見《隸續》卷二。

公明氏

案，《論語》有公明賈[一]，《孟子》有公明儀[二]、公明高。《説苑》："公明宣學於曾子。"[三]元至正進士公明律[四]，德陽人。《通志》云："眉州人，紹定中進士。"

屈突氏

《十國春秋·後蜀》本傳："屈突無爲，成都人。有神仙之術，自號'神和子'。越百年，尚著靈異云。"《一統志》："張詠嘗游京師於封丘門，逆旅遇一道人。與飲，至醉。詠曰：'不知姓名，異日何以相識？'道人曰：'我神和子也，異日見子於成都。'後詠守益州，始思其言。嘗物色之，弗得。後於天慶觀壁上，畫一道人，肖逆旅所見，視其題曰'神和子'。"[五]

赫舍哩氏

《周易集傳》，赫舍哩希元撰。柳貫《薦狀》云："伏見成都處士赫舍哩希元，年逾半百，篤志窮經於《易》《春秋》二書。精考密察，探賾鈎玄[六]。不背先儒訓釋之旨，自得聖人制作之微。安貧樂道，若將終身。而孝友之行，刑於家庭；信義之實，稱於朋友。邇者，翰林集賢諸老、監察御史，惜其老於文學。累嘗交章論薦，謂：'京師首善之地，有一安恬之士，獨能遺外聲利，篤學力行。起而用之，可以表倡四方，興起風化。非直爲希元私也。'貫忝職奉常，日虞曠敗。蓋討論禮典，稽考儀文，

[一] 按，此人見《論語·憲問》。

[二] 按，此人見《孟子·滕文公》及《離婁下》。

[三] 按，此條見《説苑》卷二〇。

[四] 按，嘉靖《四川總志》卷一二、萬曆九年《四川總志》卷一五稱此人爲寶慶進士，康熙《眉州屬志》卷二，嘉慶《四川通志》卷一二三，即張澍後文所謂《通志》，皆稱其爲紹定進士，四書皆不言其爲德陽人、元代人。

[五] 按，此條與《明一統志》卷六七、乾隆《大清一統志》卷二九四所載皆略異，不知張澍所指爲何種《一統志》。

[六] "玄"，原作"元"，避諱而改者，今據元人柳貫《待制集》卷七《薦赫舍哩希元狀》及嘉慶《四川通志》卷一八三所引改回。

必得通經學之儒，乃爲稱選。貫熟知其賢，用敢舉以自代。如蒙轉而上聞，將赫舍哩希元權充博士，代替某名闕[一]，必能修舉職業，上副朝廷優賢崇禮之仁。”案，“赫舍哩希元”，舊作“紇石烈希元”。

紇骨氏

《姓纂》：“唐有利州人，侍中，紇骨大威。”[二]

呼延氏

《氏姓譜》：“呼延迪，四川人，正統中任福建參將。”[三]

侯莫陳氏

案，侯莫陳凱，于保定三年爲陵州刺史[四]。侯莫陳相，二子，長子貴樂，尚公主，駙馬都尉。次子晋貴，武衛將軍、梁州刺史。隆化時，并州失守。晋貴遣使降周，授上大將軍[五]。宋侯莫陳利用，即晋貴之後。《佞倖》本傳：“侯莫陳利用，益州成都人。幼得變幻之術。太平興國初，賣藥京師，言黄白事以惑人。樞密承旨陳從信白於太宗，即日召見。試其術，頗驗，即授殿直。累遷崇儀副使。雍熙二年，改右監門衛將軍，領應州刺史。三年，諸將北征，以利用與王侁並爲并州駐泊都監，擢單州刺史。四年，遷鄭州團練使。前後賜與甚渥，依附者頗獲進用，遂横恣無復畏憚。其居處服玩皆僭擬乘輿，人畏之不敢言。會趙普再入中書，廉知殺人及諸不法，盡奏之。太宗遣近臣案得奸狀，欲貸其死。普固請曰：‘陛下不誅，是亂天下法。法可惜，此何足惜哉？’遂下詔除名，配

[一]“某”，原作“貫”，與《四川通志》同，據《待制集》改，《待制集》原作小字，乃自謙之體例，今用正文字號。◎“名闕”，《待制集》與《四川通志》均作正文，細味文義，當作注文，故改作小字。

[二]“大”，原作“士”，形近而誤，據《元和姓纂》卷一〇改。

[三] 按，此條見《歷代名賢列女氏姓譜》卷一四九“呼延氏”，又見《萬姓統譜》卷一二七。

[四] 按，此説見嘉慶《四川通志》卷一〇二。

[五] 按，侯莫陳相二子事，見《北齊書·侯莫陳相傳》。

商州禁錮[一]。籍利用家，得書數紙。言皆指斥切害，悉已進上。太宗怒，令中使臠殺之。"《宋史》"陳"作"成"，誤，今改正[二]。《通志·方伎傳》作"陳利用"[三]，無"侯莫"二字者，尤誤。

巴氏

《世本》："巴氏，巴子國子孫，以國爲氏。"[四]宋衷注："其地巴郡江州縣。"[五]案，廩君務相，姓巴氏，與曎、樊、相、鄭四氏争長。亦見《世本》。

資氏

《潛夫論》："詹、資、鄅、翟，黄帝後。"[六]《陳留風俗傳》："資姓，黄帝之後。食采益州資中，因以爲氏。"[七]《玉篇》："資，故國，黄帝後。"《姓纂》云："益州資中，今資州。資陽，有資水江。"羅泌云："古資陽城在簡之陽安。"案，鄭樵云："相傳帝堯第十七子，食采于資。"[八]由未見圈稱説也。漢《繁長張禪等題名》有夷侯資偉山、又白虎夷王資偉[九]。本朝合江縣貢生資善喻[十]，墊江縣歲貢資孔福[十一]。

[一]"錮"，原作"銅"，形近而誤，據光緒本及《宋史·佞幸傳》改。

[二]按，今本《宋史》不誤，未知張澍所指爲何本。

[三]按，此指嘉慶《四川通志》卷一六六。

[四]按，此文見《通志·氏族略二》及《萬姓統譜》卷三六。

[五]按，此處稱宋衷注，或誤。據《通志》，此注文乃杜預注，宋衷作《世本》。

[六]按，此文見《路史》卷二四，今本《潛夫論》不載。

[七]按，此處所引内容與《元和姓纂》卷二同，但原書不言出《陳留風俗傳》。《全蜀藝文志》卷五三云："《陳留風俗傳》云：'資姓，黄帝後。'《姓纂》云：'益州資中，今資州。資陽有資川江。'"張澍或是綜合《全蜀藝文志》與《元和姓纂》而改寫也。

[八]按，此説誤甚，《通志》無相關記載。雍正《四川通志》卷二八上"炳靈廟"條云："在州南二里，相傳帝堯第十七子食邑於資，爲土主神。"恐張澍收集資料時將《四川通志》省稱《通志》，遂誤爲鄭樵書。

[九]按，此文見《隸續》卷一六。

[十]按，據乾隆《直隸瀘州志》卷六，此人乃康熙三十七年歲貢；又據乾隆《合江縣志》卷四，此人後任江安訓導。

[十一]按，此人見嘉慶《四川通志》卷一三八。

鮭 氏

《姓源韻譜》:“唐有鮭湛雲，閬中人，國子博士。”[一]案，《氏族略》作“漢人”[二]，誤矣。

鐔 氏

《氏族略》:“鐔望出廣漢，今蜀中有此姓。乃呼爲蟫，蜀音之訛也。”[三]案，後漢陳寵爲廣漢太守，主簿鐔顯，郪人，字子誦。拾遺補闕，知名。安帝時，爲豫州刺史。時天下飢荒，競爲盗賊，州界收捕且萬餘人。顯愍其困窮，自陷刑辟，輒擅赦之，因自劾奏。後官至長樂衛尉。李賢注:“鐔，徒南反。”[四]蜀漢有太守鐔承，亦郪人，字公文。歷郡守、州右職，爲少府太常。時費、姜秉政，孟光[五]、來敏，皆栖遲，承以和獨立，特進之也。今人又讀“鐔”爲“尋”，與章懷太子讀異。

蜀 氏

龐元英《文昌雜録》云:“梁四公子，一人姓蜀，名闖，孫原人。蜀音擕；闖音丑禁反[六]。昭明太子曰‘蜀’出揚雄《蜀記》，‘闖’出《公羊傳》。孫原，僰道山名。”案，“孫原”，即司馬相如賦所云“梁孫原”也[七]。是蜀闖爲蜀人矣。

[一] 按，《姓源韻譜》久佚，張澍不可能見到，亦暫未見他書載此人而稱出《姓源韻譜》者，此説可疑。

[二] 按，《通志·氏族略》並無此人，張澍之説不可信。載此人者，乃《萬姓統譜》卷一五，又見《正字通》卷一二。

[三] 按，此條見《通志·氏族略五》。

[四] 按，鐔顯事當是綜合《後漢書·王涣傳》及《華陽國志》卷一〇中而來。

[五] “孟光”，原文作“孟敏”，據《華陽國志》卷一〇中改。

[六] “音”下，原衍“万”，今删。按，據《廣韻·徵韻》，“闖”字的確“丑禁反”，《文昌雜録》卷六作“万禁反”，殆形近而誤。張澍或是據《廣韻》改，但漏删了“万”字。

[七] 按，此語出自《文選·司馬相如〈難蜀父老〉》。

塗氏

《風俗通》云:“塗姓，塗山氏之後。漢有諫議大夫塗惲。”[一]案，《集仙傳》有塗辭[二]，蓬州人。《高道傳》有塗定辭[三]，居石室，貯五十萬錢賞廉者，不得一人。即《集仙傳》之塗辭也。明嘉靖二十三年甲辰進士塗澤民，漢州人，内黄令，歷官巡撫[四]。永樂九年辛卯科舉人塗性[五]，合州人，天順進士。成化十年甲午科舉人塗寧[六]，嘉定人，官訓導。

哀氏　褒氏

《風俗通》:“漢王莽時有國將、美新公哀章[七]，梓潼人。”案，哀章，袁宏《漢紀》作“褒章”，即獻金匱圖者。

臣氏

《漢書·藝文志》道家類有《臣君子》二篇[八]，蜀人。案《書序》有《疑至》《臣扈》[九]。臣，姓；扈，名也。解者以爲有扈前不服，至是臣順也，大非。則“疑至”又何解？而《唐宰相世系表》言臣扈、祖已皆

[一] 按，此文見《後漢書·賈逵傳》注及《通志·氏族略五》等，《風俗通義校注》已輯録。

[二] 按，此指宋人曾慥《集仙傳》，佚文見百二十卷本《説郛》卷五八。

[三] 按，此説見《姓氏急就篇》卷下，其後之事迹則見《韻府群玉》卷三“途”字之“姓氏”，但《韻府群玉》稱出處爲《補豫章記》，張澍或雜糅二者而成此文也。

[四] 按，此處本自嘉慶《四川通志》卷一二四。

[五] 按，嘉靖《四川總志》卷九、萬曆九年《四川總志》卷九、萬曆《合州志》卷五，皆稱此人乃永樂戊子即永樂六年鄉試舉人，張澍之説不知何據，或誤。

[六] 按，此人見嘉靖《四川總志》卷一三、萬曆九年《四川總志》卷一二。張澍稱其官訓導，未言何時何地及何據。而隆慶《藍田縣志》卷上稱此人官藍田縣教諭。

[七]“國將”，王莽所置官職。位於三公上，爲四輔之一。新朝建立時，王莽分封功臣，依據金匱按名封爵。此金匱乃梓潼人哀章私造，王莽視爲瑞兆。金匱中所列新朝輔佐大臣，共有十一人。首列王舜、平晏、劉歆、哀章，王莽稱他們爲四輔，封哀章爲國將、美新公。詳《漢書·王莽傳中》。至於張澍稱出《風俗通》，與《風俗通義校注》所輯佚文不同。

[八]“二”，原作“一”，據《漢書》改。

[九] 按，此見《尚書·商書·湯誓》，孔穎達已經明言疑至與臣扈乃人名。其後張澍所謂誤解者，暫不知所指爲何書。

仲虺之胄裔[一]，尤爲無稽。唐有臣悦[二]，著《平陳記》。五代漢有臣綜[三]，官安東將軍。今蜀無此氏。

先氏[四]

《華陽國志》江陽縣、朐忍縣，大姓有先氏[五]。案，蜀之先氏，不始于先尼和[六]、先絡也。樊毅《乞復華下田租口算狀碑》有華陰令朐忍先讜[七]，先于永建矣[八]。又唐貞元時有孝廉先汪[九]，神童，能詩，合州人。梁大同時，有叙州刺史先鐵[十]，叙州人。宋有瀘州人先詔，登科。《忠義傳》："張珏結義士先坤朋、劉霖爲内應，復瀘州。"[十一]嘉定中進士先登榮、先甲龍、先拱望[十二]；寶祐四年丙辰科進士先南巽[十三]，與文文山同年：均瀘州人。明宣德四年己酉科舉人先岳[十四]，納溪人。先著[十五]，字渭求，工詩賦，著有《之溪老生詩》[十六]。

[一] 按，《新唐書·宰相世系表三上》云："任姓，出自黄帝少子禺陽……又十二世孫仲虺，爲湯左相。太戊時有臣扈，武丁時有祖巳，皆徙國於邳。"今固不知《新唐書》所據，然張澍駁其無稽，亦不言所據，甚無謂也！

[二] 按，《通志·藝文略三》著録此書，一卷，注文云："稱臣悦，亡其姓。"張澍以爲姓臣名悦，當是因襲《萬姓統譜》卷一九之説。

[三] 按，據《萬姓統譜》卷一九，臣綜排在唐人臣悦之前，注時代爲"漢"，則張澍稱其爲五代之漢，恐係誤解。

[四] 按，趙熙眉批云："江津先氏、辛氏同祠，云同宗昆弟也，不知其審。"

[五] 按，《華陽國志》卷三云："江陽縣……四姓：王、孫、程、鄭。八族。又有魏、趙、先、周也。"《華陽國志》卷一云："朐忍縣……大姓扶、先、徐氏。"

[六] "始"，原作"治"，形近而誤，文義不通，據光緒本改。

[七] 按，此碑載《隸釋》卷二，題作《復華下民租田口算碑》，全文又見《古文苑》卷一一。

[八] 按，此指先尼和，見本卷前文"叔先氏"條。

[九] 按，《萬姓統譜》卷二七有小傳。

[十] 按，此人亦見《萬姓統譜》卷二七。《元和郡縣圖志》卷三一稱此人至戎州在大同十年。

[十一] 按，此事見《宋史·忠義傳六·張珏》。

[十二] 按，此三人見嘉慶《四川通志》卷一二三，萬曆九年《四川總志》卷一三稱三人爲開慶間進士。宋理宗開慶僅一二五九年一年，二説未知孰是。

[十三] 按，此説亦出嘉慶《四川通志》卷一二三，乾隆《直隸瀘州志》卷六亦稱此人爲開慶進士。

[十四] 按，嘉靖《四川總志》卷一三、萬曆九年《四川總志》卷一三稱其爲宣德壬子舉人，比宣德己酉晚一届，此處與嘉慶《四川通志》卷一二五同。

[十五] 按，此二字旁趙熙批注云："清時尚在。"

[十六] "詩"下，原衍"集"，據嘉慶《四川通志》卷一五四小傳及卷一八七著録之題名删。嘉慶《四川通志》不言卷數，然乾隆《江寧新志》卷二二、乾隆《上元縣志》卷一九著録爲八卷。◎針對"之溪"，趙熙眉批云："之溪在趙化鎮。"

鉗氏

《水經注》:"漢成帝鴻嘉三年，天水石鼓鳴。是歲，廣漢鉗子攻死囚、盗庫兵、略吏民，衣綉衣，號爲'仙君'。黨與浸廣。明年冬伏誅。"[一]案，古有鉗耳氏[二]，鉗姓，宜出於鉗耳也。顏師古《五行志》注鉗子爲鉗徒[三]，誤矣。

猶氏

《漢學師宋恩等題名》有文學掾猶玉，巴郡太守。《張納功德叙》有猶潭[四]。《氏族略》宋有猶道明，嘉熙進士[五]，邛州人。

屯氏

《廣韻》:"《後蜀録》有法部尚書屯度。"[六]望出巴郡。

莊氏

《容齊隨筆》:"君平本姓莊，避漢顯宗諱，'莊'改曰'嚴'。《法言》稱'蜀莊沉冥，蜀莊之才之珍，吾珍莊也'，皆本字。"[七]近人反謂姓"嚴"，疏矣。

然氏

《華陽國志》，江州冠族有然氏[八]。又云:"有度遼將軍桂楊太守然温，江州人，見《巴耆舊傳》。"[九]《水經注》:"潛水縣有車騎將軍馮緄、桂

[一] 按，此文見《水經注·渭水一》。
[二] 按，《隋書·蕭巋傳附子琮》有鉗耳氏，亦見《元和姓纂》卷五、《通志·氏族略五》。
[三] 按，《漢書·五行志上》"是歲，廣漢鉗子謀攻牢"句注云:"師古曰:'鉗子謂鉗徒也。'"
[四] 按，此條見《隸釋》卷五《巴郡大守都亭侯張府君功德叙》。
[五] "熙"，原作"祐"，據《欽定續通志·氏族略六》及《萬姓統譜》卷六三改。
[六] 按，此文見《廣韻·魂韻》。
[七] 按，此文見《容齋隨筆·三筆》卷一五"别國方言"條，略有改動。
[八] 按，此説見《華陽國志》卷一。
[九] 按，此文見《華陽國志》卷一二。

陽太守然温冢，二子之靈，常以三月還鄉，漢水暴長。”今《水經注》作“李温”[一]。蓋宕渠李温亦爲桂陽太守，因此致誤也。《一統志》云：“温仕爲度遼將軍，守桂陽。長于治民，能得其心。”[二]又《巴郡太守張納功德碑陰》有從掾位江州然存，字元久[三]；賊曹史江州然雄。《太平廣記》引《渝州圖經》云：“渝州仙池在江津縣界[四]，仙人姓然，名獨角。以其頭有角，故表其名。自揚州來居此池邊，起樓，聚香草置樓下。忽登樓，命僕燒其樓。獨角飛空而去，因名‘仙池’。”

幵氏

《正字通》：“宋有四川漕使幵度。”[五]案，晁公武《讀書志序》言：“得南陽公書五十篋。”陳振孫曰：“南陽公，未知何人，或云幵度，憲孟也。”[六]是幵度，字憲孟矣。

千氏

《急就章》引《風俗通》云：“漢有蜀郡都尉千獻。”[七]澍案，《氏族略》訛作“干獻”[八]。蜀之千氏，宜爲獻之後也。《魏略·西戎傳》云：“建安中，百頃氐王千萬，有部落萬餘。十六年，從馬超爲亂。超破之後，千萬西南入蜀。其部落不能去，皆降。國家分徙，其前後兩端者。”[九]是千姓，本仇池氐種也。千萬入蜀，故蜀有千姓。《統譜》云：“千萬，

[一] 按，此文見《水經注·潛水》。

[二] 按，《明一統志》卷六九、乾隆《大清一統志》卷二九六皆有記載。

[三]“久”，原作“夂”，形近而誤，據《隸釋》卷五改。

[四]“仙池”下，原衍“山”，據《太平廣記》卷三九九“仙池”條引《渝州圖經》删。

[五] 按，此人見《正字通》卷三。

[六] 按，此文見《直齋書録解題》卷八。張澍所言有誤，《直齋書録解題》及《郡齋讀書志》皆作“井度”，《文獻通考·經籍考三十四》作“丌度”，皆不作“幵度”。又，此條又見《蜀典》卷四“幵度”，實爲重出，繆荃孫《〈蜀典〉跋》已言及。《蜀典》中類似之重複條目尚多，應是體例所致。

[七] 按，此説見《姓氏急就篇》卷上。

[八] 按，此指《通志·氏族略四》。

[九] 按，此文見《三國志·魏志·烏丸鮮卑東夷傳》注文。

茂州人[一]，正統中，任宜山縣典史。”乃與氐王同名。

家 氏

澍案，家氏，本陳留籍。唐有家師諒[二]，或其裔自陳留遷蜀。宋時，眉州家氏多顯者。寶元元年戊寅科進士家静[三]。嘉祐二年丁酉科進士家定國，知懷安軍。舊《通志》作“家定”，誤[四]。元豐中進士家彬[五]。又家勤國，慶曆、嘉祐間與從兄安國、定國從劉巨游，與蘇軾兄弟爲同門友。王安石廢《春秋》學，勤國憤之，著《春秋新義》。子家愿，紹聖元年甲戌科進士[六]。家懋[七]，紹聖中進士。又政和中進士家度、家杞[八]，淳熙中進士家鼎、家之常、家子範、家復[九]，紹定中進士家仲西、家柳[十]，淳祐中進士家遇[十一]。又定國弟安國，博學，舉進士不第。後隨韓存寶征乞弟[十二]，得官。既而諸公薦之，得成都教授。《朝野雜記》：“武興之變[十三]，立節者紹興縣主簿家大酉，避僞去官。”[十四]家子欽，嘉定二年以通直郎知金州[十五]。鶴山題跋：“蒲江令家子鑑，俾邑民魏了翁書周子《太極説》，張

[一]“茂州”，《萬姓統譜》卷二八作“茂名”，張澍或誤。

[二] 按，此人見《新唐書·孝友傳》。

[三] 按，家静登第事見《續資治通鑑長編》卷一二一“仁宗寶元元年三月甲寅”條。

[四] 按，此處因襲嘉慶《四川通志》卷一二二之語，所謂舊《通志》，指雍正《四川通志》卷三三，但其書卷六列此人小傳又不誤。

[五] 按，此人見嘉靖《四川總志》卷一二、萬曆九年《四川總志》卷一五等。

[六] 按，家勤國、家愿事皆見《宋史·家愿傳》。

[七] 按，此人見嘉靖《四川總志》卷一二、萬曆九年《四川總志》卷一五等。《萬姓統譜》卷三六稱其爲大觀進士。

[八]“杞”，原作“杞”，形近而誤，據嘉靖《四川總志》卷一二、萬曆九年《四川總志》卷一五等改。按，《萬姓統譜》卷三六稱此二人爲大觀進士。

[九] 按，此四人見嘉靖《四川總志》卷一二、萬曆九年《四川總志》卷一五等。

[十] 按，萬曆九年《四川總志》卷一五稱二人乃寶慶進士，嘉慶《四川通志》卷一二三稱其爲紹定進士。

[十一] 按，此人見嘉靖《四川總志》卷一二、萬曆九年《四川總志》卷一五等。

[十二] 按，據《續資治通鑑長編》卷三一一，此乃元祐三年事。

[十三]“武興之變”，南宋嘉泰元年，吴曦出任興州（今陝西略陽）都統制，掌川陝軍主力。開禧二年，韓侂胄出兵攻金。吴曦據興州叛變，稱臣于金，被封爲蜀王。由於吴曦世守武興，故稱。《宋史·趙汝愚傳》云：“惟武興未除，帥臣心不敢安。”亦是用武興代指吴氏。

[十四] 按，此文見《建炎以來朝野雜記·乙集》卷一〇“蜀士立功立節次第”條。

[十五] 按，此説見《兩朝綱目備要》卷一二。

子西《銘》，朱文公、吕成公《學規》，勒石於鄉校。”[一]舊《通志》：“家炎，郪令。先是，郪二十年皆攝令，人疑其不利，虚正寢不敢居。炎至，居之。時兵火創殘之餘，折嚚訟，簡冗費，代民輸賦一十萬有奇。咸淳中，知富順監。值吴曦叛，不屈。魏了翁亟稱之。歷官叙州通判，知資、彭、普三州。”[二]《宋史》本傳：“家鉉翁，以廕補官，累官知常州。政譽翕然，遷浙東提點刑獄，入爲大理寺少卿。以秘閣修撰充紹興府長史。遷樞密都承旨，知建寧府，權户部侍郎，兼知臨安府、浙西安撫使。遷户部侍郎，賜進士出身。拜端明殿學士，簽書樞密院事。後使元，留館中。聞宋亡，旦夕哭泣，不食飲者數日。”

邗氏[三]

《列仙傳》：“邗子自言蜀人，好放犬子。犬走入山穴，邗子隨之。行數百里，有殿屋，吏使甚嚴。見其故妻主洗魚，與邗子符一函並藥，便使還。與成都令橋君發函，魚子也。著池中養之，一年皆爲龍形。復送符還山上，見犬色更赤，有長翰，隨邗子百餘年，遂留山上。時下護其宗族，蜀人立祠焉。”

冲氏

《華陽國志》：“節士冲昱，成都人。少受學於嚴季后，爲季后畫策，免汶山夷之難。”[四]“冲昱”，今本《華陽志》作“仲昱”，由未知姓之有“冲”，妄改作“仲”耳。

弧氏

《漢巴郡太守張納功德叙碑陰》“閬中弧有”。澍案，《字源》以爲“弧”

[一] 按，此文見《鶴山集》卷六一《跋陳了齋責沈》。
[二] 按，此文見嘉慶《四川通志》卷一五〇。
[三] “邗”，原作“邘”，形近而誤，據《列仙傳》卷下改，後文此字徑改。按，此處引文有删改。
[四] 按，此人小傳見《華陽國志》卷一〇上，張澍對其姓氏之考證恐不可據。

字[一]，顧藹吉謂："諸氏族書無弧姓，疑是張氏之省。"不知北齊西門豹祠堂碑陰有武猛從事弧誕[二]，則弧姓古有之。

炎氏

《華陽國志》："楊統事華里先生炎高。"[三]案，炎姓，古炎慶甲之後。慶甲主酆都山[四]，故蜀有炎氏與？

譙氏

案，蜀譙氏，自漢即多顯人，皆籍西充。後多散處各郡邑也。閬中譙隆，爲上林令。武帝欲廣苑囿，隆固諫。後遷成皋令[五]。《華陽國志·目録》："忠正[六]，侍中譙隆，字伯司。"撰曰："世家多士[七]，則相如麟游，伯司鳳翔。洛下雲翳，叔文龍驤。"又《後漢書·獨行》本傳："譙玄，字君黄，巴郡閬中人。少好學，能説《易》《春秋》。成帝永始二年，日食，詔舉敦樸、遜讓、有行義者各一人，州舉玄[八]。詣公車，對策，成帝拜議郎。時數有灾異，輒陳其變。後遷太常丞、中散大夫。四年，選明達政事、能班化風俗者八人。時並舉玄爲綉衣使者，持節與太僕任惲等分行天下，觀覽風俗。而王莽居攝，玄縱使者車，變易姓名，間竄歸家。後公孫述僭號，連聘不詣，隱藏田野，終述之世。"《三國志·譙周傳》："周，巴西西充國人[九]。父㟭，字榮始，治《尚書》[十]，兼通諸經及圖、緯。州郡辟請，皆不應。州就假師友從事。生三子，少子同，頗

[一]"源"，原作"原"，音同形近而誤，據《漢隸字源》卷二"模韻"收此字改。張澍應是據《隸辨》卷五"疑字"類此字注文而誤。按，《隸釋》卷五收此碑，字形作弜，《漢隸字源》認爲乃"弧"字。顧藹吉《隸辨》認爲乃"張"字之省。

[二] 按，《西門豹祠堂碑》，見《金石萃編》卷三三。

[三] 按，此文見《華陽國志》卷一〇中。

[四] 按，此説見《真誥》卷一五。

[五] 按，譙隆之事見《太平寰宇記》卷八六、《萬姓統譜》卷三〇等。《藝文類聚》卷四八引《華陽國志》亦有小傳，但不言遷成皋令。

[六]"忠"，原脱，據《華陽國志》卷一二補。

[七]"世家多士"，今本《華陽國志》卷一〇下作"世宗多事"。

[八]"玄"，原脱，據《後漢書》補。

[九] 第二"西"字，原脱，據《三國志》補。

[十]"治"前，原衍"周"字，據《三國志》删。

好周業。亦以忠篤質素爲行，舉孝廉，除錫令、東宫洗馬，召不就。周長子熙，熙子秀，字元彦。”《華陽國志》：“譙登仲父熙[一]，察孝廉，本部大中正、沔陽令。叔父同，字彦紹，少知名，拒州郡之命。梁州刺史壽良與東羌校尉何攀貢之三司及大將軍幕府，爲尚書郎，除錫令。”《華陽國志》：“登，字慎明，譙周孫。少以公亮義烈聞。郡命功曹，州辟主簿、别駕從事。領陰平太守。郡五官，素大姓，豪擅，侵陵羌、晋，登誅之，郡中皆肅。後以李特作亂，本部没寇。父爲李雄巴西太守馬晚所殺[二]，乃東詣鎮南劉公請兵[三]。時中原亂，守公三年不能得兵，表拜揚烈將軍。羅尚以退住巴郡，登從尚索益軍討雄不得，乃往攻宕渠，斬晚，食其肝。巴西賊破，復詣尚求軍。尚參佐多以必無利，登憤恚，數陵折之，又加責於尚，尚下之而已。”後登爲李雄生得，殺之[四]。宋皇祐五年癸巳科進士譙南薰[五]，榮昌人。紹興十八年戊辰科進士譙筌[六]，潼州飛烏人。明嘉靖十四年乙未科進士譙孟龍[七]，南充人。嘉靖二十九年庚戌科進士譙思[八]，順慶人。永樂十二年甲午科舉人譙炎[九]，蓬州人。永樂十八年庚子科舉人譙固[十]，閬中人。永樂二十一年癸卯科舉人譙明[十一]，眉州人。弘治二年己酉科舉人譙秉彝[十二]，順慶人。正德八年癸酉科舉人譙宗伯、譙暘，順慶府人；譙化雄[十三]，眉州人。嘉靖元年壬午科舉人譙

[一]“仲”，原作“傳”，據《華陽國志》卷一一改。

[二]“晚”，别本《華陽國志》作“脱”，見《華陽國志校補圖注》卷一一校勘記。

[三]“劉公”，晋鎮南大將軍、荆州刺史劉弘，《晋書》有傳。

[四]按，《華陽國志》卷一一云：“永嘉三年，爲（李）驤所生得，輿登致（李）雄。言辭慷慨，涕泣歔欷，無服降臣折情，雄乃殺之。”

[五]按，此人見《輿地紀勝》卷一六一《昌州·詩》注文。

[六]按，此人見《紹興十八年同年小録》。

[七]按，此人見《萬姓統譜》卷三〇及《皇明貢舉考》卷七。

[八]按，此人見《皇明貢舉考》卷七。

[九]按，正德《蓬州志》卷九、嘉靖《四川總志》卷七稱此人乃永樂乙酉年舉人，在永樂三年，非十二年，嘉慶《四川通志》卷一二五又稱乃永樂十五年舉人，諸説互歧，未知孰是。

[十]按，嘉靖《四川總志》卷六、萬曆九年《四川總志》卷一一稱此人乃永樂辛卯舉人，張澍所據當爲嘉慶《四川通志》卷一二五。

[十一]按，此人見嘉慶《四川通志》卷一二五。

[十二]按，此人見嘉靖《四川總志》卷七、萬曆九年《四川總志》卷一〇、嘉慶《四川通志》卷一二六等。

[十三]按，此三人見嘉慶《四川通志》卷一二六。

茂[一]，順慶府人。嘉靖四年乙酉科舉人譙思、譙孟龍[二]，並南充人。嘉靖十年辛卯科舉人譙岳[三]，順慶府人。嘉靖十九年庚子科舉人譙仕淳，南充人；譙田龍[四]，順慶府人。崇禎三年庚午科舉人譙若屺[五]，南充人。

朴氏

《後漢書》巴郡板楯蠻七姓，有朴氏[六]。《魏志》酋帥朴胡率衆降魏[七]。案，裴松之注："朴，音浮。"《集韻》："披尤切。"音"颫"[八]，夷姓也。鄭樵《氏族略》"普木切"[九]，音"樸"，作"扑"，誤矣。《十六國春秋·蜀録》："李雄募武都人朴泰，鞭之見血，使譎羅尚。"[十]

萇氏

案，萇氏，周敬王大夫萇弘之後也。萇爲，資中人，漢繁縣長[十一]。張禪等題名夷侯萇竟舒[十二]。

[一]"壬"，原作"甲"，與干支紀年不合，據《中國史曆日和中西曆日對照表》改。按，此人見嘉慶《四川通志》卷一二六。

[二] 按，譙思見嘉靖《四川總志》卷七、萬曆九年《四川總志》卷一〇及嘉慶《四川通志》卷一二六，乃嘉靖乙酉舉人；但萬曆九年《四川總志》稱譙孟龍爲嘉靖戊子舉人，張澍所據當是嘉慶《四川通志》。

[三] 按，嘉靖《四川總志》卷七、萬曆九年《四川總志》卷一〇稱此人乃嘉靖甲午舉人，張澍所據當是嘉慶《四川通志》卷一二六。

[四] 按，此二人見嘉慶《四川通志》卷一二六。

[五]"禎"，原作"正"，避雍正之諱，今回改爲本字，後文此字徑改。按，此人見嘉慶《四川通志》卷一二七。

[六] 按，《後漢書·南蠻傳·板楯蠻》云："復其渠帥羅、朴、督、鄂、度、夕、龔七姓，不輸租賦。"

[七]"魏"，原作"蜀"，據《三國志·魏志·武帝紀》"九月，巴七姓夷王朴胡、賨邑侯杜濩舉巴夷賨民來附"改。

[八] 按，據《漢語大字典》，颫音pōu，而《漢語大詞典》中"朴"則音pú，與《集韻·尤韻》不同。

[九]"樵"，原作"譙"，形近而誤，據《通志·氏族略四》改。按，張澍稱《通志》作"扑"，未知所指爲何本，今通行本不誤。據裴松之注音，此字音同"樸"，亦不誤。◎"木"，原作"未"，形近而誤，據光緒本及《通志》改。

[十] 按，此見《十六國春秋》卷七七《蜀録二·李雄》，文字略異。

[十一] 按，此説不知何據。

[十二] 按，此碑見《隸續》卷一六。

觀　氏

《萬姓統譜》[一]:“觀洋，蜀人。”

滇　氏

案，蜀有滇謙六，生子多不育。依星家言生子綿谷，以女畜之，穿耳裹足。見《續齊諧》[二]。

鉛　氏

《華陽國志》，江州冠族有鉛氏[三]。《隸釋》，《巴郡太守張納碑陰》文學史江州鉛遷[四]。

便　氏

《華陽國志》:“常元常，江原人，廣都令常良女。適廣漢便敬賓，敬賓早亡。元常無子，養敬賓族子。父母欲嫁，乃祝刀誓志而死。”[五]《志》又云:“王和，新都人便敬妻也。敬早亡，和割耳自矢。”

禽　氏

《華陽國志》:“孝子禽堅，字孟由[六]，成都人。生而失父，及壯，乃知父爲夷所得。三出徼外，經六年尋獲。之後，王商爲蜀郡太守，以堅有至性，表其墓。”

[一]“萬姓統譜”，原作“姓氏辯證”，張澍誤記，其書卷八“觀”姓下無此人，今據《萬姓統譜》卷二五載此人改。

[二] 按，此事見袁枚《新齊諧》卷二“滇綿谷秀才半世女妝”條。

[三] 按，此説見《華陽國志》卷一。

[四] 按，此人見《隸釋》卷五。

[五] 按，此條見《華陽國志》卷一〇上，後一條則見卷一〇中。

[六]“由”，原作“田”，形近而誤，據《華陽國志》卷一〇上改。

文 氏

案，蜀之文氏爲文翁之後，故《文同傳》以同爲翁後也。文翁名黨，於景帝時爲蜀守，卒于蜀，吏民爲立祠。王莽時有益州太守文齊，字子奇，群夷威服。公孫述據蜀，齊固拒之。光武即位，徵爲鎮遠將軍[一]。晋有文立，字廣林[二]，巴郡臨江人。蜀時游太學，專《毛詩》、三《禮》。師事譙周，門人以立爲顔回，仕至尚書。蜀平，入晋，爲濟陰太守，入爲太子中庶子，歷衛尉。文思[三]，武都太守。十姓獠反，思討平之。後治益州事。党項羌叛[四]，思率州兵討平之。後擊資中、武康、隆山生獠及東山獠，皆平之。文時，字春元，成都人。後唐同光時授帳前指揮使、輕車都尉，鎮守江西。文澹，蜀人，生五歲，謂母曰："有五色香囊在杏林中，往取之。"乃前生爲兒時所失者，再生而記之[五]。文同，字與可，家梓潼。善詩文、篆隸、行草、飛白、畫竹。登進士，選集賢校理，知陵、洋二州。元豐中，改湖州。至陳州卒[六]。先是，崔公度見于京南，同言曰："吾聞人不妄語者，舌可過鼻。"即吐其舌，三叠之，如餅狀，引之至眉間。公度大驚，及至京，乃知已死，所見非生者也。有《丹淵集》四十卷[七]。

[一] 按，此事見《後漢書·西南夷傳·滇王》。

[二] "林"，《晋書·儒林傳·文立》作"休"；作"林"者，見《册府元龜》卷七六七。

[三] "思"，原作"恩"，形近而誤，據《北史·楊敷傳附寬子文思》改，後文"思"字徑改。按，此處因襲《萬姓統譜》卷二〇而誤，本書卷一之下"千頃池"條亦誤。《萬姓統譜》以爲此人姓文，且爲晋朝人，然所叙討平十姓獠及資中、武康、隆山、東山獠之事，皆與《楊文思傳》相合，當不能以巧合釋之。《萬姓統譜》誤，張澍不察而因襲之，今特别説明，不做删改。

[四] "党項"，原作"堂琅"，據《北史》改。

[五] 按，"文澹"事見《氏族大全》卷五、《類説》卷二七"記前生事"、《事文類聚·後集》卷五"取香囊"、《萬姓統譜》卷二〇、《山堂肆考》卷一四三"五歲落井"、《陳氏香譜》卷四"香囊"、《香乘》卷一〇"五色香囊"等，大同小異。此處所引與《氏族大全》《萬姓統譜》相合。

[六] "州"，原脱，據《宋史·文苑傳五·文同》補。

[七] "四"，原脱，據《宋史》補。按，此書今存，正四十卷。

東氏

《統譜》:“東周，慶曆進士。東震，元豐進士。皆眉州人。”[一]案，《華陽國志》:“公孫述平後，東精爲賊害掠[二]，不敢入姜詩里。”是蜀之有東姓久矣。

誰氏

《萬姓統譜》[三]:“誰龍，南部人，明正德間九江府照磨。”案，《漢巴郡太守張納功德叙碑陰》有守屬充國誰將，靈帝熹平五年立。然則誰將係充國人，今之南充西充也。

綦氏

案，綦氏，係綦母氏所改。綦母族盛於綦江縣，今綦江多綦姓，去“母”字也。明永樂二十一年癸卯科舉人綦冕[四]，縣學貢生；綦自勖[五]，京山主簿；綦化行，曲靖府教授；綦禎，永寧知州；綦蓁；又綦世皡，江陵知縣；綦賓，南部教諭；綦自勤，營山教諭：皆綦江人。

量氏

《華陽國志》南中夷人大姓，有孟、爨、量、朴、焦五姓[六]。

[一] 按，二人見《萬姓統譜》卷一。

[二]“東精”，張澍以爲人名。然《後漢書·列女傳·姜詩妻》作“赤眉賊”，故汪啓明、趙静《華陽國志譯注》卷一〇中以爲:“東精，漢代赤眉軍一部。”

[三]“萬姓統譜”，原作“氏族考”，據此條出《萬姓統譜》卷五改。

[四] 按，此人見萬曆九年《四川總志》卷九、嘉慶《四川通志》卷一二五。

[五] 按，此後諸人皆見嘉慶《四川通志》卷一三一。

[六] 按，《華陽國志》卷四云:“分其羸弱，配大姓焦、雍、婁、爨、孟、量、毛、李爲部曲，置五部都尉，號五子。”無“朴”姓，亦不止五姓，張澍所言不確。

諸氏

楊時偉《正韻箋》[一]："諸，音詐，上聲。"《十五馬·逸字》："與'諸'字不同姓也。申敬中云[二]：'明萬曆間，京師有四川衛指揮諸寵，唱名，呼"諸"，不應。唱畢獨留，問是何姓。對曰："諸，如詐字，上聲。字從工从白，與者字不同。"'"諸寵自言"音如詐字，上聲"，亦非，宜音"查"，爲平聲。

官氏

明永樂十八年庚子科舉人官拱壽[三]，威遠人。國朝乾隆四十八年癸卯科舉人官應奎[四]，順慶府人。華陽學歲貢生官朝遴[五]。榮經學歲貢官天仕[六]。榮縣學副榜官儼[七]，郫縣教諭。

門氏

明天順元年丁丑科進士門相[八]；萬曆二十九年辛丑科進士門逵[九]；建文元年己卯科舉人門泰[十]，官案察司僉事；成化元年乙酉科舉人門

[一]"《正韻箋》"，明人楊時偉據《洪武正韻》而箋注，四卷，今存崇禎四年刻本，收入《四庫全書存目叢書·經部》第二〇七册。

[二]"申敬中"，名用懋，申時行子。《御選明詩·姓名爵里五》列其小傳云："申用懋，字敬中，大學士時行子。萬曆癸未進士，除刑部主事。歷官右副都御史，巡撫順天，進兵部尚書。"

[三]按，嘉靖《四川總志》卷一三、萬曆九年《四川總志》卷一五稱其爲永樂九年辛卯舉人，張澍所據爲嘉慶《四川通志》卷一二五。

[四]按，此人見嘉慶《四川通志》卷一二九。

[五]按，此人見嘉慶《四川通志》卷一三〇。

[六]按，此人見嘉慶《四川通志》卷一三五。

[七]按，據乾隆《榮縣志》卷二，此人乃康熙四十七年戊子副榜貢生。

[八]"天順元年丁丑"，原作"景泰五年甲戌"，不知因何而誤，據《天啓新修成都府志》卷一三、嘉慶《四川通志》卷一二四及《明清進士題名碑録索引》改。按，又據萬曆九年《四川總志》卷七、嘉慶《四川通志》卷一二五，此人爲景泰元年舉人。

[九]按，此人見《天啓新修成都府志》卷一三及嘉慶《四川通志》卷一二四。

[十]按，此人見《天啓新修成都府志》卷一三及嘉慶《四川通志》卷一二五。

貴[一]；嘉靖十年辛卯科舉人門縉：均内江人。萬曆元年癸酉科舉人門廷秀[二]，簡州人。天啓元年辛酉科舉人門造[三]，康熙五十三年甲午科舉人門迺路[四]，雍正元年癸卯科舉人門迺正[五]，嘉慶三年戊午科舉人門儀[六]，歲貢門翀鳳、門朱、門昂授、門迺士[七]，均内江人。

峗　氏

《安岳志》："峗開發，乾隆庚辰科舉人。峗文安，吏員，湖南試用典史。峗文岳，監生。"[八]

欒　氏

《神仙傳》："欒巴，字叔元。蜀郡人，好道術。王言爲蜀郡太守時[九]，請爲功曹，甚尊禮之。"《通志》云："昔蜀王欒君王蜀，與廪君結好。"[十]蜀之欒氏，宜出自欒君也。

[一] 按，此人及下一人皆見《天啓新修成都府志》卷一三及嘉慶《四川通志》卷一二六。

[二] 按，此人見嘉慶《四川通志》卷一二七。

[三] 按，此人見嘉慶《四川通志》卷一二七、嘉慶《内江縣志》卷三五。

[四] 按，此人見嘉慶《四川通志》卷一二八、嘉慶《内江縣志》卷三五。

[五]"雍正元年癸卯科舉人"，原無，讓人誤以爲與門迺路同科也，今據雍正《四川通志》卷三六、嘉慶《四川通志》卷一二八、嘉慶《内江縣志》卷三五所載科分補。又，嘉慶《四川通志》卷一五四、嘉慶《内江縣志》卷三八有此人小傳。

[六] 按，此人見嘉慶《四川通志》卷一二九、嘉慶《内江縣志》卷三五。

[七] 按，此四人皆見嘉慶《四川通志》卷一三七、嘉慶《内江縣志》卷三五。

[八] 按，三人皆見乾隆《安岳縣志》卷五。又，據《萬姓統譜》卷五，《姓苑》已有此姓，本爲山名。

[九] 按，《神仙傳》卷五不言太守名王言，查《後漢書》，蜀郡太守姓王者僅王堂之孫王商，不知張澍此處何據？

[十]"通志"，原作"路史"，其書並無相關記載，亦無他書引此事而稱出《路史》者。《蜀典》卷一二亦言及此事，所引則爲《太平御覽》，然《太平御覽》也無此説；實則見《通志·氏族略五》，故改之。

卷十一下

姓氏類

玄　氏

《華陽國志》:"玄賀，宕渠人，爲大司農。"[一]案,《益部耆舊傳》:"賀字文和。"[二]《東觀漢記》:"賀字文宏[三]，爲九江、沛郡太守，所在著德[四]。行縣齎持乾糒，但就温湯而已。臨去，百姓扶車叩馬，啼泣隨之。"又案,《後漢·第五倫傳》:"玄賀爲鄉佐，倫顯拔之也，終于大司農。"今《華陽國志》《漢書》皆作"元"，避本朝廟諱也。

求　氏

《漢書·何武傳》:"蜀郡郫縣人，弟顯，家有市籍。租常不入縣課，嗇夫求商捕辱顯家。武曰:'以吾家租賦不爲衆先，奉公吏不亦宜乎?'卒白太守，召商爲吏。"漢有求次方，蜀郡人。柳宗伯騫爲州郡右職，拔致次方，與張叔遼、王仲會等九人，仕至牧守。見《華陽國志》《益部耆舊傳》[五]。而鄭樵《氏族略》以次方爲唐人[六]，誤甚。

[一] 按，此文見《華陽國志》卷一二，其書亦稱此人字文和。但任乃强校注本卷一〇上，據《輿地紀勝》卷一六二輯録此人小傳，則字文若。

[二] 按，此文見《北堂書鈔》卷七三注文。

[三]"文宏",《東觀漢記校注》卷一六作"文和"，據校勘記，聚珍本作"文宏"。

[四] 按，今本《東觀漢記》及聚珍本皆無此四字，然《輿地紀勝》卷一六二引《華陽國志》及《萬姓統譜》卷二二小傳有此四字，張澍當是據二書而補。但此舉竄改原書，實爲不妥。

[五] 按,《華陽國志》卷一〇上有求次方小傳，張澍稱亦見《益部耆舊傳》，所據爲嘉慶《四川通志》卷一四三。

[六] 按,《通志·氏族略四》"求氏"下並無此人，何來稱其爲唐人一説?

畦　氏

《資陽志》："畦續[一]，萬曆元年癸酉科舉人。畦明才[二]，資縣人，嘉靖七年戊子科舉人。"畦觀光[三]，國朝漢州學歲貢生。畦正士[四]，石泉學歲貢。

訛　氏

案，訛，蠻姓也。《唐書·南蠻傳》："嶲州新安城旁有六姓蠻，三曰訛蠻。"[五]

符　氏

案，符載字厚之，蜀人，于頔贈買山錢十萬[六]。范攄《雲溪友議》作"戴符"[七]，誤甚。

辜　氏

明天啓元年辛酉科舉人辜輝，天啓四年甲子科舉人辜鳳翼，崇禎六年癸酉科舉人辜延泰[八]，國朝康熙五年丙午科舉人辜坤[九]，均仁壽人。乾隆二十四年己卯科舉人辜琦珍[十]，青神人。温江學歲貢辜棋[十一]，仁壽人。

[一] 按，此人見《天啓新修成都府志》卷一三、嘉慶《四川通志》卷一二七，不知張澍所謂《資陽志》指何本？

[二] 按，此人見萬曆九年《四川總志》卷七、《天啓新修成都府志》卷一三、嘉慶《四川通志》卷一二六。

[三] 按，此人見嘉慶《漢州志》卷二二。

[四] 按，此人見嘉慶《四川通志》卷一三四。

[五] 按，此説見《新唐書·南蠻傳下》。

[六] 按，此説詳《北夢瑣言》卷五"符載侯翩歸隱"條。

[七] 按，《雲溪友議》卷上"襄陽傑"條提到符載，但不知張澍所指爲哪個版本。

[八] 按，此三人見雍正《四川通志》卷三六、嘉慶《四川通志》卷一二七，雍正志未言具體科分。

[九] 按，此人見雍正《四川通志》卷三六、嘉慶《四川通志》卷一二八。

[十] 按，此人見嘉慶《四川通志》卷一二九。

[十一] 按，此人見嘉慶《四川通志》卷一三〇。

阡 氏

《古今姓氏書辯證》[一]："中和二年，邛州牙官阡能，因公事避杖，亡命爲盜。捕盜使楊遷誘之，能自出首。而遷誣以獲禽，被刑甚酷。遂罵楊遷，發憤爲盜，衆數千人。陳敬瑄命高仁厚破平之，邛州又捕能叔行令一作全等，敬瑄釋之。"

苴 氏

案，《華陽國志》："蜀王封弟葭萌于漢中，號苴侯，後命其邑曰葭萌。"[二]今利州縣苴氏係葭萌之後也。《新唐書》："貞元中，南詔復通款。以勿鄧大鬼主苴嵩兼邛部團練使，封長川郡公。及死，子苴驃離幼，以苴夢衝爲大鬼主，數爲吐蕃侵獵。兩林都大鬼主苴那時，遺韋皋書。詔封那時爲順政郡王，夢衝爲懷化郡王，豐琶部部落大鬼主驃傍爲和義郡王。"[三]

繁 氏

《雲溪友議》："白居易除忠州刺史，自峽沿流赴郡。時秭歸縣繁知一知居易過巫山，先於神女祠粉壁大署之曰：'忠州刺史今才子，行到巫山必有詩[四]。爲報高堂神女道，速排雲雨候清詞。'"[五]

[一]"古今姓氏書辯證"，原作"唐書"，顯係妄題，《舊唐書》無相關記載，《新唐書·高仁厚傳》有相關記載但文句與此明顯不合。從此條所稱阡能叔父之姓名來看，張澍明顯是從鄧名世之書卷九抄出。《資治通鑑》卷二五五、《蜀鑑》卷七載此人，正作"行全"，故改出處。

[二] 按，此文見《華陽國志》卷三。

[三] 按，此文見《新唐書·南蠻傳下》。

[四]"必"字旁，趙熙批注一"定"字。按，《雲溪友議》卷上、《全唐詩》卷四六三等作"必"，《唐人萬首絶句選》卷五作"定"。

[五]"速"，原作"安"，據《雲溪友議》卷上改。按，繁作姓氏時讀作pó，《左傳·定公四年》已見此姓。

儒　氏

謝承《後漢書》:“儒叔林，廣漢人，爲東郡太守。”[一]

神　氏

唐時，成都神鳳儀，字子韶。少工文，流連女色。老成勢衰，生子俱不全。然亦以壽終，人謂之異數云[二]。明什加縣貢生神佑汝[三]。

貞　氏

案，《路史》:“貞，鄍也。”[四]是以邑爲氏者。宋紹定進士貞驥[五]，内江人。一作大觀三年己丑科進士。今《通志》作“目驥”，疑誤。

清　氏

《萬姓統譜》[六]:“清賢，遂寧人。宋端平中進士。”澍案，蜀之清氏爲巴寡婦清之後。古婦人多以姓繫，非名也。司馬貞以“清”爲名[七]，誤。《括地志》:“寡婦清臺山，俗名貞女山，在涪州永安縣東北七十里。”

承　氏

案，承，本琅邪、東莞籍[八]。蜀之承氏，諒自琅邪移此也。宋乾德中，巴州承之[九]，雄特好兵，擒文協於閬邑。太祖賜感義軍節度使。又

[一] 按，此文見《藝文類聚》卷九二、《太平御覽》卷九〇七。
[二] 按，此事見雍正《四川通志》卷四六，原文尚附有此人詩作，可參看。
[三] “神”，原脱，據光緒本補。按，此人見嘉慶《四川通志》卷一三〇。
[四] 按，此條見《路史》卷三〇。
[五] 按，《天啓新修成都府志》卷一三、雍正《四川通志》卷三三、嘉慶《郫縣志》卷二五稱其爲乾道進士，嘉慶《四川通志》卷一二二作“目驥”，稱其爲大觀三年進士。張澍稱紹定進士，不知何據。
[六] “萬姓統譜”，原作“氏族考”，誤，據《萬姓統譜》卷五四改。
[七] “貞”，原作“禎”，似避諱而改，但前文“貞氏”又不諱，不知何故，今據《史記索隱》作者爲司馬貞而改。按，相關記載見《史記·貨殖列傳》，後引《括地志》之語，亦見此篇注文。
[八] “莞”，原作“筦”，形近而誤，據《後漢書·郡國志三》改。按，《通志·氏族略三》、《萬姓統譜》卷五七皆言此姓望出千乘郡，不知張澍所言何據。
[九] “之”，原作“乏”，形近而誤，據《萬姓統譜》卷五七改。

綿州人承信[一]，紹定五年壬辰科進士。

堅氏

《萬姓統譜》[二]："蜀人，堅峻。"

莘氏

《通志》："宋嘉泰二年壬戌科莘炎巳[三]，遂寧人。"

詩氏

澍案，詩姓，以國爲氏者。春秋有詩國，《水經注》亢父縣有詩亭[四]，即其地也。宋有南部詩昌言[五]，登天聖進士。

鈞氏

案，宋元豐進士鈞仲甫[六]，眉州人。紹興進士鈞宏[七]，鹽亭人。鈞昌期，隆興進士[八]，渠縣人。鈞軫，寶祐進士[九]，安岳人。一云鈞軫，

[一] 按，此人見嘉慶《四川通志》卷一二三。

[二] "萬姓統譜"，原作"氏族略"，《通志·氏族略五》有此姓，但無此人之名，今據《萬姓統譜》卷二八載此人而改。

[三] "巳"，嘉靖《潼川志》卷六、雍正《四川通志》卷三三作"巳"，嘉慶《四川通志》卷一二三作"己"，三者易混，暫無旁證可定是非。

[四] 按，此説見《水經注·濟水二》。

[五] 按，此説不知何據，雍正《四川通志》卷三三記載此人爲紹聖進士。

[六] 按，此人見嘉靖《四川總志》卷一二、萬曆九年《四川總志》卷一五、雍正《四川通志》卷三三、嘉慶《四川通志》卷一二二等。但《萬姓統譜》卷一九稱其爲大觀進士，鹽亭人。

[七] 按，此人見萬曆九年《四川總志》卷一五、雍正《四川通志》卷三三。

[八] "隆興"，原誤倒，承襲《萬姓統譜》卷一九、嘉靖《四川總志》卷七之説也，今據萬曆九年《四川總志》卷一〇、雍正《四川通志》卷三三乙正。按，據《中國歷代年號考》，興隆乃宋寧宗嘉定八年時，張鯨之弟張致佔據錦州自立爲王時所用僞號，自不會開科取士。又，同治《渠縣志》卷三四無此人。

[九] 按，據雍正《四川通志》卷三三，此人爲景祐進士。而嘉慶《四川通志》卷一二二稱其爲紹興八年進士，此處稱寶祐進士，不知何據。

紹興戊午科進士[一]，遂寧人，特奏名。《姓譜》《正字通》有鈞宏[二]，眉州人。"鈞"作"鈞"，訛。蓋"宏"即"洪"字，取洪鐘萬鈞之義。或作"鉤"[三]，尤舛。

希　氏

案，《三輔决録》："希海，字子江。"[四]蜀之希氏當自秦遷也。宋有希績，字紀常，儀隴人，坐元祐黨[五]。希昔、希德，均嘉祐進士[六]，皆儀隴人。希尚，南部人，天聖進士。一作淳熙進士，順慶人。希習，南充人，亦登進士[七]。

興　氏

案，後魏破慕容氏，忌而誅之。時有免者，不敢姓慕容，改爲興氏[八]。宋興侯、興依，俱儀隴人，天聖進士。一云俱嘉定進士[九]。

存　氏

案，存水出犍爲郁鄢縣。存姓，當以水爲氏者。宋寶祐元年癸丑科

[一]"午"，原作"子"，因襲嘉慶《四川通志》卷一二二而誤，據《中國史曆日和中西曆日對照表》，紹興八年爲戊午，故改之。

[二] 按，此人見《萬姓統譜》卷一〇三、《正字通》卷一一，《歷代名賢列女氏姓譜》卷一二三與《萬姓統譜》同。

[三] 按，此説見《紹興十八年同年小録》，其書有詳細履歷。

[四] 按，此文見其書卷二。

[五] 按，此條純屬妄言，當是因襲《萬姓統譜》卷六之誤也，《欽定續通志·氏族略六》亦誤。宋人吕公著第二子名希績，乃安徽人，張澍誤以爲姓希，實不當收入《蜀典》也。《東都事略》卷八八小傳云："希績字紀常，有賢操。元祐中爲兵部員外郎，除淮南路轉運副使，知壽州。尋坐黨，分司南京，光州居住。除知濮州，後以壽終。"《萬姓統譜》稱此人爲儀真人，張澍又改爲儀隴，可謂錯上加錯矣。

[六] 按，雍正《四川通志》卷三三載此二人，乃嘉定進士，或是本自《欽定續通志·氏族略六》。《萬姓統譜》卷六稱二人爲宋人，但又云乃嘉慶進士，嘉靖《四川總志》卷七亦同，顯誤。張澍或是臆改"嘉慶"爲"嘉祐"也？

[七] 按，此二人暫不知張澍所據爲何。

[八] 按，此説見《通志·氏族略五》"慕容氏"條注文。

[九] 按，《萬姓統譜》卷五七、嘉靖《四川總志》卷七稱二宋人乃嘉慶進士，顯誤；萬曆九年《四川總志》卷一〇、雍正《四川通志》卷三三、嘉慶《四川通志》卷一二三改爲嘉定進士。

姚勉榜進士存光孫[一]，富順人。又宋有存誠[二]。

尋氏

案，尋氏係異牟尋子尋閣勸之後也[三]。宋淳熙二年乙未科進士尋旦[四]，淳熙中進士尋昂、尋森[五]，俱榮州人。

淳氏

案，淳氏，本淳于氏後，去"于"爲淳氏。《奇姓通》："宋端平進士淳坤，遂寧人。"[六]《漢中府志》："淳厚恩，合州人，正德中爲沔縣典史。"[七]《統譜》："淳忠厚，弘治舉人，任成安教諭。淳英，景泰丙子舉人，銅梁人。"[八]《彭水縣志》："淳明道妻徐氏，淳明珊妻趙氏，皆少寡守志，以節孝稱。"[九]銅梁計都山寺有萬曆時碑[十]，有淳師龍、淳師周，皆生員，即邑人也。

眉氏

案，眉，當以地爲氏者。《少儀外傳》有眉浩[十一]。《少儀外傳》，吕

[一] 按，此人見嘉靖《四川總志》卷八、萬曆九年《四川總志》卷一二、康熙《四川叙州府志》卷三、嘉慶《四川通志》卷一二三。

[二] 按，暫不知此人見於何書。

[三] 按，尋閣勸見《新唐書·南蠻傳中》，但張澍稱蜀中尋氏乃其後，恐係揣測之詞。

[四] 按，此人見嘉慶《四川通志》卷一二三。

[五] 按，此二人見乾隆《榮州志》卷三及嘉慶《四川通志》卷一二三。

[六] 按，此人見《奇姓通》卷二，《萬姓統譜》卷一九、《欽定續通志·氏族略六》亦稱其爲端平進士。嘉靖《四川總志》卷一一、萬曆九年《四川總志》卷一一則皆稱其爲嘉定進士。

[七] 按，此人見民國《重刻漢中府志》卷一〇，此本在嘉慶十九年本基礎上增補最末一卷，則張澍所見當即嘉慶十九年本也。

[八] 按，此條見《萬姓統譜》卷一九，但原書不言淳英中舉具體年代，稱丙子者，見嘉靖《四川總志》卷九、萬曆九年《四川總志》卷九及萬曆《合州志》卷五等。

[九] 按，此條見嘉慶《四川通志》卷一八一及光緒《彭水縣志》卷三，張澍題《彭水縣志》恐想當然耳。據《中國地方志聯合目録》，現存僅康熙《彭水縣志》及光緒元年本，康熙本卷三"節婦"類無此二人，光緒本又晚於《蜀典》成書，則準確出處應是嘉慶《四川通志》。

[十] 按，此碑暫未見他書有載，當是張澍親見者。

[十一] 按，此説見《姓氏急就篇》卷上。今本《少儀外傳》卷上有"鄒浩學士"，而《童蒙訓》卷三作"眉浩學士"。

祖謙撰。宋有眉壽[一]，成都人，政和進士。

刕氏

《廣韻》："刕，姓，出蜀。刀逵之後，避難改爲刕氏。"[二]

夷氏

國朝新津學恩貢夷敦生[三]。《通志》："沐川土官夷靖，嘉靖初捐三十石田爲學田，又出穀一千石賑飢，當事重之。"[四]

餘氏

《路史》："越王無彊之次子蹄，守歐餘亭。後有餘氏。"[五]宋有餘慶[六]，眉山人，紹興進士。

奚氏

國朝乾隆三十五年庚寅科舉人奚繼徽，蓬溪人。嘉慶三年戊午舉人奚大壯[七]，蓬溪人。

員氏

案，唐昭宗世，員虔嵩爲簡州刺史[八]。蜀之員氏，宜即其後。"員"音"圓"。鄧名世《辯證》云："宋陵州仁壽員安宇，太子中允。弟輿安，

[一] 按，此人見《萬姓統譜》卷五。
[二] 按，此文見《廣韻·脂韻》，刕音lí。
[三] 按，此人見嘉慶《四川通志》卷一三〇。
[四] 按，此文見嘉慶《四川通志》卷一六三，又見萬曆九年《四川總志》卷一三。
[五] 按，此文見《路史》卷二三。
[六] 按，此人見《萬姓統譜》卷八。
[七] 按，此二人皆見嘉慶《四川通志》卷一二九。
[八] 按，此人見《新唐書·昭宗紀》，大順元年被叛將挾持。

屯田員外郎。”[一]又元祐中進士員子思[二]、員悦，紹興中進士員良臣[三]、員南圭、員興宗、員彦材、員沆，嘉定中進士員伯熊[四]，均仁壽人。

蘭　氏

《前秦録》：“馮翊太守蘭犢，蜀人，爲破虜將軍。”[五]

回　氏

《統譜》：“滎昌縣有回裔，明宣德中官蒲州知州。”[六]

由　氏

《漢書》：“益州刺史朱輔，宣示漢德，威懷遠夷。白狼、槃木百餘國奉貢。白狼王唐菆作詩三章，輔使犍爲郡掾由恭譯而獻之。”[七]

超　氏

案，漢有太僕超喜，見《廣韻》《氏族略》[八]。《姓氏急就篇》引作“太尉”[九]。宋有超必煴[十]，綿州人，紹定進士。

[一] 按，此條見其書卷九。
[二] “思”，原作“恩”，形近而誤，據《通志·氏族略四》、嘉靖《四川總志》卷四、雍正《四川通志》卷三三等改。
[三] 按，嘉靖《四川總志》卷四、雍正《四川通志》卷三三稱此人爲仁壽人，紹興進士；但《萬姓統譜》卷一〇〇稱其爲雙流人，政和進士。◎此後四人皆見嘉靖《四川總志》卷四、雍正《四川通志》卷三三，與此處相合；《萬姓統譜》則僅收員南圭。
[四] “員伯熊”，原作“員勛”，不知張澍所據爲何，今據嘉靖《四川總志》卷四、萬曆九年《四川總志》卷七有嘉定進士員伯熊且爲仁壽人而改。
[五] 按，此人見《十六國春秋》卷三八《前秦録七·苻堅下》。
[六] 按，此人見《萬姓統譜》卷一七，原書誤“滎昌”爲“營昌”。
[七] 按，此文見《後漢書·西南夷傳·莋都夷》。
[八] “氏”，原作“世”，音同而誤，據《通志·氏族略五》載此人而改。又見《廣韻·宵韻》。
[九] “《姓氏急就篇》”，原無，讓人誤以爲引作“太尉”者乃鄭樵之書，今據《姓氏急就篇》卷上載此人而作“太尉”補。
[十] 按，此人見《萬姓統譜》卷三〇。

巢 氏

案，巢伯，殷諸侯。其地在廬江，子孫以國爲氏[一]。宋巢谷[二]，字元脩，與蘇軾善。政和中進士巢安上[三]，紹興中進士巢寅[四]，均眉州人。

豪 氏

《正字通》："宋儀隴人，豪彦，乾道中進士。"

多 氏

案，蜀之多氏出自夜郎侯多同之後也[五]。《十國春秋》："後蜀多岳，天彭人。後主遣使徵之，不就，潛入普□[六]，寓鐵峰，教授生徒。"[七]牟恭從之受學。

雄 氏

宋有雄飛[八]，眉州人，政和中進士。潲宰大足時，有民雄大宣。

宣 氏

明成化元年乙酉科舉人宣顯[九]，遂寧人。國朝康熙五十二年癸巳科

[一] 按，相關記載可參《太平寰宇記》卷一二六。

[二] 按，《宋史·隱逸傳下》有傳。

[三] 按，此人見嘉靖《四川總志》卷一二、萬曆九年《四川總志》卷一五、康熙《眉州屬志》卷二、雍正《四川通志》卷三三等。

[四] 按，嘉靖《四川總志》卷一二、萬曆九年《四川總志》卷一五稱其爲紹定進士；康熙《眉州屬志》卷二、雍正《四川通志》卷三三、嘉慶《四川通志》卷一二二稱其爲紹興進士。

[五] 按，此人見《史記·西南夷列傳》。

[六]"□"，原脱，據《十國春秋》卷五三補。

[七]"生徒"，原脱，易讓人誤會後文之牟恭爲教授，今據《十國春秋》補。又，此牟恭詳後文"牟氏"條。

[八] 按，此人見《萬姓統譜》卷一、《欽定續通志·氏族略六》。《通志·氏族略四》云："雄氏，舜七友雄陶之後，以名爲氏。"

[九] 按，此人見嘉慶《四川通志》卷一二六。

舉人宣德[一]，閬中人。温江縣學恩貢宣猷[二]。國朝灌縣歲貢宣而哲、宣鸞鳴[三]。

通　氏

《姓纂》："巴大夫食采通川，因氏焉。"[四]案，通川，今之通江也。

萌　氏

《姓苑》："萌氏出葭萌之後。"[五]《正字通》："五代蜀裨將有萌慮。"[六]案，葭萌屬廣漢，故蜀有萌姓也。

英　氏

明崇禎九年丙子科舉人英士洪[七]，内江人。

句　氏

《華陽國志》漢昌縣人姓有句氏[八]。又云："王平、句扶、張翼、廖化，並爲大將。時人語曰：'前有王、句，後有張、廖。'"《辯證》云："今句氏望出平陽。東都士大夫言其先仕蜀，爲句邑大夫，因以命氏。今成都、嘉州，皆爲盛族。"案，蜀漢有句安[九]，爲大將。晉有句方[十]，

[一] 按，此人見嘉慶《四川通志》卷一二八。
[二] 按，此人見雍正《四川通志》卷三七下、嘉慶《四川通志》卷一三〇，亦清人。
[三] 按，此二人見嘉慶《四川通志》卷一三〇。
[四] 按，此文見《元和姓纂》卷一。
[五] 按，此文見《古今姓氏書辯證》卷一六、《萬姓統譜》卷五四。
[六] 按，此文見《正字通》卷九。
[七] 按，此人見嘉慶《四川通志》卷一二七。
[八] 按，《華陽國志》卷一云："漢昌縣，和帝時置，大姓勾氏。"後文之"句扶"，《華陽國志》卷七亦作"勾扶"。張澍既將"勾""句"分列二姓，此處又混"勾"作"句"，實不可取。味其執此説之由，或因襲《古今姓氏書辯證》卷三四及《姓氏急就篇》卷下之語也。二書稱"句"姓爲古來寫法，後避趙構諱而改作"勾"。若其説可從，則今日所見諸本《華陽國志》之"勾"姓皆是宋時避趙構諱而改者。但這又與《萬姓統譜》卷六三稱"勾"姓避諱作"句"正好相反。
[九] 按，《三國志·蜀志·後主紀》云："（延熙）十二年。將軍句安、李韶降魏。"
[十] 按，此人見《姓氏急就篇》卷下，未言其職官。

句鑰[一]，爲參軍。後唐時有句延慶[二]，字昌裔，著《錦里耆舊傳》八卷，自稱榮州應靈縣令。陳振孫稱爲平陽句延慶[三]。或謂延慶入蜀，蜀始有句姓，謬矣。孟昶時有校書郎華陽句中正[四]，字坦然，精于字學。後入宋爲屯田郎中。子希古、希仲，並進士及第。希仲，官太常博士。又有句思[五]。

勾氏

《揮麈前録》："仍其字而更其音者，勾濤是也。"[六]案，濤字景山，新繁人，崇寧二年癸未科進士[七]。爲史館修撰，不附秦檜，高宗嘆其忠。大中祥符八年乙卯一作酉科進士勾務滋[八]，榮州人。勾克儉，鄞人，亦是科進士[九]。勾士良[十]，成都人，慶曆六年丙戌科進士。勾居體[十一]，熙寧中進士，權領懷安軍事。皇祐元年己丑科進士勾獎[十二]，榮州人；勾昌逢[十三]，成都人。嘉祐二年丁酉科進士勾伸[十四]，熙寧三年庚戌科進士句

[一]"句鑰"，見《萬姓統譜》卷六三，但原書實作"勾鑰"。
[二]"慶"，原作"景"，不知張澍因何作"景"字，但後文夾注引陳振孫之説又作"慶"，殊爲怪異。今據此書題名改，後文此字徑改。按，據《歷代避諱字彙典》，宋真宗之劉皇后祖名延慶，故可能諱"慶"字，但暫無證據稱勾延慶要改作"勾延景"者。◎又，此書題名之姓，仍爲"勾"，非"句"。
[三]按，陳氏之説見《直齋書録解題》卷七。
[四]"正"，原作"立"，形近而誤，據《宋史·文苑傳三》本傳改。
[五]按，此人見《正字通》卷一。張自烈亦主"勾"避諱改作"句"之説。
[六]"勾濤"旁，趙熙批注云："《宋史》有傳。"
[七]"寧"，原作"禎"，顯誤，趙熙即於"禎"字旁批一"寧"字，據《宋史》本傳，的確應作"寧"，故據改。◎趙熙又眉批云："宋馬永良著《異號録》，蜀句龍材校正。《文獻通考》。"按，此説見《文獻通考·經籍考五十五》。
[八]"卯"，原作"丑"，誤，據大中祥符八年干支爲乙卯改。按，一年不可能有兩個干支，此處之夾注實無必要。◎又，此人見乾隆《榮縣志》卷三，乃蔡齊榜第一甲第三人；又見嘉慶《四川通志》卷一二二。
[九]按，此説與嘉慶《四川通志》卷一二二相合，嘉靖《潼川志》卷六稱其爲天聖八年進士，顯誤。據《續資治通鑑長編》卷八六，大中祥符九年時，此人已官至度支員外郎、河中府知府，豈能在十五年後才中進士？
[十]按，此人見嘉慶《四川通志》卷一二二，嘉靖《四川總志》卷一二有小傳。
[十一]按，此人見嘉慶《四川通志》卷一二二、嘉慶《成都縣志》卷二。
[十二]按，此人見乾隆《榮縣志》卷三、嘉慶《四川通志》卷一二二。
[十三]按，此人見嘉慶《四川通志》卷一二二，亦皇祐元年進士。
[十四]按，此人見嘉慶《四川通志》卷一二二，乾隆《榮縣志》卷三誤作嘉祐三年進士。

仲通[一]，熙寧九年丙辰科進士勾純[二]，均榮州人。熙寧中進士勾鱗[三]，雙流人。元豐中進士勾敢臨[四]，成都人。元祐中進士勾宗召[五]，新繁人。政和二年壬辰科進士勾磬[六]，資州人。宣和中進士勾廉一作濂[七]，成都人，朝議大夫；勾詠[八]，新繁人。紹興中進士勾輔[九]，新繁人，類省試第一。淳熙五年戊戌科進士勾士奇[十]，榮州人。淳熙八年辛丑科進士勾廷永[十一]，安岳人。嘉定中進士勾易之[十二]，順慶人。寶慶二年丙戌科進士勾德純[十三]，安岳人；勾復之[十四]，眉州人。紹定中進士勾復之[十五]，仁壽人。淳祐十年庚戌科進士勾良傳[十六]，資州人。寶祐四年丙辰科進士

[一]“仲”，原脱，據嘉慶《四川通志》卷一二二、乾隆《榮縣志》卷三補。按，《榮縣志》誤作熙寧二年進士。

[二]按，此人見乾隆《榮縣志》卷三、嘉慶《四川通志》卷一二二。

[三]按，雍正《四川通志》卷三三、嘉慶《四川通志》卷一二二均稱其爲熙寧進士。《萬姓統譜》卷六三稱其爲元祐進士。

[四]按，此人見嘉靖《四川總志》卷四、萬曆九年《四川總志》卷七、雍正《四川通志》卷三三、嘉慶《四川通志》卷一二二。

[五]按，此人見萬曆九年《四川總志》卷七、雍正《四川通志》卷三三、嘉慶《四川通志》卷一二二、嘉慶《新繁縣志》卷二七，唯《天啓新修成都府志》卷一三稱其爲雙流人。

[六]按，此説與嘉慶《四川通志》卷一二二相合，《天啓新修成都府志》卷一三、雍正《四川通志》卷三三、乾隆《郫縣志書》卷六皆稱其爲郫縣人。

[七]按，此人見嘉靖《四川總志》卷四、萬曆九年《四川總志》卷七、《天啓新修成都府志》卷一三、雍正《四川通志》卷三三、嘉慶《四川通志》卷一二二。作“勾濂”者見嘉慶《成都縣志》卷二，稱其爲朝議大夫者僅兩種嘉慶志。

[八]按，此人見嘉慶《四川通志》卷一二二、嘉慶《新繁縣志》卷二七。

[九]按，此人見嘉慶《四川通志》卷一二二、嘉慶《新繁縣志》卷二七，民國《新繁縣志》卷二四則以爲此人乃勾詠之子。

[十]按，萬曆九年《四川總志》卷一五、雍正《四川通志》卷三三稱其爲紹興進士；乾隆《榮縣志》卷三稱其爲淳熙三年進士，顯誤，據嘉慶《四川通志》卷一二三，三年一科，淳熙二年、五年、八年開科，不可能有淳熙三年進士。張澍此處與嘉慶《四川通志》同。

[十一]按，此人見嘉靖《潼川志》卷六、乾隆《安岳縣志》卷五、嘉慶《四川通志》卷一二三。

[十二]按，此人見萬曆九年《四川總志》卷七、《天啓新修成都府志》卷一三、雍正《四川通志》卷三三、嘉慶《四川通志》卷一二二。

[十三]按，此人見嘉靖《潼川志》卷六、雍正《四川通志》卷三三、乾隆《安岳縣志》卷五、嘉慶《四川通志》卷一二三。

[十四]按，此人見萬曆九年《四川總志》卷一五、雍正《四川通志》卷三三、康熙《眉州屬志》卷二，不言具體科分；嘉慶《四川通志》卷一二三稱其爲寶祐二年進士。

[十五]按，此人見嘉靖《四川總志》卷四、萬曆九年《四川總志》卷七、《天啓新修成都府志》卷一三、雍正《四川通志》卷三三、嘉慶《四川通志》卷一二三。

[十六]按，嘉靖《四川總志》卷四、《天啓新修成都府志》卷一三、雍正《四川通志》卷三三皆稱其爲嘉定進士；唯嘉慶《四川通志》卷一二三稱其爲淳祐十年進士。

勾煒[一]，眉山人。進士勾昌世[二]，成都人，朝散大夫，郡守；勾昌泰，成都人，類省試第一，除職帥夔州。明永樂十二年甲午科舉人勾銘[三]，彭水人。永樂十八年庚子科舉人勾榮[四]，鹽亭人。國朝鹽亭學恩貢勾華齡[五]；歲貢勾煦蘇[六]、勾榮岳[七]。綿竹學恩貢勾升龍[八]。

鉤氏

《揮麈前録》："本句氏，避高宗諱，加'金'爲鉤氏。鉤光祖是也。"

絇氏

《揮麈前録》："本句氏，避高宗諱，加'糸'爲絇氏，絇紡是也。"

仝氏

明嘉靖二十五年丙午科舉人仝繹[九]，奉節人。夔州府學貢生仝琦[十]，官黄陂縣丞。

訾氏

《四川志》："明太平廳貢生訾梅[十一]，舊縣人。"

[一] 按，此人見嘉慶《四川通志》卷一二三。

[二] 按，此人及其弟勾昌泰見嘉慶《四川通志》卷一二三、嘉慶《成都縣志》卷二，據寶慶《會稽續志》卷二，勾昌泰淳熙十年任提舉茶鹽事，則中進士當在淳熙前。

[三] 按，嘉靖《四川總志》卷九、萬曆九年《四川總志》卷九皆稱此人乃永樂九年辛卯舉人；此處與嘉慶《四川通志》卷一二五相同。

[四] 按，此人見嘉靖《四川總志》卷一一、乾隆二十八年《鹽亭縣志》卷二、乾隆五十一年《鹽亭縣志》卷五。

[五]"華"，原作"莘"，形近而誤，據乾隆二十八年《鹽亭縣志》卷二、乾隆五十一年《鹽亭縣志》卷五、嘉慶《四川通志》卷一三六改。

[六]"煦"，原作"照"，形近而誤，乾隆二十八年《鹽亭縣志》卷二、乾隆五十一年《鹽亭縣志》卷五、嘉慶《四川通志》卷一三六改。

[七] 按，此人見嘉慶《四川通志》卷一三六。

[八] 按，此人見嘉慶《四川通志》卷一三八。

[九] 按，此人見萬曆九年《四川總志》卷一四、雍正《四川通志》卷三六，後者誤以爲其乃瞿塘縣人。

[十] 按，此人見乾隆《夔州府志》卷六、嘉慶《四川通志》卷一三四，亦爲明代人。

[十一] 按，此人見嘉慶《四川通志》卷一三八，又見嘉靖《雲陽縣志》卷下。

戎氏

國朝石泉學歲貢生戎惠[一]，劍州訓導。

郯氏[二]

《陳留風俗傳》："秦嬴後分封，以國爲姓，有郯氏。"宋有郯次雲，蜀人，見《趙逵傳》。

閭氏

案，閭姓盛于甘肅之涇州。自北魏、齊、梁以來，多顯人。蜀之閭氏當自甘肅遷也。明嘉靖十年辛卯科舉人閭東[三]，内江人。國朝郫縣學歲貢生閭德音、閭琳[四]。

工氏

《統譜》宋有工稑[五]，成都人，大觀進士；工祖孫，眉州人，紹興進士。

公氏

宋乾道五年己丑科進士公謨[六]，安岳人。明嘉靖十九年庚子科舉人

[一] 按，此人見嘉慶《四川通志》卷一三四、道光《保寧府志》卷三二，嘉慶九年時任劍州訓導。

[二] "郯"，原作"剡"，形近而誤，據《説郛》百二十卷本卷六二引《陳留風俗傳》及《史記·秦本紀》《宋史·趙逵傳》改。正文此字徑改，不再出校。按，《陳留風俗傳》云："太史公曰：秦之先爲嬴姓，其後分封，以國爲姓，有徐氏、郯氏……"《史記》云："秦之先曰伯翳，佐舜擾馴鳥獸，錫姓曰嬴氏。其後分封，以國爲姓，有徐氏、郯氏、王氏、江氏。"二書皆作"郯"，不作"剡"。《廣韻·琰韻》收"剡"字，以爲乃姓氏，但並無文獻來源。

[三] 按，此人見嘉靖《四川總志》卷四、萬曆九年《四川總志》卷七，嘉慶《四川通志》卷一五一有小傳。

[四] 按，此二人并見嘉慶《四川通志》卷一三〇、嘉慶《郫縣志》卷二五。

[五] "稑"(lù)，原作"棱"，形近而誤，據《萬姓統譜》卷一改，後一人亦見《萬姓統譜》。

[六] 按，此人見乾隆《安岳縣志》卷五、嘉慶《四川通志》卷一二三，雍正《四川通志》卷三三不言科分。

公文試[一]，南部人。

崇　氏

《希姓録》："宋有崇齊鮮[二]，遂寧人，端平進士。"

修　氏

《希姓録》："宋紹定進士修武丹，富順人。"[三]澍案，富順人修武丹爲紹定己丑黄樸榜進士[四]。

牟　氏

案，《元和郡縣志》："貞觀十六年，有渝州萬壽縣人牟智才上封事，請于西南夷竇渝之界招慰不庭，建立州縣。至十七年置溱州。"[五]《氏族略》："蜀有牟氏，善畫鷄。"[六]宋牟子才[七]，字存叟，井研人。從魏了翁、楊子謨學[八]，登嘉定進士，通判吉州。時文天祥尚童子，一見，期以遠大。後官禮部尚書、翰林學士，知制誥。登科有牟冲，陵井監人[九]。牟

[一] 按，此人見嘉慶《四川通志》卷一二六。

[二] "鮮"，原作"賢"，誤，據《希姓録》卷一單隆周補人名而改。嘉靖《四川總志》卷一一、萬曆九年《四川總志》卷一一亦作"鮮"。又，《希姓録》并不言其爲遂寧人，但兩本《四川總志》稱其爲遂寧人。按，《函海》所刻五卷本《希姓録》爲楊慎原本，但原文並無此人。清人單隆周在楊慎本基礎上進行了補人名、補姓氏的增訂，重刻亦爲五卷。張澍籠統稱《希姓録》，而不標明是單氏增補之文，頗不嚴謹。後文引自《希姓録》者，皆説明是楊慎原本還是單氏增補之文。

[三] 按，此條見《希姓録》卷二，乃楊慎原文。

[四] 按，此説見康熙《四川叙州府志》卷三、乾隆二十五年《富順縣志》卷一〇、嘉慶《四川通志》卷一二三。

[五] 按，此條見《元和郡縣圖志》卷三〇。

[六] 按，此條見《通志·氏族略二》。

[七] "牟子才"，《宋史》有傳。

[八] "楊子謨"，宋代中江人，字伯昌，號浩齋。淳熙八年進士，歷任通判成都府、權發遣黎州等職。雍正《四川通志》卷一二有小傳。

[九] "監"，原作"鹽"，形近而誤，據《通志·氏族略二》改。《萬姓統譜》卷六三作"牟冲陵，井研人"，亦誤。◎趙熙亦於"鹽"字旁批注一"監"字。

莘起[一]，梓州人。牟恭一作衮從多岳學[二]，普州人，舉進士。後有用中義先、積中學先兄弟，皆出仕，號“一門四柱”。

蕃氏　藩氏

《姓譜》：“元至正進士蕃允，德陽人。”[三]《四川通志》：“蕃允，宋寶慶二年丙戌科進士，眉州人。”[四]字一作“藩”。明嘉靖中舉人藩俊[五]，保寧人，官清遠知縣。案，李膺《益州記》：“蕃蠡學道於麗元山，升仙。”[六]“蕃”古音“皮”，亦音“婆”[七]。

鳴　氏

鳴氏，出於齊大夫烏枝鳴之後[八]。元至正進士鳴厚[九]，德陽人。一云宋紹定中進士，眉州人。

潭　氏

案，潭即覃氏。後漢武陵蠻潭戎[十]，一作覃戎。蜀之潭氏，當即戎

[一] 按，此人見《通志·氏族略二》、《萬姓統譜》卷六三。

[二] 按，《輿地紀勝》卷一五八《普州·人物》有此人小傳，亦見《方輿勝覽》卷六三、《明一統志》卷七一、《萬姓統譜》卷六三、嘉靖《潼川志》卷六、嘉慶《四川通志》卷一四九等。諸書皆作“牟衮”，據其“字君華”來看，當是得名於“華衮”一詞，應以牟衮爲是，張澍作“牟恭”，不知何據，或誤。

[三] 按，此條或誤題出處，《萬姓統譜》卷二三“蕃”姓下並無此人，《歷代名賢列女氏姓譜》卷四七“蕃、藩”二氏下也無此人。

[四] 按，此條見嘉慶《四川通志》卷一二三，雍正《四川通志》卷三三不言具體科分。

[五] 按，此人見《萬姓統譜》卷二三。

[六] 按，此條乃據《太平寰宇記》卷七三所引而改寫，又見《蜀典》卷二“蕃蠡”條。

[七] 按，此説參《蜀典》卷一上“雷番”條。

[八] “烏枝鳴”，見《左傳·昭公二十一年》。按，張澍稱鳴氏出此人，不知何據。《古今姓氏書辯證》卷一六云：“鳴，出自趙賢人竇犨，字鳴犢，非罪被殺，子孫以字爲氏。”

[九] 按，嘉靖《四川總志》卷一二、萬曆九年《四川總志》卷一五，稱其爲寶慶進士，眉州人；康熙《眉州屬志》卷二、雍正《四川通志》卷三三、嘉慶《四川通志》卷一二三、嘉慶《眉州屬志》卷一〇稱其爲紹定進士。張澍所謂元至正進士者，不知何據。

[十] 按，此人見《後漢書·南蠻傳》，《古今姓氏書辯證》卷二〇作“覃戎”。

之後。明有潭貴[一]，華陽人，成化中任漳平知縣。潭溥[二]，瀘州人，天順時進士。

須氏

明夔州府學貢生須震[三]，任茶陵州同；須冠[四]，任攸縣主簿。雲陽學貢生須又星[五]，任膚施縣丞。

桃氏

《湖南通志》："桃翔，金堂人，知江陵縣，守己廉，莅事勤。"[六]

堯氏

《一統志》："明堯卿，安岳人，字廷輔。成化己丑進士，知昭化縣，有異政。擢太僕寺丞，知銅仁府。威著苗疆，黎民安堵。"[七]堯弼[八]，内江人，正德進士。營山縣貢生堯時皋[九]。嘉定府學貢生堯克明[十]。

[一] 按，此人見《萬姓統譜》卷六六及弘治《八閩通志》卷三三。

[二] 按，嘉慶《四川通志》卷一二四稱其爲成化十四年進士，不知張澍此處何據。查《明清進士題名碑録索引》，成化十四年有進士"譚溥"，則此人姓"譚"非"潭"，更非天順時進士，故本條當删去此人。

[三] 按，嘉靖《茶陵州志》卷下稱其天順七年任縣丞，正德《夔州府志》卷九亦稱其爲縣丞。張澍所據爲嘉慶《四川通志》卷一三四。

[四] 按，此人見乾隆《夔州府志》卷六、嘉慶《四川通志》卷一三四。

[五] "又"，原作"文"，形近而誤，據乾隆《雲陽縣志》卷二、乾隆《夔州府志》卷六、嘉慶《四川通志》卷一三四改。

[六] 按，今諸本《湖南通志》不載此人，亦暫未見他書有記載，頗疑張氏誤記。《奇姓通》卷三有"桃豹"，但非蜀人。

[七] 按，此人見嘉慶《大清一統志》卷四〇七，又見雍正《四川通志》卷九上等。

[八] 按，此人見嘉慶《四川總志》卷四、雍正《四川通志》卷三四、嘉慶《四川通志》卷一二四等，乃正德三年進士。

[九] "营"，原作"桊"，音同形近而誤，據嘉慶《四川通志》卷一三二改。按，二字方音皆同"云"。◎趙熙亦於"桊"字旁批注一"营"字。

[十] 按，此人見嘉慶《四川通志》卷一三五。

隆氏

隆，地名。蓋以邑爲氏者，非必九隆之後也[一]。明時有隆英[二]、隆琦[三]，均利津舉人。或子孫遷於蜀，故蜀有隆氏。萬縣冉應海妻隆氏[四]，生子未彌月，應海卒，誓不嫁。孝姑撫子，事聞旌表。明酆都縣貢生隆盛、隆壽[五]。

闓氏

《統譜》："湖廣麻城有闓氏。"[六]蜀之闓姓，自楚遷也。大足縣民有闓宗悦、闓文有、闓先。

弘氏

《統譜》："弘洪，遂寧人。弘治中，任建平縣主簿。"[七]

斯氏

大足多寶塔内石記有永川人斯完，子奉先、彦先、幾先，施錢引修塔者，宋紹興時人也[八]。明嘉靖中，西充貢生斯美，字鹿崖。在太學日，

［一］"九隆"，《後漢書·西南夷傳·哀牢夷》云："哀牢夷者，其先有婦人名沙壹，居于牢山。嘗捕魚水中，觸沉木，若有感，因懷妊十月，產子男十人。後沉木化爲龍，出水上。沙壹忽聞龍語曰：'若爲我生子，今悉何在？'九子見龍驚走，獨小子不能去，背龍而坐，龍因舐之。其母鳥語，謂背爲九，謂坐爲隆，因名子曰九隆。"

［二］"隆英"，乾隆《大清一統志》卷三一小傳云："隆英，利津人。宣德中知南宫縣，春夏常巡省郊野，課農事，止大樹下，集士女教以孝弟勤儉。時神武衛二指揮持牒至縣，占地爲屯。英曰：'惟吾廳事前乃隙地耳，此外皆吾民常業，不敢聞命。'兩人知其廉介不可奪，乃舍之而去。"亦見《萬姓統譜》卷一。

［三］"隆琦"，《萬姓統譜》卷一稱其成化中任泰興縣知縣。

［四］按，此人見正德《夔州府志》卷九、嘉靖《四川總志》卷一〇等。

［五］按，此二人見嘉慶《四川通志》卷一三八。

［六］按，此文見《萬姓統譜》卷一九。

［七］按，此文見《萬姓統譜》卷五七。

［八］按，大足石刻之多寶塔，今存，其銘文則收入《大足石刻銘文録》等書。

上書請修紀信廟，並恤其子孫。制可。出知柳州，化民有方[一]。又有斯舉斯[二]，字大力，西充人。父早卒，事母至孝。國朝順治十一年甲午科舉人斯舉斯，亦西充人。明西充學貢生斯文[三]，任沔陽教諭。斯美，任彬州同知[四]。斯民表，任盩厔教諭。斯養，任汧陽知縣。國朝歲貢斯行可。

支　氏

《宋史》："孝子支漸，資陽人，年七十。持母喪，白蛇、青螭繞其旁，皓烏、巑雀集于壠。"[五]明支鳳[六]，茂州人。剛介孝友，以明經授乳源令。清慎自矢，民受其福。解組歸，士負笈從之。教人以躬行爲本。居家端整，雖燕居無惰容。《蜀中著作記》："《寵溪詩集》[七]，元支渭興著。渭興，長寧人，至順間，任四川行省參政。'寵溪'，其别號也。"案，舊志作"支渭，興州人"[八]，誤。

郫　氏

《姓苑》："郫姓，望出成都。"[九]案，郫以地爲氏者。

［一］按，嘉慶重刻康熙《順慶府志》有《敕修紀廟奏議》，當即張澍所云上書之文。

［二］按，此人見雍正《四川通志》卷一〇上，後一斯舉斯則見雍正《四川通志》卷四三六及嘉慶《四川通志》卷一二八，頗疑其爲一人。

［三］按，此人見嘉慶《四川通志》卷一三二，後四人亦見此卷。

［四］"彬"，原作"郴"，形近而誤，據嘉慶《四川通志》改。按，彬州，即邠州、豳州，屬今陝西咸陽市。

［五］按，《宋史·忠義傳》本傳稱"白蛇、貍、兔擾其旁，白鴿、白鳥日集于壠木，五色雀至萬餘，回翔悲鳴，若助哀者"，張澍此處改寫，更爲夸張。

［六］按，此人小傳見雍正《四川通志》卷九上。

［七］"寵溪"，與嘉靖《四川總志》卷八相合，《明一統志》卷六九作"龍溪"，未知孰是。元人虞集《道園學古録》卷五有《大廷策士，問經世之道。僕忝在讀卷之列，觀諸進士所對，有感賦此。録以贈别鎦性粹中、支渭興文舉二賢良》，知支渭興字文舉。萬曆九年《四川總志》卷二四有周洪謨《叙州府志序》，以爲支渭興乃陝西同州人，所據乃嘉靖《四川總志》卷八。又，此文見《蜀中廣記》卷九九。

［八］按，嘉慶《四川通志》卷一一三、一四八皆稱舊志作"興國州人"，但目前並未見有作"興州人"或"興國州人"者。

［九］按，此處乃張冠李戴之誤説。《姓氏急就篇》卷下云："郫氏，晋邑，見《姓苑》。"《萬姓統譜》卷五云："郫，地名，成都。"無所謂稱"郫"望出成都且源自《姓苑》者。

茹氏

《姓譜》："茹榮，簡州人，唐長慶元年人。幼失父，事母姚氏至孝。冠，爲邑吏。蒙宰賜瓜，歸以遺母。"[一]

萊氏

《萬姓統譜》[二]："明萊從善[三]，四川人，宣德中任新喻縣教諭。"

邠氏

《漢張納功德叙碑陰》有守屬安漢邠升[四]。

馳氏

《晉書·地道志》："梓潼五婦山，馳水所出。"[五]當是以水氏者。《一統志》："馳九垓，仁壽人。弘治中官銅仁推官，讞鞫多所平反。值洞苗倡亂，入巢撫諭之，卒寢其變。歲飢請賑，不待詔而發。曰：'寧我無官，不忍民無食。'"[六]

基氏

《統譜》："基厚，大足人，正統間官道州吏目。"[七]

[一] 按，此文改寫自《萬姓統譜》卷八，又見《歷代名賢列女氏姓譜》卷一五。《蜀中廣記》卷七三《龍君廟記》有更神異之傳説，可參看。

[二] "萬姓統譜"，原作"氏姓譜"，讓人以爲出《歷代名賢列女氏姓譜》也，但其書卷三二"萊氏"下並不載此人事迹，顯係誤題。今據此人見《萬姓統譜》卷一七二改出處。

[三] "善"，原脱，據《萬姓統譜》補。按，此人又見嘉靖《江西通志》卷二三、隆慶《臨江府志》卷五等，皆作"萊從善"。

[四] 按，此碑見《隸釋》卷五。

[五] 按，此文改寫自《後漢書·郡國志五》注文，所謂《晉書·地道志》，指王隱《晉書·地道記》。

[六] 按，此條見嘉慶《大清一統志》卷五〇七。

[七] 按，此條見《萬姓統譜》卷五。

絮　氏

案，《張敞傳》有賊掾絮舜。李奇曰："絮，音挐。"顔師古曰："女居切，又音人餘反。"[一]明有絮樂心[二]，井研人，永樂中任郥縣丞。

慈　氏

《統譜》："慈止，仁壽人，永樂中官大足縣訓導。"[三]

敷　氏

《統譜》："敷季雅，犍爲人，洪武間官松溪縣知縣。"[四]

懷　氏

《高帝紀》："徙齊、楚大族昭氏、景氏、屈氏、懷氏、田氏五姓關中，與利田宅。"[五]是懷氏本在關中，或自關中遷蜀，故蜀有懷氏也。明懷寬[六]，井研人，宣德中大浦縣丞。懷金榜，敘州府人，雍正間建武營把總[七]。懷玉林[八]，興文人，官把總，嘉慶二年在湖北白魚寨陣亡。

乾　氏

《勝朝殉節録》："乾曰貞，成都人，以艱歸里。崇禎十七年，獻賊陷

[一] 按，此文見《漢書·張敞傳》注文，今《漢語大詞典》從《廣韻》，音nǜ。
[二] 按，此人見《萬姓統譜》卷八。
[三] 按，此條見《萬姓統譜》卷五。
[四] 按，此條見《萬姓統譜》卷一三。但弘治《八閩通志》卷三二、嘉靖《建寧府志》卷五、康熙《松溪縣志》卷七皆稱其爲江西人，《萬姓統譜》或誤。
[五] 按，此條見《漢書·高帝紀下》。
[六] 按，此人見《萬姓統譜》卷一五。
[七] "建"，原作"健"，誤，據光緒《興文縣志》卷二"建武營右司外委把總駐防珙縣羅星汛。懷金榜，四川敘州府人，雍正十一年到任"改。後文此字之誤徑改，不再出校。乾隆《珙縣志》卷八亦云："國朝駐防把總。係建武營分駐，康熙五十年以前缺考……縣南羅星渡外委把總，乾隆初年設。陸秉鋭、王倫、懷金榜……"二書在到任時間上不合，但隸屬軍隊之名則相同，可證張澍之誤。
[八] 按，此人見光緒《興文縣志》卷四，不知張澍所據爲何書。

城，以磚擊賊而死。乾隆四十一年，賜謚‘節愍’。”[一]舊《通志》：“曰貞，字遵陽。”[二]明乾道妻楊氏妙明[三]，成都人，年二十五，夫卒，誓不他適。撫遺腹子昭，爲娶汪氏，生子相。昭卒，汪氏年十六，或欲奪其節。汪哭曰：“吾姑不負吾舅，吾豈忍負吾夫？”姑媳孀居，撫相成立。事聞，旌表。

崖氏

案，吐蕃將有崖遇[四]。蜀之崖氏，當係吐蕃後也。《統譜》：“崖成，邛州人，永樂間舉人，官知府。”[五]一作大足人。

淵氏

淵氏，當出於齊大夫淵湫也[六]。明有淵澄[七]，蓬州人，弘治中長山縣丞。澍宰銅梁，有民淵來生、淵潛生，本秦人也。

茲氏

《統譜》：“茲成，墊江人，宋熙寧進士。”[八]

聊氏

《萬姓統譜》[九]：“漢有聊廣圍[十]，洛下人。”《氏姓譜》：“明有聊

[一] 按，此文見《欽定勝朝殉節諸臣録》卷八。
[二] 按，此條見雍正《四川通志》卷一二。
[三] 按，此人見嘉靖《四川總志》卷五、萬曆九年《四川總志》卷八、雍正《四川通志》卷一一上、嘉慶《四川通志》卷一七六等。
[四] 按，暫不知張澍此説本自何處。
[五] 按，《萬姓統譜》卷三六在“邛州”下有“大足”二字，張澍以“大足”爲注文，當是。
[六] 按，此説見《姓氏急就篇》卷上。
[七] 按，此人見《萬姓統譜》卷二八。
[八] 按，此條見《萬姓統譜》卷五。
[九]“萬姓統譜”，原作“氏族略”，誤，《通志》無相關記載，據《萬姓統譜》卷三〇改。
[十]“圍”，原作“囯”，形近而誤，據《萬姓統譜》改。

珠。”[一]“越嶲人，任江西瑞昌縣訓導。宸濠之亂，適知縣入覲，珠率士民力拒之，卒獲保全。”見《寧遠府志》。而《統譜》云：“正德中爲湖口縣教諭。”又案，聊世瑜[二]，温江縣學貢生。

荼　氏[三]

案，“荼”舊音“側加反”。蘇林《漢書音義》“音食邪反”，如琅邪之邪。《奇姓通》作“荼”[四]，音“蛇”，非也。明什邡人荼寧，正統中爲永壽訓導；重慶人荼孟元，嘉靖中爲耀州寶鷄知縣[五]。

青　氏

案，蜀之青氏，由青陽氏改也。明洪武中，龍陽縣典史青文勝[六]，字質夫，夔州人。龍陽邑瀕洞庭，歲罹水患，逋賦數十萬，敲撲死者相踵。文勝慨然詣闕，請免負租三萬餘石。章三上，不報，自縊登聞鼓下。上命核實蠲租二萬四千餘，仍以一千三百爲額。民德之，立祠曰“忠惠祠”祀焉[七]。而《蜀人物志》云：“青文勝，大寧人。”[八]本朝嘉慶丁卯

[一] 按，《歷代名賢列女氏姓譜》卷六二云：“聊珠，越嶲衛人，正德中任湖口縣教諭。”其説與《萬姓統譜》卷三〇相同，當即本自《萬姓統譜》。此處與嘉慶《四川通志》卷一四八引《寧遠府志》相同。但康熙《郴州總志》卷五、乾隆《湖南通志》卷七八稱其爲明代正德二年桂陽縣訓導，未知孰是。

[二] 按，此人見《天啓新修成都府志》卷一四、嘉慶《四川通志》卷一三〇，嘉靖時貢生。

[三]“荼”，原作“茶”，因襲《萬姓統譜》卷三六而誤，今據《漢書·景十三王傳·江東易王》注文改。此條後文之誤徑改。

[四]“荼”，原作“茶”，形近而誤，據《奇姓通》卷三“荼恬”條改。

[五] 按，此二人皆見《萬姓統譜》。

[六]“勝”，原作“盛”，與《萬姓統譜》卷五五、萬曆《湖廣總志》卷六七有小傳同，誤，今據《明史》本傳改，後文此字徑改。按，青文勝字質夫，名字相生，出自《論語·雍也》：“質勝文則野，文勝質則史。”

[七]“忠”，原脱，據嘉靖《常德府志》卷一〇，當地縣令所立祠叫“忠惠”祠，故補之。又據《明史》本傳及《國榷》卷七三，其祠曰惠烈。《國榷》稱立祠時間在萬曆十四年八月乙丑，而青文勝自縊在洪武二十四年五月。是祭祀青文勝之祠有兩個名稱，當地官員最初所立叫忠惠祠，萬曆十四年皇帝下令所立之祠叫惠烈祠。

[八] 按，據嘉慶《四川通志》卷一八四，劉道開著有《蜀人物志》，四卷。嘉慶《四川通志》卷一四四至卷一六三大量引用其書，但今日未見原書。

科舉人青文典，蓬溪人，丁丑大挑知縣，分發雲南[一]。明遂寧學貢生青袍[二]，官主簿；青若淘，北京副兵馬司。

胥　氏

《華陽國志》："《春秋穀梁傳》首叙曰：'成帝時，議立三《傳》博士。巴郡胥君安獨駁《左傳》不祖聖人。'以儒學典雅稱於孝成。"[三]

繩　氏

《統譜》："天順中，嘉定人繩服，任永福縣知縣。"[四]

良　氏

《一統志》："良壽，渠縣人[五]，妻吴氏，流賊進内，投水而死。"

琴　氏

《統譜》："景泰間有資陽琴惟和，任陝西葭州知州。"[六]

經　氏

明綿竹縣貢生經世永[七]，見《綿竹志》。

[一] 按，張澍稱嘉慶丁丑任雲南知縣，指嘉慶二十二年，但光緒《雲南縣志》卷八則稱此人嘉慶二十五年任知縣。嘉慶《四川通志》卷一二九，則稱其爲乾隆乙卯恩科舉人。諸説互歧，未知孰是。

[二]"袍"，原作"祀"，形近而誤，據乾隆十二年《遂寧縣志》卷四、乾隆五十二年《遂寧縣志》卷六、嘉慶《四川通志》卷一三六改。又，後文青若淘亦見於三書同卷之中。

[三] 按，此條見《華陽國志》卷一〇下。

[四] 按，此條見《萬姓統譜》卷五七。

[五]"渠"，原脱，事實不明，今據乾隆《大清一統志》卷三〇〇"何玉妻李氏"條注文補。

[六] 按，此條見《萬姓統譜》卷六五。

[七]"永"，原作"承"，形近而誤，據嘉慶《四川通志》卷一三八、嘉慶《綿竹縣志》卷二六、同治《直隸綿州志》卷三六等改。

明氏

《統譜》:“明輔，巴縣舉人，正德時，官廣州府通判。”[一]案，《陝西志》:“輔天順初任蒲城教諭，有師範，善教，能詩，升國子學録。”[二]又萬曆三十八年庚戌科進士明時舉[三]，順慶人。成化十三年丁酉科舉人明經[四]，内江人。正德五年庚午科舉人明幼充[五]，西充人。萬曆二十二年甲午科舉人明之印[六]，順慶府人。萬曆二十八年庚子科舉人明聘，順慶府人。

粘氏

《統譜》:“粘承光[七]，巴縣人，正德中任懷寧縣訓導。”

郯氏

《統譜》:“郯微，眉州人，成化中官建平縣丞。”[八]

愈氏

《統譜》:“愈道瀛，岳池人，洪熙中任德化縣主簿。”[九]

[一] 按，此條見《萬姓統譜》卷五三。

[二] 按，嘉靖《陝西通志》卷二〇、康熙《陝西通志》卷一八、雍正《陝西通志》卷五四皆有相關記載，此處文字與雍正志最接近。

[三] 按，此人見雍正《四川通志》卷三四、嘉慶《四川通志》卷一二四等。

[四] 按，此人見嘉慶《四川通志》卷一二六，雍正《四川通志》卷三五則不言科分。

[五] 按，此人見嘉慶《四川通志》卷一二六。雍正《四川通志》卷三五僅稱其爲正德間舉人，萬曆九年《四川總志》卷一〇則稱其爲正德癸酉年舉人，《萬姓統譜》卷五三又稱其爲嘉靖舉人，諸説互歧，未知孰是。

[六] 按，此人及其後之明聘俱見嘉慶《四川通志》卷一二七，雍正《四川通志》卷三六僅稱二人爲萬曆間舉人。

[七]“光”，原作“先”，形近而誤，據《萬姓統譜》卷六七改。按，此人又見嘉靖《安慶府志》卷七，的確作“粘承光”。

[八] 按，本卷前文之“郯氏”，張澍誤作“剡氏”，遂分爲二姓，今僅做説明，不做移動。又，此條見《萬姓統譜》卷六六。

[九] 按，此條見《萬姓統譜》卷七八。

欽　氏

案，《蜀録》:“羅尚在郪城，與李雄攻戰。郪令犍爲張昕[一]、欽明，每摧破雄。”是“欽”爲犍爲郡姓也。屏山民有欽鳳。

逄　氏[二]

《統譜》:“逄榮，丹稜人，萬曆中任貴州衛指揮。”

鮮　氏

《山谷題跋》:“昔聞蜀人有魯三江者，稱能詩，士大夫多宗之。今觀閬州鮮長江詩，不甚愧之也。雖切磋琢磨之功少，而渾厚之氣幾度其前矣。長江困頓州縣，使之學不盡其才，名不聞于世。亦其鄉之先達士大夫之罪也[三]。鮮氏以閬中爲族姓，其散漫於西蜀者，皆以閬中爲祖。或云出於鮮于後。蜀李壽時，司徒鮮思明用事，專廢立，其鮮氏之祖歟？”案，《華陽國志》漢末有鮮尼[四]，江原人，不始李壽時也。宋熙寧時鮮符[五]，戎州人，登科。鮮大年[六]，灌縣人，令綿竹，公恕存心。明弘治十八年乙丑科進士鮮冕[七]，巴縣人，任御史。景泰四年癸酉科舉人鮮卓[八]，營

[一]“昕”，原誤刻右邊“斤”作“介”。字書不載，今據《十六國春秋》卷七七《蜀録二·李雄》改。

[二]“逄”(páng)，原作“逢”，形近而誤，據《萬姓統譜》卷三改，正文此字徑改。

[三]“達”，原作“進”，形近而誤，據《黄庭堅全集·正集》卷二七《書鮮洪範長江詩後》改。按，張澍引此文多有删改。

[四] 按，此人見《華陽國志》卷一二。

[五] 按，此人見《萬姓統譜》卷二八，《天啓新修成都府志》卷八稱此人元符間任新都知縣。

[六] 按，此人見《萬姓統譜》卷二八、嘉靖《四川總志》卷五、萬曆九年《四川總志》卷八、《天啓新修成都府志》卷一九、雍正《四川通志》卷八、乾隆《灌縣志》卷七、嘉慶《四川通志》卷一四五。

[七]“丑”，原作“酉”，與弘治十八年干支不合，今據萬曆九年《四川總志》卷九、雍正《四川通志》卷三四、嘉慶《四川通志》卷一二四改。按，此人又見《萬姓統譜》卷二八，不言具體科分。

[八] 按，此人見正德《蓬州志》卷九、嘉靖《四川總志》卷七、萬曆《營山縣志》卷五、嘉慶《四川通志》卷一二五。

山人，任墊江教論。成化十三年丁酉科舉人鮮廉[一]，宜賓人。正德二年丁卯科舉人鮮瑚[二]，巴縣人，瑞安知縣。國朝康熙五十二年癸巳科舉人鮮冕佺[三]，新繁人。乾隆二十七年壬午科舉人鮮學文[四]，射洪人。乾隆四十八年癸卯科舉人鮮大庚[五]，順慶府人，更名崇庚。乾隆四十八年癸卯科舉人鮮崇庠[六]，營山人。國朝南川縣學歲貢生鮮我翻、鮮與匹、鮮與京、鮮與頡[七]。國朝銅梁縣學貢生鮮毓蘭[八]。巴州學歲貢生鮮林鵬[九]，長寧教諭。明鮮弘[十]，舊《通志》："閬中人，任醫學正科。天順間寇掠南部[十一]，逼閬境，檄弘率民兵禦之，遇賊力戰死，旌祀。"

墻　氏

案，"墻"即"廧"也。《昭公二十三年》傳有"廧人、直人"。注："周地。"[十二]墻氏乃以地爲氏者。後唐李昊《修羊馬城記》有墻進[十三]，是蜀之有墻姓久矣。本朝康熙時墊江墻鼎[十四]，爲交河縣知縣。

[一] 按，嘉靖《四川總志》卷八、萬曆九年《四川總志》卷一二稱其爲成化癸卯（成化十九年）舉人；嘉慶《四川通志》卷一二六則稱其爲成化十六年舉人，諸説互歧，未知孰是。

[二] 按，此處與嘉慶《四川通志》卷一二六相合。嘉靖《四川總志》卷九、萬曆九年《四川總志》卷九誤作"丁酉"，正德年間無丁酉年。

[三] "冕"，原脱，據雍正《四川通志》卷三六、乾隆《雅州府志》卷九、嘉慶《四川通志》卷一二八、嘉慶《新繁縣志》卷二七補。按，此人乃雅州蘆山縣人，新繁籍。

[四] 按，此人見嘉慶《四川通志》卷一二九。

[五] 按，此人見嘉慶《四川通志》卷一二九。

[六] 按，嘉慶《四川通志》卷一二九稱此人乃乾隆五十四年已酉科舉人，張澍或誤。

[七] 按，此四人皆見嘉慶《四川通志》卷一三一。

[八] "毓"，原作"疏"，形近而誤，據雍正《四川通志》卷三七下、嘉慶《四川通志》卷一三一改。

[九] "林"，原作"杯"，形近而誤，據嘉慶《四川通志》卷一三二改。嘉慶《長寧縣志》卷五則作"霖"。

[十] "弘"，原作"宏"，清人避諱而改者，今據《萬姓統譜》卷二八、嘉靖《四川總志》卷六改回，後一字徑改。按，雍正《四川通志》卷一二此字缺末筆；嘉慶《四川通志》卷一五五，則作"宏"，當即張澍所本。

[十一] "掠"，原脱，據《萬姓統譜》《四川總志》及兩種《四川通志》補。

[十二] 按，《左傳・昭公二十三年年》雖有相關記載，但此處應是據《路史》卷三〇轉引，與《左傳》原文略異。

[十三] 按，此文準確題名爲《創築羊馬城記》，見《成都文類》卷二四、《全蜀藝文志》卷三三。

[十四] 按，嘉慶《四川通志》卷一五四有此人小傳。

墻基[一]，雍正丙午舉人，官清豐縣知縣；墻峬[二]，雍正丙午科舉人[三]；墻士道[四]，乾隆戊子科舉人；墻見龑[五]，任廣西知縣；又拔貢墻士進，歲貢墻㢑[六]；嘉慶間墻均，官梓潼教諭，一云灌縣訓導[七]：俱墊江人。

衡氏

《漢學師題名》："衡謙，字仲卿，蜀人也。"明鹽亭學貢生：衡守常[八]，雲南斷事；衡平[九]；邠州訓導衡守璧[十]；松滋訓導衡山[十一]；洧川訓導衡執中[十二]；洋縣縣丞衡起商[十三]。蓬溪學貢生：衡政[十四]。

賓氏

案，成都府昭忠祠祀賓守禮[十五]，武生也。嘉慶元年赴達州軍營效力，隨大軍擊賊于昭化縣魚釜灘，力戰死。

[一] 按，此人小傳亦見嘉慶《四川通志》卷一五四。

[二]"峬"，原作"埔"，據雍正《四川通志》卷三六、嘉慶《四川通志》卷一二八改。

[三]"午"，原作"子"，據兩種《四川通志》改。

[四] 按，此人見嘉慶《四川通志》卷一二九。

[五] 按，此人暫未見更早記載，光緒《墊江縣志》卷九據此處抄録。

[六] 按，此二人見嘉慶《四川通志》卷一三八。

[七] 按，稱此人爲灌縣訓導，見嘉慶《四川通志》卷一三八，暫未見稱其任梓潼教諭之説。

[八] 按，此人見乾隆二十八年《鹽亭縣志》卷二、乾隆五十一年《鹽亭縣志》卷五、嘉慶《四川通志》卷一三六，乃正德元年貢生。

[九] 按，此人見嘉靖《潼川志》卷七、乾隆二十八年《鹽亭縣志》卷二、乾隆五十一年《鹽亭縣志》卷五、嘉慶《四川通志》卷一三六，乃嘉靖二年貢生。

[十] 按，此人見嘉靖《潼川志》卷七、乾隆二十八年《鹽亭縣志》卷二、乾隆五十一年《鹽亭縣志》卷五、嘉慶《四川通志》卷一三六，乃嘉靖十年貢生。

[十一] 按，此人見乾隆二十八年《鹽亭縣志》卷二、乾隆五十一年《鹽亭縣志》卷五、嘉慶《四川通志》卷一三六。

[十二]"川"，原作"州"，形近而誤，據乾隆二十八年《鹽亭縣志》卷二、乾隆五十一年《鹽亭縣志》卷五、嘉慶《四川通志》卷一三六改。

[十三] 按，此人見乾隆二十八年《鹽亭縣志》卷二、乾隆五十一年《鹽亭縣志》卷五、嘉慶《四川通志》卷一三六。

[十四] 按，此人見康熙《蓬溪縣志》卷上、乾隆《蓬溪縣志》卷四、嘉慶《四川通志》卷一三六。康熙志稱此人任湖廣平江縣主簿。

[十五] 按，此人見嘉慶《四川通志》卷一五八。

陰氏

案，蜀之陰氏，爲吾涼陰子春之後[一]。子春爲梁州刺史，子鏗[二]，鏗子灝，灝子弘道[三]。《新唐書·藝文志》："《周易新傳疏》十卷，灝子弘道，臨涣令。"《崇文總目》："弘道，世其父灝之業，雜采子夏、孟喜等十八家之説，考定其長，合七十二篇，于《易》有助。蓋弘道始徙蜀也。"[四]宋紹熙四年癸丑科進士陰辰之[五]，順慶人。明成化八年壬辰科進士陰子淑[六]，副使；嘉靖三十五年丙辰科進士陰武卿[七]，字定夫，官左布政、巡撫，歷侍郎，著有《月溪文集》；永樂十二年甲午科舉人陰秉綱[八]：均内江人。正統九年甲子科舉人陰南[九]，渠縣人。正德十四年己卯科舉人陰汝佐[十]，嘉靖十六年丁酉科舉人陰惟肖[十一]，崇禎九年丙子科舉人陰祐宗[十二]，均内江人。

[一] 按，《梁書》《南史》皆有此人傳記。

[二] 按，《南史·陰子春傳》有附傳。

[三]"弘"，原作"宏"，避諱而改者，今據《新唐書·藝文志一》改，後文此字徑改。

[四] 按，此條見《崇文總目》卷一。

[五] 按，《萬姓統譜》卷六五稱其爲宋嘉慶進士，顯誤；雍正《四川通志》卷三三稱其爲紹興進士；嘉靖《四川總志》卷七、萬曆九年《四川總志》卷一〇稱其爲紹熙進士；張澍所據爲嘉慶《四川通志》卷一二三。

[六]"八年壬辰"，原作"五年己丑"，不知因何而誤，據嘉靖《四川總志》卷四、萬曆九年《四川總志》卷七、雍正《四川通志》卷三四、嘉慶《四川通志》卷一二四及《明清進士題名碑録索引》改。

[七] 按，此人見《萬姓統譜》卷六五、萬曆九年《四川總志》卷七、雍正《四川通志》卷三四、嘉慶《四川通志》卷一二四。雍正《四川通志》卷九上有小傳。

[八]"十二"，原誤作"三"，與干支紀年不合；"綱"，原作"剛"，音同形近而誤，據嘉靖《四川總志》卷四、萬曆九年《四川總志》卷七、《天啓新修成都府志》卷一三、雍正《四川通志》卷三五、嘉慶《四川通志》卷一二五等改。

[九]"南"，原作"雨"，形近而誤，據雍正《四川通志》卷三五、嘉慶《四川通志》卷一二五、同治《渠縣志》卷三四改。嘉靖《四川總志》卷七、萬曆九年《四川總志》卷一〇則稱其爲永樂戊子舉人。

[十] 按，此處與嘉慶《四川通志》卷一二六同，雍正《四川通志》卷三五不言具體科分，萬曆九年《四川總志》卷七則稱其爲嘉靖壬午舉人。

[十一]"靖"，原作"慶"，顯誤，據嘉靖《四川總志》卷四、萬曆九年《四川總志》卷七、雍正《四川通志》卷三六、嘉慶《四川通志》卷一二六改。

[十二]"祐"，嘉慶《四川通志》卷一二七作"佑"。

成氏

《華陽國志》："劉璋以犍爲都尉廣漢成存爲太守。"[一]

波氏

《華陽國志》："江州冠族有波氏。"[二]

嘉氏

嘉天寵[三]，劍州人，順治十一年甲午科舉人。嘉玉振[四]，保寧人，乾隆甲午舉人，任漢州學正。又嘉子彰[五]，成都舉人，嘉慶時授讀彭縣周姓，爲誰何所殺。又生員嘉玉藻[六]。

泉氏

舊《通志》："泉應化、應厚，營山人。姚賊猖獗，應化倡先修寨，遠近難民俱集。後各寨破，此寨獨全，存活無算。後兄弟出寨巡警，爲賊執，不屈死。"[七]

雍氏

案，蜀之雍氏始于雍齒，封什邡侯。齒子荒侯巨[八]，孫野，曾孫章，

[一] 按，此條見《華陽國志》卷三。

[二] 按，此條見《華陽國志》卷一。

[三] 按，此人見雍正《四川通志》卷三六、嘉慶《四川通志》卷一二八。

[四] 按，此人見嘉慶《漢州志》卷一一、嘉慶《四川通志》卷一二九。《漢州志》卷二四有小傳。

[五] 按，此人見嘉慶《四川通志》卷一二九、嘉慶《成都縣志》卷二，二書不言爲人所殺之事。

[六] 按，同治《重修成都縣志》卷七有年八十二之耆老嘉玉藻，或即此人。

[七] 按，此條見雍正《四川通志》卷一二、嘉慶《四川通志》卷一五五。

[八] "子"，原作"于"，形近而誤，據光緒本改。◎"巨"，原作"鉅鹿"，誤，據《史記·高祖功臣侯者年表》改。

後嗣蕃昌。《蜀録》:“晋朱提太守雍約。”[一]唐大和進士雍陶[二],成都人。宋景祐元年甲戌科進士雍明遠[三],南部人。皇祐中進士雍子方[四],新井人。嘉祐中進士雍明章[五],閬州人。治平中進士雍公説[六],鄰水人,京東制置大使。雍鈞[七],廣安軍人,御史。淳熙中進士雍黄中[八],南部人。元豐八年乙丑科進士雍機、雍子定[九],南部人。元祐中進士雍沿[十],營山人;雍周,南部人。紹聖中進士雍周復[十一],閬州人。崇寧二年癸未科進士雍孝聞[十二],南部人,省試奏名第一。王明清《揮麈録》:“孝聞,蜀

[一] 按,此人見《十六國春秋》卷七六《蜀録一·李特》。

[二] 按,《唐才子傳校箋》卷七有雍陶傳記。

[三] 按,此處本自嘉慶《四川通志》卷一二二。嘉靖《四川總志》卷六、萬曆九年《四川總志》卷一一、雍正《四川通志》卷三三皆不言具體科分;《萬姓統譜》卷二則認爲乃元豐中進士。

[四] 按,此人見嘉靖《四川總志》卷六、萬曆九年《四川總志》卷一一、雍正《四川通志》卷三三、嘉慶《四川通志》卷一二二。

[五] 按,此説本自嘉慶《四川通志》卷一二二,或誤;嘉靖《四川總志》卷六、萬曆九年《四川總志》卷一一稱其爲治平間進士。

[六] 按,此人見嘉靖《四川總志》卷七、雍正《四川通志》卷三三、乾隆《鄰水縣志》卷三、嘉慶《四川通志》卷一二二。

[七]“鈞”,光緒本誤刻作“鉤”。按,正德《蓬州志》卷八、嘉靖《四川總志》卷七、萬曆九年《四川總志》卷一〇、嘉慶《四川通志》卷一四七有小傳。

[八] 按,嘉靖《四川總志》卷六、萬曆九年《四川總志》卷一一、雍正《四川通志》卷三三、嘉慶《四川通志》卷一二二皆稱此人爲熙寧中進士,不知張澍據何稱其爲淳熙進士,或誤。

[九] 按,嘉靖《四川總志》卷六、萬曆九年《四川總志》卷一一稱雍機爲元豐中進士,稱雍子定爲元祐進士;雍正《四川通志》卷三三、嘉慶《四川通志》卷一二二則稱二人皆元豐中進士,不知張澍所據爲何。又,《萬姓統譜》卷二有元豐進士雍璣,閬中人,當即此雍機也。

[十] 按,此人見正德《蓬州志》卷九、嘉靖《四川總志》卷七、萬曆九年《四川總志》卷一〇、萬曆《營山縣志》卷五、雍正《四川通志》卷三三,皆稱其爲端平進士。嘉慶《四川通志》卷一二二稱其爲元祐進士。萬曆《營山縣志》卷六有《蓬山十三詠》詩,序中稱“予因公暇,挈家來游,搜古訪今,得一十三題,各賦二詠,以次於首篇”,末署題爲“元祐戊辰季夏朔日前進士雍沿聖淵題”,則其在元祐三年時已中進士。據《續資治通鑑長編》卷四〇九,元祐三年三月己巳賜進士李常寧等二十有四人及第。若雍沿剛好在元祐三年中進士,不可能有“因公暇”之語,也難以三月中進士,六月就回到蓬州。所以,嘉慶《四川通志》之説不可信。然《蜀中廣記》卷二八已稱此人爲元祐進士,則其誤由來已久矣。又,此“元祐”尚指後文雍周中進士之時,實不便改動,故仍之。雍正《四川通志》卷三三、嘉慶《四川通志》卷一二二皆稱雍周爲元祐進士。

[十一]“周復”,原誤倒,據嘉靖《四川總志》卷六、萬曆九年《四川總志》卷一一、雍正《四川通志》卷三三、嘉慶《四川通志》卷一二二等乙正。

[十二] 按,此人見嘉慶《四川通志》卷一二二,事迹則詳《揮麈録·前録》卷二。

士之秀也。元符末，有聲太學。殿試策力詆二蔡及時政不便者[一]，徽宗大怒，竄海外。宣和末，上思其忠，批云：‘雍孝聞昨上書致罹刑辟[二]，忠誠可嘉。特開落過犯，授修武郎、閤門宣贊舍人。’命頒而孝聞死矣。於是録其子子純爲右選。”[三]雍鉞[四]，南部人。政和中進士雍觀復、雍涼[五]，南部人。宣和三年辛丑科進士雍舒[六]，廣安軍人。宣和中進士雍琦[七]，順慶人。紹興十八年戊辰科進士雍恩[八]，安岳人。紹興二十七年丁丑科進士雍敏，安岳人；雍伯徹[九]，遂寧人，特奏名。紹興中進士雍霖[十]，富順人。淳熙十一年甲辰科進士雍禧[十一]，遂寧人，特奏名。淳熙中進士雍木[十二]，順慶人。慶元中進士雍提[十三]，順慶人。嘉定十三年庚辰科進士雍東震、雍孚英、雍夢易[十四]，俱安岳人。嘉定中進士雍午之[十五]，順

[一]“二蔡”，指蔡京、蔡卞。

[二]“致”下，原衍“罪”，據《揮麈録》删。

[三]“子純”，原作“選”，據《揮麈録》改。

[四] 按，《萬姓統譜》卷二、嘉靖《四川總志》卷六、萬曆九年《四川總志》卷一一、雍正《四川通志》卷三三稱其爲崇寧進士；嘉慶《四川通志》卷一二二則將其科分定爲崇寧二年。

[五] 按，雍正《四川通志》卷三三、嘉慶《四川通志》卷一二二稱二人皆爲政和進士；嘉靖《四川總志》卷六、萬曆九年《四川總志》卷一一稱雍觀復爲大觀進士，雍涼爲政和進士。《萬姓統譜》卷二亦稱雍觀復爲大觀進士。

[六] 按，此人見乾隆《廣安州志》卷一〇、嘉慶《四川通志》卷一二二。

[七] 按，此人見嘉慶《四川通志》卷一二二。

[八]“恩”，原作“思”，形近而誤，據《紹興十八年同年小録》小傳、嘉慶《四川通志》卷一二二改。

[九] 按，此二人見嘉靖《潼川志》卷六、雍正《四川通志》卷三三、嘉慶《四川通志》卷一二二；雍敏又見乾隆《安岳縣志》卷五。

[十] 按，嘉靖《四川總志》卷八、萬曆九年《四川總志》卷一二稱其爲紹興壬午進士；乾隆二十五年《富順縣志》卷一〇稱其爲紹興壬子進士；雍正《四川通志》卷三三、嘉慶《四川通志》卷一二二僅稱紹興進士，科分不詳。紹興壬子即紹興二年；紹興壬午爲紹興三十二年，據嘉慶《四川通志》卷一二二，紹興三十二年並未開科，則當以乾隆《富順縣志》所稱紹興壬子爲是。

[十一] 按，嘉靖《潼川志》卷六誤此人爲淳熙十年進士，乾隆十二年《遂寧縣志》卷四、乾隆五十二年《遂寧縣志》卷六、嘉慶《四川通志》卷一二三作淳熙十一年進士，不誤。

[十二] 按，此人見嘉靖《四川總志》卷七、萬曆九年《四川總志》卷一〇、雍正《四川通志》卷三三、嘉慶《四川通志》卷一二三。

[十三] 按，此人見雍正《四川通志》卷三三、嘉慶《四川通志》卷一二三。

[十四] 按，三人皆見嘉靖《潼川志》卷六、雍正《四川通志》卷三三、乾隆《安岳縣志》卷五、嘉慶《四川通志》卷一二三。

[十五] 按，此人見嘉靖《四川總志》卷四、萬曆九年《四川總志》卷七、雍正《四川通志》卷三三、嘉慶《四川通志》卷一二三。

慶人。紹定中進士雍繁孫[一]，平武人。嘉熙二年戊戌科進士雍鎮[二]，安岳人。淳祐十年庚戌科進士雍溥[三]，安岳人。寶祐四年丙辰科進士雍范[四]，蓬溪人。明萬曆十一年癸未科進士雍之可[五]，南充人。崇禎元年戊辰科進士雍鳴鑾[六]，成都人。洪武二十六年癸酉科舉人雍天福[七]，江油人。嘉靖十年辛卯科舉人雍禮[八]，順慶府人。

庹氏

《海篇》："音佗[九]，姓也。"案，庹姓蜀中多有，當係度姓所改。《渠縣志》："庹洪[十]，淳祐四年甲辰科留夢炎榜進士。"宋庹萬全[十一]，合州人，紹興中進士。庹智[十二]，蓬州人，洪武中由太學生官户科給事中。舊《志》作"度智"，誤。國朝雍正十年壬子科舉人庹可權[十三]，渠縣人，任山東萊蕪知縣。新都學歲貢庹建中[十四]。渠縣學歲貢庹振[十五]。彭水學恩

[一] 按，嘉靖《四川總志》卷一四、雍正《四川通志》卷八、嘉慶《四川通志》卷一二三不言科分。萬曆九年《四川總志》卷一四稱其爲宋理宗紹定四年進士，誤，據《宋史·理宗紀一》，紹定間僅二年、五年開科。

[二] 按，嘉靖《潼川志》卷六稱其爲嘉興四年進士，乾隆《安岳縣志》卷五稱其爲嘉熙四年進士，嘉慶《四川通志》卷一二三稱其爲嘉熙二年進士，據《宋史·理宗紀二》，嘉熙年間僅二年開科取士。

[三] 按，此人見乾隆《安岳縣志》卷五、嘉慶《四川通志》卷一二三。

[四] 按，此人見嘉慶《四川通志》卷一二三。

[五] 按，此人見《皇明貢舉考》卷九、雍正《四川通志》卷三四、嘉慶《四川通志》卷一二四。

[六] 按，此人見雍正《四川通志》卷三六、嘉慶《四川通志》卷一二七，乾隆《漢陽府志》卷三二有小傳。

[七] 按，嘉靖《四川總志》卷六、萬曆九年《四川總志》卷一一稱其爲建文元年舉人；嘉慶《四川通志》卷一二五稱其爲洪武二十九年舉人，與張澍所言皆不合，未知孰是。

[八] "禮"下，原衍"叔"，據嘉靖《四川總志》卷七、萬曆九年《四川總志》卷一〇、雍正《四川通志》卷三六、嘉慶《四川通志》卷一二六刪。

[九] "佗"，與《康熙字典·广部》所引同，《新校經史海篇直音》卷二作"陀"。

[十] "庹"，嘉靖《四川總志》卷七、萬曆九年《四川總志》卷一〇、雍正《四川通志》卷三三、嘉慶《四川通志》卷一二三均作"度"，同治《渠縣志》卷三四作"庹"。

[十一] 按，此處與嘉慶《四川通志》卷一二二相同，萬曆《合州志》卷五作"度萬全"。

[十二] 按，此人見嘉慶《四川通志》卷一四二，正德《蓬州志》卷九、嘉靖《四川總志》卷七、萬曆九年《四川總志》卷一〇作"度智"。

[十三] 按，此人見同治《渠縣志》卷三四，又見嘉慶《四川通志》卷一二八。雍正《四川通志》卷三六作"度可權"。

[十四] 按，此人見嘉慶《四川通志》卷一三〇、嘉慶《新都縣志》卷三五。

[十五] 按，此人見同治《渠縣志》卷三四、嘉慶《四川通志》卷一三六，乃康熙時歲貢。

貢庹舉德[一]。榮經學歲貢庹倈[二]，任雙流訓導。康熙時有恩貢庹謀，歲貢庹振，武進士庹繪，武舉人庹廷標[三]，均渠縣人。庹舉德[四]，彭水縣拔貢生。嘉慶間，成都有庹天佐[五]。

取氏

《統譜》："宋取應宗，淳熙進士；取希晦、希作：俱蜀富順人。"[六]案，徐偃王子食邑於取慮[七]，因氏。取氏爲取慮氏所改。又取慮，顧野王音"秋廬"[八]，闞駰音"陬閭"[九]。

拴氏

《興文志》："權世魁之妻拴氏。世魁爲建武營兵，戍金沙江。病卒時，拴氏年二十七歲。聞訃[十]，欲自盡，勸阻。絶粒數日，慟祭夫靈。遍請鄰里，泣托三歲孤兒官保，夜縊。事聞，旌表建坊。"

咼氏

《合州志》："咼榮福妻苑氏，守節。"[十一]澍案，"咼"即"和"字[十二]，一作"瑀"[十三]。

[一] 按，此人見嘉慶《四川通志》卷一三八。
[二] 按，此人見嘉慶《四川通志》卷一三五。
[三] 按，此四人皆見同治《渠縣志》卷三四。
[四] 按，此人見嘉慶《四川通志》卷一三八。
[五] 按，此人暫未見他書有載。
[六] 按，此條見《萬姓統譜》卷七八。
[七] "慮"，原作"盧"，形近而誤，據《元和姓纂》卷五及後文改。
[八] 按，《漢書·地理志上》"浚儀"條注文及《元和姓纂》、《古今姓氏書辯證》卷一九皆云音"秋廬"，張澍稱顧野王持此説，不知何據。
[九] 按，此説見《路史》卷一六"有徐氏蟲氏取慮氏李氏"句注文引《十三州志》。
[十] "訃"，原作"計"，形近而誤，據光緒本及雍正《四川通志》卷一一下、嘉慶《四川通志》卷一七二、光緒《興文縣志》卷五改。
[十一] 按，此人見嘉慶《四川通志》卷一七八。道光《重慶府志》卷一引《合州志》與此處相合。
[十二] 按，《淮南子·説山訓》有"咼氏之璧"，注云即"和"字。
[十三] 按，作"瑀"者，見《文選·盧諶〈覽古〉》李善注。

羌氏

案，秦時有羌瘣[一]，爲將軍，是羌姓古有之。澍宰屏山日，有大村鄉民羌世泰。

科氏

澍宰屏山日，民有科時泰。

廉氏

《大足縣志》："廉操[二]，宋建炎登科[三]。廉毅[四]，登元豐第。"

魚氏

《新唐書·宦者》本傳："魚朝恩，瀘州瀘川人。天寶末，以品官給事黄門。内陰黠，善宣納詔令。至德初，監李光進軍。九節度圍賊相州，以朝恩爲觀軍容、宣慰處置使。觀軍容使，自朝恩始。"魚嘉鵬，舊《通志》："字萬里，郡庠生，篤學力行。獻賊遣僞官至，嘉鵬率衆殺之。賊搜拷詢其黨，嘉鵬厲聲曰：'我自爲之，恨不能殺獻賊耳。他人何與？'賊磔殺之。大學士王應熊特旌焉。"[五]《勝朝殉節諸臣録》："乾隆四十一年，予入忠義祠。"[六]

鄢氏

《希姓録》："蜀大足有鄢姓。"[七]案，大足鄢桂枝[八]，嘉靖時舉人。

[一] 按，此人見《史記·秦始皇本紀》。

[二] 按，此人見乾隆《大足縣志》卷八。雍正《四川通志》卷三三稱其爲大觀進士，嘉慶《四川通志》卷一二二則確定爲大觀三年進士。

[三] "建炎"，原誤倒，據光緒本乙正。

[四] 按，此人見乾隆《大足縣志》卷八，又見雍正《四川通志》卷三三、嘉慶《四川通志》卷一二二。

[五] 按，此條見雍正《四川通志》卷一二，又見嘉慶《四川通志》卷一五五。

[六] 按，此條見《欽定勝朝殉節諸臣録》卷一一。

[七] 按，此條見《希姓録》卷二，乃楊慎原文。

[八] 按，嘉靖《四川總志》卷九稱其爲嘉靖辛卯舉人，乾隆《大足縣志》卷九有小傳。

知翼城縣，升劍州。國朝簡州歲貢鄢奇琳、鄢奇璋[一]。

賢氏

《姓苑》[二]。蜀有此姓。案，《明史》："會州衛軍民指揮使、領迷易千户所，土官賢姓，其先雲南景東僰種也。"[三]當爲漢建武世哀牢王賢栗之後。

雙氏

《華陽國志》："涪令雙勝。"[四]是蜀之有雙姓遠矣。又唐時有雙舍[五]，乃夷姓也。魏雙仕洛[六]，爲梁州刺史。或其子孫寓蜀，蜀有此姓也。明正德八年癸酉科舉人雙桂，嘉靖十年辛卯科舉人雙應麟[七]，華陽人。崇禎六年癸酉科舉人雙鳳朝[八]，成都府人。國朝昭化學恩貢雙碧、雙呈祺[九]；歲貢雙理[十]。明梁山學貢生雙柱[十一]，官河南案察經歷；又貢生雙槐。

郕氏

《通志》[十二]："郕斯立，蜀人。"

[一] 按，二人見嘉慶《四川通志》卷一三〇。

[二] 按，《古今姓氏書辯證》卷九、《通志·氏族略五》、《萬姓統譜》卷二八皆僅稱此姓見《姓苑》，不言《姓苑》以爲蜀有此姓，故如此標點。

[三] 按，此條見《明史·四川土司傳二》。

[四] 按，此條見《華陽國志》卷一〇下。

[五] 按，此説見《新唐書·南蠻傳中·越析詔》。

[六] 按，此人見《廣韻·江韻》"雙"字注文。

[七] "桂嘉"，原脱，嘉靖《四川總志》卷四、萬曆九年《四川總志》卷七、嘉慶《四川通志》卷一二六，正德八年舉人姓雙且爲華陽人者僅雙桂，三書皆稱雙應麟乃嘉靖十年舉人，故補"桂嘉"。

[八] "朝"，原作"祥"，不知因何而誤，今據雍正《四川通志》卷三六、嘉慶《四川通志》卷一二七改。

[九] "祺"，原作"棋"，形近而誤，據嘉慶《四川通志》卷一三二、道光《保寧府志》卷三八改。

[十] "理"，原作"琨"，形近而誤，據嘉慶《四川通志》卷一三二、道光《保寧府志》卷三八改。

[十一] "柱"，原作"桂"，形近而誤，據嘉慶《四川通志》卷一三八改。按，此後之雙槐，亦見嘉慶《四川通志》卷一三八。

[十二] "通志"，原作"統譜"，誤，《萬姓統譜》卷五四"郕"姓下無此人，今據此人見《通志·氏族略二》改。按，《通志》稱郕氏後作"成"，其書實作"成斯立"。

卿 氏

楊慎《希姓録》："蜀有卿姓。"[一]

槐 氏

《姓苑》[二]。"槐氏望出廣漢，唐有槐承榮、槐公儉。"[三]案，明隆慶時有槐寅[四]，爲成都指揮使。

山 氏

《後漢書·莋都傳》："桓帝延熹四年，犍爲屬國夷寇郡界。益州刺史山昱擊破之，斬首千四百級，餘皆解散。靈帝時，以蜀郡屬國爲漢嘉郡。"《唐書》："眉州刺史山行章叛附于王建。"[五]《五代史》："王建時有廣漢山行章，官黎州刺史。"[六]行章當爲昱之後也。

池 氏

池譽[七]，仁壽舉人，乾隆時爲沔縣訓導。池文芳[八]，綦江人，嘉慶時官嘉興府司獄。池鯉登[九]，順慶府人，庠生，嘉慶元年達州教諭。徐天德倡亂，鯉登集鄉人，依天臺山以避賊。二年十月，賊首張映祥擁衆

[一] 按，此條見《希姓録》卷二，乃楊慎原文。

[二] 按，《古今姓氏書辯證》卷五稱此姓見《姓苑》，而稱望出廣漢者，乃《萬姓統譜》卷一五，故如此標點。

[三] 按，此條見《萬姓統譜》卷一五。

[四] 按，《萬姓統譜》卷一五稱其爲福建福清人，萬曆間任四川都指揮；萬曆九年《四川總志》卷三則稱其爲浙江人，隆慶二年任，據《明穆宗實録》卷一七，隆慶二年二月癸未"升湖廣武岡守備指揮僉事槐寅、安慶守備指揮僉事王柱，俱署都指揮僉事。寅掌四川都司事，柱充金山游擊將軍"，則作隆慶二年是。

[五] 按，此條見《新唐書·昭宗紀》。

[六] 按，此條見《新五代史·前蜀世家·王建》。

[七] 按，《天啓新修成都府志》卷一四有嘉靖間仁壽人馳譽，任訓導；道光《仁壽縣新志》卷三有乾隆時舉人馳譽，亦任沔縣訓導，科分無考，可證張澍此處作"池譽"有誤。稱其爲乾隆時人，或是本自張澍，其説未必可信。

[八] 按，此人見道光《綦江縣志》卷七。

[九] 按，此人小傳本自嘉慶《四川通志》卷一五七。

來攻，固守益力。賊退，鯉登率衆追剿至岳池縣之寒木壩，力戰死。

真氏

案，宜賓縣西北有真溪，黄庭堅云："叙府西北百二十里有真溪，源出匍山，東流至富順界入江。有姓真者居之，故名。"[一]今有真溪驛。

陽氏

案，陽翁偉，廣漢人，能聽馬言，見《論衡》。楊宣師之，亦能聽鳥獸之音[二]。《華陽國志》："陽譽，巴郡人，仕本郡文學掾。"[三]宋有陽岊、陽枋[四]、陽恪[五]，巴川人，學于朱子之徒㬥淵。有《玉井陽氏易義》《春秋解義》[六]。

平氏

《華陽國志》："平直，巴郡人，仕本郡文學掾。"[七]

言氏

《太平寰宇記》："雲陽三姓有幸氏、委氏、言氏。"[八]

襄氏

《李特載記》："巴西郡丞毛植[九]、五官襄珍，以郡降李蕩。"案，晋

[一] 按，此條見乾隆《大清一統志》卷三〇一"真溪"注文，又見嘉慶《宜賓縣志》卷六、嘉慶《四川通志》卷一三。

[二] 按，二人事迹詳《蜀典》卷五"楊宣聽雀鳴"條。

[三] 按，此條見《華陽國志》卷一。

[四] 按，此二人見《宋元學案》卷六九，卷七〇有陽岊傳記。

[五] 按，此人見《宋史·史彌鞏傳》。

[六] 按，嘉慶《四川通志》卷一四六陽岊、陽枋小傳有《玉井易説》，但未言究竟爲誰所作；同書卷一八三有陽岊《字溪易説》，但未提及《春秋解義》。

[七] 按，此條見《華陽國志》卷一。

[八] 按，此説見《太平寰宇記》卷七二。

[九]"植"，原作"祖"，形近而誤，據《晋書·李特載記》改。

時郡縣右職皆本郡人爲之，襄珍亦巴郡人。

狐　氏

《蜀志》：“馬忠，字德信，閬中人。少養外家，姓狐名篤。後乃復姓改名忠。”[一]案，《華陽國志》：“閬中大姓，有三狐、五馬，蒲、趙、任、黄[二]、嚴也。”

扶　氏

《華陽國志》：“朐忍縣，大姓有扶氏。”[三]案，《西京雜記》：“漢高祖時有扶嘉，朐䏰人。”[四]

師　氏

師頏[五]，建隆初知簡州，入爲起居舍人。以公累去官，復起居資、眉二州。所至以簡静爲治，蜀人安之。蜀之眉有師氏，宜爲頏之後。《氏族略》[六]：“宋師庚、師先，並眉州人，建隆登科。”又師顯行，景定中知惠州[七]，政尚清静。忽狂寇竊發，即禽滅之，人以爲仁者之勇。又師維藩[八]，仕爲全州文學，其學精于《春秋》。徽宗時興太學，司業高閲言[九]：

[一] 按，此條見《三國志·蜀志·馬忠傳》。
[二] “黄”，原作“莫”，形近而誤，據《華陽國志》卷一改。
[三] 按，此條見《華陽國志》卷一。
[四] 按，《錦綉萬花谷·續集》卷一二引《雜記》有扶嘉事迹，《輿地紀勝》卷一八二《雲安軍·人物》亦引《雜記》，未知是何書，今本《西京雜記》不載此事。張澍徑以爲乃《西京雜記》，不知何據，或誤。
[五] 按，此人《宋史》有傳。
[六] “氏族略”，原作“姓氏考”，不知所指爲何書，今據此文見《通志·氏族略四》改。
[七] “惠”，原作“忠”，形近而誤，據嘉靖《惠州府志》卷一〇小傳改。又據同書卷三，此人任知州在景定四年。相關記載亦見萬曆《廣東通志》卷三八、康熙《廣東通志》卷一四。
[八] 按，此人小傳見嘉靖《四川總志》卷一二、萬曆九年《四川總志》卷一五、雍正《四川通志》卷九上、嘉慶《四川通志》卷一五〇等，與張澍所引大同小異。
[九] “閲”，原作“閔”，形近而誤，與嘉靖、萬曆《四川總志》同，今據兩種《四川通志》及《建炎以來朝野雜記·甲集》卷三“視學”條改。

“建學之初宜得老成，以誘掖後進。”乃以維藩薦，詔除國子學録。皆眉山人。

蒲　氏

《氏族略》：“今蜀中多此姓。”[一]案，蜀漢時有蒲元，諸葛丞相西曹掾，善鑄刀辨水[二]。宋蒲卣，字君錫，閬中人。後官提點湖南刑獄[三]，知鼎、遼、隴、寧四州，復提舉潼川路刑獄。蒲叔獻[四]，南部人，舉進士，爲成都漕。百姓歌曰：“運使姓蒲，民力可蘇。”召爲宗正卿。蒲規[五]，字正臣，安岳人，有文名，爲洪雅令。始以嚴治，終以仁濟，夷人德之。又孟昶臣蒲禹卿[六]，宋資政殿學士蒲宗孟[七]，蜀孟昶時蒲乾貫，著《易軌》一卷[八]，皆蜀人。當爲蒲元之後也。

昭　氏

《華陽國志·序目》：“昭約，字節宰。雒人。”《氏姓譜》：“宋昭迵[九]，眉州人，元祐進士。”

州　氏

《氏族考》：“漢吉成侯州輔，閬中人。”[十]案，宦者州輔，犨縣人。《水

[一] 按，此條見《通志·氏族略四》。
[二] 按，《藝文類聚》卷六〇、《太平御覽》卷三四五有《蒲元傳》。
[三]“湖”，原作“胡”，形近而誤，據《宋史》本傳改。
[四] 按，此處所引與《明一統志》卷六八、《蜀中廣記》卷四四、《萬姓統譜》卷一三小傳相合。
[五] 按，嘉靖《四川總志》卷一一、萬曆九年《四川總志》卷一一、《萬姓統譜》卷一三等小傳皆與此相合。
[六] 按，《十國春秋》卷四三有此人傳記。
[七] 按，此人《宋史》有傳。
[八] 按，此書著録於《文獻通考·經籍考二》《宋史·藝文志五》。
[九]“迵”，原作“迴”，形近而誤，據《歷代名賢列女氏姓譜》卷六二改。按，《萬姓統譜》卷三〇亦作“迵”。
[十] 按，此處所指當是《通志·氏族略二》。

經注》中常侍州苞，即州輔也，爲長樂太僕[一]。謂爲“閬中”者誤。

苫氏

《希姓録》：“苫，田齊之後。宋建炎進士苫瞉，眉州人。”[二]案，今《四川通志》作“若瞉”[三]。

依氏

《唐書·孝友傳序》：“有梓潼依政。”[四]

[一] 按，此説見《水經注·灌水》。又，《隸釋》卷一七有《吉成侯州輔碑》。

[二] 按，此條見《希姓録》卷二，但原文有誤。楊慎稱“占”爲田齊之後，所列人名又作“苫瞉”，單隆周考訂亦認爲有誤。張澍却改“占”作“苫”，實乃錯上加錯，但又不便改回，故僅作説明。

[三] 按，雍正《四川通志》卷三三、嘉慶《四川通志》卷一二二皆作“若瞉”。

[四] 按，此條實屬誤會，當删。《新唐書·孝友傳序》云：“梓潼馬冬、王秦舉、王興嗣，依政樊漪……”此依政乃縣名，見《舊唐書·地理志四》《新唐書·地理志六》，屬邛州。《册府元龜》卷一九三云：“（大曆）六年十月，邛州上言：‘依政縣百姓樊漪，居父母喪，負土成墳，廬於墓側。有兔、鴿馴擾，木連理，慈竹自生。’詔旌表門閭。”

卷十二

姓氏類

蜀　氏

《路史》："蜀氏帝佶支子封于蜀，爲蜀氏。"[一]

蔓　氏

巴有蔓子[二]，以其頭付楚，不肯與地。案，廣漢有鄤鄉，是蔓氏因食采之地爲氏也。

炔　氏

《氏族博考》："漢炅横四子，守墳墓者爲炅，居徐者爲香[三]，居幽者爲炷，居華陽者爲炔。四字並音桂。"案，今蜀有桂姓，無炔氏也。

涉　氏

《神仙傳》："涉正，字元真，巴東人。漢末從二十弟子入吴，莫有見其開目者。一弟子固請之，正乃爲開目，有音如霹靂者，而光如電。弟

[一] 按，此條見《路史》卷二六。

[二] "巴有蔓子"前，原有"左傳"，以爲此條出《左傳》，但原書並無相關記載，今删。按，《華陽國志》卷一有巴蔓子之事，亦不言出《左傳》。頗疑張澍因《華陽國志》先引魯哀公十八年之事，遂誤以爲巴蔓子一事亦見《左傳》。

[三] "香"，原作"吞"，形近而誤，據《萬姓統譜》所附《氏族博考》卷二改。按，此姓見《元和姓纂》卷八。

子皆不覺頓伏，良久乃能起[一]，正已復還閉目。正道成，莫見其所服食施行，而授諸弟子皆以行氣、絶房室及服石腦小丹事。”[二]

税　氏

案，昔蜀王欒君王巴蜀[三]，見廩君兵强，結好宴飲，以税氏五十遺廩君。此蜀税氏所始也。宋有税安禮[四]，巴縣人。博通經史，熟掌故。遍游名山大川，作《禹貢指掌圖》，正訛糾謬[五]，有功《書》傳。税與權[六]，字巽甫，亦巴縣人。究心理窟，爲世儒宗，魏了翁門人，著有《校正周易古經》十二卷、《易學啓蒙小傳》一卷。太平興國五年庚辰科進士税挺[七]，元祐三年戊辰科進士税定國[八]，紹興中進士税元顒[九]，慶元五年己未科進士税庾[十]，均鹽亭人。明成化二十年甲辰科進士税新[十一]，任尋甸府知府；洪武二十九年丙子科舉人税廷賦[十二]：均南溪人。國朝順治八

[一]“能”，原無，據《雲笈七籤》卷一〇九“涉正”條補。按，今本《神仙傳》卷六同條文字較略，張澍所引與《雲笈七籤》大致相合，又見《御定騈字類編》卷四二。

[二]“絶”，《御定騈字類編》有此字，《雲笈七籤》無。

[三]“昔蜀王”前，原有“《太平御覽》云”五字，《太平御覽》並無此説，今删。按，相關記載見《元和姓纂》卷八、《路史》卷三〇。

[四]按，此處所引與嘉慶《四川通志》卷一四六小傳相合。

[五]“糾”，原作“斜”，形近而誤，據嘉慶《四川通志》改。

[六]按，嘉慶《四川通志》卷一四六有此人小傳，與此相合，還引用了《校正周易古經》之後序，可參看。

[七]按，此人見乾隆二十八年《鹽亭縣志》卷二、乾隆五十一年《鹽亭縣志》卷五、嘉慶《四川通志》卷一二二。

[八]按，乾隆二十八年《鹽亭縣志》卷二稱其爲元祐進士；乾隆五十一年《鹽亭縣志》卷五稱其爲元豐八年進士；張澍所引與嘉慶《四川通志》卷一二二相合，未知孰是。

[九]“顒”，原作“容”，與嘉慶《四川通志》卷一二二相合，二者在四川方言中讀音相同，應是避嘉慶帝諱而改者，今據乾隆二十八年《鹽亭縣志》卷二、乾隆五十一年《鹽亭縣志》卷五改。又，二十八年本僅稱其爲紹興中進士，五十一年本則稱其爲紹興元年進士，嘉慶《四川通志》不言具體科分。

[十]按，乾隆二十八年《鹽亭縣志》卷二稱其爲慶元二年進士，乾隆五十一年《鹽亭縣志》卷五、嘉慶《四川通志》卷一二三稱其爲慶元五年進士。

[十一]按，此人見嘉靖《四川總志》卷八、萬曆九年《四川總志》卷一二、雍正《四川通志》卷三四、嘉慶《四川通志》卷一二四。嘉靖《尋甸府志》卷上稱其弘治十四年任知府。

[十二]按，嘉靖《四川總志》卷八、萬曆九年《四川總志》卷一二稱其爲建文元年舉人；康熙《南溪縣志》卷一稱其爲洪武乙卯舉人，張澍承襲嘉慶《四川通志》卷一二五之説，未知孰是。

年辛卯科舉人稅常春[一]，嘉定人。南溪學恩貢稅維學[二]。明榮縣學貢生稅賓[三]，任均州訓導。國朝蓬溪學歲貢稅以仁[四]。

壽氏

案，蜀之壽姓，自漢已有。《華陽國志》："壽良，成都人，字文淑。漢末爲兖州牧。弟緝，字文平。舉秀才，自歷城令進涪陵太守，清儉有治聲。"[五]《氏族略》："宋有壽朋，漢州人，登科。"[六]

鹿氏

《風俗通》："漢有巴郡太守鹿旗，子孫因家焉。"[七]案，五代孟蜀學士鹿虔扆[八]，當即其後。

母氏

案，蜀之母氏，係父母之母。而姓氏諸書作平音讀爲"毋"，誤矣。《華陽國志》："句町王國置自濮，漢時受封迄今，故縣有母斂。"[九]此蜀母氏之始也。晋有母稚[十]，巴郡江州人，學貫四科，貢于朝。除涪陵令。漢平，令爲夜郎太守，殊俗感其惠化。"稚"一作"雅"[十一]。是蜀有母氏在漢晋世。或謂自毋昭裔自河中遷蜀[十二]，始有母氏，非也。唐有右補

[一] 按，此人見雍正《四川通志》卷三六、乾隆《榮縣志》卷三、嘉慶《四川通志》卷一二八。

[二] 按，此人見嘉慶《四川通志》卷一三三。

[三] 按，此人見乾隆《榮縣志》卷三、嘉慶《四川通志》卷一三五。

[四] 按，此人見嘉慶《四川通志》卷一三六。

[五] 按，此條見《華陽國志》卷一一。

[六] 按，此條見《通志·氏族略四》。

[七] 按，此條見《容齋隨筆·五筆》卷一"《風俗通》"條。

[八] 按，《十國春秋》卷五六有此人傳記，稱不知何地人。

[九] 按，此條據《華陽國志》卷四改寫，或有誤。母斂縣屬夜郎郡，句町縣屬興古郡。

[十] 按，《蜀中廣記》卷四五、《萬姓統譜》卷一三有此人小傳。

[十一] 按，《寶刻叢編》卷一九有《晋夜郎太守母稚碑》。

[十二] "毋"，原作"母"，據《十國春秋》卷五二此人小傳，實姓毋，《蜀典》卷五等原文即作"毋"，此處又以爲姓"母"，前後矛盾。今仍改作"毋"，後文此字徑改。

闕、集賢毋旻[一]，文學士毋煚，皆蜀人。後蜀相毋昭裔，本河中龍門人，爲蜀相，刻石經並《文選》《初學記》等書。其子守素，至孝，後居蜀，代有聞人。《續綱目》："興州都統制毋思，以重兵守關，吴曦聞金兵至，因撤蓦關之戍。"[二]宋紹興十八年戊辰科進士毋過[三]，通泉人。紹熙元年庚戌科進士毋震[四]，遂寧人，特奏名。咸淳七年辛未科進士毋夢牛[五]，巴縣人。明弘治十二年己未進士毋恩[六]，蓬州人。知臨海縣，有治聲，升湖廣道御史。著有詩集及《家禮考》。正德十二年丁丑科進士毋德純[七]，南充人，以議大礼戍鄖陽。尋復職，升尚寶卿。洪武二十九年丙子科舉人毋思義[八]，蓬州人，工詩文，歷官周府長史。永樂十二年甲午科舉人毋璘[九]，蒼溪人。宣德七年壬子科舉人毋俊[十]，蓬州人，浪穹訓導。天順三年己卯科舉人毋瑛，蓬州人，繁昌教諭。天順六年壬午科舉人毋誠[十一]，渠縣人。嘉靖四年乙酉科舉人毋性[十二]，廣元人。嘉靖十三年甲午科舉人毋懽[十三]，巴縣人，崇陽知縣。萬曆七年己卯科舉人毋習吉[十四]，巴縣人。萬曆十年壬午科舉人毋擇鄰，劍州人。萬曆二十八年庚子科舉

[一] 按，《太平廣記》卷一四三引《大唐新語》，稱毋旻爲唐補闕，但今本《大唐新語》卷一一作"毋煚"。

[二] "蓦"，原作"募"，形近而誤，據《御批續資治通鑑綱目》卷一七改。

[三] "毋"，《紹興十八年同年小録》作"毌"，嘉慶《四川通志》卷一二二作"毋"。

[四] 按，此人見嘉靖《潼川志》卷六、雍正《四川通志》卷三三、乾隆十二年《遂寧縣志》卷四、乾隆五十二年《遂寧縣志》卷六、嘉慶《四川通志》卷一二三等。

[五] 按，此人見嘉慶《四川通志》卷一二三，同書卷一四六有小傳。

[六] 按，正德《蓬州志》卷九有小傳，此處所引與嘉慶《四川通志》卷一四七相合。

[七] 按，此人見嘉靖《四川總志》卷七、萬曆九年《四川總志》卷一一等，嘉慶《四川通志》卷一四七小傳與此相合。

[八] 按，正德《蓬州志》卷九、嘉慶《四川通志》卷一四七有小傳。

[九] 按，嘉靖《四川總志》卷六、乾隆《蒼溪縣志》卷三、嘉慶《四川通志》卷一二五稱其爲永樂十五年丁酉舉人。不知張澍所據爲何，或誤。

[十] 按，此人及其後之毋瑛，皆見正德《蓬州志》卷九、嘉慶《四川通志》卷一二五。

[十一] 按，同治《渠縣志》誤作"天順四年壬午科"，據干支，壬午爲天順六年，嘉慶《四川通志》卷一二五不誤。

[十二] 按，嘉靖《四川總志》卷六、萬曆九年《四川總志》卷一一、雍正《劍州志》卷七稱其爲嘉靖十年辛卯舉人。此處與嘉慶《四川通志》卷一二六相合，未知孰是。

[十三] 按，此人見嘉慶《四川通志》卷一二六。

[十四] "舉人"，原作"進士"，顯誤，據《明清進士題名碑録索引》，萬曆七年未舉行殿試，故據嘉慶《四川通志》改。按，此人及其後之毋擇鄰、毋忠，皆見嘉慶《四川通志》卷一二七。

人母忠，劍州人。國朝順治十四年丁酉科舉人母坤[一]，鹽亭人。

謁 氏

《風俗通》：“漢有汝南太守謁焕，江津人。”案，此《廣韻》引者[二]。《氏族略》引云：“後漢汝南太守謁瓊，一名焕，見《獨行·廖扶傳》。”[三]案，《華陽國志》云：“謁焕，墊江人。江州人謁焕，見《汝南紀》。”[四]《方術傳》言：“焕先爲諸生，從廖扶學也。”[五]應氏謂見《獨行傳》，誤矣。《漢巴郡太守張納功德碑陰》守屬江州謁恭[六]。

霸 氏

《益部耆舊傳》有“霸栩”，一作“霸相”[七]。《路史》：“豕韋之後有霸氏。”[八]

㽭 氏

案，李斯《蒼頡篇》云：“㽭地在蜀，亦姓也。音‘作’。”[九]是以地爲氏者。㽭在今大邑縣。

湛 氏

湛氏出晋湛方生之後也[十]，鄷都其族最茂。明有鄷都縣學貢生湛

[一] 按，此人見乾隆二十八年《鹽亭縣志》卷二、乾隆五十一年《鹽亭縣志》卷五、嘉慶《四川通志》卷一二八。

[二] 按，《風俗通義校注·佚文》據《廣韻·月韻》等輯録此條。

[三] 按，此條見《通志·氏族略四》。

[四]“江州人謁焕，見《汝南紀》”，原作“《汝南記》江州人謁焕見”，文字錯訛且誤倒，今據《華陽國志》卷一二改。

[五] 按，此條見《後漢書·方術傳·廖扶》。

[六] 按，此條見《隸釋》卷五。

[七] 按，此條見《通志·氏族略四》。作“霸相”者，見《廣韻·禡韻》。

[八] 按，此説見《路史》卷一七。

[九] 按，此説見《廣韻·鐸韻》及《姓氏急就篇》卷下。

[十] 按，《隋書·經籍志四》有晋衛軍諮議《湛方生集》十卷。

清[一]，官嘉興府通判；湛隆；湛永海[二]，官監利訓導；國朝乾隆三年戊午科舉人湛玥[三]；嘉慶十八年癸酉科舉人湛露淳[四]。巴縣學歲貢生湛昌光[五]。西昌學恩貢湛文謨；拔貢湛松，官宜賓教諭[六]。鹽源學歲貢湛時遇[七]。拔貢湛迴[八]，官安縣教諭；湛露清，官温江教諭；湛銘；歲貢湛霦，湛同淇[九]，官巫山訓導；湛光昌[十]，官大寧訓導：均酆都人。

掌　氏

《氏族略》："揚雄《與劉歆書》云：'林閭妻，蜀郡掌氏也。'"[十一]案，掌即"仉"字，孟子母仉氏[十二]。梁四公有仉脊[十三]，姓出魯大夫後。《十國春秋》云："掌聿修，性豪縱不羈。蜀後主時，任太子左贊善大夫。與同官家述相親愛，兩人皆滑稽。聿修一日伺述酒甕將竭，叩門求飲。既而尊罍果罄，聿修書壁曰[十四]：'酒客乾喉去，惟存呷大夫。'"

審　氏

案，《漢公乘伯喬碑》有審叔雍[十五]，《高朕石室六題名》有郫審長賓、

[一] 按，此人見嘉慶《四川通志》卷一三八。
[二] "海"，原作"清"，形近而誤，據嘉慶《四川通志》改。按，湛隆、湛永海皆見其書卷一三八。
[三] "玥"，原作"明"，形近而誤，據嘉慶《四川通志》卷一二九改。
[四] 按，此人見嘉慶《四川通志》卷一二九。
[五] "光"，原脱，據嘉慶《四川通志》卷一三一、道光《重慶府志》卷七補。
[六] 按，據嘉慶《四川通志》卷一三四，此二人皆姓"諶"，張澍誤，不當收於"湛"姓下。
[七] 按，據嘉慶《四川通志》卷一三四、光緒《鹽源縣志》卷九，此人亦姓"諶"，張澍誤。
[八] 按，乾隆《雅州府志》卷八、嘉慶《安縣志》卷二四皆稱此人爲成都人，康熙四十九年任安縣教諭；張澍所據爲嘉慶《四川通志》卷一三八，未知孰是。又，此後數人皆見嘉慶《四川通志》卷一三八。
[九] "淇"，原作"湛"，形近而誤，據嘉慶《四川通志》改。
[十] "光"，原作"先"，形近而誤，據嘉慶《四川通志》改。
[十一] 按，此條見《通志·氏族略四》。
[十二] 按，此説見《孟子雜記》卷一。
[十三] 按，《梁四公記》已佚，《云麓漫鈔》卷六有四人姓名。
[十四] "聿"，原作"律"，形近而誤，據前文及《十國春秋》卷五三本傳改。
[十五] 按，此碑文見《隸續》卷二。

審叔惟[一]，是審氏爲郫縣族也。《華陽國志》："南安郡有審姓。"[二]

析 氏

《後漢書·方術傳》："析像[三]，字伯式，廣漢人。通《京氏易》。其先張江封析侯，曾孫國爲鬱林太守，徙居廣漢，子孫因以爲氏。國生像。"《華陽國志》："張江爲武威太守，封南陽析侯[四]，因氏焉。"案，南陽有析縣，前漢屬弘農郡。酈元音"持益反"，顔籀音"先歷反"[五]。字从木不从手，蓋析地爲春秋許所遷之白羽。鄧之内鄉有析水，鄭樵以爲即淅川是矣[六]。杜注："於傳時，'白羽'改爲'析'。"劉炫《規》曰："僖公、襄公之世，已有析名。"[七]近人乃作折字，从手。夫南陽豈有折縣乎？何不考之甚。《氏族略》云[八]："析氏，衛公族大夫析朱鉏之後。朱鉏公子黑肩，以王父字爲氏。齊有大夫析歸父，後漢析像，通《京氏易》。像者，鬱林太守析國之子也。廣漢雒縣人。"是以析像之姓出於朱鉏[九]，不因封析縣侯，誤矣。

[一]"朕"，原作"眣"，誤，今改。按，關於此高太守之名，歷來有疑其不當作"朕"者，蓋以爲乃帝王自稱用字，人名不當用之，故歐陽修《集古録跋尾》卷五《唐益州學館廟堂記》云："高朕之名，於義不安。頗疑有意得於古碑之訛缺爾，存之以俟博學者。"然據《東齋記事》卷四："朕或以爲勝，宋温之璋洗石以辨之，乃朕字也。"《廣川書跋》卷五《周公禮殿記》亦云："昔人嘗疑朕非制名可稱於臣下者，自秦漢天子所爲稱，豈復可存耶？流俗謂爲高勝，至宋璋洗視，知爲高朕，范蜀公嘗爲人道之甚詳。余嘗至其處求字畫，得之，實爲朕字，知在漢猶未有嫌，不必曲辨朕爲勝也。"以是觀之，則其名用字實爲"朕"字。◎"惟"，張澍《姓韻》卷六三作"稚"，或誤。按，此題名見《隸續》卷一四，作"惟"，《金石録補》卷五亦作"惟"。

[二]"南安"，原誤倒，據《華陽國志》卷三乙正。

[三]按，今本《後漢書·方術傳》作"折像"。

[四]"析侯"，《華陽國志》卷一〇中作"折侯"。

[五]按，此説見《漢書·地理志上》顔師古注文。

[六]按，《通志·都邑略一》"又遷于白羽"注云："白羽，一名析，鄧州淅川是。"

[七]按，《隋書·儒林傳》有劉炫，但其著述中無《規過》一書，《左傳注疏》中多有徵引，或省稱《規》。《欽定四庫全書總目》卷二九《左傳杜解補正》則稱此書名《杜解規過》。又，此處引杜預及劉炫之説，皆見《左傳·昭公九年》正義。

[八]"《氏族略》"下，原衍"引《風俗通》"，今據《通志·氏族略三》删。按，《風俗通》提及"析"氏，見《廣韻·析韻》，僅云："析氏，齊大夫析歸父。"與《通志》之文迥異。

[九]"是"下，原有"應仲瑗"三字，今删。按，前一條已辨此説非出自應劭，若不删，則是厚誣古人也。

噲　氏

《搜神記》:“噲參，養母至孝。曾有玄鶴爲戈人所射，參療治放之。鶴銜明月珠報之。”[一]案，西充有噲參墓，則參蜀人也。

服　氏

《漢書·种暠傳》:“巴郡人服直，聚黨百餘，自稱‘天王’。暠與太守應承討捕，不克。”[二]注:“直或作宜。”

尉　氏

案，古有尉氏、尉遲氏二姓。蜀之尉氏，或係尉遲迥被難後[三]，其子孫逃入蜀，改爲尉氏也。宋淳熙四年甲辰科進士尉越[四]，遂寧人。國朝嘉慶十三年戊辰科舉人尉方山[五]，成都人。

景　氏[六]

《辯證》:“景氏出自楚公族之後。漢有侍郎景勃，居蜀郡。”[七]靈帝時，景毅[八]，字文堅，梓潼人，爲越嶲太守，有仁恩。景鸞[九]，字漢伯，嘗上書陳灾異。作《詩解》《易説》《礼略》《月令章句》。又抄風角雜書，

[一] 按，《新輯搜神記》卷二九“噲參”條稱此人寓居河内，《蜀典》卷二“噲參”條亦有相關記載，暫未見他書稱噲參墓在西充。《蜀典》卷二則稱其母之墓在仁壽。

[二] 按，此條見《後漢書·种暠傳》。

[三] “尉遲迥”，北周將領，尚魏文帝女金明公主，封西都侯。後以平蜀之功，封蜀公。隋文帝楊堅將圖篡奪，迥舉兵圖匡復，兵敗自殺。詳《周書》本傳。

[四] 按，此人見乾隆十二年《遂寧縣志》卷四、乾隆五十二年《遂寧縣志》卷六、嘉慶《四川通志》卷一二三等。

[五] 按，此人見嘉慶《四川通志》卷一二九、嘉慶《成都縣志》卷二。

[六] 按，此條趙熙眉批云:“《文獻通考》:‘《野人閑話》五卷，成都景焕撰，記孟蜀時事，乾德三年序。’”

[七] 按，此條見《古今姓氏書辯證》卷二七。

[八] 按，《華陽國志》卷一〇下有此人小傳。

[九] 按，《後漢書·儒林傳下》有此人傳記。

列其占驗，作《興道》一篇。宋景泰[一]，字周卿，安岳人。登進士。與西夏戰有功，領忠州刺史。子思忠，字進之，以蔭補官爲遂州駐泊都監。夷人寇淯井[二]，戰敗死之。思立，忠弟。王韶以思立知河州。青宜結鬼章遺書詞不遜，思立怒率兵攻之于踏白城。鈐轄韓存寶、蕃將瞎藥交止之，不聽，戰敗死之。神宗以思立母未有官舍，命其弟思誼爲泰州判官以便養。

沓　氏

《風俗通》："賨人七姓，有沓氏。"[三]案，《北史·節義傳》："沓龍超，晋壽人。性尚義俠，少爲鄉里所重。永熙中，梁將樊文熾來寇，益州刺史傅敬和孤城固守[四]。龍超每出戰，輒破之。時攻圍既久，糧矢方盡，刺史遣龍超夜出請援於漢中，遂爲文熾所得，許以封爵，使告城中曰：'外無援軍，宜早降。'乃置龍超於攻樓，龍超乃告刺史曰：'援軍數萬，近在大寨。'[五]文熾大怒，火炙之。至死，辭不撓。大統二年詔贈龍驤將軍、巴州刺史。"

輔　氏

案，蜀氏之輔氏，宜爲輔匡之後。匡，字元弼，襄陽人。隨先帝入蜀，益州既定，爲巴郡太守。建興中徙鎮南，爲右將軍，封中鄉侯[六]。《太平廣記》："道士輔神通，家蜀州。幼孤貧，恒爲人牧羊以自給。"[七]

[一] 按，此人事見《宋史》本傳。

[二] "淯"，原作"清"，形近而誤，據《宋史·忠義傳七》本傳改。又按，此後叙其弟之事，亦見《宋史·忠義傳七》。

[三] 按，此條見《姓氏急就篇》卷上。

[四] "敬"，今本《北史》無，或是宋刻本避翼祖名諱而删者。《資治通鑑·梁紀十三·高祖武皇帝》云："（大同元年秋七月）益州刺史鄱陽王範、南梁州刺史樊文熾合兵圍晋壽，魏東益州刺史傅敬和来降。範，恢之子；敬和，豎眼之子也。"張澍補"敬"字，或是據嘉慶《大清一統志》卷三九二而來。

[五] "寨"，《北史》作"寒"，張澍所引與嘉慶《大清一統志》同，未知孰是。

[六] 按，此處引輔匡小傳，見《三國志·蜀志·鄧張宗楊傳》附輔元弼贊。

[七] 按，此條與《蜀典》卷二"輔神通"相重複。

夕　氏

案，《漢書》：“巴蠻渠帥七姓有羅、朴、督、鄂、度、夕、龔。”[一]《蜀録》：“蜀有尚書令夕斌，李特以夕斌、上官琦等爲僚屬。”[二]

莫　氏

案，莫以地名爲氏者，劉艾《獻帝紀》有益州從事莫嗣[三]。

相　氏

《世本》：“巴氏五姓有相氏。”[四]《列女傳》：“犍爲相登妻者，姓周名度[五]，適登一年而寡。守令吴厚因入問度，度引刀截髮。縣長吏復遣媒介，度曰：‘前已斷髮表心，何誤復有斯言。’欲取刀割鼻，左右救止。”又案，《華陽國志》云：“相烏，德陽人，十五適袁稚。稚亡，父母欲改嫁，自殺。”[六]

慍　氏

案，《巴郡太守張納碑陰》：“法曹史江州慍益。”[七]

汝　氏

王隱《蜀記》：“劉禪遣益州别駕汝超，受鄧艾節度。”[八]案，常璩《志》，

[一]“龔”，原作“襲”，形近而誤，據《後漢書·南蠻傳·板楯蠻》改。
[二] 按，此條見《十六國春秋·蜀録一·李特》。
[三] 按，此人見《後漢書·五行志一》，張澍云出《獻帝紀》，暫不知所據。
[四] 按，此條見《古今姓氏書辯證》卷一二。
[五]“姓”，原無，文義不通，據《太平御覽》卷四四〇引《列女傳》補。按，此事又見《藝文類聚》卷一八，《華陽國志》卷一〇中亦有小傳。
[六] 按，此條見《華陽國志》卷一〇中。
[七]“法”，原脱，據《隸釋》卷五補。
[八] 按，此條轉引自《三國志·蜀志·後主紀》注文。

“汝”爲新都大族也[一]。楊寬友人汝錕，孝廉汝敦[二]，亦新都人，均見《華陽國志》。又案，宋汝顔[三]，安岳人，調鳳州幕職。年未及，請致仕。仁宗嘉其早退，授太子舍人。汝爲[四]，建炎中陳邊政，假開州刺史使金，致書劉豫。誘以官，固辭。後亡歸，獻恢復方略。秦檜欲械送金人，乃滅姓名入蜀，著有《忠嘉集》。或以蜀有汝姓自爲始，非也。又嘉祐八年癸卯科進士汝孝恭[五]，元豐八年乙丑科進士汝孝隆，政和五年乙未科進士汝日林，建炎二年戊申科進士汝宣，乾道五年己丑科進士汝修[六]，乾道八年壬辰科進士汝佾[七]，乾道中進士汝華然[八]，寶祐元年癸丑科進士汝秉文[九]，均安岳人。

世　氏

《姓譜》:“世宸[十]，渠縣人，宋嘉泰進士。”

五　氏[十一]

案，黄帝臣五聖[十二]，是五姓之始。或謂伍姓避仇改者[十三]，非也。《華陽國志》:“楊淮伯邳，叔母每教邳政治。伯邳欲舉茂才，選有二人，伯

[一] 按，《華陽國志》卷三云:“新都縣……又有四姓：馬、史、汝、鄭者也。”
[二] 按，二人皆見《華陽國志》卷一〇中。
[三] 按，此人見《蜀中廣記》卷四四、《萬姓統譜》卷七六。
[四] 按，據《宋史》卷三九九本傳，此人姓宋名汝爲，非姓“汝”，張澍當是因襲《萬姓統譜》卷七六而誤，此條實不當收録。
[五] 按，此人及其後汝孝隆、汝日林、汝宣皆見嘉靖《潼川志》卷六、乾隆《安岳縣志》卷五、嘉慶《四川通志》卷一二二。
[六] 按，此人見乾隆《安岳縣志》卷五、嘉慶《四川通志》卷一二三。
[七] 按，此人見嘉靖《潼川志》卷六、乾隆《安岳縣志》卷五、嘉慶《四川通志》卷一二三。
[八] 按，《萬姓統譜》卷七六、嘉靖《四川總志》卷九、萬曆九年《四川總志》卷九、嘉慶《四川通志》卷一二三皆稱此人爲榮昌人，張澍以爲乃安岳人，誤。
[九] 按，此人見乾隆《安岳縣志》卷五、嘉慶《四川通志》卷一二三。
[十]“宸”，原作“震”，形近而誤，據《萬姓統譜》卷九六改。《歷代名賢列女氏姓譜》卷一二一“世”姓下無此人，同治《渠縣志》卷三四亦無此人。
[十一] 按，此條之下，趙熙批注云:“五、伍古今字。”
[十二] 按，《史記·五帝本紀》“舉風后、力牧、常先、大鴻以治民”句正義云:“黄帝仰天地，置列侯衆官，以風后配上台，天老配中台，五聖配下台，謂之三公也。”
[十三] 按，此説見《萬姓統譜》卷七八。

邳欲用老者，嫌以其耄；欲舉五方，而其年幼。以咨叔母，勸舉方。後五方爲廣漢太守。”[一]又云：“李平，字正流，廣漢李元女。適文，有一男一女。而文没，以織履爲業。父母欲改嫁，乃自投水中。宗族救之，幾死得免。太守五方爲之圖象。”又：“蜀郡太守五方爲馬閏章言：‘楊寬詣獄，證之得理。’”丞相諸葛亮功曹五梁[二]，犍爲人，以節操見稱，後遷諫議大夫、五官中郎將。梁，爲方之後也。

諒　氏

案，諒姓見于《國策》之諒毅[三]，趙辯士也。《漢書·獨行傳》有諒輔，字漢儒，新都人。爲五官掾，因旱自焚得雨。

鄂　氏

《漢書·南蠻傳》：“巴郡板楯蠻七姓，有鄂氏。”

襲　氏

《風俗通》：“賨人七姓，有襲氏。”[四]後漢有益州將襲肅，宋有襲蓋卿[五]。案，《水經注》：“襲玄之，漢壽人。有晋徵士，臨沅縣南有墓銘，太元中車武子立。近刊本作龔，誤矣。”[六]又徐康《晋志》：“桓温伐蜀，戰於笮橋，參軍襲護戰没[七]。衆懼欲退，而鼓吏誤鳴進鼓。于是乘之，遂入少城。”《華陽國志》：“漢中都吏襲祚等謀殺太守姜宗以叛，宗覺堅守，祚等燒南鄭市及平民屋，族誅。”[八]《華陽國志》：“趙廞以西夷司馬

[一] 按，此條及後兩條皆見《華陽國志》卷一〇中。

[二] 按，此人事迹見《三國志·蜀志·杜微傳》。

[三] 按，此人見《戰國策·趙策四》。

[四] 按，此條見《姓氏急就篇》卷上。今本《後漢書·南蠻傳》作“龔氏”。

[五]“肅，宋有襲”，原脱，顯誤，據《姓氏急就篇》卷上補。按，襲肅見《三國志·吴志·吕蒙傳》；襲蓋卿見《南宋館閣録·續録》卷七，暫未見他書稱襲蓋卿乃益州將。

[六] 按，此條改寫自《水經注·沅水》。

[七]“襲護”，與《太平寰宇記》卷七二、《太平御覽》卷三二四所引同；《晋書·桓温傳》《十六國春秋·蜀録三·李勢》作“龔護”。

[八] 按，此條見《華陽國志》卷八。

龔尼等爲左右長史[一]，後李特殺之。”又巴西有龔期[二]，亦見《華陽國志》。今蜀不聞有此姓，蓋訛改爲龔也。王深寧云：“周子静端朝爲學官，小司成龔蓋卿以‘守氣不如守約’爲題。”[三]蓋卿，南陵人[四]，朱仲晦之弟子，入諫垣爲右正言。一云字夢錫[五]，衡州人，張南軒弟子。一作大寧人，與益州將同姓名也[六]。楊慎《希姓録》：“益州將龔繡，見《三國志》。”[七]案，《吕蒙傳》作“龔肅”[八]，升庵誤引作“繡”。

代 氏

案《隸釋》，《漢蜀郡屬國辛通達、李仲曾造橋碑》有荷吏代誦[九]。宋有代淵，字仲顔，導江人。事親孝，舉進士。擢清水主簿，淵以禄不及親，歸家教授，著《周易旨要》。《宋·隱逸傳》：“淵，字藴之，本代州人。唐末避地導江，世爲吏。”是以蜀之代姓爲始于淵者，不知蜀之先有代誦也[十]。又《蜀録》：“趙廞使代茂攻常滕，茂告之而去。”[十一]亦蜀人也。

昝 氏

何承天《姓苑》：“昝氏，蜀人也。”[十二]案，《廣韻》《韻會》均音“攢”，“姓也，出蜀郡。”而《説文》“朁”字注云：“今俗有‘昝’字。”是“昝”即“朁”字也。《晋書·載記》：“李壽追尊其母昝氏爲皇太后。”又前將

[一]“龔尼”，《華陽國志》卷八别本有作“龔尼”者。

[二]“期”，原作“祺”，形近而誤，據《華陽國志》卷九改。

[三] 按，此條見宋王應麟《困學紀聞》卷八。

[四] 按，暫未見他書稱龔蓋卿爲南陵人，不知張澍所據爲何。

[五] 按，《南宋館閣録·續録》卷七云：“字夢錫，衡州常寧人。淳熙十四年王容榜同進士出身，治《易》。十二年十一月除（秘書丞），十三年二月爲金部郎官。”

[六] 按，此乃誤説，詳前文校勘記。

[七] 按，此條見《希姓録》卷五，乃楊慎原文。

[八]“吕蒙”，原作“魯肅”，誤，據《三國志·吴志·吕蒙傳》改。按，《魯肅傳》在《吕蒙傳》前，張澍失察致誤。

[九] 按，此碑見《隸釋》卷一五。

[十] 按，此處不知張澍所駁爲何人之説。

[十一] 按，此條見《十六國春秋·蜀録一·李特》。

[十二] 按，此條見《通志·氏族略五》。

軍咎堅，即后族，勸李勢降桓温者[一]。《舊唐書·吐番傳》："大首領咎捶，率部落八千餘人詣張元遇内附。"是咎，夷姓也。《宋史·理宗本紀》有四川都統咎萬壽，即其後。《酉陽雜俎》云："蜀醫咎殷言：藏氣陰多則數夢，陽壯則少夢，夢亦不復記。《周禮》有掌三夢，又以日月星辰各占六夢，謂日有甲乙，月有建破，辰有居直，星有伏刻也。又曰：舍萌於四方，以贈惡夢。謂會民方相氏，四面逐送於四郊。"[二]"咎殷"，一作"咎商"。即殷也。

爨氏[三]

《華陽國志》："同樂縣大姓爨氏。"又云："武侯移南中勁卒爲五部，分其羸弱配大姓焦、婁、雍、爨、孟、量、毛、李爲部曲。收建寧爨習爲官屬。習，官至領軍。"[四]晉時，其族盛，爲刺史者甚多。明犍爲學貢生爨明[五]。

養氏

案，《漢繁長張禪碑題名》有"夷侯養達伯"[六]，是今新繁有養氏，係夷姓也。

索氏

案，陸通與妻索氏隱峨眉[七]。又索遐，爲果州刺史[八]。蜀之索姓，

[一] 按，此事見《晉書·桓温傳》。
[二] 按，此條見《酉陽雜俎》卷八。後文稱一作"咎商"者，《通志·藝文略七》有作《食醫心鑑》者，《宋史·藝文志四》有作《導養方》者，不知是否即張澍所説之人。
[三] 按，此條之下趙熙批注云："《戰國策·魏一》止有巴寧爨襄，知雲南二爨碑猶誤。"二爨碑見《語石》卷二。
[四] 按，此二條皆見《華陽國志》卷四。
[五] 按，此人見乾隆《犍爲縣志》卷五、嘉慶《四川通志》卷一三五。
[六] 按，此碑見《隸續》卷一六。
[七] 按，此説可參《蜀典》卷三"陸通夫婦隱峨眉"條。
[八] 按，此説見《水經注·涔水》，《萬姓統譜》卷一二〇有此人小傳。

定其後也。宋宣和中進士索貫[一]，順慶人。紹興十八年戊辰科進士索揚[二]，晋原人。明嘉靖十六年丁酉科舉人索俊[三]，南充人。

漆氏

案，漆姓出江西，蜀之漆姓皆江西流移民也。雍正元年癸卯科舉人漆本成[四]，什邡人，任涪州學正。國朝嘉慶六年辛酉科舉人漆鍠[五]，重慶府人。江津學恩貢漆兆麟[六]。

帛氏

《水經注》："真人帛仲理，名護，益州巴郡人。"[七]《宋書·劉粹傳》有帛氏奴，五城人，劉道濟以爲參軍。督護程道養反，以帛氏奴爲征虜將軍。又《周書·宇文貴傳》："隆州人開府李光賜反于鹽亭，與其黨帛玉成寇金堂，貴平之。"

紐氏

明成化七年辛卯科舉人紐瑩中[八]，温江人。

[一] 按，此人見嘉靖《四川總志》卷七、萬曆九年《四川總志》卷一〇、嘉慶《四川通志》卷一二二等。

[二]"揚"，原作"楊"，據《紹興十八年同年小録》、嘉靖《四川總志》卷四、《天啓新修成都府志》卷一三、雍正《四川通志》卷三三、嘉慶《四川通志》卷一二二等改。萬曆九年《四川總志》卷七作"楊"。

[三] 按，此説與嘉慶《四川通志》卷一二六相同；萬曆九年《四川總志》卷一〇稱其爲嘉靖二十五年丙午科舉人，未知孰是。

[四]"成"，原作"城"，音同形近而誤，據雍正《四川通志》卷三六、嘉慶《四川通志》卷一二八、嘉慶《什邡縣志》卷三五改。

[五] 按，此人見嘉慶《四川通志》卷一二九，嘉慶《安縣志》卷二四稱其於嘉慶二十四年任安縣教授。

[六] 按，此人見嘉慶《四川通志》卷一三一。

[七] 按，此條見《水經注·瀘水》。

[八] 按，此人見嘉靖《四川總志》卷四、《天啓新修成都府志》卷一三、雍正《四川通志》卷三五、嘉慶《四川通志》卷一二六。

仲氏

案，《華陽國志》："仲昱設策，免其師嚴季后之難。"[一]唐貞元進士仲子陵[二]，峨眉人。宋嘉定七年甲戌科進士仲景、仲坤[三]，安岳人。王建時仲廷預[四]，爲嘉王府教授。還火爐中金節，嘉王薦爲榮州録事參軍。嘉定中進士仲炎慶[五]，合州人。

祋氏

《華陽國志》："祋諷，蜀之廣漢人。"[六]胡三省曰："祋，丁活反。"[七]案，《漢書》："諷與來歷、閭丘弘等守闕，明太子無過。"[八]

况氏

《吴志·諸葛恪傳》注："虞喜《志林》曰：'况長寧以爲君子，臨事而懼，好謀而成。'又曰'往聞長寧之甄文偉'。"[九]《通鑑》注："長寧，蓋蜀人也。"[十]明萬曆十七年己丑科進士况上進[十一]，涪州人，官御史。洪武二十九年丙子科舉人况純[十二]，瀘州人。永樂十八年庚子科舉人况子

[一]"季"，原作"李"，形近而誤，據《華陽國志》卷一〇上改。

[二]"貞元"，原作"大曆"，不知因何而誤，據《唐會要》卷七六、《文獻通考·選舉考六》、嘉慶《四川通志》卷一四二改。按，三書皆稱此人爲貞元十年進士。

[三]按，二人見嘉靖《潼川志》卷六、乾隆《安岳縣志》卷五、嘉慶《四川通志》卷一二三。

[四]按，《十國春秋》卷四二有傳。

[五]"慶"，原脱，據萬曆《合州志》卷五、嘉慶《四川通志》卷一二三補。

[六]按，此條見《華陽國志》卷三。

[七]按，據《資治通鑑·漢紀四十二·孝安皇帝中》"尚書令祋諷等奏"注文，除了音丁活反，還音丁外反，今《漢語大詞典》音duì。

[八]按，此條改寫自《後漢書·來歙傳附來歷》。

[九]"甄"，别也。宋王應麟《困學紀聞》卷一三："文偉，謂費褘也。長寧，未詳其人，蓋蜀人也。"

[十]按，《資治通鑑·魏紀七·邵陵厲公中》"况長寧以爲君子"句注云："而所謂長寧者，未知其爲誰也。"不知張澍因何稱其爲蜀人？

[十一]按，此人見萬曆九年《四川總志》卷九、嘉慶《四川通志》卷一二四。

[十二]按，此人見嘉靖《四川總志》卷一三稱其爲洪武壬午舉人，誤，洪武年間無壬午；萬曆九年《四川總志》卷一三稱其爲洪武二十年丁卯舉人；乾隆《直隸瀘州志》卷六不言具體科分；嘉慶《四川通志》卷一二五與張澍所言同，未知孰是。

玉[一]，納溪人。

冉氏

案，顔師古《漢書注》云："今夔州開州首領多姓冉，本皆冉駹種也。"[二]又，唐初有開州冉肇[三]，宋有冉宗閔、冉夔[四]，皆登第。開州人余玠爲安撫使時，有冉璞[五]、冉璡，爲玠設策，築城釣魚山。

苑氏

《唐詩紀事》："唐進士苑咸，成都人。開元末上書，拜司經校書、中書舍人。時推咸文誥之最。終永陽太守。"[六]《全唐詩》："咸舉進士登第，爲李林甫書記。開元末上書，拜中書舍人。嘗爲孫逖草《除庶子詔》，議者以爲知言。善書工詩，與王維酬和。維謂咸能書梵字，兼達梵音，曲盡其妙。"[七]

改氏

《記事珠》："雲陽改氏[八]，值豐年，則盡取金錢埋之，九里皆滿。曰：

[一]"十八"，原作"七"，誤，與永樂七年干支爲己丑不合，當是因襲萬曆九年《四川總志》卷一三而誤也，今據嘉慶《四川通志》卷一二五改。

[二]"駹"，原誤作"驪"，據《漢書·西南夷傳》"自莋以東北君長以十數，冉駹最大"句注文改。

[三]按，此人見兩《唐書·李靖傳》。

[四]按，此人見《通志·氏族略四》。《金石萃編》卷一二七有冉宗閔大中祥符二年所書《永興軍文宣王廟大門記》。

[五]"璞"，原作"瑛"，不知張澍因何而誤，今據《明一統志》卷七二、《萬姓統譜》卷八九、《宋史紀事本末》卷二五、嘉靖《四川總志》卷九、萬曆九年《四川總志》卷九、萬曆《合州志》卷一等改。

[六]按，此條見《唐詩紀事》卷一七，苑音yuān。

[七]按，此條見《全唐詩》卷一二九。

[八]按，《御定淵鑑類函》卷三六一引《記事珠》，文淵閣《四庫全書》本《雲仙散録》卷二、《事類備要·外集》卷六一、《孔氏六帖》卷八、《山堂肆考》卷一八四等引《豐年録》皆作"段氏"。所謂《記事珠》，其實就是《雲仙散録》，又稱《雲仙雜記》，張澍所云作"改氏"者，與《龍威秘書》本《雲仙雜記》相同。至於作"段"作"改"孰是孰非，難以判斷。《雲仙散録》乃小説家言，所云多不可信，張澍抄録此條，意義也不大。

‘有得意田遂可棄無用金。’”案，改氏，秦大夫改産之後[一]，近刊本作“段氏”，誤。

古氏

案，廣漢功曹古牧[二]，即廣漢人，蜀古姓始此。《楊著碑陰》有古世弘[三]，廣漢人。又三國時古朴，爲夏侯纂將功曹[四]，亦廣漢人。明嘉靖四十三年甲子科舉人古之賢[五]，隆慶四年庚午科舉人古德懋[六]，俱梁山人，德懋官安吉知州。崇禎九年丙子科舉人古心[七]、古鈔[八]，崇禎十五年壬午科舉人古毓奇，俱長壽人。國朝康熙三十八年己卯科舉人古毓英，眉州人[九]。康熙五十年辛卯科舉人古可法[十]，成都人。雍正七年己酉科舉人古曜晟[十一]，雍正十三年乙卯科舉人古佐今[十二]，均長壽人。乾隆四十八年癸卯科舉人古達孚，邛州人[十三]。嘉慶十二年丁卯科舉人古維哲[十四]，雅州府人。

[一] 按，此説見《廣韻·海韻》《通志·氏族略五》等。

[二]“廣漢”前，原有“《風俗通》”，今删，説詳《蜀典》卷四“古牧”條。

[三] 按，此條見《隸釋》卷一一，《蜀典》卷四亦引。

[四]“將”，原無，今補，説詳《蜀典》卷四“古牧”條。

[五] 按，此人見萬曆九年《四川總志》卷一四，其書稱次年即中進士；嘉慶《四川通志》卷一二七亦稱嘉靖四十三年中舉，卷一二四稱次年中進士。

[六] 按，此人見嘉慶《四川通志》卷一二七。嘉慶《梁山縣志》卷八作萬曆庚午，誤，萬曆間無庚午年。

[七] 按，雍正《四川通志》卷三六、嘉慶《四川通志》卷一二七皆稱其爲酆都縣人，此處或誤。

[八]“古鈔”，原作“古珍”，且位於“古毓奇”前，以爲乃崇禎十五年舉人也，誤。今據雍正《四川通志》卷三六、嘉慶《四川通志》卷一二七、道光《重慶府志》卷七改、移。

[九] 按，此處雍正《四川通志》卷三六、嘉慶《四川通志》卷一二八相合。康熙《眉州屬志》卷二、嘉慶《四川通志》卷一三八、嘉慶《眉州屬志》卷三則稱其爲酆都人，或當以酆都人爲是。

[十] 按，此人見雍正《四川通志》卷三六、嘉慶《四川通志》卷一二八、嘉慶《成都縣志》卷二。

[十一] 按，此人見嘉慶《四川通志》卷一二八、道光《重慶府志》卷七，曾參編雍正《四川通志》。

[十二]“今”，原脱，據嘉慶《四川通志》卷一二八、道光《重慶府志》卷七補。按，二書皆稱其爲重慶府人。

[十三]“邛州人”，原無，易讓人誤會爲雅州府人，今據嘉慶《四川通志》卷一二九、嘉慶《邛州直隸州志》卷二九補。

[十四] 按，此人見嘉慶《四川通志》卷一二九。

學氏

《集仙傳》有學昊，劍州人[一]。

藥氏

《姓氏辯證》："唐貞觀所定果州武都郡五姓，一曰藥氏。"[二]案，《華陽國志》："巴夷藥何，與廖仲、秦精等作白竹弩、射白虎者。"[三]而盧求《成都記序》作"藥何謝"[四]，誤矣。又《蜀録》："涪陵民藥紳等，起兵應羅尚。"[五]

待氏

案，唐人有《送待進士及第歸蜀詩》[六]，惜失其名。待氏，今稀見。大足縣南山玉皇觀有宋淳祐時縣令何光震等《餞郡守王夢應》石刻[七]，末有從政郎待缺季方，其名磨泐，"季方"乃字也。澍宰大足時搜出此碑。

[一] 按，此條暫未見他書有相關記載。

[二] 按，此條見《古今姓氏書辯證》卷三八。

[三] 按，此條改寫自《華陽國志》卷一，原文斷句歷來存在分歧，略敘如下。《華陽國志》原文"於是夷朐䏰廖仲藥何射虎秦精等，乃作白竹弩，於高樓上射虎"，任乃强斷爲"廖仲、藥何、射虎秦精"，劉琳斷爲"廖仲藥、何射虎、秦精"，且於注文中説明别有一種斷法，與任乃强校本同。任氏非常肯定地認爲自己的斷法是對的，另一種斷法"大謬"，而其根據，就是《華陽國志》卷八《大同志》中有名"藥仲"者，遂認爲此處亦當以"藥"爲姓。此外，他還在《前言》中據章懷太子注《後漢書》引作"巴夷廖仲等"，《蜀典》此處引《華陽國志》等作爲斷句證據。當然，除了這兩個前人理解的證據外，我們還可以補充三個，一個爲《太平御覽》卷四八〇所引，一個爲《古今姓氏書辯證》卷三四所引，一個爲鄭樵《通志·南蠻傳四》所引。但我認爲這並不是定論。除了幾處引作"廖仲"者外，載籍不乏引作"廖仲藥"者。如《太平寰宇記》卷八三、《天中記》卷六〇、《御定淵鑑類函》卷四二九等，引此皆無"何射虎"三字，則是以"廖仲藥、秦精"爲二人之名，因"何射虎"僅存其别號、失其真名故省之也；唐人樊綽《蠻書》卷一〇則僅引"廖仲藥"之名，省其餘。只觀其一而不談其二，不妥。我們認爲，兩種斷法皆有可能，不當固執一辭；我更認同劉琳的斷法。

[四] 按，此文見《成都文類》卷二三、《全蜀藝文志》卷三〇。

[五] 按，《十六國春秋·蜀録二·李流》《蜀録四·李蕩》皆載其事。

[六] 按，《正字通》卷三無"及第"二字，《姓史人物考》卷一四則稱"《杜工部集》有《送待進士》詩"，二説皆不可考。

[七]"餞"，原作"錢"，形近而誤，據光緒本及道光《重慶府志》卷一"高山"條注文改。

宿氏

案，宋有成都馬軍使宿翰[一]，今蜀之宿氏即其後也。明宿進，夾江人，弘治進士，一云正德戊辰科進士[二]。體貌魁梧，志行端亮。歷刑部員外郎，逆瑾擅權，以直言受杖，卒。宿九萬，成化四年戊子科舉人[三]，弘治中任教諭。宿士純[四]，字木從，廩生，任霸州知州逾嵩之子。獻賊據蜀，迫之試，不從，爲所殺。嘉靖七年戊子科舉人宿光溥[五]；崇禎九年丙子科舉人宿士敏[六]；國朝雍正十年壬子科舉人宿生澍，任江南豐縣[七]、直隸安平知縣；明夾江學貢生宿鳳岡[八]，慶符教諭；宿孔昭，訓導；宿光啓；宿曜明，合江訓導；宿軫野；國朝拔貢宿茂華；歲貢宿天旗：均夾江人。

濯氏

《風俗通》云："濯氏，古賢人濯輯之後。"[九]案，此説非是，宜出鄭

[一]"宋"，原作"唐"，因襲《萬姓統譜》卷一一〇而誤，今據《宋史·太宗紀二》改。按，《萬姓統譜》之誤有兩點：其一，在卷一一〇有"宿"姓，根據其韻部排列情況看，凌迪知將此姓音"xiù"，但目前並無資料稱"宿"讀作"xiù"時亦爲姓氏。檢《元和姓纂》卷一〇、《古今姓氏書辯證》卷三五、《姓氏急就篇》卷下、《通志·氏族略二》等，皆音sù。其二，姑且以爲此字二音二姓，《萬姓統譜》亦有自相矛盾之處。卷一一〇有南北朝人宿石、唐人宿翰、明人宿進，卷一一二音sù，又有南北朝人宿石、宋人宿翰、明人宿進，這種巧合只能以錯誤來解釋。而我們目前並未見其他著作稱宿翰爲唐人。《宋史·太宗紀二》《上官正傳》皆稱此人爲成都監軍，《萬姓統譜》卷一一〇稱"成都馬軍"，卷一一二又稱"兵馬都監，至道中知泉州"，張澍很明顯是據卷一一〇改寫，失察致誤。

[二] 按，《萬姓統譜》卷一一〇稱此人爲弘治進士，張澍當即因襲其説。但同書卷一一二又稱此人爲正德甲子舉人，戊辰進士。而嘉慶《四川通志》卷一二六稱其爲弘治甲子舉人，卷一二四稱其爲正德戊辰進士；嘉靖《四川總志》卷一三亦稱其登呂楠榜，則亦是正德戊辰進士；又是弘治甲子鄉試，與嘉慶《四川通志》相同。據《明清進士題名碑録索引》，此人的確爲正德戊辰進士。

[三] 按，嘉靖《四川總志》卷一三、萬曆九年《四川總志》卷一五稱其爲成化丁酉舉人；嘉慶《四川通志》卷一二六稱其爲成化四年戊子科舉人，未知孰是。《萬姓統譜》卷一一〇稱其弘治三年任江陵教諭，正德《中牟縣志》卷二稱其成化十九年任中牟教諭。

[四] 按，此人小傳見嘉慶《四川通志》卷一五六。

[五] 按，嘉靖《四川總志》卷一三稱其爲嘉靖十三年甲午舉人，張澍所引與嘉慶《四川通志》卷一二六相同，未知孰是。

[六] 按，此人見雍正《四川通志》卷三六、嘉慶《四川通志》卷一二七，雍正《四川通志》卷一二有小傳。

[七]"豐縣"，原作"安豐"，誤，據嘉慶《四川通志》卷一二八、光緒《豐縣志》卷三改。

[八] 按，此人及其後諸人皆見嘉慶《四川通志》卷一三五。

[九] 按，此條見《古今姓氏書辯證》卷三六、《姓氏急就篇》卷上等。

人子濯孺子之後[一]。宋政和八年戊戌科進士濯行[二]，乾道五年己丑科進士濯庾[三]，淳熙二年乙未科進士濯賡[四]，嘉熙二年戊戌科進士濯能[五]，嘉祐進士濯融[六]：均内江人。

起　氏

案，《吕氏春秋》秦有起賈，亦見《國策》[七]。宋起已果，紹定進士，郫縣人[八]。起卯[九]，寶祐四年丙辰科文天祥榜進士，安岳人。明弘治舉人起鎧[十]，達州人。

幸氏　委氏

《寰宇記》："雲陽三姓有幸氏、委氏、言氏。"[十一]案，幸氏望出南昌[十二]，夔州雲安亦有之。樂史以爲雲陽，誤矣。《十國春秋》："蜀主昶學士幸寅遜，夔州雲安監人。"[十三]《蜀檮杌》："王衍時肥遺見紅樓，幸寅遜修《王氏開國記》，以肥遺爲旱魃。"[十四]唐季有幸希玄[十五]，官至上

[一]"子濯孺子"，《孟子·離婁下》之善射者，鄭國人。

[二]按，嘉靖《四川總志》卷四、萬曆九年《四川總志》卷七僅稱其爲政和進士，不言具體科分。張澍所言與嘉慶《四川通志》卷一二三、嘉慶《内江縣志》卷三五同。

[三]按，嘉靖《四川總志》卷四、萬曆九年《四川總志》卷七僅稱其爲乾道進士，不言具體科分。張澍所言與嘉慶《四川通志》卷一二三、嘉慶《内江縣志》卷三五同。

[四]按，此人見嘉慶《四川通志》卷一二三、嘉慶《内江縣志》卷三五。

[五]按，嘉靖《四川總志》卷四稱其爲嘉祐進士，張澍所言與嘉慶《四川通志》卷一二三、嘉慶《内江縣志》卷三五同，未知孰是。

[六]按，此人見《萬姓統譜》卷一一四。

[七]按，此人見《吕氏春秋·審應覽》《戰國策·趙策四》。

[八]"郫縣"，原作"綿州"，誤，今據雍正《四川通志》卷三三、同治《郫縣志》卷二五改。按，雍正《四川通志》的體例，是先羅列同籍之人，然後在最末一人之下注明籍貫。張澍誤會，遂以爲此人爲綿州人。民國《綿陽縣志》卷八又因襲張澍之誤。

[九]按，此人見乾隆《安岳縣志》卷五。

[十]按，嘉靖《四川總志》卷八稱其爲弘治己酉舉人。

[十一]按，此條見《太平寰宇記》卷七二。

[十二]按，此説見《通志·氏族略五》。

[十三]按，此條見《十國春秋》卷五四本傳。

[十四]按，此條見《蜀檮杌校箋》卷二。

[十五]"玄"，原作"元"，清人避諱而改者，今據《十國春秋》卷五四改回。

柱國，寅遜之先也。歷官史館修撰、給事中，改學士，孟昶臣[一]。幸元龍。明成都幸文泉[二]，建文元年己卯科舉人。幸能，萬縣人，永樂庚子舉人[三]。

義　氏

案，蜀之義氏，出上庸都尉義歆之後[四]。《黎州圖經》："漢源縣人義成妻，壯年無子。夫死將葬，及先殯時含毒藥酒，至未入墓時撫棺吞之而死，乃爲合葬焉。時以狀聞，有詔賜帛。事見常璩《華陽國志》。"[五]又案，今本《華陽國志》云："謝姬，南安人，武陽儀成妻。成死，以己年壯無子，將葬，乃預作殯殮，具毒藥，須夫棺入墓，拊棺吞藥而死，遂同葬。縣以表郡，郡言州，州上尚書。天子咨嗟，下書：每大赦，賜家帛四匹，蜀穀二石。"即此一事也。惟"義"作"儀"，不同耳。

善　氏

《路史》："楚公族有善氏。"[六]宋元祐進士善佋，嘉祐進士善辰，俱儀隴人[七]。明茂州貢生善第[八]，官重慶府教授。

演　氏

《太平寰宇記》："演仙山在南劍州西北七十里，故老傳云：'演氏煉

[一] 按，此三字或誤。《十國春秋》稱幸希玄爲幸氏之先，且爲唐末人。儘管張澍没有説明依據，我們也没找到其他旁證證明此人爲後蜀孟昶之臣，但不排除這種可能。而若與後文"幸元龍"相連，以爲幸元龍爲孟昶臣，則顯誤。《明一統志》卷五七、《萬姓統譜》卷八七小傳明言其爲南宋人。

[二] 按，此人見嘉慶《四川通志》卷一二五。

[三] "永樂庚子舉人"，原作"登永樂庚子科進士"，誤，永樂十八年庚子未舉行殿試，據乾隆《萬縣志》卷三、乾隆《夔州府志》卷六、嘉慶《四川通志》卷一二五改。

[四] 按，此人見《晋書·李特載記》、《華陽國志》卷八等。

[五] 按，此條乃據《太平廣記》卷二七〇"義成妻"條轉引，與後文所引《華陽國志》卷一〇中之語有異。

[六] 按，此説見《路史》卷一七。

[七] 按，此二人見《萬姓統譜》卷八一，但原書僅稱善辰爲儀隴人，不言善佋之籍貫。張澍以爲善辰之籍貫與善佋同，或係誤會。

[八] 按，此人見嘉慶《四川通志》卷一三八。

丹於此。'丹竈遺址猶存。"案，演姓，諸姓書皆無。今上嘉慶七年，有漢中府舉人演紱，任静寧州學正。漢中，舊蜀郡也。

射氏

《姓譜》："射紀，遂寧人，宋寶祐進士。"[一]案，《三輔决録注》："射堅，爲廣漢蜀郡太守。射援爲祭酒，遷從事中郎將。"[二]蜀之射姓，本自扶風也。堅，字文固。援，字文雅，一作"文雄"[三]。"堅"，一作"登"[四]。

度氏

案，《後漢書》[五]："漢板楯蠻七姓，有度氏。"蜀之度氏，宜出自蠻族。宋紹興元年進士度正[六]，字周卿，合州人，歷官國子監丞。上疏言李全必反。後權禮部侍郎，著《性善堂文集》。天聖間進士度洪[七]，南部人。淳祐四年甲辰科進士度洪[八]，渠縣人。明洪武中太學生度智，蓬州人，任户科給事中。舊《通志》作"慶智"[九]，誤。新《志》作"庹"[十]，亦舛。

續氏

顏師古云："晋大夫續簡伯狐鞫居食續[十一]，因謂之續氏。"宋乾道二

[一] 按，此條見《萬姓統譜》卷一〇五，又見《歷代名賢列女氏姓譜》卷一二四。
[二] 按，此條見《三國志·蜀志·先主傳》"中郎軍議中郎將臣射援"句注文。
[三] 按，今本《三國志》作"文雄"，不知張澍此處所列異文爲何書何本。
[四] 按，根據名字相生之原理，作"堅"是，不知張澍據何書何本稱一作"登"。
[五] "後漢書"，原作"蜀録"，誤，《十六國春秋》無相關記載，今據《後漢書·南蠻傳·板楯蠻》及《蜀典》本卷前文"夕氏"條引《後漢書》改。
[六] 按，此人事迹詳《宋史》本傳。
[七] 按，嘉靖《四川總志》卷七、萬曆九年《四川總志》卷一〇稱此人爲咸淳進士，不知張澍此處所據爲何。
[八] 按，此人見嘉慶《四川通志》卷一二三，與前一人同名，頗疑有誤。
[九] 按，作"慶智"者，見雍正《四川通志》卷八。
[十] 按，作"庹智"者，見嘉慶《四川通志》卷一四二，但同書卷一四七小傳又作"度智"，前後失照。
[十一] "食"，原脱，文義不通，據《急就篇》卷二顏師古注及文義補。按，狐鞫居，謚號簡伯，食邑於續，故以續爲氏，又稱爲續鞫居、續簡伯，事迹見《左傳·文公二年》。

年丙戌科進士續耆[一]，遂寧人，一云雅州人。《朝野雜記》："成都路義倉歲額二萬七百斛有奇，除賑給貧丐人外，所餘無幾。紹熙五年高平續耆爲提舉[二]，刷本道義倉錢及金銀，總爲七萬五千餘緡，别儲米于彭、漢、蜀三州以備糴濟。"

附氏

《姓苑》："望出新平。"[三]案，楚附沮之後[四]，有附氏。宋嘉泰二年壬戌科進士附興祖[五]，遂寧人，特奏名。嘉定十六年癸未科進士附鳳鳴[六]，亦遂寧人。

土氏

《萬姓統譜》云[七]："共工氏之子句龍爲后土，子孫以土爲氏。"案，土氏後爲杜氏。晋土蔿[八]、土穀、土會[九]、土匄、土燮、土吉射、土富、土魴，皆土氏，杜姓所出。或作"士"，非也。士員[十]、士弱、士文伯、

[一] 按，此人見乾隆十二年《遂寧縣志》卷四、乾隆五十二年《遂寧縣志》卷六、嘉慶《四川通志》卷一二三。張澍稱一作雅州人，暫不知所據。

[二] "熙"，原作"興"，因襲引文舊本而誤，今據《建炎以來朝野雜記·甲集》卷一五"義倉"條改。

[三] 按，此條見《萬姓統譜》卷九五。

[四] "附沮"，《史記·楚世家》："季連生附沮。"

[五] 按，此人見嘉靖《潼川志》卷六、乾隆十二年《遂寧縣志》卷四、乾隆五十二年《遂寧縣志》卷六、嘉慶《四川通志》卷一二三。

[六] 按，此人見嘉慶《四川通志》卷一二三。乾隆十二年《遂寧縣志》卷四、乾隆五十二年《遂寧縣志》卷六誤作嘉定十七年進士。據《宋史·寧宗紀四》，嘉定十六年五月開科取士，十七年無。

[七] "萬姓統譜"，原作"姓纂"，誤，《元和姓纂》無相關記載。今據此説見《萬姓統譜》卷七八改。

[八] "晋"，《古今姓氏書辯證》卷二四作"唐"，此處當是張澍所改。按，作"晋"，當是指春秋時期晋國。所列諸姓"土"之人，在《左傳》中皆姓"士"：士蔿見《莊公二十三年》，士穀見《文公八年》，士匄見《成公十七年》，士燮見《成公二年》，士吉射見《定公十三年》，士富見《襄公三年》，士魴見《成公十八年》。可見《古今姓氏書辯證》作"唐"誤。但張澍全盤接受鄧名世之觀點，改"土"爲"士"，也只能是一家之言。

[九] "會"，原作"倉"，因襲《古今姓氏書辯證》而誤，今據《左傳·僖公二十八年》改。

[十] "士員"，誤，《左傳》無此人。《宣公十二年》有"士貞子"，《成公五年》有"士貞伯"，未知是否爲此二人脱落第三字而致誤，故仍之不改。

士景伯[一]，乃士氏。宋有土正寅[二]，德陽人。

曲氏

《四川志》："曲阜昌，乾隆三十年乙酉科舉人，南部縣人。"[三]任江西南昌知府[四]。案，《華陽國志》有宕渠主簿曲庾[五]，宕渠人。是漢時蜀即有曲姓也。

計氏

宋天禧三年己未科進士計用章[六]，邛州人，官都官員外郎。紹興元年辛亥科進士計良輔[七]，計有功[八]，皆邛州人。明天啓五年乙丑科進士計堯俞[九]，綿州人。正德五年庚午科舉人計朝聘[十]，成都人。富順學貢生計友仁[十一]，官主簿。國朝石泉學歲貢計君輔[十二]。綿州學拔貢生計國成，副榜計國成[十三]。羅江學歲貢計萬安、計天禧[十四]。

[一] 按，諸人亦見《左傳》，士弱見《襄公九年》，士文伯見《襄公三十年》，士景伯見《昭公十四年》。

[二] 按，此條暫不知張澍所據爲何書。

[三] 按，嘉慶《四川通志》卷一二九稱其爲保寧府人，道光《南部縣志》卷一四載此人，則的確爲南部人。

[四] 按，嘉慶《四川通志》卷一三二、道光《保寧府志》卷一三八、道光《南部縣志》卷一四稱其任饒州知府，同治《饒州府志》卷九稱其嘉慶十三年任知府。同治《南昌府志》卷二一又稱其於嘉慶十年代理知府。

[五] 按，此人見《華陽國志》卷一二。

[六] 按，此人見嘉靖《四川總志》卷一三、萬曆九年《四川總志》卷一六、嘉慶《四川通志》卷一二二。《東都事略》卷五四《范雍傳》有相關事迹。

[七] 按，此人見嘉靖《四川總志》卷一三、嘉慶《四川通志》卷一二二、嘉慶《邛州直隸州志》卷二八。

[八] 按，此人著有《唐詩紀事》，可參《唐詩紀事校箋·前言》。

[九] 按，此人見雍正《四川通志》卷三四、嘉慶《四川通志》卷一二四。

[十] 按，此人見萬曆九年《四川總志》卷七，同書卷八有小傳；又見雍正《四川通志》卷三五、嘉慶《四川通志》卷一二六。

[十一] 按，此人見乾隆二十五年《富順縣志》卷一〇、嘉慶《四川通志》卷一三三。

[十二] 按，乾隆《石泉縣志》卷二稱其爲康熙四十九年歲貢，又見嘉慶《四川通志》卷一三四。

[十三] 按，據嘉慶《羅江縣志》卷二三，此人乾隆己酉拔貢，乾隆壬子副貢。又見嘉慶《四川通志》卷一三八。

[十四] 按，此二人見嘉慶《羅江縣志》卷二三、嘉慶《四川通志》卷一三八。又，嘉慶《羅江縣志》卷二四有計萬安小傳。

藺氏

《氏族略》云："姬姓，韓厥元孫曰康，仕趙，食采于藺，因氏焉。康裔孫相如，爲趙上卿。子孫仕秦，隨司馬錯伐蜀[一]，因家成都。"

正氏

案，蜀漢益州太守正昂，爲雍闓所殺[二]。梁有廣漢太守正貺[三]，宋登科有正尹[四]，均蜀人。本朝雍正中有舉人正宗[五]，南部人。蜀之正氏，宜爲正昂、正貺之後也。

燕氏

《北齊書》："燕子獻，字季則，廣漢洛下人。少時，相者謂之曰：'使役在胡代，富貴在齊、趙。'後至齊，官至右僕射，爲廣長王所誅。"[六]

笡氏

案，笡爲江南句容縣之大姓，蜀有此氏，宜係遷移者。國朝江油學歲貢笡聰[七]，南江訓導；笡兼善[八]。

隴氏

案，《夷堅志》："青唐羌嗃氏之孫隴栘，崇寧中歸京師，拜節度使，封安化郡王。其孫襲爵，後入蜀，常爲成都路兵馬鈐轄。"[九]明土司隴清，

[一]"伐"，原作"代"，形近而誤，據《通志·氏族略三》改。
[二]按，其事見《三國志·蜀志》之《張裔傳》《馬忠傳》。
[三]按，此處有誤，説詳《蜀典》卷四"正貺"條，今不做改動。
[四]按，《通志·氏族略三》不言此人爲蜀人，不知張澍所據爲何。
[五]"宗"，原作"宋"，形近而誤，據雍正《四川通志》卷三七下改。
[六]按，此條見《北齊書·楊愔傳·附燕子獻》。
[七]"笡"，音qiè。按，此人見嘉慶《四川通志》卷一三四、道光《龍安府志》卷八。
[八]按，此人見嘉慶《四川通志》卷一三四。
[九]按，此條見《夷堅志·支丁志》卷六"成都趙郡王"。

即其後，見《成都志》[一]。

𥡴氏

案，楚公族有𥡴氏[二]。宋有𥡴淵，字亞夫，號蓮蕩，晋中郎將𥡴静之後。世居襄陽，後徙蜀長壽之涪坪山，受學於朱子[三]。《經義考》云："𥡴淵，撰有《孟子注》，今佚。"

可氏

案，後魏阿伏干氏、可地干氏，並改爲可氏[四]。宋紹興中進士可懋[五]，遂寧人。

鎖氏

《統譜》："宋政和八年戊戌科進士鎖政，遂寧人。明洪武中臨湘縣知縣鎖住，忠州人。弘治舉人鎖籥，遂寧人。"[六]

慎氏

《希姓録》："慎到，宋諫官，劾秦檜者，眉州人。"明成化十六年庚子科舉人慎寧，大足人。

郁氏

《姓苑》："奥一作郁，有郁氏。"[七]宋咸淳進士郁紹廷[八]，字仁卿，

[一] 按，此處題《成都志》，或不可信。其人見萬曆九年《四川總志》卷二七《平蠻記》，又見《萬曆武功録》卷五。
[二] 按，此説見《路史》卷一七。
[三] 按，此小傳本自《蜀中廣記》卷九一，後文引《經義考》卷二三四之文，亦是本自《蜀中廣記》。
[四] 按，此説本自《古今姓氏書辯證》卷二六。然《元和姓纂》卷五、《通志・氏族略五》稱阿伏干氏改爲阿氏，與此不同。
[五] 按，此人見《萬姓統譜》卷八四。
[六] 按，此條見《萬姓統譜》卷八四。
[七] 按，此説見《路史》卷二九。
[八] 按，此人見《萬姓統譜》卷一一二。

遂寧人。紹興八年戊午科進士郁處厚[一]，達州人。明成化十三年丁酉科舉人郁敬修[二]，蒼溪學貢生郁椿[三]，俱成都人。

玉　氏

案，玉况[四]，杜陵人。蜀之玉姓，自秦遷也。宋玉珏，隆興進士；玉天麟[五]，淳熙進士：皆金堂人。

順　氏

《統譜》："順寧，大寧人。正統中，官江西樂安縣丞。"[六]案，國朝康熙間茂州貢生順允文[七]，官儀隴縣訓導。

勺　氏

案，長勺，魯地。又商民六族有長勺、尾勺氏[八]。勺氏，當尾勺氏改者。宋有勺復之，慶曆進士，眉州人[九]。然考《選舉志》，眉州有勺復

[一]"午"，原作"子"，因襲嘉慶《四川通志》卷一二二而誤，據《中國史曆日和中西曆日對照表》改。按，嘉靖《四川總志》卷一〇、雍正《四川通志》卷三三不言具體科分，乾隆《萬縣志》卷三稱此人紹興中任萬縣司户。

[二]按，此人見嘉靖《四川總志》卷四、萬曆九年《四川總志》卷七、嘉慶《四川通志》卷一二六、嘉慶《成都縣志》卷二。

[三]"椿"，原作"榛"，形近而誤，據乾隆《蒼溪縣志》卷三、嘉慶《四川通志》卷一三二改。

[四]按，《後漢書·光武帝紀下》云："（建武二十三年）九月辛未，陳留太守玉况爲大司徒。"注云："况字文伯，京兆人，玉音肅。"如據此讀音來看，則此姓不當作"玉"，當作"王"。

[五]按，二人皆見《萬姓統譜》卷一一三。

[六]按，此條見《萬姓統譜》卷九九。

[七]按，此人見乾隆《茂州志》卷六、嘉慶《四川通志》卷一三八。

[八]"六"，原作"七"，誤；"長"，原脱；"尾"後之"勺"，原脱：據《左傳·定公四年》"殷民六族：條氏、徐氏、蕭氏、索氏、長勺氏、尾勺氏"改、補。後文稱"尾勺氏"，亦可證此處有脱誤。

[九]按，此處本自《萬姓統譜》卷一二〇。

之，紹定中進士[一]。又有仁壽勺復之，淳祐中進士[二]。三者疑有舛訛。又作“句復之”[三]。

若氏

案，蜀若水，昌意所封，子孫以爲氏。宋有若殼[四]，雅州人，嘉祐進士。一云若殼，宣和中進士。若濤[五]，咸淳進士，眉州人。

錫氏

《統譜》：“宋有錫三錫，郫縣人，崇寧進士。”[六]案，《漢書》：“錫光，西城人，爲交州刺史。”[七]《華陽國志》：“錫光，字長冲。”[八]蜀之有錫姓，遠矣。梁有錫休儒[九]，爲益州長史，三錫當即其後。

益氏

《姓譜》：“宋益暢，眉州人，紹興進士。”[十]

蹇氏

《廣韻》：“蹇，姓。今蜀人有之。”[十一]案，唐蹇道會[十二]，從僖宗西

[一] 按，嘉靖《四川總志》卷一二稱其爲寶慶進士。萬曆九年《四川總志》卷七作“勾復之”，稱其爲紹定進士；但同書卷一五又稱其爲寶慶進士。康熙《眉州屬志》卷二作“勾復之”，稱其爲寶慶進士。嘉慶《四川通志》卷一二三亦作“勾復之”，且明言其爲寶慶二年進士。

[二] 按，此説不知所據爲何。

[三] 按，光緒《補纂仁壽縣原志》卷三作“句復之”。

[四] 按，此處有誤，詳《蜀典》卷一一下“苦氏”條。

[五] 按，此人見《萬姓統譜》卷一二〇。

[六] 按，此人見《萬姓統譜》卷一二三。

[七] 按，此條見《後漢書·循吏傳·任延》。

[八] 按，此條見《華陽國志》卷一二。

[九] 按，此人見《北史·傅豎眼傳》，又見《元和姓纂》卷一〇。

[十] 按，此條見《萬姓統譜》卷一二二，又見《歷代名賢列女氏姓譜》卷一四四。

[十一] 按，此條見《廣韻·阮韻》，蹇音jiǎn。

[十二] “會”，與《萬姓統譜》卷八一、《奇姓通》卷五同，《全蜀藝文志》卷五五《氏族譜》作“原”。

幸。僖宗謂曰："《蹇》不利東北[一]，可更曰謇。"蜀之謇氏，本蹇姓所改也。宋謇綬[二]，登進士第。謇衡，眉山人。性至孝，擢都水主事。父母終，朝夕哭踊，鳥輒飛集。事聞旌表。慶曆中進士謇逢辰[三]，雙流人。紹興十二年壬戌科進士謇騏、謇誼，紹興中進士謇克諧[四]，進士謇寅望[五]，均温江人。明永樂二十一年癸卯科舉人蹇賢[六]，大寧人。

蹇氏

案，《水經注》："劉璋臣蹇胤。"[七]《杜弢傳》："李特時蹇碩。"[八]蜀之蹇姓久矣，不始蹇道會也。唐蹇昌仁注《陰符經》一卷[九]。宋蹇彝，通泉人，通判金州。端平中，元兵來攻城，死之。蹇周輔[十]，善著文。神宗命答高麗書，稱旨。蹇士堯，彭州人；蹇綬，懷安軍人[十一]。皇祐元年己丑科進士蹇翔[十二]，特奏名，金堂人。紹聖元年甲戌科進士蹇昂[十三]，合州人。紹聖中進士蹇汝明[十四]，紹興五年乙卯科進士蹇懋[十五]，均金堂

[一]"東"，原作"西"，據《全蜀藝文志》《萬姓統譜》《易·蹇卦》改。

[二] 按，此人及其後之謇衡皆見《萬姓統譜》卷八一。

[三]"逢"，原作"洪"，據嘉慶《四川通志》卷一二二改。按，《萬姓統譜》卷八一則作"蹇逢辰"。

[四] 按，此三人見嘉慶《四川通志》卷一二二。《萬姓統譜》卷八一則并姓"蹇"。

[五] 按，此人見嘉慶《四川通志》卷一二三。

[六]"蹇"，原作"謇"，誤，今據嘉靖《四川總志》卷一〇、萬曆九年《四川總志》卷九、乾隆《夔州府志》卷六改。按，雍正《四川通志》卷三五有兩個蹇賢，一個爲巴縣人，一個爲大寧人；嘉慶《四川通志》卷一二五稱其爲巴縣人，永樂六年戊子科舉人，當有誤。又，此條當歸入"蹇"姓下。

[七] 按，此條改寫自《水經注·江水一》。

[八] 按，此處指《晋書·杜弢傳》。

[九] 按，此人及其後之蹇彝皆見《萬姓統譜》卷八一。《宋史·忠義傳四》有蹇彝傳，惜誤稱其爲嘉定二年進士。據《宋史·寧宗紀三》，嘉定元年開科取士。

[十] 按，此人《宋史》有傳。

[十一] 按，二人見《萬姓統譜》卷八一。

[十二] 按，此人見嘉慶《四川通志》卷一二二、嘉慶《金堂縣志》卷五。

[十三] 按，嘉靖《四川總志》卷九、萬曆九年《四川總志》卷九不言具體科分；萬曆《合州志》卷五稱其爲紹聖四年進士，張澍所引與嘉慶《四川通志》卷一二二相同，未知孰是。

[十四] 按，此人及其後之蹇懋皆見嘉靖《四川總志》卷四、萬曆九年《四川總志》卷七、雍正《四川通志》卷三三、嘉慶《四川通志》卷一二二、嘉慶《金堂縣志》卷五。

[十五]"乙"，原作"己"，形近而誤，與干支紀年不合，據《中國史曆日和中西曆日對照表》改。

人。紹興十八年戊辰科進士蹇駒[一]，鹽亭人。淳熙中進士蹇巽申、蹇震[二]，俱榮州人。慶元二年丙辰科進士蹇許[三]，資州人。嘉泰二年壬戌科進士蹇必雄[四]，漢州人。開禧元年乙丑科進士蹇福[五]，富順人。嘉定元年戊辰科進士蹇彝[六]，射洪人。嘉定四年辛未科進士蹇選之[七]，富順人。咸淳十年甲戌科進士蹇世芳[八]，武隆人。明嘉靖二十九年庚戌科進士蹇來譽[九]，官僉事；嘉靖四十一年壬戌科進士蹇達[十]，官都御史；成化十一年乙未科進士蹇霆[十一]，官御史：俱巴縣人。

秘氏

《希姓録》："宋進士秘軫，眉州人。"[十二]案，一作秘輪，宣和中進士[十三]。

[一] 按，此人履歷見《紹興十八年同年小録》。

[二] 按，二人皆見乾隆《榮縣志》卷三、嘉慶《四川通志》卷一二三。

[三] 按，嘉靖《四川總志》卷四既稱其爲寶祐進士，又稱其爲嘉定進士；萬曆九年《四川總志》卷七承襲其説，嘉慶《郫縣志》卷二五亦有同名之嘉定進士，未知孰是。張澍所據爲嘉慶《四川通志》卷一二三。

[四] 按，此人見嘉靖《四川總志》卷四、萬曆九年《四川總志》卷七、雍正《四川通志》卷三三、嘉慶《四川通志》卷一二三、嘉慶《漢州志》卷二二。

[五] 按，此人見嘉慶《四川通志》卷一二三。

[六]"戊辰"，原誤作"甲戌"，與干支紀年不合，據《中國史曆日和中西曆日對照表》改。按，此處本自嘉慶《四川通志》卷一二三，與前面之通泉人蹇彝爲一人，張澍重複著録。

[七]"選"，原作"撰"，形近而誤，據嘉靖《四川總志》卷八、萬曆九年《四川總志》卷一二、雍正《四川通志》卷三三、乾隆二十五年《富順縣志》卷一〇、嘉慶《四川通志》卷一二三等改。

[八] 按，此人見萬曆九年《四川總志》卷九、康熙《重慶府涪州志》卷二、雍正《四川通志》卷三三、嘉慶《四川通志》卷一二三。

[九] 按，萬曆九年《四川總志》卷九稱其爲嘉靖二十二年舉人，嘉靖二十六年進士；嘉慶《四川通志》卷一二七稱其爲嘉靖二十二年舉人，卷一二四稱其爲嘉靖二十九年進士，據《明清進士題名碑録索引》，此人爲嘉靖二十九年進士。

[十] 按，萬曆九年《四川總志》卷九稱其爲嘉靖四十年舉人，四十一年進士；嘉慶《四川通志》卷一二七"舉人"、卷一二四"進士"與萬曆《四川總志》同，嘉慶《四川通志》卷一四六有小傳。

[十一]"成化十一年乙未科進士蹇霆"，原作"洪武十八年乙丑科進士蹇廷"，誤，據萬曆九年《四川總志》卷九、嘉慶《四川通志》卷一二四改。按，據二書，洪武十八年巴縣進士僅蹇義一人，但此人官吏部尚書、太師，非御史。據《明清進士題名碑録索引》，蹇霆的確爲成化十一年進士。

[十二] 按，此條及後文兩條皆見《希姓録》卷四，乃楊慎原文。

[十三] 按，此説見康熙《眉州屬志》卷二、雍正《四川通志》卷三三、嘉慶《四川通志》卷一二二等。

繼　氏

《希姓録》："宋儒繼賢，廣安人。"

柘　氏

《希姓録》："宋有進士柘淳，成都人。"案，今《通志》作"柘浮"[一]，誤。又案，唐儀鳳三年，有柘王奉[二]，爲蜀州刺史，或其子孫居蜀，改"柘王"爲"柘"，蜀有此姓也。銅梁民有柘義。

隗　氏

袁山松《後漢書》云："隗相養母至孝，母好飲江流[三]。相常隆冬取水。後一朝[四]，横石浮江，無有難涉，由是顯名。"《華陽國志》："相，字叔通，僰道人。"[五]《蜀録》："李雄時有隗文，至李勢時，與鄧定等反[六]，桓温討平之。"羅尚將軍有隗伯，先從李雄，後降尚[七]。

緒　氏

《統譜》："明永樂舉人緒珊，成都人。"[八]今《通志》無。

垌　氏

案，邵思《姓解》："宋嘉定間進士垌夫，漢州人。"[九]今《通志·選

[一] 按，雍正《四川通志》卷三三、嘉慶《四川通志》卷一二二作"柘浮"。
[二] 按，此人見嘉慶《四川通志》卷一〇二。《古今姓氏書辯證》卷一四云："河南王氏，其先代人，姓柘王。隨魏南徙，居中國，始改爲王氏。"
[三]"母"，原脱，據《蜀典》卷二"隗相"條補。
[四]"後"，原脱，據《蜀典》補。
[五] 按，此條見《華陽國志》卷一〇中。
[六]"鄧"，原作"登"，據《十六國春秋·蜀録四·范長生》改。
[七] 按，相關事迹見《十六國春秋·蜀録二·李流》及《晋書·羅憲傳附羅尚》。
[八] 按，此條見《萬姓統譜》卷七六。雍正《四川通志》、嘉慶《四川通志》皆無此人。
[九] 按，我們所見《古逸叢書》本《姓解》卷一"土"部無"垌"姓，不知張澍所據爲何本，或誤。《萬姓統譜》卷六九、《正字通》卷二、嘉靖《四川總志》卷四有此人，但不言出處。

举》内嘉定元年戊辰科鄭自誠榜進士有王坰夫[一]，漢州人，即邵氏所言“坰夫”。不知今《通志》何據以爲王姓？邵思，宋人，不應誤去姓以坰爲姓也。

布氏

《元史》：“布景範，新都人，進士。授芒水路益凉州同知。死於李顛驢之難。”[二]《續弘簡録》作[三]：“布景龍，新都人，篤學有大志。舉進士，授芒部路益凉州同知。時李顛驢來寇，城中軍力單弱。景龍招募壯勇爲義兵拒之，力戰終日，互有殺傷。因救援外絶，射矢且盡。知事不能濟，乃北向再拜曰：‘臣力竭矣。’冒刃衝敵死。”案，此作“景龍”。《元史》《明統志》均作“景範”。

拜氏

《統譜》：“元拜都，順慶人。受業於馮伯，舉進士，官四川轉運使。”[四]

革氏

案，“革”與“棘”同[五]。棘子成，《古今人表》作革子成[六]。是“革”與“棘”一姓也。唐李白有《贈革處士》詩，想即蜀人[七]。明革從時，成都人，登成化進士，任員外郎。以直氣自負，上疏忤權貴，調知濟寧

[一] 按，萬曆九年《四川總志》卷七、雍正《四川通志》卷三三、嘉慶《四川通志》卷一二三皆有王坰夫。

[二] 按，今本《元史》無此條，康熙年間所刻《續弘簡録元史類編》卷四〇有此人事迹，即本條後文所引《續弘簡録》也。其小傳又見《明一統志》卷六七、《萬姓統譜》卷九五。

[三]“弘”，原作“宏”，避乾隆諱而改者，今據《續弘簡録元史類編》改回。

[四] 按，此條見《萬姓統譜》卷九八。

[五]“棘”，原作“𣗥”，據《中華字海·一部》，乃“棘”之訛字，今改回正字。

[六] 按，《論語·顔淵》之“棘子成”，《漢書·古今人表》作“革子成”，顔師古注認爲即一人。

[七] 按，《李太白全集》卷九有《贈張公洲革處士》，清人王琦以爲張公洲在武昌；瞿蜕園《李白集校注》卷九則以爲在金陵。張澍此處以爲革處士爲蜀人，或想當然耳。

州。少時，一毫不苟，人呼“革夫子”[一]。《蜀人物志》：“成都人，天順進士。歷主事員外郎，以直氣自負，上疏言五事曰：‘開言路、明義利、汰冗官、嚴考察、飭邊務。’多見施行。忤權貴，調知濟寧州，卒。”案，從時，成化戊戌科曾彦榜進士。成都後衛軍籍，巴縣人。此云“天順進士”，誤[二]。

奐氏

案，明有奐進[三]，武陵人。景泰丙子舉人，任筠連縣知縣。蜀之奐姓必其子孫寓蜀，以有此氏也。《通志》：“巫山學貢生奐安、奐永清。”[四]

戢氏

案，《國語注》：“廬，楚邑。戢黎[五]，廬大夫。”則黎以“戢”氏[六]。明戢汝止[七]，簡州人，字敬之。嘉靖乙丑進士，授中書，歷户、禮給事。外轉湖廣僉憲，後歷福建參政。戢庶[八]，亦簡州人，天啓辛酉科舉人。又今上嘉慶時，簡州戢明揚，捐從九。屏山縣民戢榮。

步氏

《吴書》：“晋有大夫楊，食采於步，以爲氏。”[九]《貴州通志》：“步上達，四川人，崇禎初官守備。克復烏撒，重建城署，著能聲。”[十]冕寧

[一] 按，此小傳與嘉靖《四川總志》卷五大致相合。

[二] 按，此處引《蜀人物志》及所謂按語，其實皆見嘉慶《四川通志》卷一四五。

[三] 按，此人見《萬姓統譜》卷一〇一。

[四] 按，此條見嘉慶《四川通志》卷一三四，正德《夔州府志》卷九、乾隆《夔州府志》卷六亦載二人。

[五]“黎”，原作“犁”，張澍當是因襲《古今姓氏書辯證》卷四〇而誤，今據《國語·楚語上》及《左傳·文公十四年》改，後文此字徑改。

[六]“則”，原作“别”，文義不通，形近而誤，據《古今姓氏書辯證》改。

[七] 按，《天啓新修成都府志》卷二一、雍正《四川通志》卷一〇上之小傳，較此處略詳，可參看。

[八] 按，此人見雍正《四川通志》卷三六、嘉慶《四川通志》卷一二七。

[九] 按，此條見《三國志·吴志·步騭傳》注文。

[十] 按，此條見乾隆《貴州通志》卷二〇小傳。

諸生陳天爵妻步氏[一]，無子，爲夫娶妾王氏，生四子。天爵没，王再適。步孝姑撫子，苦節三十五年。

植氏

《路史》："越王後有植氏。"[二]明邛州貢生植拱陽[三]，官新寧教諭。植敏槐[四]，字穉青，順治辛卯舉人。築室白鶴山，教授生徒二十餘年，學者稱"鶴山先生"，亦邛州人。

麯氏　麴氏

案，"麯"即"麴"字[五]。晉時西平麴炳[六]，爲西南夷校尉。蜀之麯氏，宜即其後。《統譜》："宋有麯靖，眉州人。紹興進士。"

鞠氏[七]

明洪武二十六年癸酉科舉人鞠暢[八]，墊江人。國朝嘉慶十五年庚午科舉人鞠汝欽[九]，新都人。温江學恩貢鞠思澄[十]。峨眉學歲貢鞠文燦、鞠文昶[十一]。

迭氏

案，迭姓出于外夷也。國朝順治八年辛卯科舉人迭子昂[十二]，保寧府

[一] 按，此人小傳本自雍正《四川通志》卷一一下。
[二] 按，此説見《路史》卷二三。
[三] 按，此人見嘉慶《四川通志》卷一三七、嘉慶《邛州直隸州志》卷三〇。
[四] 按，此人小傳本自雍正《四川通志》卷九下，又見嘉慶《四川通志》卷一五四。
[五] 按，二者雖爲異體字，但《萬姓統譜》卷一一二分爲二姓。
[六] 按，此人見《華陽國志》卷八。
[七]"鞠氏"，原無，其後正文亦與上文相連，是以爲鞠氏同麯氏。《元和姓纂》卷一〇以爲二氏不同；《萬姓統譜》卷一一二亦稱此姓出汝南，與麯氏不同，故據《萬姓統譜》補。
[八] 按，此人見嘉靖《四川總志》卷九、萬曆九年《四川總志》卷九、雍正《四川通志》卷三五、嘉慶《四川通志》卷一二五。
[九] 按，此人見嘉慶《新都縣志》卷三五。
[十] 按，此人見嘉慶《四川通志》卷一三〇。
[十一] 按，二人見嘉慶《四川通志》卷一三五、嘉慶《峨眉縣志》卷六。
[十二] 按，此人見雍正《四川通志》卷三六、嘉慶《四川通志》卷一二八。

人。順治十四年丁酉科舉人迭爾煜[一]，閬中人，官永豐知縣。

遠　氏

案，《漢中府志》："遠倖，四川射洪人，嘉靖中任漢中府同知。"[二]《四川通志》無之。明忠州貢生遠遜[三]。

買　氏

《潛夫論》："買氏，微子之後。"[四]《正字通》[五]："宋有進士買天英，郫縣人。"又買國榮[六]，乾隆間由行伍從征金川，屢立戰功，超補督標右營把總。四十年，攻噶西剌麻寺，力戰死。子印，以父陣亡追襲恩騎尉世職。

有　氏

案，有，歸姓，見《潛夫論》[七]。明有終慶，墊江人，正統中官陝西苑馬寺監正，見《統譜》[八]。

九　氏

案，神農師九靈[九]，九姓始此。明九焯[十]，井研人，洪武中知德新縣。

[一] 按，此人見雍正《四川通志》卷三六、嘉慶《四川通志》卷一二八，乾隆《廣信府志》卷九稱其康熙元年任永豐知縣。

[二]"同知"，民國重刻嘉慶《漢中府志》卷九作"通判"，張澍或誤。

[三] 按，此人見嘉慶《四川通志》卷一三八。

[四] 按，此説見《潛夫論》卷九。

[五]"正字通"，原作"統譜"，誤，《萬姓統譜》卷七九無此人，《歷代名賢列女氏姓譜》卷一一一"買氏"下也無此人，今據此條見《正字通》卷一〇而改出處。又，嘉靖《四川總志》卷四、萬曆九年《四川總志》卷七稱其爲政和進士。

[六] 按，此人小傳見嘉慶《四川通志》卷一五七，其子封廕之事見嘉慶《四川通志》卷一四〇、嘉慶《成都縣志》卷二。

[七] 按，此説見《潛夫論》卷九。

[八] 按，此條見《萬姓統譜》卷八八。

[九] 按，據《太平廣記》卷一"老子"條，老子在神農時爲九靈老子。

[十] 按，此人見《萬姓統譜》卷八八。

錦氏

《統譜》："萬曆間忠義右衛經歷錦彩[一]，青神人。"案，錦氏宜出于錦官，以官爲氏也。

果氏

《萬姓統譜》："果出古巴子國。"[二]案，《周書·史記篇》云："有果氏，好以新易故。故者興怨，新故不和，内外不附而亡。"此果姓所出也。羅泌云："果，今果州。"[三]

寥氏

案，古有蓼氏，"寥"宜爲"蓼"姓所改。《統譜》云："明有閬中寥嗕，弘治舉人。"[四]今《通志》作"廖嗕，通江人，弘治十一年戊午科舉人。"[五]

耳氏

耳氏見《姓苑》。明正德中醴陵縣知縣耳桓，巴縣人。

姒氏

嘉慶丙子科舉人姒朝琯，邛州人。

以氏

見《姓苑》。明有以伯臣，巴縣人，宣德中任斷事。

[一]"彩"，原作"采"，音同形近而誤，據《萬姓統譜》卷八〇改。

[二]"萬姓統譜"，原作"姓纂"，誤，《元和姓纂》無此説，今據《萬姓統譜》卷八四有此説而改。

[三]按，此處引《逸周書》及《路史》，詳《蜀典》卷三"有果氏"條。

[四]按，此條見《萬姓統譜》卷三〇。

[五]"一"，原作"八"，誤，據嘉慶《四川通志》卷一二六改。按，弘治十八年爲乙丑年，張澍顯誤。

苟氏

《揮麈前録》:“本句氏，避高宗諱，加艸爲苟氏。苟諶是也。”案，苟氏，乾隆間有苟華南[一]，御筆改爲“敬”。宋紹興中進士苟世昌[二]，成都人。明天啓五年乙丑科進士苟之祥[三]，巴縣人。永樂十五年丁酉科舉人苟成[四]，犍爲人。宣德元年丙午科舉人苟添賦，景泰七年丙子科舉人苟登[五]，均遂寧人。成化元年乙酉科舉人苟儒[六]，蒼溪人。成化七年辛卯科舉人苟鵬[七]，蓬州人。正德五年庚午科舉人苟謙[八]，華陽人。正德十四年己卯科舉人苟自箴[九]，華陽人。嘉靖元年壬午科舉人苟延庚[十]，峨眉人。嘉靖十年辛卯科舉人苟詵[十一]，華陽人；苟穎[十二]，保寧府人。嘉靖十九年庚子科舉人苟衡山[十三]，富順人，同知。嘉靖四十三年甲子科

[一] 按，嘉慶《四川通志》卷一五三有此人小傳，至於御筆改姓一説，暫不知何據。

[二] 按，此人見雍正《四川通志》卷三三、嘉慶《四川通志》卷一二二。

[三] 按，此人見雍正《四川通志》卷三四、嘉慶《四川通志》卷一二四。

[四] 按，嘉靖《四川總志》卷一三、萬曆九年《四川總志》卷一三、乾隆《犍爲縣志》卷五稱此人爲永樂六年戊子年舉人，張澍所引與嘉慶《四川通志》卷一二五相同，未知孰是。

[五] 按，二人見乾隆十二年《遂寧縣志》卷四、乾隆五十二年《遂寧縣志》卷六。

[六] 按，乾隆《蒼溪縣志》卷三稱其爲成化辛卯舉人，張澍所引與嘉慶《四川通志》卷一二六相同。但嘉慶《四川通志》卷一二六又有同名之人，且也爲綿州人，係正德十四年己卯科舉人，諸説互歧，未知孰是。

[七] 按，正德《蓬州志》卷九、嘉靖《四川總志》卷七稱其爲成化十年甲午舉人，張澍所引見嘉慶《四川通志》卷一二六，未知孰是。

[八] 按，此人見萬曆九年《四川總志》卷七、《天啓新修成都府志》卷一三、嘉慶《四川通志》卷一二六。

[九] 按，此人見嘉靖《四川總志》卷四、萬曆九年《四川總志》卷七、《天啓新修成都府志》卷一三。

[十] 按，萬曆九年《四川總志》卷一五，稱其爲洪武庚子舉人，嘉靖三十二年癸丑進士；雍正《四川通志》卷九上小傳稱其爲萬曆四十一年癸丑科進士；康熙《峨眉縣志》卷六、嘉慶《四川通志》卷一二四稱其嘉靖癸丑年進士；嘉慶《四川通志》卷一二六又稱其爲嘉靖元年舉人，諸説各異。據《皇明貢舉考》卷七，此人爲嘉靖三十二年進士無疑；但中舉時間仍難確定。

[十一] 按，此人見嘉靖《四川總志》卷四、萬曆九年《四川總志》卷七、嘉慶《四川總志》卷一二六。

[十二] 按，此人見萬曆九年《四川總志》卷一一、嘉慶《四川總志》卷一二六。

[十三] 按，此人見萬曆九年《四川總志》卷一二、康熙《四川叙州府志》卷三、乾隆二十五年《富順縣志》卷一〇、嘉慶《四川通志》卷一二六。

舉人苟自修[一]，奉節人。隆慶元年丁卯科舉人苟繩武[二]，蓬州人。萬曆元年癸酉科舉人苟萬嗣[三]，宜賓人。萬曆十年壬午科舉人苟自新[四]，巴縣人。萬曆三十七年己酉科舉人苟文輝[五]，合州人。天啓元年辛酉科舉人苟之祥[六]，巴縣人。天啓七年丁卯科舉人苟思醇[七]，雅州人。崇禎九年丙子科舉人苟之鰲[八]，南部人。崇禎十二年己卯科舉人苟廷詔[九]，成都人；苟文輝[十]，巴縣人。

紹氏

《統譜》："洪武舉人紹暘[十一]，廣安人。"案，《韓子》有"紹績昧，醉寐而亡其裘"[十二]。

堵氏

案，鄭大夫食邑於堵，因以爲氏[十三]。《春秋》音義："'堵'音'者'。"[十四]

[一] 按，萬曆九年《四川總志》卷一四稱其爲嘉靖三十四年乙卯舉人，乾隆《夔州府志》卷六、嘉慶《四川通志》卷一二七與張澍所引同，未知孰是。

[二] 按，此人見嘉慶《四川通志》卷一二七，惜誤"繩"爲"純"，同書卷一六〇及雍正《四川通志》卷三六皆作"繩"。

[三]"嗣"，原作"祠"，形近而誤，據萬曆九年《四川總志》卷一二、康熙《四川敘州府志》卷二、嘉慶《四川通志》卷一二七、嘉慶《宜賓縣志》卷三五改。

[四] 按，此人見雍正《四川通志》卷三六、嘉慶《四川通志》卷一二七。

[五]"酉"，原誤作"丑"，與干支紀年不合，據《中國史曆日和中西曆日對照表》改。按，此人見雍正《四川通志》卷三六、乾隆《合州志》卷五、嘉慶《四川通志》卷一二七。

[六] 按，此人見雍正《四川通志》卷三四、嘉慶《四川通志》卷一二七。又據嘉慶《四川通志》卷一二四，此人天啓五年中進士。

[七] 按，此人見嘉慶《四川通志》卷一二七，乾隆《雅州府志》卷九不言具體科分。

[八] 按，此人見雍正《四川通志》卷三六、嘉慶《四川通志》卷一二七。

[九]"廷"，原作"延"，形近而誤，據嘉慶《四川通志》卷一二七、嘉慶《成都縣志》卷二改。按，嘉慶《四川通志》卷一二四稱其爲崇禎十六年進士，《欽定四庫全書總目》卷五四著録《蜀國春秋》十八卷，皆作苟廷詔。

[十] 按，此人見嘉慶《四川通志》卷一二七。

[十一]"暘"，原作"暘"，形近而誤，據《萬姓統譜》卷八三、嘉靖《四川總志》卷七、萬曆九年《四川總志》卷一〇改。

[十二] 按，此條見《韓非子·説林上》。

[十三] 按，此説見《古今姓氏書辯證》卷二六。

[十四] 按，此條見《經典釋文》卷一五《左傳·僖公七年》"堵叔"條注文。

成都有堵山[一]，永樂九年辛卯科舉人。

貫　氏

案，嘉靖時有陜西興平縣人貫道[二]，官井研知縣。蜀之貫氏，必其子孫寓蜀，因有此氏也。昭化庠生貫玎，父玉玄[三]，明崇禎中官江西龍泉縣知縣。玎與兄嫂奉母家居，兄嫂皆没于疫。流賊之亂，玎奉母避居山中，掘蔬爲食。母卒，玎哀毁骨立，屢瀕于死。時兵戈阻絶，不得父耗者十有五年。至康熙六年，乃聞父卒於任。徒步奔喪，扶櫬乞食歸里[四]。

永　氏

案，洪武間進士永穎[五]，富順人。今《富順縣志》無之。弘治中，曹州縣縣丞永森，瀘州人。

鋭　氏

《路史》："鋭氏，微子後。"[六]明洪武時舉人鋭廷緎[七]，南充人。

佴　氏

《萬姓統譜》[八]："佴音奴代切。"案，佴文，巫山人，弘治貢士，任訓導。

[一] 按，此人見嘉靖《四川總志》卷四、萬曆九年《四川總志》卷七、嘉慶《四川通志》卷一二五、嘉慶《成都縣志》卷二。

[二] "陜西"，原誤作"廣西"，今改，説詳《蜀典》卷四"貫道"條。

[三] "玄"，原作"鉉"，避諱而改者，《蜀龜鑑》卷六作"元"，可爲旁證，今改回本字。按，此人小傳除了見《蜀龜鑑》外，亦載嘉慶《四川通志》卷一六二，張澍即本自《四川通志》。

[四] "櫬"，原作"襯"，形近而誤，據《蜀龜鑑》《四川通志》改。

[五] 按，此人及其後之永森，皆見《萬姓統譜》卷八七。據《明清進士題名碑録索引》，永穎爲洪武二十一年進士。

[六] 按，此説見《路史》卷一九。

[七] 按，此人見《萬姓統譜》卷九六。

[八] "萬姓統譜"，原作"辯證"，以爲此説出《古今姓氏書辯證》，但鄧名世之書根本無佴姓，今據《萬姓統譜》卷九九改，後之佴文亦見此卷。

野氏

《梁山縣志》[一]："古東妻野氏，乾隆年間旌表節烈。"

鎮氏

案，《統譜》："湖廣松滋縣有鎮氏。"[二]蜀之鎮姓當自楚遷也。又案，明曹震《開永寧河碑記》："貴播驛鋪橋道，委播州宣慰使楊重慶、千户鎮洪，提調軍民以開之。"[三]洪武時人也。正德中新野縣丞鎮寧，瀘州人。

郡氏

案，西夏姓有郡氏。《統譜》："大寧縣舉人郡敬，成化中知餘干縣。"[四]

弁氏

案，弁氏，即卞氏也。故卞和作"弁璁"。明有長寧人弁志中[五]，嘉靖元年任監利縣訓導。

釧氏

《統譜》："釧國賢，閬中人，萬曆間任撫州照磨。"[六]

秀氏

《統譜》："秀芳，石泉人，洪武中官禮部郎中。"[七]

[一]"梁山"，原作"墊江"，不知因何而誤，今據嘉慶《大清一統志》卷四一六"吴梁柱妻秦氏"條注文、嘉慶《四川通志》卷一八一改。按，嘉慶《梁山縣志》卷九明言《蜀典》稱其乃墊江人有誤。

[二]按，此條見《萬姓統譜》卷九九，後文之鎮寧亦見此卷。

[三]按，此處可參《蜀典》卷四"鎮洪"條。

[四]按，此條見《萬姓統譜》卷一〇〇。

[五]按，此人見《萬姓統譜》卷一〇二。

[六]按，此人見《萬姓統譜》卷一〇二。

[七]按，此條見《萬姓統譜》卷一一〇。

曠氏

《統譜》："曠騰霄[一]，遂寧人。明嘉靖十年辛卯科舉人。"《勝朝殉節録》："曠昭，巡撫江西右都御史。初棄南昌、走臨江、退屯萬安，大兵破城，被執不屈死。賜謚'節愍'。"[二]係萬曆四十年壬子科舉人[三]，遂寧人。《甘肅志》："曠昭，崇禎時任西寧道。"[四]國朝康熙五年丙午科舉人曠廣[五]，青神人。明遂寧學貢生曠時雨[六]，官岳州訓導；又歲貢曠古庸。

耇氏

《統譜》："耇秉彝，漢州人。弘治中任龍南縣丞。"[七]案，明孫瑴《古微書》參定有耇海來[八]。其字也？未審即"秉彝"否？

坴氏

案，《史記·秦本紀》："使賈人、贅婿伐南越，略取坴梁之地。"[九]是"坴"即"陸"字也。然"坴"或爲"睦"字所改。明有坴常，大足人，宣德中任崇安縣丞，見《萬姓統譜》[十]。

[一]"霄"，《萬姓統譜》卷一〇六無，嘉靖《潼川志》卷六、嘉靖《四川總志》卷一一、乾隆十二年《遂寧縣志》卷四、乾隆五十二年《遂寧縣志》卷六、嘉慶《四川通志》卷一二六皆有，此處當爲張澍所補也。
[二]按，此條見《欽定勝朝殉節諸臣録》卷七。
[三]按，此説見乾隆五十二年《遂寧縣志》卷六、嘉慶《四川通志》卷一二七。
[四]按，此條見雍正《甘肅通志》卷二七。
[五]按，乾隆十二年《遂寧縣志》卷四、乾隆五十二年《遂寧縣志》卷六稱其爲遂寧人，寄籍青神。又見嘉慶《四川通志》卷一二八、嘉慶《眉州屬志》卷一〇。
[六]按，此人見嘉靖《潼川志》卷七、乾隆十二年《遂寧縣志》卷四、乾隆五十二年《遂寧縣志》卷六、嘉慶《四川通志》卷一三六。
[七]按，此條見《萬姓統譜》卷一一〇。
[八]按，此説暫不知張澍所據爲何。《竹雲題跋》卷一"上黨本"條云："有明熹廟時上黨長治令耇海來，從縣治東偏土中得此石。"據此，耇海來曾在明熹宗時任長治縣令。
[九]"坴"，今本《史記》作"陸"，《古音駢字續編》卷二、《通雅》卷四引作"坴"。
[十]"萬姓統譜"，原作"奇姓通"，經覆核，原書卷九、卷一〇皆無此人，今據此條見《萬姓統譜》卷一一一而改。又見《歷代名賢列女氏姓譜》卷一三二。

粟 氏

案，蜀之粟氏宜爲晉武帝世益州刺史粟凱後[一]。明正德六年辛未科進士粟登[二]，字有年，巴縣人，官太僕寺卿。嘉靖三十四年乙卯科舉人粟保民[三]，巴縣人，官興平知縣。又案，程啓充《宿公與配安人合葬銘》："公諱進，字儒忠，别號'一崖'，自稱'蹈愚子'。其先，楚松滋人。本宿姓，元末避地入蜀，一在重慶，誤姓粟。其名登者，甲子與余同舉省闈，實公族孫也。公高祖仁美，占籍夾江，仍爲宿氏矣。"[四]是蜀巴縣粟氏，本宿姓也。明滎昌學貢生粟萬鍾[五]。安岳縣學貢生粟成[六]，官雲南府經歷。

月 氏

《奇姓通》："月文憲，巴縣人。洪武初，僑居巴陵，以明經授武昌訓導。有詩集遺世。"[七]澍案，蜀之月姓宜爲建昌指揮月慕帖兒之後[八]。

越 氏

諸姓書以"越"爲句踐後。明永樂十五年丁酉科舉人、登正統進士

[一] 按，《元和姓纂》卷一〇、《姓氏急就篇》卷上、《通志·氏族略四》皆言此姓得於漢代治粟都尉，乃因官爲氏。張澍所稱之粟凱，僅見於嘉慶《四川通志》卷九九，疑誤。

[二] "明正德"前，原有"統譜"二字，蓋以爲此後關於粟登之傳出於《萬姓統譜》，其實有誤，今删。按，《萬姓統譜》卷一一三、《歷代名賢列女氏姓譜》卷一三三皆云："粟登，字有年，巴縣人，弘治進士。"與此處迥異。嘉慶《四川通志》卷一二四稱其爲正德六年辛未科楊慎榜進士，巴縣人，太僕寺卿。可見張澍應是將《萬姓統譜》與《四川通志》進行了綜合與取舍。

[三] 按，此人見萬曆九年《四川總志》卷九、嘉慶《四川通志》卷一二七。

[四] 按，此文見嘉慶《四川通志》卷四六，略有改動。

[五] 按，此處本自嘉慶《四川通志》卷一三一。《萬姓統譜》卷一一三、《歷代名賢列女氏姓譜》卷一三三稱其爲井研人，任安福縣丞。

[六] "岳"，原作"樂"，誤，四川無此縣，今據乾隆《安岳縣志》卷五、嘉慶《四川通志》卷一三六改。

[七] 按，此人見《奇姓通》卷九"月彦明"條，又見《萬姓統譜》卷一一六。

[八] 按，張澍稱"月慕帖兒"，不知是翻譯有别還是文字有誤。據《新刻明政統宗》卷五、《皇明通紀法傳全録》卷一〇等，有建昌叛酋月魯帖木兒，當即一人。

越堅[一]，合州人。永樂十八年庚子科舉人越斌[二]，保寧府人。成化十九年癸卯科舉人越孝[三]，弘治十七年甲子科舉人越尚德[四]，並合州人。

嶺　氏

案，邛部長官司姓嶺，有嶺柏[五]。

柳　氏

《華陽國志》："柳隱，字休然，成都人。少與同郡杜禎、柳伸並知名。隱直誠篤亮，交友居厚，達於從政。數從大將軍姜維征伐，臨時設計，當敵陷陣，勇略冠軍。爲牙門將、巴郡太守、騎都尉，遷漢中黃金圍督。景耀六年，魏鎮西鍾會伐蜀。入漢川，圍戍多下，惟隱堅壁不動。會別將攻之，不能克。後主既降，以手令敕隱，乃詣會。晉文帝聞而義之。咸熙元年，内移河東，拜議郎。武帝踐祚，以爲西河太守。"[六]《華陽國志》："柳宗，字伯騫[七]，成都人，初結九友共學，號'九子'。及爲州郡右職，務在進賢，州里爲諺曰：'得黃金一笥，不如爲伯騫所識。'舉茂才，爲陽夏太守。"

督　氏

《姓苑》："督氏，宋華父督之後，望出巴郡。"[八]案，《後漢書》："板

[一] 按，嘉靖《四川總志》卷九、萬曆九年《四川總志》卷九皆稱其爲永樂甲午舉人；乾隆《合州志》卷五稱此人爲正統甲子舉人、戊辰進士；嘉慶《四川通志》卷一二四稱其爲正統戊辰進士，卷一二五稱其爲永樂丁酉舉人，未知孰是。但據《明清進士題名碑録索引》，此人爲正統十三年戊辰科進士無疑。

[二] 按，此人見嘉慶《四川通志》卷一二五。

[三] 按，此人見嘉靖《四川總志》卷九、萬曆九年《四川總志》卷九、萬曆《合州志》卷五、乾隆《合州志》卷五、嘉慶《四川通志》卷一二六。

[四] 按，此人見萬曆《合州志》卷五、乾隆《合州志》卷五、嘉慶《四川通志》卷一二六。

[五] 按，此人見《明史·四川土司傳一·建昌衛》。

[六] 按，此條見《華陽國志》卷一一。

[七] "字"，原無，易致誤會，今據《華陽國志》卷一〇上補。

[八] 按，此條云出《姓苑》，不知張澍所據爲何，或誤。《通志·氏族略四》、《萬姓統譜》卷一一三、《歷代名賢列女氏姓譜》卷一三三所載與此相合，皆不言出處。

楯七姓蠻有督氏。”[一]明有督仲美，全州人[二]，嘉靖中任歸善縣丞[三]。

厥氏

案，應劭云：“東平陸，古厥國，今有厥亭。”[四]蓋以國爲氏者。明厥惟明[五]，井研人，弘治中任陝西華州知州。

脱氏

浙江志[六]：“脱綱，遂寧人，脱列伯之孫。先任杭州前衛指揮同知，正統中升浙江都指揮僉事。剿處州反賊，戰没。”案，國朝遂寧學恩貢脱武烈[七]。

解氏

《晋書·李壽載記》：“壽屯涪，禮聘龔壯，問以自安之術。壯説壽：‘舍小從大。’壽從之，陰與長史略陽羅桓、巴西解思明，共謀據成都、稱藩歸順，乃襲成都，剋之。思明勸壽稱藩於晋，而任調等勸壽自立。壽命筮之。占者曰：‘可數年天子。’調喜曰：‘一日尚爲足，而况數年乎？’思明曰：‘數年天子孰與百世諸侯？’壽從調策，遂以咸康四年僭即僞位，任思明爲謀主。石季龍遺壽書，欲連横入寇，約分天下，壽大悦。思明切諫懇至，壽於是命群臣陳其利害。龔壯諫，壽乃止。壽病思明等復議

[一] 按，此説見《後漢書·南蠻傳》。

[二] “全州”前，原衍“天”字，乃張澍妄補，今據《萬姓統譜》卷一一三等删。按，作“全州”，則爲廣西人。嘉靖二十一年《惠州府志》卷二、嘉靖三十五年《惠州府志》卷三，皆稱其爲全州人，嘉靖十九年任吏員。又見雍正《歸善縣志》卷四，足證補“天”字有誤。此條亦不當收入《蜀典》。

[三] “靖”，原作“慶”，顯誤，據《萬姓統譜》等改。

[四] 按，此條見《漢書·地理志下》注文。

[五] 按，此人見《萬姓統譜》卷一一六。

[六] 按，此人小傳見《萬姓統譜》卷一一七、成化《杭州府志》卷三七。雍正《浙江通志》無此人傳記，可知張澍題“浙江志”，不是專指《浙江通志》，故不加書名號。

[七] 按，此人見雍正《四川通志》卷三六下、乾隆五十二年《遂寧縣志》卷六、嘉慶《四川通志》卷一三六。

奉王室，壽不從。李演自越巂上書勸壽歸正，壽怒殺之以威龔壯、思明等。壽死，子勢嗣僞位。勢弟漢王廣以無子求爲太弟，勢弗許。馬當、解思明以勢兄弟不多，若有所廢，則益孤危，固勸許之。勢疑當等與廣有謀，遣襲廣於涪城，收馬當、思明斬之，廣自殺。思明有計謀，强諫諍[一]，馬當甚得人心。自此之後，無復紀綱及諫諍者。”

弋 氏

《姓譜》：“弋中和，永樂時進士。”[二]弋中孚[三]，嘉靖辛卯舉人；弋福[四]，成化時進士：均南充人。

傑 氏

案，傑姓爲桀氏之後，後人加“人”傍作“傑”。銅梁民有傑萬輔、傑貴，澍宰縣日見之。

赤 氏

《統譜》：“安邱縣丞赤汝相，華陽人。”[五]

但 氏

案，漢但望[六]，字伯闔，泰山人，爲巴郡太守。蜀之但氏，或其子

[一]“强”，原作“疆”，雖可通“强”，然有本可依，仍據《晋書》改。

[二] 按，此條見《萬姓統譜》卷一二三，《歷代名賢列女氏姓譜》卷一四五“弋”姓下無此人。據《明清進士題名碑録索引》，有嘉靖二十年辛丑科進士戈中和，亦南充人，當即此處之弋中和，則《萬姓統譜》有誤。

[三] 按，嘉靖《四川總志》卷七、萬曆九年《四川總志》卷一〇皆稱其爲嘉靖十三年甲午舉人，張澍所據爲嘉慶《四川通志》卷一二六，未知孰是。

[四] 按，據雍正《山西通志》卷六七，此人乃成化十九年舉人、二十三年進士，又見萬曆《太原府志》卷一八。《萬姓統譜》卷一二三稱其爲四川人，疑誤。張澍稱其爲南充人，更不知所據。復檢《明清進士題名碑録索引》，此人爲山西代州人，成化二十三年進士。張澍稱其爲南充人實誤，不當收入《蜀典》。

[五] 按，此條見《萬姓統譜》卷一二二。

[六] 按，此人見《華陽國志》卷一。

孫寓蜀。明洪武二十九年丙子科舉人但存禮[一]，大邑人[二]。榮縣學貢生但聰[三]，岷府伴讀；但一惕[四]，榮府典儀。安岳縣學貢生但世榮[五]。新寧學貢生但能[六]。

納　氏

《統譜》："明永樂中，常德衛千户納臺，什邡人。"案，《姓苑》，臨湘有納湖，本屬納氏[七]。蜀之納姓，自楚遷者。

旦　氏

案，宋時避諱，改"桓"爲旦氏也[八]。本朝長壽旦仕俊[九]，評事友賢之孫。友賢没，仕俊以嫡孫承重。既葬，廬墓三年。案察副使彭公韶旌表之。"仕俊"一作"仕悦"[十]。澍宰銅梁時，民有旦元。

頡　氏

《渠縣志》："頡氏[十一]，字妙善。年十八，適陳政。政卒，氏謂家人曰：'婦人以夫爲天，不幸失所天，不死何待？'遂自縊死。"

[一] 按，嘉靖《四川總志》卷一三、萬曆九年《四川總志》卷一六稱其爲洪武二十三年庚午舉人，嘉慶《四川通志》卷一二五稱其爲洪武二十九年舉人，未知孰是。

[二]"邑"，原作"足"，形近而誤，據《四川總志》《四川通志》改。

[三] 按，此人見乾隆《榮縣志》卷三、嘉慶《四川通志》卷一三五。

[四]"惕"，乾隆《榮縣志》卷三、嘉慶《四川通志》卷一三五作"愓"，二者形近，未知孰是。

[五]"岳"，原脱，據嘉靖《潼川志》卷七、乾隆《安岳縣志》卷五、嘉慶《四川通志》卷一三六補。

[六] 按，此人見乾隆《新寧縣志》卷三、嘉慶《四川通志》卷一三六。

[七] 按，此處疑有脱誤。《姓氏急就篇》卷上、《萬姓統譜》卷一二四僅稱"納"見《姓苑》，暫未見所謂《姓苑》稱"臨湘有納湖，本屬納氏"者，此説見《事類備要·别集》卷一八"城南書院"條注文。

[八] 按，此説不知何據。《古今姓氏書辯證》卷八稱，紹興二年避宋欽宗諱，"桓"作"亘"，音"周旋"之"旋"。

[九] 按，此人小傳見萬曆九年《四川總志》卷九、雍正《四川通志》卷一〇上、嘉慶《四川通志》卷一六〇。

[十] 按，此處不知所指爲何書何本。

[十一] 按，此人見同治《渠縣志》卷三九之下，亦見嘉靖《四川總志》卷七、萬曆九年《四川總志》卷一〇、雍正《四川通志》卷一一上、嘉慶《四川通志》卷一七一。

蠱氏

案，漢蟲達之“蟲”音“蠱”[一]。蠱姓，即蟲姓也。《永川志》：“明蠱貞女，蠱士榮女，幼讀書，識内則。年二十，尚未字。流賊掠永川，蠱與父兄避寺中。知不能免於難，因佩刀以死自誓。後賊倏至，即引刀自盡。氣未絶，更以兩手自裂其喉而死。”[二]

底氏

《辯證》：“《漢功臣表》：‘魯侯奚涓無子，封母底爲侯。’”[三]案，底爲姓，孫星衍以“底”爲名[四]，非也。屏山民有底連喜、底世相。國朝洪雅學歲貢生底崇禄、底崇典[五]。

補氏

案，補氏見《姓苑》[六]。屏山民有補景芳。

仵氏

《路史》：“楚公族有仵氏。”[七]本朝有仵德遠[八]，宜賓人，其妻劉氏守節。

[一] 按，此人見《漢書·高惠高后文功臣表》。

[二] 按，此人小傳見乾隆《永川縣志》卷七。又見雍正《四川通志》卷一一上、嘉慶《大清一統志》卷三八九、嘉慶《四川通志》卷一七一。

[三]“底”，《古今姓氏書辯證》卷二二作“厎”，今本《漢書·高惠高后文功臣表》作“底”。

[四] 按，張澍稱孫星衍云云者，當是指《岱南閣叢書》本，但此本我們暫未見到，《古今姓氏書辯證》整理本亦未用之參校，不知這個說法究竟是否出自孫星衍。但文淵閣《四庫全書》本之館臣夾注亦云：“案，《史記》作‘母疵’，《漢書》作‘底’。然底乃名，非氏也。底氏後亦無表見者，疑誤。”則如果此說的確爲孫星衍之觀點，恐亦是因襲四庫館臣之說。另，王念孫《讀書雜志·漢書第二》“底”條，認爲作“底”誤，當作“疵”。

[五]“典”，或誤。嘉慶《洪雅縣志》卷一一、同治《嘉定府志》卷二七作“與”，嘉慶《四川通志》卷一三五作“輿”，三者形近，必有一誤。又，二人同見三書同卷。

[六] 按，此說見《元和姓纂》卷六、《萬姓統譜》卷七八。

[七] 按，此說見《路史》卷一七。

[八]“本朝”下，原有“嘉慶時”三字，顯誤，今刪。按，雍正《四川通志》卷一一下已有其妻劉氏之名，豈可能爲嘉慶時人？又，此婦人亦見嘉慶《宜賓縣志》卷三九、嘉慶《四川通志》卷一七九。

體　氏

《姓苑》:“體，人姓。”[一]案，乾隆間雅安監生體文宗[二]，字憲章。家素裕，慷慨好施。建書院、修城工、設考棚，立廣仁堂于濆江東岸，置義田，贍孤貧。又治東雲路橋，易鐵索，以石跨濆江上。

濮　氏

案，濮姓爲濮陽氏所改者。大竹增生濮瓊芳，事孀母以孝聞。兄嫂早亡，遺姪藻甫二歲，撫如己子。嘉慶三年，賊猝至，己子僅歲餘，不之顧，負侄以逃。曰:“爲吾兄無後也。”已而賊去，子亦獲全。人以爲行同伯道[三]，而食報過之。後藻以弱冠食餼，癸酉拔貢，皆其手教也。

淡　氏

國朝嘉慶十五年庚午科舉人淡含墀[四]、淡春臺[五]，均廣安州人。淡含樸[六]，順慶府人。

冶　氏

案，《周官》:“冶氏掌爲兵器。”以世官爲氏。冶大雄，成都人。以行伍隨總督岳鍾琪征西藏，後隨大學士傅恒征金川，屢官至雲南提督。

[一] 按，此説見《萬姓統譜》卷七九。

[二] 按，此處所引小傳見嘉慶《四川通志》卷一六三。

[三]“伯道”，晋人鄧攸，字伯道。《晋書》本傳云:“石勒過泗水，攸乃斫壞車，以牛馬負妻子而逃。又遇賊掠其牛馬，步走，擔其兒及其弟子綏。度不能兩全，乃謂其妻曰:‘吾弟早亡，唯有一息，理不可絶。止應自棄我兒耳。幸而得存，我後當有子。’妻泣而從之，乃棄之。其子朝棄而暮及，明日，攸繫之於樹而去。”鄧攸最終無子，濮瓊芳則子、侄並存，故云食報過之。

[四]“墀”，原作“樨”，形近而誤，據嘉慶《四川通志》卷一二九改。

[五] 按，此人亦見嘉慶《四川通志》卷一二九，光緒《嘉定縣志》卷一三有小傳。

[六] 按，此人見嘉慶《四川通志》卷一二九。光緒二年《慶符縣志》稱其於道光十九年署訓導。

孫正宗[一]，襲騎都尉。正恩[二]，亦襲騎都尉，授雲南游擊。嘉慶四年，調征川、楚邪匪，屢著勞績。于達州陣亡。子文惠[三]，以父正恩從征教匪陣亡，承襲雲騎尉。

酉氏

案，《國語》："黄帝子十二姓[四]，其二曰酉。"嘉慶間，有涪州人酉聲禄，屏山人酉鳴岐[五]。

俸氏

鄧名世《姓氏辯證》云："近世有此姓，音平聲，讀若'豐'。"案《廣韻》，俸，上、去二音，無平聲，今仍入去聲[六]。屏山民俸榮舉，大村鄉人。

御氏

《姓纂》："《周禮》'御人'，因官爲氏。《左傳》有御叔。"[七]案，《左傳》注："御叔，御邑大夫。"[八]是御乃以邑爲氏也。屏山民御世輪。

揭氏

案，揭爲揭陽氏之後。蜀之揭姓，自江西遷者。明建文元年己卯科

[一]"孫"，原作"子"，據嘉慶《四川通志》卷一五三冶大雄小傳改。嘉慶《四川通志》卷一四〇"冶正恩"條云："以祖大雄功，襲騎都尉，官雲南游擊。"亦可證冶正宗與冶正恩乃冶大雄之孫。又，《清史稿》有冶大雄傳。

[二] 按，冶正恩小傳見嘉慶《四川通志》卷一五七。

[三] 按，此人封廕之事見嘉慶《成都縣志》卷二。

[四]"二"，原作"四"，誤，今據《國語·晋語四》改。原文云："其得姓者十四人，爲十二姓。"注云："得姓，以德居官而賜之姓也。謂十四人，而二人爲姬，二人爲己，故十二姓。"

[五]"酉"，原作"西"，形近而誤，據文義改。

[六] 按，此按語乃四庫館臣所加，見《古今姓氏書辯證》卷二九注文。

[七] 按，此條見《元和姓纂》卷八。

[八] 按，此條見《左傳·襄公二十二年》注文。

舉人揭文美[一]，成都人。成化八年壬辰科進士揭魁[二]，内江人。嘉靖四年乙酉科舉人揭尚義[三]，漢州人。萬曆元年癸酉科舉人揭廷諫[四]，資陽人，監察御史。資州學貢生揭逵[五]。内江學貢生揭東高[六]。

復氏

案，雙流縣有復衍，能詩，見《縣志》[七]。

信氏

《風俗通》："魏公子信陵君無忌，後世氏焉。"[八]案，屏山民信占元。

綫氏

綫氏，出《姓苑》[九]。澍宰屏山，民有綫文。

闞氏

國朝崇慶州學歲貢闞萬綱[十]。

[一] 按，此人見嘉靖《四川總志》卷四、萬曆九年《四川總志》卷七、嘉慶《四川通志》卷一二五。

[二] "八年壬辰"，原誤作"五年己丑"，據《明清進士題名碑録索引》改。按，此人見嘉靖《四川總志》卷四、萬曆九年《四川總志》卷七、嘉慶《四川通志》卷一二四、嘉慶《内江縣志》卷三五，乃成化七年辛卯舉人，八年壬辰進士。不知張澍因何而誤。

[三] 按，此人見嘉靖《四川總志》卷四、萬曆九年《四川總志》卷七、嘉慶《四川通志》卷一二六、嘉慶《漢州志》卷二二。

[四] 按，此人見雍正《四川通志》卷三六、嘉慶《四川通志》卷一二七。

[五] 按，此人見嘉慶《四川通志》卷一三七。

[六] 按，此人見嘉慶《四川通志》卷一三七、嘉慶《内江縣志》卷三五。

[七] 按，光緒三年《雙流縣志》卷三有僧人明廣，字復演，俗姓楊，"性嗜詞翰，耽爲詩"。民國《雙流縣志》卷一"保國觀"條則作"僧復衍"，不知即此人否？若是，則不當收"復"爲姓也。

[八] 按，此條見《通志·氏族略三》、《古今姓氏書辯證》卷三二。

[九] 按，此説見《萬姓統譜》卷一〇二。

[十] 按，此人見嘉慶《四川通志》卷一三〇。

撒氏

《四川通志》："撒廷亮，會川衛人。"[一]國朝西充學恩貢撒騰蛟[二]，歲貢撒騰鵬[三]。明會理州學貢生撒朝雲[四]，國朝歲貢撒岱，嘉慶癸酉科拔貢撒時興。

賽氏

《成都志》："賽清注，成都人。提標外委，隨征金川。乾隆十三年六月攻西山梁陣亡，廕把總。"[五]"賽璿[六]，以父清注從征金川陣亡廕把總。"

黑氏

《潛夫論》："黑氏，微子之後。"[七]案，蜀有舉人黑光翰，弘治舉人[八]。

用氏

《希姓録》："蜀中番姓有用氏。"[九]案，《風俗通》："用，古用國，見《毛詩》。在高唐[十]，乃用地，故有用姓。漢有用虯，爲高唐令。"

[一] 按，雍正《四川通志》卷三七上、嘉慶《四川通志》卷一三九皆載此人。
[二] 按，此人見雍正《四川通志》卷三七下、嘉慶《四川通志》卷一三四。
[三] 按，此人見嘉慶《四川通志》卷一三四。
[四] "朝"，原脱，據嘉慶《四川通志》卷一三四補。按，此後二人亦見嘉慶《四川通志》卷一三四，但無具體科分。
[五] 按，此條見嘉慶《成都縣志》卷三，原書誤"賽清注"作"賽清任"。嘉慶《四川通志》卷一五七不誤。
[六] "璿"，原作"濬"，形近而誤，據嘉慶《成都縣志》卷二、嘉慶《四川通志》卷一四〇改。
[七] 按，此條見《潛夫論》卷九。
[八] 按，嘉靖《四川總志》卷四、嘉慶《四川通志》卷一二六稱其爲弘治十一年戊午科舉人。
[九] 按，此條見《希姓録》卷四，乃楊慎原文。
[十] "唐"，原作"堂"，據《元和姓纂》卷八、《通志·氏族略二》等改，後文此字徑改。按，《元和姓纂》岑仲勉校記對此姓有詳細考證，繆荃孫《〈蜀典〉跋》也對此條有申説，可參看。

竹氏

《華陽國志》："夜郎侯以竹爲姓。"[一]蜀之竹氏，出自夜郎也。今雅州府蘆山縣族最繁盛。竹郎裔[二]，雅州府蘆山縣人，字水生。明季兵燹之後，故家經籍無存。郎裔口授手書，以教鄉塾。其孫全仁[三]，能守儒業，著有《中庸衍義》。國朝康熙五十三年甲午科舉人竹奇[四]，雍正十三年乙卯科舉人竹全見[五]，乾隆元年丙辰科舉人竹全中[六]，乾隆十五年庚午科舉人竹枝揚[七]，均蘆山人。又蘆山學恩貢竹德新；竹瑋[八]，井研教諭；竹爲儀，官資陽教諭；竹鳳苞，拔貢[九]。乾隆十八年癸酉科舉人竹全任[十]，乾隆三十六年辛卯科舉人竹全志，乾隆四十四年己亥科舉人竹爲翊[十一]，均蘆山人。崇慶州學拔貢竹德升[十二]。竹長嵕[十三]，官遵義府訓導。竹宣[十四]，三臺訓導。

斗氏

案，斗，蜀夷姓也。《宋史·西南諸夷傳》："嘉祐二年，三里村夷斗還等百五十人復謀内寇。有黄土坎夷斗蓋，長寧人也，先以其事來告。淯井監引兵趨之，捕斬七千餘級。鈐轄司上聞，詔賜斗蓋錢三十萬、錦袍銀帶。明年又補斗蓋長寧州刺史。"案《通志》誤作"牟蓋"[十五]。

[一] 按，此説見《華陽國志》卷四。

[二] 按，此人小傳見雍正《四川通志》卷三八之一、乾隆《雅州府志》卷九、嘉慶《四川通志》卷一五三。

[三] 按，此人小傳見雍正《四川通志》卷三八之一、乾隆《雅州府志》卷一五、嘉慶《四川通志》卷一八三。

[四] 按，此人見雍正《四川通志》卷三六、嘉慶《四川通志》卷一二八。

[五] 按，此人見乾隆《雅州府志》卷九、嘉慶《四川通志》卷一二八。

[六] 按，此人見乾隆《雅州府志》卷九、嘉慶《四川通志》卷一二九。

[七] 按，此人見嘉慶《四川通志》卷一二九。

[八] "瑋"，原作"璋"，形近而誤，據嘉慶《四川通志》卷一二九改。

[九] "拔"，原作"歲"，據嘉慶《四川通志》卷一二九改。按，以上四人皆見此卷。

[十] 按，此人及後二人皆見嘉慶《四川通志》卷一二九。

[十一] "四十四年己亥"，原作"四十五年庚子"，據嘉慶《四川通志》卷一二九改。

[十二] "德"，原脱，據嘉慶《四川通志》卷一三〇補。

[十三] 按，此人見乾隆《雅州府志》卷九、嘉慶《四川通志》卷一三五，乃蘆山縣人。

[十四] "宣"，與乾隆《雅州府志》卷九同，嘉慶《四川通志》卷一三五作"瑄"，未知孰是。又，此人亦蘆山縣人。

[十五] 按，此指雍正《四川通志》卷八。

利　氏

《古今姓氏書辯證》[一]：“楚公子食采於利，因以爲氏。其地今利州。”即葭萌也。

宰　氏

《希姓録》：“宰直，漢人。今成都有此姓。”[二]明有宰用，山後人[三]。成化中，以寧州指揮升都督僉事，鎮四川。又有宰正，保安人，任四川都指揮。今蜀之宰氏，宜爲用與正之子孫後也。

乙　氏

《勝朝殉節諸臣録》：“副總兵乙邦才，青州人。一作四川人。嘗於六安率精騎二百，出入賊圍，不損一人。大小十餘戰，皆有功。從史可法守揚州，與大兵戰敗，自刎死。乾隆四十一年賜謚烈愍。”[四]

哈　氏

《希姓録》：“蜀有哈永森。”[五]案，永森，瀘州人，弘治中任茶陵州判官[六]。哈有儀[七]，閬中舉人。哈國祥[八]，乾隆時任游擊，亦閬中人。

[一]“古今姓氏書辯證”，原作“元和姓纂”，與其書卷八迥異，實則此文見鄧名世之書卷二九，故改之。

[二] 按，此條見《希姓録》卷三，乃楊慎原文。

[三]“山後”，原誤倒，據《萬姓統譜》卷七九、雍正《四川通志》卷三二乙正。按，據《蓬窗日録》卷一“雲南”條，山後人乃雲南地區少數民族之一。◎“宰用”“宰正”，皆見《萬姓統譜》卷七九、嘉靖《四川總志》卷一等。

[四] 按，此條見《欽定勝朝殉節諸臣録》卷四。《明史·劉肇基傳》有此人附傳。

[五] 按，此條見《希姓録》卷五，乃楊慎原文。

[六] 按，此説本自《萬姓統譜》卷七九。

[七] 按，此人見雍正《四川通志》卷三七上、嘉慶《四川通志》卷一三九，乃康熙五十年辛卯科舉人。

[八] 按，嘉慶《四川通志》卷一〇七稱此人於乾隆三十九年任綏定營游擊。同書卷一〇八稱其乾隆三十三年任中營中軍守備，成都人，與此處稱閬中人不同，未知孰是。

費氏

《姓源韻譜》："漢有費將軍，其後有費忠、費柔，適蜀，爲寧蜀人。忠之孫徙于荆州，復遷江夏。忠十代孫奕，奕孫禕，又家于蜀。晋平蜀，禕之子承復歸江夏。"[一]孫盛《蜀譜》云："益州諸費，有名位者多。"[二]又案，費貽[三]，南安人。公孫述據蜀，貽漆身爲癩。光武徵爲合浦太守。費詩，字公舉，亦南安人，先帝時爲牂牁太守。

薩氏

倪岳《青溪漫稿》："宋徽宗時，有西蜀人薩守堅，嘗從林靈素傳法。而王靈官則玉樞火府天將，又從守堅受符法。"[四]

路氏

《王莽傳》："蜀郡男子路建等輟訟，慚怍而退。"[五]

市氏

《統譜》："市朝，井研人。宣德中爲龍虎衛經歷。"[六]

宧氏

《氏姓譜》："宧氏，巫山人冉天恩妻。氏年二十，夫病篤，割股救，

[一] 按，此條題出處爲《姓源韻譜》，不知所據爲何，或誤。《金石録》卷一七《漢梁相費汎碑》所言與此全同。
[二] 按，此條見《三國志·蜀志·費詩傳》注文。
[三] 按，費貽及費詩小傳皆見《華陽國志》卷一〇中。
[四] 按，此條乃據《陔餘叢考》卷三五"王靈官"條轉引。《清溪漫稿》卷一一稱此人"姓薩氏諱堅"，不名"守堅"。《道園學古録》卷二五《靈惠冲虚通妙真君王侍宸記》、《歷世真仙體道通鑑·續編》卷四"薩守堅"條等均作"薩守堅"，當是。
[五] 按，此事見《漢書·王莽傳上》。
[六] 按，此條見《萬姓統譜》卷七四。

不愈。夫亡，姑欲令再醮。誓死不從，守節七十一終。有司奏聞旌表。”[一]今貴州遵義府有宦氏，遵義本四川地。

霍　氏

《古今姓氏書辯證》[二]：“唐貞觀定果州武都郡七姓，一曰霍氏。”

翠　氏

《急就篇》翠鴛鴦[三]，凌迪知以翠鴛鴦爲蜀人[四]。今考顏師古注、王伯厚注，無蜀人之説，凌氏妄造[五]。

鄜　氏

《氏族考》：“鄜靖，閬中人。宋嘉祐進士。”[六]

冉　氏[七]

案，顏師古曰：“今夔州、開州首領多姓冉者，本皆冉駹種也。”[八]

［一］按，此條見《歷代名賢列女氏姓譜》卷一二二，又見雍正《四川通志》卷一一等。

［二］“古今姓氏書辯證”，原作“太平寰宇記”，誤，原書無此説。今據此條見《古今姓氏書辯證》卷三八而改出處。

［三］“急就篇”前，原誤衍“姓氏”二字，今據“翠鴛鴦”見《急就篇》卷一而删。按，《急就篇》乃史游著，唐顏師古注，《姓氏急就篇》爲宋人王應麟著。◎趙熙亦用朱筆圈去“姓氏”，眉批云：“史游《急就篇》羅列諸物名，在字，不專姓氏也。”

［四］“凌迪知”，原作“楊升庵”，大謬，今改。按，楊慎《希姓録》卷四收録此人，但僅云“翠鴛鴦，《急就章》”，不言其爲蜀人。張澍或以爲《希姓録》所載皆蜀人耶？即“翠鴛鴦”條之後，《希姓録》收有“冀綺”，乃淮南人，官應天府尹，此可證《希姓録》所載並非皆蜀人，則張澍誤會無疑。而稱翠鴛鴦其爲蜀人者，乃凌迪知。《萬姓統譜》卷九三云：“翠鴛鴦，蜀人，見《急就章》。”

［五］“凌”，原作“楊”，據上一條校勘記改。按，顏師古、王應麟注，見《急就篇》卷一。

［六］按，此條見《欽定續通志·氏族略七》，又見《萬姓統譜》卷一〇六。張澍題《氏族考》，或是指出自前者，然頗不嚴謹。

［七］按，“冉氏”已見前文，此處重複。

［八］按，此條見《漢書·西南夷傳》注文。

唐初有開州首領冉肇[一]。宋有冉宗閔、冉夔[二]，皆登第，開州人。又《余玠傳》："冉琎，播州人，與弟璞俱有文武才。勸玠移合州于釣魚山，又築雲居、大獲等十餘城。玠聞于朝，詔以琎爲承事郎，權發遣合州。璞爲承務郎，權通判州事。"[三]

卓氏

案，蜀之卓氏，自卓文君始也。卓文君先嫁程鄭之子皋，以消渴卒。乃奔司馬長卿。見曹宗璠《卓文君傳》[四]。而資陽縣尚有讀書者卓特、卓宏謨[五]、卓宏猷[六]、卓然、卓質、卓如葵、卓宏經，皆貢生。

㥶[七]

㥶氏，《華陽國志》云："江州冠族有㥶氏。"[八]

樂氏

《氏族略》："樂良、樂泌、樂璠，俱邛州人。"[九]《避暑録話》[十]："樂嘉問[十一]，達州人。生巴峽間，不甚與中州士人相接。狀極質野，而該博純至，未見其比。"

[一] 按，此人事迹見兩《唐書·李靖傳》。
[二] 按，二人見《通志·氏族略四》。
[三] 按，此條乃據《宋史·余玠傳》概括改寫而來。
[四] 按，此書不知存佚。嘉慶本《隨園隨筆》卷二六"文君前夫"條所引與此處相合。
[五] "謨"，原脱，據嘉慶《四川通志》卷一三七補。按，所列諸人皆見嘉慶《四川通志》卷一三七。
[六] "宏猷"，原作"獻"，脱"宏"字，且誤"猷"爲"獻"，據嘉慶《四川通志》改、補。
[七] "㥶"，《漢語大字典》音ài，義爲謹慎。
[八] 按，此條見《華陽國志》卷一。
[九] 按，此條見《通志·氏族略三》。
[十] "録"，原作"新"，誤，據嘉慶《四川通志》卷一四九及《避暑録話》卷下載此事而改。
[十一] 按，《避暑録話》卷下僅稱此人爲樂君，失其名。張澍此處當是據嘉慶《四川通志》卷一四九而來，其説不可據。

附録 《蜀典》跋[一]

繆荃孫

武威張氏澍《蜀典》，分十一類，援據浩博是其所長。其中如“堪輿類·蜀境”一條引《陸機傳》，“蜀土與秦同域”一條引《博物志》，俱行文之辭，不足爲典要。“蜀城”一條引《王右軍貼》，不知右軍書爲唐人僞造，更不足據。“蜀井”一條云“廣陵蜀岡上有蜀井，言水與西蜀相通”，此與荆溪之蜀山同例，當入揚州方志，不宜載之於蜀。“宦迹類·幵度”一條，《書録解題》《文獻通考》均作“井度”。《廣韻》“井”字下云：“又姓，姜子牙之後，春秋時有井伯。”《正字通》作“幵”者，字誤。《正字通》本俗書，不足稱也。

“著作類”犍爲舍人《爾雅》注輯，如《左隱十二傳》正義引“圉，邊垂也”，《釋文》“渝，變也”，引作“糯”，《詩·載芟》正義引“繹繹，穀皆生之貌”，《論語·述而》正義引“無舟而渡水曰徒涉”，《御覽》引“塤大者如鵝子，聲合黄鐘；小者如雞子，聲合大簇、夾鐘”，《荆楚歲時記》引“杏花如茶，可耕白沙”，《史記·司馬相如傳》注引“楓爲樹，厚葉弱莖，大風則鳴，故曰楓”，《詩·螽斯》正義引“蚣蝑，今所謂春黎也”，皆失輯。

蜀才《易》輯，如《集解·訟卦》“剛來而得中也”，引“此本遁卦。案，二進居三，三降居二，是剛來而得中也”。《隨·彖下》引“此本否卦，剛自上來居易，柔自初而生上，則内動而外説，是動而説隨也，相隨而大亨，無咎，得于時也。得時則天下隨之矣，故隨之時義大矣哉”。《釋文》引“井累其瓶，辯吉凶者存乎辭”，注“辯，别也；知崇體卑，象也者，像也”，均失輯。

[一] 此文録自《續修四庫全書》第一五七四册影印光緒二十六年刻本《藝風堂文集》卷七。

譙周《法訓》，《御覽》四百六引譙子《齊交篇》，文雖引而脱篇目。“挽歌條”複出。《初學記》十七引“好學以崇志，故得廣業；力行而卑體，故能崇德。是以君子居謙而宏道，然後德能象天地”。《意林》卷六引“公人好人之公，私人好人之私”“念己之短，好人之長，近仁也”“有財不濟交，非有財也；有位不舉能，非有位也”“相憎者能生無辜之毁，相愛者能飾無益之譽”“君子好聞過而無過，小人惡聞過而有過”，五條均失輯。

蜀石經《毛詩》一卷外，今尚存舊搨《左氏傳》第二十三一卷，《穀梁》《儀禮》各十數行，又張氏所未見。“姓氏類·用氏”，《風俗通》云云，《元和姓纂》引之，在今本《風俗通》之外，即《毛詩》孟庸，“庸”與“閻”通，《左傳》作“閻職”，《史記》作“庸職”是也。《名士録》又有“用羽之”，張氏言亦未明晰。“幵度”見“宦迹類”，又見“姓氏類”；卷十二冉氏，十三葉一見，四十葉一見，均爲複出。引用古書，半皆亡佚，不著所采之處，亦屬不合。

然張氏素稱博學，此書搜采繁富，亦談蜀者之所不廢也。

《蜀典校注》引書目録[一]

A

〔明〕李遜等修：嘉靖《安慶府志》，嘉靖三十年刻本。

〔清〕張松孫等修：乾隆《安岳縣志》，乾隆五十一年刻本。

〔清〕楊英燦修，余天鵬續修：同治《安縣志》，同治二年刻本。

B

〔晉〕張華著，范寧校證：《博物志校證》，北京：中華書局，1980。

〔舊題隋〕杜公瞻：《編珠》，文淵閣《四庫全書》第887册。

〔唐〕白居易撰，朱金城箋校：《白居易集箋校》，上海：上海古籍出版社，1988。

〔唐〕白居易，〔宋〕孔傳：《白孔六帖》，文淵閣《四庫全書》第891-892册。

〔唐〕李延壽：《北史》，北京：中華書局，1984。

〔唐〕段公路：《北户録》，《十萬卷樓叢書》本。

〔唐〕虞世南輯：《北堂書鈔》，北京：中國書店，1989。

〔一〕説明：本目録按書名首字字母音序排列，同字母下大致按時間順序排列；源自以下大型叢書者，皆不詳列出版信息，僅言作者、書名及所在叢書之册數。分别爲：
臺灣商務印書館，1983年《景印文淵閣四庫全書》；
上海商務印書館，1936年《四部叢刊》系列；
上海商務印書館，1935年《叢書集成》系列；
齊魯書社，1997年《四庫全書存目叢書》；
北京出版社，1998年《四庫未收書輯刊》；
上海古籍出版社，2002年《續修四庫全書》；
大正一切經刊行會，1934年《大正新修大藏經》；
文物出版社、上海書店、天津古籍出版社，1988年正統《道藏》。

〔唐〕杜甫撰，〔宋〕黄希注，〔宋〕黄鶴補注：《補注杜詩》，文淵閣《四庫全書》第1069册。

〔五代〕孫光憲：《北夢瑣言》，北京：中華書局，2002。

〔宋〕葉夢得：《避暑録話》，《叢書集成初編》第2786-2787册。

〔宋〕王灼：《碧鷄漫志》，《知不足齋叢書》本。

〔宋〕寇宗奭：《本草衍義》，《續修四庫全書》第990册。

〔宋〕王灼：《碧鷄漫志》，《知不足齋叢書》本。

〔宋〕方勺：《泊宅編》，北京：中華書局，1997。

〔宋〕陳思：《寶刻叢編》，文淵閣《四庫全書》第682册。

〔宋〕王鑄：《百菊集譜》，文淵閣《四庫全書》第845册。

〔明〕陳道等修：弘治《八閩通志》，弘治刻本。

〔明〕杜應芳、胡承詔輯：《補續全蜀藝文志》，《續修四庫全書》第1677册。

〔明〕李時珍撰，劉衡如、劉山永校注：《本草綱目》，北京：華夏出版社，1998。

〔明〕盧之頤：《本草乘雅半偈》，文淵閣《四庫全書》第779册。

〔清〕王懋竑：《白田雜著》，文淵閣《四庫全書》第859册。

〔清〕吴玉搢：《别雅》，文淵閣《四庫全書》第222册。

〔清〕梁善長撰：乾隆《白水縣志》，民國十四年重印本。

〔清〕陳立：《白虎通疏證》，北京：中華書局，1994。

〔清〕黎學錦等修：道光《保寧府志》，道光二十三年刻本。

〔清〕霍爲棻等修：同治《巴縣志》，同治六年刻本。

〔清〕翁植等修：光緒《補纂仁壽縣原志》，光緒七年刻本。

吕叔湘：《筆記文選讀》，上海：上海古籍出版社，1979。

C

〔漢〕王逸：《楚辭章句》，文淵閣《四庫全書》第1062册。

〔三國魏〕曹植著，趙幼文注：《曹植集校注》，北京：人民出版社，1984。

〔晉〕杜預：《春秋釋例》，文淵閣《四庫全書》第146册。

〔晉〕葛洪撰，王明校釋：《抱朴子内篇校釋》，北京：中華書局，1985。

〔唐〕徐堅：《初學記》，北京：中華書局，1962。

〔唐〕張鷟：《朝野僉載》，北京：中華書局，1997。

〔唐〕陸羽撰，沈冬梅校注：《茶經校注》，北京：中國農業出版社，2007。

〔宋〕王欽若、楊億等編：《册府元龜》，文淵閣《四庫全書》第902-919册。

〔宋〕唐慎微：《重修政和經史證類本草》，《四部叢刊初編》本。

〔宋〕洪興祖：《楚辭補注》，北京：中華書局，1983。

〔宋〕程公説：《春秋分記》，文淵閣《四庫全書》第154册。

〔宋〕魏了翁：《重校鶴山先生大全文集》，《中華再造善本》影印宋刻本，北京：北京圖書館出版社，2005。

〔宋〕袁説友等編：《成都文類》，北京：中華書局，2011。

〔宋〕梁克家：《淳熙三山志》，文淵閣《四庫全書》第484册。

〔宋〕宋敏求：《春明退朝録》，北京：中華書局，1980。

〔宋〕宋敏求：《長安志》，文淵閣《四庫全書》第587册。

〔宋〕王黼：《重修宣和博古圖》，文淵閣《四庫全書》第840册。

〔宋〕王堯臣等：《崇文總目》，《叢書集成初編》第21-24册。

〔宋〕陳敬：《陳氏香譜》，文淵閣《四庫全書》第844册。

〔明〕楊慎：《詞品》，《楊升庵叢書》本，成都：天地出版社，2002。

〔明〕劉三吾等：《存心録》，《原國立北平圖書館甲庫善本叢書》第424册，北京：國家圖書館出版社，2014。

〔明〕陳洪謨等修：嘉靖《常德府志》，嘉靖刻本。

〔明〕潘庭楠等修：嘉靖《鄧州志》，嘉靖刻本。

〔明〕張治等修：嘉靖《茶陵州志》，嘉靖四年刻本。

〔明〕夏樹芳：《詞林海錯》，《四庫未收書輯刊》第4輯第30册。

〔明〕葉子奇：《草木子》，北京：中華書局，1959。

〔清〕鄂爾泰、張廷玉等修：《詞林典故》，文淵閣《四庫全書》第599册。

〔清〕陳厚耀：《春秋戰國異辭》，文淵閣《四庫全書》第403册。

〔清〕洪亮吉：《春秋左傳詁》，光緒四年授經堂刻本。

〔清〕陳邦器等修：康熙《郴州總志》，康熙二十四年刻本。

〔清〕丁映奎等修：乾隆《蒼溪縣志》，《故宫珍本叢刊》第219册，海口：海南出版社，2001。

〔清〕劉權之等修：乾隆《池州府志》，乾隆四十三年刻本。

〔清〕阮元撰，羅世琳補：《疇人傳》，《續修四庫全書》第516册。

〔清〕楊庚等修：嘉慶《長寧縣志》，嘉慶十三年刻本。

〔清〕衷以壎、楊芳燦等修：嘉慶《成都縣志》，嘉慶二十一年刻本。

〔清〕王夢庚等修：道光《重慶府志》，道光二十三年刻本。

〔清〕李玉宣等修：同治《重修成都縣志》，同治十二年刻本。

〔清〕嚴如熤等修：民國《重刻漢中府志》，民國十三年刻本。

〔清〕王夢庚等修：道光《重修新津縣志》，道光二十三年刻本。

D

〔漢〕戴德：《大戴禮記》，文淵閣《四庫全書》第128册。

〔漢〕劉珍等撰，吴樹平校注：《東觀漢記校注》，鄭州：中州古籍出版社，1987。

〔漢〕嚴遵：《道德指歸論》，文淵閣《四庫全書》第1055册。

〔舊題漢〕郭憲：《洞冥記》，文淵閣《四庫全書》第1042册。

〔唐〕玄奘譯：《大乘大集地藏十輪經》，《大正新修大藏經》第13册。

〔唐〕杜甫撰，〔清〕仇兆鰲注：《杜詩詳注》，北京：中華書局，1999。

〔唐〕李冗：《獨異志》，《叢書集成初編》第2837册。

〔唐〕劉肅：《大唐新語》，北京：中華書局，1984。

〔宋〕范鎮：《東齋記事》，北京：中華書局，1980。

〔宋〕蘇軾：《東坡志林》，北京：中華書局，1997。（同時參考文淵閣《四庫全書》第863册，十二卷本）

〔宋〕魏泰：《東軒筆録》，北京：中華書局，1983。

〔宋〕李廌：《德隅齋畫品》，文淵閣《四庫全書》第812册。

〔宋〕王稱：《東都事略》，文淵閣《四庫全書》第382册。

〔元〕虞集：《道園學古録》，《四部叢刊初編》本。

〔明〕梅鼎祚：《東漢文紀》，文淵閣《四庫全書》第1397册。

〔明〕楊慎：《丹鉛總録》，文淵閣《四庫全書》第855册。

〔明〕楊慎：《丹鉛餘録》，文淵閣《四庫全書》第855册。

〔明〕申時行等編：《大明會典》，萬曆十五年刻本。

〔明〕顧清：《東江家藏集》，文淵閣《四庫全書》第1261册。

〔清〕三泰、徐本等修：《大清律例》，文淵閣《四庫全書》第672-673册。

〔清〕顧祖禹：《讀史方輿紀要》，北京：中華書局，2005。

〔清〕和珅等修：乾隆《大清一統志》，文淵閣《四庫全書》第474-483册。

〔清〕穆彰阿等修：嘉慶《大清一統志》，《四部叢刊續編》本。

〔清〕王念孫：《讀書雜志》，南京：江蘇古籍出版社，1985。

〔清〕李光泗等修：乾隆《丹稜縣志》，乾隆二十六年刻本。

〔清〕李德等修：乾隆《大足縣志》，《故宫珍本叢刊》第215册，海口：海南出版社，2001。

〔清〕貴中孚等修：嘉慶《丹徒縣志》，嘉慶十年刻本。

〔清〕吴經世等修：嘉慶《德陽縣志》，嘉慶二十年刻本。

〔清〕趙霦等修，王斌校注：《（同治）大邑縣志校注》，成都：巴蜀書社，2018。

〔清〕謝必鏗等修：光緒《墊江縣志》，光緒二十六年刻本。

〔民國〕胡爲和等修：民國《丹陽縣續志》，民國十六年刻本。

〔民國〕鄭國翰等修：民國《大竹縣志》，民國十七年鉛印本。

〔民國〕陳習删等修：民國《大足縣志》，民國三十四年鉛印本。

馮廣宏：《都江堰創建史》，成都：巴蜀書社，2014。

E

〔宋〕羅願：《爾雅翼》，文淵閣《四庫全書》第222册。

〔宋〕鄭樵：《爾雅注》，文淵閣《四庫全書》第221册。

〔清〕文曙等修：康熙《峨眉縣志》，乾隆五年刻本。

〔清〕郝懿行：《爾雅義疏》，《四部備要》本。

〔清〕王燮等修：嘉慶《峨眉縣志》，嘉慶十八年刻本。

F

〔漢〕應劭撰，王利器校注：《風俗通義校注》，北京：中華書局，1981。

〔漢〕揚雄撰，〔清〕汪榮寶注，《法言義疏》，北京：中華書局，1987。

〔漢〕揚雄撰，周祖謨校，吴曉鈴編：《方言校箋及通檢》，北京：科學出版社，1956。

〔漢〕揚雄撰，〔清〕錢繹箋疏：《方言箋疏》，《廣雅叢書》本。

〔漢〕揚雄撰，〔清〕戴震疏證：《方言疏證》，《萬有文庫》本，上海：商務印書館，1937。

〔唐〕張彦遠：《法書要録》，文淵閣《四庫全書》第812册。

〔唐〕釋道世撰，周叔迦校注：《法苑珠林校注》，北京：中華書局，2003。

〔宋〕祝穆撰，祝洙增訂：《方輿勝覽》，北京：中華書局，2003。

〔宋〕李石：《方舟集》，文淵閣《四庫全書》第1149册。

〔明〕劉兑等修：萬曆《富平縣志》，乾隆四十三年重刻本。

〔清〕段玉裁修：乾隆四十二年《富順縣志》，光緒八年重刻本。

〔清〕姚鴻杰等修：光緒《豐縣志》，光緒二十年刻本。

〔清〕彭文治等修：民國《富順縣志》，民國二十年刻本。

G

〔漢〕劉向：《古列女傳》，文淵閣《四庫全書》第448册。

〔魏〕張揖輯，〔清〕王念孫疏證：《廣雅疏證》，北京：中華書局，1983。

〔晉〕皇甫謐:《高士傳》,《叢書集成初編》第3396册。

〔晉〕崔豹:《古今注》,《四部叢刊三編》本。

〔南朝梁〕陶弘景:《古今刀劍録》,《百川學海》本、文淵閣《四庫全書》第840册。

〔南朝梁〕釋慧皎:《高僧傳》,北京:中華書局,1992。

〔宋〕陳彭年等:《鉅宋廣韻》,上海:上海古籍出版社,1983。

〔宋〕祝穆:《古今事文類聚》,文淵閣《四庫全書》第925-927册。

〔宋〕謝維新:《古今合璧事類備要》,文淵閣《四庫全書》939-941册。

〔宋〕章樵:《古文苑》,文淵閣《四庫全書》第1332册。

〔宋〕鄧名世:《古今姓氏書辯證》,南昌:江西人民出版社,2006。

〔宋〕周密:《癸辛雜識》,北京:中華書局,1988。

〔宋〕董逌:《廣川書跋》,文淵閣《四庫全書》第813册。

〔元〕黄公紹、熊忠:《古今韻會舉要》,文淵閣《四庫全書》第86册。

〔明〕王鏊:正德《姑蘇志》,文淵閣《四庫全書》第493册。

〔明〕戴璟等修:嘉靖《廣東通志稿》,嘉靖刻本。

〔明〕郭棐等修:萬曆《廣東通志》,萬曆三十年刻本。

〔明〕陸楫等編:《古今説海》,文淵閣《四庫全書》第885-886册。

〔明〕曹昭:《格古要論》,文淵閣《四庫全書》第871册。同時參考《夷門廣牘》本。

〔明〕董斯張:《廣博物志》,文淵閣《四庫全書》第980-981册。

〔明〕馮惟訥:《古詩紀》,文淵閣《四庫全書》第1379-1380册。

〔明〕孫瑴:《古微書》,文淵閣《四庫全書》第194册。

〔明〕謝東山等修:嘉靖《貴州通志》,嘉靖三十四年刻本。

〔明〕王耒賢等修:萬曆《貴州通志》,萬曆二十五年刻本。

〔明〕談遷:《國榷》,北京:中華書局,1958。

〔清〕徐文靖:《管城碩記》,北京:中華書局,1988。

〔清〕余蕭客:《古經解鉤沉》,文淵閣《四庫全書》第194册。

〔清〕趙翼:《陔餘叢考》,北京:中華書局,1963。

〔清〕全光祖等修:康熙《廣東通志》,康熙三十六年刻本。

〔清〕郝玉麟等修:雍正《廣東通志》,文淵閣《四庫全書》第562-564册。

〔清〕許容等修：雍正《甘肅通志》，文淵閣《四庫全書》第557-558册。

〔清〕陳元龍：《格致鏡原》，文淵閣《四庫全書》第1031-1032册。

〔清〕閻若璩：《古文尚書疏證》，文淵閣《四庫全書》第66册。

〔清〕鄂爾泰等修：乾隆《貴州通志》，文淵閣《四庫全書》第571-572册。

〔清〕陸良瑜等修：乾隆《廣安州志》，乾隆三十四年刻本。

〔清〕王聿修等修：乾隆《珙縣志》，乾隆三十八年刻本。

〔清〕孫天寧等修：乾隆《灌縣志》，乾隆五十一年刻本。

〔清〕莊履豐、莊鼎鉉：《古音駢字續編》，文淵閣《四庫全書》第228册。

〔清〕黎翔鳳撰，梁運華整理：《管子校注》，北京：中華書局，2004。

《國語》，上海：上海古籍出版社，1987。

H

〔漢〕班固：《漢書》，北京：中華書局，1964。

〔漢〕班固：《漢武帝内傳》，《補守山閣叢書》本。

〔漢〕劉安編，何寧注：《淮南子集釋》，北京：中華書局，1988。

〔漢〕荀悦：《漢紀》，北京：中華書局，2002。

〔漢〕桓譚：《桓子新論》，《叢書集成初編》第594册。

〔晉〕常璩撰，任乃强校注：《華陽國志校補圖注》，上海：上海古籍出版社，1987。

〔晉〕常璩撰，汪啓明、趙静譯注：《華陽國志譯注》，成都：四川大學出版社，2007。

〔晉〕袁宏：《後漢紀》，北京：中華書局，2002。

〔南朝宋〕范曄：《後漢書》，北京：中華書局，1973。

〔唐〕韓愈撰，馬其昶校注：《韓昌黎文集校注》，上海：上海古籍出版社，1986。

〔唐〕顧况：《華陽集》，文淵閣《四庫全書》第1072册。

〔唐〕王冰注：《黄帝内經素問》，文淵閣《四庫全書》第733册。

〔舊題唐〕孫頠：《幻異志》，《龍威秘書》本。

〔宋〕黄庭堅：《黄庭堅全集》，成都：四川大學出版社，2001。

〔宋〕陳師道:《後山談叢》,北京:中華書局,2007。

〔宋〕劉克莊著,辛更儒注:《劉克莊集箋校》,北京:中華書局,2011。

〔宋〕孔平仲:《珩璜新論》,《叢書集成初編》第 284 册。

〔宋〕王明清:《揮麈録》,北京:中華書局,1961。

〔宋〕趙令畤:《侯鯖録》,北京:中華書局,2002。

〔宋〕葉廷珪:《海録碎事》,北京:中華書局,2002。

〔宋〕婁機:《漢隸字源》,文淵閣《四庫全書》第 225 册。

〔宋〕佚名:《翰苑新書》,文淵閣《四庫全書》第 949-950 册。

〔明〕張溥輯:《漢魏六朝百三家集》,光緒己卯信述堂刻本。

〔明〕陳建:《皇明通紀法傳全録》,《續修四庫全書》第 357 册。

〔明〕張朝瑞:《皇明貢舉考》,《續修四庫全書》第 828 册。

〔舊題明〕王世貞:《彙苑詳注》,《四庫全書存目叢書·子部》第 180-181 册。

〔明〕陳讓等修:成化《杭州府志》,成化十一年刻本。

〔明〕陳復亨等修:隆慶《海州志》,隆慶刻本。

〔明〕薛綱等修:嘉靖《湖廣圖經志書》,嘉靖元年刻本。

〔明〕李玘等修:嘉靖《惠州府志》,嘉靖二十一年刻本。

〔明〕鄒守愚等修:嘉靖《河南通志》,嘉靖三十五年刻本。

〔明〕慎懋官:《華夷花木鳥獸珍玩考》,《四庫全書存目叢書·子部》第 118 册。

〔明〕劉芳聲等修:萬曆《合州志》,四川合川縣圖書館翻印本,1978。

〔明〕徐學謨等修:萬曆《湖廣總志》,萬曆十九年刻本。

〔清〕姚之駰:《後漢書補逸》,文淵閣《四庫全書》第 402 册。

〔清〕姚振宗:《漢書藝文志條理》,《續修四庫全書》第 914 册。

〔清〕王先謙:《後漢書集解》,北京:中華書局,1984。

〔清〕惠棟:《後漢書補注》,《續修四庫全書》第 270 册。

〔清〕邁柱等修:雍正《湖廣通志》,文淵閣《四庫全書》第 531-534 册。

〔清〕陶士偰等修:乾隆《漢陽府志》,乾隆十二年刻本。

〔清〕陳宏謀等修:乾隆《湖南通志》,乾隆二十二年刻本。

〔清〕田文鏡等修:雍正《河南通志》,文淵閣《四庫全書》第 535-538 册。

〔清〕宋錦等修：乾隆《合州志》，《故宫珍本叢刊》第215册，海口：海南出版社，2001。

〔清〕葉體仁等修：乾隆《合江縣志》，乾隆二十七年刻本。

〔清〕劉長庚等修：嘉慶《漢州志》，嘉慶十七年刻本。

〔清〕王好音等修：嘉慶《洪雅縣志》，嘉慶十八年刻本。

〔清〕王先慎：《韓非子集解》，北京：中華書局，2003。

〔民國〕朱錫恩等修：民國《海寧州志稿》，民國十一年鉛印本。

〔民國〕陳法駕等修：民國《華陽縣志》，民國二十三年刻本。

漢語大字典編輯委員會編：《漢語大字典》，成都：四川辭書出版社，2010。

J

〔漢〕焦贛：《焦氏易林》，文淵閣《四庫全書》第808册。

〔漢〕史游著，〔唐〕顔師古注：《急就篇》，《津逮秘書》本。

〔唐〕房玄齡等：《晋書》，〔唐〕何超：《晋書音義》，北京：中華書局，1974。

〔唐〕陸德明撰，黄焯校：《經典釋文彙校》，北京：中華書局，2006。

〔唐〕釋道宣：《集神州三寶感通録》，《大正新修大藏經》第52册。

〔唐〕南卓：《羯鼓録》，《補守山閣叢書》本。

〔後晋〕劉昫：《舊唐書》，北京：中華書局，1975。

〔五代〕何光遠：《鑑誡録》，《中華再造善本》影印宋刻本，北京：北京圖書館出版社，2006。

〔宋〕薛居正等：《舊五代史》，北京：中華書局，1976。

〔宋〕丁度：《集韻》，上海：上海古籍出版社，1985。

〔宋〕勾延慶：《錦里耆舊傳》，文淵閣《四庫全書》第464册。

〔宋〕江休復：《嘉祐雜志》，文淵閣《四庫全書》第1036册。

〔宋〕陸游撰，錢仲聯校注：《劍南詩稿校注》，上海：上海古籍出版社，1985。

〔宋〕晁公武撰，孫猛校證：《郡齋讀書志校證》，上海：上海古籍出版社，1990。

〔宋〕李心傳：《建炎以來朝野雜記》，北京：中華書局，2000。

〔宋〕李心傳：《建炎以來繫年要録》，北京：中華書局，1956。

〔宋〕潘自牧：《記纂淵海》，文淵閣《四庫全書》第930-932冊。

〔宋〕岳珂：《九經三傳沿革例》，《粵雅堂叢書》本。

〔宋〕趙明誠：《金石録》，北京：中華書局，1991。

〔宋〕佚名：《錦綉萬花谷》，嘉靖十五年序錫山秦汴銹石書堂刊本。

〔元〕李治：《敬齋古今黈》，文淵閣《四庫全書》第866冊。

〔明〕都穆：《金薤琳琅》，文淵閣《四庫全書》第683冊。

〔明〕李詡：《戒庵老人漫筆》，北京：中華書局，1982。

〔明〕謝玉麟等修：嘉靖《建寧府志》，嘉靖二十五年刻本。

〔明〕林亭棉等修：嘉靖《江西通志》，嘉靖刻本。

〔明〕楊慎：《金石古文》，《函海》本。

〔明〕陳士元：《江漢叢談》，《叢書集成初編》第3110冊。

〔明〕王宗沐等修：萬曆《江西省大志》，萬曆二十五年刻本。

〔清〕朱彝尊：《經義考》，文淵閣《四庫全書》第677-680冊。

〔清〕顧炎武：《金石文字記》，文淵閣《四庫全書》第683冊。

〔清〕于成龍等修：康熙《江西通志》，康熙二十二年刻本。

〔清〕謝旻等修：雍正《江西通志》，文淵閣《四庫全書》第513-518冊。

〔清〕顧八代：《敬一堂詩鈔》，《續修四庫全書》第1418冊。

〔清〕王昶：《金石萃編》，《石刻史料新編》第一輯第1-4冊，臺北：新文豐出版有限公司，1982。

〔清〕全祖望：《鮚埼亭集》《鮚埼亭集外編》，《續修四庫全書》第1429-1430冊。

〔清〕佟世燕等修：康熙《江寧縣志》，康熙二十二年刻本。

〔清〕王引之：《經義述聞》，《四部備要》本。

〔清〕李梅賓等修：雍正《劍州志》，雍正五年刻本。

〔清〕袁枚：乾隆《江寧新志》，乾隆十三年刻本。

〔清〕曾受一等修：乾隆《江津縣志》，乾隆三十三年刻本。

〔清〕趙弘恩等修：乾隆《江南通志》，文淵閣《四庫全書》第507-

512 册。

〔清〕翁方綱：《經義考補正》，《四庫未收書輯刊》第 2 輯第 28 册。

〔清〕謝惟傑等修：嘉慶《金堂縣志》，嘉慶十六年刻本。

〔清〕吕燕昭等修：嘉慶《江寧府志》，光緒六年刻本。

〔清〕文良等修：同治《嘉定府志》，同治三年刻本。

〔清〕曾國藩等修：光緒《江西通志》，光緒七年刻本。

〔清〕程其玨等修：光緒《嘉定縣志》，光緒七年刻本。

〔清〕葉桂年等修：光緒《井研縣志》，光緒二十六年刻本。

〔民國〕羅國鈞等修：民國《夾江縣志》，民國二十四年刻本。

〔民國〕馮煦等修：民國《金壇縣志》，民國十五年鉛印本。

K

〔唐〕李泰著，賀次君輯校：《括地志輯校》，北京：中華書局，1980。

〔唐〕鄭綮：《開天傳信記》，北京：中華書局，2012。

〔宋〕王應麟：《困學紀聞》，《四部叢刊三編》本。

〔宋〕張淏：寶慶《會稽續志》，嘉慶十三年刻本。

〔明〕顧起元：《客座贅語》，北京：中華書局，1987。

〔明〕吴潛等修：正德《夔州府志》，《天一閣藏明代方志選刊》本，上海：上海古籍書店，1961。

〔清〕張玉書等纂：《康熙字典》，文淵閣《四庫全書》第 229-231 册。

〔清〕崔邑郡等修：乾隆《夔州府志》，乾隆十一年刻本。

陳士珂：《孔子家語疏證》，上海：上海書店，1987。

L

〔漢〕王充著，黄暉、劉盼遂校釋：《論衡校釋》，北京：中華書局，1990。

〔北齊〕劉晝著，傅亞庶校注：《劉子校釋》，北京：中華書局，1998。

〔南朝梁〕蕭統編，〔唐〕李善等注：《六臣注文選》，北京：中華書局，1987。

〔舊題南朝梁〕陶弘景：《靈寶真靈位業圖》，《津逮秘書》本。

〔唐〕李白撰，〔清〕王琦注：《李太白全集》，北京：中華書局，1977。

〔唐〕李白撰，瞿蜕園、朱金城校注：《李白集校注》，上海：上海古籍出版社，1980。

〔唐〕姚思廉：《梁書》，北京：中華書局，1973。

〔唐〕王冰注，〔宋〕史嵩校正：《靈樞經》，文淵閣《四庫全書》第733册。

〔唐〕柳宗元：《柳宗元集》，北京：中華書局，1979。

〔唐〕張彦遠：《歷代名畫記》，北京：人民美術出版社，1963。

〔唐〕杜光庭撰，王斌等校注：《録異記輯校》，成都：巴蜀書社，2013。

〔宋〕晏殊：《類要》，《四庫全書存目叢書·子部》第166-167册。

〔宋〕司馬光：《類篇》，上海：上海古籍出版社，1987。

〔宋〕陳舜俞：《廬山記》，文淵閣《四庫全書》第585册。

〔宋〕洪适：《隸釋·隸續》，北京：中華書局，1985。

〔宋〕戴侗：《六書故》，文淵閣《四庫全書》第226册。

〔宋〕薛季宣：《浪語集》，文淵閣《四庫全書》第1159册。

〔宋〕陸游：《老學庵筆記》，北京：中華書局，1997。

〔宋〕陸游：《陸氏南唐書》，《四部叢刊續編》本。

〔宋〕桑世昌撰，〔宋〕高似孫删定：《蘭亭考》，文淵閣《四庫全書》第682册。

〔宋〕羅泌撰，〔宋〕羅苹注：《路史》，文淵閣《四庫全書》第383册。

〔宋〕曾慥：《類説》，《北京圖書館古籍珍本叢刊·子部》第62册，北京：書目文獻出版社，1988。

〔遼〕釋行均：《龍龕手鑑》，《續古逸叢書》本。

〔元〕伊世珍：《琅嬛記》，《津逮秘書》本。

〔元〕柳貫：《待制集》，文淵閣《四庫全書》第1210册。

〔元〕趙道一：《歷世真仙體道通鑑》，正統《道藏》第5册。

〔明〕李東等修：隆慶《藍田縣志》，隆慶五年刻本。

〔明〕管大勳等修：隆慶《臨江府志》，隆慶六年刻本。

〔明〕朱冠等修：嘉靖《臨山衛志》，民國三年刻本。

〔明〕劉胤昌：《劉氏類山》，《四庫全書存目叢書·子部》第214冊。

〔清〕魏宗衡等修：康熙《臨淮縣志》，康熙十二年刻本。

〔清〕馬瑞辰：《毛詩傳箋通釋》，北京：中華書局，1989。

〔清〕蕭智漢：《歷代名賢列女氏姓譜》，乾隆五十七年聽濤山房刻本。

〔清〕宋長白：《柳亭詩話》，《四庫全書存目叢書·集部》第412冊。

〔清〕顧藹吉：《隸辨》，北京：中華書局，1986。

〔清〕陳覲光等修：乾隆《鄰水縣志》，乾隆二十二年刻本。

〔清〕符永培等修：嘉慶《梁山縣志》，光緒二十二年重刻本。

〔清〕李桂林等修：嘉慶《羅江縣志》，同治四年重印本。

〔清〕張澍：《凉州異物志》，《二酉堂叢書》本。

〔清〕陳士楨等修：道光《蘭州府志》，道光十三年刻本。

〔清〕鄧存詠等修：道光《龍安府志》，道光二十二年刻本。

許維遹撰，梁運華整理：《吕氏春秋集釋》，北京：中華書局，2009。

王叔岷：《列仙傳校箋》，北京：中華書局，2007。

楊伯峻：《列子集釋》，北京：中華書局，1985。

魏嵩山主編：《中國歷史地名大詞典》，廣州：廣東教育出版社，1995。

王彦坤：《歷代避諱字彙典》，鄭州：中州古籍出版社，1997。

M

〔三國吴〕陸璣：《毛詩草木鳥獸蟲魚疏》，文淵閣《四庫全書》第70冊。

〔晋〕郭璞注：《穆天子傳》，《叢書集成初編》第3436冊。

〔姚秦〕鳩摩羅什譯：《妙法蓮華經》，大正藏第9冊。

〔唐〕樊綽：《蠻書》，文淵閣《四庫全書》第464冊。

〔宋〕黄休復：《茅亭客話》，《全宋筆記》第二編第1冊，鄭州：大象出版社，2003。

〔宋〕張邦基：《墨莊漫録》，北京：中華書局，2002。

〔宋〕沈括著，胡道静校證：《夢溪筆談校證》，上海：上海古籍出版社，1987。

〔宋〕彭□：《墨客揮犀》，北京：中華書局，2002。

〔宋〕朱長文：《墨池編》，文淵閣《四庫全書》第 812 册。

〔宋〕章定：《名賢氏族言行類稿》，文淵閣《四庫全書》第 933 册。

〔明〕夏元吉等修：《明太祖實録》，臺北："中央研究院"歷史語言研究所影印，1962。

〔明〕張懋等修：《明憲宗實録》，臺北："中央研究院"歷史語言研究所影印，1962。

〔明〕張懋等修：《明孝宗實録》，臺北："中央研究院"歷史語言研究所影印，1962。

〔明〕張溶等修：《明世宗實録》，臺北："中央研究院"歷史語言研究所影印，1962。

〔明〕張溶等修：《明穆宗實録》，臺北："中央研究院"歷史語言研究所影印，1962。

〔明〕李賢等修：《明一統志》，文淵閣《四庫全書》第 472-473 册。

〔明〕周祈：《名義考》，文淵閣《四庫全書》第 856 册。

〔明〕余承勛修：嘉靖《馬湖府志》，《天一閣藏明代方志選刊》本，上海：上海古籍書店，1963。

〔清〕張廷玉等：《明史》，北京：中華書局，1974。

〔清〕張漢等修：康熙《眉州屬志》，《故宫珍本叢刊》第 213 册，海口：海南出版社，2001。

〔清〕毛奇齡：《蠻司合志》，嘉慶元年《西河合集》本。

〔清〕丁映奎等修：乾隆《茂州志》，乾隆五十九年鈔本。

〔清〕涂長發等修：嘉慶《眉州屬志》，嘉慶十七年刻本。

〔清〕沈瓖等修：嘉慶《綿竹縣志》，嘉慶十八年刻本。

〔清〕董貽清：同治《直隸綿州志》，同治十二年刻本。

〔民國〕蒲殿欽等修：民國《綿陽縣志》，民國二十一年刻本。

朱保炯等：《明清進士題名碑録索引》，上海：上海古籍出版社，1980。

N

〔晋〕嵇含：《南方草木狀》，《百川學海》本。

〔南朝梁〕蕭子顯著：《南齊書》，北京：中華書局，1972。

〔唐〕李延壽：《南史》，北京：中華書局，1975。

〔宋〕錢易：《南部新書》，北京：中華書局，2002。

〔宋〕吴曾：《能改齋漫録》，上海：上海古籍出版社，1979。

〔宋〕張栻：《南軒集》，文淵閣《四庫全書》第1167册。

〔宋〕陳騤等編：《南宋館閣録·續録》，北京：中華書局，1998。

〔清〕王大騏等修：康熙《南溪縣志》，康熙二十五年刻本。

〔清〕顧問曜等修：嘉慶《内江縣志》，嘉慶間稿本。

〔清〕李先若等修：道光《南部縣志》增訂本，《中國地方志集成·四川府縣志輯》第57册，成都：巴蜀書社，1992。

O

〔宋〕歐陽修：《歐陽修全集》，北京：中華書局，2001。

P

〔宋〕陸佃：《埤雅》，文淵閣《四庫全書》第222册。

〔宋〕郭忠恕：《佩觿》，文淵閣《四庫全書》第224册。

〔明〕陳全之：《蓬窗日録》，《續修四庫全書》第1125册。

〔清〕陶文彬等修：康熙《彭水縣志》，康熙四十九年刻本。

〔清〕潘之彪等修：康熙《蓬溪縣志》，康熙五十二年刻本。

〔清〕紀增蔭等修：乾隆《蒲江縣志》，乾隆四十九年刻本。

〔清〕張松孫等修：乾隆《蓬溪縣志》，乾隆五十一年刻本。

〔清〕朱鼎臣等修：嘉慶《郫縣志》，嘉慶十七年刻本。

〔清〕莊定域等修：光緒《彭水縣志》，《中國地方志集成·四川府縣志輯》第49册，成都：巴蜀書社，1992。

Q

〔北魏〕賈思勰著，繆啓愉校釋：《齊民要術校釋》，北京：農業出版社，1982。

〔宋〕陶穀：《清異録》，文淵閣《四庫全書》第1047册。

〔宋〕洪遵：《泉志》，《叢書集成初編》第767册。

〔宋〕周密：《齊東野語》，北京：中華書局，1983。

〔宋〕陈景沂：《全芳備祖集》，文淵閣《四庫全書》第935册。

〔宋〕吴處厚：《青箱雜記》，北京：中華書局，1985。

〔宋〕章如愚：《群書考索》，文淵閣《四庫全書》第936-938册。

〔明〕吴德器等修：正德《蓬州志》，《天一閣藏明代方志選刊續編》，上海：上海書店，1990。

〔明〕楊慎等編：《全蜀藝文志》，北京：綫裝書局，2003。

〔明〕倪岳：《清溪漫稿》，文淵閣《四庫全書》第1251册。

〔明〕郎瑛：《七修類稿》，明代清耕烟草堂刊本。

〔明〕夏樹芳：《奇姓通》，《四庫全書存目叢書·子部》第199册。

〔清〕黄虞稷：《千頃堂書目》，上海：上海古籍出版社，2001。

〔清〕顧炎武：《求古録》，文淵閣《四庫全書》第683册。

〔清〕舒赫德、于敏中等編：《欽定勝朝殉節諸臣録》，文淵閣《四庫全書》第456册。

〔清〕鄂爾泰等編：《欽定授時通考》，文淵閣《四庫全書》第732册。

〔清〕紀昀等撰，四庫全書研究所整理：《欽定四庫全書總目》，北京：中華書局，1997。

〔清〕彭定求等編：《全唐詩》，北京：中華書局，1960。

〔清〕嚴可均輯：《全上古三代秦漢三國六朝文》，北京：中華書局，1958。

〔清〕嵇璜等：《欽定續通典》，文淵閣《四庫全書》第639-641册。

〔清〕嵇璜等：《欽定續通志》，文淵閣《四庫全書》第392-401册。

〔清〕戚延裔等修：嘉慶《邛州直隸州志》，《中國地方志集成·四川府縣志輯》第13册，成都：巴蜀書社，1992。

〔清〕宋錦等修：乾隆《犍爲縣志》，乾隆十一年刻本。

〔清〕宋灝等修：道光《綦江縣志》，同治二年刻本。

〔清〕何慶恩等修：同治《渠縣志》，同治三年刻本。

〔清〕韓清桂等修：光緒《銅梁縣志》，光緒元年刻本。

趙爾巽等：《清史稿》，北京：中華書局，1977。

R

〔宋〕洪邁：《容齋隨筆》，北京：中華書局，2005。

〔宋〕陸游：《入蜀記》，《知不足齋叢書》本。

〔清〕黄大本等修：乾隆《榮縣志》，乾隆二十一年刻本。

〔清〕楊受廷等修：嘉慶《如皋縣志》，嘉慶十三年刻本。

〔清〕馬百齡等修：道光《仁壽縣新志》，道光十七年刻本。

〔清〕錫德等修：同治《饒州府志》，同治十一年刻本。

〔清〕李元：《蠕範》，《四庫未收書輯刊》第10輯第12册。

S

〔漢〕司馬遷：《史記》，北京：中華書局，1963。

〔漢〕宋衷注，〔清〕秦嘉謨等輯：《世本八種》，上海：商務印書館，1957。

〔漢〕劉向撰，向宗魯校證：《説苑校證》，北京：中華書局，1987。

〔漢〕許慎撰，〔清〕段玉裁注：《説文解字注》，上海：上海古籍出版社，1981。

〔漢〕許慎撰，〔清〕惠棟批校：《説文解字》，日本京都大學東方文化研究所藏汲古閣刻本。

〔漢〕劉熙撰，〔清〕王先謙疏證：《釋名疏證補》，光緒二十一年刻本。

〔漢〕佚名：《三輔黄圖》，《四部叢刊三編》本。

〔晉〕陳壽：《三國志》，北京：中華書局，1964。

〔晉〕王嘉：《拾遺記》，北京：中華書局，1981。

〔晉〕葛洪著，王叔岷校釋：《神仙傳校釋》，北京：中華書局，2010。

〔北魏〕酈道元著，陳橋驛校證：《水經注校證》，北京：中華書局，2007。

〔北魏〕酈道元著，〔清〕趙一清注：《水經注釋》，文淵閣《四庫全書》第575册。

〔北魏〕酈道元著，〔清〕沈炳巽注：《水經注集釋訂訛》，文淵閣《四庫全書》第574册。

〔北魏〕酈道元著，〔明〕朱謀㙔箋：《水經注箋》，《四庫未收書輯刊》第9輯第5册。

〔北魏〕崔鴻：《十六國春秋》，文淵閣《四庫全書》第463册。

〔南朝宋〕劉義慶著，徐震堮校箋：《世説新語校箋》，北京：中華書局，1984。

〔南朝梁〕沈約：《宋書》，北京：中華書局，1974。

〔南朝梁〕任昉：《述異記》，《漢魏叢書》本。

〔唐〕魏徵、令狐德棻：《隋書》，北京：中華書局，1982。

〔唐〕劉知幾撰，〔清〕浦起龍釋：《史通通釋》，上海：上海古籍出版社，1978。

〔唐〕刘餗：《隋唐嘉話》，北京：中華書局，1997。

〔唐〕李綽：《尚書故實》，《寶顔堂秘笈》本。

〔宋〕徐鍇：《説文解字繫傳》，《四部叢刊初編》本。

〔宋〕張唐英撰，王文才、王炎校箋：《蜀檮杌校箋》，成都：巴蜀書社，1999。

〔宋〕郭允蹈：《蜀鑑》，《叢書集成初編》第3197-3198册。

〔宋〕蘇軾撰，張志烈、馬德富、周裕鍇主編：《蘇軾全集校注》，石家莊：河北人民出版社，2010。

〔宋〕蘇軾撰，施元之注：《施注蘇詩》，文淵閣《四庫全書》第1110册。

〔宋〕吕祖謙編：《宋文鑑》，北京：中华书局，1992。

〔宋〕邵伯温：《邵氏聞見録》，北京：中華書局，1997。

〔宋〕宋祁：《宋景文筆記》，文淵閣《四庫全書》第 862 册。

〔宋〕曾宏父：《石刻鋪叙》，《知不足齋叢書》本。

〔宋〕陳元靚：《歲時廣記》，《叢書集成初編》第 179-181 册。

〔宋〕蒲積中：《歲時雜詠》，文淵閣《四庫全書》第 1348 册。

〔宋〕佚名：《紹興十八年同年小録》，文淵閣《四庫全書》第 448 册。

〔元〕脱脱等：《宋史》，北京：中華書局，1977。

〔元〕佚名：《三教源流搜神大全》（别稱《搜神記》），正統《道藏》第 36 册。

〔元〕費著：《歲華紀麗譜》，文淵閣《四庫全書》第 590 册。

〔元〕佚名：《氏族大全》，文淵閣《四庫全書》第 952 册。

〔明〕陶宗儀等：《説郛三種》，上海：上海古籍出版社，1988。

〔明〕陶宗儀：《書史會要》，上海：上海書店，1984。

〔明〕何楷：《詩經世本古義》，文淵閣《四庫全書》第 81 册。

〔明〕楊慎：《升庵集》，文淵閣《四庫全書》第 1270 册。

〔明〕劉大謨等：嘉靖《四川總志》，北京：書目文獻出版社，1996。

〔明〕趙廷瑞等修：嘉靖《陜西通志》，嘉靖二十一年刻本。

〔明〕胡應麟：《少室山房筆叢》，北京：中華書局，1958。

〔明〕黄一正：《事物紺珠》，《四庫全書存目叢書・子部》第 200-201 册。

〔明〕梅鼎祚：《釋文紀》，文淵閣《四庫全書》第 1400-1401 册。

〔明〕朱曰藩：《山帶閣集》，《四庫全書存目叢書・集部》第 110 册。

〔明〕虞懷忠、郭棐等修：萬曆九年《四川總志》，《四庫全書存目叢書・史部》第 199-200 册。

〔明〕曹學佺：《蜀中廣記》，文淵閣《四庫全書》第 591-592 册。

〔明〕徐道：《神仙全傳》，西安：三秦出版社，1992。

〔明〕陳懋仁：《庶物異名疏》，《四庫全書存目叢書・子部》第 218 册。

〔明〕陸深撰，王斌校注：《蜀都雜抄校注》，成都：西南交通大學出版社，2020。

〔明〕陳禹謨撰，〔明〕錢受益補：《四書名物考》，《四庫全書存目叢書・經部》第 160 册。

〔明〕彭大翼：《山堂肆考》，文淵閣《四庫全書》第 974-978 册。

〔明〕朱存理：《珊瑚木難》，文淵閣《四庫全書》第 815 册。

〔明〕李實：《蜀語》，《叢書集成初編》第 1182 册。

〔清〕顧炎武：《石經考》，文淵閣《四庫全書》第 683 册。

〔清〕王元士等修：順治《綏德州志》，順治十八年刻本。

〔清〕厲鶚：《宋詩紀事》，上海：上海古籍出版社，1983。

〔清〕吴任臣：《十國春秋》，北京：中華書局，1983。

〔清〕黄宗羲：《宋元學案》，北京：中華書局，1982。

〔清〕王功成等修：康熙《陝西通志》，康熙五十年刻本。

〔清〕黄廷桂等修：雍正《四川通志》，文淵閣《四庫全書》第 559-561 册。

〔清〕厲荃、關槐編：《事物異名録》，《續修四庫全書》第 1252-1253 册。

〔清〕常明、楊芳燦等修：嘉慶《四川通志》，成都：巴蜀書社，1984。

〔清〕袁枚：《隨園隨筆》，《續修四庫全書》第 1148 册。

〔清〕朱駿聲：《説文通訓定聲》，道光二十八年刻本。

〔清〕阮元校刻：《十三經注疏》，北京：中華書局，1980。

〔清〕陳祥裔編，王斌、靳雅婷校注：《蜀都碎事校注》，成都：西南交通大學出版社，2017。

〔清〕劉於義等修：雍正《陝西通志》，文淵閣《四庫全書》第 551-556 册。

〔清〕吴閬：《十國宫詞》，《四庫未收書輯刊》第 4 輯第 20 册。

〔清〕潘永因：《宋稗類鈔》，北京：書目文獻出版社，1985。

〔清〕李元：《蜀水經》，《續修四庫全書》第 728 册。

〔清〕錢大昕：《十駕齋養新録》，上海：上海書店出版社，2011。

〔清〕黄銑等修：康熙《順慶府志》，《中國地方志集成·四川府縣志輯》第 54 册，成都：巴蜀書社，1992。

〔清〕喻文偉等修：康熙《宿遷縣志》，康熙二十二年刻本。

〔清〕潘拱辰等修：康熙《松溪縣志》，民國重刊本。

〔清〕覺羅石麟等修：雍正《山西通志》，文淵閣《四庫全書》第542-550册。
〔清〕周彭年等修：乾隆十二年《遂寧縣志》，乾隆十二年刻本。
〔清〕藍應襲等修：乾隆《上元縣志》，乾隆十六年刻本。
〔清〕姜炳璋等修：乾隆《石泉縣志》，乾隆三十三年刻本。
〔清〕李培峘等修：乾隆五十二年《遂寧縣志》，乾隆五十二年刻本。
〔清〕徐松等輯：《宋會要輯稿》，上海：上海古籍出版社，2014。
〔清〕吴任臣：《山海經廣注》，文淵閣《四庫全書》第1042册。
〔清〕郝懿行箋疏：《山海經箋疏》，《四部備要》本。
〔清〕朱鶴齡：《尚書埤傳》，文淵閣《四庫全書》第66册。
〔清〕桂馥：《説文解字義證》，上海：上海古籍出版社，1987。
〔清〕丁寶楨：《四川鹽法志》，《續修四庫全書》第842册。
〔清〕紀大奎等修：嘉慶《什邡縣志》，嘉慶十八年刻本。
〔清〕劉景伯：《蜀龜鑑》，《四庫未收書輯刊》第3輯第15册。
〔清〕汪士侃等修：嘉慶《雙流縣志》，嘉慶十九年刻本。
〔清〕彭琬等修：光緒《雙流縣志》，光緒二十年刻本。
〔民國〕劉佶等修：民國《雙流縣志》，民國二十六年重刊本。
〔民國〕朱啓鈐：《絲綉筆記》，《民國美術叢書》本。
袁珂：《山海經校注》，成都：巴蜀書社，1992。
王文虎、張一舟、周家筠：《四川方言詞典》，成都：四川人民出版社，1986。
李之亮：《宋川陝大郡守臣易替考》，成都：巴蜀書社，2001。
李劍國輯校：《宋代傳奇集》，北京：中華書局，2001。

T

〔唐〕杜佑：《通典》，北京：中華書局，1988。
〔唐〕李肇：《唐國史補》，上海：上海古籍出版社，1957。
〔唐〕瞿曇悉達：《唐開元占經》，文淵閣《四庫全書》第807册。
〔唐〕李林甫等：《唐六典》，北京：中華書局，1992。

〔唐〕李筌：《太白陰經》，文淵閣《四庫全書》第 726 册。

〔唐〕朱景玄撰，吴企明校注：《唐朝名畫録校注》，合肥：黄山書社，2016。

〔五代〕王定保：《唐摭言》，上海：上海社會科學院出版社，2002。

〔宋〕李昉等編：《太平廣記》，北京：中華書局，1961。

〔宋〕李昉等編：《太平御覽》，北京：中華書局，1960。

〔宋〕樂史：《太平寰宇記》，北京：中華書局，2007。

〔宋〕樂史：《太真外傳》，《顧氏文房小説》本、《唐人説薈》本、雙紅堂《唐開元小説六種》本。

〔宋〕洪邁元本，〔清〕王士禛選：《唐人萬首絶句選》，文淵閣《四庫全書》第 1459 册。

〔宋〕郭若虛：《圖畫見聞志》，《叢書集成初編》第 1648 册。

〔宋〕王溥：《唐會要》，上海：上海古籍出版社，2006。

〔宋〕吕本中：《童蒙訓》，文淵閣《四庫全書》第 698 册。

〔宋〕計有功撰，王仲鏞注：《唐詩紀事校箋》，成都：巴蜀書社，1989。

〔宋〕鄭樵：《通志》，北京：中華書局，1987。

〔宋〕王應麟：《通鑑地理通釋》，北京：中華書局，2013。

〔宋〕胡三省：《通鑑釋文辨誤》，文淵閣《四庫全書》第 312 册。

〔宋〕王讜撰，周勛初校證：《唐語林校證》，北京：中華書局，1987。

〔元〕辛文房撰，傅璇琮主編：《唐才子傳校箋》，中華書局，1995。

〔明〕陳講等修：嘉靖《潼川志》，國家圖書館藏民國間抄本。

〔明〕胡震亨：《唐音癸籖》，上海：上海古籍出版社，1981。

〔明〕陳耀文：《天中記》，文淵閣《四庫全書》第 965-967 册。

〔明〕陳繼儒：《偃曝談餘》，《寶顔堂秘笈》本。

〔明〕關廷訪等修：萬曆《太原府志》，萬曆四十年刻本。

〔明〕馮任等修：《天啓新修成都府志》，成都：巴蜀書社，1992。

〔明〕方以智：《通雅》，北京：中國書店，1990。

〔明〕賀復徵編：《文章辨體彙選》，文淵閣《四庫全書》第1402-1410册。

〔清〕來集之：《倘湖樵書》，《續修四庫全書》第 1195-1196 册。

〔清〕王培荀：《聽雨樓隨筆》，《續修四庫全書》第 1180 册。

〔清〕顧炎武：《天下郡國利病書》，《顧炎武全集》本，上海：上海古籍出版社，2011。

〔清〕查禮：《銅鼓書堂遺稿》，《續修四庫全書》第 1431 册。

李劍國：《唐五代志怪傳奇叙録》，天津：南開大學出版社，1992。

W

〔漢〕趙曄撰，周春生整理：《吴越春秋輯校彙考》，上海：上海古籍出版社，1997。

〔北齊〕魏收：《魏書》，北京：中華書局，1974。

〔宋〕李昉等編：《文苑英華》，北京：中華書局 1966。

〔宋〕袁文：《甕牖閑評》，北京：中華書局，2007。

〔宋〕周必大：《文忠集》，文淵閣《四庫全書》第 1147-1149 册。

〔宋〕范成大：《吴船録》，《范成大筆記六種》本，北京：中華書局，2002。

〔宋〕范成大：《吴郡志》，文淵閣《四庫全書》第 485 册。

〔宋〕李耆卿：《文章精義》，文淵閣《四庫全書》第 1481 册。

〔宋〕高似孫：《緯略》，《墨海金壺》本。

〔宋〕談鑰等修：嘉泰《吴興志》，《吴興叢書》本。

〔宋〕龐元英：《文昌雜録》，文淵閣《四庫全書》第 862 册。

〔金〕韓道昭：《五音集韻》，文淵閣《四庫全書》第 238 册。

〔元〕馬端臨：《文獻通考》，北京：中華書局，1986。

〔明〕楊士奇：《文淵閣書目》，文淵閣《四庫全書》第 675 册。

〔明〕淩迪知：《萬姓統譜》，文淵閣《四庫全書》第 596-597 册。

〔明〕張位：《問奇集》，《續修四庫全書》第 238 册。同時參考《四庫全書存目叢書·經部》第 191 册。

〔清〕屈大均：《翁山詩外》，《續修四庫全書》第 1411 册。

〔清〕王士禛：《王士禛全集》，濟南：齊魯書社，2007。

〔清〕劉高培等修：乾隆《萬縣志》，乾隆十一年刻本。

〔清〕裴大中等修：光緒《無錫金匱縣志》，光緒七年刻本。

〔民國〕曹允源等修：民國《吴縣志》，民國二十二年鉛印本。

佚名編:《五色綫》,《津逮秘書》本。

X

〔漢〕賈誼撰,閻振益、鍾夏校注:《新書校注》,北京:中华书局,2000。

〔漢〕孔鮒:《小爾雅》,《四庫全書存目叢書·經部》第186册。

〔晋〕葛洪:《西京雜記》,西安:三秦出版社,2006。

〔晋〕干寶著,李劍國輯校:《新輯搜神記》,北京:中華書局,2007。

〔南唐〕沈汾:《續仙傳》,文淵閣《四庫全書》第1059册。

〔宋〕歐陽修、宋祁:《新唐書》,北京:中華書局,1975。

〔宋〕歐陽修:《新五代史》,北京:中華書局,1974。

〔宋〕李燾:《續資治通鑑長編》,北京:中華書局,1995。

〔宋〕李石:《續博物志》,成都:巴蜀書社,1991。

〔宋〕王益之:《西漢年紀》,文淵閣《四庫全書》第329册。

〔宋〕邵思:《姓解》,《續古逸叢書》本。

〔宋〕王應麟:《姓氏急就篇》,文淵閣《四庫全書》第948册。

〔宋〕蕭常:《蕭氏續後漢書》,《墨海金壺》本。

〔宋〕江少虞:《新雕皇朝類苑》,日本元和七年銅活字本。

〔宋〕王觀國:《學林》,北京:中華書局,1988。

〔宋〕佚名:《軒轅黄帝傳》,《宛委别藏》本,南京:江蘇古籍出版社,1988。

〔宋〕俞琰:《席上腐談》,《寶顔堂秘笈》本。

〔明〕楊慎輯,〔清〕單隆周補:《希姓補》,《四庫全書存目叢書·子部》第227册。

〔明〕周嘉胄:《香乘》,文淵閣《四庫全書》第844册。

〔明〕王尚用等修:嘉靖《尋甸府志》,嘉靖刻本。

〔明〕涂山:《新刻明政統宗》,《四庫禁毀書叢刊·史部》第2-3册。

〔清〕王士禛:《香祖筆記》,《王士禛全集》本,濟南:齊魯書社,2007。

〔清〕邵遠平:《續弘簡録元史類編》,《續修四庫全書》第313册。

〔清〕何源濬等修：康熙《四川叙州府志》，康熙刻本。

〔清〕王先謙：《荀子集解》，北京：中華書局，1988。

〔清〕孫星衍輯：《續古文苑》，《續修四庫全書》第1609册。

〔清〕袁枚：《新齊諧》，《續修四庫全書》第1788册。

〔清〕周金紳等修：乾隆《新寧縣志》，乾隆二十四年刻本。

〔清〕顧德昌等修：嘉慶《新繁縣志》，嘉慶十九年刻本。

〔清〕孫真儒等修：嘉慶《新都縣志》，嘉慶二十一年刻本。

〔清〕王樹桐等修：同治《續金堂縣志》，同治六年刻本。

〔清〕許應鑅等修：同治《南昌府志》，同治十二年刻本。

〔清〕王龍勳等修：光緒《新修潼川府志》，光緒二十三年刻本。

〔清〕江亦顯等修：光緒《興文縣志》，民國二十五年重印本。

〔清〕王闓運：《湘綺樓全集》，《續修四庫全書》第1568-1569册。

〔民國〕侯俊德等修：民國《新繁縣志》，民國三十六年鉛印本。

Y

〔漢〕揚雄撰，鄭文箋注：《揚雄文集箋注》，成都：巴蜀書社，2000。

〔漢〕揚雄撰，張震澤校注：《揚雄集校注》，上海：上海古籍出版社，1993。

〔漢〕桓寬著，王利器校注：《鹽鐵論校注》，北京：中華書局，1992。

〔晋〕孔巢注，黄懷信等集注：《逸周書彙校集注》，上海：上海古籍出版社，1995。

〔南朝宋〕劉敬叔：《異苑》，北京：中華書局，1996。

〔南朝梁〕顧野王編，〔宋〕陳彭年等重修：《重修玉篇》，文淵閣《四庫全書》第224册。

〔南朝梁〕殷芸撰，周楞伽輯注：《殷芸小説》，上海：上海古籍出版社，1984。

〔北齊〕顔之推撰，王利器集解：《顔氏家訓集解》，北京：中華書局，1996。

〔北周〕庾信撰，〔清〕倪璠注：《庾子山集注》，北京：中華書局，1980。

〔北周〕庾信撰，〔清〕吴兆宜注：《庾開府集箋注》，文淵閣《四庫全書》第 1064 册。

〔唐〕楊炯：《楊炯集》，北京：中華書局，1980。

〔唐〕李吉甫：《元和郡縣圖志》，北京：中華書局，1983。

〔唐〕玄應：《一切經音義》，《海山仙館叢書》本。

〔唐〕慧琳：《一切經音義》，日本獅谷白蓮社刊本。

〔唐〕林寶撰，岑仲勉校，郁賢皓等整理：《元和姓纂》，北京：中華書局，1994。

〔唐〕歐陽詢：《藝文類聚》，上海：上海古籍出版社，1985。

〔唐〕段成式：《酉陽雜俎》，北京：中華書局，1981。

〔唐〕馮贄：《雲仙雜記》，《四部叢刊續編》本。

〔唐〕顔真卿：《顔魯公文集》，文淵閣《四庫全書》第 1071 册。

〔唐〕范攄：《雲溪友議》，《叢書集成初編》第 2832-2833 册。

〔宋〕郭茂倩：《樂府詩集》，北京：中華書局，1979。

〔宋〕宋祁：《益部方物略記》，《津逮秘書》本。

〔宋〕洪邁：《夷堅志》，北京：中華書局，1981。

〔宋〕王存：《元豐九域志》，北京：中華書局，1984。

〔宋〕黄休復：《益州名畫録》，文淵閣《四庫全書》第 812 册。

〔宋〕米芾：《硯史》，《百川學海》本。

〔宋〕王應麟：《玉海》，京都：中文出版社，1977。

〔宋〕王象之：《輿地紀勝》，揚州：江蘇廣陵古籍刻印社，1991。

〔宋〕張君房：《雲笈七籤》，北京：中華書局，2003。

〔宋〕王楙：《野客叢書》，北京：中華書局，1987。

〔宋〕陳暘：《樂書》，文淵閣《四庫全書》第 211 册。

〔宋〕杜綰：《雲林石譜》，文淵閣《四庫全書》第 844 册。

〔宋〕程大昌：《演繁露》，文淵閣《四庫全書》第 852 册。

〔宋〕王象之：《輿地碑記目》，《叢書集成初編》第 1580 册。

〔宋〕许顗：《彦周詩話》，文淵閣《四庫全書》第 1478 册。

〔宋〕沈作喆：《寓簡》，《知不足齋叢書》本。

〔宋〕葛立方：《韻語陽秋》，《叢書集成初編》第 2553-2554 册。

〔宋〕張杲：《醫説》，文淵閣《四庫全書》第742册。

〔宋〕歐陽忞：《輿地廣記》，成都：四川大學出版社，2003。

〔元〕陰勁玄、陰復春：《韻府群玉》，文淵閣《四庫全書》第951册。

〔明〕宋濂等：《元史》，北京：中華書局，1976。

〔明〕楊慎：《藝林伐山》，《續修四庫全書》第1143册。

〔明〕陸深：《儼山外集》，文淵閣《四庫全書》第885册。

〔明〕何宇度撰，崔凱校注：《益部談資校注》，成都：西南交通大學出版社，2020。

〔明〕徐應秋：《玉芝堂談薈》，文淵閣《四庫全書》第883册。

〔明〕王世貞：《弇州四部稿》，文淵閣《四庫全書》第1279-1281册。

〔明〕楊慎：《異魚圖贊》，《函海》本。

〔明〕李中溪等修：隆慶《雲南志》，民國二十三年重印本。

〔明〕李廷寶等修：嘉靖《耀州志》，嘉靖刻本。

〔明〕楊鸞等修：嘉靖《雲陽縣志》，《天一閣藏明代方志選刊》，上海：上海古籍書店，1963。

〔明〕陳繼儒：《巖栖幽事》，《寶顔堂秘笈》本。

〔明〕楊洵等修：萬曆《揚州府志》，萬曆刻本。

〔明〕王廷稷等修：萬曆《營山縣志》，《天一閣藏明代方志選刊續編》，上海：上海書店，1990。

〔清〕張玉書、陳廷敬等編：《御定佩文韻府》，文淵閣《四庫全書》第1011-1028册。

〔清〕吴士玉等編：《御定駢字類編》，文淵閣《四庫全書》第994-1004册。

〔清〕孫岳頒等編：《御定佩文齋書畫譜》，文淵閣《四庫全書》第819-823册。

〔清〕范承勳等修：康熙《雲南通志》，康熙三十年刻本。

〔清〕崔華等修：康熙《揚州府志》，康熙刻本。

〔清〕張豫章等編：《御選宋金元明四朝詩》，文淵閣《四庫全書》第1442-1444册。

〔清〕尹會一等修：雍正《揚州府志》，雍正十一年刻本。

〔清〕鄂爾泰等修：乾隆《雲南通志》，乾隆元年刻本。

〔清〕黄宗羲：《易學象數論》，文淵閣《四庫全書》第40册。

〔清〕張英、王士禛等編：《御定淵鑑類函》，文淵閣《四庫全書》第982-993册。

〔清〕傅恒等：《御批歷代通鑑輯覽》，文淵閣《四庫全書》第335-339册。

〔清〕李光地等：《御定月令輯要》，文淵閣《四庫全書》第467册。

〔清〕馬驌：《繹史》，文淵閣《四庫全書》第365-368册。

〔清〕何焯：《義門讀書記》，北京：中華書局，1987。

〔清〕惠棟：《易漢學》，文淵閣《四庫全書》第52册。

〔清〕董夢曾等修：乾隆二十八年《鹽亭縣志》，《故宫珍本叢刊》第206册，海口：海南出版社，2001。

〔清〕張松孫等修：乾隆五十一年《鹽亭縣志》，乾隆五十一年刻本。

〔清〕王誥等修：乾隆《永川縣志》，乾隆六十年刻本。

〔清〕曹掄彬等修：乾隆《雅州府志》，光緒三十一年重刻本。

〔清〕阿史當阿等修：嘉慶《揚州府志》，嘉慶十五年刻本。

〔清〕劉元熙等修：嘉慶《宜賓縣志》，民國鉛印本。

〔清〕項聯晋等修：光緒《雲南縣志》，光緒十六年刻本。

〔清〕辜培源：光緒《鹽源縣志》，光緒刻本。

〔清〕繆荃孫：《藝風堂文集》，《續修四庫全書》第1574册。

〔清〕張應昌：《烟波漁唱》，《續修四庫全書》第1517册。

〔清〕吴錫麒：《有正味齋駢體文》，《續修四庫全書》第1468册。

〔清〕張澍：《養素堂文集》，《續修四庫全書》第1506-1507册。

Z

〔漢〕劉向輯録：《戰國策》，上海：上海古籍出版社，1985。

〔南朝梁〕沈約注：《竹書紀年》，《四部叢刊初編》本。

〔南朝梁〕陶弘景：《真誥》，《叢書集成初編》第570-572册。

〔唐〕李匡乂：《資暇集》，《叢書集成初編》第279册。

〔唐〕令狐德棻：《周書》，北京：中華書局，1971。

〔唐〕李鼎祚：《周易集解》，文淵閣《四庫全書》第7册。

〔五代〕馬縞：《中華古今注》，北京：中華書局，2012。

〔宋〕司馬光：《資治通鑑》，北京：中華書局，1956。

〔宋〕曾鞏：《曾鞏集》，北京：中華書局，1984。

〔宋〕李衡：《周易義海撮要》，文淵閣《四庫全書》第13册。

〔宋〕周紫芝：《竹坡詩話》，《津逮秘書》本。

〔宋〕林希逸：《莊子口義》，文淵閣《四庫全書》第1056册。

〔宋〕陳振孫：《直齋書録解題》，上海：上海古籍出版社，1987。

〔宋〕盧憲：嘉定《鎮江志》，道光二十二年刻本。

〔元〕李衎：《竹譜》，文淵閣《四庫全書》第814册。

〔明〕胡宗憲等修：嘉靖《浙江通志》，嘉靖四十年刻本。

〔明〕周嬰：《卮林》，文淵閣《四庫全書》第858册。

〔明〕張自烈：《正字通》，康熙九年刻本。

〔明〕牛衷：《增修埤雅廣要》，《四庫全書存目叢書·子部》第250册。

〔清〕吴任臣：《字彙補》，《續修四庫全書》第233册。

〔清〕徐文靖：《竹書統箋》，文淵閣《四庫全書》第303册。

〔清〕王澍：《竹雲題跋》，文淵閣《四庫全書》第684册。

〔清〕徐乾學：《資治通鑑後編》，文淵閣《四庫全書》第342-345册。

〔清〕高德貴等修：康熙《鎮江府志》，康熙二十四年刻本。

〔清〕嵇曾筠等修：雍正《浙江通志》，文淵閣《四庫全書》第519-526册。

〔清〕夏詔新等修：乾隆《直隸瀘州志》，乾隆二十四年刻本。

〔清〕張德源等修：乾隆《資陽縣志》，乾隆三十年刻本。

〔清〕陳謀等修：乾隆《彰明志略》，《故宫珍本叢刊》第206册，海口：海南出版社，2001。

〔清〕周偉業等修：嘉慶《直隸叙永廳志》，嘉慶十七年刻本。

〔清〕黄樂之等修：道光《遵義府志》，道光二十一年刻本。

〔清〕郭慶藩撰，王孝魚點校：《莊子集釋》，北京：中華書局，1985。

〔民國〕蘇洪寬等修：民國《中江縣志》，民國十一年鉛印本。

〔民國〕劉洪闢等修：《昭萍志略》，民國二十四年刊本。

中國科學院北京天文臺主編：《中國地方志聯合目録》，北京：中華書局，1985。

方詩銘、方小芬編：《中國史曆日和中西曆日對照表》，上海：上海辭書出版社，1987。

徐海榮主編：《中國飲食史》，北京：華夏出版社，1999。

冷玉龍等著：《中華字海》，北京：中國友誼出版公司，2000。

李崇智：《中國歷代年號考》，北京：中華書局，2001。